D1727785

neukirchener
theologie

Christian Frevel

Gottesbilder und Menschenbilder

Studien zu Anthropologie und Theologie im Alten Testament

1. Auflage 2016

Neukirchener Theologie

MIX
Papier aus verantwortungsvollen Quellen
FSC® C016439

Dieses Buch wurde auf FSC-zertifiziertem Papier gedruckt. FSC (Forest Stewardship Council) ist eine nichtstaatliche, gemeinnützige Organisation, die sich für eine ökologische und sozialverantwortliche Nutzung der Wälder unserer Erde einsetzt.

Bibliografische Information der Deutschen Nationalbibliothek

Die Deutsche Nationalbibliothek verzeichnet diese Publikation in der Deutschen Nationalbibliografie; detaillierte bibliografische Daten sind im Internet über http://dnb.d-nb.de abrufbar.

Umschlaggestaltung: Andreas Sonnhüter, Niederkrüchten
Lektorat: Volker Hampel
DTP: Katharina Pyschny
Gesamtherstellung: Hubert & Co., Göttingen
Printed in Germany
ISBN 978-3-7887-2964-6 (Print)
ISBN 978-3-7887-2965-3 (E-PDF)
www.neukirchener-verlage.de

Vorwort

Der vorliegende Band bündelt sechzehn ausgewählte Beiträge zur Hermeneutik, Theologie und Anthropologie des Alten Testaments aus den Jahren 1993–2014. Er behandelt Fragen zum Verstehen der biblischen Texte, der Methode ihrer Erschließung sowie die Vielfalt der Gottes- und Menschenbilder in der Heiligen Schrift. Dabei liegt ein Schwerpunkt auf den anthropologischen Fragen. Die Konstitution des Menschen vor Gott, seine Zeit, sein Werden und Vergehen, seine Würde und Verwiesenheit auf Gott. Zwar entsteht in der Zusammenstellung keine umfassend biblisch-theologisch reflektierte Anthropologie, doch zeigen die Beiträge, dass im alttestamentlichen Verständnis Anthropologie und Theologie sehr eng miteinander zusammen gehören. Die Bündelung in einem Band lässt die Dynamik und Vielfalt der alttestamentlichen Gotteswahrnehmungen und den engen Zusammenhang von Menschen- und Gottesbildern erkennen.

Der Band versammelt vormals recht verstreut publizierte Beiträge in geringfügiger formaler Bearbeitung, um sie einem breiteren Publikum zugänglich zumachen. Mein Dank gilt Volker Hampel im Neukirchener Verlag für die verlegerische Betreuung des Bandes. Katharina Werbeck hat im Sekretariat die anstehenden Arbeiten für den Band mit großer Zuverlässigkeit meisterhaft bewältigt, Julia Setman und Estera Weber haben die formale Vereinheitlichung vorgenommen. Allen möchte ich ganz herzlich für die Hilfe danken. Der Band wäre aber nicht möglich gewesen ohne den ebenso intensiven wie kompetenten Einsatz von Katharina Pyschny, die nicht nur die Fäden in der Hand gehalten hat, sondern auch oftmals ihre eigenen Projekte zugunsten des Bandes zurückgestellt hat.

Christian Frevel — Bochum, im März 2016

Inhalt

III Beiträge zur Anthropologie des Alten Testaments

Vom bleibenden Recht des Textes vergangen zu sein. Wie tief gehen die Anfragen an die historisch-kritische Exegese?

ἐπεὶ δὲ πρόκειται μετὰ τὴν ῥητὴν ἀπόδοσιν καὶ τὴν τροπικωτέραν ἐξετάζειν, λεκτέον ἃ χρὴ καὶ περὶ αὐτῆς. ἴσως μὲν οὖν γελάσονταί τινες τῶν εἰκαιοτέρων ἀκούσαντες· ἐγὼ δ᾽ ἐρῶ μηδὲν ὑποστειλάμενος …[1]

Im Folgenden werden Reflexionen zur exegetischen Methodendiskussion angestellt. Dabei wird wegen der Breite des Feldes auch nicht im Ansatz der Anspruch erhoben, die Diskussion abzubilden. Vielmehr wird die Verschränkung von Schriftverständnis und Methodik herausgegriffen und mit einigen Überlegungen vertieft. Ein wichtiger Gesprächspartner dabei ist die ebenso gelehrte wie exponierte Position von Ludger Schwienhorst-Schönberger, der von einem „Paradigmenwechsel“ in der Exegese spricht.[2] Die Ausführungen sind zum einen nicht von Zuspitzungen frei, da sie kritisch auf eine Entwicklung aufmerksam machen wollen. Zum anderen lassen sie sich nicht ganz theoriefrei halten, und beides hängt miteinander zusammen.

Der erste Teil des Aufsatzes charakterisiert in subjektiver Einschätzung die Lage der Dinge und erarbeitet davon ausgehend einige Grundfragen der gegenwärtigen Debatte. Daraufhin wendet sich die Argumentation der Entfaltung der Aufgaben der Exegese in *Dei Verbum 12* und dem Verständnis des II. Vatikanischen Konzils zu. Dabei werden der in den letzten Jahrzehnten veränderte Textbegriff und die damit veränderte Sinnkonstitution in der jüngeren Exegese angesprochen. Die Frage der Bedeutung der Literalsinne eines Textes unter der Voraussetzung einer rezeptionsorientierten Hermeneutik wird aufgeworfen. Wie ist die historisch-kritische Arbeit in das Gesamtverstehen eines biblischen Textes einzuordnen, was leistet sie als Teil der modernen Bibelwissenschaft und warum bleibt sie als Anwalt der geschichtlichen Dimension der Texte unverzichtbar? In den abschließenden Überlegungen werden die weiteren Schriftsinne, die oft unter dem Stichwort „geistlich“ gefasst und den „historischen Textsinnen“ oder dem Literalsinn diametral entgegengesetzt werden,

[1] Philo, De Josepho, 125: „Da wir uns vorgenommen haben, neben der wörtlichen Wiedergabe (der Erzählung) auch den tieferen Sinn zu erforschen, so müssen wir auch darüber das Nötige sagen. Vielleicht werden manche, die unüberlegt urteilen, lachen, wenn sie es hören; ich aber will doch unverhohlen behaupten …“ (Übersetzung nach *Cohn*, Philo [1962], 182–183).

[2] *Schwienhorst-Schönberger*, Einheit (2003), 415.

thematisiert. Vertreten wird dabei ein Modell, das die Zugänge weniger in einem Antagonismus als in einer Komplementarität zueinander sieht und dabei berücksichtigt, dass Exegese anderen Kriterien verpflichtet ist als die geistliche Schriftauslegung.

Sirenengesang oder Abgesang auf die historisch-kritische Methode? Zur Einleitung

Die Bibelenzyklika Pius' XII. *Divino afflante spiritu* und die Dokumente des Zweiten Vatikanischen Konzils gelten gemeinhin als der Durchbruch der historisch-kritischen Methode.[3] Danach sei der Weg der katholischen Exegese nicht nur unumkehrbar an die Unverzichtbarkeit der historisch-kritischen Perspektive gekoppelt, sondern die Methode habe danach auch schnell eine Dominanz entfaltet, mit der sie andere Ansätze verdrängt habe. Wenn das überhaupt zutrifft, dann ist die historisch-kritische Exegese nur eine relativ kurze Zeit ein unbestrittener Zugang zu den biblischen Texten gewesen. Denn von einer „Krise der Exegese" sprach der Neutestamentler Joachim Gnilka schon 1974[4], d. h. keine zehn Jahre nach Abschluss des Konzils. Mit der methodischen Wende des Konzils im katholischen Bekenntnis zur historisch-kritischen Erforschung ist kein Ende der Methodendiskussion, vor allem nicht im katholischen Raum verbunden.[5] Bereits 1971 spricht Karl Lehmann vollkommen zu Recht von der Notwendigkeit anderer Schriftauslegungen: „Eine Rehabilitation anderer Schriftauslegungen scheint heute unumgänglich zu sein; keineswegs um diese zu imitieren, sondern um den Stilwandel und Reichtum des Schriftverständnisses in der Kirche klar zu machen".[6] Spätestens mit den 80er-Jahren brechen sich zunächst literaturwissenschaftliche Zugänge Bahn, aus denen sich dann – um nur einen bedeutenden Pfad zu nennen – die kanonische Auslegung entwickelt. Die kritische Evaluation der Methodik hat seitdem nicht abgerissen, doch erfährt sie aktuell Zuspitzungen wie seit den 80ern nicht mehr. Dabei ist es kein Geheimnis, dass die Abgesänge auf die historisch-kritische Methode vor allem in evangelikalen und katholisch funda-

[3] Vgl. z. B. *Kertelge*, Schriftauslegung (1993), 62.

[4] *Gnilka*, Methodik (1974), 459.

[5] Das gilt erst recht, wenn man die mit den Namen Karl Barth und Rudolf Bultmann verbundenen theologischen Kontroversen um die Bibelexegese im protestantischen Raum in der ersten Hälfte des 20. Jh. einbezieht, die im Vorfeld des Konzils noch nachklingen. Beispielhaft sei auf den programmatischen Aufsatz *Ebeling*, Bedeutung (1950), 1–46.

[6] *Lehmann*, Horizont (1971), 77.

mentalistischen Kreisen fröhliche Urstände feiern.[7] Dem steht das wiederholte und klare Bekenntnis zur „Unverzichtbarkeit der historisch-kritischen Methode“ in offiziellen katholischen kirchenamtlichen Dokumenten oder mit Nachdruck von Papst Benedikt XVI. entgegen.[8] Auch wenn also damit kein Zweifel daran besteht, dass die Totgesagten länger leben und noch immer „springlebendig“[9] sind, ist die Nähe der Kritik zu fundamentalistischen Positionen ein Fanal. Um nicht weiter in Schieflagen zu geraten, hat die wissenschaftliche Reflexion der Methodik den Begründungsaufwand zu erhöhen und entsprechend bei kritischen Infragestellungen genauer hinzuschauen.

Denn inzwischen sind Stimmen laut geworden, die zwar noch keinen Abgesang auf die historisch-kritische Methode anstimmen, diese aber doch deutlich gegenüber anderen methodischen Zugängen *zurückstellen* wollen. Sie sei allenfalls nützlich, aber nicht notwendig, so hat zuletzt Ludger Schwienhorst-Schönberger plädiert.[10] Unverzichtbar, gut und wichtig, das sind zwar auch die Attribute, die Joseph Ratzinger der historisch-kritischen Exegese beilegt. Die historisch-kritische Exegese stehe am Anfang und bilde die unverzichtbare Basis der Auslegung, doch bleibe sie unvollständig und unzureichend. Die kanonische Exegese „ist eine wesentliche Dimension der Auslegung, die zur historisch-kritischen Methode nicht in Widerspruch steht, sondern sie organisch weiterführt und zu eigentlicher Theologie werden lässt“.[11] Da es kaum „uneigentliche“ Theologie gibt, scheint es so, als würde sich historisch-kritische Exegese dem „inneren Mehrwert des Wortes“[12] gegenüber verschließen. Theologie

[7] Das lässt sich spielend auf den Seiten der euphemistisch verbrämten „Informationsdienste“ im Internet unter Überschriften wie „Historisch-kritische Bibelauslegung unsachgemäß und unwissenschaftlich“, „Das Ende der historisch-kritischen Methode“, „Das Elend der historisch-kritischen Methode“ usw. verfolgen. Zur evangelikalen Kritik auch *Bauer*, Bewegung (2012), 69–78; *Bauer* stellt die Behauptung der faktischen Historizität der Bibel auf evangelikaler Seite als Kennzeichen der Ablehnung der historisch-kritischen Methode heraus. Am Beispiel des Schriftstellers Arnold Stadler skizziert W. Eisele die vernichtende Außenwahrnehmung der Methode (*Eisele*, Metzgerzunft [2012], 233–235.238–239).

[8] Z. B. *Ratzinger*, Jesus (2007), 14. Die Wolke der Zeugen darüber hinaus ist groß, vgl. etwa *Zenger*, Unverzichtbarkeit (1989), 10–20. Für eine protestantische Stimme s. *Finsterbusch/Tilly*, Plädoyer (2010), 12.

[9] *Schaper*, Suche (2006), 17.

[10] Vgl. *Schwienhorst-Schönberger*, Modelle (2012), 457; *Ders.*, Wiederentdeckung (2011), 422–423. Dabei betont auch Schwienhorst-Schönberger durchgängig, dass die historisch-kritische Bibelauslegung Wichtiges geleistet habe und nichts davon aufzugeben sei, z. B. *Ders.*, Gott (2010), 55; *Ders.*, Wiederentdeckung (2011), 402. 423 u. ö.

[11] *Ratzinger*, Jesus (2007), 18.

[12] Ebd.

gibt es nur „jenseits“ der historisch-kritischen Exegese, die damit nur Präliminarien für das „Eigentliche“ zu klären hat.

Galt die historisch-kritische Methodik einst als Königsweg der Exegese, dessen methodisches Potential in Literatur-, Religions-, und Kulturwissenschaften ausstrahlte[13], so wird sie jetzt mancherorts schon verschrien als Irrweg, der zur Entfremdung der Moderne von der Bibel als Grundlage des Glaubens mindestens beigetragen, wenn sie nicht sogar mit verursacht hat. So schreibt etwa Klaus Berger unter dem reißerischen Titel „Die Bibelfälscher“, dass die „200 Jahre fleißig und intelligent betriebene Bibelwissenschaft ... eine volkskirchliche Wüste hinterlassen“ habe.[14] Mit gleicher Verve hat Klaus Berger auch das Gegenteil vertreten, so dass man die Polemik getrost unter Verkaufsförderung verbuchen kann, doch stimmt die Leichtigkeit, mit der der Bezug der historisch-kritischen Methode zur Kirchlichkeit der Heiligen Schrift geleugnet wird, nachdenklich. Von der befreienden Errungenschaft der Aufklärung ist die historisch-kritische Methodik zur Last geworden, die den Sinn der Schrift vermeintlich mehr verstellt denn erschließt. Das Instrument der Befreiung des biblischen Textes aus der moralischen Enge, mit vielen Verlusten im 19. und frühen 20. Jh. in der Katholischen Kirche erkämpft und als Aufbruch zum Subjekt gepriesen, wird als neue Doktrin und als Zwang empfunden und mancherorts schon ebenso heftig abgelehnt wie im ausgehenden 19. Jh. Das einstige Bollwerk gegen einen naiven Biblizismus und Schutzschild gegen den Fundamentalismus scheint für den gegenwärtigen Kampf um *Geltung* der Schrift nicht mehr geeignet.

Die historisch-kritische Methode erscheint als Glasperlenspiel im Elfenbeinturm, das weder kirchliche noch Glaubensrelevanz besitzt. Der methodische Zugang sei nur die Verliebtheit einiger Wissenschaftler in die vermeintliche Dimension der Historizität der Schrift. Georg Steins karikiert das polemisch als einen „pseudo-romantischen Ursprünglichkeitstaumel“.[15] Geltung aber könne damit nicht verbunden werden. Der einst prächtige Tanker ist leckgeschlagen, aber ist er auch schon auf Grund gelaufen?

Manches geht in der Debatte durcheinander: Der immer wieder für die Gegenwart beklagte Relevanzverlust der Bibel ist allenfalls durch die Ergebnisse der historisch-kritischen Methode beschleunigt, nicht aber durch sie verursacht. Die historische Dimension der Offenbarung, aus der die historisch-kritische Methode in hermeneutischer Konsequenz entspringt, unterliegt nicht der Beliebigkeit des

[13] Vgl. *Zenger*, Unverzichtbarkeit (1989), 10–11.

[14] So im Vorwort von *Berger*, Bibelfälscher (2013).

[15] *Steins*, Kanon (2007), 118.

Auslegers. Mit der immer wieder unterstrichenen Unverzichtbarkeit ist nicht ein Exklusivitätsanspruch im Zugriff auf die Schrift verbunden, wird aber der Methode mit Regelmäßigkeit unterstellt. Vor allem fällt auf, dass der Begriff „Exegese" sehr unterschiedlich verwendet wird. Zum Teil wird er wie in der Theologie üblich als Disziplin oder Methode verstanden, teils dem allgemeinen Sprachgebrauchs und der gr. Wurzel ἐξηγέομαι entsprechend für jede Form der Auslegung und spezieller jede Schriftauslegung benutzt. Die Homilie, das Schriftgespräch oder das Bibelteilen sind jedoch im strengen Sinne keine Exegese, sondern Orte, an denen Schriftauslegung in der einen oder anderen Form stattfindet. Jeder Ort erfordert unterschiedliche Methoden und Perspektiven. Es kommt zu fatalen Missverständnissen und Schieflagen, wenn alles über einen Leisten geschlagen wird.

Schließlich gibt es in der Debatte keinen einheitlichen Textbegriff, was ebenfalls zu Schieflagen und Missverständnissen führt. „Die meisten Exegeten dürften darin übereinstimmen, dass eine diachrone Exegese ohne synchrone Elemente, d. h. ohne Rücksicht auf die Sprachgestalt des vorliegenden Textes, nicht denkbar ist und umgekehrt eine synchrone Exegese die komplexe Entstehungsgeschichte der Texte als solche nicht leugnen kann und nicht leugnen will. Ungeachtet dieses magnus consensus geht die Debatte um diachrone und synchrone Exegeten weiter, der Grund dafür liegt u. E. tiefer, eben in den Textbegriffen, die jeweils mit der diachronen bzw. der synchronen Perspektive verbunden sind".[16] Gerade über das scheinbar Selbstverständliche besteht keine Einigkeit: Ist ein Text ein unter festen Regeln von Kohäsion und Kohärenz Konstituiertes, aber dem Rezipienten Vorgegebenes – ein Gegenüber, oder ist „textus" als Gewebe etwas, das ohne eine konstituierende Handlungsdimension, also „Kontexte", gar nicht existiert? Ist ein Text etwas essentiell materiell Fassbares oder im Prozess der Rezeption und Interpretation Hervorgebrachtes, Relationales; gehören Intentionalität des Autors/Emittenten ebenso zur Textualität wie die Intertextualität und wie verhalten sich beide zueinander? Wo fängt ein Text an und wo hört er auf, welche Kontexte gehören konstituierend dazu und welche nicht? Die in der Textlinguistik debattierten Textualitätsmerkmale spiegeln sich in den Debatten der Exegese wider. Das geschieht

[16] *Utzschneider*, Vorstellung (2007), 71. Vgl. auch die auf die Textbegriffe bezogenen Ausführungen in der Einleitung von *Utzschneider/Blum*, Lesarten (2006), 7–9. Von daher kann es nicht überzeugen, wenn Thomas Hieke (*Hieke*, Verhältnis [2010], 266) bei der Suche, die aktuelle Spannungslage zu überwinden, die historisch-kritische Exegese auf die „historische Rückfrage" eng führt und einer „Biblischen Auslegung" gegenüberstellt. Vgl. ähnlich auf den Religionsunterricht seiner Tochter bezogen *Schwienhorst-Schönberger*, Sinn (2010), 86.

oft implizit und ohne dass es bemerkt wird. Hinzu kommt noch die diachrone Perspektive, dass unser Textverständnis dem der Antike mitnichten entsprechen muss.[17] Am Textbegriff aber hängen wiederum Selbstverständnis, Methodik und Aufgabenstellung der Exegese. Das betrifft synchrone wie diachrone Ansätze gleichermaßen und es ist höchste Zeit, dass die Zunft der Frage „Was ist ein Text?" mehr Aufmerksamkeit schenkt. Wie begrenzt Exegese pragmatisch ihren Gegenstand als Text? Ist der Kanon ein Text mit festen Grenzen? Nimmt man den Kanon als Hypotext, welche Rolle spielen dann die in der Rezeptionsgeschichte bis in die Gegenwart konstituierten und den Ausgangstext überlagernden Hypertexte für das Verständnis? Hier sind methodisch mindestens ebenso viele Fragen offen wie bezüglich der Bedeutung einer historischen Dimension des Textes.

Die Partitur der Missklänge und das Problem verkürzender Kritik

In der kritischen Evaluation der historisch-kritischen Exegese wird die konkrete Arbeit der Exegeten manches Mal mit der Methode selbst verwechselt und Teilergebnisse werden mit dem Ganzen gleichgesetzt. Das Potential der Methode wird dabei unterschätzt, ihr eine Entwicklung schon gar nicht zugestanden, sondern eine generelle Frontstellung aufgebaut, die zu einer Distanz und ggf. Ablehnung führt.

Das Problem der Partitur dieser Missklänge ist, dass die Melodie zum einen schon recht lange und zum anderen auf sehr verschiedenen Instrumenten gespielt wird. Es gibt literaturwissenschaftliche, pastorale, hermeneutische, theologische und fundamentalistische Stimmen, und es kommen weitere dazu, wenn man den Raum der Diskurse öffnet. Drei Fäden will ich exemplarisch herausgreifen und zuspitzen: einen eher bibelpastoralen, einen kulturwissenschaftlichen und einen theologischen. Ich verknüpfe dabei jeden dieser Fäden mit einem fokussierenden Stichwort: den bibelpastoralen mit der „Vielstimmigkeit der Exegese", den kulturwissenschaftlichen mit der „Autorenfiktion" und den theologischen mit dem „Geltungsanspruch"

[17] Vgl. den Band von *Morenz/Schorch*, Perspektiven (2007), 6; erste Ansätze bietet *Utzschneider*, Literatur (2006), 72f: „Gefragt ist demnach ein Textbegriff, der 1. die Selbstständigkeit des Textes berücksichtigt, der 2. seine kommunikative Einbindung in eine Leserbeziehung nicht vernachlässigt und der 3. den Text nicht auf die enge, auktoriale Ursprungssituation einschränkt. Ein solcher Textbegriff kann wiederum von einem kommunikativen Textmodell her entwickelt werden, indem allerdings die drei Momente ein ‚Autor', ‚Text' und ‚Leser' und ‚Autor' neu bestimmt und aufeinander bezogen werden müssen".

der Texte. Die Zuordnungen wollen nicht exklusiv, sondern paradigmatisch verstanden werden. Nicht dass diese sich in der Literatur exakt so spiegeln würden, in der Stoßrichtung lassen sie sich aber sehr wohl so wahrnehmen:

1. Die einen sind die Vielstimmigkeit der Forschung leid. Es herrsche eine „nie da gewesene Unübersichtlichkeit", die „Unbehagen und Orientierungslosigkeit"[18] erzeuge. Um dem Relevanzverlust entgegenzuwirken, sei daher für die Bibelwissenschaft eine Komplexitätsreduktion geboten. Auch nach mehr als einem Jahrhundert kritischer Forschung habe „die" Exegese nicht zu *einem* Ergebnis geführt. Weder sei die Entstehung der Evangelien noch – ein angesichts der Vielfalt der Forschungslandschaft wohlfeiles Beispiel – die Entstehung des Pentateuch konsensual geklärt. Damit sei die historisch-kritische Exegese erwiesenermaßen nicht in der Lage, das Problem, das sie zu klären angetreten war, einer Lösung zuzuführen. Sie sei gescheitert und deshalb sei nach alternativen Methoden Ausschau zu halten bzw. seien die vorkritischen Methoden erneut zur Geltung zu bringen. Dies führe zugleich zu einem direkteren und einfacheren Zugriff auf die biblischen Texte. Die in den 70ern und 80ern des vergangenen Jahrhunderts entwickelte und eingeübte Frontstellung zwischen synchroner und diachroner Exegese begann mit dem enthusiastisch vorgetragenen Anspruch, der Vielfalt exegetischer Meinungen zur Entstehung von Texten durch die einheitliche Perspektive des „Endtextes" entgegenzutreten. Die Hoffnung zerplatzte und die synchrone Exegese zeigte sich bald als ebenso vielstimmig wie die historisch-kritische[19], doch geblieben ist eigenartigerweise die Skepsis gegenüber der Polyphonie der diachronen Exegese. Die Erwartung als solche ist jedoch schon vollkommen überzogen, wie ein Blick in die literaturwissenschaftliche Diskussion um die Entstehung der homerischen Epen oder der Sonette von Shakespeare zeigt. Dass sich die jüngere Diskussion wieder aus der Frontstellung der 70er- und 80er-Jahre des vergangenen Jahrhunderts speist, spricht nicht gerade für einen methodischen Fortschritt, jedoch ist der Ton um eine Facette reicher geworden: In der Ablehnung der methodisch gebundenen Exegese maskiert sich zunehmend eine Ablehnung der Vielstimmigkeit der Moderne. Diese erfreut sich vor allem in neokonservativen Kreisen großer Beliebtheit. Die historisch-kritische Exegese sei – so der vergröbernde Vorwurf – wesentlich mitschuldig an der

[18] *Schwienhorst-Schönberger*, Sinn (2008), 180.

[19] Das stellt auch *Schwienhorst-Schönberger*, Eindeutigkeit (2003), 413 heraus.

Glaubens- und Gotteskrise der Spätmoderne.[20] In das gleiche Horn stoßen allerdings stets diejenigen, die den Paradigmenwechsel in der Exegese für notwendig erachten.[21]

Nun ist weder der Komplexitätsgrad von Hypothesen noch der Grad ihrer Akzeptanz ein verlässlicher Indikator für das, was an wissenschaftlicher Perspektive notwendig und richtig ist. Alles – so einem Albert Einstein zugeschriebenen bekannten Diktum folgend – sollte so einfach wie möglich gemacht werden, aber eben nicht einfacher.

2. Die Zeit historisch-kritischer Exegese sei vorbei. Sie sei von Positivismus und historischer Verengung nicht frei und daher nicht mehr zeitgemäß, insbesondere im Festhalten an dem *einen* Autor. Dabei wird auf die Konsequenzen aus einem der vielen „turns" der Kulturwissenschaften[22] verwiesen. Neben den „cultural", den „postcolonial", den „performative" und den „spatial" turn tritt die rezeptionsästhetische Wende zum Leser als Autorität des Textes. Hintergrund ist der poststrukturalistische „Tod des Autors" in den späten 60ern des vergangenen Jahrhunderts. Roland Barthes hatte sich nicht umsonst eines überzogenen Modells göttlicher Autorschaft bedient, um das Konstrukt des Autors als sinnstiftende Autorität zu hinterfragen: „Wir wissen nun, daß ein Text nicht aus einer Wortzeile besteht, die einen einzigen gewissermaßen theologischen Sinn (das wäre die ‚Botschaft' des ‚Autor-Gottes') freisetzt, sondern aus einem mehrdimensionalen Raum, in dem vielfältige Schreibweisen, von denen keine ursprünglich ist, miteinander harmonieren oder ringen".[23] Der Autor verlor den Nimbus der Genialität (den er aus dem 19. Jh. hatte und der für die antike Traditionsliteratur ohnehin mehr als unangemessen war) und er verlor die Autorität, das was er vermeintlich sagen wollte, als Sinn des Textes dem Rezipienten als den *eigentlichen Sinn* zu oktroyieren. Damit war der historisch-kritischen Exegese, die die Autorenintention der menschlichen Verfasser stark gemacht hatte, scheinbar der Boden unter den Füßen weggezogen.

[20] Vgl. zur Auseinandersetzung mit diesem Vorwurf *Kügler*, Entweihung (2009), 148.

[21] So spricht G. Steins in Bezug auf Lehrerinnen und Lehrer von einer „chronischen Bibel-Erkältung", die die Schulung in historisch-kritischer Exegese ausgelöst habe und lastet das selbstredend der Methode, nicht der Schulung an. *Steins,* Wort Gottes (2004), 70.

[22] S. dazu *Bachmann-Medick*, Cultural Turns (2010), die festhält: „Immerhin entstehen unentwegt neue Versuche, *turns* zu kreieren und sie in der Forschungslandschaft zur Geltung zu bringen" (382).

[23] *Barthes*, Tod (2006), 61. Vgl. die etwas anders akzentuierende Übersetzung in *Ders.*, Tod (2000), 190.

Doch das metaphorische Schlagwort vom Tod des Autors sollte in der fundamentalen Kritik der historisch-kritischen Exegese weit mehr leisten als es leisten konnte. Scharf formuliert das der Literaturwissenschaftler Carlos Spoerhase: „Reflexionen zur Abwesenheit des Autors kursierten lange Zeit unter dem metaphorischen Titel eines ‚Todes' des Autors. Die Rede vom ‚Tod' des Autors – die nicht selten auch den ‚Tod' Gottes, den ‚Tod' des Subjektes oder den ‚Tod' des Patriarchats evozierten sollte – lebte mehr von der Theatralität ihrer Metaphorik als von der Präzision ihrer Fragestellung und der Plausibilität ihrer Lösungsansätze".[24] Der vermeintliche Tod des Autors währte nicht wirklich lange! Eigentlich nur eine „Generation" von 30 Jahren, die zudem von der Frage „Was ist ein Autor?" – so der Titel des einflussreichen Beitrags von Michel Foucault – bestimmt wurde.[25] Die Tür haben paradoxerweise gerade die Überlegungen Michel Foucaults aufgestoßen, indem sie das Autorenkonstrukt Diskurse repräsentieren ließen. Der „Autor" wird in der Interpretation geschaffen, geht aber gerade nicht in dem Rezipienten und dessen Welt auf. Dass daraufhin das Konstrukt des Autors als „Autorfunktion" in der jüngeren Literaturwissenschaft wieder in der Hermeneutik Einzug gehalten hat und von vielen für unverzichtbar für die Sinnkonstitution in Interpretationsprozessen aufgefasst wird, ist an manchen Kritikern der historisch-kritischen Methode jedoch vorbeigegangen. Geblieben ist die Unterstellung, die historisch-kritische Exegese würde an einem Konstrukt, der Autorintention, festhalten und damit die maßgebliche Sinnkonstitution in den Produktionsprozess verlagern. Das ist jedoch, wie der einer trotzigen Verteidigung historisch-kritischer Forschung unverdächtige Helmut Utzschneider herausstellt, falsch: „Sieht man auf wichtige exegetische Arbeiten der letzten Jahre, … so könnte … der Eindruck entstehen, dass in der literarkritisch-diachronen Exegese das Autorenmodell der Kommunikation völlig ungefragt und unangefochten in Geltung ist. Doch dieser Eindruck trügt".[26] Sicher ist es durch den Diskurs in der Lite-

[24] *Spoerhase*, Autorschaft (2005), 11. Vgl. die Anthologien von *Jannidis*, Rückkehr (1999) und *Städtke/Kray*, Spielräume (2003). Zu den unterschiedlichen Autorenkonstrukten s. den Überblick bei *Schmitz*, Prophetie (2008), 58–81, die auch die Geschichte von „Tod und Auferstehung" des Autors in der Literaturwissenschaft nachzeichnet.

[25] *Foucault*, Autor (2000), 194–229.

[26] *Utzschneider*, Text (1999), 235, der vor allem auf die rezeptionsästhetischen Ansätze bei C. Hardmeier und O. H. Steck verweist. Zu Recht hebt er *C. Dohmen*, Rezeptionsforschung (1987), 131 heraus, dessen Überlegungen zur Rezeptionsgeschichte für ein theologisches Verständnis der Heiligen Schrift weiterführend waren. Zu verweisen wäre auch auf die Brechungen des Autorenkonstruktes durch die Betonung, dass in biblischer Literatur Traditionsliteratur vorliegt, die anderen Gesetzen

raturwissenschaft gebrochen und der historistischen Enge des empirischen Autors entzogen, doch sei es, dass man von einem Modellautor oder einem impliziten Autor, einem vermuteten Autor oder der Autorfunktion spricht, der Autor ist in den Exegesen (wieder) sehr präsent. Auch Brückenschläge des biblisch-hermeneutischen Grundproblems von Gott als Urheber und der menschlichen Autorschaft werden dabei versucht. Eine bloße Rückkehr zum Intentionalismus, der sich an einen im Ursprung des Textes liegenden bedeutungsstiftenden Akt heftet, ist damit in der Regel nicht verbunden.[27] Auch hier bieten prozessuale Konzeptualisierungen, die die im Text repräsentierten *de facto* Intentionen des Autors nicht a priori für irrelevant erklären, Möglichkeiten, rezeptionsästhetische und produktionsästhetische Ansätze miteinander zu vermitteln.

Ein entscheidendes Moment ist letztlich die Frage, wie sich Produktion und Sinn zueinander verhalten. Dabei scheinen beide Extreme in die falsche Richtung zu gehen: Weder bestimmt sich der Sinn eines Textes ausschließlich in der und durch die Produktion noch unabhängig davon. Die Beschäftigung mit dem, was „Aussageabsicht der Hagiographen" (DV 11) war, macht daher Sinn und sollte der historisch-kritischen Exegese nicht zum Vorwurf gemacht werden. Das Schlagwort „produktionsästhetisch" geht aber keinesfalls in dem „was der Autor sagen wollte" auf, sondern sieht vielmehr den Produktionsprozess eines Textes insofern als sinnbestimmend und sinnbegrenzend an, dass sich der rezeptionsästhetische Sinnkonstitutionsprozess davon nicht mehr vollständig lösen kann und darf. Das darin erkennbare Plädoyer für ein Festhalten an einer *intentio auctoris* jenseits eines positivistischen Intentionalismus ist etwas ganz anderes als die oft unterstellte Monosemie einer Autorenintention. Im Zusammenspiel mit der *intentio operis* beschreibt die präsumierte Intentionalität des Produktionsprozesses die Grenzen, in denen sich Textverstehen legitim bewegt. Richtig scheint mir an der Kritik zu sein, dass das Zurücktreten des Autors und seine Transformation im Rezeptionsprozess als Chance auch für die historisch-kritische Forschung noch nicht so recht begriffen worden ist. Denn es eröffnet sich doch *auch* eine Möglichkeit, Gott als Urheber der Schrift wieder ins Spiel zu bringen. Der menschliche Autor tritt insofern zurück, weil er zwar faktisch als existent angesehen werden muss, de facto aber immer eine Konstruktion bleibt, insofern er nicht mit dem identisch ist, was die Vermutung über den Autor aufstellt. Hier wäre viel-

folgt als Autorenliteratur. Im Ansatz sind hier Intentionalität und individueller Autor entkoppelt.

[27] Zur literaturwissenschaftlichen Debatte s. die strukturierte Darstellung bei *Spoerhase*, Autorschaft (2005), 57–67.

leicht in theologischer Absicht in künftigen Debatten mehr zu investieren. Ludger Schwienhorst-Schönberger versucht in seinen Beiträgen genau diesem Anliegen Rechnung zu tragen und das ist hoch anzuerkennen.

3. Die historisch-kritische Exegese trage, so schließlich eine theologische Variante der Infragestellung der Methode, dem *Geltungsanspruch* der Texte nicht Rechnung, da sie die Texte aus ihrem Kontext sowohl synchron als auch diachron heraustrennt und damit nicht mehr in den normativen Zusammenhang stellt. Sie bleibe an der Oberfläche des Textes und erschließe nicht dessen „Wahrheit". Demgegenüber würde der kanonische Zugang das sinnproduktive Potential der Texte im Kontext des Kanons hervorheben und die Texte so neu im wahrsten Sinne zur Geltung bringen. Die historisch-kritische Exegese habe demgegenüber theologische Defizite, die sich vor allem durch die Selektion in der Konstruktion auf das Textwachstum zeige.

Nun gilt es nicht zu bestreiten, dass die Heilige Schrift mit ihren Lesern wächst („quod aliquo modo cum legentibus crescit" Gregor d. Gr., Moralia in Job XX,1). Das Lesen der Texte im Kontext des Kanons ist notwendig und bereichernd, so dass der auch theologische Gewinn der Perspektiverweiterung nicht in Frage steht. Aber ist auch der zweite Teil der Aussage richtig, dass historisch-kritische Exegese die „Wahrheit" des Textes verfehle? Zunächst ist der Vorwurf gegenüber der historisch-kritischen Exegese, sie bediene nur eine partikulare Perspektive, wohlfeil und in der schieren Unendlichkeit von hermeneutischen Prozessen in der Interpretation von Texten sowohl selbstverständlich wie unvermeidlich. Engführungen sind zuzugestehen, sie diskreditieren aber nicht die Methodik an sich, zumal in den letzten zwei Jahrzehnten unter dem von Erich Zenger erstmalig formulierten Rubrum „diachron reflektierte Synchronie"[28] die Valenz des gegebenen kanonischen Textes als Ausgangs- *und* Zielpunkt der Exegese neu unterstrichen worden ist. Das schließt die Kontextualisierung im Kanon ein. Die Lern- und Entwicklungsfähigkeit, die die kanonische Exegese in ihren Anfängen für sich in Anspruch nehmen durfte, als ihr etwa die konkrete Anordnung der Bücher des Kanons als wenig kanonisch aufleuchtete und sich daraus ein Problem kanonischer Intentionalität ergab[29], sollte von ihren Kritikern auch der

[28] S. dazu *Zenger*, Exegese (2004), 130–137; *Ders*., Essentials (2005), 231; *Berges*, Synchronie (2007), 251.

[29] Erinnert sei an die heftigen Auseinandersetzungen um die Differenz von kanonischem Prozess, kanonischer Gestalt und Geschichtlichkeit der kanonischen Anordnung selbst s. *Mosis*, Approach (1997), 39–59; *Brandt*, Endgestalten (2001); *Steinberg*, Ketuvim (2006); *Fabry*, Leiden (2010), 18–33. Aus der Fülle der jüngeren Li-

historisch-kritischen Exegese zugestanden werden. Zudem: Wird aber aus der selektiven Perspektive ein Gegensatz zur kanonisch-intertextuellen Leseweise stilisiert, wird der Vorwurf unredlich. Denn dass es der kanonischen Exegese ebenfalls kaum gelingt, die potentielle Vielfalt von Textbezügen innerhalb des Kanons für den kanonischen Sinnüberschuss in den Interpretationsprozessen zu berücksichtigen, lehrt ein einfacher Blick in kanonische Bibellektüren. Auch die kanonische Leseweise ist notwendig mit Selektionen verbunden, welche Textbezüge als für das Verständnis konstitutiv betrachtet werden und welche nicht.

Methodisch nachvollziehbare Kriterien der Selektion sind jenseits aktueller Kontingenz nach wie vor nicht in Sicht. Die Gefahr, dass die Selektionskriterien textfremd aus systematischen Vorentscheidungen vorgegeben werden, ist nicht zu verkennen, und wird umgekehrt bisher in der Methodendiskussion viel zu wenig problematisiert. Das gilt nicht zuletzt und vielleicht sogar noch in besonderem Maße für die Aufwertung der allegorischen Interpretation.

Ein letzter Punkt: Aus der Notwendigkeit der historisch-kritischen Exegese folgt nicht, dass sie zureichend wäre oder gar das Textverstehen darin aufgehen würde. In der Debatte wird oft unterstellt, die historisch-kritische Exegese würde ihr Textverständnis entweder mit dem ganzen Sinn der Schrift, ihrer normativen Geltung oder dem spirituellen oder ästhetischen Gehalt der Schrift gleichsetzen. Das ist allerdings weder von der Methode her impliziert noch de facto der Fall. Die Verengung auf eine historische Perspektive ist wie die Monosemie eine Unterstellung, die vielleicht einzelnen Individuen, nicht aber der Methodik angelastet werden kann. Das sollte doch eigentlich schon die antike Frontstellung zwischen Alexandrinern und Antiochenern gelehrt haben.

Unzweifelhaft macht die Methodendiskussion deutlich, dass es eine Vielzahl von Anfragen und ungelösten Problemen der historisch-kritischen Methode und ihrer Voraussetzungen gibt. Dazu schrieb Karl Lehmann 1971: „Niemand darf erwarten, daß die Antworten auf diese Fragen schlicht *gegen* die historisch-kritische Methode ausfallen werden. Dies wäre nur ein Zeichen für die Verkennung ihrer Erfolge und ein Beweis für vorkritische Geisteshaltung. Aber vielleicht könnte es sich überzeugender erweisen, daß die historisch-kritische Auslegung der Schrift nur *eine* Frageweise und *eine* Dimension des Verstehens des Wortes Gottes ist. Freilich auch ein ‚nachkritisches' Zeitalter, das nochmals die Kritik der Kritik be-

teratur den Überblick bei *Fabry*, Beitrag (2012), 582–599; *Steins/Taschner*, Kanonisierung (2010); *Hieke*, Formen (2013).

denkt, wird unablässig von der historisch-kritischen Methode und mit ihr lernen".[30] Damit hält Lehmann an der Unverzichtbarkeit ohne Marginalisierung, aber auch ohne Verabsolutierung fest. In diesem Sinn wollen die folgenden Ausführungen verstanden sein.

Zu den Aufgaben der Exegese in Dei Verbum 12

In der Einleitung war die bedeutende Wende des II. Vatikanums bezüglich der Schriftauslegung schon angeklungen. Dabei war die eingeübte Rede vom „Durchbruch" mit Blick auf die Rezeption des Konzils und die nun seit gut vier Jahrzehnten anhaltende heftige Methodendiskussion in der Exegese in Frage gestellt worden. Die Position des Konzils muss – und das ist eine Aufgabe, die hier nicht geleistet werden kann – vor dem Hintergrund der Geschichte der historisch-kritischen Exegese in der Katholischen Kirche gesehen werden. Auch die Konzilsdokumente sind in einer Geschichte stehende Dokumente und bedürfen einer diesem Umstand entsprechenden Hermeneutik.[31] Denn es war bekanntlich „nicht leicht, den Vätern ein gutes Wort für die Vertreter und Träger der Bibelwissenschaft abzuringen"[32], zumal die „innerkatholischen Angriffe auf die neuere Exegese während des Konzils"[33] durchaus noch anhielten. In Bezug auf das Alte Testament zeigt sich das auch in der Hermeneutik. Ein Eigenwert des Alten Testamentes klingt erst vorsichtig an, Dei Verbum trägt in der Verhältnisbestimmung von Altem und Neuem Testament noch nicht der geöffneten ekklesiologischen Perspektive von Nostra Aetate 4 Rechnung.[34] Hier sind die Kompromisse unterschiedlicher Positionen mit Händen zu greifen und die Fortschritte sind erst viele Jahre später auch hermeneutisch sichtbarer. Gleiches gilt für die Aussagen zur Methodik, die weder den Stand der Diskussion zur Zeit des Konzils und noch weniger den Stand der Diskussion danach spiegeln. Das ist in Bezug auf die Wahrnehmung der historisch-kritischen Methodik bedeutsam. Oft wird aber der Eindruck

[30] *K. Lehmann*, Horizont (1971), 79.

[31] Zur Hermeneutik der Konzilstexte s. den Beitrag von *Wohlmuth* in diesem Band und *Ders.*, Verwendbarkeit (1977), 205–231. Ferner die hilfreichen Anmerkungen bei *Söding*, Theologie (2012), 430–431.

[32] *Grillmeier*, Kommentar (^{2}1967), 543.

[33] Ebd., 531.

[34] Deshalb sollte man z. B. die im Anschluss an die früheren Konzilien in DV 16 aufgenommene und auf Augustinus zurückgehende *latet-patet*-Formel (*Novum in Vetere latet, Vetus in Novo patet* „Das Neue ist im Alten verborgen und das Alte liegt offen im Neuen") nicht als „gewissermaßen in den Rang eines Glaubenssatzes erhoben" darstellen. So *Voderholzer*, Offenbarung (2013), 36.

erweckt, die Konzilstexte würden *die* historisch-kritische Methode wiedergeben.[35]

Der Ausgangspunkt war alles andere als spannungsfrei: Das Ringen um die Akzeptanz des historisch-kritischen Zugangs in der ersten Hälfte des 20. Jahrhunderts seit dem Antimodernistenstreit war zäh und – was das notwendige Zugeständnis zur Freiheit der Wissenschaft angeht – oft auch wenig ruhmreich. Eine Facette aus dem Jahrzehnt vor dem Konzil spiegelt die Kontroverse zwischen dem Pontificum Institutum Biblicum und der Pontifica Universitas Lateranensis.[36] Das lehramtliche Festhalten an der Autorschaft des Mose als Urheber des Pentateuch oder an der Authentizität aller neutestamentlichen Schriften gehörte wie der an den Wortlaut der Genesis geknüpfte Kreationismus zu den Positionen, die von Bibelwissenschaftlern nicht ohne Schaden öffentlich aufgegeben werden durften. Immunisierungen und Marginalisierungen der Forschungsleistungen waren die Folge. Die Exegese war an die Dogmatik gekettet und ohne methodischen Eigenstand. Der Schaden, der dabei für das Ansehen der katholischen Exegese entstand, ist nicht zu unterschätzen und wirkt ebenso nach wie die „Entfremdung von kirchlichem Lehramt und theologischer Wissenschaft, deren Spätfolgen", wie Peter Neuner zu Recht betont, „noch keineswegs überwunden sind".[37]

Nun darf man andererseits nicht den Fortschritt unterschätzen, den die Aussagen in Dei Verbum gegenüber den kirchlichen Dokumenten des 19. und 20. Jahrhunderts bedeuten. Aber man sollte auch nicht verkennen, dass sich das Misstrauen gegenüber der Exegese, das die Beratungen der dogmatischen Konstitution begleitet hat, durchaus noch in den Aussagen spiegelt. Entsprechend eng war die Anbindung der Exegese an das Lehramt.[38] Schon im Vorfeld war das Zugeständnis von Divinu afflante spiritu, sich dem *sensus litteralis* mit wissenschaftlichen Methoden zu nähern, auf Skepsis gestoßen.[39] Zudem sind eine Reihe von Zuspitzungen der Debatte um die Iner-

[35] Abgesehen davon, gibt es *die* ungeachtet von konsensualen Standardisierungen eine unveränderliche historisch-kritische Methode nicht. K. Lehmann spricht von ihrer „dynamischen Leistungsfähigkeit" und einer „unaufhörlichen Reform ihres eigenen methodischen Instrumentariums" (Horizont [1971], 40). „It has never been a fixed and unaltered entity, though" (*Nissinen*, Reflections [2009], 479) oder knapp „Die exegetischen Methoden sind im ‚Fluss'" (*Finsterbusch/Tilly*, Plädoyer [2010], 10).

[36] Norbert Lohfink hat diese Kontroverse als Zeitzeuge auf der Mainzer Tagung lebendig werden lassen. Die Hintergründe schildern *Dupont/Schelkens*, Exegese (2010), 1–24; *Voderholzer*, Offenbarung (2013), 85–89.

[37] *Neuner*, Schrift (2011), 479.

[38] Vgl. *Lohfink*, Fleck (1992), 89. Vgl. auch *Söding*, Theologie (2012), 427–429.

[39] Vgl. *Grillmeier*, Kommentar (^{2}1967), 537.

ranz der Schrift geschuldet[40], die im westeuropäischen Kontext derzeit nicht mehr das Hauptproblem darstellt.

Können also die Kompromissformulierungen in Dei Verbum nicht einfach mit dem Stand der Exegese gleichgesetzt werden (was Auswirkungen auf die dort abgebildete historisch-kritische Methode hat), so ist die Rede vom „Durchbruch“ auch noch in einer zweiten Hinsicht zu konkretisieren. Denn ein klares und eindeutiges Bekenntnis zur historisch-kritischen Exegese formulieren die Konzilsväter bekanntlich nicht. Die Spannung zwischen dem *sensus litteralis* und dem *sensus plenior* trägt durch. Darauf in jüngerer Zeit mit Nachdruck hingewiesen zu haben, ist das Verdienst von Ludger Schwienhorst-Schönberger, der zu Dei Verbum schreibt: „Tatsächlich werden in dieser Konstitution die zentralen Anliegen der historisch-kritischen Exegese aufgegriffen und anerkannt. Gleichzeitig aber wird die traditionelle Bibelhermeneutik, wie sie vor allem in der frühen Kirche konzipiert und über Jahrhunderte hin praktiziert wurde, beibehalten“.[41] Mit Joseph Ratzinger wertet er allerdings das Gegenüber als „Antagonismus zweier Grundeinstellungen“, die einander gegenläufig sind.[42] Tendenziell sieht er in der diametralen Entgegensetzung eine Programmatik, deren Lösung von den Konzilsvätern zwar angelegt, aber nicht vollzogen sei. „Eine theologisch reflektierte Vermittlung beider Modelle der Schriftauslegung steht noch aus. Sie dürfte zu den vorrangigen Aufgaben zukünftiger Bibelwissenschaft gehören“.[43] Er plädiert seinerseits dafür, „dass die Ergebnisse der historischen Forschung in das traditionelle Modell der Bibelhermeneutik zu integrieren sind, nicht umgekehrt“.[44] Nun sollten keine Zweifel daran bestehen, dass in den Konzilstexten tatsächlich eine Spannung zwischen den Auslegungsmethoden besteht und der Stellenwert der historisch-kritischen Exegese vor dem Hintergrund der traditionellen Schrifthermeneutik nicht wirklich geklärt ist. Es darf

[40] Das zeigt Grillmeier am Beispiel des Entwurfs D 1963: „Weil man sich um des Friedens willen darauf geeinigt hatte, alles zu vermeiden, was die Frage der ‚materialen Suffizienz der Schrift‘ im positiven oder negativen Sinne entscheiden würde, war die Formulierung der Rolle der Schrift in der Weitergabe der Offenbarung besonders erschwert. Das Fehlen einer vertieften Vorstellung des Verhältnisses von Schrift und Tradition machte sich auch hier bemerkbar. So wurde der Ausweg des Schweigens und der Weglassung positiver Aussagen gewählt, was sicher nicht zum Vorteil des Ganzen war. Gegenüber den langen Ausführungen von 1962 war nun die Irrtumslosigkeit der Schrift ganz kurz, mit traditionellen Worten, formuliert“ (*Grillmeier*, Kommentar [^{2}1967], 530f, vgl. ebd., 532).

[41] *Schwienhorst-Schönberger*, Wiederentdeckung (2011), 402, vgl. den Wiederabdruck in *Ders.*, Modelle (2011).

[42] Ebd., 403 mit Zitat von *Ratzinger*, Bedeutung (1968), 260.

[43] Ebd., 423.

[44] Ebd., 422.

aber diskutiert werden, wie weit die vorgeschlagene Lösung, die einerseits den Gegensatz beider Seiten verstärkt und zugleich eine Subordination der historisch-kritischen Forschung empfiehlt, trägt. Meine These ist, dass darin die kritische Funktion des methodischen Zugangs zu gering bewertet wird und unter der Voraussetzung, dass Schriftauslegung und Exegese identifiziert werden, einer wissenschaftlichen Exegese die Basis genommen wird. Das gilt es im Folgenden zu entfalten.

Gesprächspartner dabei ist an vielen Stellen Ludger Schwienhorst-Schönberger, der sich in jüngerer Zeit prononciert zur Exegese geäußert hat. Dabei sollen weder Anliegen noch Leistung des Ansatzes von Ludger Schwienhorst-Schönberger in Frage gestellt werden, sondern vielmehr einige der darin erkennbaren hermeneutischen Grundentscheidungen zur Diskussion gestellt werden. Das Bemühen um eine theologische Aufwertung der Heiligen Schrift verdient uneingeschränkte Zustimmung. Dass dazu die auf die ganze Schrift aus zwei Teilen gerichtete kanonische Perspektive wesentlich ist, bedarf ebenfalls keiner ausdrücklichen Zustimmung. Schon alleine die theologische Kategorie „Wort Gottes“ impliziert eine Einheit, die über die bloße Zusammenstellung von Texten hinausgeht.[45] Diese gilt es immer neu zu erschließen, soll die Heilige Schrift „Seele der Theologie“ (DV 24) bleiben.

Ebenso ist das Einbringen der Kirchenväterexegese in den gegenwärtigen Diskurs notwendig und richtig, wenn auch über die Frage der Bedeutung der Kirchenväterhermeneutik für das heutige Schriftverständnis keine Einigkeit besteht. Es soll auch nicht bestritten werden, dass Ludger Schwienhorst-Schönberger die historisch-kritische Exegese hoch achtet und ihre Ergebnisse im Grundsatz akzeptiert.[46] Streit besteht lediglich über a) den Stellenwert der allegorischen Interpretation als Auslegung der Heiligen Schrift, b) den Stellenwert der historisch-kritischen Forschung und c) das Verhältnis von Exegese, Auslegung und einer mystischen Erschließung der Schrift. Nur

[45] Die Tragfähigkeit dieser Kategorie für die theologische Einheit der Schrift jenseits aller ekklesial garantierten Einheit lotet Thomas Söding aus. *Söding*, Lebendigkeit (2007), 12–55.

[46] „‚Wo die Liebe, dort öffnet sich ein Auge‘. Damit ist ein erstes, und zwar grundlegendes Anliegen historisch-kritischer Bibelauslegung genannt: es geht ihr um eine *besondere Form der Aufmerksamkeit*; eine Aufmerksamkeit, die den anderen und das andere in seiner Andersartigkeit zunächst einmal wahrnimmt und beläßt. Damit entsteht aber notwendigerweise eine gewisse Distanz. Es ist aber nicht die kühle Distanz des Unbetroffenen, sondern die raumschaffende Nähe des wahrhaft Liebenden“ (*Schwienhorst-Schönberger*, Bibelauslegung [1992], 20). Ganz so verständnisvoll und mit Zuneigung geht Schwienhorst-Schönberger mit der Methode allerdings in den jüngeren Veröffentlichungen nicht mehr um.

darum soll es im Folgenden gehen. Eine umfassende Evaluation der hermeneutischen Bedeutung der Rezeption der Kirchenväter in der Exegese (etwa H. de Lubac, R. Voderholzer) ist nicht angezielt.

Wie oben angedeutet wurde, geht es dabei *auch* um ein Verständnis der Konzilstexte und die Einordnung der aufgezeigten Spannung. Mit einem kommentierenden Aufgreifen der Aussagen in Dei Verbum zur Wahrheit der Schrift einerseits und zur Rolle des Auslegers sei im Folgenden auf zwei „Bausteine" Bezug genommen, die für die Diskussion um die Tragfähigkeit des Fundaments der Exegese weichenstellend sind:

> Weil also all das, was die inspirierten Verfasser bzw. Hagiographen aussagen, als vom Heiligen Geist ausgesagt festgehalten werden muss, daher ist von den Büchern der Schrift zu bekennen, dass sie sicher, getreu und ohne Irrtum die Wahrheit lehren, von der Gott wollte, dass sie um unseres Heiles willen in heiligen Schriften aufgezeichnet werde (DV 11).[47]

Diese maßgebliche Aussage über die Wahrheit und die damit verbundene Inspiration der Heiligen Schriften sollte weder essentialistisch noch instruktionstheoretisch missverstanden werden, da das hermeneutisch zu hochproblematischen Modellen des Textverstehens führt. Aus den Formulierungen – so problematisch sie im Einzelnen auch erscheinen mögen – ist auch nicht abzuleiten, dass der Text die angesprochene Wahrheit in einem bestimmten Sinn *enthält*, sondern dass sich die Offenbarung auf diese Wahrheit *bezieht*. Jene Wahrheit aber ist Gott selbst, der sich in der Heiligen Schrift offenbart (DV 1, 6, 11). Ein relationales Wahrheitsverständnis kommt also dem Gemeinten näher als ein instruktionstheoretisches. Genau betrachtet ist auch darin eine Entlastung der historisch-kritischen Exegese zu sehen, deren Aufgabe *nicht* darin gesehen werden kann, eine in der Schrift verborgene Wahrheit freizulegen. Schaut man genauer hin, ergibt sich hier ein markanter Punkt des Dissenses. Der Wahrheitsbegriff oder genauer das Verhältnis von „Text" und „Wahrheit" stellt sich als wesentlich in der gegenwärtigen Methodendiskussion heraus. Vor diesem Hintergrund begreift man vielleicht die polemische Unterstellung Ludger Schwienhorst-Schönbergers, die historisch-kritische Exegese würde „auf unangenehme Weise an ein instruktionstheoretisches Offenbarungsverständnis erinner[n], welches die Offenbarung Gottes primär oder gar ausschließlich als Mitteilungen ‚geoffenbarter

[47] *Cum ergo omne id, quod auctores inspirati seu hagiographi asserunt, retineri debeat assertum a Spiritu Sancto, inde Scripturae libri veritatem, quam Deus nostrae salutis causa, Litteris Sacris consignari voluit, firmiter, fideliter et sine errore docere profitendi sunt.* Übersetzung nach *Hünermann*, Dokumente (2004), 373.

Wahrheiten' versteh[e]".[48] Dass das personale Moment in der Selbstoffenbarung Gottes in der Schrift nicht ausreichend ernst genommen würde, ist ein schwerer Vorwurf an die Exegese, dessen Basis m. E. in Frage steht. Da die Schrift fundamentales *Zeugnis* der Selbstoffenbarung Gottes ist, geht ihre Bedeutung ohne Zweifel nicht im Literalsinn auf. Mir wäre kein Exeget bekannt, der das ernsthaft behaupten würde. Entscheidend ist vielmehr, dass auch das personale Moment nicht ohne den Literalsinn gegeben ist. Dass also ein personales Offenbarungsverständnis erst in der geistigen Schriftlektüre durch die Begegnung mit Christus in der Schrift (des Alten wie des Neuen Testaments!) zur Entfaltung kommt, ist m. E. eine theologisch problematische Position.[49] Auch Sätze Schwienhorst-Schönbergers wie: „Die für alle Menschen und Zeiten geltende Wahrheit hat sich in der Zeit geoffenbart"[50], lassen das Glashaus erkennen, aus dem da mit Steinen geworfen wird. Die diametrale Zuordnung der patristischen Exegese zu einem personalen Offenbarungsverständnis und der historisch-kritischen Exegese zu einem instruktionstheoretischen Modell, ist jedenfalls ebenso wenig hilfreich wie deren Umkehrung. Vielmehr sollte man sich m. E. darauf verständigen, dass für die hermeneutische Debatte ein relationales Wahrheitsverständnis insgesamt weiterführender ist.

Die zweite Passage zur Rolle des Exegeten entstammt dem ersten und letzten Abschnitt aus Dei Verbum 12:

> Da aber Gott in der Heiligen Schrift durch Menschen nach Menschenart gesprochen hat, muss der Ausleger der Heiligen Schrift, um zu durchschauen, was Er uns mitteilen wollte, aufmerksam erforschen, was die Hagiographen wirklich deutlich zu machen beabsichtigten und <was> Gott durch ihre Worte kundzutun beschloss. ....
> Sache der Exegeten aber ist es, gemäß diesen Regeln auf ein tieferes Verstehen und Erklären des Sinnes der Heiligen Schrift hinzuarbeiten, damit gleichsam aufgrund wissenschaftlicher Vorarbeit das Urteil der Kirche reife (DV 12).[51]

[48] *Schwienhorst-Schönberger*, Wiederentdeckung (2011), 423.

[49] *Schwienhorst-Schönberger*, Modelle (2012), 459 weist selbst darauf hin: „Dieser Vorschlag der Zuordnung (der Väterexegese zu dem dialogisch personalen Offenbarungsverständnis des II. Vat.) mag Irritationen auslösen. Ich will mich nicht darauf fixieren".

[50] *Schwienhorst-Schönberger*, Angelegenheit (2012), 192; vgl. *Ders.*, Sinn (2010), 88.

[51] *Cum autem Deus in Sacra Scriptura per homines more hominum locutus sit, interpres Sacrae scripturae, ut perspiciat, quid Ipse nobiscum communicare voluerit, attente investigare debet, quid hagiographi reapse significare intenderit et eorum verbis manifestare Deo placuerit. Exegetarum autem est secundum has regulas adlaborare ad Sacrae Scripturae sensum penitus intelligendum et exponendum, ut quasi praeparatio studio, iudicum Ecclesiae maturetur.* Übersetzung *Hünermann*, Dokumente (2004).

„Schrifterklärer“ (*interpres Sacrae Scripturae*) wird in der Diskussion häufig einfach gleichgesetzt mit „Exeget“. „Hier geht es, wenn vom *interpres Sacrae Scripturae,* dem ‚Ausleger der Heiligen Schrift‘ die Rede ist, um den Exegeseprofessor im Hörsaal“.[52] Das ist auch zunächst naheliegend, denn der *interpres* wird im Folgenden mit der Aufgabe betraut, „nach dem Sinn zu forschen, wie ihn aus einer gegebenen Situation heraus der Hagiograph den Bedingungen seiner Zeit und Kultur entsprechend – mit Hilfe der damals üblichen literarischen Gattungen – hat ausdrücken wollen“ (DV 12). Insgesamt geht aber das, was in dem Abschnitt als Aufgabe beschrieben wird, über ein traditionelles Verständnis von Exegese deutlich hinaus. Peter Hünermann übersetzt daher zu Recht mit „Ausleger“, was deutlich offener ist als „Exeget“. Zudem gebraucht *Dei Verbum* am Ende „exegetarum“ und es fragt sich, ob die Differenz nicht doch bedeutsamer ist als auf den ersten Blick erkennbar. „Schrifterklärer“ erscheint demgegenüber offener und weiter. Unklar bleibt aber, in welchem Verhältnis das „was die Hagiographen wirklich zu sagen beabsichtigen“ (*quid hagiographi reapse significare intenderint*) und „was Gott mit ihren Worten kundtun wollte“ (*eorum verbis manifestare Deo placuerit*) durch die Zeit hindurch stehen. Wenn beides nicht das Gleiche ist – das dazwischenstehende „*et*“ also nicht einfach identifizierend explikativ gemeint ist –, und davon scheint das Konzil ausgegangen zu sein[53], dann ist beides auch unabhängig voneinander zu erheben, ohne dass es voneinander unabhängig wäre. Im Gegenteil, beides wäre im Inneren aufeinander bezogen, also eher ein komplementäres als ein antagonistisches Verhältnis. Dass also die historisch-kritische Exegese und das Erheben des geistlichen Schriftsinns zwei Seiten einer Medaille sind, die aber niemals in Deckung zu bringen sind.

Die entscheidende Frage ist also, was die Aufgabe der historisch-kritischen Exegese ist, und da scheint ein weiterer Dissenspunkt in der Debatte auf. Mir scheint, dass sie als wissenschaftliche Disziplin überfordert ist, wenn die Relationen zwischen beiden Teilen, also der Aussage*absicht* der Hagiographen (das ist n. b. *mehr* als der *sensus litteralis*) und der Kundgabe*absicht* Gottes (auch das ist mehr als der *sensus divinus*), geklärt werden sollen. Das „sorgfältig erforschen“ (*attente investigare*) jedenfalls sollte prozessual verstanden und auf *beide* Teile bezogen werden: Die approximative Annäherung an die Selbstoffenbarung Gottes in der Schrift.[54] Die anschließende Aussa-

[52] *Lohfink*, Fleck (1992), 81.

[53] Zum Problem *Lohfink*, Fleck (1992), 82f.89, auch *Schwienhorst-Schönberger*, Wiederentdeckung (2010), 421; *Ders.*, Modelle (2012), 457.

[54] S. hierzu die Diskussion im Kommentar *Grillmeier*, Kommentar (^{2}1967), 540.

ge zur Erforschung der Gattungen möchte ich hier überspringen; es ist offensichtlich, dass hier ein sehr weiter Gattungsbegriff leitend ist. Das ist stark zeitgebunden und auch den Auseinandersetzungen geschuldet – über die Bedeutung von Textgattungen konnte man sich am einfachsten verständigen. Spannend dabei ist lediglich der Bezug auf die historische Welt des Textes („den Bedingungen seiner Zeit und Kultur entsprechend"/„*pro sui temporis et suae culturae condicione*"), von dem der maßgebliche Textsinn nicht gelöst werden kann. Kultur ist also dezidiert als Faktor geschichtlicher Variabilität von Sinn verstanden, auf den sich Exegese erklärend, interpretierend und rekonstruierend richtet. Die erforderliche Erforschung der Welt(en) des Textes, die die Kontextualisierung der Offenbarung als unhintergehbar beschreibt, macht die Erforschung des *sensus litteralis* zum Ausgangs- *und* Bezugspunkt aller weiteren Textsinne. Und diese unaufhebbare Bezogenheit der weiteren Sinne auf den (durchaus plural zu verstehenden, s. u.) Literalsinn ist m. E. ein sehr entscheidender Punkt für die Aufgabenstellung der Exegese.

Welche Bedeutung hat nun, dass die Konzilsväter die Lehre vom vierfachen Schriftsinn *nicht* explizit erwähnen? Hier glaube ich, dass Ludger Schwienhorst-Schönberger Recht hat, wenn er die „Furcht vor übertriebenen Allegorisierungen" als Grund nennt.[55] Und hier muss auch sicher noch weiter investiert werden, um Kriterien für eine Begrenzung der Vielfalt der Sinne zu finden.

Kann Wissenschaft frommen? Zur Exegese als wissenschaftliche Disziplin

Welchen Nutzen hat es nun, Exegese und Wissenschaft in der Erforschung der Schriftsinne zusammenzubinden? Mit dem Bezug auf die alte Bedeutung von „frommen" sei schon angedeutet, dass an der Frage der *Wissenschaftlichkeit* ein weiterer Dissenspunkt zu der Position Ludger Schwienhorst-Schönbergers aufbricht. Zunächst sei noch einmal die Aufmerksamkeit auf die Umschreibung der Aufgabe der Exegeten am Ende des Abschnitts von DV 12 gelenkt. *Exegetarum autem est secundum has regulas adlaborare ad Sacrae Scripturae sensum penitius intelligendum et exponendum* (zur deutschen Übersetzung s. o.). Sehr wichtig scheint mir, dass dabei das Ergebnis der Exegese *nicht* identisch mit der tieferen Erfassung der Schrift ist, sondern vorbereitend (*praeparatio*) auf diese hinarbeitet (*adlaborare*). Diesbezüglich wird die Exegese entlastet. Die Exegese bleibt auf

[55] *Schwienhorst-Schönberger*, Wiederentdeckung (2010), 421.

den weiteren Sinn hin offen und auf ihn hingeordnet, entwirft aber ihre Methodik und ihre einzelnen Methoden nicht von dem weiteren und tieferen Sinn her. Das halte ich für ebenso entscheidend wie die Tatsache, dass die Exegese nicht als identisch mit der kirchlichen Auslegung gesehen wird. Umgekehrt wird damit der Stellenwert der Arbeit am Text betont, denn ohne Bezug auf die Vorarbeit (*praeparatio studio*) ist die Weiterarbeit im Reifen des kirchlichen Urteils (*iudicium Ecclesiae maturetur*) nicht denkbar. Die Weiterarbeit kann sich auch nicht einfach von der Vorarbeit lösen.

Dass dieser Vorarbeit zumindest in der deutschen Übersetzung der Status „wissenschaftlich" zugesprochen wird[56], ist von nicht zu unterschätzender Bedeutung: Die Methodik der Exegese muss also darauf hinzielen, dass diese vernunftverantwortet, in sich widerspruchsfrei, intersubjektiv vermittelbar und nachprüfbar bleibt. Oder anders gesagt: Alles, was diese Kriterien nicht erfüllen will oder erfüllen kann, sollte weder „wissenschaftlich" noch „Exegese" genannt werden. Auch wenn so kaum von den Konzilsvätern intendiert, legt sich über den Gebrauch von *exegeta* und *interpres* eine Differenz von Exegese und Auslegung nahe. Das Verständnis der Exegese als wissenschaftlicher Disziplin kann aber nur dann sinnvoll gefüllt werden, wenn die Auslegung nicht in der Exegese aufgeht, sondern es auch legitime und plurale Auslegung *neben* der Exegese oder über die Exegese hinaus geben kann, ja geben muss. D. h. Exegese und Auslegung sind nicht identisch und stehen auch nicht notwendig in denselben Kontexten. Der Stellenwert der Exegese für die Auslegung der Glaubensgemeinschaft wird damit aber zum kritischen Punkt. Ist diese lediglich ein *superadditum*, das verzichtbar wäre oder bleibt es auch hier bei der *Unverzichtbarkeit* der Exegese und damit der historisch-kritischen Perspektive als einem zwar nicht exklusiven, aber doch essentiellen methodischen Feld in den methodischen Zugängen? Damit ist sehr grundsätzlich das Verhältnis von Glaube und Vernunft angesprochen. Auch hier ist unzweifelhaft von Bedeutung, von welchem Vernunftbegriff aus man sich in die Verhältnisbestimmung begibt. Das kann hier allerdings nicht vertieft werden.

Ludger Schwienhorst-Schönberger hat sich nun jüngst noch einmal *gegen* das Kriterium der Wissenschaftlichkeit der Exegese im Sinne einer intersubjektiven Nachprüfbarkeit ausgesprochen. Hier bleibe Exegese „bewusst auf der Ebene der Deskription".[57] In seiner Auslegung der Position Joseph Ratzingers benennt er im Anschluss an Wilhelm Dilthey die Differenz zwischen einem erklärend-analy-

[56] Norbert Lohfink versteht auch schon das *investigare* zu Beginn des Abschnitts im Sinne von „wissenschaftlich erforschen". *Lohfink*, Fleck (1992), 82.91.
[57] *Schwienhorst-Schönberger*, Angelegenheit (2012), 196.

tischen Wissenschaftsmodell und einem am Verstehen orientierten. Während ersteres einem korrespondenztheoretischen Wahrheitsverständnis verpflichtet sei, geht es dem *Verstehen* um „die Bedeutung, den Sinn und den Wahrheitsgehalt literarischer Texte oder Kunstwerke".[58] Das „Ideal des erklärenden Wissenschaftsmodells", dem die Exegese verpflichtet sei, sei „im Grunde dasjenige der Naturwissenschaften … [So w]ie der Naturwissenschaftler im Experiment auf die Natur zugreift, so der Exeget auf den Text".[59] Die Exegese habe „nicht mehr viel zu sagen"[60], weil sie in der Deskription gefangen sei: „Generell lässt sich in der Exegese eine gewisse Scheu beobachten, sich auf die Inhalte biblischer Texte einzulassen, geschweige denn, sie in ihrem Wahrheitsgehalt zu erschließen. Es geht ihr gewöhnlich nicht darum, die Sache zu verstehen, die im Text zur Sprache kommt, sondern darum, exakt zu beschreiben, wie die Sache (von anderen) verstanden wurde".[61]

Dieser Skizze muss man sich von zwei Seiten aus nähern: Zum einen scheint mir die Beschreibung in der Engführung unzutreffend[62], zum anderen sind die Grundlagen der Wertung nach dem oben Gesagten nicht unproblematisch. Exegese stellt sich den Ansprüchen und Kriterien der einschlägigen Methoden der Geisteswissenschaften, insbesondere wenn sie sich im Kontext der *universitas* verortet.[63] Dabei begreift sich Exegese überwiegend als Textwissenschaft und zugleich als Teil der transdisziplinär arbeitenden Geistes- und Kulturwissenschaften. Bei aller Pluralität der wissenschaftstheoretischen Grundlagen, denen sich diese Wissenschaften verpflichtet wissen, lässt sich darin wohl kaum ein naturwissenschaftliches Wissenschaftsverständnis erkennen. Voraussetzungslosigkeit oder Objektivität im strengen Sinne sind dabei hermeneutischen Reflexionen der Kontextualität jeglichen Verstehens schon lange gewichen. Methoden, Theorien und Konzepte sind different, ausgerichtet auf *ar-*

[58] Ebd., 194, in engem Bezug auf *Vasilache*, Erklären (^{5}2013), 182–183.
[59] *Schwienhorst-Schönberger*, Angelegenheit (2012), 197.
[60] Ebd.
[61] Ebd., 196.
[62] Der Tenor der zitierten Aussage ist auch in der gegenwärtigen Systematik keinesfalls selten. Er arbeitet mit falschen Frontstellungen, wie z. B. in der Unterstellung von J. H. Tück, es gäbe eine Exegese, die sich weigern würde, „dem Auftrag einer theologischen Auslegung des Evangeliums nachzukommen. Gerade in dieser Wiegerung aber lässt sie die Gläubigen mit ihrer Sehnsucht nach dem ganz Anderen obdachlos zurück" (*Tück*, Hintergrundgeräusche [2010], 131). Derartige Aussagen sind in der überzogenen Polemik und Vermischung von Zuständigkeiten wenig hilfreich (zur Kritik daran auch *Eisele*, Metzgerszunft [2012], 237–238). Sonst käme noch jemand auf die Idee, ähnliche Überforderungen für die Dogmatik zu formulieren.
[63] Zur Kontextualität der „Wissenschaftlichkeit" der Exegese auch *Utzschneider*, Literatur (2006), 80; auch *Söding*, Theologie (2012), 446–447.

gumentative Begründbarkeit, Intersubjektivität und widerspruchsfreie sprachliche Präzision. Die methodisch in den Geisteswissenschaften oft leitende Foucaultsche Diskursanalyse, auf die Schwienhorst-Schönberger freilich nicht unpolemisch „wie die Sache (von anderen) verstanden wurde" anspielt, nähert sich ihrem Gegenstand beschreibend, aber nicht ohne Deutung. Zumindest geht sie nicht in der Beschreibung auf. Das führt zu der Voraussetzung der Kritik, die den holistischen Ansatz Diltheys[64] einschließlich einer Trennung von *Erklärung* und *Verstehen* als wissenschaftstheoretische Basis nimmt. Obwohl ohne Zweifel zuzustimmen ist, dass Dilthey mit der Unterscheidung bis in die Gegenwart nachwirkt, wird diese in jüngeren wissenschaftstheoretischen Diskursen keinesfalls mehr unhinterfragt als trennende Leitunterscheidung begriffen.[65] Deutlichen Widerstand gibt es jedenfalls gegen die dichotome Aufteilung, die das *Erklären* den Naturwissenschaften und das *Verstehen* den Geisteswissenschaften zuordnet, weil beides den jeweiligen Selbstverständnissen nicht gerecht wird. Auch ein Naturwissenschaftler wird kaum widersprechen, dass ein „rein analytisch-erklärende(r) Zugang für das Erfassen kultureller Äußerung ... unzureichend"[66] ist, aber kaum ein Naturwissenschaftler wird sich auf einen solchen vom *Verstehen* getrennten Zugang engführen lassen. Auch für die Exegese dürfte in der Pauschalität kaum zutreffen, dass sie eine kontextlose Geltung ihrer Methoden beansprucht, sich in der Deskription erschöpft und im Verstehen die strenge Dichotomie von Gegenstand und erkennendem Subjekt durchhält. Szientistische, idealistische, positivistische oder naturalistische Missverständnisse mag es im Einzelfall geben, aber man wird sie doch nicht ernsthaft als kennzeichnend für die Exegese betrachten wollen. Die Engführung Schwienhorst-Schönbergers kann

[64] Zur Darstellung s. *Jung*, Dilthey (1996), 53. „Allerdings wurde Dilthey zunehmend klar – die ‚hermeneutische' Ausrichtung seines Spätwerks bezeugt das am deutlichsten –, daß auch die wissenschaftliche Erschließung innerer Erfahrung diese nie in der vortheoretischen Unmittelbarkeit des Innewerdens zugänglich machen kann, sondern nur in ihren objektivierten Ausdrucksgestalten".

[65] Vgl. etwa den Band von *Frings/Marx*, Erzählen (2008) oder mit pointierter Position *Ruegger*, Verstehen (2008), 50–51. *Teichert*, Erklären (2010), 14.29, der festhält, dass der Methodendualismus „Erklären-Verstehen" keine trennende Rolle mehr spielt. „Die Zeit dieser Denkweise ist passé" (14). Kontrovers diskutiert wurde der Gegensatz durchgehend, ablehnend z. B. schon bei Max Weber, s. bei *Laucken*, Verstehen (1976), 113–118. Zur frühen Kritik an Dilthey durch Edmund Husserl, s. *Jung*, Dilthey (1996), 196–197. Husserl sah anfänglich in dem Ansatz die Fehlformen des Skeptizismus, des Relativismus und des Subjektivismus, was die von Schwienhorst-Schönberger reklamierte Rezeption durch Joseph Ratzinger umso erstaunlicher scheinen lässt. Zur frühen Kritik bei Max Weber, s. *Borchard/Hanke/Schluchter*, Einleitung (2013), 37.

[66] *Schwienhorst-Schönberger*, Angelegenheit (2012), 194.

vielleicht als Anstoß genommen werden, auch in der Exegese noch einmal die wissenschaftstheoretischen Grundlagen der Geisteswissenschaften zu reflektieren.

Wenn das der Exegese gegenüberstehende Verstehen auf den Wahrheitsgehalt der Texte gerichtet ist, fragt sich erneut, welches Wahrheitsverständnis eigentlich hinter dem methodischen Ansatz steht, zumal es ja offenbar nicht der Korrespondenztheorie verpflichtet sein soll.[67] Das führt Schwienhorst-Schönberger aus, wenn er den Ansatz Ratzingers in die Nähe poststrukturalistischer Ansätze stellt: „Die ‚Wahrheit eines Textes' ist nicht einfachhin identisch mit der von einem historischen Autor intendierten Bedeutung. Sie erschließt sich erst in einer (langen) Geschichte des Hörens. Der entscheidende Unterschied zu den poststrukturalistischen Literaturtheorien dürfte aber darin zu sehen sein, dass sich die Öffnung des Textes und seiner Wahrheit bei Benedikt XVI. nicht in einer Beliebigkeit von Deutungen verliert, sondern ekklesiologisch eingegrenzt wird. Die Sinnoffenheit der Texte wird durch Sinnfestlegungen der Rezeptionsgemeinschaft (‚Kirche') in Grenzen gehalten, wobei allerdings die Rezeptionsgemeinschaft nicht als ein in sich stehendes Subjekt verstanden wird, sondern als eine Größe, die ihr Sein von einer anderen, der göttlichen Wirklichkeit her empfängt".[68] Unter der Voraussetzung, dass unter „Hören" alle in der Rezeptionsgemeinschaft zur Geltung kommenden Sinne des Textes gemeint sind, ist dem ohne Vorbehalte zuzustimmen, zumal die Sätze im Ansatz ein ekklesiologisches Schriftverständnis formulieren. Problematisch wird es m. E. erst, wenn dieses weite Schriftverständnis mit der Exegese gleichgesetzt wird, die als wissenschaftliche Disziplin etwa an Universitäten verankert ist. Hier kann a) die Sinnfestlegung nur formal analog gedacht werden, insofern die sinnbegrenzende Rezeptionsgemeinschaft der *academia* sich nicht von der göttlichen Wirklichkeit her bestimmt, und b) das „Hören" auf die Textsinne beschränkt ist, die methodisch kontrolliert und einer argumentativen, widerspruchsfreien Logik verpflichtet bleiben. Damit soll nicht bestritten werden, dass auch wissenschaftliche Exegese eine ekklesiologische Dimension hat. Das würde bedeuten, die oben entfaltete Komplementarität nicht ernst zu nehmen. Es ist auch schon deshalb selbstverständlich, weil Exegese immer auch Teil der Schriftauslegung ist und sich mit der *norma normans* befasst, die ihren normativen Anspruch für die Gläubigen ja

[67] Zu den unterschiedlichen Wahrheitsverständnissen, ihren Ansprüchen und ihrer Diskursfähigkeit, s. die Überblicke in dem Band *Enders/Szaif*, Geschichte (2006). Das dort skizzierte patristische Wahrheitsverständnis kommt den Ausführungen Schwienhorst-Schönbergers sehr nahe.

[68] *Schwienhorst-Schönberger*, Angelegenheit (2012), 199.

nicht dadurch verliert, dass sie Gegenstand wissenschaftlicher Betrachtung wird. Mit Michael Theobald kann unterstrichen werden, dass „unübersehbar ist, dass es faktisch stets unterschiedliche Lesegemeinschaften in der *communio ecclesiarum* gab und gibt".[69] Das öffnet auch die Tür, Schriftauslegung der Kirche und wissenschaftliche Exegese nicht einfachhin gleichzusetzen und damit der Exegese ihren doppelten Ort zu bewahren: in der *Communio Ecclesiarum* und der *Communio Scientiarum*. Denn dass die hermeneutischen Voraussetzungen zu einem Problem der Disziplin werden, erkennt auch Ludger Schwienhorst-Schönberger: „Konkret heißt das, dass es neben der Schulung im Wissen und in den Methoden, die sich auf das *Erklären* der Schrift beziehen, einer Übung, eines Exerzitiums bedarf, das den Leser und Interpreten der Schrift hinsichtlich des *Verstehens* formt. Das ist eine für das moderne Wissenschaftsverständnis höchst heikle Angelegenheit. Sie dürfte lebhaften Widerspruch hervorrufen, erweckt sie doch den Eindruck, die Exegese in den Raum subjektiver Erbaulichkeit und persönlicher oder kirchlicher Frömmigkeit zu verbannen und sie damit ihres Charakters als Wissenschaft zu entkleiden".[70] Erforderlich sei – so formuliert er mit Benedikt XVI. – die *via purgativa*, d. h. ein mystischer Weg: „Konsequent durchdacht, wird damit die Schriftauslegung in den Raum einer spirituellen Praxis gestellt".[71] Wenn dies nun auch der wissenschaftlichen Exegese angedient wird, diese aber nicht zugleich dem Raum der Wissenschaft entzogen wird, kommt es zum unversöhnlichen Konflikt mit dem gegenwärtigen Wissenschaftsbegriff. Deswegen beschwört Ludger Schwienhorst-Schönberger eine Wende der gesamten Kulturwissenschaft, deren Hermeneutik im *Verstehen* dem *Erklären* entgegengesetzt ist.[72] Dabei liegt aber das Problem nicht in den Geisteswissenschaften, sondern in der vorausgesetzten Dilthey'schen unversöhnlich diametralen Gegenüberstellung von *Erklären* und *Verstehen*. Sonst bekämen doch die Unkenrufe am Ende Recht,

[69] *Theobald*, Offen (2008), 245.
[70] *Schwienhorst-Schönberger*, Angelegenheit (2012), 203.
[71] Ebd., 205, vgl. *Ders*., Wiederentdeckung (2010), 411: „In diesem Sinn ist das *Verstehen der Heiligen Schrift* eine Gabe Gottes"; *Ders*. Sinn (2008), 89: „Problematisch und ‚unwahr' ist nicht die Bibel, sondern sind unsere als ‚normal' angesehenen Bewusstseinszustände. Doch unser Bewusstsein kann sich – nicht zuletzt durch spezifische spirituelle Übungen – weiten und öffnen lassen für jene Dimension der Wirklichkeit, aus der heraus biblische Texte stammen und die sie bezeugen".
[72] Schon in der ersten programmatischen Stellungnahme hatte Schwienhorst-Schönberger das Problem gesehen, das er jetzt mit Dilthey zu lösen versucht. Dort hatte er den Begriff „Wissenschaft" mit einem Zitat von Henri de Lubac aufzulösen versucht: „Ist das aber noch Wissenschaft? ‚Das Wort »Wissenschaft« ist eben mehrdeutig'" (Einheit [2003], 415). Verbunden war das auch dort schon mit der unzureichenden Qualifizierung der Exegese als „positive Wissenschaft".

nach denen die Geisteswissenschaften keine Wissenschaft im eigentlichen Sinn sind. Es bleibt also auch im *Verstehen* dabei, dass sich Exegese „objektivierbaren Kriterien zu unterstellen (hat), um Eintragungen von Wunschvorstellungen in die Texte zu wehren, im Wissen darum, dass alle Auslegungen und historische Re-Konstruktionen prinzipiell überholbar sind“.[73] Oder in den klaren Worten Karl Lehmanns: „Es gibt zwar noch andere Wege zur Wahrheit der Schrift, aber im Horizont der theologischen Wissenschaft kann es keine nebenkritischen Reservate geben“.[74]

Vielfalt der Textsinne – Überlegungen zum Standort der Exegese

In den oben an Dei Verbum entfalteten Überlegungen, die sehr grundsätzlich bei Fragen der Wissenschaftlichkeit von Exegese landeten, sind bereits Chancen wie Grenzen der historisch-kritischen Methode erkennbar geworden. Zuvor war deutlich geworden, dass die Kritik an der Methode oft von überzogenen Erwartungen und verzerrten Darstellungen bestimmt ist. Darauf soll in einem abschließenden Teil noch einmal thesenartig Bezug genommen werden, die an dem einen oder anderen Punkt auch als Klarstellung gedacht sind. Die Thesen sind unterschiedlich ausführlich begründet, sie verstehen sich als Anregung zu weiterem Gespräch.

Das Textverstehen geht nicht in der Exegese auf

Eine erste These ist, dass das Text*verstehen* nicht in der Exegese der Texte aufgeht. Obwohl wegen der Geschichtlichkeit des christlichen Offenbarungsverständnisses notwendig, ist sie nicht zureichend. Dieser Anspruch sollte der historisch-kritischen Exegese nicht unterstellt werden, und es ist eine Überforderung, wenn diese nicht nur einen Beitrag zum Textverstehen leisten soll, sondern dieses Textverstehen darstellt: „Sie ist eine der grundlegenden Dimensionen der Auslegung, aber sie schöpft den Auftrag der Auslegung für den nicht aus, der in den biblischen Schriften die eine Heilige Schrift sieht und sie als von Gott inspiriert glaubt“.[75] Das Zitat macht zum einen deutlich, dass es um mehr geht als um die eingeübte Unterscheidung von *explicatio* und *applicatio* der Schrift, zum anderen benennt es die Kategorien, unter denen das „Plus“ steht. Implizit sind darin auch die

[73] *Theobald*, Offen (2008), 245.
[74] *Lehmann*, Horizont (1971), 67.
[75] *Ratzinger*, Jesus (2007), 15.

Begrenzungen und Bedingungen auch der geistlichen Schriftlektüre zum Ausdruck gebracht, wenn sie vom Glauben an den inspirierten Sinn getragen ist. Deshalb – darin ist Ludger Schwienhorst-Schönberger Recht zu geben – kann die geistliche Auslegung nicht einfach ein ergänzender Teil der historisch-kritischen Methode sein. Insofern Exegese ein methodisch gerichtetes, kontrolliertes und nachvollziehbares Verfahren zur Verfügung stellt, das intersubjektiv vermittelbar bleiben will und wissenschaftlichen Grundsätzen verpflichtet bleibt, sind ihr entsprechend Grenzen gesetzt. Während sie auf der einen Seite Gesprächsfähigkeit gewinnt, verliert sie auf der anderen Seite an Zuständigkeit. Das ist weniger Begrenzung als Chance, wenn begriffen wird, dass auch innerhalb der Grenzen Theologie betrieben wird. In der gegenwärtigen Diskussion wird hingegen der Bezug auf die Vergangenheit als Begrenzung stark betont: „Ihre erste Grenze besteht für den, der in der Bibel sich heute angeredet sieht, darin, dass sie ihrem Wesen nach das Wort in der Vergangenheit belassen muss. … Aber ‚heutig' machen kann sie es nicht – da überschritte sie ihr Maß".[76] Dabei darf jedoch nicht der Eindruck erweckt werden, die Bedeutung der Schrift ginge in dem *„heutig" machen* auf oder die Beschränkung auf die Literalsinne hätte keine Bedeutung für heute. Auch das wäre ein fatales Missverstehen, das der Geschichtlichkeit der Offenbarung nicht ausreichend Rechnung trägt.

Die historisch-kritische Methode begrenzt sich nicht auf einen Textsinn

Die historisch-kritische Methode verabsolutiert nicht *einen* Textsinn und leugnet auch nicht die Einheit der Schrift als sinnkonstitutiven und sinnproduktiven Kontext. Wenn das methodische Plädoyer von der Synchronie ihren Ausgangspunkt nimmt und die synchrone Textgestalt diachron reflektiert, ergibt sich über die Bestimmung des Ausgangspunktes bereits der Endpunkt. Eine kanonische Perspektive kann demnach integrativ in den Methodenkanon eingebracht werden. Jede Analyse eines Textes setzt eine Begrenzung des Kontextes voraus, die meist pragmatisch erfolgt. Die Exegese biblischer Texte kann den Kanon bzw. einen der historisch gewachsenen Kanones als sinnvollen Kontext wählen. Auch wenn „der" Kanon für die Exegese ein privilegierter, weil ekklesiologisch unverzichtbarer Kontext ist, kann sich Exegese nicht prinzipiell auf diesen Kontext beschränken. Erweiterungen und Begrenzungen des Kontextes sind legitim und dienen der Kontextualisierung der Literalsinne.[77]

[76] Ebd.

[77] Aus feministischer Perspektive kritisiert I. Müllner den Zusammenhang von Kanon und Macht und plädiert in eine ähnliche Richtung: *Müllner*, Autorität (2014).

Da die diachrone Entwicklung von Sinnpotentialen in der historisch-kritischen Exegese wenngleich hypothetisch, so doch methodisch gestützt erhoben wird, ist deutlich, dass die historisch-kritische Exegese nicht von *einem* Textsinn ausgeht. Das würde der historischen Kontextualisierung in sich widersprechen.

Ein konstanter Kritikpunkt von Ludger Schwienhorst-Schönberger gegenüber der historisch-kritischen Exegese ist, dass sie lediglich *einen* Textsinn zulasse, die von ihm favorisierte Form der Schriftauslegung, jedoch von der Polysemie, Sinnoffenheit und Vieldeutigkeit der Texte ausgehe. „Die die neuzeitliche Exegese heimlich leitende Vorstellung, ein biblischer Text habe nur eine Bedeutung und diese sei im Rahmen eines intersubjektiv überprüfbaren Verfahrens mit einem hohen Grad an Wahrscheinlichkeit zu ermitteln, erweist sich zusehends als unhaltbar. Literarische Texte wie die der Heiligen Schrift sind bis zu einem gewissen Grade mehrdeutig".[78] In meinen Augen ist der Vorwurf unbegründet, auch wenn es durchaus Stimmen gibt und gab, die missverständlich von *einem* historischen Textsinn reden.[79] Dass die Einheit eines Textsinns aber bis in die moderne Exegese hinein eine *heimlich leitende Vorstellung* sei und dass die Intersubjektivität und Nachprüfbarkeit einer Exegese an diese Monosemie geknüpft sei, halte ich für überzogen, ja sogar für eine verzerrende Unterstellung. Es wird der Eindruck erweckt, als sei eine der Basisannahmen kulturwissenschaftlicher Forschung der Neuzeit, dass sich Sinn in Abhängigkeit vom Rezipierten nur im rezipierenden Subjekt konstituiert, an der historisch-kritischen Exegese vorbeigegangen. Auch wenn das Streben nach einer monosemen Bedeutung des Textes für die ältere Exegese in Einzelfällen (!) zugetroffen haben mag, ist diese Annahme einem jüngeren Textverständnis nicht

78 *Schwienhorst-Schönberger*, Gott (2010), 52, vgl. auch *Ders.*, Einheit (2003), 412.

79 So z. B. *Finsterbusch/Tilly*, Plädoyer (2010), 9. Schwienhorst-Schönberger führt ein Zitat von Hoffmann aus einem Methodenbuch an: Dort sei als Ziel jeder Exegese angegeben, „einen Text auf Eindeutigkeit engzuführen" (*Fohrer u. a.*, Exegese [⁵1989], 155). Das Methodenbuch betont jedoch durchgehend das approximative dieses Zugangs, denn „das ‚Ideal', ihn genauso zu verstehen, wie ihn der damalige Hörer oder Leser verstand, sowie die mit ihm verbundene Intention genau zu erfassen, (kann) im allgemeinen nur in je unterschiedlichem Grad der Annäherung erreicht werden" (ebd., 155). Das Approximative des Zugangs deutet ja bereits an, dass die Vorstellung der Eindeutigkeit nur ein Ideal ist, das auf die Nachprüfbarkeit und Nachvollziehbarkeit der Exegese hin angelegt ist, aber nicht ein grundsätzliches Textverständnis wiedergibt. Das ließe sich an einer Fülle von Zitaten aus demselben Buch aufweisen, z. B. von Georg Fohrer „Auslegung ist also nie fertig, nie vollkommen, nie abgeschlossen – dennoch notwendig, weil sie auf Verstehen zielt und Verstehen ermöglicht, wenn überhaupt verstanden werden will" (ebd., 11). In anderen Aufsätzen greift Schwienhorst-Schönberger auf die Kontroverse der frühen 80er-Jahre um „Exegese als Literaturwissenschaft" zurück.

angemessen. Zumindest wird man über sie nicht mehr *die* historisch-kritische Exegese charakterisierend beschreiben können. Richtig ist, dass die methodische Reflexion darüber auch in der Literatur intensiver sein könnte. Aber weder konstruktivistische noch dekonstruktivistische, strukturalistische oder poststrukturalistische Spielarten der Literaturwissenschaft sind ohne Einfluss auf die Exegese geblieben.[80] Umgekehrt wird für die sog. „kanonische Exegese" die Behauptung aufgestellt, dass sie den Paradigmenwechsel der Literaturwissenschaft vollzogen habe und dies – oder genau dies – die Brücke zum altkirchlichen Schriftverständnis schlage: „Die kanonische Exegese greift zudem die aus den Literaturwissenschaften bekannte Einsicht auf, dass literarische Texte mehr als *eine* Bedeutung aufweisen. Aufgrund der *Sinnoffenheit literarischer Texte* gewinnt ein biblischer Text in je unterschiedlichen Kontexten unterschiedliche Bedeutungen. Diese aus der inneren Entwicklung der modernen Bibelwissenschaft erwachsene Einsicht weist nun deutliche Affinitäten zur Bibelhermeneutik der frühchristlichen Autoren auf".[81] Dazu zwei basale hermeneutisch-methodische und eine polemische Anmerkung:

(1) Ich kann nicht sehen, dass die kontextuelle Sinnpluralität von Texten *methodisch* in der kanonischen Exegese eingeholt und schon gar nicht methodisch operationalisiert wäre.[82] Vielmehr wird ein kanonischer Sinnzuwachs behauptet. Die Vielfalt kanonischer Sinne, die nicht in *einem* kanonischen Textsinn aufgeht, verlangt jedoch wiederum nach Kriterien, die im Sinndiskurs gesetzt werden. Was bestimmt die Auswahl und Perspektive der kanonischen Bezüge? Auch das sollte kanonische Exegese leisten, dass sie nämlich nicht jedes Verständnis eines Textes zulässt, sondern die Verständnismöglichkeiten im Sinne einer *intentio operis* begrenzt. Vom Ansatz mag es eine natürliche Nähe von patristischer Exegese und kanonischer Lektüre geben, in der konkreten Durchführung ist das m. E. nicht der Fall. Die Allegorese etwa ist m. W. bisher ebenso wenig wie eine christologische Lektüre des Alten Testaments Gegenstand der Ent-

[80] Vgl. auch *Nissinen*, Reflections (2009), 480.

[81] *Schwienhorst-Schönberger*, Wiederentdeckung (2010), 418f, vgl. *Ders.*, Gott (2010), 54.

[82] Das gilt trotz der vielen maßgeblichen Beiträge zur methodologischen Grundlagendiskussion vor allem von Georg Steins. Die von Egbert Ballhorn und Georg Steins herausgegebene Aufsatzsammlung „Der Bibelkanon in der Bibelauslegung. Methodenreflexionen und Beispielexegesen" (Stuttgart 2007) geht in die angesprochene Richtung. Der Band zeigt die Vielfalt der Zugänge innerhalb des kanonischen Paradigmas, ist aber kein Methodenbuch. Am weitesten im Ansatz einer methodischen Anleitung ist vielleicht *Steins*, Kanonisch lesen (2006), 45–64; vgl. auch *Hieke*, Vom Verstehen (2003), 71–89.

würfe gegenwärtiger kanonischen Exegese. Die Nähe zwischen beiden hat bisher auch nicht zu einem Austausch über die Grenzen oder die Kriterien der allegorischen Interpretation oder zu einer hermeneutischen Reflektion der Fehlentwicklungen (Stichwort: Eisegesen) geführt.[83] Von einem Konsens, welche Kriterien für die Bewertung der *Relevanz* intertextueller Bezüge für das Textverstehen gelten sollen, ist die derzeitige Debatte – wenn ich es recht überblicke – ebenfalls immer noch weit entfernt.[84] Man sollte also nicht so tun, als hätte nur die historisch-kritische Exegese „ihre Hausaufgaben" nicht gemacht.

(2) Dass ein Text in unterschiedlichen Kontexten unterschiedliche Bedeutungen annehmen kann, ist gerade ein zentraler Punkt der historisch-kritischen Exegese, die durch die Perspektive von Redaktionen oder Fortschreibungen sinntransformierende literarische Prozesse beschreibt. Dass die Aussage „unter meinem Namen YHWH habe ich mich nicht zu erkennen gegeben" (Ex 6,3) im Kontext einer selbständigen Priesterschrift anders aufzufassen ist als im Kontext des sog. Endtextes im Pentateuch, darf als selbstverständlich erachtet werden. Auch dass die Verkündigung des Jesaja zur Zeit Hiskijas eine andere Stoßrichtung hat als dieselben Textteile im Kontext des späten Jesjabuches entfalten, dürfte für historisch-kritisch arbeitende Exegeten selbstverständlich sein. Mindestens ebenso unhinterfragt dürfte selbst unter eingefleischten Diachronikern sein, dass die Textverständnisse im Mittelalter von denen im 19. Jh. und diese wiederum von den gegenwärtigen abweichen. Die Äußerungszusammenhänge sind einschließlich ihrer kulturellen Bedingtheit für das Verstehen im historisch-kritischen Sinne maßgeblich. Es ist also kaum richtig, die Kontextualität des Verstehens der historisch-kritischen Exegese abzusprechen, sondern es scheinen für Schwienhorst-Schönberger die falschen Kontexte zu sein. Die Differenz besteht offenbar darin, dass diachron reflektierende Exegese sinnbestimmende Kontexte nicht erst mit Abschluss des Produktionsprozesses in die Analyse einbezieht, sondern über den Methodenschritt der Redaktionsgeschichte die pluralen Kontextualisierungen im Produktionsprozess als maßgeblich sinnkonstituierend mit einbezieht. Es ist die Einsicht, dass die *in* den Schriften manifestierten historischen Diskurse für das Verständnis der theologischen Bedeutung der Texte relevant sind,

[83] Vgl. z. B. die Ausführungen *Zenger*, Unverzichtbarkeit (1989), 10–11. Man bräuchte nur an die Frontstellungen zwischen Exegese und *lectio divina* im Mittelalter oder die Allegorisierungen in Catenen-Kommentaren zu erinnern.

[84] Zu Ansätzen s. z. B. *Seiler*, Intertextualität (2006), 275–288; *Ders.*, Text-Beziehungen (2013), 25–29.

diese aber nicht ohne ihre Kontexte verständlich werden. „Much of the work of biblical critics is analyzing how the theological discourse works in their sources".[85] Dabei bleibt ebenso unbestritten, dass es eine historische Objektivität nicht gibt, d. h. das „wie es eigentlich gewesen" (Leopold von Ranke) prinzipiell nicht erreichbar ist.[86] Dennoch bleibt die historische und von der jeweiligen Diskursgemeinschaft gelenkte (Re-)Konstruktion notwendig, wenn Offenbarung als geschichtlich wie relational verstanden werden soll.

(3) Über Synchronie und Diachronie wird nun bald ein halbes Jahrhundert kontrovers diskutiert. Dennoch findet sich in der Diskussion immer wieder die Attitüde, die eine synchron ansetzende Exegese als „modern" kennzeichnet und die diachrone Exegese als einen „veralteten" Ansatz von „gestern". Abgesehen davon, dass diachrone Zugänge vor dem Hintergrund der mehr als zweitausendjährigen Auslegungsgeschichte wohl eher Neuheitswert gegenüber der Synchronie beanspruchen dürften, ist die Frontstellung kaum richtig und noch weniger hilfreich. Die Etiketten „neu" oder „modern" sollten nach gut 25 Jahren auch der kanonischen Exegese nicht mehr angeheftet werden. Die kanonische Exegese ist nicht mehr neu und auch nicht mehr innovativ! Die Frontstellung ist verbraucht und es wäre an der Zeit, sie aufzugeben. Anstelle der immer neuen Auseinandersetzung mit Wolfgang Richters „Exegese als Literaturwissenschaft" (1971)[87] ist das Gespräch mit der *gegenwärtigen* Vielfalt der rezenten Ansätze in der historisch-kritischen Bibelwissenschaft zu suchen.

[85] *Nissinen*, Reflections (2009), 486, vgl. 491.

[86] Aus der Fülle der Literatur sei hier lediglich auf den Band von *Schröter/Eddelbüttel*, Konstruktion (2004) hingewiesen.

[87] Die starke Betonung der formalen Seite des Ausdrucks, die Wolfgang Richter im Sinne einer sprach- und literaturwissenschaftlichen Gründung der Exegese wichtig war, tritt heute meist hinter einer integrativen Sicht zurück. Dabei steht aber außer Frage, dass die Exegese sich *auch* der formalen Seite des Ausdrucks zuzuwenden hat, will sie eine verantwortete Auslegung des Textes vorlegen. S. dazu auch *Hieke*, Verhältnis (2010), 287; *Eisele*, Metzgerszunft (2012), 236–237 u. v. a. m.

Der Literalsinn ist nicht „einer“

Es ist bereits oben angedeutet worden, dass die Annahme eines einzigen Sinnes angesichts der rezeptionsästhetischen Wende nicht angemessen ist. Der Text ist also schon lange den *einen* Sinn los, ohne dass damit die Frage nach dem Literalsinn „sinnlos“ geworden wäre. Bei der Sinnpluralität von Texten aber – und das scheint mir ein häufiges Missverständnis in der Gegenüberstellung von traditionellem und literaturwissenschaftlichem Zugang zu sein – handelt es sich nicht nur um die Sinne jenseits des „offenbaren Sinns“, d. h. des Literalsinns. Vielmehr ist auch der Literalsinn nicht nur einer. Denn dass es *einen* „buchstäblichen“ Sinn geben würde, so dass der Literalsinn ein einziger und unbestrittener wäre, lässt sich nicht einmal mehr unter der Voraussetzung einer starken Autorenfiktion aufrechterhalten.[88] Die wiedergewonnenene „Einsicht in die Mehrdimensionalität menschlicher Rede“, die Joseph Ratzinger in kirchlichen Dokumenten zu Recht als Errungenschaft herausstellt[89], betrifft den geistigen Sinn wie den wörtlichen Sinn. Auch der wörtliche Sinn ist eine Interpretationsleistung des Rezipienten und damit der Vielfalt von Sinnmöglichkeiten ausgesetzt. Dazu kann noch einmal an Ecos Grenzen der Interpretation erinnert werden. Es gibt unendlich viele, aber eben nicht beliebige Interpretationen: „Die Initiative des Lesers besteht im Aufstellen einer Vermutung über die intentio operis. Diese Vermutung muß vom Komplex des Textes als einem organischen Ganzen bestätigt werden. Das heißt nicht, daß man zu einem Text nur eine einzige Vermutung aufstellen kann. Im Prinzip gibt es unendlich viele. Zuletzt aber müssen sich diese Vermutungen auf der Kongruenz des Textes bewähren, die Textkongruenz wird zwangsläufig bestimmte voreilige Vermutungen als falsch verwerfen“.[90]

Die Polyvalenz von Texten bleibt unhintergehbar und das nicht nur für die historisch-kritische Exegese. Ja es gibt die „‚Theorievergessenheit‘, ja ‚Theorievermeidung‘ der gegenwärtigen exegetischen Wissenschaft“[91], die Helmut Utzschneider beklagt, aber deshalb ist die historisch-kritische Exegese nicht bei dem Textverständnis des 19. und frühen 20. Jh.s stehen geblieben.[92] Die Einsicht, dass Texte, je komplexer sie werden, nicht auf einen Literalsinn festzulegen sind und sich der Literalsinn eines Textes nicht aus der Summe des buchstäblichen Verstehens einzelner Sätze ergibt, dürfte weite Zustim-

[88] Zur Unterscheidung von „buchstäblichem“ Sinn und dem *sensus litteralis* s. VAS 115, 69; ebd. auch zu der Frage, ob der Literalsinn *einer* ist.

[89] VAS 152, 7.

[90] *Eco*, Grenzen (^{3}2004), 49.

[91] *Utzschneider*, Text (1999), 69.

[92] S. dazu auch *Nissinen*, Reflections (2009), 479–480.

mung finden. Einerseits zeigt sich von daher noch einmal die Opposition von historisch-kritischer Exegese und neuerer Literaturwissenschaft als unzutreffend, andererseits ist damit die Exegese vor die Aufgabe gestellt, mit der Vielfalt der Sinne auch methodisch besser umzugehen. Hier hat die Methode Entwicklungspotential, das noch nicht ausgeschöpft worden ist.

Mit der Diachronie wird die synchrone Textgestalt nicht abgewertet
Ein weit verbreitetes Missverständnis ist, dass die diachrone Rekonstruktion eines Textes *prinzipiell* mit einer Wertung verbunden ist. Je älter, desto ursprünglicher, desto wertiger: Das Jesus-Logion ist wertiger als die Gemeindetheologie, das ursprüngliche Prophetenwort zählt mehr als die verwässerte Schülerperspektive und der aufklärerische Jahwist ist wertiger als die depravierte und erstarrte Priesterschrift. Die Zuspitzung zeigt die Schieflage. Die Kritik daran wird nicht zu Unrecht vorgetragen, denn in der Tat ist in Anfängen historisch-kritische Exegese im missverstandenen *recursus ad fontes* tatsächlich oft so betrieben worden, dass späteres Textwachstum theologisch über Bord geworfen wurde. Der Wunsch nach Authentizität und Ursprünglichkeit hat hier die Feder, zugleich aber historistisch in die Irre geführt.[93] Es ist umgekehrt aber ebenso ein Missverständnis, wenn die theologische Wertigkeit ausschließlich im Endtext gesehen wird. Das wird im Dokument der päpstlichen Bibelkommission ausdrücklich hervorgehoben[94] und soll unten durch eine grundsätzliche hermeneutische Bemerkung noch abgestützt werden.

Die folgenden Thesen beziehen sich auf das Schriftverständnis, das als Gegenpol zur historisch-kritischen Exegese aufgebaut wird und vom „Endtext" ausgehend nach einem geistigen Schriftsinn fragt.

Die Vielfalt der Textformen ist für die Sinnkonstitution ernster zu nehmen
Der sog. „Endtext" ist nicht eine gegebene Größe, sondern der in der Regel pragmatisch gewonnene Ausgangspunkt der Auslegung. Das gilt unabhängig davon, ob die Vulgata, die Septuaginta oder eine andere Textfassung die Grundlage der Exegese stellt. Die Entscheidung für einen auszulegenden Text muss auf eine gewachsene Pluralität der Textformen Bezug nehmen, was in begrenztem Maße auch

93 H.-J. Fabry spricht scharf von einer „irrige(n) Sicht, die leider vielen Theologen, die im Tunnelblick erstarrter Traditionen sozialisiert sind, einen Zugang zur lebendigen Dynamik biblischer Texte verstell(t)" (*Fabry*, Kirche [2013], 241).
94 VAS 115, 35: „Das bedeutet freilich nicht, daß Vorstufen des Textes theologisch ohne Bedeutung wären".

schon für die Kirchenväter und für das Mittelalter gilt.[95] Nicht der Endtext, sondern die Pluralität der Textformen ist ein Gegebenes und diese ist für den wissenschaftlichen Ausleger unhintergehbar. Sie bestimmt die Exegese als eine unaufhebbare historische Dimension mit – jede Entscheidung für *eine* Textform, sei es eine aus den Textsträngen der Vulgata, der Septuaginta, des Masoretischen Textes, oder die EÜ etc., ist eine pragmatische Begrenzung der Bedeutungsvielfalt unter Einschluss einer historischen Dimension. Wenn man nun nicht im Sine der *hebraica veritas* eine begründete Entscheidung für eine Textform fällen kann, die die Offenbarung in normativer Form enthalten würde, bleibt die Pluralität der Textformen als kritisches Korrektiv jeder Auslegung bedeutsam. Auslegung ohne Bezug auf eine historische Dimension ist dann Augenwischerei. Denn es macht einen Unterschied, ob in Jes 7,14 mit dem hebräischen Text עלמה „junge Frau" oder mit dem griechischen παρθένος „Jungfrau" den Ausgangspunkt der Auslegung bildet oder ob in Num 24,17 statt שׁבט „Szepter" mit der Septuaginta ἄνθρωπος „Mensch" oder gar mit dem Targum *mšjḥ'* „Messias" gelesen wird. Und so einfach ist eine Festlegung in den genannten Fällen bekanntlich nicht, der Grad der Hypothetik ist auch in der Rekonstruktion der Textgeschichte nicht zu unterschätzen. Daraus folgt nichts weniger, als dass auch eine kanonische Exegese gezwungen ist, eine historisch diachrone Perspektive zu integrieren. Es gibt dann aber keinen vernünftigen Grund, diese auf die verschiedenen Textgestalten, also die Pluralität der Formen der Textrezeption, zu begrenzen und die hypothetische Pluralität der Formen der Textproduktion außen vor zu lassen.

Die Einheit der Schrift ist keine gegebene Größe

Auch wenn es theologisch die Sache nicht einfacher macht, darf nicht verkannt werden, dass die „Einheit der Schrift" ein Konstrukt ist, das nicht einfach als Gegebenes gesetzt werden darf. Diese Einheit wird durch den jeweiligen Kanon konstituiert, aber erst durch selektive Textbezüge innerhalb dieses Rahmens *realisiert*; sie erschöpft sich aber nicht darin. Auch die „Einheit der Schrift" ist nicht ohne die vorgängige und unaufgebbare Sinnpluralität und Pluriformität zu haben. Die Einheit der Schrift bildet also nicht einen festen Bezugspunkt der Auslegung, sondern ist eher ein perspektivischer Fluchtpunkt. Aus einem anderen Blickwinkel hat auch Michael Theobald auf diesen Punkt hingewiesen: „Angesichts solchen Befundes ist von der Vorstellung Abschied zu nehmen, die ‚Einheit der Schrift' *sei in ihr* selbst, d. h. in einer wie auch immer gearteten

[95] Vgl. dazu die ausführlichen Reflexionen bei *Fabry*, Kirche (2013), 241–250.

Kombination, Verschmelzung oder Harmonisierung ihrer Teile zu suchen. Sie liegt vielmehr *außerhalb ihrer*, oder anders gesagt, stets *vor uns*: die Lesegemeinschaft der Kirche ist es, welche die ‚Einheit der Schrift' in ihrer praktischen und theoretischen Rezeption durch ihre Glaubensexistenz verwirklicht".[96]

In methodischer Hinsicht wird meist unterschlagen, dass der auf die Einheit der Schrift bezogene geistliche Schriftsinn notwendig mit einem erheblichen Maß an Selektionen und Abstraktionen einhergeht. Diese Selektion erfordert aber Kriterien. Es ist nicht zu verkennen, dass der geistige Schriftsinn nicht ausschließlich vom gegebenen Text und seiner kanonischen Gestalt ausgeht, sondern darüber von dogmatischen Voraussetzungen abhängt. Der hermeneutische Rahmen, z. B. die Präexistenz Christi, die Anlage der Heilsgeschichte auf die Geburt des Messias, der Erfüllungsunterschuss des AT etc., wird gesetzt und bestimmt die Auswahl der Bezüge zwischen den Kanonteilen. Das macht es notwendig, dass über die hermeneutischen und methodischen Grundlagen der Väterexegese und ihrer Bedeutung für die Exegese erneut gehandelt werden muss. Hier muss die Problemanzeige genügen.

Im selben Kontext ist aber darauf hinzuweisen, dass die geistliche Dimension der Schrift die literarische Bedeutungsebene nicht ersetzt oder ihr aus theologischen Gründen auch nicht prinzipiell *übergeordnet* werden muss. Sondern die ganze Heilige Schrift – *einschließlich* ihrer Literalsinne – gibt Zeugnis von der Selbstoffenbarung Gottes in der Geschichte. Dabei ist der *sensus litteralis* nicht auf den geistigen Sinn hin zu entwickeln, der geistige Sinn wenn nicht sogar vom buchstäblichen her, so doch jedenfalls nicht vollständig abgelöst von diesem. Hier ist auf Augustinus zurückzugreifen, dass jeder allegorische Sinn an einer anderen Stelle literal bezeugt sein muss, um Stand halten zu können. Die Rede von *Eigentlichkeit* in Bezug auf den geistigen Sinn führt auf Abwege. Auch der *sensus litteralis* ist und bleibt inspirierter Sinn und besitzt theologische Relevanz.[97] Gleiches gilt für die Normativität, die sich nicht auf jene Bedeutung einschränken lässt, „die der Text im vorliegenden kanonischen Kontext entfaltet".[98] Daraus leitet Schwienhorst-Schönberger wie oben gesehen die Vorordnung der kanonischen vor der historisch-kriti-

96 *Theobald*, Offen (2008), 245.

97 Das impliziert zugleich eine Verantwortung des Exegeten, diese theologische Dimension einzubringen. Theologie und Exegese dürfen (und können) nicht auseinandertreten, vgl. *Lehmann*, Horizont (1971), 67.

98 *Schwienhorst-Schönberger*, Modelle (2012), 457 = Wiederentdeckung (2010), 422.

schen Exegese ab.[99] Die Verkürzung in der Aussage wird erkannt, wenn man danach fragt, was denn jene Bedeutung ist, die der Text im vorliegenden kanonischen Kontext (welchem konkret?) entfaltet. Es wird hier der Eindruck erweckt, als sei dieser Sinn a) unabhängig von dem historischen Textsinn bzw. den historischen Textsinnen und b) einer und nicht viele, was aber doch gerade das Beharren auf Polysemie und Vieldeutigkeit durchkreuzt. Denn Schwienhorst-Schönberger schreibt treffend an anderer Stelle: „Der Kanon schreibt eine begrenzte Vielstimmigkeit (Polyphonie) fest und grenzt darüber hinaus die Mehrdeutigkeit (Polysemie) biblischer Texte ein. ... Kanonisierung ist folglich nicht nur ein Akt der Sinnbegrenzung, sondern auch der Sinneröffnung".[100] Zum anderen erscheint der normative Sinn vollkommen abgelöst vom Literalsinn. Unzweifelhaft geht die Normativität nicht in den Literalsinnen auf, aber sie ist auch nicht unabhängig davon. Normativ ist nicht der „eine", sondern die Summe der durch „den Kanon" begrenzten Textsinne. Die Engführung der Normativität auf den geistlichen Sinn ist daher m. E. nicht nur unzutreffend, sondern auch eine gefährliche Ausblendung der Geschichtlichkeit der Texte: Normativ ist die Schrift nur in ihrer Ganzheit *einschließlich* ihrer Literal- und Ursprungssinne, die sich in der Text- wie Rezeptionsgeschichte entwickelt haben und sich zum Teil widerstreiten. Auch Normativität wird daher in Bezug auf den Text zu einem relationalen und diskursiven Konstrukt, das die Rezeptionsgemeinschaft als Subjekt der Auslegung erfordert.

Alle Schriftinterpretation muss im Angesicht des Judentums vertretbar bleiben

Abschließend ist noch auf die hermeneutische Besonderheit Bezug zu nehmen, dass unser erster Teil der Heiligen Schrift im Judentum zum großen Teil als Schriftgrundlage akzeptiert ist. Auf dem bleibenden Existenzrecht des ungekündigten Bundes Gottes mit unseren älteren Geschwistern ergibt sich das hermeneutische Erfordernis, dass es eine (in sich wiederum plurale) nicht-christliche Lektüre dieser Schrift gibt, die legitim *bleibt*. Dabei handelt es sich nicht um eine besondere Form der Rücksichtnahme, sondern theologisch entscheidend dabei ist, dass diese Leseweise Teil der geoffenbarten

[99] „Das hieße dann allerdings hinsichtlich der Bestimmung des Verhältnisses von historisch-kritischer und traditioneller Hermeneutik, dass die Fragen und Ergebnisse der historischen Forschung in das traditionelle Modell der Bibelhermeneutik zu integrieren sind, nicht umgekehrt" (*Schwienhorst-Schönberger*, Wiederentdeckung [2010], 422).

[100] *Schwienhorst-Schönberger*, Einheit (2003), 415 und mit einem Zitat H. J. Siebens, ebd., 416.

Wahrheit ist und daher auch aus christlicher Perspektive unaufhebbar *und* unaufgebbar bleibt.[101] Das geht über den bloßen Respekt vor den jüdischen Leseweisen hinaus, denn es ist, wie Johannes Paul II. 1986 in der Synagoge in Rom es ausgedrückt hat, „nicht etwas ‚Äußerliches', sondern gehört in gewisser Weise zum ‚Inneren' unserer Religion".[102] Schon das sollte uns davor bewahren, die Normativität der nicht allegorischen Sinne zu leicht über Bord zu werfen. Es reicht nicht, die jüdische Schriftlektüre, die ja ebenso über den Literalsinn hinaus mehrere Sinne kennt, als eine Parallelwelt eigener Sendung zu skizzieren. Das „Innere", von dem Johannes Paul II. spricht, geht darüber hinaus und impliziert eine Anerkennung, die von der Annahme einer Gleichwertigkeit getragen wird.

An diesem Punkt erhebt Michael Theobald meines Erachtens nach zu Recht gegen Joseph Ratzinger Einspruch, dass nämlich die christliche, in der Tradition verwurzelte Schriftlektüre letztlich zu einer Enteignung der Juden führt, wenn sie christologisch engführt. „Was Not täte, wäre ein Paradigmenwechsel von einer autorbezogenen hin zu einer leserorientierten oder rezeptionsgeschichtlichen Sicht der Schrift, geleitet von der Einsicht, dass diese selbst ambivalent bleibt und auch unterschiedliche ‚Ausgänge' hat, einen jüdischen und einen christlichen (E. Zenger). Nur so ließe sich die christologische Lesart der Schrift mit dem Respekt vor ihrer jüdischen Auslegung verbinden".[103] Auch Ludger Schwienhorst-Schönberger sieht das Problem und spricht es offen an: „Mit der Annahme zweier Bedeutungsebenen vermag die christliche Tradition ein weiteres Problem zu lösen: Warum wird ein und derselbe Text, das von Christen so genannte Alte Testament, von Juden und Christen unterschiedlich verstanden? Dies ist möglich, weil die Heilige Schrift zwei Bedeutungsebenen aufweist. Die Juden, so Origenes, bleiben beim Wortsinn des Alten Testamentes stehen – eine Aussage, die im Horizont des christlichen-jüdischen Gesprächs noch einmal neu und gründlich zu bedenken wäre, auf die in diesem Beitrag aber nicht näher eingegangen werden kann. Das Christentum zielt letztlich auf ein geistiges Verständnis der Schrift. Diese Unterscheidung ist bei Origenes nicht antijüdisch zu verstehen. Origenes war kein Antisemit".[104] Die Ausführungen beschreiben eine Gratwanderung, die über

[101] Das hat E. Zenger mit Verve in seiner Streitschrift eingefordert und danach immer wieder aufgegriffen, s. *Zenger*, Testament (2001).

[102] Ansprache Johannes Paul II. beim Besuch der Großen Synagoge Roms am 13. April 1986. Zur Problematik einer dichotomen Trennung von jüdischer und christlicher Leseweise s. die Reflexionen von *Langer*, Erfolgsgeschichte (2009), 19.

[103] *Theobald*, Joseph Ratzinger (2013), 47.

[104] *Schwienhorst-Schönberger*, Wiederentdeckung (2010), 409.

die gegenüber Origenes eingebrachte Apologetik hinausgeht.[105] Zwar erkennt Ludger Schwienhorst-Schönberger das Problem, kann es aber nicht lösen, weil er sich auf die ausschließliche Normativität des geistigen Schriftsinns beschränkt. Das „geistige“ wird implizit mit „christlich“ gleichgesetzt, durch den Wahrheitsbegriff exklusiv aufgeladen und als Gabe Gottes, wenn nicht der kritischen Vernunft entzogen, so doch gegen sie immunisiert.[106] Dann bleibt für das literale Verständnis ebenso wie für das jüdische gleichermaßen kein angemessener Raum. Es erscheint mir offensichtlich, dass in der Bewertung der geistigen Schriftlektüre durch Ludger Schwienhorst-Schönberger ein Problem liegt, dass sich vor dem Horizont der christlich-jüdischen Geschichte verschärft. Und darin liegt tatsächlich weiterer theologischer Gesprächsbedarf.

Schluss

Mit meinen Überlegungen wollte ich deutlich machen, dass die rezeptionsästhetische Wende nicht das Ende der historisch-kritischen Exegese bedeutet und dass deren Unverzichtbarkeit etwas mit dem christlichen Offenbarungs- und Geschichtsverständnis zu tun hat. Darin liegt auch begründet, dass biblische Texte zwar ins heute sprechen sollen und müssen, aber darin auch nicht aufgehen dürfen. Es gibt ein Recht der Texte, vergangen zu sein und *in* der Vergangenheit wie *aus* der Vergangenheit Sinn zu entfalten. Das meint der Titel, wenn er vom Recht des Textes spricht. Die Geschichtlichkeit der Offenbarung lässt sich nicht einfach überspringen oder gegenwärtig machen. Die historische Dimension ist notwendig, wenn auch nicht zureichend. Die Bedeutungspluralität von Texten ist unhintergehbar, auch in Bezug auf die historischen Textsinne. Die Vielfalt der historischen Sinne ist Teil der Offenbarung und auch relevant für heute. Die Geltung, also die Akzeptanz als „Wort Gottes“, schließt die Geschichtlichkeit des Textes mit ein und auch das lässt sich nicht hintergehen oder überspringen. „Exegese muss daher Wert legen auf die geschichtliche Distanz“[107] oder wie Joseph Ratzinger es in seinem Jesusbuch schreibt, die historisch-kritische Methode *muss* „das Wort nicht nur als vergangenes aufsuchen, sondern auch im Vergangenen

[105] Die Einschätzung des Origenes, Juden würden am Wortsinn festhalten, ist schlichtweg falsch. *Darüber* bedarf es keines erneuten Nachdenkens. S. zu den Ansätzen mit Literatur, z. B. *Langer*, Erfolgsgeschichte (2009), 19–20.
[106] Vgl. *Schwienhorst-Schönberger*, Wiederentdeckung (2010), 411.
[107] *Kertelge*, Schriftauslegung (1993), 71.

stehen lassen"[108], selbstredend ohne den hermeneutischen Zirkel aufheben zu können. Es gibt weder ein objektives Verstehen der Texte noch einen historischen Sinn, der rein und ohne Brechung erreichbar wäre. Aber bei allem Bemühen um die weiteren Sinne, kommt den Literalsinnen mehr als nur eine historische Bedeutung zu. Daher bleibt die historisch-kritische Methodik unverzichtbar und bleibt auch über den Raum der Wissenschaft hinaus relevant: „Historisch-kritische Exegese leitet an zur Respektierung und zum Verstehen der biblischen Botschaft aus ihren eigenen Voraussetzungen. Sie verwehrt dem interessierten Bibelleser ‚ein vorschnelles Einverständnis'".[109] Der Text – selbst eine in hohem Maße geschichtliche Größe – bleibt kritische Instanz, an dem sich *jede* Auslegung, auch die geistliche, messen lassen muss. Einen Paradigmenwechsel, der die historisch-kritische Perspektive ablösen würde, sehe ich nicht. Dennoch befindet sich die Exegese in einem Wandel, der auch die historisch-kritische Methode verändert. Thomas Söding bringt es mit Verweis auf das nachapostolische Schreiben *Verbum domini* auf den Punkt: „Auf eine kurze Formel gebracht lautet die Lösung, die von einer Intervention des Papstes (Benedikt XVI) vorformuliert worden war: Die historisch-kritische Exegese ist notwendig, aber nicht hinreichend".[110]

Es gibt bekanntlich weder ein objektives noch ein richtiges Textverstehen, weder auf Seiten des einen noch des anderen Zugangs zum Text, doch es gibt auf beiden Seiten falsche – und das ist meistens dann der Fall, wenn ein Zugang verabsolutiert wird. Auslegung ist Interpretation und muss sich am Text und am Werk messen lassen – so oder so. Das gilt für den *sensus litteralis* ebenso wie für den *sensus spiritualis.* Das Bemühen um die Offenbarung im Wort eint beide.

108 *Ratzinger*, Jesus (2007), 15.
109 So *Kertelge*, Schriftauslegung (1993), 72 mit Zitat von *Schwienhorst-Schönberger*, Bibelauslegung (1992), 20. Vgl. auch *Lehmann*, Horizont (1971), 69–73.
110 *Söding*, Theologie (2012), 441.

Bibliographie

Bachmann-Medick, Doris, Cultural Turns. Neuorientierung in den Kulturwissenschaften, Hamburg [4]2010.

Bauer, Gisa, Evangelikale Bewegung und evangelische Kirche in der Bundesrepublik Deutschland. Geschichte eines Grundsatzkonflikts (1945 bis 1989), Göttingen 2012.

Barthes, Roland, Der Tod des Autors, in: *F. Jannidis u. a.* (Hrsg.), Texte zur Theorie der Autorschaft, Stuttgart 2000, 185–193.

Ders., Der Tod des Autors, in: *Ders.*, Das Rauschen der Sprache, Frankfurt 2006, 57–63.

Berger, Klaus, Die Bibelfälscher. Wie wir um die Wahrheit betrogen werden, Düsseldorf 2013.

Berges, Ulrich, Synchronie und Diachronie. Zur Methodenvielfalt in der Exegese, in: BiKi (2007) 249–251.

Borchard, Knut/Hanke, Edith/Schluchter, Wolfgang, Einleitung, in: *Max Weber*, Wirtschaft und Gesellschaft. Soziologie. Unvollendet 1919–1920 (MWG I,23), Tübingen 2013, 1–78.

Brandt, Peter, Endgestalten des Kanons. Das Arrangement der Schriften Israels in der jüdischen und christlichen Bibel (BBB 131), Berlin u. a. 2001.

Cohn, Lionel, Philo (Alexandrinus). Die Werke in deutscher Übersetzung. Band 1, Berlin u. a. 1962.

Dohmen, Christoph, Rezeptionsforschung und Glaubensgeschichte. Anstöße für eine neue Annäherung von Exegese und Systematischer Theologie, in: TThZ 96 (1987) 123–134.

Dupont, Anthony/Schelkens, Karim, Katholische Exegese vor dem Zweiten Vatikanischen Konzil (1960–1961), in: Zeitschrift für Katholische Theologie 132 (2010) 1–24.

Ebeling, Gerhard, Die Bedeutung der historisch-kritischen Methode für die protestantische Theologie, in: ZThK 47 (1950) 1–46.

Eco, Umberto, Die Grenzen der Interpretation, München [3]2004.

Eisele, Wilfried, „Als wären sie von der Metzgerzunft“ (A. Stadler). Vom theologischen Nutzen der historischen Kritik, in: ThQ 192 (2012) 233–255.

Enders, Markus/Szaif, Jan (Hrsg.), Die Geschichte des philosophischen Begriffs der Wahrheit, Berlin 2006.

Fabry, Heinz-J., „Leiden wir an einem Tunnelblick?“. Überlegungen zu Textentstehung, Textrezeption und Kanonisierung von Text, in: *K. Finsterbusch/M. Tilly* (Hrsg.), Verstehen, was man liest. Zur Notwendigkeit historisch-kritischer Bibellektüre, Göttingen 2010, 18–33.

Ders., Kirche und Bibel – ein spannungsvolles Verhältnis. Bibelhermeneutische Aspekte, in: *F. Bruckmann/R. Dausner* (Hrsg.), Im Angesicht der Anderen. Gespräche zwischen christlicher Theologie und jüdischem Denken. Unter Mitarbeit von Josef Wohlmuth. FS J. Wohlmuth (Studien zu Judentum und Christentum 25), Paderborn 2013, 239–255.

Ders., Der Beitrag der Septuaginta-Codizes zur Kanonfrage. Kanon-theologische Überlegungen zu Einheit und Vielfalt biblischer Theologie, in: *S. Kreuzer/M. Meiser* (Hrsg.), Die Septuaginta – Entstehung, Sprache (WMANT 286), Tübingen 2012, 582–599.

Finsterbusch, Karin/Tilly, Michael, Ein Plädoyer für die historisch-kritische Exegese, in: *Dies.* (Hrsg.), Verstehen, was man liest. Zur Notwendigkeit historisch-kritischer Bibellektüre, Göttingen 2010, 9–17.

Fohrer, Georg u. a., Exegese des Alten Testaments, Heidelberg u. a. ⁵1989.

Foucault, Michel, Was ist ein Autor?, in: *F. Jannidis u. a.* (Hrsg.), Texte zur Theorie der Autorschaft, Stuttgart 2000, 194–229.

Frings, Andreas/Marx, Johannes (Hrsg.), Erzählen, Erklären, Verstehen. Beiträge zur Wissenschaftstheorie und Methodologie der Historischen Kulturwissenschaften (Beiträge zu den Historischen Kulturwissenschaften 3), Berlin 2008.

Gnilka, Joachim, Methodik und Hermeneutik. Gedanken zur Situation der Exegese, in: *Ders.* (Hrsg.), Neues Testament und Kirche. FS R. Schnackenburg, Freiburg 1974, 458–475.

Grillmeier, Alois, Kommentar zu Dei Verbum 3. Kapitel, in: Das Zweite Vatikanische Konzil, Dokumente und Kommentare II = LThK (²1967) 528–558.

Hieke, Thomas, Vom Verstehen biblischer Texte. Methodologisch-hermeneutische Erwägungen zum Programm einer „biblischen Auslegung“, in: BN 119/120 (2003) 71–89.

Ders., Zum Verhältnis von biblischer Auslegung und historischer Rückfrage, in: IKaZ 39,3 (2010) 264–274.

Ders., Formen des Kanons. Studien zu Ausprägungen des biblischen Kanons von der Antike bis zum 19. Jahrhundert (SBS 228), Stuttgart 2013.

Hünermann, Peter, Die Dokumente des Zweiten Vatikanischen Konzils, Freiburg u. a. 2004.

Jannidis, Fotis u. a. (Hrsg.), Rückkehr des Autors. Studien und Texte zur Sozialgeschichte der Literatur, Tübingen 1999.

Ders., Ansprache beim Besuch der Großen Synagoge Roms am 13. April 1986, in: *H. H. Henrix/W. Kraus* (Hrsg.), Die Kirchen und das Judentum. Bd. II. Dokumente von 1986–2000, Paderborn 2001, 106–111.

Jung, Matthias, Dilthey zur Einführung, Hamburg 1996, 26–75.

Kertelge, Karl, Historisch-kritische Schriftauslegung. Methoden und theologischer Stellenwert, in: *H. J. Fabry u. a.*, Bibel und Bibelauslegung, Regensburg 1993, 62–73.

Kügler, Joachim, Entweihung der Schrift? Die bleibende Provokation der historisch-kritischen Bibelwissenschaft, in: ThPQ 157,2 (2009) 146–153.

Langer, Gerhard, Eine Erfolgsgeschichte? Das Jüdische in Katholisch-alttestamentlicher Wissenschaft, in: *Ders./G. M. Hoff* (Hrsg.), Der Ort des Jüdischen in der katholischen Theologie, Göttingen 2009, 15–43.

Laucken, Uwe, Verstehen gegen Erklären. Nekrolog auf einen Gegensatz, in: Zeitschrift für allgemeine Wissenschaftstheorie 7 (1976) 113–118.

Lehmann, Karl, Der hermeneutische Horizont der historisch-kritischen Exegese, in: *J. Schreiner* (Hrsg.), Einführung in die Methoden der Biblischen Exegese, Würzburg 1971, 40–80.

Lohfink, Norbert, Der weiße Fleck in Dei Verbum Artikel 12 (1992), in: *Ders.*, Studien zur biblischen Theologie (SBAB 16), Stuttgart 1993, 78–96.

Morenz, Ludwig D./Schorch, Stefan, Was ist ein Text? Alttestamentliche, ägyptologische und altorientalische Perspektiven (BZAW 362), Berlin u. a. 2007.

Mosis, Rudolf, Canonical Approach und Vielfalt des Kanon. Zu einer neuen Einleitung in das Alte Testament, in: TThZ 106,1 (1997) 39–59.

Müllner, Ilse, Dialogische Autorität. Feministisch-theologische Überlegungen zur kanonischen Schriftauslegung, in: Lectio difficilior 2/2005 o. S. (http://www.lectio.unibe.ch/05_2/muellner_dialog_autor.htm; letzter Zugriff 15.1.2014).

Neuner, Peter, Die Schrift als Buch der Kirche. Wege und Sonderwege des katholischen Schriftverständnisses, in: *C. Polke u. a.* (Hrsg.), Niemand ist eine Insel. Menschsein im Schnittpunkt von Anthropologie, Theologie und Ethik. FS W. Härle, Berlin 2011, 467–486.

Nissinen, Martti, Reflections on the „Historical-Critical" Method. Historical Criticism and Critical Historicism, in: *J. M. LeMon/K. H. Richards* (Hrsg.), Method Matters. FS D. L. Petersen, Atlanta 2009, 479–504.

Päpstliche Bibelkommission, Die Interpretation der Bibel in der Kirche (VAS 115), Bonn 1993.

Ratzinger, Joseph, Die Bedeutung der Väter für die gegenwärtige Theologie, in: ThQ 148 (1968) 257–282.

Ders., Vorwort, in: Päpstliche Bibelkommission: Das jüdische Volk und seine heilige Schrift in der christlichen Bibel (VAS 152), Bonn 2011, 3–8.

Ders., Jesus von Nazareth. Erster Teil: Von der Taufe im Jordan bis zur Verklärung, Freiburg 2007.

Ruegger, Hans-Ulrich, Verstehen statt Erklären? Zur Logik der Interpretation in den Geisteswissenschaften, in: ThZ 64 (2008) 49–64.

Schaper, Joachim, Auf der Suche nach dem alten Israel? Teil 1, in: ZAW 118 (2006) 1–21.

Schmitz, Barbara, Prophetie und Königtum. Eine narratologisch-historische Methodologie entwickelt an den Königsbüchern (FAT I/60), Tübingen 2008, 58–81.

Schröter, Joseph/Eddelbüttel, Andreas (Hrsg.), Konstruktion von Wirklichkeit. Beiträge aus geschichtstheoretischer, philosophischer und theologischer Perspektive, Berlin 2004.

Schwienhorst-Schönberger, Ludger, Historisch-kritische Bibelauslegung, in: Unsere Seelsorge 42 (1992), 20–21.

Ders., Einheit statt Eindeutigkeit. Paradigmenwechsel in der Bibelwissenschaft, in: HerKorr 57 (2003) 412–417.

Ders., Die Einheit der Schrift ist ihr geistiger Sinn. Ein Beitrag in der Reihe „Die Bibel unter neuen Blickwinkeln“, in: BiKi 63,3 (2008) 179–183.

Ders., „Eines hat Gott gesagt, zweierlei habe ich gehört“ (Ps 62,12). Sinnoffenheit als Kriterium einer biblischen Theologie, in: JBTh 25 (2010) 45–61.

Ders., Der offenkundige und der verborgene Sinn, in: KatBl 135,2 (2010) 86–89.

Ders., Wiederentdeckung des geistigen Schriftverständnisses. Zur Bedeutung der Kirchenväterhermeneutik, in: ThGl 101,3 (2011) 402–425.

Ders., Zwei antagonistische Modelle der Schriftauslegung in Dei Verbum?, in: *J. H. Tück* (Hrsg.), Erinnerung an die Zukunft. Das zweite Vatikanische Konzil, Freiburg u. a. 2012, 449–461.

Ders., „Keine rein akademische Angelegenheit“. Zum Verhältnis von Erklären und Verstehen in den Jesus-Büchern von Joseph Ratzinger/Benedikt XVI., in: *J. H. Tück* (Hrsg.), Der Theologenpapst. Eine kritische Würdigung Benedikts XVI., Freiburg u. a. 2012, 184–206.

Söding, Thomas, Die Lebendigkeit des Wortes Gottes. Das Verständnis der Offenbarung bei Joseph Ratzinger, in: *F. Meier-Hamidi/F. Schumacher* (Hrsg.), Der Theologe Joseph Ratzinger (QD 222), Freiburg 2007, 12–55.

Ders., Theologie mit Seele. Der Stellenwert der Schriftauslegung nach der Offenbarungskonstitution Dei Verbum, in: *J. H. Tück* (Hrsg.), Erinnerung an die Zukunft. Das zweite Vatikanische Konzil, Freiburg u. a. 2012, 423–448.

Seiler, Stefan, Intertextualität, in: *H. Utzschneider/E. Blum*, Lesarten der Bibel. Untersuchungen zu einer Theorie der Exegese des Alten Testaments, Stuttgart 2006, 275–293.

Ders., Text-Beziehungen. Zur intertextuellen Interpretation alttestamentlicher Texte am Beispiel ausgewählter Psalmen (BWANT 202), Stuttgart 2013, 25–29.

Spoerhase, Carlos, Autorschaft und Interpretation. Methodische Grundlagen einer philologischen Hermeneutik, Berlin 2005.

Städtke, Klaus/Kray, Ralph (Hrsg.), Spielräume des auktorialen Diskurses, Berlin 2003.

Steinberg, Julius, Die Ketuvim. Ihr Aufbau und ihre Botschaft (BBB 152), Berlin u. a. 2006.

Steins, Georg, „Das Wort Gottes wächst mit den Lesenden“. Eine folgenreiche Rückbesinnung gegenwärtiger Bibelexegese, in: LS 55 (2004) 74–81.

Ders., Kanonisch lesen, in: *H. Utzschneider/E. Blum*, Lesarten der Bibel. Untersuchungen zu einer Theorie der Exegese des Alten Testaments, Stuttgart 2006, 45–64.

Ders., Der Kanon ist der erste Kontext. Oder: Zurück an den Anfang!, in: BiKi 62,2 (2007) 116–121.

Steins, Georg/Taschner, Johannes (Hrsg.), Kanonisierung – die Hebräische Bibel im Werden (BThS 110), Neukirchen-Vluyn 2010.

Teichert, Dieter, Erklären und Verstehen. Historische Kulturwissenschaften nach dem Methodendualismus, in: *J. Kusber u. a.* (Hrsg.), Historische Kulturwissenschaften. Positionen, Praktiken und Perspektiven, Bielefeld 2010, 13–42.

Theobald, Michael, Offen – dialogisch – (selbst)kritisch. Die grundlegende Bedeutung historisch-kritischen Arbeitens für die theologische Auslegung des Neuen Testaments, in: BiKi 63 (2008) 240–245.

Ders., Joseph Ratzinger verabschiedet die historisch-kritische Schriftauslegung! Anmerkungen zu seinem Jesus-Buch, dritter Teil „Jesus von Nazareth, Prolog. Kindheitsgeschichten", in: BiKi 68 (2013) 46–47.

Tück, Jan-Heiner, Hintergrundgeräusche. Liebe, Tod und Trauer in der Gegenwartsliteratur, Ostfildern 2010.

Utzschneider, Helmut, Text – Leser – Autor. Bestandsaufnahme und Prolegomena zu einer Theorie der Exegese, in: BZ 43,2 (1999) 224–238.

Ders., Was ist alttestamentliche Literatur? Kanon, Quelle und literarische Ästhetik als LesArts alttestamentlicher Literatur, in: *Ders./E. Blum*, Lesarten der Bibel. Untersuchungen zu einer Theorie der Exegese des Alten Testaments, Stuttgart 2006, 65–83.

Ders., Gottes Vorstellung. Untersuchungen zur literarischen Ästhetik und Theologie des Alten Testaments (BWANT 175), Stuttgart u. a. 2007, 71.

Utzschneider, Helmut/Blum, Erhard, Lesarten der Bibel. Untersuchungen zu einer Theorie der Exegese des Alten Testaments, Stuttgart 2006.

Vasilache, Andreas, Erklären – Verstehen – Debatte, in: *A. Nünning* (Hrsg.), Metzler Lexikon Literatur- und Kulturtheorie. Ansätze – Personen – Grundbegriffe, Stuttgart/Weimar ^{5}2013, 182–183.

Voderholzer, Rudolf, Offenbarung, Tradition und Schriftauslegung. Bausteine zu einer christlichen Bibelhermeneutik, Regensburg 2013.

Wohlmuth, Josef, Zur Verwendbarkeit exegetischer Methoden bei der Interpretation von Konzilstexten, in: KuD 23 (1977) 205–231.

Zenger, Erich, Von der Unverzichtbarkeit der historisch-kritischen Exegese. Am Beispiel des 46. Psalms, in: BiLi 62 (1989) 10–20.

Ders., Das erste Testament. Die jüdische Bibel und die Christen, Düsseldorf 1991.

Ders., Exegese des Alten Testaments im Spannungsfeld von Judentum und Christentum, in: *M. Oeming u. a.* (Hrsg.), Das Alte Testament und die Kultur der Moderne (ATM 8), Münster 2004, 117–137.

Ders., Was sind Essentials eines theologischen Kommentars zum Alten Testament?, in: *B. Janowski* (Hrsg.), Theologie und Exegese des Alten Testaments/der Hebräischen Bibel (SBS 200), Stuttgart 2005, 213–238.

Alles eine Sache der Auslegung

Zum Verhältnis von Schriftverständnis und Schriftauslegung

Wenn jemand im Alltag „Alles eine Sache der Auslegung!“ sagt, handelt es sich meist um diametrale Umdeutungen. Ein Sachverhalt wird dabei mit hohem Interpretationsaufwand vom Kopf auf die Füße gestellt; der offen zutage liegende Sinn ins Gegenteil verkehrt. Etwas scheinbar Feststehendes wird durch Auslegung so geformt, dass es für denjenigen, der die Möglichkeit zur Auslegung für sich in Anspruch nimmt, zwar passt, dann meist aber mehr oder minder zur allgemein akzeptierten Auffassung im Gegensatz steht. Was nicht passt, wird passend gemacht. So wird Auslegung zur argumentativen Universalwaffe und „Alles eine Sache der Auslegung!“ zum Totschlagargument. Beliebigkeit tritt an die Stelle von Eindeutigkeit. Ein kontrolliertes Verhältnis der Auslegung zum Ausgelegten gibt es dabei nicht, sondern die Instanz der Autorität, die die Wahrheit der Auslegung sichert, ist in diesen Fällen immer das auslegende Subjekt selbst. „Ich verstehe das halt so“ – ist dann schnell dahergesagt und lässt Widerspruch nicht mehr zu. Reine Subjektivität beansprucht die Interpretationshoheit. Will man hingegen Interpretationen verobjektivieren, muss man sie intersubjektiv vermittelbar halten. Auslegungen müssen nachvollziehbar bleiben und sollten im besten Fall unter gleichen Voraussetzungen zu gleichen Ergebnissen führen. Es sei denn eine Autorität gäbe den Auslegungsspielraum vor und würde normative Auslegungen vorgeben. Ist das in Bezug auf die Bibel so? Löst die institutionsgebundene Auslegung die verbleibenden Interpretationsspielräume auf? Wer ist eigentlich das Subjekt der Auslegung, wenn es um die Bibel geht? Wer bestimmt die „Grenzen der Interpretation“ und wie wird ein kontrolliertes Verhältnis der Auslegung zum Ausgelegten sichergestellt? Mit diesen Fragen beschäftigen sich die folgenden Ausführungen.

Kommt Fundamentalismus ohne Auslegungsspielräume aus?

Nun ist grundsätzlich Auslegung erst einmal etwas Positives, weil sie eine neue Kontextualisierung des Ausgelegten überhaupt erst ermöglicht. Wenn die Heilige Schrift keiner Auslegung bedarf, spricht man von Fundamentalismus. Der Begriff „Fundamentalismus“, der seine Wurzeln im 19. Jh. hat und zunächst die Selbstbezeichnung eines Zusammenschlusses konservativer protestantischer Gruppen war, wird heute vielfach und sehr unterschiedlich verwendet. Mit ihm verbinden sich die Annahme einer unveränderlichen Geltung einer schriftlichen Grundlage, die Wörtlichkeit der Heiligen Schrift und ihr göttlicher Ursprung. Die Schriftgrundlage wird dabei zugleich als Maßstab des Handelns verstanden. Die Schrift ist gottgegeben, d. h. materiell bzw. verbal inspiriert, unveränderlich, d. h. wortwörtlich zu verstehen, irrtumslos nach dem Maßstab einer nicht verhandel- und wandelbaren Wahrheit. Ein solches Verständnis kommt vermeintlich ohne deutende Auslegung aus, die die Wörtlichkeit der Schrift aufhebt. Oft werden daher ein wörtliches Verständnis und Auslegung einander als Gegensätze gegenübergestellt.

Dass das nicht so – zumindest nicht so einfach – ist, lässt sich am Beispiel des christlichen Fundamentalismus zeigen: *Gott hat die Welt in sieben Tagen geschaffen und aus einer Rippe Adams die Eva.* Beide Angaben sind im fundamentalistischen Schriftverständnis wörtlich und nicht übertragen oder metaphorisch zu verstehen. In Kreisen, die Gen 1 als „Bericht" verstehen, bereitet die Angabe der Schöpfung in sieben Tagen nicht unbedingt große Mühe. Sie sind ganz einfach wörtlich zu verstehen. So schreibt der evangelikale Autor Walter Hilbrands: „Dass der Schreiber des Schöpfungsberichtes das Sechstagewerk mit dem anschließenden Ruhetag im Rahmen einer gewöhnlichen Woche von sieben Kalendertagen versteht, ist exegetisch unbestritten, bes. in der kritischen Forschung".[1] Als vermeintlich unverdächtiger Zeuge wird „die kritische Forschung" bemüht, und dabei geflissentlich unterdrückt, dass es dort gerade nicht um ein wörtliches Verständnis geht. Allerdings stehen die Aussagen der ersten Schöpfungserzählung unserem naturwissenschaftlichen Verständnis der Entstehung der Welt entgegen, weshalb gerade hier deutende Auslegung die Wörtlichkeit abmildert. Auslegung schafft also auch Entlastung für vermeintliche Widersprüche. Die Wörtlichkeit der sieben Schöpfungstage war schon früh nicht zu halten, weshalb schon in der Antike mit Ps 90,4 die Zeitangabe (meist zur Berechnung des Endes der Welt[2]) um den Faktor Tausend gedehnt hat. Da auch das in der Neuzeit nicht mehr der naturwissenschaftlichen Erkenntnis entspricht, findet man häufiger Auslegungen, die die Zeitangabe metaphorisiert: „In Gestalt der sieben Tage metaphoriert (*sic!*) die Erzählung die Vollständigkeit der Zeit vom Anfang bis zum Ende aller Tage".[3]

Soll aber das wörtliche Verständnis der „sieben Tage" zu halten sein, müssen auch die übrigen Aussagen der Bibel historisiert wer-

[1] *Hilbrands*, Schöpfungstage (www.wort-und-wissen.de; letzter Zugriff 19.3.2013).
[2] Vgl. 2 Petr 3,8; Barn 15,4; Jub 4,30; slavHen 32,2–33,2 u. ö.
[3] *Froebe*, Schöpfungserzählungen (2007), 76.

den und möglichst wörtlich verstanden werden. So wird in einem anderen Beispiel von der kreationistischen Plattform „Wort und Wissen“ das wörtliche Verständnis der Erschaffung der Frau aus der Rippe Adams verteidigt, auch wenn es das Vorstellungsvermögen des modernen Menschen übersteigt: „Adam wurde aus ‚Erde vom Acker‘ (Gen 2,7) und die Eva aus einer ‚Rippe‘ Adams (Gen 2,22) gemacht. Leider geben diese Angaben nur bescheidene Hinweise, wie man sich das Schöpfungshandeln konkret vorstellen muss. Es ist aber gut denkbar, dass während der Schöpfungswoche Vorgänge abgelaufen sind, die Zeit beansprucht haben, obwohl Gott in seiner Allmacht das Universum auch in einem einzigen Augenblick hätte erschaffen können“.[4] Die Zurückhaltung, den biblischen Text durch Auslegung zu füllen, wird jedoch meist nicht durchgehalten. So wird vom gleichen Autor die in Gen 2,1 neben Himmel und Erde genannte Vollendung von „und ihr ganzes Heer” (Gen 2,1) wie selbstverständlich auf das Universum bezogen, auch wenn das nicht im Text steht. Ohne deutende Auslegung kommt also anscheinend auch ein wörtliches Verständnis nicht aus.

Das wird noch deutlicher, wenn es um die Handlungsanweisungen der Bibel geht. Nehmen wir ein willkürliches Beispiel: Du sollst deinen Nächsten lieben, gilt natürlich heute uneingeschränkt und wörtlich, aber wenn in Lev 20,10 steht, dass ein Ehebrecher und eine Ehebrecherin mit dem Tod bestraft werden sollen, ist das dann genauso zu befolgen, zu jederzeit und in jedem Kontext? Kann hier argumentiert werden, dass die Steinigung unveränderlicher Wille Gottes ist, der keiner Auslegung bedarf, ja sogar eine solche nicht verträgt? Da das nicht sein kann, Ehebruch aber auch nach dem Neuen Testament verboten bleibt, wird im christlichen Kontext hier etwa mit Röm 13,8–10 argumentiert und der Ehebruch dem Nächstenliebegebot, das nicht mit einer Sanktion versehen ist, auslegend untergeordnet.[5] Oder es wird mit Joh 8,6–8 auf die barmherzige Haltung Jesu verwiesen und das nachdenkliche „Wer von euch ohne Sünde ist, werfe als erster einen Stein auf sie“ (Joh 8,7) als *Aufhebung* der Tora gedeutet. Das Neue steht *gegen* das Alte Testament, nicht als Auslegung, sondern kontrastiv als Infragestellung von Geltung.[6] Aber selbst das funktioniert in Mt 5,29 nicht mehr: „Wenn dich dein rechtes Auge zum Bösen verführt, dann reiß es aus und wirf es weg!“ (Mt 5,29). Hier ist ohne eine die Wörtlichkeit verlassende Auslegung

4 *Knobel*, Schöpfung (www.wort-und-wissen.de, letzter Zugriff 19.3.2013).

5 Z. B. *Hörmann*, Ehebruch (^{2}1983), 273.

6 Die hermeneutischen Muster der Abwertung und Ablösung am Beispiel von Joh 8 und die damit verbundenen Missverständnisse zeichnet *Crüsemann*, Wahrheitsraum (2011), 110–115.

nichts mehr zu machen, denn diese Anweisung Jesu kann *beileibe* (im wahrsten Sinne des Wortes) nicht mehr wörtlich genommen werden. Meist wird darauf verwiesen, dass damit ja der gottgeschenkte Körper geschädigt würde, was nicht sein dürfe. Hier greift also eine – wiederum biblisch gewonnene – positivistische Hierarchie der Wahrheiten, die auf Auslegung beruht.

Die Beispiele sollten ausreichend deutlich gemacht haben, dass es ohne Auslegung selbst bei der Annahme eines vermeintlich wörtlichen Verständnisses der Bibel selten geht. Auslegung schafft Entlastung für (manchmal nur vermeintliche) Unverständlichkeiten, Unverträglichkeiten oder Widersprüche. Die Beispiele haben aber auch gezeigt, dass es verbindliche Kriterien für Auslegung nicht gibt: Wann ist sie theologisch gerechtfertigt, ja vielleicht sogar notwendig und wann dient sie nur dazu, die Härte des Textes abzumildern? Wer entscheidet, ob ein Text einer über das wörtliche Verständnis hinausgehenden Auslegung bedarf? Und wie lässt sich begründen, dass die Notwendigkeit der Auslegung nicht eine Preisgabe des Offenbarungsanspruchs und der Normativität der Schrift ist?

Auslegung der Wahrheit, ja – Wahrheit der Auslegung, nein

Dass es mindestens drei Meinungen gibt, wenn Rabbinen oder Exegeten zusammen sind, ist ein bekanntes Klischee, das nicht zuletzt über die Mischna gefestigt wird, weil dort häufig ein Diskurs über das Schriftverständnis und die Halacha – also die *Auslegung* der Tora für das Handeln im täglichen Leben[7] – stattfindet. Eine der bekannteren Erzählungen macht die Notwendigkeit der Auslegung der heiligen Schrift deutlich: Als die Rabbinen einmal mehr um die richtige Auslegung der Schrift gerungen hatten – Gegenstand des Streits war eine Vorschrift über Reinheit und Unreinheit am Beispiel eines Ofens – und sich in einem Mehrheitsentscheid für eine Lösung entschieden hatten, behauptet Rabbi Eliëser ben Hyrkanos, ein Tannaït der zweiten Generation aus dem späten 1. Jh. n. Chr.[8], mit Beharrlichkeit, dass er die richtige Auslegung habe. Er versucht seine Auslegung mit allerlei Wundern zu unterstreichen. In der Gemara, d. h. in der im babylonischen Talmud enthaltenen Auslegung zur

[7] Der von dem Verb *hlk „gehen“* abgeleitete Begriff Halacha (auch Halakha) kann sowohl eine Einzelbestimmung als auch das ganze System des zu befolgenden Rechts umfassen. Im vorliegenden Kontext meint der Begriff die Auslegung der biblischen Überlieferung.

[8] Die vereinfachte Schreibweise der Namen wurde vereinheitlicht, eingeschlossen die Zitate aus dem Talmud. Zu Eliëser ben Hyrkanos vgl. *Ego*, Eliezer (1997), 992.

Mischna im Traktat Baba Metzia („Mittlere Pforte“) wird die Geschichte so erzählt:

Es wird gelehrt: An jenem Tage machte R. Eliëser alle Einwendungen der Welt, man nahm sie aber von ihm nicht an. Hierauf sprach er: Wenn die Halakha [d. i. die Auslegung der Tora bzw. der Mischna im religiösen Gesetz,] wie ich ist [d. h. der Meinung Rabbi Eliësers entspricht], so mag dies dieser Johannisbrotbaum beweisen! Da rückte der Johannisbrotbaum hundert Ellen von seinem Orte fort [d. h. er bricht die Naturgesetze]; manche sagen vierhundert Ellen. Sie aber erwiderten: Man bringt keinen Beweis von einem Johannisbrotbaume [d. h. nicht aus der Schrift selbst, sondern aus ungewöhnlichen Naturvorgängen]. Hierauf sprach er: Wenn die Halakha wie ich ist, so mag dies dieser Wasserarm beweisen! Da trat der Wasserarm zurück. Sie aber erwiderten: Man bringt keinen Beweis von einem Wasserarme [d. h. nicht aus der Schrift, sondern von einem aufgehobenen Naturgesetz]. Hierauf sprach er: Wenn die Halakha wie ich ist, so mögen dies die Wände des Lehrhauses beweisen! Da neigten sich die Wände des Lehrhauses <und drohten> einzustürzen. Da schrie sie R. Josua an und sprach zu ihnen [d. h. zu den Wänden]: Wenn die Gelehrten einander in der Halakha bekämpfen, was geht dies euch an! Sie stürzten hierauf nicht ein, wegen der Ehre R. Josuas, und richteten sich auch nicht auf, wegen der Ehre R. Eliësers; sie stehen jetzt auch noch geneigt [d. h. um den Streit nicht zu entscheiden]. Hierauf sprach er: Wenn die Halakha wie ich ist, so mögen sie dies aus dem Himmel beweisen! Da erscholl eine Hallstimme [d. i. eine himmlische Stimme] und sprach: Was habt ihr gegen R. Eliëser; die Halakha ist stets wie er [d. h. er hat immer recht in seiner Auslegung]. [9]

Würde es sich um eine *christliche* Erzählung handeln, wäre hier wohl Schluss. Gegen die höchste Autorität ist beim besten Willen nichts mehr einzuwenden. Wenn Gott die Ansicht Rabbi Eliësers sanktioniert, wird sie wohl richtig sein. Nicht so in der kleinen jüdischen Geschichte, in der Gott beschieden wird, sich doch bitte aus dem Streit rauszuhalten, denn er habe seine Ansicht ja bereits in der Tora geäußert, die sowohl den Anlass für den Streit als auch die Lösung für denselben beinhalte:

Da stand R. Josua (auf seine Füße) auf und sprach: Sie [scil. die Tora] ist nicht im Himmel. [Zitat aus Dtn 30,12] – Was heißt: sie ist nicht im Himmel? R. Jeremia erwiderte: Die Tora ist bereits vom Berge Sinaj her verliehen worden [d. h. vom Himmel auf die Erde vermittelt und damit in die Hand der Menschen übergeben worden]. Wir achten nicht auf die Hallstimme [Gottes], denn bereits du hast am Berge Sinaj in die Tora geschrieben: nach der Mehrheit zu entscheiden [Zitat aus Ex 23,2]. R. Nathan traf Elijahu und fragte ihn, was der Heilige, gepriesen sei er, in dieser Stunde tat. Dieser erwiderte: Er schmunzelte und sprach: meine Kinder haben mich besiegt, meine Kinder haben mich besiegt. [10]

[9] Zugrunde gelegt ist hier die Übersetzung von *Goldschmidt*, Talmud (1996), 637. Zum besseren Verständnis wurden einige Erläuterungen in eckigen Klammern hinzugefügt.

[10] Baba Metzia, Fol. 59b (zitiert aus: *Goldschmidt*, Talmud [1996]).

Rabbi Jehoschua steht auf, um Entscheidendes zu sagen, was er offenbar in eine Frage kleidet, die er nicht nur an seine Kollegen im Lehrhaus, sondern wie bei dem im Stehen gesprochenen Gebet *auch* an Gott selbst richtet. Mit einem Schuss Polemik erläutert er im Frage-Antwort-Stil, warum die göttliche Stimme, die die Autorität Eliësers bestätigen sollte, als Einmischung und nicht als Lösung des Problems zu verstehen sei. Dazu zitiert er zuerst die auf die Tora bezogene Aussage aus Dtn 30,12 „sie ist nicht im Himmel", was er als nicht mehr bei Gott oder nicht außerweltlich deutet. Nicht mehr Gott, so das kühne Urteil, hat über die rechte Interpretation zu entscheiden.

Die Tora ist Dir ganz nah

Schon mit dem (Teil-)Zitat von Dtn 30,12 wird dem Versuch gewehrt, den Streit um die rechte Halacha durch ein Gottesurteil zu lösen, d. h. die außerweltliche Instanz (die göttliche Hallstimme) als Garant für die Wahrheit zu nehmen. Aber das wird nur verständlich, wenn man Dtn 30,12 im Kontext als Aussage über die innerweltliche Notwendigkeit der Auslegung versteht. Dort, in einer dichten und bewegenden Paränese über die Möglichkeit, das Gesetz wirklich zu befolgen, heißt es:

11Denn dieses Gebot, das ich dir heute gebiete, ist nicht unerfüllbar für dich, und es
ist nicht fern. 12Es ist nicht im Himmel, so dass du sagen müsstest: Wer steigt für uns
in den Himmel hinauf und holt es für uns und lässt es uns hören, damit wir es tun?
13Es ist auch nicht jenseits des Meeres, so dass du sagen müsstest: Wer fährt für uns
über das Meer, holt es herüber und lässt es uns hören, damit wir es tun? 14Sondern
sehr nahe bei dir ist das Wort, in deinem Mund und in deinem Herzen, um es zu tun.

Jeder Argumentation, die Tora sei lebensfern oder weltfremd wird hier von Mose eine Absage erteilt. Der Wille Gottes ist „inkarniert", hineingegeben in das hier und jetzt derjenigen, die ihn befolgen sollen. Die Tora bedarf – und damit sprengt die Paränese in gewisser Weise den Rahmen des Deuteronomiums, in dem Mose die Tora verkündigt – *keines* Mittlers mehr (vgl. Jer 31,33). Sie ist im Mund der Adressaten und in ihrem Herzen. „Mund" (פה) und „Herz" (לב/לבב) sind dabei mit Bedacht gewählt: Zum ersten stehen sie für den ganzen Menschen, den inneren (לב) wie den äußeren (פה). Das zeigen Stellen wie Ps 19,15; 49,4; Ez 33,31. Sie unterstreichen damit die Einheit und Ganzheit des Menschen, was besonders in den Stellen deutlich wird, in denen Mund und Herz auseinandertreten (z. B. Ps 55,22; Jes 29,13). Das Herz steht für das Entscheidungsorgan des

Menschen, den Willen oder das innere Zentrum, das den Willen Gottes ganz in sich aufnimmt und sich ganz an der Tora ausrichtet (vgl. u. a. Ez 18,31; 36,26; Jer 31,33; Ps 51,12). Der Mund hingegen steht für alle Lebensäußerungen, das äußerlich Sichtbare einerseits, bildet aber zugleich einen Kontrast zu den Ohren als Organ des Hörens und der Aufnahme der Botschaft. Üblicherweise stellt aber der Mund den Ausgangspunkt der Offenbarung dar. Beispielhaft sei auf den Rat des Freundes Elifas an Ijob verwiesen: „Nimm doch aus seinem Mund Weisung (Tora) an und leg seine Worte in dein Herz". Wenn vom Mund im Deuteronomium im Kontext der Verkündigung die Rede ist, dann meist vom Mund Gottes (bes. Dtn 8,3) oder dem Mund des Mittlers (bes. Dtn 18,18). Mit Absicht scheint die Formulierung in Dtn 30,11–13 anders, denn zweimal wird fragend auf die Hörsituation der Verkündigung abgehoben: „wer lässt es uns hören". Die EÜ überträgt den H-Stamm des Verbums „hören" (שמע) zutreffend mit „wer verkündet es uns". Einer besonderen Verkündigung oder eines Mittlers bedarf die Tora nicht *mehr*, weil sie bereits bei den Menschen angekommen ist. Die Tora bedarf der Übermittlung, aber danach ist sie greifbar, kann und muss weitergegeben werden und nicht jedes Mal neu verkündet werden.

R. Josua nimmt diesen Sinn von Dtn 30,10–12 durch das Auswahlzitat „sie ist nicht im Himmel" auf und greift zur Erläuterung auf die Auslegung von Rabbi Jeremia zurück. Mit Bedacht wählt Rabbi Josua nur das לא בשמים הוא „sie ist nicht im Himmel" aus Dtn 30,12 auf, weil es ihm subtil um ein implizit hinzugefügtes „mehr" geht. Die Tora, die Weisung, ist eben nicht *mehr* im Himmel bei Gott, sondern auf der Erde, ganz nah bei den Menschen. Es gibt keinen „Nachschlag", keine „Korrektur" oder „Interpretation" und schon gar keine Sanktion der richtigen Interpretation aus dem Himmel. Der offenbare Sinn der Stelle, in dem es um die Möglichkeit, das Gesetz zu verstehen und zu befolgen geht, wird von Rabbi Josua so erweiternd verstanden, dass die Tora für sich stehen kann und auch aus sich heraus verständlich ist, denn das Verstehen muss dem Tun vorangehen. Das ist nicht unmittelbar gesagt, aber durchaus folgerichtig. Durch das Zitat der Tora wird das Prinzip der Auslegung, das Rabbi Josua in dem Streitgespräch verficht, quasi performativ in Geltung gesetzt: Die Tora wird durch die Tora ausgelegt, nicht durch eine zusätzliche Offenbarung.

Wende sie hin und her, denn alles ist in ihr

Ergänzend und wiederum auslegend wird Rabbi Jeremia angeführt, der das „sie ist nicht im Himmel“ mit der Tora deutet und weiter unterstreicht, dass Gott nicht die richtige Auslegung sanktioniert, sondern diese sich an der Tora messen lassen muss. Weil die Tora den Menschen so nahe ist, wie Dtn 30,10–12 sagt, ist die göttliche Stimme (das Gottesurteil über die richtige Auslegung) als unnötig zu verwerfen und ihre Missachtung anzukündigen. Die Pluralität der Meinungen ist in der Gabe der Tora bereits grundgelegt. Dabei leitet Rabbi Jeremia in der Antwort auf die Frage „Was heißt: sie ist nicht im Himmel?“ ein zweites Argument aus dem Faktum ab, dass es die Tora überhaupt gibt. Die Antwort scheint auf den ersten Augenblick schlicht: Die Tora ist von Gott geschenkt und am Sinai gegeben. Sie ist vollständig, d. h. in ihr ist Gottes Wille enthalten und vollständig enthalten – es bedarf keiner weiteren Instanz oder weiterer göttlicher Offenbarung über die verschriftete Tora hinaus. Von Ben Bag-Bag ist in den Sprüchen der Väter, den Pirke Abot, über die Tora überliefert: „Wende sie hin und wende sie her, denn alles ist in ihr“.[11]

„Alles“ meint dabei nicht eine materielle Vollständigkeit, die auf den konkret vorfindlichen Inhalt bezogen wäre (denn es gibt viele Lebensbereiche, die die Tora nicht anspricht), sondern bezieht sich auf die formale Vollständigkeit: Die Tora umfasst alles, was durch Auslegung „entdeckt“ werden kann. Das Hin-und-Her-Wenden meint die Betrachtung aus unterschiedlichen Perspektiven, d. h. eine Auslegung, die die innerbiblische Auslegung der Schrift aus sich selbst heraus umfasst. In der Tora ist alle Auslegung schon enthalten oder anders – alle Auslegung muss an die Schrift zurückgebunden bleiben.

Diesen Grundsatz scheint auch Paulus noch tief verinnerlicht zu haben, wenn er den Korinthern in seinem ersten Brief versichert, dass er und Apollos sich an das *μὴ ὑπὲρ ἃ γέγραπται* „nicht über das hinaus, was geschrieben steht“ (1 Kor 4,6) halten, damit die Korinther daran sich ein Beispiel nähmen (*ἵνα ἐν ἡμῖν μάθητε* „damit ihr an uns lernt“). „Denn wer räumt dir einen Vorrang ein? Und was hast du, das du nicht empfangen hättest? Wenn du es aber empfangen hast, warum rühmst du dich, als hättest du es nicht empfangen?“ (1 Kor 4,7). Ein „über die Schrift hinaus“, das empfangen und nicht als Auslegung aus dieser entwickelt wäre, *gibt es nicht bzw. würde*

[11] *Ueberschaer/Krupp*, Mischna (2003), 60–63. Das vollständige Zitat lautet: „Ben Bagbag sagt: Wende sie hin und wende sie her, denn alles ist in ihr und alles von dir ist in ihr. Weiche nicht von ihr, denn du hast kein besseres Maß als sie. (כ'ה' בן בגבג אומ'ר: הפך בה והפך בה, דכולה בה, וכולך בהי, ומנה לא תזוע, שאין לך מידה טובה ממנו)“.

die Autorität des Paulus sofort in Frage stellen. „In 1 Kor 4,6f geht es um die Reichweite, ja geradezu um den Raum der Schrift“[12] und Paulus formuliert basierend auf der Tradition sein hermeneutisches Prinzip. In der neutestamentlichen Exegese gilt die Aussage des Paulus als *crux interpretum*, vielleicht auch, weil sie manchem ein wenig suspekt ist.[13] Denn nur die vermeintliche Offenheit dessen, was *genau* unter „Schrift“ zu verstehen ist, kann die Stelle nicht so problematisch erscheinen lassen. Dass Paulus hier auf das von ihm selbst Geschriebene verweist[14], wie manche Ausleger vermuten, erscheint eher unwahrscheinlich. Dass das Motto „von ihm selbst geprägt“[15] ist, ist möglich, weil es uns so an keiner anderen Stelle überliefert ist. Vielleicht fasst Paulus aber nur seine Auffassung auf der Basis seiner hermeneutischen Prinzipien knapp zusammen. Paulus versteht seine Ausführungen als schriftgemäße Auslegung der Schrift. Dass die gesamte Verkündigung schriftgemäß bleiben muss und die Verkündigung des Christusereignisses darüber nicht hinausgehen soll, lässt den Grundsatz für jede Position, die die Diskontinuität zwischen Altem und Neuem Testament akzentuiert, problematisch erscheinen. Unter der Voraussetzung, dass Altes und Neues Testament denselben Gott offenbaren und offenbarungstheologisch gleichwertig sind, erscheint das Skandalon der paulinischen Apologie „nicht über die Schrift hinaus“ geringer. Genauer betrachtet, spiegelt der Grundsatz des Paulus eine Schrifthermeneutik, in der die Schrift und ihre Auslegung den Ausgangspunkt aller Verkündigung bilden. Die Reflexion darüber, dass das Empfangene der Maßstab ist, deutet zugleich auf die „Schrift“ als Gegenstand der Reflexion hin. Die aus ihr entwickelte Auslegung ist niemals von der Tora zu lösen, geht aber

[12] *Crüsemann*, Wahrheitsraum (2011), 105.

[13] Vgl. zur Auslegungsgeschichte *Wolff*, Korinther (1989), 187–194.

[14] Es gibt grundsätzlich drei Möglichkeiten, das γέγραπται zu verstehen: Es meint a) die Schrift, d. h. das, was wir heute als AT kennen, b) die konkreten Schriftzitate in 1 Kor 1,19.31; 2,9; 3,19–20, c) die Ausführungen des Paulus in 1 Kor 1,1–4,5 (vgl. *Merklein*, Korinther [1992], 307f). Die dritte Möglichkeit ist die unwahrscheinlichste, denn „mit γέγραπται verweist jedenfalls Paulus (wie auch das übrige Neue Testament) stets auf die Heilige Schrift des Alten Bundes“ (*Wolff*, Brief [1996], 85). Dass das Schriftprinzip in Korinth so unstrittig gewesen ist, dass es einer Betonung nicht bedurfte (so *Zeller*, Brief [2010], 180), ist zwar nicht ausgeschlossen, doch würde das gerade die argumentative Kraft des Grundsatzes in der Argumentation unterstreichen. Als wahrscheinlichste Möglichkeit erscheint daher der Bezug auf das, was Paulus als vorgegebene „Schrift“ versteht und auf die er sich beruft. Dabei ist zunächst unerheblich, welcher Kanonumfang dabei vorausgesetzt werden sollte.

[15] *Wolff*, Korinther (1989), 85. Dass die Kanonformel aus Dtn 4,2; 13,1 dabei ebenso wie Spr 30,6; Koh 3,14; Sir 18,6; 42,21 im Hintergrund stehen, bleibt wahrscheinlich, vgl. *Merklein*, Korinther (1992), 307.

als Applikation der mündlichen Tora (תורה שבעל פה *Tora she-be-al-pä*) über die schriftliche (תורה שבכתב *Tora sche-bi-chtav*) hinaus.[16]

Nicht um der Mehrheit willen

Kehren wir von da aus noch einmal zu der kleinen Beispielgeschichte zurück: Rabbi Jeremia unterstreicht die Weigerung, die Diskussion durch Gottes Eingreifen für beendet erklärt sein zu lassen, durch ein weiteres Torazitat aus Ex 23,2 bzw. erneut durch drei Worte daraus אחרי רבי להטת, mit denen er Gott frech in seine Schranken weist. Er möge sich doch aus dem Streit heraushalten, wenn er sich treu bleiben wolle, denn es sei „nach der Mehrheit zu entscheiden" und Rabbi Eliëser stehe nun mal ganz allein.

Auch hier ist für das Verständnis der Argumentation ein Blick auf den Kontext des Zitatsplitters hilfreich. Es entstammt der Regelung des Bundesbuches, in der es um Rechtsbeugung geht und die zu den Spitzenaussagen des Alten Testamentes im Prozessrecht zählen:

> [1]Du sollst kein leeres Gerücht verbreiten. Biete deine Hand nicht dem, der Unrecht hat, indem du als falscher Zeuge auftrittst. [2]Du sollst dich nicht der Mehrheit anschließen, wenn sie im Unrecht ist, und sollst in einem Rechtsverfahren nicht so aussagen, dass du dich der Mehrheit fügst und das Recht beugst. [3]Du sollst auch den Geringen in seinem Rechtsstreit nicht begünstigen. [4]Wenn du dem verirrten Rind oder dem Esel deines Feindes begegnest, sollst du ihm das Tier zurückbringen. [5]Wenn du siehst, wie der Esel deines Gegners unter der Last zusammenbricht, dann lass ihn nicht im Stich, sondern leiste ihm Hilfe! [6]Du sollst das Recht des Armen in seinem Rechtsstreit nicht beugen. [7]Von einem unlauteren Verfahren sollst du dich fernhalten. Wer unschuldig und im Recht ist, den bring nicht um sein Leben; denn ich spreche den Schuldigen nicht frei. [8]Du sollst dich nicht bestechen lassen; denn Bestechung macht Sehende blind und verkehrt die Sache derer, die im Recht sind. [17]

Der zweite Vers ist entscheidend für die Auslegung durch Rabbi Jeremia: Er heißt in der recht freien Übersetzung Houtmans: „Du sollst die üblen Taten der Masse nicht nachahmen. Du sollst dich z. B. in deinem Urteil in einer bestimmten Sache nicht nach der Masse richten – sonst gerätst du auf schiefe Bahn".[18] Die Abweichung gegenüber der Einheitsübersetzung (1979) zeigt an, dass der Text nicht ganz leicht zu übersetzen ist. Poetisch schön und den Sachverhalt der Rechtsbeugung sprachlich umspielend ist auch hier die Bu-

[16] Die mündliche Tora umfasst die gesamte rabbinische schriftliche Literatur, die nach jüdischer Vorstellung aber dem Mose bereits am Sinai gegeben wurde. Vgl. *Goldberg*, Sprechakt (1999), 3; ferner *Stemberger*, Einleitung (1992), 41–54.

[17] Vgl. zum Kontext und der Auslegung *Houtman*, Bundesbuch (1997), 258–274.

[18] *Houtman*, Bundesbuch (1997), 256.

ber-Rosenzweig-Übertragung: „Sei nicht im Gefolg einer Mehrheit zum Bösen. Stimme über einen Streitfall nicht so, dich zu beugen ins Gefolg einer Mehrheit – und so zu biegen“ (לא־תהיה אחרי־רבים לרעת ולא־תענה על־רב לנטת אחרי רבים להטת). Der Sinn ist recht klar, es geht um die Verkehrung des Rechts nur um dem Druck der öffentlichen Masse zu entsprechen. Der Mehrheit nach dem Mund zu reden, wird als falsche Ausgangsbasis für einen gerechten Entscheid gekennzeichnet. Dabei ist die Gefahr der Rechtsbeugung viel zu groß. Wenn hingegen jeder seinem Gewissen folgt und unabhängig vom Ansehen entscheidet, ist Gerechtigkeit möglich. Der Grundsatz schließt abweichende Meinungen ein, geht allerdings davon aus, dass sich die Gerechtigkeit in der Mehrheit durchsetzt, wenn die Rahmenbedingungen stimmen.

Das greift Rabbi Jeremia in eigener Weise auf: Zwar ist wörtlich sogar zweimal davon die Rede, dass man gerade *nicht* der Mehrheit folgen soll, jedoch sieht Rabbi Jeremia, da es um die Negativfälle der Rechtsbeugung geht, darin die positive Bestimmung, dass nach der Mehrheit zu entscheiden ist, solange dabei das Recht nicht gebeugt wird. Solange dem Gewissen oder Kriterien der Gerechtigkeit und nicht der Masse gefolgt wird, sind Mehrheitsentscheidungen nicht zu beanstanden. Dann mag es zwar abweichende Meinungen geben, aber die Mehrheit der Meinungen entscheidet im Idealfall immer richtig.

Unabhängig von der Frage, ob sich damit die Rechtsfrage zu Ungunsten von Rabbi Eliëser entscheiden lässt, ist die Antwort bemerkenswert. Streitigkeiten bezüglich der Auslegung der Tora unterliegen dem Mehrheitsentscheid im Lehrhaus. Abweichende Meinungen sind möglich, sollen sich aber nicht durchsetzen. Die Tora ist bindend, sowohl für Gott als auch für den Menschen. Doch während Gott die Tora am Sinai aus der Hand gegeben hat, ist Israel als Subjekt der Auslegung aufgefordert, die Tora als maßgeblichen Ausgangspunkt jeder Entscheidung zu nehmen. Die Wahrheit der Schrift – so die Überzeugung – muss aus der Schrift abgeleitet werden, denn, so die Grundüberzeugung, die Tora ist zur Auslegung gegeben (זו ניתנה להידרשׁ, jMegilla 1,1).

Gottes Humor ist ein ganz eigener

Dass die Auslegung sich zwar auf die Offenbarung in der Tora zurückbeziehen muss, aber selbst nicht neue Offenbarung ist und sich auch nicht durch neue Offenbarung legitimiert, wird in unserer Beispielgeschichte paradoxerweise gerade göttlich sanktioniert, gebrochen allerdings durch das Zeugnis keines Geringeren als des Propheten Elija (der in den Himmel aufgefahren und so von der Reaktion Gottes authentisch Zeugnis geben konnte). Der verweist auf die ihm von Rabbi Nathan gestellte Frage, wie Gott denn das freche „wir achten auf die Hallstimme nicht“ aufgenommen habe, auf den Humor Gottes. Gott ließ sich anscheinend gerne davon überzeugen, dass Streitigkeiten um die Auslegung der Tora nicht aus dem Himmel entschieden werden sollen. Er schmunzelte über die Chuzpe seiner kompetenten Rabbinen und rief lachend (חייך von חוך „lachen, räuspern, kichern“) aus נצחוני בני נצחוני בני. Das wird in der Regel als „meine Kinder haben mich besiegt“ bzw. „meine Kinder haben mich überwunden“ übersetzt. Vielleicht könnte man das נצח auch weniger martialisch als „überstrahlen“[19] oder gar mit dem biblisch Hebräischen נצח „(an-)leiten, führen“ übersetzen „meine Kinder haben Aufsicht über mich“ oder „meine Kinder haben mich angeleitet“.

Die rabbinische Geschichte unterstreicht die Sicht, dass die Tora nicht ohne Auslegung zu haben ist. Diese Auslegung kennt als Instanzen den Diskurs und den Konsens, aber nicht die göttliche Autorität oder die Absolutheit einer einzigen Meinung. Das macht der Hinweis auf die schräg stehen bleibenden Wände des Lehrhauses deutlich, die nicht entscheiden wollen. Es geht im Diskurs und bei der Suche nach dem Konsens nicht darum, aus vielen Meinungen eine zu machen! Vielmehr ist das Lehrhaus der Ort, an dem die Auseinandersetzung über die richtige Auslegung ihren Ort hat. Der Einsturz, der die Meinung Rabbi Eliësers als die einzige unhinterfragbar richtige sanktioniert hätte, hätte zugleich die Möglichkeit der Diskussion beendet (symbolisch: den Einsturz des Lehrhauses). Das Lehrhaus also lebt von der Vielfalt der Meinungen; es bezieht seine Berechtigung aus der Uneindeutigkeit der Schrift und der Notwendigkeit der diskursiven Auslegung. Entscheidend ist aber, dass die Auslegung ihren Ausgangspunkt von einem Schriftverständnis nimmt, das konsensfähig ist. Konsens ist aber kein Konformismus. Daher dürfen auch abweichende Meinungen durchaus vertreten werden. Sie dürfen nur nicht mit Hinweis auf die göttliche Autorität durchgesetzt werden oder die Ansicht der Mehrheit überstimmen. Das verhindert sowohl ein wortwörtliches Verständnis als auch eine fundamentalistische Festlegung auf das vermeintlich von Gott Gewollte jenseits

[19] Vgl. *Jastrow*, Dictionary (1903), 928. *Jastrow* und auch *Dalman*, Wörterbuch (1901), 263 nennen als weitere Bedeutung des D-Stamms noch „preisen, glorifizieren“, was als Wortspiel dem Ganzen noch eine feine Note geben würde.

der Tora. Entscheidend ist, dass die Tora den Maßstab der Auslegung darstellt.[20]

Ir selbs ain aigen licht – Die Schrift als Quelle der Auslegung

Wie verhält sich demgegenüber das christliche Schriftverständnis? Ich betone hier „christliches" Schriftverständnis, denn die konfessionellen Differenzen sind trotz des reformatorischen „sola scriptura" und dessen konfessionstrennender Rezeption in einer Hermeneutik der Differenz geringer als weithin vermutet.[21] Deswegen werde ich im Folgenden auf Martin Luther zurückgreifen.

Die Auslegung der Heiligen Schrift ist dem Bereich der „Tradition" zuzuordnen. Zwar ist das Verhältnis von Tradition und Schrift zu kompliziert als dass es hier in wenigen Sätzen abgehandelt werden könnte, doch lässt sich festhalten, dass die Tradition a) als Ort der Vergewisserung aus der Schrift entwickelt ist und in ihr ihren Maßstab findet (*norma normans non normata*) und b) keine eigenständige über die Schrift hinausgehende Offenbarung beinhaltet, aber c) das Verständnis der Schrift nicht ohne Berücksichtigung der Tradition erfolgen kann. Letzteres hängt nicht zuletzt an der Frage, wer das eigentliche Subjekt der Schriftauslegung ist. Im Unterschied zum reformatorischen Schriftprinzip im engeren Sinn, betont das katholische Schriftverständnis die ekklesiale Dimension der Schriftauslegung, in der „die Kirche" als Gemeinschaft der Gläubigen das maßgebliche Subjekt der Schriftauslegung ist. Das muss weder dem „sola scriptura" noch der Selbstauslegung der Schrift im letzten widersprechen. Beide Konfessionen können in dem von Luther 1520 formulierten Grundsatz „Scriptura sacra sui ipsius interpres"[22] übereinkommen, wenn die Selbstauslegung der Schrift als Kehrseite ihrer Offenbarungsfunktion gesehen wird. Die Heilige Schrift ist als „Ort" theologischer Erkenntnis grundlegend, unverzichtbar und unüberbiet-

[20] Die Geschichte über den Streit um die Auslegung zwischen Eliëser und seinen Kollegen im Lehrhaus geht im Talmud noch weiter, worauf hier nicht weiter eingegangen werden soll. Rabbi Eliëser wird wegen seiner Weigerung der Entscheidung der Mehrheit zu folgen, aus der Gemeinschaft ausgeschlossen, was ihm Rabbi Gamaliël mitteilen soll. Die Konsequenzen, die wiederum bis in Naturphänomene reichen, lassen diese Entscheidung falsch erscheinen. Zu der Fortsetzung vgl. u. a. *Hayes*, Emergence (2010), 137: „Pluralism, debate, and inclusiveness are central themes in [this] Document ..., and, once again, R. Gamaliel and his politics of exclusion are criticized".

[21] S. dazu die drei von *Schneider* und *Pannenberg* herausgegebenen Bände „Verbindliches Zeugnis" und besonders die Schlusserklärung des ökumenischen Arbeitskreises in Band 3, die die gemeinsame Überzeugung der Konfessionen zur Schriftauslegung festhält.

[22] WA 7, 97, 23.

bar. Wenn sich in dem Menschenwort Gotteswort offenbart, um von seiner Selbstoffenbarung so Zeugnis zu geben, dass es ein dauerhaft erschließendes Zeugnis bleibt, kann die Schrift als in sich geschlossen und zureichend begriffen werden. Für Luther war die Schrift klar und dem Verständnis offen, weil *und* indem sie sich selbst auslegt („per se certissima, apertissima, sui ipsius interpres“[23]). Dabei wird der Sinn der Schrift gerade da offenbar, wo sie sich selbst auslegt, wie Luther in einer Predigt 1522 sehr poetisch festhält: „Also is die Schrifft ir selbs ain aigen licht. Das is dann fein, wenn sich die schrifft selbs auslegt“.[24]

Innerbiblische Auslegung

Auslegung – so soll am Ende dieser Reflexion festgehalten werden – beginnt auch in systematisch-theologischer Sicht nicht erst jenseits der Schrift in deren nachbiblischer Rezeption oder der Tradition, sondern ist *in der Schrift selbst* begründet. Diese Einsicht konvergiert zu einem Trend in der Exegese der letzten zehn Jahre. Dabei rückt die Wahrnehmung eines Aspektes in den Vordergrund, der – bei im Einzelnen unterschiedlichen methodischen und hermeneutischen Voraussetzungen – als innerbiblische Auslegung, *relecture*, kanonische Intertextualität oder ähnlich bezeichnet wird. Grundannahme dabei ist, dass durch die Beziehung zwischen biblischen Texten ein Sinn generiert wird, den jeder Einzeltext für sich genommen nicht hat. Dabei ist es zunächst unerheblich, ob man die jeweilige Beziehung *rezeptionsästhetisch* als durch den Leser im Vorgang des Lesens erst konstituiert ansieht oder *produktionsästhetisch* als auktorial intentionale Beziehung zwischen Texten. Diese beiden Weisen schließen sich nicht aus, sind aber grundverschieden. Wenn ein Leser beim Hören von Gen 1,2 „und der Geist schwebte über dem Wasser“ die aus dem Himmel herabkommende Taube bei der Taufe Jesu aus Mt 3,16 assoziiert, und darum auch das vorweltliche Chaos als von Gottes Geist zum Heil der Welt Erfülltes verseht, so steht dieser Aspekt nicht im Text, ist aber deswegen nicht eine Fehlinterpretation. Es ist ein Textverständnis, das über den Literalsinn von Gen 1,2 hinausgeht und aus *literarhistorischer* Perspektive nicht intentional sein kann, da Gen 1,2 unabhängig von Mt 3,16 verfasst wurde. Mit den wertenden Kategorien „richtig“ und „falsch“ kommt man hier nicht weiter. Dass Matthäus hingegen beim Herabkommen des Geistes deutlicher als Markus und Lukas seinen Lesern *auch* den jesaja-

[23] WA 7, 97.
[24] WA 10.III, 238, 10f.

nischen Knecht vor Augen stellen wollte (Jes 42,1, vgl. 11,2; 61,1 u. ö.), um die Rolle Jesu als Gesandter Gottes in einer bestimmten Weise zu deuten, zeigt die gehobene Bedeutung von Jes 42,1 in Mt 12,18–21 und Mt 17,5.[25] Zwar muss hier immer noch der Leser im synoptischen Vergleich den gegenüber Markus und Lukas veränderten Wortlaut wahrnehmen, um die Spur nach Jes 42,1 verdeutlicht zu sehen, doch gibt es ein im Text erkennbar und wohl intentional gesetztes Textsignal. Wenn der Autor des Jonabuches den erst bockigen, dann einsichtigen Propheten sagen lässt: „Ich wusste doch, dass du ein gnädiger und barmherziger Gott bist, langmütig und reich an Huld und dass deine Drohungen dich reuen" (Jona 4,2), ist das nicht nur ein mehr oder minder wörtliches Zitat einer der wichtigsten Gottesaussagen des AT aus Ex 34,6, sondern zugleich ein Signal, dass das Gottesbild des Jonabuches von Ex 34 her verstanden werden will und die sinaitische Offenbarung des barmherzigen Mitseins Gottes dabei „eingespielt" werden soll.[26]

Die Beziehungen zwischen Texten und die daraus folgenden Muster innerbiblischer Interpretation können sehr verschieden sein. Dabei fehlt bisher in der Exegese wie in der Intertextualitätsforschung eine einheitliche Terminologie zur Bezeichnung des auslegenden und des ausgelegten Textes, wobei schon diese Differenzierung keine scharfe Grenze darstellt. Mit der Terminologie von Gérard Genette[27] kann man – wenn einen die Nähe zur Computerterminologie nicht schreckt – die Bezugstexte heuristisch „Hypotexte" nennen und die beziehenden Texte „Hypertexte". Dabei muss man sich allerdings bewusst sein, dass damit ein geklärtes Verhältnis von „Spendertext" und „Empfängertext" vorausgesetzt und so eine diachrone Perspektive impliziert ist.

Nun ist gerade im biblischen Bereich der *auslegende* Text nicht immer der spätere, bewusst Bezug nehmende und der *ausgelegte* Text keinesfalls immer der vorgängige Text, der verändert, umgedeutet oder korrigiert wird. Gerade im Zusammenspiel innerbiblischer Texte will der anspielende oder aufnehmende Text weit häufiger nicht den Text, auf den angespielt wird, deuten, sondern durch die Aufnahme des vorgängigen Textes will er in einer bestimmten Richtung gedeutet werden. Er verschafft sich Autorität, Gewicht und einen bestimmten Sinn durch die Aufnahme. Darin ist er zugleich Kommentar des vorgegebenen Textes. Mit dem Begriff der Meta-

[25] Vgl. *Fiedler*, Matthäusevangelium (2006), 86; *Frankemölle*, Matthäus (1994), 185, etwas anders *Luz*, Evangelium (1985), 156.

[26] S. zur Gnadenformel als Schlüssel für das Dodekapropheton *Scoralik*, Güte (2002).

[27] *Genette*, Palimpseste (1993).

textualität bezeichnet Gérard Genette Texte, die eine kommentierende Funktion wahrnehmen. Damit ist eine zentrale Kategorie innerbiblischer Textbezüge angesprochen, doch auch hier muss betont werden, dass Metatexte nicht unbedingt diachron nachgeordnet sein müssen. Schematisch dargestellt lassen sich die so gefassten Bezüge zwischen Texten folgendermaßen kategorisieren:

A ← B	Der Hypotext (vorgängiger Text, repräsentierter Text) wird durch den Hypertext (nachgängiger Text, repräsentierender Text) ausgelegt. Das Verhältnis kann als Korrektur, Ergänzung, Kommentar, Parodie etc. gekennzeichnet werden.
A → B	Der Hypotext (vorgängiger Text, repräsentierter Text) legt den Hypertext (nachgängigen Text, repräsentierenden Text) insofern aus, als er ein bestimmtes Verständnis für den aufnehmenden Text vorgibt.
A ←→ B	Eine Unterscheidung zwischen repräsentierendem und repräsentiertem Text ist weder möglich noch nötig, da die Texte ohne Abhängigkeiten im kanonischen Sinnraum miteinander in Beziehung stehen und die Beziehung erst durch das rezipierende Subjekt aktualisiert wird. Eine Begrenzung auf objektive Kriterien der Intertextualität ist dabei schwierig. Es bedarf dazu der diskursiven Verständigung in der Interpretationsgemeinschaft.

Eine Selbstauslegung der Schrift gibt es also auf sehr unterschiedlichen Ebenen und in sehr unterschiedlichen Formen. Sie ist jedenfalls – so eine Quintessenz des zuvor Gesagten – nicht nur rezeptionsästhetisch zu begreifen, sondern ein innerbiblisches Phänomen, das schon im Entstehen der Schrift eine zentrale Rolle spielt. Ja, man könnte es sogar eines der Prinzipien der Schrift- und Kanonwerdung nennen. Die Selbstauslegung der Schrift ist in ihr selbst grundgelegt und daraus generiert sich Auslegung, die neuen Sinn konstituiert, der über den bekannten Sinn hinausgeht. Entsprechend urteilt die päpstliche Bibelkommission: „Eine der sichersten und fruchtbarsten Methoden der Aktualisierung ist die Auslegung der Heiligen Schrift durch die Heilige Schrift selbst".[28]

Für diese Selbstauslegung der Schrift ließe sich nun eine Vielfalt von sehr unterschiedlich gelagerten Beispielen finden: Etwa die auf der vorliegenden Textebene gegebene Auslegung von Gen 1 durch Gen 2, die Auslegung von Psalm 8 oder Psalm 104 im Buch Ijob, das Deuteronomium als Auslegung des Bundesbuches und der gesamten Sinaiereignisse, Lev 10 als Auslegung der Rolle des Mose usw. Auch aus dem Neuen Testament ließe sich eine Vielzahl von Beispielen bringen, etwa die das Jesusgeschehen erschließende Auslegung der Schrift in der Emmausperikope in Lk 24 oder beim äthiopischen

[28] VAS 115, 102.

Kämmerer in Apg 8. Der Johannesprolog kann *auch* als Auslegung des Sinaigeschehens gelesen werden.

Ich möchte im Folgenden ein auf den ersten Blick weniger zentrales Beispiel, den Beginn der vorderen Sinaiperikope in Ex 19 nehmen, das für das Gesamtverständnis der Sinaitora eine letztlich kaum zu unterschätzende Bedeutung hat. Aspekte meiner Auslegung des Textes vermischen sich dabei mit Aspekten der innerbiblischen Auslegung, ohne dass sich die Ebenen immer scharf voneinander trennen ließen.[29]

Ex 19,3–8 – Aperçus zu einem dichten Geflecht von Bezügen

Nimmt man die Gesetzesüberlieferung im Pentateuch in ihrer linearen Erstreckung wahr, fällt es bekanntlich schwer, die Gesetzeskorpora einzuordnen und in rechter Weise aufeinander zu beziehen und mit dem Bundesschluss in Ex 24 in eine angemessene Relation zu bringen.

Als die zur Freiheit befreite Exodusgeneration an den Fuß des Berges Sinai kommt, begegnet sie dort in einer außergewöhnlichen Offenbarung ihrem Gott. Zwar erscheinen uns die zehn Worte nicht nur als Gipfel der Offenbarung, sondern auch als deren fulminanter Anfang, doch ist das nicht so. Der Dekalogverkündigung ist eine kleine Szene vorgelagert, in der Mose einen Auftrag zur Verkündigung enthält. Noch bevor allerdings der Dekalog als direktes Gotteswort an Israel und das Bundesbuch als dessen Auslegung verkündigt werden, gibt es schon eine vorgelagerte Szene, die einerseits nicht ohne den Kontext des Gesetzes auskommt, dann aber doch ganz anders ist.

Mit der Ankunft am Sinai[30] und dem Lagern des Volkes steigt Mose ohne Zögern zum ersten Mal auf und, was anfänglich gar nicht auffällt, aber doch der Rede wert ist: er steigt aus freien Stücken

[29] Dabei ist mir vollkommen bewusst, dass die hier nicht weiter berücksichtigte Literatur „Legion“ ist. Auch sei ausdrücklich darauf verwiesen, dass in dem engen Rahmen dieses Aufsatzes keine umfassende Auslegung möglich ist. Da es mir aber um ein Beispiel für das hier zur innerbiblischen Auslegung Entwickelte geht und nicht noch um einen Beitrag zur exegetischen Diskussion, greife ich darauf nur in wenigen ausgewählten Beispielen zurück. Diejenigen, die mit der Diskussion vertraut sind, werden das erkennen. Zum Einlesen verweise ich auf *Dohmen*, Exodus (^{2}2012); *Steins*, Priesterherrschaft (2001), 20–36; *Rendtorff*, Text (2001), 71–82; *Markl*, Dekalog (2007).

[30] Für die weiter unten erfolgende Auslegung von Ex 15,22–27 ist es nicht ohne Bedeutung, dass die Ankunft am Sinai nicht auf Ex 19,1 festzulegen ist, sondern der „Sinai“ ab Ex 15,22, spätestens aber seit der Wüste Sin in Ex 16,1 thematisch im Blick ist.

ohne vorgelagerten Auftrag bzw. – anders als in vielen der folgenden Auf- und Abstiege des flinken Boten Mose – ohne explizite Aufforderung seitens Gottes auf. Das mag man für ein unwichtiges Detail halten, ich glaube nicht, dass es das ist. In der Initiative des Mose ist ein stellvertretendes Antworthandeln auf das Handeln Gottes gegeben, das – wie das Folgende zeigen wird – auch vom Volk erwartet wird: die dankbar anerkennende Annäherung an Gott. Aber dazu später. Mose steigt nun nicht einfach auf den Berg, sondern wie der hebräische Text feinsinnig festhält, *zu Gott hin* (ומשה עלה אל־האלהים, Ex 19,3). Für den hebräischen Text ist das eine erste und zugleich erinnernde Annäherung, denn Gott ruft dem Mose *„vom Berg aus"* (ויקרא אליו יהוה מן־ההר, Ex 19,3) wie zuvor vom Dornbusch (מתוך הסנה Ex 3,4) aus zu, d. h. es wird eine räumliche Distanz zwischen Gott und Mose erzählt, die durch die Stimme Gottes überbrückt wird. Die Unmittelbarkeit und Nähe zwischen Gott und Mose, die sich von Angesicht zu Angesicht begegnen und wie Freunde miteinander reden (Ex 33,11; Num 12,8), ist hier noch nicht gegeben – die Offenbarung ist noch steigerbar. Die griechische Übersetzung der LXX ist da direkter und fällt mit der Tür gleich ins Haus, wenn Gott in wörtlicher Übersetzung des מן ההר „aus dem Gottesberg" heraus ruft, auf den Mose gestiegen ist (καὶ Μωυσῆς ἀνέβη εἰς τὸ ὄρος τοῦ θεοῦ καὶ ἐκάλεσεν αὐτὸν ὁ θεὸς ἐκ τοῦ ὄρους λέγων). Das ist verständlich, denn die Botschaft, die Mose im Ruf übermittelt wird, ist der Distanz gar nicht angemessen, sondern ein Paukenschlag der Selbstoffenbarung Gottes und ein unaufhebbarer Brückenschlag zwischen Gott und Volk. Gott beginnt ohne Vorrede, Mose zu dem unübertroffenen Mittler zu bestimmen, der er ab jetzt für die gesamte Sinai- und Wüstenzeit sein wird. Er gibt ihm einen Redeauftrag, der durch das parallele „Haus Jakob" und „Israel" auf den Exodus zurückgreift. Zuletzt war im Buch Exodus von den Nachkommen Jakobs in Ex 1,1.5 die Rede[31], so dass gerade durch die Parallelität der Adressaten des Redeauftrags in Ex 19,3 auf den Anfang des Buches zurückverwiesen wird. Der Verkündigungsauftrag richtet sich dann direkt an das Volk und verweist auf die Befreiung aus Ägypten mit der ungewöhnlichen und wirkungsgeschichtlich hoch bedeutsamen Formulierung, dass Gott Israel auf Adlers Flügeln getragen hat. Der Nachsatz „und euch zu mir gebracht habe" verdient aber ebenso Aufmerksamkeit, vielleicht ist er sogar noch bedeutsamer als das eindrückliche Bild von „Adelers Fittichen". Der Gottesberg als Etappenziel des Exodus war Mose in Ex 3,12 angedeutet worden: „Da

[31] Vgl. Jakob in Ex 2,24 und den Gott des Patriarchen Jakob in Ex 3,6.15.16; 4,5; 6,3.8. Haus Jakob im Pentateuch nur noch in Gen 46,27, zu den Verbindungen mit Ex 1 s. *Dohmen*, Exodus ([2]2012), 56.

sagte er: Ja, ich bin mit dir, und das soll für dich das Zeichen sein, dass ich dich gesandt habe: Wenn du das Volk aus Ägypten herausgeführt hast, werdet/sollt ihr Gott auf diesem Berg dienen“. Am Sinai ist es nun soweit und durch Ex 19,4 wird alles Folgende bis zum Aufbruch vom Sinai unter diese Maxime des Gottesdienstes gestellt. Die Grundlage für alles Folgende ist die Erinnerung an die Befreiungstat YHWHs im Exodus. Das „ihr habt gesehen“ steht als Erfahrung von Gottes Zuwendung über und vor allem Sollen. Wie armselig ist verglichen mit dieser gnadenhaften Vorgängigkeit des Heilshandelns Gottes doch die Fratze des Gottes, der nichts anders im Sinn haben soll als den Menschen seine Gesetze aufzuerlegen, um sie zu begrenzen und zu knechten. Eine solche Auslegung – die christlicherseits den Gott des Alten Testamentes und sein Gesetz über Jahrhunderte verkannt hat – kommt nicht mal in die Nähe des Sinns, der sich über den Kontext nahe legt. Die Befreiung zur Freiheit und die Erfahrung dieser Befreiung durch das Handeln Gottes stehen jedenfalls am Anfang der Beziehung zwischen Gott und Israel; das wollen weder Ex 19,4 noch das „Ich bin“ des Dekalogs in Ex 20,2 je vergessen.

Und jetzt – so fährt Gott nach dieser Selbstvorstellung seines Befreiungshandelns fort – „*wenn ihr auf meine Stimme hört*“ ועתה אם־שמוע תשמעו בקלי. Die Eindringlichkeit dieser Bedingung wird durch die *figura etymologica* unterstrichen, die die Verbalwurzel „hören“ wiederholt. Doch die inhaltliche Füllung der Stimme Gottes, die unbedingt gehört werden soll, wird ebenso wenig im Text konkretisiert wie das folgende „und ihr meinen Bund bewahrt“. Welche Stimme ist gemeint? Hat Gott denn überhaupt schon etwas gesagt? Meinen Bund? Wurde denn überhaupt schon ein Bund geschlossen? Meist werden die Formulierungen einfachhin auf das Folgende bezogen, also auf den Dekalog, der mit Gottes Stimme verkündigt wird, und auf den Bundesschluss in Ex 24,7f. Bleiben wir aber erst mal bei der Besonderheit in Ex 19: Es ist ausdrücklich von *meinem* Bund die Rede. Das ist im Pentateuch meist dann der Fall, wenn es sich um ein von Gott ausgehendes einseitiges Zusagegeschehen handelt wie in der Fluterzählung in Gen 6,18; 9,9.11.15, in dem Bundesschluss mit Abraham in Gen 17,2.4.7.9.10.13.14.19.21 oder der Zusage der Herausführung aus Ägypten in Ex 6,4.5. Daneben gibt es einige weitere Stellen[32], doch fällt auf, dass es sich dabei um die priesterliche oder priesterlich beeinflusste Bundestheologie handelt, die den Bundesschluss als *einseitige* Zusage Gottes begreift. Ein Halten oder Bewahren des Bundes von Seiten des Volkes ist dabei gar nicht nötig, ja nicht einmal möglich. Die Bewahrung des Bundes, die hier dem

[32] Lev 26,9.15.42.44, „meinen Bund des Friedens“ in Num 25,12.

Volk anempfohlen wird, scheint durch die Formulierung (שמר ברית) eher auf die deuteronomistische zweiseitige Bundeskonzeption hinzuweisen, in der beide Seiten den geschlossenen Bund halten und seitens des Volks, die Satzungen, Rechte usw. die Bundesverpflichtung formulieren. Erneut deutet das auf die folgende Verkündigung der Satzungen und Gebote am Sinai. Allerdings wird auch Abraham aufgefordert, den priesterlichen Bund der Beschneidung zu bewahren (Gen 17,9.10) und auch die Feier des Sabbats soll in Ex 31,16 als ewiger Bund bewahrt werden. In späten deuteronomistischen Texten fließen die beiden Bundeskonzeptionen zusammen, denn dort ist auch „mein Bund" mit Recht und Gesetz verknüpft (Dtn 31,16.20). Dem Volk wird vorgeworfen, den Bund gebrochen zu haben, ein Ding der Unmöglichkeit, wenn der Bund als einseitiges Zusagegeschehen verstanden wird. Es sei denn, das Halten der Gebote ist nicht Bedingung der Zusage, sondern Zeichen der Annahme dieser Zusage. Nun wird man nicht so weit gehen dürfen, Ex 19,5 ausschließlich im Lichte des priesterlichen Zusagegeschehens zu lesen und damit das Halten der Gebote ausschließlich als Zeichen der Erwählung, doch schwingt diese Deutungsebene kontextuell sicher mit. Vom Hören auf YHWHs Stimme, ebenfalls eine in deuteronomisch-deuteronomistischen Kontexten geläufige Metonymie, die für Gesetzesobservanz steht, war bisher im Buch Exodus kaum die Rede.

Auslegung zur Offenheit hin: Ex 15 und die Gesetzesgabe vor dem Sinai

Gehen wir noch einen Schritt weiter: Bisher deutet alles darauf hin, mit der „Stimme" wäre lediglich das Folgende im Blick, doch gibt es zwei Verweise, die aufhorchen lassen: Zum einen wird in Ex 5,2 der Pharao als einer geschildert, der *nicht* auf die Stimme Gottes hört und den Urheber sogar verspottet: „Wer ist dieser YHWH, dass ich auf seine Stimme hören sollte?". Was er am Ende von dieser Uneinsichtigkeit gehabt hat, bedarf kaum einer Erwähnung, so dass wir gleich zu dem zweiten Beleg in Ex 15,26 übergehen können.

Bekanntlich beginnt das Volk unmittelbar nach dem Eintritt in die Wüste zu murren. Gerade noch himmelhoch jauchzend über den zum Leben befreienden Gott (Ex 15,21) und schon erneut in der Existenz zum Tode bedroht („und drei Tage gingen sie durch die Wüste und fanden kein Wasser", Ex 15,22). Sie kommen nach Mara, doch das dort vorhandene Wasser ist bitter (Ex 15,23). Das Murren des Volkes stellt die Führung des Mose in Frage, auch wenn es nur klagend fragt: „Was sollen wir trinken?" (Ex 15,24). Mose erkennt die Situation und schreit in seiner Not zu YHWH. So zumindest das übliche Verständnis des Textes, das durch den Wechsel vom Plural („sie murrten“)[33] zum Singular („er/es aber schrie“) nahe gelegt wird. Doch der hebräische Text ist offener, was selten wahrgenommen wird. Er erlaubt prinzipiell auch das Volk העם als Subjekt des Schreiens anzunehmen. Die Septuaginta hat wie der Samaritanus und die syrische Peschitta durch die eindeutige Erwähnung des Subjektes die Leerstelle gefüllt (ἐβόησεν δὲ Μωυσῆς, *Mose* aber flehte, vgl. auch die eindeutige Formulierung Ex 17,4). Die Offenheit des Textes setzt sich auch in der Fortsetzung des Verses fort. Die Einheitsübersetzung (1979) z. B. gibt ihn mit eindeutigen Subjekten wieder: „Dort gab Gott dem Volk Gesetz und Rechtsentscheidungen, und dort stellte er es auf die Probe“. Wiederum ist YHWH kurz zuvor eindeutig als Subjekt beim Zeigen des Holzes in V. 25a eingeführt, doch stehen im Nachsatz weder „Gott“ noch „dem Volk“ im hebräischen Text und auch Subjekt und Objekt der Probe bleiben unbestimmt: „dort gab er [scil. Gott oder Mose] ihm [dem Mose oder dem Volk] Satzung und Rechtsentscheid und dort stellte er/es [Gott/Mose/Volk] ihn/es [Gott/Mose/Volk] auf die Probe“. Zwar liegt nahe, als Subjekt der Gesetzgebung Gott anzunehmen, doch lässt sich etwa durch Lev 26,46; Dtn 4,45; 5,1; Neh 10,30 auch in die Schwebe bringen, dass es Gott und nicht Mose ist. Auch stellt Gott üblicherweise nicht den Mose, sondern meist das Volk auf die Probe (Ex 16,4; 20,20; Dtn 8,2 u. ö.), doch auch das Volk stellt durch sein Murren immer wieder Gott auf die Probe (Ex 17,2.7; Num 14,22; Dtn 6,16 u. ö).

Warum nun gibt der Text einerseits eine Tendenz vor, lässt aber andererseits erhebliche Leerstelle offen? Je mehr man über diesen Text nachdenkt, desto wahrscheinlicher erscheint aus exegetischer Perspektive, dass es sich um einen sehr späten und mit Bedacht nach dem Exodus u. a. als Umkehrung der Plagen eingefügten Text handelt.[34] Doch gerade dann verwundert auf den ersten Blick die Of-

[33] Der Plural des Verbums לין mit dem singularischen העם ist grammatisch möglich (und vielleicht mitverursacht durch die pluralischen Verben in V. 22–23), vgl. dagegen den Singular Ex 17,3.

[34] In der älteren Exegese wurde die Episode entweder J zugewiesen oder wegen fehlender Charakteristika für altes nicht-quellenhaftes Sondergut gehalten. *Noth* z. B. sieht in V. 22aα.27 eine P-Rahmung, in V. 22aß–25a einen jahwistischen Kern, der deuteronomistisch in V. 25b–26 überarbeitet wurde (*Noth*, 2. Buch Mose [⁸1988], 101). Anders zuletzt *Albertz*, Exodus (2012), 256.264, der Ex 15,25 der sehr späten Malak-Redaktion, Ex 15,22 der exilischen Redaktion des Exodusbuches zuweist. V. 23–25a sind s. E. aber einer ehemals selbständigen Überlieferung zuzuweisen. Ähnlich *Dozeman*, Exodus (2009), 367. Das muss hier nicht entschieden werden, ist aber m. E. nicht überzeugender als die von *Aurelius*, Fürbitter, 154 vorgebrachte Argumentation, „daß die Marageschichte von vornherein für ihren jetzigen Platz konzi-

fenheit, weil in unserem Verständnis der Text mit zunehmendem Wachstum eher an Eindeutigkeit gewinnt. Doch das ist eine gänzlich falsche Erwartung. Das Gegenteil scheint oft der Fall zu sein: Späte Texte versuchen durch Offenheit zu vermitteln, verschiedene Aspekte und Ansichten zu verknüpfen. Das ist manchmal ganz klar, manchmal nur sehr subtil wahrzunehmen, aber auch das ist eine Form der Auslegung!

Für die Leerstelle, dass das Subjekt des Schreiens in Ex 15,24 offen bleibt, liegt eine Erklärung z. B. vielleicht in der vorhergehenden Exoduserzählung in Ex 14, denn dort gibt es im vorliegenden Text eine Eigenart, die durch das Wachstum des Textes bedingt ist. Das „Schreien zu Gott“ als Hilferuf findet sich dort zweimal mit unterschiedlichen Subjekten und beide Stellen stehen unvermittelt beieinander. Als die Israeliten während des Exodus in Angst geraten, schreien sie zum Herrn (ויצעקו בני־ישראל אל־יהוה Ex 14,10). Das wird im vorliegenden Text durch das an Mose gerichtete Murren der Israeliten konkretisiert: „Gab es denn keine Gräber in Ägypten, dass du uns herausgeholt hast, damit wir in der Wüste sterben? Was hast du uns angetan, indem du uns aus Ägypten herausgeführt hast!“ (Ex 14,11 Übersetzung: Neue Zürcher). Mose beruhigt das Volk und ermutigt es: „YHWH wird für euch kämpfen, ihr aber verhaltet euch ruhig“ (Ex 14,14). Ohne dieses Bemühen des Mittlers Mose zur Kenntnis zu nehmen, folgt in Ex 14,15 die harsche Frage Gottes an Mose: „Was schreist du zu mir?“ (מה־תצעק אלי). Mose ist jetzt plötzlich Subjekt einer unbestimmten bzw. *der* Klage oder: das Schreien des Volkes ist zum Schrei des Mose geworden – beide sind ineinander geflossen. Liest man von daher Ex 15,24, spiegelt sich in dem unbestimmten Subjekt der Klage genau der Wechsel von Volk und Mose in Ex 14,15. So betrachtet, kann es kaum Zufall sein, dass der hebräische Text in Ex 15,24 so unbestimmt bleibt.

Durch die Unbestimmtheit des Subjektes nimmt Ex 15,24 die Exoduserzählung noch einmal auf, ohne den naheliegenden Sinn des Fürbitters Mose, der für das Volk bei Gott eintritt, aufzugeben. Bleibt man einmal dabei, dass Mose das Subjekt des Schreiens in Ex 15,24 ist, reagiert YHWH ungewöhnlich auf die Klage des Mose. Er zeigt ihm ein Holz, das das Wasser süß macht. Hier ist es besonders wichtig, auch die hebräische Formulierung des „Zeigens“ zu achten: Die subtile Formulierung ויורהו יהוה עץ „und YHWH lehrte ihn ein Holz/ wies ihm ein Holz“ spielt mit der Wurzel ירה, aus der auch das Wort תורה „Weisung“ gebildet ist. Den übertragenen Sinn,

piert worden ist: als das erste Ereignis nach dem Schilfmeerwunder“. Dann allerdings darf man auch die Frage stellen, ob es noch berechtigt ist, die Gesetzesgabe in V. 25b–26 für einen Zusatz zu halten (ebd., 153).

den die Rabbinen so auch gesehen haben[35], könnte man so lesen: Wie ein hölzernes Joch ist die Tora dem Mose für das Volk gegeben und auferlegt, aber sie wandelt das Bittere und Lebensfeindliche in Lebensförderliches und dem Leben Zugewandtes. Die Tora muss dem Todbringenden in der Welt entgegengeschleudert werden und es durchdringen, dann kann sie ihre lebenspendende Kraft entfalten. *Das* ist das Wunder der Tora: ihre Kraft zur Wandlung des Widrigen im Tun. Ohne „Tora" bleibt die zuhandene Welt ungenießbar. Wieder ist es kein Zufall, dass das Subjekt des „und er warf [es] in das Wasser" bleibt, denn zur Gabe der Tora (Gott als Subjekt) kommt das Tun (das Volk als Subjekt). Das Holz macht das Wasser süß, d. h. genießbar. Auf den ersten Blick ist das nur eine diametrale Entgegensetzung zur Bitterkeit zuvor (vgl. Jes 5,20). Aber für denjenigen, der mit der Schrift vertraut ist, klingen in der Süße Ps 19,11 und Ez 3,3 mit. Das Schmecken der Tora ist süß.

Nachdem dann diese „hölzerne Tora" durch ihre „Süße" Israel am Leben erhalten hat, heißt es wie aus heiterem Himmel: „Dort gab er ihm Satzung und Rechtsentscheid und dort stellte er ihn auf die Probe". Das ist sehr ungewöhnlich, weil hier eine Gesetzesgabe vor dem Sinai erwähnt wird. Allerdings wird nicht erwähnt, um welche Gesetze es sich dabei handelt. Der Vers ist wie ein Querschläger und wird darum oft als sehr später Nachtrag gewertet.[36] Er bewahrt einerseits eine alternative Sicht, dass nicht alle relevanten Gesetze am Sinai gegeben sind, und nicht einmal, dass Gottes Wille vollständig bekannt ist. Aber der Text fährt andererseits mit eben jener Formulierung fort, die auch in Ex 19 noch vor der Gabe der sinaitischen Tora steht (s. o.) und das Handeln des Volkes bestimmen soll: „Wenn du auf die Stimme YHWHs, deines Gottes, hörst und das Rechte in seinen Augen tust und auf seine Gebote hörst und all seine Satzungen bewahrst...".[37] Das, was in den Augen YHWHs recht ist, schließt ebenso wie die Gebote und Satzungen den gesamten geoffenbarten Willen Gottes, also auch die folgende sinaitische Offenbarung ein, doch ist die hier ja noch nicht gegeben. Vielmehr sind es die Satzung und der Rechtsentscheid, die inhaltlich nicht näher benannt werden. Wie aber soll Gottes Wille jenseits der geoffenbarten Gesetze erkannt werden? Unsere Stelle in Ex 15 verficht eine radikale Gnadentheologie. Der Wille Gottes ist aus seiner gnadenhaften

[35] Vgl. die Hinweise bei *Avemarie*, Tora (1996), 400f; *Krochmalnik*, Schriftauslegung 2000, 88–92 und für die Kirchenväter bei *Heiter*, Buch Exodus (2002), 143–149.

[36] Siehe *Lohfink*, Jahwe (1981), 29; *Blum*, Studien (1990), 145f; *Crüsemann*, Tora (^{3}2005), 53.

[37] Die fig. etymologica von שמע findet sich ferner noch in Ex 23,22; Dtn 15,5; 28,1 sowie außerhalb des Pentateuch in Ijob 37,2 und Sach 6,15.

Zuwendung an Israel abzuleiten. Die Weisung Gottes – so könnte man zuspitzen – besteht vielmehr in der Gabe des Holzes als in der Gabe der Tora. Es scheint kein Versehen zu sein, dass die Erzählung das in Mara gegebene Recht nicht substantiiert, sondern offen lässt und damit implizit der Auslegung überantwortet. Gottes Wille, so die Überzeugung der Passage, erschöpft sich nicht in den 613 bekannten Geboten der Tora, sondern ist darüber hinaus immer neu zu bestimmen aus seinem heilvollen Handeln in der Geschichte. Damit wird die Bedeutung der sinaitischen Tora nicht negiert oder gar diese verworfen, sondern nur – aber dieses „nur" ist eine radikale Öffnung hin zur Interpretation – ausgeweitet auf Situationen der Rettung, Befreiung und Bewahrung.[38]

Noch einmal etwas konkreter: Wenn sich Israel auf die rettende Grunderfahrung mit seinem Gott besinnt und sich von daher fragt, wie es sich verhalten soll, dann tut es das, was in den Augen Gottes recht ist. Vor dem Hintergrund etwa der mimetischen Heiligkeitstheologie, die die Maxime, wie Gott zu handeln in dem „seid heilig, weil ich heilig bin" (Lev 11,44f; 19,2) aufgipfelt, ist ähnliches zu erkennen. Wenn Israel so handelt, sieht Ex 15,26 Israel vor allen Krankheiten bewahrt, die Ägypten – hier Typos der Verweigerung mimetischen Verhaltens – getroffen haben. Das wird durch die Spitzenformulierung „Ich bin YHWH, dein Arzt" (כי אני יהוה רפאך), die das heilende und zum Heil führende Handeln YHWHs noch einmal aufruft, eindrucksvoll unterstrichen. YHWH heilt durch sein Heilshandeln und durch die Gabe seiner Tora.

Literargeschichtlich besteht ein gewisser Konsens darin, den Eintrag der nicht-sinaitischen Gebote mit Kreisen in Verbindung zu bringen, die den Exodus, das Scheitern Israels in der Wahrung der Bundesverpflichtung und die Gabe der Tora radikal weiter denken und spät- oder eher nachdeuteronomistischen Traditionen nahe stehen. Es ist kein Zufall, dass es ganz ähnliche Formulierungen in Jos 24,24f außerhalb der Tora gibt und so die Zeit von der initialen Befreiung im Exodus bis zur abgeschlossenen Landnahme als eine formative Phase verstanden wird, an der Gottes Heilswille zu erkennen und immer neu in seinen Konsequenzen in ethisch relevanten Deutungs- und Interpretationsprozessen abzulesen ist.

[38] „Die Monopolstellung", so schreibt Frank Crüsemann, „des Sinai auf die Gabe von Recht und Gesetz gibt es dann für diese Schicht nicht", *Crüsemann*, Tora (^{3}2005), 53. Über Jos 24,26 wäre noch einmal gesondert zu diskutieren, weil hier sehr weite Bögen geschlagen werden, vgl. *Blum*, Textgestalt (2010), 405f; *Müller*, Königtum (2003), 223f.

Das allgemeine Priestertum der Gläubigen als Befähigung zur Auslegung der Tora

Kehren wir von Ex 15 an den Sinai zurück und fragen, wie sich Ex 19,4f darstellt, wenn es im Licht dieser Gnadentheologie gelesen wird. Es ergibt sich eine gewisse klammernde Funktion um den Bereich zwischen Exodus (Ex 1–15) und vorderer Sinaiperikope (Ex 19–24).[39] Auch in Ex 19,4 – so hatten wir festgehalten – war in besondere Weise auf das befreiende Handeln Gottes als Grundlage des Bundes abgehoben worden. Zwar ist es auch hier keine Frage, dass der in der Stimme YHWHs erkennbare Wille Gottes sich in der Gabe des Gesetzes am Sinai konkretisieren wird, aber Ex 19 hält fest, dass das Entscheidende das Handeln Gottes ist, das zu einem daran ausgerichteten Handeln Israels anregt. Dann – so formuliert Ex 19 in weiteren Spitzenmetaphern – wird Israel „Schatzkästlein" sein. Das Volk als Eigentum, das in besonderer Weise herausgehoben ist aus den Völkern, das preziös ist und darum ausgesondert und besonders geschützt wird. Das abschließende „mir gehört die ganze Erde" unterstreicht die Besonderheit der Erwählung in einem universalen Kontext und setzt wohl schon einen monotheistischen Hintergrund voraus. Wirklich bedeutsam wird die Erwählung nur dadurch, dass Gott eine Wahl trifft aus vielen Möglichkeiten. Aus der Entscheidung erwächst Entschiedenheit und diese – so Ex 19 – fordert Gott ebenso von seinem Volk. In diesem Lichte will Ex 19,6 gelesen werden oder zumindest gibt der Kontext eine Interpretationsmöglichkeit vor.

Über die Formulierung in V. 6 ist viel geschrieben worden. Geht es um ein „Königreich von Priestern", eine „priesterliche Herrschaft" oder ein „priesterliches Königreich"? Hier sollen die Möglichkeiten nicht im Einzelnen durchdekliniert werden. Vielmehr soll ein Hinweis ausreichen: Die Phrase steht neben der „heiligen Nation". Die Bestimmungen sind nicht vollständig synonym, erklären sich aber gegenseitig und beziehen sich auch beide noch einmal zurück auf das „Eigentumsvolk". Das ist auch syntaktisch weit wahrscheinlicher als eine parataktisch additive Lesung (scil. „Israel ist sowohl das eine wie das andere"), die die Königsherrschaft von Priestern und die heilige Nation voneinander unterscheidet. Wenn aber beides das gleiche meint, wird vom Bild her die Erwählung aus den Völkern aus V. 5 fortgesetzt. Mit dem „heilig sein" ist weniger eine Qualitätsaussage gemacht, sondern vielmehr der Status der Aussonderung aus dem Profanen angesprochen. Die Begegnung mit dem Heiligen erfordert

[39] Vgl. dazu auch *Dozeman*, Exodus (2009), 370.

in besonderer Weise Reinheit und Heiligkeit, was die Priester durch ihre Weihe und die damit verbundene Aussonderung auszeichnet. Sicherlich schwingt also die Dimension der Begegnung hier mit.

Bemerkenswert ist, dass nicht wie in den anderen Erwählungsaussagen עם „Volk“ für Israel verwendet wird, sondern גוי „Nation“, ein Terminus, der weniger die verwandtschaftliche Nähe als das politisch Nationale betont, das aber hier gar nicht gemeint zu sein scheint. Mit dem Begriff ממלכת „Königsherrschaft“ ist wohl auch weniger die Hierokratie, die Herrschaft von Priestern, als das Moment exklusiver Zuordnung gemeint. Das liegt aufgrund des „ihr sollt für mich sein…“ (ואתם תהיו־לי) nahe.

Neben den Aspekt der Aussonderung für die Begegnung und die Ermöglichung besonderer Gottesnähe (die Ex 19,10.14 vielleicht schon im Blick hat) tritt die Bestimmung dessen, was den priesterlichen Dienst ausmacht. Die Aufgabe der Priester beschreibt die Tora nicht nur in dem eng gesteckten kultischen Rahmen von Opferdienst und Heiligtumsversorgung, sondern die Aufgabe von Priestern geht deutlich darüber hinaus. Priester sollen zwischen „heilig und profan“ und zwischen „rein und unrein“ unterscheiden und zwar *auf der Grundlage der Tora* (Lev 10,10). Sie sind im Pentateuch neben der basalen Ausgangsinstanz Mose die eigentlichen Ausleger der Tora (Lev 10,11). Das zeigt die Durchsicht vor allem des Verbums ירה „unterweisen“ sehr deutlich.[40]

Mit der Aussage, Israel solle zu einer Gruppe von ausgesonderten Gottesdienern werden, die in vollkommener Gottesnähe leben, wird der priesterliche Dienst demokratisiert und als besondere Institution unnötig. Alle Israeliten sind gehalten, sich über den Gotteswillen anhand der Heilstaten YHWHs zu belehren, seine Tora auszulegen und darin seinen Bund zu halten. Auslegung ist damit – wenn auch nur implizit und über eine Metaebene des Textes – zu einer Grundhaltung des Volkes geworden. Das ist als Grundaussage vor die Gabe der Sinaitora gestellt und damit das hermeneutische Tor zum Verständnis des Folgenden. Auf andere Weise zeigt sich hier schon innerbiblisch: „Die Tora ist zur Auslegung gegeben“.

Nach diesen dichten Spitzensätzen kehrt der Text auf die Handlungsebene zurück, nachdem durch die Wiederaufnahme des Redeauftrags in V. 6b eine Rahmung hergestellt worden ist. Der Kernbereich der Botschaft, die Mose dem Volk übermitteln soll, ist damit

[40] Hierzu sei an dieser Stelle verwiesen auf die Ausführungen in dem Aufsatz „Und Mose hörte (es), und es war gut in seinen Augen“ (Lev 10,20). Zum Verhältnis von Literargeschichte, Theologiegeschichte und innerbiblischer Auslegung am Beispiel von Lev 10, in: *Müllner/Schwienhorst–Schönberger/Scoralick*, Gottes Name(n) (2012), 104–136.

klar umrissen. In knappest möglicher Form wird Moses Rückkehr in V. 7aα geschildert und in V. 7aβ legt Mose sofort los, indem er die Ältesten des Volkes als deren Repräsentanten ruft. Ihnen legt er alle Worte vor, die YHWH geboten hat. Erneut benutzt der Text Formulierungen, die auf den ersten Blick eine Vermittlung von Gesetzen im Hintergrund vermuten lassen, sich auf den zweiten aber signifikant unterscheiden. Der dtr übliche und im Kontext der Gesetzgebung sehr häufige Satz „die YHWH dem Mose geboten hat" wird durch den Gebrauch eines enklitischen Personalpronomens so abgewandelt, dass eine im Kontext von Gesetz und dessen Vermittlung singuläre Formulierung entsteht.[41] Der Text ist sich also durchaus der Sonderstellung bewusst und unterstreicht diese durch Variationen in der Formulierung. Er will nicht durch die Wahl der vollkommen gleichen Formulierung gleichwertig ersetzen, sondern auslegen.

Die Antwort des Volkes ist knapp aber zureichend, wobei ausdrücklich betont wird, dass das Volk der Verpflichtung und dem damit verbundenen impliziten Bundesschluss vollständig und einstimmig zustimmt (יענו כל־העם יחדו). Diese zustimmende Antwort des Kollektivs überbringt Mose an YHWH und zwar gleich zweimal, was hier nur noch bemerkt, aber nicht mehr diachron diskutiert sei. Durch die Überbringung der Antwort ist die kleine Szene abgeschlossen und vom Folgenden, der Ankündigung der Dekalogoffenbarung, abgesetzt. Sie besteht letztlich – und das ist das bemerkenswerte – *de facto* in einem Bundesschluss, der das Volk nicht wie in dtn-dtr Texten auf das Gesetz verpflichtet, sondern auf dem bloßen Faktum der Erwählung und den sich daraus ergebenden Konsequenzen aufruht. Dieser Bundesschluss wird textlich weder von der Dekalogverkündigung noch von Ex 21–23 oder dem Bundesschluss in Ex 24 explizit abgesetzt. Durch die vorgelagerte Position entsteht natürlich so etwas wie ein hermeneutisches Tor, durch das die Welt der Gesetzesoffenbarung erst betreten wird.

Ex 19,3–8 ist texthermeneutisch wie ein Vorzeichen vor der folgenden Gesetzesüberlieferung, insofern sie diese in einem anderen Licht erscheinen lässt und ihr die Exklusivität des einzigen Blickwinkels nimmt. Ex 19,3–8 formuliert eine stille Alternative zu einem Ethos, das sich material an konkreten Gesetzen festmacht, und formuliert eine Haltung, die sich aus der Erfahrung heilvoller Zuwendung und der Erfahrung von Befreiung speist und daraus eine Mimesis im Verhalten entwickelt. Was der Mensch tun soll und wie er Gottes Willen entsprechen kann –, wie also ein umfassend gutes Leben in Gottesgegenwart gelingen kann – das leitet sich aus der

[41] אשר צוהו יהוה nur noch in Gen 7,5; 1 Chr 24,19 und 2 Sam 5,25, das אשר צוהו noch in Ex 4,28; 1 Sam 17,20; 1 Kön 15,5; Jer 36,8 und 1 Chr 14,16.

Erwählung und der liebevollen Zuwendung dieses Gottes gegenüber Israel ab. Auslegung gründet sich daher nicht nur im Wortlaut des Gesetzes, so der Generalnenner, sondern auch in der Erfahrung von Gottes Heil.

Die Tora kommt nicht ohne Auslegung aus, aber die Auslegung auch nicht ohne die Tora

Auslegung ist ein Prinzip der Schrift selbst – so könnte das Fazit lauten. Das haben die jüdischen Interpreten und auch die frühen christlichen Schriftsteller einschließlich der neutestamentlichen Autoren viel besser verstanden als wir das in der vermeintlich eindeutigen Moderne wahrhaben wollen. Dabei ist die Alternative weder beliebige Offenheit noch eine bloße Leitlinienfunktion der Tora. Auslegung, so wurde in unterschiedlichen Argumentationen gezeigt, ist als Prinzip der Tora schon selbst grundgelegt, weshalb das Bemühen um den Text am Anfang jeder Auslegung stehen muss. Die Bibel selbst ist die stärkste Bastion gegen jeden Fundamentalismus, denn sie selbst gibt vielfältig vor, dass sie der Auslegung bedarf. Der Zaun um die Tora (mAv 1,1) schützt diese umgekehrt gegen ausufernde Beliebigkeit. Das „nicht über die Schrift hinaus“ gilt dabei als hermeneutische Grundregel. Alle, denen die Tora gilt, sind im allgemeinen Priestertum zu ihrer Auslegung und der dauernden Verständigung darüber aufgerufen. Die Auslegung der Schrift darf dabei weder der Tradition allein noch einer autoritativen Institution überlassen werden, sondern ist bleibende Aufgabe aller Gläubigen. Dabei gilt es, das lebensförderliche „süße“ Potential der Tora auch in der Auslegung zu entdecken und „ihr eigen Licht“ zum Leuchten zu bringen. Ganz im Sinne der großen Lehrer Hillel und Schammai, die Jochanan ben Zakkai so deutet: „Wenn du viel Tora gelernt hast, rechne es dir nicht als Verdienst an, denn dazu bist du erschaffen worden“.[42]

[42] Mischna Abot II,8 (Übersetzung nach *Stemberger*, Talmud [^{2}1984], 74).

Bibliographie

Albertz, Rainer, Exodus 1–18 (ZBK.AT 2/1), Zürich 2012.

Avemarie, Friedrich, Tora und Leben (TSAJ 55), Tübingen 1996.

Blum, Erhard, Studien zur Komposition des Pentateuch (BZAW 189), Berlin u. a. 1990.

Ders., Textgestalt und Komposition (FAT I/69), Tübingen 2010.

Crüsemann, Frank, Tora. Theologie und Sozialgeschichte des alttestamentlichen Gesetzes, Gütersloh ³2005.

Ders., Das Neue Testament als Wahrheitsraum des Alten, Gütersloh 2011.

Dohmen, Christoph, Exodus 19–40 (HThKAT), Freiburg ²2012.

Dozeman, Thomas, Exodus, Grand Rapids 2009, 367.

Ego, Beate, Art. Eliezer ben Hyrkanos, in: Der Neue Pauly 3 (1997), 992.

Fiedler, Peter, Das Matthäusevangelium (ThKNT 1), Stuttgart 2006.

Frankemölle, Hubert, Matthäus. Kommentar I, Düsseldorf 1994.

Frevel, Christian, „Und Mose hörte (es), und es war gut in seinen Augen“ (Lev 10,20). Zum Verhältnis von Literargeschichte, Theologiegeschichte und innerbiblischer Auslegung am Beispiel von Lev 10, in: *I. Müllner/L. Schwienhorst-Schönberger/R. Scoralick* (Hrsg.), Gottes Name(n). Zum Gedenken an Erich Zenger (HBS 71), Freiburg u. a. 2012, 104–136.

Froebe, Dieter, Biblische Schöpfungserzählungen und biologische Evolutionsforschung. Missverständnisse, Konfliktlinien, Dialogperspektiven (Science and Religion 6), Münster 2007.

Genette, Gérard, Palimpseste. Die Literatur auf zweiter Stufe, Frankfurt a. M. 1993.

Goldberg, Arnold, Der verschriftete Sprechakt als rabbinische Literatur, in: *Ders.*, Rabbinische Texte als Gegenstand der Auslegung. Gesammelte Studien II (TSAJ 73), Tübingen 1999.

Goldschmidt, Lazarus, Der Babylonische Talmud VII. IV. Sektion Seder Neziqin, Frankfurt 1996.

Hayes, Christine, The Emergence of Judaism. Classical Traditions in Contemporary Perspective, Minneapolis 2010.

Heiter, T., Das Buch Exodus bei den Kirchenvätern (NSK.AT 33/4), Stuttgart 2002.

Hilbrands, Walter, Wie lang waren die Schöpfungstage? Eine Untersuchung des hebr. Jom („Tag“) in Gen 1,1–2,3, Wort und Wissen Diskussionsbeitrag 3/06 (www.wort-und-wissen.de; letzter Zugriff 19.3.2013).

Hörmann, Karl, Art. Ehebruch, in: Lexikon der christlichen Moral (²1983), 272–275.

Houtman, Cornelis, Das Bundesbuch. Ein Kommentar (DMOA 24), Leiden 1997.

Jastrow, Marcus, Dictionary of the Targumim, the Talmud Babli and Yerushalmi, and the Midrashic Literature, Bd. 2, London 1903.

Jastrow, Marcus/Dalman, Gustaf, Aramäisch-neuhebräisches Wörterbuch zu Targum, Talmud und Midrasch, Frankfurt a. M. 1901.

Knobel, C., Erwachsene Schöpfung im Kontext der Astronomie, Wort und Wissen Diskussionsbeitrag 1/05 (www.wort-und-wissen.de; letzter Zugriff 19.3.2013).

Krochmalnik, Daniel, Schriftauslegung. Das Buch Exodus im Judentum (NSK.AT 33/3), Stuttgart 2000.

Lohfink, Norbert, „Ich bin Jahwe, dein Arzt" (Ex 15,26). Gott Gesellschaft und menschliche Gesundheit in der Theologie einer nachexilischen Pentateuchbearbeitung (Ex 15,25b.26), in: *Ders. u. a.* (Hrsg.), „Ich will euer Gott werden". Beispiele biblischen Redens von Gott (SBS 100), Stuttgart 1981, 11–73.

Luther, Martin, D. Martin Luthers Werke (Weimarer Ausgabe), Weimar 1883–2009.

Luz, Ulrich, Das Evangelium nach Matthäus (Mt 1–7) (EKK I/1), Neukirchen–Vluyn 1985.

Markl, Dominik, Der Dekalog als Verfassung des Gottesvolkes. Die Brennpunkte einer Rechtshermeneutik des Pentateuch in Ex 19–24 und Dtn 5 (HBS 49), Freiburg u. a. 2007.

Merklein, Helmut, Der erste Brief an die Korinther. Kapitel 1–4 (ÖTK 7/1), Gütersloh 1992.

Müller, Reinhard, Königtum und Gottesherrschaft (FAT II/3), Tübingen 2003.

Noth, Martin, Das 2. Buch Mose (ATD 5), Göttingen ^{8}1988.

Päpstliche Bibelkommission, Die Interpretation der Bibel in der Kirche (VAS 115), Bonn 1993.

Rendtorff, Rolf, Der Text in seiner Endgestalt. Überlegungen zu Exodus 19, in: *Ders.*, Der Text in seiner Endgestalt. Schritte auf dem Weg zu einer Theologie des Alten Testaments, Neukirchen-Vluyn 2001, 71–82.

Scoralik, Ruth, Gottes Güte und Gottes Zorn. Die Gottesprädikationen in Exodus 34,6f und ihre intertextuellen Beziehungen zum Zwölfprophetenbuch (HBS 33), Freiburg u. a. 2002.

Steins, Georg, Priesterherrschaft, Volk von Priestern oder was sonst? Zur Interpretation von Ex 19,6, in: BZ 45,1 (2001) 20–36.

Stemberger, Günter, Der Talmud, München ^{2}1984.

Ders., Einleitung in Talmud und Midrasch, München 1992.

Ueberschaer, Frank/Krupp, Michael (Hrsg.), Die Mischna. Textkritische Ausgabe mit deutscher Übersetzung und Kommentar, Jerusalem 2003.

Wolff, Christian, „Nicht über das hinaus, was geschrieben ist". 1 Kor 4,6 in der neueren Auslegungsgeschichte, in: *H. Schultze* (Hrsg.), „... Das tiefe Wort erneun". FS J. Henkys, Berlin 1989, 187–194.

Ders., Der erste Brief an die Korinther (ThHK 7), Berlin 1996.

Zeller, Dieter, Der erste Brief an die Korinther (KEK 5), Göttingen 2010.

Der Gott Abrahams ist der Vater Jesu Christi

Zur Kontinuität und Diskontinuität biblischer Gottesbilder

Im Folgenden wird versucht, auf der Grundlage offenbarungstheologischer Reflexionen die Schriftgebundenheit aller christlichen Gottesbilder zu entfalten. Dazu wird zunächst grundsätzlich nach der theologisch-sprachlichen Möglichkeit, Leistungsfähigkeit und Funktion von Gottesbildern gefragt. Die Überlegungen bilden den Ausgangspunkt für die Grundthese, dass sich in der zweigeteilten Schrift ein und derselbe Gott geoffenbart hat. Hermeneutisch und theologisch sind Altes und Neues Testament gleichwertig und gleichgewichtig. Das wird am Beispiel der Kontinuitäten in der Gottrede aufgezeigt. Auf der Basis der hermeneutischen Komplementarität der beiden Testamente werden schließlich die kontrastiven Momente in den Blick genommen, aus denen sich wesentlich die Dynamik der biblischen Gottrede speist. Wenn sich in beiden Testamenten derselbe Gott offenbart, treten die Diskontinuitäten in der Gottrede als Prüfsteine der nicht simultanen Komplementarität und als besondere Akzentsetzungen in der biblischen Offenbarung in den Blick. Am Schluss der Überlegungen wird noch einmal nach dem Zusammenhang zwischen der Einheit Gottes und der Vielfalt der Gottesbilder gefragt.

Eine Ikonostase trennt von Gott

„Wie von Gott reden" ist sicher eine der grundlegendsten Fragen der Theologie. Wie ist überhaupt Gottrede möglich, wenn Gott und Welt – wie Peter Knauer formuliert – restlos verschieden voneinander und zugleich restlos bezogen aufeinander sind?[1] Ist die Rede von Gott als Vater, Mutter, Hirte, König oder Richter nicht angesichts dieser Grundvoraussetzung allzu leichtfertig? Bei der Gottrede handelt es sich um Metaphern, mit denen Gott ins Spiel, genauer ins Sprachspiel gebracht wird. Aber woher stammen jene Metaphern, worin haben sie ihre Berechtigung und ihre Grenzen? Gottesbilder sind die sprachlichen Ausdrucksformen, in denen Gott in seinem Sein und Handeln beschrieben wird. Ohne solche Gottesbilder ist die Rede von Gott und – was vielleicht noch entscheidender ist – *zu* Gott nicht möglich.

[1] Vgl. *Knauer*, Glaube (1978), 19–42.

Das Dilemma der Gottesbilder ist ein Paradoxon, insofern diese zugleich notwendig wie unzureichend sind. Bilder beschreiben niemals adäquat, sie können zutreffen oder nicht[2], aber sie erfassen nie die ganze Wirklichkeit, weil sie als Abbilder selbst eine ganz „andere" Wirklichkeit sind. Gottesbilder sind nie Teil der Wirklichkeit Gottes, sondern bestenfalls Zeugnis oder Spur (*vestigium*) davon. Gott ist nicht Teil der Welt und die Welt nicht Teil Gottes. Die je größere Unähnlichkeit Gottes hat die kirchliche Tradition in der Analogielehre festgehalten. Gottesbilder, die Teil der raumzeitlichen Welt sind, sind nicht Teil Gottes, sondern Teil der Welt, die auf Gott verweist. Sie sind Verweise, die nicht mehr als eine Richtung angeben, aber darin gegen die Orientierungslosigkeit und Beliebigkeit theologischer Gottrede angehen. Theologischer gesprochen: Bilder sind immanent und Gott bleibt transzendent. Mit Gottesbildern ist nie das Trennende zwischen Gott und Welt lückenlos aufzuheben. So sehr Gottesbilder die inhaltliche Bestimmung des Wortes „Gott" zu füllen suchen, so sehr bleiben sie zugleich als sprachliche Wirklichkeit trennend zwischen Gott und Welt. Sie sind *Vorstellung* im doppelten Sinne, nicht nur indem sie *imaginieren*, d. h. „ins Bild setzen", sondern auch, indem sie sich *vor Gott stellen* und ihn so *verstellen*, dass er hinter den Bildern nicht *wirklich* sichtbar ist. Ihr Schatten verdeckt den Schein, von dem wir doch nur den Schatten sehen.

Die Paradoxie besteht darin, dass Gottrede ohne Gottesbilder nicht möglich ist. Ohne die vermittelnde und zugleich verstellende Konkretion der Bilder bleibt die Metapher „Gott" leer und konturenlos. Erst die Gottesbilder holen Gott im Sprachgeschehen in die Welt des Sprechenden hinein und sind darin Vergegenwärtigungen Gottes. Hier greift nun zugleich eine zweite Paradoxie: Die Aussage der Gottesbilder liegt nicht in ihrer begrifflichen Verobjektivierung, nicht darin, dass sie Gott zu dem machen, was „der Fall ist", sondern darin, dass Gottesbilder nur im Modus des Subjektiven wahr werden. Es sind keine Beschreibungskategorien, die etwas *an sich* über Gott aussagen, sondern Zuschreibungskategorien, die etwas *für mich* aussagen. So stehen Gottesbilder in einer unlösbaren Spannung: Zum einen bewirken sie die Versprachlichung Gottes und ermöglichen so eine Verständigung über Gott, zum anderen entfalten sie ihre Kraft, Wirklichkeit und unumstößliche Wahrheit jedoch nur im individuellen und subjektiven Beziehungsgeschehen. Der Grund für diese Spannung liegt in dem, was das Wort „Gott" bezeichnet. Gott ist der Welt nicht unmittelbar, er ist nicht fassbar oder sichtbar in einer Gestalt (Dtn 4,12). Diese Wahrheit wird nicht zu Unrecht mit dem biblischen Bilderverbot verknüpft, dessen Stoßrichtung zur Wahrung

[2] Vgl. *Wittgenstein*, Tractatus (^{30}2005), 2.21.

der Transzendenz des Nicht-Darstellbaren sich erst in der Rezeption manifestiert hat. Ein wichtiges Moment der Aktualität des Bilderverbotes liegt in der Wahrung des je Anderen Gottes, des nicht Abbildbaren und auch nicht Aussagbaren. Das Bilderverbot ist ein Wächter der Theo-*logie*.[3] Das Wort „Gott" selbst ist ein Sprachbild, eine Metapher, ein Teil dieser Welt, die nicht Gott ist, und ein Wort, das ohne den Bezug zu einer (im Sprachgeschehen konstruierten) Wirklichkeit Gottes leer bleibt.[4] Nur ein Beziehungsgeschehen kann jene Wirklichkeit erfahrbar machen. Dieses Beziehungsgeschehen – oder theologischer gesprochen die Erfahrbarkeit der Selbstoffenbarung Gottes in der Welt – ist nicht planbar, da Gott dem Menschen nicht verfügbar ist.

Der Bereitschaft und dem Bemühen des Menschen um Begegnung steht Gottes Gnade der gewährenden Begegnung gegenüber. Nur darin wird Gottes Wesen für den Menschen erfahrbare Identität, seine Personalität erfahrbar als Gegenüber – als das Du der Ansprache – das trotz der Unsichtbarkeit durch Unverwechselbarkeit gekennzeichnet ist. Die Gottesbilder, mit denen Gott besprochen und angesprochen wird, bezeichnen Gott und lassen seine personale Identität als Bild entstehen.

In ansprechender Weise hat Rainer Maria Rilke das in seinem Stundenbuch in der Zeile „Und deine Bilder stehn vor dir wie Namen" zutreffend verdichtet. Namen stehen für die Person, sie sind ihr *Eigen*, in ihnen spiegelt sich die Präsenz und Identität. Gottesbilder sind *wie* Namen, sie ermöglichen die Ansprechbarkeit Gottes und sichern seine Identität. Zugleich verstellen sie als sprachliche Äußerungen die Erkenntnis Gottes, weil sie niemals die Identität der Person ganz preisgeben. Doch ohne Namen bleibt Gott leer und nicht ansprechbar. Schon die Bibel weiß um die Nähe von Identität und Name.

Der Name Gottes wird geheiligt (Jes 29,23; Mt 6,9; Lk 11,2), gepriesen (Ps 106,47; 113,2f; Dan 2,20f), er gibt Schutz (Ps 20,2) und Gott lässt seinen Namen unter den Menschen wohnen (Dtn 12,11; 1 Kön 9,3). Am deutlichsten bringt die Dornbuschszene die Nähe zwischen Personalität und Name zum Ausdruck: „Da sagte Mose zu Gott: Gut, ich werde also zu den Israeliten kommen und ihnen sagen: Der Gott eurer Väter hat mich zu euch gesandt. Da werden sie mich fragen: Wie heißt er? Was soll ich ihnen darauf sagen? Da antwortete Gott dem Mose: Ich bin der ‚Ich-bin-da'. Und er fuhr fort: So sollst du zu den Israeliten sagen: Der ‚Ich-bin-da' hat mich zu euch

[3] Vgl. dazu *Dohmen*, Bilderverbot (2006), 13.

[4] Vgl. dazu *Müller*, Mythos (2004), 43–63; *Schwienhorst-Schönberger*, Offenheit (2005), 116–118.

gesandt“ (Ex 3,13f). Die Interpretationsversuche zu dem keineswegs eindeutigen *'æyæh 'ašær 'æyæh* sind „Legion“ (vgl. Mk 5,9) und die hier mit der Einheitsübersetzung von 1979 wiedergegebene Übersetzung des Gefüges von Hauptsatz und Relativsatz ist sprachlich sicher nicht die einzig mögliche und auch nicht die treffendste Übersetzung.[5] Doch sie bringt den entscheidenden Aspekt der Aussage zum Ausdruck. In dem wiederholenden Gebrauch des Verbums „sein“ (*hyh*) geht es nicht um Gottes Sein im Sinne seiner Existenz als metaphysisches Sein an sich. Ex 3,14 macht keine Aussage über das *Dasein* Gottes, sondern über seine Selbstverpflichtung zum *da sein.* Das *Dasein* Gottes ist ein *Dasein für*. Schon in der Kenntnis des Namens drückt sich personale Nähe aus oder, wie Benno Jacob zusammenfasst: „Es ist eine *Lektion im Gottvertrauen*, die Mose erhält“.[6] Erst dieses *da sein* Gottes als *Dasein für* ermöglicht die Gottrede. Gottesbilder sind wie die Namen Gottes dann Zeichen seiner Gegenwart in der Welt, wenn das *Dasein für* als *Dasein für mich* angenommen wird und so Gott in der Erfahrungswelt des Subjektes Raum greifen kann. Nur dann kann Gott zugleich der Gegenwärtige und je Andere sein.

Die Gottesbilder stehen – so formuliert es Rilke – als eine von Menschen gemachte Wand zwischen Gott und Welt („Wir bauen Bilder vor dir auf wie Wände; so dass schon tausend Mauern um dich stehn“). Das ganze Leben ist somit ein Ringen um die Wirklichkeit Gottes hinter der Bilderwand, eine Entdeckungsgeschichte *vor* der Ikonostase, hinter der sich die Gegenwart Gottes als Geheimnis verbirgt. So wie die Ikonostase in der Orthodoxen Kirche das Allerheiligste unsichtbar abtrennt und zugleich für den Betrachter abbildet, was in der himmlischen Welt heilvoll an Zuwendung zur irdischen Welt geschieht, so steht die Bilderwand in Rilkes Gedicht unüberwindbar trennend zwischen Gottes Wirklichkeit und Mensch. In der Ikonostase hält die Deesis die Fürbitte präsent und Gott erscheint zugänglich *vor* und *durch* die Ikonostase, in der das Handeln Gottes an der Welt *ent*-deckt wird.

Ikonen Gottes – was Gottesbilder sind und was nicht

An dieser Stelle muss ein kurzer *Zwischengedanke* eingeschoben werden, denn der letzte Satz lässt zugleich ein Spezifikum der christlichen Gottrede deutlich werden, das in der *personalen* Kategorie der

5 Vgl. in Auswahl *Hertog*, Dimension (2002), 213–228; *Volgger*, Ex 3,14 (1999), 9–36; *van Kooten*, Revelation (2006); *Bartelmus*, Ex 3,14 (2002), 383–402.
6 *Jacob*, Buch Exodus (1997), 66.

Erfahrbarkeit Gottes in Jesus Christus durch die Inkarnation die Transzendenz in der Immanenz ganz und unverstellt erfahrbar sein lässt. Deshalb kann Paulus Christus als *Ikone Gottes*, als εἰκὼν καὶ δόξα θεοῦ (1 Kor 11,7), als „Bild und Herrlichkeit Gottes" bezeichnen, in dem wir das Licht Gottes zu schauen in der Lage sind. Gott ist es, wie Paulus im Anschluss 2 Kor 4,6 sagt, „der in unseren Herzen aufgeleuchtet ist zum Lichtglanz der Erkenntnis der Herrlichkeit Gottes im Angesicht Jesu Christi". Einen sprachlichen Höhepunkt dieser Theologie des *Ikono-Logos* stellt die Spitzenaussage des Kolosserhymnus Kol 1,15 dar, wo die ganze Schöpfung auf den präexistenten Christus hin geschaffen ist, der das „Ebenbild des unsichtbaren Gottes" ist (ὅς ἐστιν εἰκὼν τοῦ θεοῦ τοῦ ἀοράτου). Durch Christus ist Gott als wirksame Repräsentation („Ikone") an die Welt vermittelt.[7]

Auf den ersten Blick – oder anders: in landläufiger (Fehl-) Einschätzung – ist es gerade die Bildaussage, die das christliche Gottesverständnis trennend von den anderen Religionen – auch der älteren Geschwisterreligion des Judentums – abhebt. Doch ist dies in einer solchen Pauschalität nicht zutreffend. Das wird deutlich, wenn man die Aussage in den Kontext ihrer Erkenntnismöglichkeiten stellt und zwischen Vergangenheit, Gegenwart und Zukunft unterscheidet. Richtig ist, dass keine andere Einzelperson im Alten oder Neuen Testament als Ebenbild des unsichtbaren Gottes bezeichnet wird, und auch, dass die Aussage nicht einfach eine Übertragung der Ebenbildlichkeit des Menschen Gen 1,26–31 ist.[8] Das johanneische „Wer mich sieht, sieht den, der mich gesandt hat" (Joh 12,45) bleibt im Alten Testament unerreicht. Im christlichen Bekenntnis ist Gott Mensch und in Christus der Vater sichtbar geworden, aber „das Sichtbare ist vergänglich" (2 Kor 4,18). So unterscheidet sich das von der sichtbaren weltlichen Präsenz Christi getrennte, heute einzig mögliche Sehen, weil den gegenwärtigen und schriftgebundenen Sehenden lediglich die „Botschaft von der Herrlichkeit Christi, der Gottes Ebenbild ist" (2 Kor 4,4), bleibt. Dementsprechend ist das *gegenwärtige* Sehen des Sohnes als Ebenbild des Vaters zwischen Himmelfahrt und Parusie niemals direkt, sondern immer *durch die Schrift* vermittelt. Alles Erkennen steht *unter dem Wort*, denn „die Worte verkündigen die Werke und lassen das Geheimnis, das sie enthalten, ans Licht treten" (Dei Verbum 2). Ohne das biblische Zeugnis der Selbstoffenbarung in der Schrift kann die Offenbarung Gottes nicht unverfälscht wahrgenommen werden. Dieser Gedanke hat erhebliche Konsequenzen für den Umgang mit sprachlichen Bildern

[7] Vgl. dazu *Merklein*, Christus (1999), 53–76.
[8] Vgl. dazu *Frevel*, Ebenbild (2006), 132–135.

von Gott, auf die weiter unten eingegangen werden soll. Zunächst ist die Radikalität der Bedeutung der Schrift am Beispiel der Weisheit noch weiter zu verdeutlichen.

Unter der Voraussetzung, dass nach Tod, Auferstehung und Himmelfahrt Jesu Christi ein Zugang zu dieser heilsgeschichtlichen Zuwendung Gottes zur Welt nur über die Schrift ermöglicht und Christus als Ebenbild des Vaters nur durch die Schrift vermittelt erkennbar wird, treten funktionale Parallelen zu der Ebenbildlichkeitsaussage aus dem Alten Testament in den Blick. Denn natürlich hat auch die Aussage, dass Christus das Ebenbild Gottes ist, ihre Vorgänger, vor allem in den nahezu philosophischen Spekulationen der späten Weisheitsliteratur, wo die Weisheit zum Bild der Güte und *zum unverstellten Spiegel* Gottes wird:

> Denn die Weisheit ist beweglicher als alle Bewegung; in ihrer Reinheit durchdringt und erfüllt sie alles. Sie ist ein Hauch der Kraft Gottes und reiner Ausfluss der Herrlichkeit des Allherrschers; darum fällt kein Schatten auf sie. Sie ist der Widerschein des ewigen Lichts, der ungetrübte Spiegel von Gottes Kraft, das Bild seiner Vollkommenheit (Weish 7,24–26 EÜ).

Hier handelt es sich um eine Spitzenaussage der Weisheitstheologie, die auf den ersten Blick nicht leicht verständlich ist. Aufbauend auf die Spekulationen über die personifizierte Weisheit in Spr 8 und Sir 24 und begrifflich eingebunden in das Denken des Mittelplatonismus und der Stoa[9], wird die Weisheit als eine belebende und ordnende Kraft ungeheurer Intensität vorgestellt, von der die ganze Schöpfung durchdrungen ist. Sie ist dynamisch und vollkommen rein. Ihr Glanz ist so schattenlos, dass sie zum „ungetrübten Spiegel“ (ἔσοπτρον ἀκηλίδωτον τῆς τοῦ θεοῦ) wird und so das „Bild seines Gut-Seins“ (εἰκὼν τῆς ἀγαθότητος αὐτοῦ) ist. Wer sich der Erkenntnis der Weisheit zuwendet und sich ihr ganz öffnet, erkennt in ihr den Schöpfer und sein Wirken wie in einem ungetrübten Spiegel. Zugespitzt könnte man sagen: *Die Weisheit ist ein Gottesbild.* Da die Weisheit auch personifiziert und präexistent beschrieben wird und „Freunde Gottes“ (Weish 7,27) schafft, ist sie analog zu Christus zu verstehen. Auch ihre Personalität ist dem Menschen nicht unmittelbar, sondern nur über die Schrift zugänglich. Von Christus als dem unverstellten Spiegel Gottes unterscheidet sie aber, dass sie nie reale, historische Person war.

Der knappe Blick auf die Weisheitstheologie und ihre Verbindungen zur neutestamentlichen Weisheitschristologie hat deutlich werden lassen, was ein Gottesbild leistet. Gottesbilder sollen dem

[9] Vgl. dazu *Engel*, Weisheit (1998), 132–141.

Menschen ermöglichen, Gott zu erkennen. D. h. es geht in ihnen um eine Ästhetik Gottes, aber nicht im Sinne einer Erkenntnis von Aussehen und Gestalt Gottes, sondern um sein So-Sein und Handeln, *wer* Gott ist, *was* Gott ist und *wie* Gott ist. Ästhetik also verstanden im Vollsinn einer αἴσθησις, der Wahrnehmung des Schönen und Guten Gottes, das in Christus wie in der Weisheit aufscheint.

Bild Gottes wurde in diesem Gedankengang nicht als ein materialisiertes, haptisches, visuell wahrnehmbares Bild verstanden und somit einerseits von gemalten, geformten abbildlichen Darstellungen und andererseits von der bloßen Idee oder Vorstellung von Gott abgesetzt. Zwar scheint sich die Argumentation damit von der Heiligen Schrift und ihren Gottesbildern entfernt zu haben, doch der Eindruck täuscht. Durch den Blick auf die Funktion der Gottesbilder wurde zugleich deutlich, dass der Zugang auf Christus *und* die Weisheit Gottes nicht ohne die Schrift auskommt. Diesen Aspekt möchte ich durch einen kurzen Blick auf die Tora und ihre Gleichsetzung mit der Weisheit vertiefen. Das Gesetz erscheint gerade in der christlichen Theologie in seiner Funktion am wenigsten als „Bild Gottes". Es ist im christlichen Verständnis oft mit negativen Urteilen konnotiert. Das Gesetz sei einengend und partikular, hart und verurteilend und damit der Universalität und Güte Gottes entgegengesetzt, so lautet das Vorurteil.

Doch das Gesetz ist nicht nur „heilig, gerecht und gut" (Röm 7,12) wie Paulus eindringlich mahnend gegen die üblichen christlichen Vorurteile der Abwertung des Gesetzes festhält, sondern es ist *„vom Geist bestimmt*" (ὁ νόμος πνευματικός ἐστιν) (Röm 7,14). Das heißt nichts anderes, als dass es der Ordnung Gottes, seinem Schöpfer- und Heilswillen und seiner gestaltenden und erhaltenden Dynamik entspricht. Wenn *Heil* das Erreichen einer unverstellten, unmittelbaren Gottesnähe ist, d. h. nichts mehr außer dem Gottsein Gottes und dem Menschsein des Menschen zwischen Gott und Mensch steht, dann zielt genau darauf das Gesetz. Dies wäre in einer Toratheologie am Beispiel der versöhnenden Gottesnähe im Zentrum der Tora in Levitikus ebenso zu zeigen wie in den Erzelterngeschichten oder der Exoduserzählung. Ich greife nur ein Zitat heraus, in dem der im Heiligtum sichtbare Heilswille Gottes kulminiert, nämlich die im Zentrum der priesterlichen Theologie stehende Zusage der bleibenden Gottesnähe in Ex 29. Dort spricht Gott von dem neu errichteten Begegnungszelt:

> Ich werde dort den Israeliten begegnen und mich in meiner Herrlichkeit als heilig erweisen. ... Ich werde mitten unter den Israeliten wohnen und ihnen Gott sein, so dass sie erkennen, dass ich YHWH, ihr Gott bin, der sie aus dem Land Ägypten herausgeführt hat, um in ihrer Mitte zu wohnen, ich, YHWH, ihr Gott. (Ex 29,43.45f)

Gott will bleibend die heiligende und belebende Mitte seines Volkes sein und Gemeinschaft mit den Menschen haben.[10] Darin erweist sich sein Gottsein. Die Heiligkeit Gottes kommt im Gottesbund in der Mitte der Menschen in der Einwohnung seiner „Schekina", seiner bleibend belebenden Gegenwart, zu ihrem Ziel. Dort ist die Herrlichkeit Gottes unverstellt erfahrbar. Das ist keine Leistungsethik, sondern die pure Gnade. Gott sucht den Menschen und gewährt ihm seine Gegenwart. Damit ist der Mensch nicht aus dem Spiel, denn alles was von Gott trennt, hindert ihn an der unverstellten Gegenwart in der Gemeinschaft mit seinem Gott. Daher fordert das Heiligkeitsgesetz die Heiligkeit des Menschen, damit diese der Heiligkeit Gottes nicht entgegensteht: „Seid heilig, denn ich, der Herr, euer Gott, bin heilig" (Lev 19,2, vgl. Lev 11,44f; 20,7.26; Num 15,40f; 1 Petr 1,16).

Das Befolgen des Gesetzes ermöglicht dem Menschen die zugesagte unverstellte Gottesnähe. Keine Sünde, d. h. keine vom Menschen in Freiheit getroffene Entscheidung zur Distanz, trennt den Menschen von Gottes Zusage der dauerhaften Gemeinschaft. Die *Funktion* der Tora ist demnach die Ermöglichung der Gemeinschaft mit Gott, die in der Unmittelbarkeit der Gottesnähe auch die vollkommene Gotteserkenntnis einschließt. Funktional sind Weisheit und Tora damit deckungsgleich. Deshalb werden sie in der Weisheitstheologie auch gleichgesetzt. Diese Denkbewegung beginnt in den späten Weisheitspsalmen etwa Ps 19 oder Ps 119 und endet in der Gleichsetzung in Jesus Sirach 24 oder in Baruch 3,38–4,1, wo es heißt:

> Dann erschien sie (scil. die Weisheit) auf der Erde (ἐπὶ τῆς γῆς ὤφθη) und hielt sich unter den Menschen auf (ἐν τοῖς ἀνθρώποις συνανεστράφη). Sie ist das Buch der Gebote Gottes (ἡ βίβλος τῶν προσταγμάτων τοῦ θεοῦ), das Gesetz, das ewig besteht (ὁ νόμος ὁ ὑπάρχων εἰς τὸν αἰῶνα). Alle, die an ihr festhalten, finden das Leben; doch alle, die sie verlassen, verfallen dem Tod.

Das Baruchzitat macht für den vorliegenden Argumentationsgang ein Zweifaches abschließend deutlich. Zum einen ist noch einmal erkennbar, wie nahe Christologie und Weisheitsspekulation in einem bestimmten Bereich beieinander liegen, denn nicht von ungefähr wird für den ersten Teil des Zitates (Bar 3,38) diskutiert, ob es eine frühchristliche Erweiterung ist.[11] Die präexistente Weisheit, die zum

[10] Zur Interpretation von Ex 29,43–46 vgl. *Janowski*, Struktur (1987), 165–193; *Ders.*, Tempel (1990) 37–69; *Frevel*, Blick (2000), 96–104.178–186.

[11] Zum Problem von V. 38 vgl. *Steck*, Buch Baruch (1998), 53f, der den Vers aus Gründen des Aufbaus und des Inhalts nicht zum ursprünglichen Bestand rechnet, sondern von einer frühchristlichen Aneignung ausgeht.

Leben führt, wird als Einwohnung und Entsendung des Höchsten verstanden. Sie wird gleichgesetzt mit der Tora, dem Gesetz, das Israel gegeben wurde und Israel in besonderer Weise auszeichnet.

Für dieses Gesetz – und das ist der zweite wichtige Aspekt, auf den das Baruchzitat hinführt – wird der Buchcharakter besonders herausgehoben (αὕτη ἡ βίβλος „sie ist das Buch"). Nur mittels des Buches steht Israel immer wieder am Sinai und bekommt das Mitsein zugesagt und nur in der Rezeption der Tora kann der Exodus vollzogen werden, wird Israel zum „wir" und das befreiende Handeln Gottes Wirklichkeit oder besser wirkliche Gegenwart. Dass Gott mit den Menschen direkt gesprochen hat wie in der Dekalogverkündigung am Sinai, das ist – ob historisch oder nicht ist dabei keine wirklich entscheidende Frage – für alle nachfolgenden Menschen als Wirklichkeit nur noch über die Schrift erreichbar. Sinaibilder sind und bleiben „Hör-Bilder".[12] Gottes Selbstmitteilung ist nur wahrnehmbar aus dem Mund des Menschen, am Sinai vermittelt durch den Offenbarungsmittler Mose und dauerhaft vermittelt in der Schrift. Es ist Gottes Wort in Menschenworten, gebrochen von dem „Dazwischen" des Mittlers. Es ist eine vermittelte Unmittelbarkeit, in der Gotteswort nur noch in Menschenworten greifbar ist. Und genau in dieser Schriftbezogenheit sind Tora, Weisheit und Christus ebenfalls analog. Denn wie auf die Sinaioffenbarung und die personifizierte Weisheit haben wir *auch* auf Gottes Heilstat in Jesus Christus keinen unmittelbaren Zugriff. Der garstige Graben historischer Distanz trennt auch hier von der Begegnung mit Christus in seiner Zeit. Wahres Zeugnis vom „Ebenbild des unsichtbaren Gottes" gibt den im Gegenüber der Schrift stehenden gegenwärtigen Menschen unverstellt nur die Bibel mit ihrer Wolke von Zeugen (Hebr 12,1). Unser einziger „Zugriff" auf die heilsgeschichtliche Begegnung Gottes mit den Menschen bleibt die Schrift und deren Rezeption. Eine personale Unmittelbarkeit, die in der Inkarnation gegeben ist, bleibt verstellt und ist nur vermittelt durch die Menschenworte, die von Gottesworten zeugen, erreichbar. Es kann immer nur um ein Verhältnis zur Unmittelbarkeit und so um die erinnerte Unmittelbarkeit gehen.

Damit ist ein offenbarungstheologisches Grundproblem beschrieben, das die Heilige Schrift als Grund und Ausgangspunkt des Glaubens aufwertet: Der Glaube kommt aus der Kunde (ἄρα ἡ πίστις ἐξ ἀκοῆς Röm 10,17), das Hören auf die Schrift ist sein Anfang wie seine Fülle. Dabei gibt es keinen qualitativen Unterschied zwischen der alttestamentlichen und der neutestamentlichen Offenbarung. Das Neue Testament bietet kein Mehr Gottes, kein Mehr seiner Barmherzigkeit und kein Mehr seines universalen Heilswillens. Beide Testa-

[12] Vgl. dazu *Zenger*, Fuß (1993), 101–109.

mente sind gleichwertig und gleichgewichtig, in beiden Testamenten offenbart sich derselbe Gott auf dieselbe Weise, nämlich durch sein Wort: *Der Gott Abrahams ist und bleibt der Vater Jesu Christi.*

Die Heilige Schrift als Quelle der Gottesbilder

Dass damit der Heiligen Schrift in der Begegnung *mit* und dem Reden *von* Gott eine Schlüsselrolle zukommt, kann nach diesem Gedanken nicht mehr überraschen. Alle Gottesbilder sind durch die Schrift vermittelt und ohne die Schrift wären Gottesbilder arm und unvollständig. In einer ersten These zusammengefasst heißt das: *Die Heilige Schrift ist Quell- und Legitimationsgrund aller Gottesbilder.* Hintergrund dieser These ist eine offenbarungstheologische Selbstverständlichkeit, die Heinz Giesen treffend formuliert: „Gott können wir vielmehr nur soweit erkennen, wie er sich selbst erschließt".[13]

Gottes Selbsterschließung ist nur über die Offenbarung in der Schrift und das Zeugnis der Tradition zugänglich, so dass der Glaube immer wieder auf die Schrift als Fundament zurückgeworfen ist. In beiden Testamenten ist es derselbe Gott, der sich offenbart. *Der Gott Abrahams ist der Vater Jesu Christi*, ohne Einschränkung und ohne qualitative Differenz, allerdings durchaus mit unterschiedlichen Akzentsetzungen. Damit wird gerade das Kontrastive und Komplementäre der beiden Testamente, das die Dynamik der Schrift ausmacht, zum besonderen Angelpunkt der Gottrede im Dialog der Testamente.

Nun wertet der gerade wiedergegebene Gedankengang nicht nur die Schrift als Quellgrund der Gottesbilder, sondern zugleich die Auslegung der Schrift auf. Denn hermeneutisch gesehen ist das Wort Gottes ja nicht eindeutig und rein, sondern vielfältig und sich selbst kontrastierend, nicht zuletzt, *weil* es Menschenwort bleibt. Bedeutung kann das Wort daher erst in der Auslegung gewinnen. Auch wenn jede Deutung dieses Wortes notwendig vorläufig bleiben muss, bleibt vorläufige Deutung notwendig.

Damit sind die Voraussetzungen benannt, unter denen auf die Rede von Gott in der Bibel zu schauen ist. Als Grundlage der weiteren Überlegungen soll im Folgenden kurz eine Übersicht über die Gottesbilder der Heiligen Schrift entfaltet werden[14]:

[13] *Giesen*, Gott (2003), 130.

[14] Vgl. dazu aus der Fülle der Literatur: *Janowski/Scholtissek*, Gottesbilder (2006), 229–231; *Deissler*, Grundbotschaft ([11]1995); *Schüngel-Straumann*, Gott (1996); *Schwienhorst-Schönberger*, Gottesbilder (2000), 358–368; *Dietrich*, Gott (1999/2002), 29–42; *Wuckelt*, Frau (1991), 389–395; *Vanoni*, Vater (1995); *Zenger*, Fuß (1993).

1. Die Rede von Gott als Herr, Schöpfer, Hirte, König, Richter und Vater ist beiden Testamenten gleichermaßen vertraut. Das ist insbesondere im Hinblick auf die Vater-Metapher zu betonen, weil die aramäische Abba-Anrede Jesu (Mk 14,36; Röm 8,15; Gal 4,6) seit *Joachim Jeremias* oft als Ausdruck einer besonderen Intimität im Gottesverhältnis und als das spezifisch Christliche vom Alten Testament und Frühjudentum abgesetzt wurde.[15] Zwar ist die Anrede Gottes als Vater in Gebeten tatsächlich nicht so stark ausgeprägt, doch hat die Forschung inzwischen vielfach herausgestellt, dass die Vateranrede Jesu keine qualitativ differente Gottesbeziehung zum Ausdruck bringt und die schroffe Absetzung vom Alten Testament ein antijüdisches Klischee – oder wie *Micha Brumlik* so treffend polemisch formuliert „ein besinnungsloses Abziehbild von Zweijahrtausenden Antisemitismus“[16] ist. Beispiele von Gott als Vater in Gebeten sind etwa das „Du bist unser Vater“ (Jes 63,16; 64,7; Dtn 32,6; Mal 1,6; 2.10, vgl. Dtn 1,31; 8,5: Ps 103,13; Spr 3,12) oder „Er wird zu mir rufen: Mein Vater bist du, mein Gott, der Fels meines Heiles“ (Ps 89,27) oder „Herr, mein Vater bist du, mein Gott, mein rettender Held“ (Sir 51,10, vgl. 23,1.4) oder „Denn er ist unser Herr und Gott, er ist unser Vater in alle Ewigkeit“ (Tob 13,4) oder „Deine Vorsehung, Vater, steuert es; denn du hast auch im Meer einen Weg gebahnt und in den Wogen einen sicheren Pfad“ (Weish 14,3) u. ö.

2. So wie von Gott als Vater intensiv bereits im AT die Rede ist, wird das rettende Handeln Gottes im NT ebenso mit dem richtenden Handeln in Verbindung gebracht. Viele der Gleichnisse Jesu argumentieren daher mit der Vorstellung von Gott als Richter im Hintergrund (Mk 12,1–12; Lk 13,6–9; Mt 5,12.46f; 6,1f.5.16; 7,13f.19; 10,15; 11,20–24; 24,37–25,46 u. ö., vgl. bes. auch Mt 7,1f par). Dennoch ist im Vergleich zum AT (Jes 33,22; Ps 7,12; 94,2 u. ö.) auffallend, dass Gott nur sehr selten explizit als Richter angesprochen wird (Hebr 12,23; Jak 4,12). Gleiches gilt für das Sprachbild des Retters, das im AT häufig für Gott verwandt wird (Ex 15,2; 1 Sam 10,19; 14,39; 2 Sam 22,2; Ps 4,2; 40,18; 70,6; Jes 60,16; Jdt 9,11 u. ö.), im NT aber häufiger Jesus Christus als σωτήρ (Lk 1,69; 2,11; Joh 4,42; Apg 5,31; Tit 1,4 u. ö.) denn Gott selbst (Lk 1,47; Röm 11,26 [unsicher in der Deutung auf Gott]; 1 Tim 2,3; 4,10) bezeichnet wird.

[15] Vgl. *Jeremias*, Abba (1966), 58–67.
[16] *Brumlik*, Anti-Alt (1991), 84. Vgl. *Feneberg*, Abba-Vater (1988), 41–52; *Strotmann*, Vater (1991); *Schelbert*, Abba (1993), 257–281; im Überblick *Tönnges*, Vater (2003).

3. Eine ähnliche Auffälligkeit findet sich in Bezug auf die Hirtenmetapher, die durch Ps 23,1; 80,2 (vgl. Ps 95,7; 100,3 u. ö.) oder Gen 49,24; Jes 40,11; Jer 31,10 alttestamentlich prominent ist. Zwar ist die Hirtensorge Gottes unzweifelhaft auch im NT präsent (Lk 15,1–32; Mt 10,6 u. ö.), doch wird Gott an keiner Stelle expressis verbis als Hirte bezeichnet, Jesus hingegen als der gute Hirte (Joh 10,11.14.16, vgl. Mt 9,36; Hebr 13,20).

4. Deutlich seltener als im AT ist auch ausdrücklich von Gott als Schöpfer die Rede. Während Gott im AT als „Schöpfer des Himmels und der Erde" (Gen 14,19.22; vgl. Jer 10,16; 51,19), als Schöpfer Israels (Hos 8,14; Jes 43,15; 44,2; 45,11; Ps 149,2 u. ö.) oder der Menschen (Ps 95,6; Ijob 31,15; 32,22; 35,10) tituliert wird, wird er im NT seltener als Schöpfer angesprochen (Mt 19,4; Röm 1,25; Eph 3,9; Kol 3,10; 1 Petr 4,19). Doch auch hier steht außer Frage, dass das Gottesbild „Schöpfer" im NT sowohl in Bezug auf die creatio prima als auch noch deutlicher auf die creatio continua öfter im Hintergrund steht (z. B. Mt 6,25–34 par).

5. Die bisher besprochenen Metaphern haben unterstrichen, dass es neben einem hohen Maß an substantieller Kontinuität zwischen AT und NT eine quantitativ andere Akzentsetzung gibt. Das ist nicht viel anders bei den verbleibenden Gottesbildern von Gott als König und Herr. Beide sind die wohl wichtigsten Metaphern, mit denen Gott im AT beschrieben wird. Ohne den Titel oder die Anrede Gottes als Herr, die sich im hebräischen Kanon über 400 mal zwischen Gen 15,2 und Mal 1,14 findet, ist Gottrede im AT kaum vorstellbar. Auch im NT ist Gott der Herr, wenn auch der Titel κύριος weit häufiger für Jesus als für Gott selbst gebraucht wird.[17] Die Königsvorstellung ist schon altorientalisch überkommen und bestimmt weite Teile der Psalmen (Ps 29,10; 47; 74,12; 93–99; 145,1; 146,10; 149,2 u. ö.). Die Botschaft Jesu von der hereingebrochenen βασιλεία τοῦ θεοῦ ist zutiefst geprägt von dieser Vorstellung Gottes als König[18], so dass Gott unzweifelhaft im NT auch König ist (vgl. auch die Königsgleichnisse in Mt 18,23–35; 22,1–14). König genannt wird er jedoch wiederum relativ selten (Mt 5,35; 1 Tim 1,17; Offb 15,3).

Die besprochenen Gottesbilder bringen das Handeln Gottes (*da sein für*), nicht sein Sein (*Dasein*) zum Ausdruck. Für alle bisher besprochenen Metaphern ist festzustellen, dass sie im NT ebenso auf Gott und meist sogar häufiger auf Jesus Christus bezogen sind. Da-

[17] Vgl. *Fitzmyer*, κύριος (^{2}1992), 811–819.

[18] Vgl. in Auswahl: *Leuenberger*, Konzeptionen (2004); *Zenger*, Weltenkönigtum (1994), 151–178; *Merklein*, Jesu Botschaft (1983).

mit ist eine bedeutende Verschiebung in der Gottesvorstellung verbunden, die nämlich jetzt durch das Handeln und die Existenz Jesu ergänzt wird. Damit sind der Prozess der Vergöttlichung Jesu und die in den frühen Konzilien herausgebildete Trinitätstheologie angesprochen, die in dieser Verschiebung eine ihrer Wurzeln hat. In Bezug auf Gott hat der knappe Durchgang durch die Hauptmetaphern der Gottrede zwar eine quantitative Diskontinuität, aber eine substantielle Kontinuität aufgedeckt.

Noch deutlicher wird das Moment der Diskontinuität in der Vielfalt der übrigen Gottesbilder. Insgesamt ist das Alte Testament deutlich reicher an metaphorischen Sprachbildern und bildhaften Rollenzuschreibungen für Gott, womit sich auch Akzentsetzungen ergeben. Hier kann keine vollständige Übersicht gegeben werden, eine beispielhafte Auswahl muss genügen: Zu den genannten personalen Metaphern treten beispielsweise Gott als Krieger (Ex 15,3; Ijob 16,14; Jes 42,13; Jer 14,9), als Gärtner (Gen 2,8; 3,8; Ps 80,16; Ez 34,29, resp. Weinbauer Jes 5; Ps 80,9.15), als Töpfer (Jes 64,7; Jer 18,6), als Arzt (Ex 15,26), als Feind (Klgl 2,4f; Ijob 30,21), als Ehemann (Hos 2; Ez 16; 23; Jes 54,5f; 62,4f, vgl. Jes 5,1; Jer 2,2; 3,20 u. ö.), als Wanderer (Jer 14,8) und von besonderer Bedeutung Gott als Mutter (Num 11,12; Hos 11; Jes 45,9–11; 49,14f; 66,13). Daneben treten die Tiermetaphern mit einem beeindruckenden Reichtum. Gott ist wie ein Wildstier (Num 23,22; 24,8), ein Panther (Hos 13,7), ein Bär (Klgl 3,10), ein Adler (Dtn 32,11), ein Vogel resp. eine Vogelmutter (Jes 31,5; Ps 91,4, vgl. Ps 17,8; 36,8; 57,2; 61,5; 63,8; Rut 2,12)[19] und vor allem wie ein Löwe (Ijob 10,16; Klgl 3,10; Jes 38,13; Jer 25,38; 49,19; 50,44; Hos 5,14; 11,10; 13,7f). Eine pflanzliche Ausnahme stellt die Rede von Gott als fruchttragendem Wacholder in Hos 14,9 dar. Die nicht-personalen Gottesbilder beschreiben auf der einen Seite Gott als Licht (Jes 60,1.20; Mi 7,8; Hab 3,4; Ps 27,1 u. ö.) oder Sonne (Ps 84,12; vgl. Ps 104,2) oder in Schutzmetaphern als Schild (Gen 15,1; Dtn 33,29; Ps 3,4; 18,3; 84,12 u. ö.), als Burg (2 Sam 22,2.33; Ps 9,10; 31,3f; 46,4.8.12; 59,10.17f; Joël 4,16; Nah 1,7 u. ö.) und noch häufiger als Fels (meist צוּר Dtn 32,4.15.18. 30.37; 1 Sam 2,2; 2 Sam 22,3.32.47; Ps 31,3; 62,3.7.8; 144,1 u. ö., seltener סלע 2 Sam 22,2; Ps 18,3; 31,4; 42,10; 71,3).

[19] In dem Bild der schützenden Flügel steht Jerusalemer Tempeltheologie im Hintergrund. Der Bezug weist dann eher auf die Keruben. Allerdings ist von „seinen“ Flügeln die Rede, was Gott in der Rolle der Vogelmutter bzw. eines Vogelvaters assoziieren lässt. Die Vogelmutter ist die einzige Tiermetapher, die im NT in Mt 23,37; Lk 13,34 auftaucht. Dort ist es eine Henne, die ihre Küken unter ihren Flügeln beschirmt.

Implizite Komplementarität statt komplementärer Simultaneität

Nimmt man diese Vielzahl von Metaphern und Bildern im Alten Testament zusammen, so ergibt sich dadurch eine deutliche Akzentsetzung. Gott erscheint darin insgesamt dynamischer, aktiver, emotionaler und schließlich auch anthropomorpher. Grundsätzlich jedoch gilt, dass Gott niemals mit den Sprach- oder Vorstellungsbildern identifiziert wird. Das Alte Testament ist sich – auch wenn es darüber nicht systematisch reflektiert und der Begriff der Bibel selbst fremd ist – des Analogiecharakters der Bilder bewusst. Ausdruck dieser Gewissheit ist vielleicht am ehesten das mit dem Horeb verbundene „Eine Gestalt habt ihr nicht gesehen" (Dtn 4,12). Dennoch ist mit den Gottesbildern eine Gestaltwerdung Gottes verbunden, die für die Gottrede unverzichtbar ist. Systematisch gesprochen entspricht die Rede von Gott in Sprachbildern auch dem Charakter der Offenbarung im Wort. Gottesbilder sind unaufgebbar, denn ohne die Konkretionen der biblischen Gottrede verarmt das Gottesbild. Die dynamischen und differenten Gottesbilder prägen die Gottesvorstellung, sind jedoch nicht gleichzeitig. Sie müssen als sich gegenseitig ergänzend verstanden werden. Keines darf absolut gesetzt werden. Die Gottesbilder stehen in einer impliziten Komplementarität, nicht in einer komplementären Simultaneität. Dabei ist allerdings auf ein Paradox hinzuweisen. Die Gottesbilder entfalten ihre prägende Kraft nur dann, wenn sie aus dem Kontext der Vielfalt der Gottesbilder gelöst und für sich genommen werden, denn in der Komplementarität verlieren die Gottesbilder ihre identifizierende Eindeutigkeit (Gott kann nicht sinnvoll als „Löwe" und als „Burg" zugleich vorgestellt werden). Ebenso geht die Spannung im Gottesbild aber verloren, wenn die Bilder aus der dynamischen Komplementarität gelöst werden. Jeder Versuch, den Gottesbildern eine Eindeutigkeit abzuringen und Gott mit den Bildern festzuschreiben, birgt die Gefahr der Reduktion Gottes.

Die Vielfalt der Gottesbilder vor allem des Alten Testaments ist ein großer Gewinn für die Gottrede und als Ausdruck der lebendigen Dynamik Gottes *unverzichtbar*. Vielfalt bedeutet allerdings nicht Beliebigkeit. Es ist kein Zufall, dass Gott nicht als Schlange oder nicht als Magd vorgestellt wird. Die biblischen Metaphern können nicht ohne Schaden am Gottesbild um andere erweitert werden. Daher möchte ich die These noch weiter fassen: *Die Vielfalt der Gottesbilder wird durch die Bibel begrenzt.* Das heißt nicht, dass alle Metaphern, alle Titel und alle Sprachbilder in theologischer Gottrede biblisch belegt sein müssen, sondern dass sie biblisch gegründet sein müssen. Denn die Heilige Schrift beider Testamente bildet – wie oben gezeigt – als Offenbarung den legitimatorischen Ausgangspunkt der Gottrede.

Nicht alle Gottrede muss biblisch sein, denn schließlich gibt es dort Gottesbilder, die nicht mehr unmittelbar in der gegenwärtigen Welt verständlich sind, wie z. B. Gott als Hirte, König, Bär oder Baum. Diese Gottesbilder setzen Erfahrungswelten voraus, die nicht mehr die der modernen aufgeklärten Welt sind und für heutige Leserinnen und Leser, je weiter sie von der Welt der Texte *mental* entfernt sind, unverständlich oder zumindest missverständlich sind. Dass das einer der Gründe ist, warum an einer historisch-kritischen Exegese festzuhalten ist, weil sie die Welt der Texte zu erschließen sucht, sei hier nicht weiter verfolgt (Dei Verbum 12).

Obwohl die Gottesbilder missverständlich oder schwer zugänglich sind, bleiben sie jedoch unaufgebbare Offenbarung und Richtschnur theologischer Gottrede. D. h. Gottesbilder müssen nicht identisch mit biblischer Gottrede sein, aber sie müssen sich an die Bibel zurück binden lassen und dürfen den Gottesbildern der Bibel nicht essentiell widerstreiten. Der innerbiblische kanonische Dialog legitimiert und limitiert Gottesbilder in der theologischen Rede. Der modernen Welt entstammende Bilder wie „God is a DJ", „Gott ist ein Popstar", „Gott ist ein Computer" oder „Gott ist ein verspiegeltes Fenster" sind daher weder sinnvolle noch theologisch legitimierte oder legitimierbare Metaphern der christlichen Gottrede.

Einheit Gottes und Vielfalt der Gottesbilder

Der letzte Gedanke führt zu zwei weitere Thesen, die zu den Grundvoraussetzungen des Umgangs mit Gottesbildern gehören. Die erste lautet: *Gottesbilder sind nur im Plural wahr.* Es gibt unterschiedliche Gottesbilder und diese schließen sich nicht aus, sondern ermöglichen erst im Plural verantwortete theologische Gottrede. Die Vielfalt der Gottesbilder ist nicht Hindernis, sondern Grundvoraussetzung und Bedingung. Gott mit *einem Bild* gleichzusetzen, hieße ihn auf eines der Bilder festzulegen. Ein Bild, so sagt das Sprichwort, sagt mehr als tausend Worte. Doch Wirklichkeit Gottes ist weder mit einem Bild noch mit einem Begriff zu fassen oder abschließend zu behandeln. Deswegen bedarf es der Ergänzung eines Gottesbildes durch andere Gottesbilder, die die Offenheit wahren, dasjenige im Wesen Gottes, das ein Bild nicht fasst, offen zu halten. Kein Bild darf absolut gesetzt werden. Nur in einer Vielfalt von Gottesbildern beschreibt ein Gottesbild Aspekte Gottes oder seines Handelns treffend.[20] Oder

[20] Vgl. dazu auch *Kruck*, Ding (2006), 137f.

anders: *Nur in der Vielfalt sind Gottesbilder wahr.* Die Vielfalt der Gottesbilder bewahrt das Bilderverbot, denn die Pluralität der Gottesbilder und das Bilderverbot gehen von ihrer Struktur und Intention analoge Wege.

Das Stichwort Bilderverbot ist in diesem Kontext nicht unproblematisch. Wie bereits angedeutet sieht sich der Alttestamentler mit der Diskrepanz zwischen Ursprungsbedeutung und Rezeption konfrontiert. In den modernen Debatten wird das biblische Bilderverbot häufig in zwei Richtungen verstanden und zum Teil missverstanden.[21] Zum einen wird es auf die Nicht-Darstellbarkeit bezogen und als generelles Kunstverbot oder als Kunstkritik interpretiert. Jede künstlerische Darstellung weist über das Dargestellte hinaus, hat nicht idente, sondern verweisende Aspekte. Sie bleibt defizitär gegenüber der Wirklichkeit. Das gilt auch für die Sprachbilder, denen jedoch wie gezeigt im kanonischen Kontext immer der Aspekt der Komplementarität eignet. Das biblische Bilderverbot wird in diesem Sinne als Wahrung der Aspekte des Anderen, der Transzendenz, des Subjekthaften im Objekt verstanden.

Zum anderen wird es als Chiffre „Negativer Theologie" gebraucht, d. h. einer von der neuzeitlichen Religionskritik beeinflussten Denkrichtung, die dem Abstand zwischen Gott und Mensch, seiner Unaussagbarkeit und seiner auf das Erkennen bezogenen Entzogenheit verpflichtet ist. Der Rekurs auf das Bilderverbot wahrt die Transzendenz Gottes in jeder Gottrede. Das biblische Bilderverbot hat sich in diesen Rezeptionen verselbstständigt und zeigt zum Teil nur noch eine Spur der ursprünglichen Bedeutung.[22]

Grundlegend für ein Verständnis des biblischen Bilderverbotes ist die Unterscheidung zwischen Götterbildern und Kunst. Das biblische Bilderverbot ist kein Kunstverbot, sondern ein Kultbildverbot. Es ist in den Kontext der Auseinandersetzung um die Alleinverehrung YHWHs einzuordnen und verbietet ursprünglich nicht YHWH-Bilder, sondern Bilder anderer Götter und Göttinnen. Es dient der Durchsetzung des Alleinverehrungsanspruchs YHWHs. Erst mit der Durchsetzung des Monotheismus wird es zum YHWH-Bilder-Verbot und verbietet jetzt Darstellungen des einen Gottes zu kultischen Zwecken. In dieser Phase spielt die Polyvalenz, die fehlende Eindeutigkeit von Bildern eine entscheidende Rolle. Jetzt beginnt das Bilderverbot sich zu verselbstständigen und die Opposition zwischen

[21] Vgl. aus der Fülle der Rezeptionen des Bilderverbots *Rainer/Janssen*, Bilderverbot (1997); *von Nordhofen*, Bilderverbot (2001). Zur Diskussion vgl. *Werbick*, Trugbilder (1998), 3–27; *Keel*, Kultbildverbot (2002), 65–96.

[22] Vgl. zum Folgenden mit vielen Literaturhinweisen: *Frevel*, Bildnis (2003), 23–49.243–246.

der Offenbarung im Wort und der Offenbarung in Bildern bricht sich Bahn (Dtn 4). In der komplexen Entwicklungsgeschichte, die hier nicht näher zu verfolgen ist, ist eines klar: Das Bilderverbot bezieht sich zu keiner Zeit auf Sprachbilder, d. h. auf Metaphern wie Vater, Richter, König, Löwe, Bär, Baum usw. Das Bilderverbot dient also ursprünglich der Einzigkeit Gottes und später, als diese sich durchgesetzt hat, der Wahrung der Vielfalt.

Die Festlegung auf *ein* Bild wird als defizitär und als Gefahr betrachtet, Gottes Transzendenz der Immanenz des Bildes nachzuordnen. Das *Verbot der Abbildung* Gottes und die *Pluralität* der sprachlichen Gottesbilder haben letztlich dieselbe Funktion und dasselbe Ziel: Die Wahrung der Andersheit Gottes.

Einzigkeit Gottes und Pluralität der Gottesbilder

Die Überlegungen zum Bilderverbot haben zur Entwicklungsgeschichte des Monotheismus geführt. Die Einsicht, dass Israel nicht immer monotheistisch war, sondern in Israel mehrere Götter verehrt wurden, der biblische Gott YHWH zeitweise sogar mit einer Partnerin Aschera verehrt wurde, hat nicht nur religionsgeschichtlichen Wert, sondern führt auf eine weitere Einsicht in Bezug auf die Gottesbilder, die in einer dritten These auf den Punkt gebracht werden soll: *Der Glaube an die Einzigkeit Gottes ermöglicht die Vielfalt der Gottesbilder.*

Dazu muss man sich kurz dem Unterschied zwischen Monotheismus und Polytheismus zuwenden. Dieser besteht nicht nur in der numerischen Vielfalt der Götter, sondern vielmehr in der damit verbundenen Unterschiedlichkeit. Kein Gott ist allmächtig, sondern verschiedenen Gottheiten werden unterschiedliche Bereiche der Wirklichkeit zugeordnet. Die Welt wird so strukturiert und den Zuständigkeiten der Gottheiten zugeordnet. Das kann zu unterschiedlichen Differenzierungen führen, geographisch, astronomisch oder einfach in der funktionalen Zuordnung: eine Göttin der Steppe wird von einem Gott des Meeres unterschieden und diese wiederum von verschiedenen Berggöttern, ein Wettergott von einer Flussgöttin, ein Sonnengott von der Mondgöttin, eine Göttin der Jagd von einem Handwerkergott. Gottheiten unterscheiden sich voneinander, insofern sie für unterschiedliche Ressorts zuständig sind: für die Schwangeren, die Fruchtbarkeit der Felder oder den Schutz des Königtums. Bei Hauptgottheiten akkumulieren sich die Funktionen, niedere Gottheiten besetzen manchmal nur Nischen. Die Gottheiten werden durch unterschiedliche Attribute, Symbole und durch unterschiedliches Aussehen voneinander unterschieden. Die Unterscheidung manifestiert sich in unterschiedlichen Bildern. Die langsame Herausbildung des Monotheismus geht mit Klärungsprozessen einher, die als Akkumulierung und Distanzierung beschrieben werden können. Je „einziger" YHWH wird, desto mehr Funktionen und Funktionsbereiche werden ihm *und nur noch ihm* zugeschrieben: Fruchtbarkeit, Sonne, Unterwelt usw. Die Bildlosigkeit YHWHs erleichtert dabei die Übertragung von Funktionen und Ressorts. Götterbilder würden die Vielfalt wieder aufheben und quasi einen Polyyahwismus etablieren. Einen YHWH, der für die Felder zuständig ist, und einen YHWH, der für den Erhalt des Königtums steht. Die Einzigkeit Gottes hingegen sichert die Vielfalt der Gottesbilder oder anders: *Wenn die Einzigkeit Gottes in Frage gestellt wird, wird die Vielfalt der Gottesbilder aufgegeben.* Deswegen ist die Vielfalt der Gottesbilder vor allem in den monotheistischen Weltreligionen so beeindruckend groß. Dass sie deswegen nicht beliebig groß ist, wurde bereits mit den Überlegungen zur basalen Funktion der Bibel in der Gottrede begründet. Damit bleibt noch ein letzter Aspekt zu bedenken.

Gottesbilder sind Menschenbilder

In dem verfolgten Gedankengang sind wir von Reflexionen auf der erkenntnistheoretischen, sprachphilosophischen und offenbarungstheologischen Ebene ausgegangen. Es wurde entfaltet, dass Gottesbilder notwendig sind, um Gott sprachlich zu beschreiben, aber dass sie nicht zureichend sind, um ihn damit gänzlich zu erfassen. Ihre Defizienz lässt sie nur im Plural wahr sein und ihr Plural wird durch die Einheit und Einzigkeit Gottes gewährleistet. Ihre Wahrheit hingegen ist begründet in der Selbstoffenbarung Gottes, womit sie an die Heilige Schrift zurückgebunden ist. Obwohl die konkreten Gottesbilder in der Offenbarung wurzeln, haben sie keinen Anteil an der Welt Gottes. Das Wort Gottes, das von Gott ausgeht, ihn ausdrückt und im christlichen Verständnis sogar „fleischgeworden" (Joh 1,14) fassen kann, ist nur zugänglich als Menschenwort. Selbst das Wort „Gott" ist Metapher und hat nur Verweischarakter – für sich genommen ist es inhaltsleer. Es bedarf der beschreibenden Fülle durch Gottesbilder. Aber Gottesbilder und Gottesnamen sind Teil der sprachlichen Wirklichkeit, sie sind Analogien, die den Raum-Zeit-Kategorien entnommen sind und sich im Rahmen menschlichen Erkenntnisvermögens bewegen. Zugespitzt formuliert: *Gottesbilder sind Menschenbilder.* Vernunft und Offenbarung führen zu dem Paradoxon, dass Gott sich selbst im Menschenwort offenbart, diese Menschenworte aber Gott ganz von der Welt her entwerfen, die nicht Teil Gottes und deren Teil nicht Gott ist: Chalcedonensisch gesprochen unvermischt und ungetrennt. Das wird besonders deutlich an den personalen Metaphern der Gottrede der Bibel, die der alltäglichen menschlichen Erfahrungswelt entnommen sind. Gott wird darin anthropomorph, d. h. in Menschengestalt entworfen. Es sind nahezu durchgehend *männliche* Rollen, was – zusammen mit dem Hochbetagten aus Dan 7,22 – Gott als den alten *Mann* mit Bart beschert hat. Die Bibel selbst hat hier zwar mit Hos 11,9 „Gott bin ich, *nicht Mensch*" und dem „weder männlich noch weiblich" aus Dtn 4,16 bereits Ansatzpunkte der kritischen Reflexion, doch sieht sie insgesamt in der „Männlichkeit" Gottes kaum ein Problem. Feministische Impulse haben hier zu Recht die Schieflage durch die Rollenzuschreibung in Gottesbildern benannt.[23] Die Bibel auf weibliche Gottesbilder zu durchforsten, die sich vor allem in Mutterbildern wie Hos 11 oder Jes 66,1, nicht aber im Neuen Testament finden lassen, kann das Problem nur nicht wirklich lösen. Da Gottesbilder „Menschenbilder" sind, bedürfen sie der Reflexion der kritischen Vernunft auf der Grundlage einer genderfairen Exegese.

Mit der These, dass Gottesbilder Menschenbilder sind, ist weitergehend angedeutet, dass es eine *gegenseitige* Abhängigkeit von Gottesbildern und Menschenbildern gibt. Zu sein wie Gott ist dem Menschen Ziel: Am siebten Tag zu ruhen, weil Gott am siebten Tage ruhte (Ex 20,11), den Sklaven freizulassen und ihn zu beschenken wie Gott Israel aus Ägypten befreit hat und im Lande beschenkt hat (Dtn 15,12), heilig zu sein, weil Gott heilig ist (Lev 11,44; 19,2), den Nächsten zu lieben, weil Gott der Herr ist (d. h. sich als Herr rettend erwiesen hat und erweist) (Lev 19,18) oder vollkommen zu sein, weil der Vater im Himmel vollkommen ist (Mt 5,48). Des Menschen Sein und Sollen bestimmt sich biblisch vielfach von Gottes Sein und Handeln, so dass Anthropologie und Theologie wie kommunizierende Röhren sind. Menschenbilder sind also auch von Gottesbildern abhängig, nicht nur umgekehrt. Biblische Hermeneutik muss das bedenken und einseitige Schieflagen durch kritische Reflexion vermeiden. Zum einen kommt dem kanonischen kontrastiven Dialog zwischen den Aussagen über Gott in beiden Testamenten eine Korrekturfunktion zu, zum anderen ist die kritische theologische Vernunft korrektiv. Noch einmal zeigt sich, dass zwar die Bibel Legitimation und Limitation der Gottesbilder ist, aber biblische Gottesbilder nicht unkritisch einfach übernommen werden können. Das würde bedeuten, einem biblizistischen Fundamentalismus das Wort zu reden, der weder dem Menschenbild noch dem Gottesbild gut bekommt.

[23] Vgl. z. B. *Häusl*, Gottesbilder (2006), 237–245; *Sals*, GottesFrauenBilder (2006), 218–222; *Schüngel-Straumann*, Gott (1996).

Bibliographie

Bartelmus, Rüdiger, Ex 3,14 und die Bedeutung von *hyh*, in: *R. Bartelmus*, Auf der Suche nach dem archimedischen Punkt der Textinterpretation. Studien zu einer philologisch-linguistisch fundierten Exegese alttestamentlicher Texte, Zürich 2002, 383–402.

Brumlik, Micha, Der Anti–Alt. Wider die furchtbare Friedfertigkeit, Frankfurt 1991.

Deissler, Alfons, Grundbotschaft des Alten Testaments. Ein theologischer Durchblick, Freiburg [11]1995.

Dietrich, Walter, Gott der Rache versus Gott der Liebe? Wider die Verzerrung biblischer Gottesbilder, in: *Ders*., Theopolitik. Studien zur Theologie und Ethik des Alten Testaments, Neukirchen-Vluyn 1999/2002, 29–42.

Dohmen, Christoph, „Du sollst dir kein Bild machen…“. Was verbietet das Bilderverbot der Bibel wem?, in: *M. Stößl* (Hrsg.), Verbotene Bilder. Heiligenfiguren aus Russland, München 2006, 13–24.

Engel, Helmut, Das Buch der Weisheit (NSK.AT 16), Stuttgart 1998.

Feneberg, Rupert, Abba–Vater. Eine notwendige Besinnung, in: Kirche und Israel 3 (1988) 41–52.

Fitzmyer, Joseph A., Art. κύριος, in: EWNT II ([2]1992) 811–819.

Frevel, Christian, Mit Blick auf das Land die Schöpfung erinnern. Zum Ende der Priestergrundschrift (HBS 23), Freiburg 2000.

Ders., Du sollst dir kein Bildnis machen – Und wenn doch? Überlegungen zur Kultbildlosigkeit der Religion Israels, in: *B. Janowski/N. Zchomelidse* (Hrsg.), Die Sichtbarkeit des Unsichtbaren. Zur Korrelation von Text und Bild im Wirkungskreis der Bibel. Tübinger Symposion (AGWB 3), Stuttgart 2003, 23–48.243–246.

Ders., Art. Ebenbild, in: HGANT (2006) 132–135.

Giesen, Heinz, Der Gott Israels als der Vater unseres Herrn Jesus Christus im ersten Petrusbrief, in: *U. Busse* (Hrsg.), Der Gott Israels im Zeugnis des Neuen Testaments (QD 201), Freiburg 2003, 130–161.

Häusl, Maria, Ich aber vergesse dich nicht. Gottesbilder in Jes 49,14–50,3, in: *I. Riedel-Spangenberger/E. Zenger* (Hrsg.), „Gott bin ich, kein Mann“. Beiträge zur Hermeneutik der biblischen Gottesrede. FS H. Schüngel-Straumann, Paderborn u. a. 2006, 237–245.

Hertog, Cornelis G. den, The Prophetic Dimension of the Divine Name. On Exodus 3:14a and its Context, in: Catholic Biblical Quarterly 64/2 (2002) 213–228.

Jacob, Benno, Das Buch Exodus, Stuttgart 1997.

Janowski, Bernd, „Ich will in eurer Mitte wohnen“. Struktur und Genese der exilischen Schekina-Theologie, in: JBTh 2 (1987) 165–193.

Ders., Tempel und Schöpfung. Schöpfungstheologische Aspekte der priesterschriftlichen Heiligtumskonzeptionen, in: JBTh 5 (1990) 37–69.

Janowski, Bernd/Scholtissek, Klaus, Art. Gottesbilder, in: HGANT (2006) 229–231.

Jeremias, Jörg, Abba. Studien zur neutestamentlichen Theologie und Zeitgeschichte, Göttingen 1966.

Keel, Othmar, Das biblische Kultbildverbot und seine Auslegung im rabbinisch-orthodoxen Judentum und im Christentum, in: *P. Blickle/A. Holenstein/H. R. Schmidt u. a.* (Hrsg.), Macht und Ohnmacht der Bilder. Reformatorischer Bildersturm im Kontext der europäischen Geschichte (Historische Zeitschrift. Beihefte 33), München 2002, 65–96.

Knauer, Peter, Der Glaube kommt vom Hören. Ökumenische Fundamentaltheologie, Graz/Wien/Köln 1978.

Kooten, George H. van (Hrsg.), The Revelation of the Name YHWH to Moses. Perspectives from Judaism, the Pagan Graeco-Roman World, and Early Christianity (Themes in Biblical Narrative. Jewish and Christian Traditions 9), Leiden u. a. 2006.

Kruck, Günter, „Kein Ding ist, wo das Wort gebricht". Zur Konsistenz metaphorischer Gottesrede, in: *Ders./C. Sticher* (Hrsg.), „Deine Bilder stehn vor dir wie Namen". Zur Rede von Zorn und Erbarmen Gottes in der Heiligen Schrift, Mainz 2006, 125–140.

Leuenberger, Martin, Konzeptionen des Königtums Gottes im Psalter. Untersuchungen zu Komposition und Redaktion der theokratischen Bücher IV–V im Psalter (AThANT 83), Zürich 2004.

Merklein, Helmut, Jesu Botschaft von der Gottesherrschaft (SBS 111), Stuttgart 1983.

Ders., Christus als Bild Gottes im NT, in: JBTh 13 (1999) 53–76.

Müller, Hans-Peter, Mythos und Metapher. Zur Ambivalenz des Mythischen in poetischer Gestaltung, in: *H. Irsigler* (Hrsg.), Mythisches in biblischer Bildsprache. Gestalt und Verwandlung in Prophetie und Psalmen (QD 209), Freiburg 2004, 43–63.

Nordhofen, Eckhard von (Hrsg.), Bilderverbot. Die Sichtbarkeit des Unsichtbaren, Paderborn 2001.

Rainer, Janos M./Janssen, Hans G. (Hrsg.), Bilderverbot (Jahrbuch für politische Theologie 2), Münster 1997.

Sals, Ulrike, GottesFrauenBilder. Frauenbilder und weibliche Gottesbilder im Jesajabuch, in: Bibel und Kirche 61,4 (2006) 218–222.

Schelbert, Georg, Abba, Vater! Stand der Frage, in: Freiburger Zeitschrift für Philosophie und Theologie 40 (1993) 257–281.

Schüngel-Straumann, Helen, Denn Gott bin ich, und kein Mann. Gottesbilder im Ersten Testament – feministisch betrachtet (Bibelkompaß), Mainz 1996.

Schwienhorst-Schönberger, Ludger, Gottesbilder des Alten Testaments, in: Theologisch-praktische Quartalschrift 148 (2000) 358–368.

Ders., Metaphorisch wahr – Offenheit und Eindeutigkeit alttestamentlicher Gottesrede, in: *G. Kruck/C. Sticher* (Hrsg.), „Deine Bilder stehn vor dir wie Namen". Zur Rede von Zorn und Erbarmen Gottes in der Heiligen Schrift, Mainz 2005, 115–124.

Steck, Odil Hannes, Das Buch Baruch, in: *O. H. Steck/R. G. Kratz/I. Kottsieper*, Das Buch Baruch. Der Brief des Jeremia. Zusätze zu Esther und Daniel (ATD Apokryphen 5), Göttingen 1998.

Strotmann, Angelika, „Mein Vater bist du!“ (Sir 51,10). Zur Bedeutung der Vaterschaft Gottes in kanonischen und nichtkanonischen frühjüdischen Schriften (FTS 39), Frankfurt 1991.

Tönges, Elke, „Unser Vater im Himmel ...“. Die Bezeichnung Gottes als Vater in der tannaitischen Literatur (BWANT 147), Stuttgart 2003.

Vanoni, Gottfried, „Du bist doch unser Vater“ (Jes 63,16). Zur Gottesvorstellung des Ersten Testaments (SBS 159), Stuttgart 1995.

Volgger, David, Wer bin ich? Oder noch einmal zu Ex 3,14!, in: Liber annuus. Studium Biblicum Franciscanum 49 (1999) 9–36.

Werbick, Jürgen, Trugbilder oder Suchbilder? Ein Versuch über die Schwierigkeit, das biblische Bilderverbot zu befolgen, in: JBTh 13 (1998) 3–27.

Wittgenstein, Ludwig, Tractatus logico-philosophicus. Logisch-philosophische Abhandlung, Frankfurt ^{30}2005.

Wuckelt, Agnes, Was ist die Frau, daß du ihrer (nicht) gedenkst? Weibliche Gottesbilder in der Bibel, in: Katechetische Blätter 116 (1991) 389–395.

Zenger, Erich, Am Fuß des Sinai. Gottesbilder des Ersten Testaments, Düsseldorf 1993.

Ders., Das Weltenkönigtum des Gottes Israels (Ps 90–106), in: *N. Lohfink/E. Zenger* (Hrsg.), Der Gott Israels und die Völker. Untersuchungen zum Jesajabuch und zu den Psalmen (SBS 154), Stuttgart 1994, 151–178.

„Gerechtigkeit ist der Gürtel um seine Hüften“ (Jes 11,5)

Zu ausgewählten Aspekten der Entwicklung der Messiasvorstellungen im Alten Testament

„Der falsche Messias ist so alt wie die Hoffnung des echten“.
(Franz Rosenzweig)

Mit dem Messias verhält es sich ein wenig wie mit der Liebe. Eine von allen akzeptierte Definition gibt es nicht und von ihr Betroffene reden meist anders darüber als die, die sie zu beschreiben suchen. Die Liebe lässt sich nicht auf das eine Wort und seine sprachliche Bedeutung begrenzen und umfasst viel mehr als nur die Rede darüber. Oft ist Liebe im Spiel, wenn gar nicht die Rede davon ist, und keinesfalls immer dann, wenn die Rede davon ist. Je inflationärer das Wort gebraucht wird und je mehr *über* sie geredet wird, desto mehr scheint sie sich zu entziehen. Fragt man danach, was Liebe ist, erhält man tausend verschiedene Antworten. Natürlich trägt der Vergleich mit dem Messias nur bedingt, jedoch kommt man auch den Messiasvorstellungen in den Religionen nicht über die bloße Wortbedeutung bei, da sich der Begriff „im Laufe seiner Entwicklungsgeschichte nahezu völlig von seiner etymologischen Herkunft gelöst“[1] hat. Bezeichnet das hebräische *māšîaḥ*, das von dem Verb *mšḥ* „salben“ abgeleitet ist und in dem griechischen χριστὸς sein semantisches Äquivalent hat, zunächst nur den „Gesalbten“, so bezeichnet der Begriff „Messias“ im allgemeinen Sprachgebrauch eine historisch, politisch, sozial und meist auch endzeitlich relevante Rettergestalt von göttlicher oder gottähnlicher Qualität. Besonders verstörend ist nun, dass in den alttestamentlichen Texten, wo das Wort *ursprünglich* beheimatet ist, von einer solchen Rettergestalt im engeren Sinne gar nicht die Rede ist und umgekehrt gerade Texte, die vom Wortlaut her nichts „Messianisches“ haben, in der Rezeption zu bedeutenden messianischen Texten wurden. Darauf weist bereits Franz Hesse hin: „Keine der Messias-Stellen des Alten Testaments kann messianisch gedeutet werden. Sicher ist in manchen dieser Aussagen das sogenannte messianische Verständnis angelegt; deutlicher tritt dies allerdings an Stellen zutage, an denen der Terminus משיח nicht gebraucht

[1] *Fabry*, Messianismus (^{4}1999), 416.

wird".[2] Darauf wird zurückzukommen sein. Gegenüber dem „Messias" des allgemeinen Sprachgebrauchs ist „Messianismus" ein religionsgeschichtlich verwandter auf Systematisierung zielender analytischer Begriff der Metasprache. Dieser wurde im 19. Jh. als ein Synonym für Erlösungsreligionen geprägt und ist dementsprechend nicht auf den Gebrauch des Begriffs „Messias" beschränkt: „Die Religionsgeschichte kennt eine Reihe von Beispielen für den Messianismus: In ganz spezifischem Sinn sind die apokalyptischen Gemeinden unter Juden und Christen, die Erwartungen des šīʿitischen Mahdī, aber auch von den Prophetien des Joachim von Fiore angestoßenen Erwartungen eines Endkaisers bzw. des Engelpapstes dem Messianismus zuzuweisen. Genauso kennt der Zoroastrismus messianische Bewegungen in den ersten Jahrhunderten der Islamisierung Irans, aber auch der Avatāra Kalkin wird im Hinduismus als M[essias] re-interpretiert, als (religions-)politische Entwicklungen des Islam oder der englischen Kolonialherrschaft hinduistische Werte in den Hintergrund drängen".[3]

Es ist von außerordentlicher Wichtigkeit, sich den jeweiligen Kontext einer Rede vom „Messias" zu vergegenwärtigen. Der antike Gebrauch unterscheidet sich vom religionsgeschichtlichen bzw. religionswissenschaftlichen ebenso wie vom dezidiert religiösen, sei er nun christlich oder jüdisch. Wenn im Folgenden vom „Messias" die Rede ist, so ist der Blick auf das Alte Testament und einige der Rezeptionen im Frühjudentum und im frühen Christentum beschränkt. Dabei ist lediglich eine geschichtlich rückgebundene bibeltheologische, weniger aber eine religionswissenschaftliche Perspektive leitend. Weder dem „Messias" als Gestalt noch dem sog. Messianismus versucht das Folgende auch nur im Ansatz gerecht zu werden. Vielmehr soll nach einigen hermeneutischen und theologischen Überlegungen schlaglichtartig auf ausgewählte Aspekte der Entwicklung der alttestamentlichen messianischen Hoffnungen eingegangen werden.

Zur Einordnung der Rede vom Messias im theologischen Kontext: Hermeneutische Bemerkungen zur Einführung

Obwohl beide im sog. Alten/Ersten Testament ihre Wurzeln haben und sich zu diesen bekennen, reden Juden bis in die Gegenwart hinein anders über den Messias als Christen. Das liegt zum einen daran, dass der Messias im Alten Testament nur am Rande und selbst da nur

[2] *Hesse*, χρίω κτλ (1973), 494.
[3] *Auffahrt*, Messias (2002), 1143.

wenig messianisch begegnet, zum anderen aber an der Perspektive. Schalom Ben-Chorin hat die Differenz aus der Sicht des Judentums so ausgedrückt: „Im Christentum überschattet der Messias das Reich, im Judentum tritt der Messias in den Schatten des Reiches. Die Frage nach dem personhaften Messias, die für das Christentum wahrlich das Alpha und das Omega darstellt, ist für das Judentum zweitrangig, und es kann nicht verschwiegen werden, daß für das heutige Glaubensbewußtsein der zeitgenössischen Juden weit eher die Reichserwartung der Synagoge wiedererweckt werden kann als der Glaube an einen persönlichen Messias".[4] Dies ließe sich nun religionsgeschichtlich differenzierter entfalten[5], doch soll es hier nur um die zutreffen-

[4] *Chorin*, Gespräch (1962), 25. Ähnlich scharf formuliert Gershom Scholem, der den Unterschied weniger an der Person des Messias festmacht, sondern generelle Differenzen im Erlösungsverständnis festhält: „Es ist ein völlig anderer Begriff von Erlösung, der die Haltung zum Messianismus im Judentum und Christentum bestimmt, und gerade, was dem einen als Ruhmestitel seines Verständnisses, als positive Errungenschaft seiner Botschaft erscheint, wird vom anderen am entschiedensten abgewertet und bestritten. Das Judentum hat, in allen seinen Formen und Gestaltungen, stets an einem Begriff von Erlösung festgehalten, der sie als einen Vorgang auffaßte, welcher sich in der Öffentlichkeit vollzieht, auf dem Schauplatz der Geschichte und im Medium der Gemeinschaft, kurz, der sich entscheidend in der Welt des Sichtbaren vollzieht und ohne solche Erscheinung im Sichtbaren nicht gedacht werden kann. Demgegenüber steht im Christentum eine Auffassung, welche die Erlösung als einen Vorgang im geistigen Bereich und im Unsichtbaren ergreift, der sich in der Seele, in der Welt jedes einzelnen, abspielt, und der eine geheime Verwandlung bewirkt, der nichts Äußeres in der Welt entsprechen muss". *Scholem*, Verständnis (1963), 7.

[5] Die Entwicklung des jüdischen Messianismus bzw. der jüdischen Vorstellungen vom Messias ist – nicht zuletzt aufgrund der Pluriformität des (Früh-)Judentums – im höchsten Maße komplex und kann in diesem Rahmen nicht angemessen dargestellt werden. Zur Orientierung seien einige Schlaglichter genannt: Das Frühjudentum zwischen dem 2. Jh. v. Chr. und dem 2. Jh. n. Chr. war durch eine Vielfalt von Messiasvorstellungen und -erwartungen gekennzeichnet, aber nicht ausschließlich dadurch geprägt. Die Wurzeln reichen weiter zurück in die alttestamentlichen Texte (s. dazu weiter unten): „Spuren" messianischer Konzeptionen und Gestalten (z. B. der „Menschensohn") etwa des Danielbuchs (Dan 7) oder des Henochbuchs (1 Hen 90,37) werden schon früh messianisch gedeutet. Ausgeprägtere messianische Hoffnungen sind allerdings erst ab dem 1. Jh. n. Chr. in den Psalmen Salomos und in der Qumranliteratur belegt. Letztere zeichnet sich durch viele unterschiedliche messianische Entwürfe aus, die sich nur schwer in eine chronologische Entwicklung überführen lassen: neben die zentrale Erwartung eines priesterlichen Messias treten Hoffnungen auf einen Nachkommen Davids, einen endzeitlichen Propheten oder Richter. Dass messianische Erwartungen das reale Leben des 1. Jh. und 2. Jh. n. Chr. mitgeprägt (aber eben nicht ausschließlich bestimmt!) haben, bezeugt Flavius Josephus (vgl. Bell. II 57–65), der den messianischen Kontext des sich gegen die römische Besatzung formierenden Widerstands erwähnt. In diesem Zusammenhang ist neben anderen Bewegungen vor allem auch der Bar Kochba-Aufstand zu nennen. Zwar wird Simon ben Kosiba nicht explizit als Messias bezeichnet, doch basiert sein Beiname „Sternensohn" (Bar Kochba) auf einer messianischen Interpretation von

de Tendenz gehen. „Wir stehen … vor einem Ungleichgewicht und einer Asymmetrie im christlich-jüdischen Verhältnis: hier der grundlegende und wesentliche Messiasglaube – dort die nicht von allen Juden als zentral verstandene Messiashoffnung".[6]

Damit ist zugleich eine Warnung ausgesprochen, die Verständigung über den Messias als *einen* oder gar *den* entscheidenden Punkt im christlich-jüdischen Gespräch zu sehen. Dennoch kommt man an diesem Punkt der Differenz nicht vorbei. Die eingängige Formel, dass der Glaube Jesu Juden und Christen eint, der Glaube *an* Jesus als den Christus, „den Gesalbten" und Messias, sie aber trennt, bringt das auf den Punkt.[7] Von Franz Rosenzweig stammt das treffende Diktum: „Ob er der Messias war, wird sich ausweisen, wenn der Messias kommt".[8] Diese Offenheit ist unaufhebbar und jeder Versuch, sie jenseits des Glaubenszeugnisses aufzuheben, vereinnahmt das Gegenüber und nimmt dem Schwebezustand seine produktive Spannung. Das betont auch die sechste These von Dabru Emet, einer jüdischen Stellungnahme zu Christen und Christentum aus dem Jahr 2000, wo auf den gegenseitigen Respekt der Treue zu der je eigenen Offenbarung abgehoben wird: „Der nach menschlichem Ermessen unüberwindbare Unterschied zwischen Juden und Christen wird

Num 24,17, die vermutlich auf Rabbi Akiba zurückgeht (yTaan 4,8,68d). Möglicherweise wurde auch sein auf Münzen belegter Titel *nāśî'* („Fürst") messianisch verstanden. Nachdem in der Rabbinischen Epoche die literarische Verarbeitung der messianischen Konzepte in der Literatur der Amoräer im Vordergrund stand und die Zeit vom 8.–15. Jh. „durch das vorübergehende Auftreten von lokalen Messiasprätendenten charakterisiert war" (*Dan*, Messias [2002], 1148), kam es im 15. Jh. angesichts der Vertreibung der spanischen Juden zu einem bedeutenden Umschwung. Eine der bedeutendsten, einflussreichsten und nachhaltigsten messianischen Bewegungen dieser Zeit wurde von Sabbatai Zwi angestoßen. Trotz seiner späteren Konversion zum Islam lebte die Bewegung der Sabbatianer auch nach seinem Tod im Jahre 1676 durch viele Anhänger wie auch durch mehrere messianische Anführer bis zum 19. Jh. weiter. Zuletzt wurden im späten 20. Jh. mit Menachem Mendel Schneersohn, dem Führer der chassidischen CHABAD-Bewegung, in einigen Kreisen messianische Hoffnungen und Erwartungen verknüpft. Für eine Auseinandersetzung mit dem Thema aus der Fülle der Literatur: s. *Stemberger*, Messias (1992), 622–630; *Mayer*, Jesus (1998); *Collins*, Scepter (1995); *Collins*, King (2008); *Koch*, Menschensohn (2003), 369–385; *Schäfer*, Bar Kokhba (2003), 1–22; *Beyerle*, Star (2008), 163–188; *Beyerle*, Wolken (2004), 1–52; *Wolfson*, Secret (2009).

[6] *Henrix*, Geburt (2008), 360.

[7] Vgl. auch die Erklärung der Deutschen Bischöfe über das Verhältnis der Kirche zum Judentum, in der es im Zusammenhang mit dem christlichen Glauben an Jesus als den verheißenen Messias und wesensgleichen Sohn Gottes heißt: „Der tiefste Glaubensunterschied tritt angesichts des stärksten Bindeglieds zwischen Christen und Juden zutage". Zit. *Rendtorff*, Kirchen (2001), 275.

[8] *Rosenzweig*, Mensch (1979), 543f.

nicht eher ausgeräumt werden, bis Gott die gesamte Welt erlösen wird, wie es die Schrift prophezeit".[9]

Martin Buber hat das Positive dieser Spannung zum Ausdruck gebracht als er in einem christlich-jüdischen Gespräch seinen Vortrag begann: „Meine Damen und Herren, wir haben in der Tat viele Gemeinsamkeiten: Wir warten alle auf den Messias. Sie glauben, er ist bereits gekommen, ist wieder gegangen und wird einst wiederkommen. Ich glaube, dass er bisher noch nicht gekommen ist, aber dass er irgendwann kommen wird. Deshalb mache ich Ihnen einen Vorschlag: Lassen Sie uns gemeinsam warten. Wenn er dann kommen wird, fragen wir ihn einfach: Warst du schon einmal hier? Und dann hoffe ich, ganz nahe bei ihm zu stehen, um ihm ins Ohr zu flüstern: ‚*Antworte nicht*'".[10] Die Beharrlichkeit im Warten bewahrt vor der Ungeduld, die Frage vorzeitig klären zu wollen.

Mit der Unaufhebbarkeit der Spannung ist die Aussprache über den Messias im Dialog zwischen Juden und Christen jedoch keineswegs verunmöglicht oder auch nur sistiert. Im Gegenteil, sie ist notwendig, allerdings unter der Voraussetzung, sich dabei des eigenen Glaubensstandpunktes und seiner epistemologischen Beschränkungen bewusst zu sein. Das betrifft vor allem die sog. christologische Lektüre des Alten Testaments. Die Päpstliche Bibelkommission hält dazu fest: „Die christlichen Leser sind überzeugt, dass ihre Deutung des Alten Testamentes, so sehr sie sich auch von derjenigen des Judentums unterscheiden mag, doch einer Sinnmöglichkeit der Texte entspricht".[11] In christlicher Sicht bilden die beiden Testamente eine kontrastive Einheit, die nicht einseitig von Seiten des Neuen Testaments her aufgelöst werden kann. Dennoch ist eine christologische Lektüre der sog. messianischen Texte des Alten Testaments nicht von vorne herein auszuschließen, sie ist aus christlicher Sicht sogar geboten. Dennoch muss sie sich immer gleichzeitig und unaufhebbar mit der Tatsache konfrontieren lassen, dass der Ursprungssinn der Texte weder messianisch im engeren Sinne noch christologisch ist. Die Einheit von Altem Testament und Neuem Testament in der Messiaserwartung ist daher eine der großen Herausforderungen Bibli-

[9] Zit. nach *Dirscherl*, Wahrheit (2004), 119; s. auch *Kampling*, Dabru emet (2003).

[10] Das Zitat ist überliefert von *Eli Wiesel* in einem Vortrag in Rothenburg, in: *Wiesel*, Geleit (1998), 39 und in seiner Autobiographie: *Wiesel*, Flüsse (1995), 502.

[11] VAS 152. In Bezug auf die jüdische Messiaserwartung wird dort ausgeführt: „Die jüdische Messiaserwartung ist nicht gegenstandslos. Sie kann für uns ein starker Ansporn sein, die eschatologische Dimension unseres Glaubens lebendig zu erhalten". Zu der Übersetzung mit „Die jüdische Messiaserwartung ist nicht vergeblich" vgl. *Henrix*, Geburt, 359.

scher Theologie.[12] Dabei ist das Alte Testament als Eigenwort mit Eigenwert zu würdigen und je Sensibilität für das christlich-jüdische Verhältnis zu beweisen und zu bewahren. Einseitigkeiten sind dabei zu vermeiden.[13]

So kann es aus einer exegetischen Perspektive nicht angehen, dem Alten Testament eine unerfüllte Messiaserwartung zu unterstellen, die sich dann im Neuen Testament vollgültig erfüllt habe.[14] Der frühe „Messianismus" – wenn man denn überhaupt eine solche Systematisierung ausgehend vom Alten Testament für angemessen halten will – ist ein vielgestaltiges, hochkomplexes Phänomen, das seine Wurzeln in der formativen Phase des frühen Judentums hat und das sowohl sozial-utopische als auch restaurative, sowohl nationalistische als auch universalistische Züge trägt. Die Messiaserwartung entsteht durch Neukontextualisierung und Interpretation ursprünglich „unmessianischer" Texte im breiten Strom, Horizont und Spiegel der vielgestaltigen Heils-, Erlösungs- und Erneuerungserwartungen des Alten/Ersten Testaments. Bei der vorurteilsfreien Erschließung sind miteinander verschränkte theologische, historische und politisch-sozialgeschichtliche Aspekte zu berücksichtigen und Verallgemeinerungen auf „das Judentum" ebenso zu vermeiden wie eine vom Neuen Testament aus geprägte Interpretationsfolie. Umgekehrt ist bei aller konzeptuellen Differenzierung die Gefahr eines „Containerbegriffs", in dem alle Heilserwartungen des frühen Judentums zusammen laufen, in der Rede vom „Messias" offensichtlich. Die Gefahr besteht darin, die Verdichtungen im Neuen Testament als die einzige und geradezu notwendige Mündung des breiten Stroms der alttestamentlichen und frühjüdischen Hoffnungen zu sehen. Das wird allerdings weder dem Neuen Testament noch dem frühen Judentum in der Sache gerecht.

[12] Vgl. z. B. *Strauss*, Messias (1984), 115: „So wird eine – notwendig differenzierende! – Rede von den sogenannten messianischen Texten des Alten Testaments zum Testfall für ein sachgemäßes Verständnis des Verhältnisses der Testamente überhaupt".

[13] Es besteht das große Verdienst des am 4.4.2010 verstorbenen Münsteraner Alttestamentlers Erich Zenger darin, auf den Eigenwert des Alten/Ersten Testamentes mit Nachdruck hingewiesen und diesen hermeneutisch entfaltet zu haben. Vgl. dazu die Essentials einer christlich-jüdischen Bibelhermeneutik bei *Zenger*, Heilige Schrift (2008), 19f.

[14] So auch *Waschke*, Gesalbte (2001), 158f, der zwei Schwierigkeiten einer solchen Lese- bzw. Verständnisweise benennt: dass das Alte Testament gänzlich retrospektiv und seine messianischen Texte im Besonderen ausschließlich mit Blick auf eine eschatologische Ausrichtung – und damit eine christologische Deutung – gelesen werden. Vgl. auch die hermeneutischen Konsequenzen von *Hossfeld*, Messianische Texte (2004), 320–324.

Denn es ist keinesfalls so, dass es eine einheitliche oder durchgehende, im Alten Testament wurzelnde und sich steigernde Messiaserwartung im gesamten Judentum zur Zeit Jesu gab! Der Messias und die Erwartung einer Rettergestalt war auch im vielgestaltigen Judentum des 1. Jh. n. Chr. *kein* zentrales Thema, kein dominantes sozialgeschichtliches Movens oder durchgehendes Interpretament einer theologischen Geschichtsdeutung.[15] Das gilt – ausgehend vom Selbstverständnis Jesu bis hin zu den kreativen Transformationen der Messiaserwartung in den Evangelien und bei Paulus[16] – für große Teile des Neuen Testaments als Teil des frühjüdischen Diskurses, aber noch mehr für das Alte Testament. So ist mit Georg Fohrer zunächst nüchtern festzuhalten: „Entgegen einer verbreiteten Auffassung ist festzustellen, daß der Messias in der Hebräischen Bibel keineswegs im Mittelpunkt steht – nicht einmal in der eschatologischen Prophetie, aus deren Kreis die Verheißungen stammen, so daß er auch in den Heilserwartungen lediglich eine untergeordnete Rolle spielt. Es verhält sich nicht so, dass die Messiaserwartung die Krönung der atl. Theologie darstellt. Vielmehr ist sie nur in kleinen Kreisen lebendig gewesen und hat auch in ihnen lediglich einen Nebenzug gebildet. … Darum wäre es völlig falsch, die Hebräische Bibel messianisch zu deuten und die Messiaserwartung als Bindeglied zwischen ihr und dem christlichen Neuen Testament zu betrachten“.[17] Die harsche Ablehnung der messianischen Deutung ist jedoch absolut gesehen ebenso falsch wie die darin kritisierte Praxis, da sie die Ebenen nicht differenziert. Was aus exegetischer und religionsgeschichtlicher Perspektive richtig ist, dass es nämlich keinen direkten oder gar zwingenden Weg der alttestamentlichen Messiastexte zum Neuen Testament gibt, muss aus christlich hermeneutischer Perspektive und vom Zeugnis des Neuen Testaments nicht gleichermaßen falsch sein. Dem doppelten Ausgang des Ersten Testaments in Judentum und Christentum muss auch in Bezug auf die Messiaserwartung Rechnung getragen werden.

Bekenntnis und Glaube liegen jedoch auf einer anderen Ebene als die Texte, sind aber auch hermeneutisch nicht davon als ihrem Wurzelgrund abzulösen. Das bedeutet, dass auch in der messianischen Deutung alttestamentlicher Texte die Tatsache bedeutsam bleiben muss, dass sich die Heilserwartungen des Alten Testaments weder auf den Messias beschränken noch ihn in das Zentrum rücken. Die mit den messianischen Hoffnungen verbundene Utopie entfaltet ihre verändernde Kraft nur in ihrer immer neuen Vergegenwärtigung.

15 Vgl. *Stemberger*, Messias, 622f.
16 Vgl. dazu z. B. *Freyne*, Vorstellungen (1993), 25–32.
17 *Fohrer*, Fehldeutungen (1970), 285f.

Daher gilt es sich der alttestamentlichen Hoffnungen immer neu zu versichern, wenn das Bekenntnis zu Jesus als dem Messias seine Sprengkraft im neuen Aufbruch bewahren will. Erich Zenger hat das so ausgedrückt: „Für uns Christen ist zwar die Frage entschieden, *wer* der Messias ist. *Wie* und *wann* sein messianisches Reich kommt, davon dürfen wir träumen – in den Bildern und Symbolen der alttestamentlichen Schriften. *Daß* sein Reich kommt, dafür ist *Er* unsere Gewissheit, aber auch die Erfahrung, daß es durch ihn messianische ‚Gemeinden' gibt, die seinen messianischen Weg gehen. Nur wenn wir diesen seinen messianischen Weg gewaltloser Bruderliebe gehen, sind wir eine messianische Kirche. Messianische Kirche gibt es nach Paulus (Röm 6) ja nur durch den Tod, in dem der alte Mensch sowie die Strukturen und Institutionen der alten Welt sterben. Christen und christliche Kirchen, die meinen, es gehe billiger als durch diesen Tod hindurch, brauchen sich nicht zu wundern, wenn das Judentum bis heute nicht versteht, wieso wir Christen Jesus für *den* Messias halten, von dem die alttestamentlichen messianischen Hoffnungen träumen".[18] Die angesprochenen messianischen Hoffnungen sind ausgesprochen vielfältig und vielfach ohne eine Beziehung zu einer „Messias"-Gestalt entwickelt, der wir uns nun in einem zweiten Schritt zuwenden.

Die alttestamentliche Rede vom Messias und ihr Verhältnis zu den messianischen Erwartungen

Die Nominalbildung *māšiaḥ* ist von dem Verb *mšḥ* „salben" abgeleitet und bezeichnet einen habituellen Zustand „gesalbt sein". Das Wort *māšiaḥ* ist im masoretischen Text der hebräischen Bibel 39 mal an 38 Stellen verwandt.[19] Die Belege beziehen sich in geringerer Zahl auf den gesalbten obersten Priester resp. den Hohepriester und in der Mehrzahl der Fälle auf den König als den Gesalbten.[20] Schwerpunkte bilden dabei die Samuelbücher und die Psalmen[21], in

[18] *Zenger*, Jesus (1989), 66.

[19] Lev 4,3.5.16; 6,15; 1 Sam 2,10.35; 12,3.5; 16,6; 24,7[*bis*].11; 26,9.11.16.23; 2 Sam 1,14.16; 19,22, 22,51; 23,1; 1 Chr 16,22; 2 Chr 6,42; Ps 2,2; 18,51; 20,7; 28,8; 84,10; 89,39.52; 105,15; 132,10.17; Jes 45,1; Klgl 4,20; Dan 9,25.26; Hab 3,13.

[20] Darüber hinaus wird das Wort singulär auf die Erzväter (Ps 105,15 // 1 Chr 16,22; vgl. dazu *Hossfeld/Zenger*, Psalmen 101–150 (2008), 104f und den persischen König Kyros (Jes 45,1) bezogen. Zum alttestamentlichen Begriffsbestand vgl. ferner *Strauß*, Messias (1992), 617; *Beuken*, Israel (1993), 7 und *Waschke*, Messias (2002), 1144.

[21] Vgl. dazu ausführlich *Hossfeld*, Messianische Texte, 307–324.

denen weit mehr als die Hälfte der Belege zu finden sind. Salbungen mit Öl finden sich in vielen Religionen des antiken Mittelmeerraums, besonders im syrisch-kanaanäischen Raum. Bei diesen Handlungen geht es nicht um jede Form der Salbung mit Öl (für die kosmetische Salbung verwendet das Hebräische z. B. eher das Verbum *sûk* / סוך), sondern um eine besondere Auszeichnung, die weniger durch die Kostbarkeit der Substanz als durch den Akt der Salbung zum Ausdruck kommt. Die Salbung, im Alten Testament wird sie an Propheten, Priestern, Fürsten, Königen, Kultgegenständen und dem Heiligtum vollzogen, ist als eine rituelle Handlung zu verstehen, mit der eine symbolische Veränderung performativ inszeniert und rechtlich wirksam wird. Bei Personen ist diese im Sinne einer von dem Salbenden gewährten besonderen Auszeichnung zu verstehen, die einen Statuswechsel resp. eine Amtsübertragung impliziert. Das wird etwa deutlich an der Königssalbung (Ri 9,8.15; 1 Sam 9,16; 10,1; 15,1 u. ö.) oder an der Aufforderung an Mose Ex 30,30: „Aaron und seine Söhne sollst du auch salben und sie mir zu Priestern weihen". Für die Nominalbildung *māšiaḥ* ist bezeichnend, dass hinter der Salbung, sei sie auch durch Einzelpersonen oder eine Gruppe von Menschen durchgeführt worden, YHWH als der Gott Israels als Schutzmacht und gewährende Instanz steht. Das gilt im Besonderen vom davidischen König, weshalb häufiger von „dem Gesalbten YHWHs" (1 Sam 24,7.11; 26,9.11.16.23; 2 Sam 1,14.16; 19,22; Klgl 4,20; vgl. 2 Sam 23,1) bzw. „seinem" (1 Sam 2,10; 12,3.5; 16,6; 2 Sam 22,51; Ps 2,2; 18,51; 20,7; 28,8; Jes 45,1) bzw. „deinem" (2 Chr 6,42; Ps 84,10; 89,39.52; 132,10; Hab 3,13) Gesalbten die Rede ist. Der „Gesalbte" wird als Titel synonym zu „König" verwandt, was in altorientalischen Texten ohne Vergleich bleibt. Durch die Synonymität lassen sich die mit dem Königtum verbundenen Auszeichnungen und Aufgaben auch für den „Gesalbten" aussagen. Er ist in besonderer Weise zur Herrschaft erwählt und für die Aufrechterhaltung der gottgestifteten und kosmisch gegründeten Ordnung zuständig. Neben der Sorge für politische Stabilität und wirtschaftliche Prosperität, die die Bibel unter dem Begriff *šālôm* „Friede, Wohlergehen" zusammenfasst, schließt das den Einsatz für eine umfassende Gerechtigkeit ein. Dies umfasst besonders die Sorge für die Armen, Witwen und Waisen.

Es ist wichtig zu betonen, dass mit dem „Gesalbten" keine zukünftige oder gar endzeitliche Hoffnung verbunden ist, sondern politische Konkretionen angesprochen sind, freilich oft in einer idealen Brechung, die die konkreten Machtverhältnisse zu durchbrechen sucht. Das Fehlen einer eschatologischen Komponente ist einer der Gründe für die Vorbehalte gegenüber einer geradlinigen Entwicklung von „Messiasvorstellungen" im Alten Testament, was Ernst-

Joachim Waschke unmissverständlich ausgedrückt hat: „Die Frage, inwieweit im Alten Testament überhaupt von messianischen Erwartungen gesprochen werden kann, ist umstritten. Kein Text, in dem der Titel Messias belegt ist, hat einen zukünftigen Herrscher im Blick. Demgegenüber findet sich die Hoffnung auf Erneuerung oder Wiederherstellung des Jerusalemer Königtums in Texten, in denen der Titel fehlt“.[22] Nüchtern zu konstatieren ist das Fehlen des Titels in den klassischen sog. messianischen Texten in Jes 7,14–16; 9,1–6; 11,1–10; Mi 5,1–5; Sach 9,9f. Daraus allerdings darauf zu schließen, dass beide *nichts* miteinander zu tun hätten, dürfte ebenso fehlgehen. Insofern mit dem Titel *māšiaḥ* zunächst kein Aspekt einer künftigen Erwartung angesprochen ist, ist die Entwicklung der endzeitlichen Messiasvorstellung jedoch nicht ausschließlich aus diesen Stellen heraus zu entwickeln, obwohl sie zugleich nicht unabhängig davon zu denken ist. Ein Ansatz bei der Terminologie ist daher schon im Ansatz verfehlt. Neben dem Messiastitel ist die ganze Breite der Titulaturen eines erwarteten Heilsbringers und Herrschers von Sohn Gottes, Fürst, König, Davidssohn, Spross Davids, Erwählter, Knecht, Menschensohn, Hohepriester, Retter usw. zu berücksichtigen, womit das Spektrum der Texte sich enorm ausweitet. Ohne Zweifel gehört aber schon das spannungsvolle In- und Zueinander von Gottesherrschaft und Königsherrschaft in der vorexilischen Königsideologie zu den Grundlagen der weiteren Entwicklung. „Aus beiden Traditionen aber erwächst die theologische Spannkraft messianischer Vorstellungen“.[23]

Eine weitere sehr entscheidende Wurzel kann in der Vorstellung der Dauerhaftigkeit des davidischen Königtums gesehen werden. An die genealogische Thronfolge knüpfen sich seit jeher hohe Erwartungen an Kontinuität, Stabilität und Dauerhaftigkeit der Herrschaft, die textlich in der sog. Dynastieverheißung (2 Sam 7; Ps 89) beginnend in spätvorexilischer Zeit zur Vorstellung einer zeitlich dauerhaften, ewigen Dynastiezusage an das davidische Haus ausgebaut werden. Die Erwartung der Dauerhaftigkeit des davidischen Königtums und die damit verbundene Idealisierung der königlichen Herrschaft ist eine der Wurzeln der späteren Hoffnung auf einen endzeitlichen Herrscher. Diese setzt den mit der Zerstörung Jerusalems 597/587 v. Chr. verbundenen Niedergang des institutionellen Königtums in Juda voraus. Die Dynastieverheißung knüpft in idealisierender Weise an das vorexilische davidische Königtum und damit auch an den Titel „Gesalbter“ an. „Möglicherweise ist die Dynastieverhei-

[22] *Waschke*, Messias (www.bibelwissenschaft.de\wibilex; letzter Zugriff 31.3. 2010).

[23] *Waschke*, Gesalbte (2001), 162.

ßung überhaupt die Wurzel der biblischen Messiaserwartung. Auf jeden Fall wird Davids Königtum messianisiert, d. h. mit seinem Untergang vollzieht sich eine Wandlung von einer politischen Institution zu einer theologischen Kategorie, die – wie der Titel Messias – zur Auseinandersetzung mit herrschenden Gewaltverhältnissen befähigt“.[24]

Die Hoffnung auf eine Restitution der davidischen Dynastie treibt einen guten Teil der messianischen Texte der nachexilischen Zeit an. Sie setzt das Verfallen der Hütte Davids (Am 9,11) voraus und verbindet den Neuanfang mit einer radikalen Wende, die den erneuten Weg in die Katastrophe durch ein geändertes Verhalten und die durchgehaltene Gottesnähe zu verhindern sucht. Die Idealisierung der historischen Davidsgestalt und die Entwicklung einer utopischen Vision eines *David redivivus* gehen dabei von zwei Seiten auf dasselbe zu: Der *neue* Davidssohn ist „gerecht, und hilft“ (Sach 9,9), er ist ein „gerechter Spross“ (Jer 23,5; 33,15). „Er wird als König herrschen und weise handeln, für Recht und Gerechtigkeit wird er sorgen im Land“ (Jer 23,5). „Er verkündet Frieden den Nationen“ (Sach 9,10) und ist ein „Friedensfürst“ (Jes 9,5f), so dass der Friede kein Ende mehr hat (Jes 9,6) und „jeder Stiefel, der dröhnend daherstampft, jeder Mantel, der mit Blut befleckt ist, wird verbrannt, wird ein Fraß des Feuers“ (Jes 9,4). In Jer 33,16 trägt er sogar den Namen „YHWH ist unsere Gerechtigkeit“. Das alles erreicht er, der neue Spross, nur durch die Hilfe Gottes, der ihn erweckt, an ihm sein Wohlgefallen hat und seinen Geist auf ihm ruhen lässt (Jes 11,2). Die Treue zu Gottes Gerechtigkeit befähigt ihn erst, Gerechtigkeit zum „Gürtel um seine Hüften“ (Jes 11,5) zu machen. Derart dichte Utopien und Bilder entstehen nicht plötzlich nach dem Untergang des davidischen Königtums, sondern nach und nach.

Der Bezug zur Realpolitik und damit der Grad der Utopie sind dabei recht unterschiedlich. Literarisch wurden zunächst kleine und große Zeichen in Richtung eines Neuanfangs gedeutet. So etwa – um ein Beispiel herauszugreifen – am Ende der Darstellung der Königszeit in den Königsbüchern die Begnadigung Jojachins am Hof des babylonischen Königs. Jojachin war kurz vor dem Niedergang 587 v. Chr. auf den Königsthron gelangt, konnte aber seine Stellung gegenüber der babylonischen Übermacht nur drei Monate halten (2 Kön 24,8). Nach alttestamentlicher Darstellung kapitulierte er gegenüber Nebukadnezzar, um die Zerstörung der Stadt im letzten

[24] *Butting/Kampling*, Messias (2009), 380. Ähnlich auch *Waschke*, Gesalbte (2001), 53: „…vor allem in der Wandlung des Königtums von einer politischen Institution zu einer religiösen Idee“ zeichne sich das ab, „was im weitesten Sinne als Prozeß der ‚Messianisierung‘ des davidischen Königtums bezeichnet werden kann“.

Moment aufzuhalten (2 Kön 24,12). Die babylonischen Quellen wissen nichts von einer Kapitulation, doch ist die Versorgung des Königs mehrfach in babylonischen Archivnotizen belegt.[25] In 2 Kön 25,27–30 heißt es:

Im siebenunddreißigsten Jahr nach der Wegführung Jojachins, des Königs von Juda, am siebenundzwanzigsten Tag des zwölften Monats, begnadigte Ewil-Merodach, der König von Babel, im Jahr seines Regierungsantritts Jojachin, den König von Juda, und entließ ihn aus dem Kerker. Er söhnte sich mit ihm aus und wies ihm seinen Sitz oberhalb des Sitzes der anderen Könige an, die bei ihm in Babel waren. Er durfte seine Gefängniskleidung ablegen und ständig bei ihm speisen, solange er lebte. Sein Unterhalt – ein dauernder Unterhalt – wurde ihm vom König von Babel in der bestimmten Menge täglich geliefert, solange er lebte.

In realpolitischer Einschätzung lässt sich durch den Akt der Begnadigung nur eine dünne Hoffnung auf eine Restitution des Königtums verbinden. Der Text scheint den Tod Jojachins in Gefangenschaft schon vorauszusetzen und zumindest an die Person des gefangenen Königs selbst keine Erwartungen einer wieder errichteten Königsherrschaft zu knüpfen. Der Text ist jedoch deshalb nicht bloß „ein Stück Diasporaliteratur, das beschreibt, wie ein Judäer, selbst wenn er einmal König Jojachin war, ein gutes Leben in der Fremde führen kann".[26] Bedeutend bleibt der Kontext, in dem von der Begnadigung Jojachins erzählt wird. Nach der Gefangennahme des Königs setzen die Neubabylonier seinen Onkel Zidkija als König in Jerusalem ein (2 Kön 24,17). Die Hoffnung, in ihm einen treuen Vasallen protegiert zu haben, wird enttäuscht, was die Eroberung der Stadt Jerusalems und die Zerstörung des Tempels zur Folge hat. Zidkija muss mit ansehen, wie seine Söhne als potentielle Thronprätendenten ermordet werden. Er selbst wird danach geblendet und ebenfalls in Gefangenschaft geführt (2 Kön 25,7). Der probabylonische Gedalja aus der einflussreichen Schafanidenfamilie wird als Vasallenkönig mit der Verwaltung der Provinz betraut, jedoch kurze Zeit später von nationalistisch eingestellten Monarchisten unter der Führung des Davididen Jischmael ermordet. Realpolitisch sind damit alle Restaurationshoffnungen vorerst gebrochen (2 Kön 25,26).

Indem nun die Redaktion der Königsbücher an den niederdrückenden Kommentar zur Flucht nach Ägypten („Sie fürchteten sich nämlich vor den Chaldäern" [2 Kön 25,26]) den Bericht über die

[25] Zur Deportation Jojachins s. TUAT I/4, 403f; zu seiner Versorgung in Babylon s. TUAT I/4, 412f.

[26] *Wissmann*, Beurteilungskriterien (2008), 244.

Begnadigung Jojachins[27] und dessen Höherstellung anschließt und so einen offenen Schluss formuliert, wird der Entwicklung eine positive Richtung gegeben.[28] Damit ist sicherlich keine messianische Hoffnung formuliert, aber doch ein dünner Faden der Hoffnung aufrechterhalten bzw. zumindest die Möglichkeit gegeben, Hoffnungen daran anzuknüpfen.[29]

Solche Hoffnungen auf eine Restitution des Königtums in davidischer Linie, die dann deutlicher jeden realpolitischen Bezug vermissen lassen, finden sich etwa in Mi 5,1–3, wo an Davids Herkunftsort Betlehem Hoffnungen geknüpft werden, in dem verheißenen Reis Isais in Jes 11,1–10 oder explizit in der Erwartung des David redivivus in Ez 34,23f. Diese klassischen Verheißungstexte knüpfen an die Utopien des gerechten Königtums an und sehen den Retter in naher

27 Für eine Exegese von 2 Kön 25,27–30 s. immer noch die wegweisende Exegese von *Zenger*, Rehabilitierung (1968), 18–27, der diesen Abschnitt als „Pendant zu der sich vorher bis zum Nichts zuspitzenden Katastrophe" (28) versteht.

28 Die Positiv-Wertung des Berichtes von der Begnadigung des Jojachin ist in der Forschung keinesfalls unbestritten. So hat in jüngerer Zeit M. Gerhards dieser Auslegungstradition widersprochen. Seiner Ansicht nach spiegelt 2 Kön 25,27–30 keinen hoffnungsvollen Wendepunkt in der Geschichte Israels, sondern berichte lediglich davon, wie Jojachin als Höfling in den babylonischen Königshof integriert worden ist, was für ihn einer Degradierung gleichkommt. Dadurch werde das Ende der davidischen Dynastie angezeigt. Vgl. *Gerhards*, Begnadigung (1998), 52–76. Für eine Auswahl der Vertreter einer positiven Interpretationslinie s. ebd., 55 mit Anm. 16. Seine Deutung versucht Gerhards mit Verweis auf die Glosse 2 Kön 20,18 zu stützen, in der die Degradierung der judäischen Königssöhne durch bzw. im babylonischen Königshof angekündigt wird. Vgl. *Gerhards*, Erzählungen (1999), 5–12. 2 Kön 25,27–30 selbst lässt sich kein Hinweis auf eine Degradierung Jojachins entnehmen. Dass jedoch der Abschnitt „die offizielle Anerkennung Jojachins als königlicher Vasall" und somit seine vollständige Rehabilitation spiegele (*Zenger*, Rehabilitierung [1968], 24f) dürfte dem Abschnitt deutlich zu viel zumuten. Für eine kritische Auseinandersetzung mit Gerhards These vgl. auch *Pola*, Jojachin (2008), 16. Die Frage nach der Bewertung von 2 Kön 25,27–30 ist wesentlich komplexer als es auf den ersten Blick erscheinen mag und hängt mit literar- bzw. redaktionskritischen Fragen um die Entstehung der Königebücher wie auch mit der Diskussion um das sog. Deuteronomistisches Geschichtswerk (Dtn–2 Kön) zusammen, auf die in diesem Rahmen nicht eingegangen werden kann. Die Einschätzung im Haupttext bezieht sich auf die Ebene der Endredaktion der Königebücher. Die positive Wertung wird nicht nur an der exponierten Positionierung am Schluss der Komposition, sondern auch durch die signifikanten Veränderungen in der Negativ-Beurteilung Jojachins gegenüber Jojakim und Zidkija deutlich. So fehlt bei Jojachin z. B. die sowohl für Jojakim als auch für Zidkija belegte Formel: „Das geschah um des Zornes YHWHs willen" (2 Kön 24,3; 24,20). Vgl. dazu und zu weiteren Verschiebungen bzw. Akzentuierungen in der Bewertung Jojachins bereits *Zenger*, Rehabilitierung (1968), 28.

29 So auch *Pola*, Jojachin (2008), 17: „... so hat doch ein die Kontinuität der Davididen betreffender Lichtblick das letzte Wort, den man aber nicht gleich mit der Interpretation einer angeblich hier zum Ausdruck kommenden messianischen Hoffnung überfrachten sollte".

oder ferner Zukunft. Auch wenn sie nicht den Titel „Messias“ verwenden, sind sie als messianisch zu qualifizieren. Dass sich messianische Utopien und realpolitische Erwartungen nicht vollständig ausschließen und die Hoffnungen auf Restitution sich nicht ausschließlich auf das Königtum richteten, lässt sich am Beispiel der Verheißungstexte im Sacharjabuch aufzeigen, in denen über die Genealogie an König Jojachin angeknüpft wird:

In der Darstellung der frühnachexilischen Zeit wird dem Davididen Serubbabel (*zēr bābili* „Spross Babels“), einem Enkel Jojachins (1 Chr 3,17–19; Esra 3,2; Mt 1,12), eine bedeutende Rolle beim Wiederaufbau des Tempels zugeschrieben. Das Buch Haggai stellt ihn als von Gott erweckt (Hag 1,14) und geradezu pathetisch als „Siegelring Gottes“ (Hag 2,23; vgl. Jer 22,24–30) vor. Er führt die Rückkehrer aus dem Exil an (Esra 2,2) und trägt den Titel „Statthalter Yehuds“ (*paḥat y^e^hûdāh* Hag 1,1.14; 2,2.21), was auf eine offizielle Funktion mit Billigung der Perser hinweist. Zusammen mit dem Hohepriester Jeschua und den Führern des Volkes richtet er den Altar wieder auf und stellt den Kultbetrieb wieder her (Esra 3,6–13). Wie weit hinter der Darstellung ein historisches Geschehen oder gar die Hoffnung auf eine tatsächliche politische Restauration steht, ist schwer zu beurteilen. Die textliche Darstellung macht ihn jedenfalls zu einer herausgehobenen Figur, an die sich eine solche Hoffnung knüpft. Daneben tritt der Hohepriester Jeschua, wie in der mehrfach überarbeiteten Ausdeutung der im Zentrum des Visionszyklus stehenden Vision von dem Leuchter und den beiden Ölbäumen in Sach 4,1–14[30] deutlich wird:

> Danach kehrte der Engel, der mit mir redete, zurück, weckte mich, wie man jemand vom Schlaf aufweckt, und sagte zu mir: Was hast du gesehen? Ich antwortete: Ich hatte eine Vision: Da stand ein Leuchter, ganz aus Gold, darauf eine Schale und auf ihr sieben Lampen mit je sieben Schnäbeln für die Flammen auf den Lampen. Zwei Ölbäume standen daneben, der eine rechts, der andere links von der Schale. Und ich sprach weiter und fragte den Engel, der mit mir redete: Herr, was bedeuten diese Ölbäume?[31] Der Engel, der mit mir redete, antwortete mir: Weißt du nicht, was sie bedeuten? Ich erwiderte: Nein, Herr.

[30] Vgl. zu Komposition, Literargeschichte und Auslegung: *Lux*, Himmelsleuchter (2009), 144–164; *Pola*, Priestertum (2003); *Delkurt*, Nachtgesichte (2000) und den Kommentar von *Hanhart*, Sacharja (1989).

[31] Die Einheitsübersetzung bezieht bereits die erste Deuteeinheit auf die beiden Ölsöhne. Im Text steht nur ein Demonstrativum „Was sind diese?“ oder „Was bedeutet das?“, was die Frage des Bezuges der ersten Deutung V. 4–10 aufwirft. Aus strukturellen Überlegungen und wegen des Rückbezuges in V. 10 bezieht R. Lux das Serubbabel-Wort auf den Leuchter (*Lux*, Himmelsleuchter, 144f). R. Hanhart hingegen optiert für den Bezug von V. 4–5 auf das Ganze der Vision, V. 6–10 auf den Leuchter und V. 11–13 auf die beiden Ölbäume (*Hanhart*, Sacharja, 271).

Da erwiderte er und sagte zu mir: So lautet das Wort des Herrn an Serubbabel: Nicht durch Macht, nicht durch Kraft, allein durch meinen Geist! – spricht der Herr der Heere. Wer bist du, großer Berg? Vor Serubbabel wirst du zur Ebene. Er holt den Schlußstein hervor, und man ruft: Wie schön ist er, wie schön!

Da erging das Wort des Herrn an mich: Serubbabels Hände haben den Grund zu diesem Haus gelegt, und seine Hände werden es vollenden, damit man erkennt, daß mich der Herr der Heere zu euch gesandt hat. Denn wer gering dachte von der Zeit der kleinen Anfänge, wird sich freuen, wenn er den auserlesenen Stein in Serubbabels Hand sieht. Das sind die sieben Augen des Herrn, die über die ganze Erde schweifen.

Ich fragte ihn weiter: Was bedeuten die zwei Ölbäume auf der rechten und auf der linken Seite des Leuchters? Und weiter fragte ich ihn: Was bedeuten die zwei Büschel von Olivenzweigen bei den beiden goldenen Röhren, durch die das goldene Öl herabfließt? Er sagte zu mir: Weißt du nicht, was sie bedeuten? Ich erwiderte: Nein, Herr. Er sagte: Das sind die beiden Gesalbten, die vor dem Herrn der ganzen Erde stehen.

Der Neuanfang wird mit beiden Gestalten verbunden, zunächst mit Serubbabel, auf dem das Gewicht der Restauration liegt: er wird den Tempelbau vollenden. Die Heilsworte an Serubbabel knüpfen – zumindest in der jetzt vorliegenden Gestalt – an die dritte Vision und die Worte über Jeschua in Sach 3,1–10 an. Am Ende der Ölbaumvision in Sach 4,14 werden beide als „Gesalbte" (*šnê b^e^nê hayyiṣār*) gekennzeichnet und die beiden Ölbäume auf das königliche und priesterliche Amt in Israel bezogen. Dadurch, dass die beiden nicht namentlich noch einmal genannt werden, erhält die Deutung etwas Grundsätzliches, das sich über die politische Konkretion hinaus auf die Ämterstruktur bezieht und stärker utopisch als realpolitisch ist. Das unterstreicht auch das Stehen der beiden beim „Herrn der ganzen Erde". Dass die ungewöhnliche Bezeichnung der Ölsöhne als „Gesalbte" an den „Messias" (*hāmmašîaḥ*) erinnert und so der Vorstellung eines doppelten Messias der Weg bereitet wird, braucht nicht eigens betont zu werden.

Die Anknüpfung an das dynastische Königtum mit Serubbabel in frühnachexilischer Zeit ist jedenfalls nicht gelungen. Versteht man Sach 6,9–15 als eine Reaktion auf dieses Scheitern, wird dann nur noch der Hohepriester mit messianischen Insignien bedacht, die eigentlich dem König zukommen:[32]

Nimm Silber und Gold, mach eine Krone, setze sie dem Hohenpriester Jeschua, dem Sohn des Jozadak, aufs Haupt, und sag zu ihm: So spricht der Herr der Heere: Da ist ein Mann, Spross ist sein Name; denn wo er steht, wird es sprossen, und er wird den Tempel des Herrn bauen. Er ist es, der den Tempel des Herrn baut. Er ist mit Hoheit bekleidet. Er sitzt auf seinem Thron und herrscht. Ein Priester steht an seinem Thron, und gemeinsam sorgen sie für den Frieden. (Sach 6,11–13)

[32] So etwa *Keel*, Geschichte Jerusalems (2007).

Die „Krone“, das „Sitzen auf dem Thron“, die „Bekleidung mit Hoheit“, das „Herrschen“ und die Bezeichnung als „Spross“ zeigen deutlich an, dass königliche Vorstellungen (von Serubbabel?) auf den Hohepriester übertragen wurden. Jeschua ben Jozadak, wird mit dem Titel *hakkohen haggādôl* (wörtl. „großer Priester“) zum Ahnherrn der Hohepriester, dem genealogischen Führungsamt, an das sich die Hoffnungen auf eine Restauration knüpfen.[33]

An der Rückbindung an den Zweiten Tempel wird noch einmal deutlich, dass die Messiasvorstellung im Alten Testament nie ganz von den realpolitischen Verhältnissen abgekoppelt wird. Wie universal die Herrschaft auch immer formuliert wird und wie sehr sie auch auf die politische Neugestaltung durch Gottes Eingreifen bezogen ist, sie ist immer auch eine Hoffnung, die einem konkreten Israel ein Leben in Frieden ermöglichen will.

Der Zusammenhang mit dem Untergang des davidischen Königtums lässt die Kraft von Utopien in der Bewältigung politischer Krisen erkennen. Es verwundert daher nicht, dass die messianische Rezeption von ursprünglich nicht messianischen Texten (wie Gen 49,10 oder besonders Num 24,17) gerade in der hellenistischen Zeit zunimmt und immer weitere Blüten treibt, die weit über das Alte Testament hinausreichen. „Ein gewichtiges Moment der Entstehung des Messianismus ist die Wandlung der Hasmonäerherrschaft von einer durch das Volk getragenen und bejahten Herrschaft hin zu einer orientalisch-hellenistischen Despotie, mit ihren verheerenden sozialen und ökonomischen Folgen. Die folgende Fremdherrschaft der Römer mit ihren kulturellen, religiösen und ökonomischen Unterdrückungsstrategien, die von Teilen der Tempelaristokratie mitgetragen wurden, führten (*sic!*) zu einer Krisensituation bzw. wurde als solche gedeutet. Die verschiedenen messianischen Konzeptionen werden von dieser Krisensituation beeinflusst, indem sie eine Umkehrung der negativen bestehenden gesellschaftlichen Verhältnisse durch den Messias voraussetzen“.[34] Diese produktive Rezeption, die hier nur noch angedeutet werden soll, greift auf die klassischen Texte zum davidischen Königtum zwar noch zurück und ist in der Ausgestaltung der Utopie deutlich daran zurückgebunden, beschränkt sich aber nicht auf die klassischen Texte, in denen ein Spross aus dem Hause Davids erwartet wird und stellt auch nicht immer den „Messias“ als Gestalt in ihren Mittelpunkt.

[33] Die Geschichte des (Hohe-)Priestertums ist weitaus komplexer als sie hier dargestellt werden kann, vgl. *Hossfeld*, Hoherpriester (1994), 4–23.

[34] *Butting/Kampling*, Messias (2009), 381f.

Die bleibende Herausforderung der Sehnsucht: Schluss

An den wenigen Beispielen sollte deutlich geworden sein, dass Texte in ihrer Rezeption eine Dynamik entfalten, die ihnen zwar ursprünglich nicht zu eigen, aber auch nicht zwingend fremd sein muss. Der ursprüngliche – in diesem Fall „unmessianische“ Sinn – wird auch durch die messianischen Rezeptionen nicht überdeckt und bleibt sinnvoll, voller Sinn im „wahrsten Sinn des Wortes“. Nicht anders verhält es sich mit dem Hoffnungspotential der Texte, die im Neuen Testament und in christlicher Rezeption messianisch gedeutet wurden. Auch sie entfalten ihre deutende Kraft erst im spannungsvollen Zusammenspiel von Verheißung und Erfüllung. Dieses einseitig aufzuheben und die geglaubte Erfüllung in Christus als ihren einzig möglichen Sinn anzunehmen, hieße den Texten Gewalt anzutun. Der christlichen Deutung die Legitimität abzusprechen hieße umgekehrt, das Verheißungspotential der Texte zu unterschätzen. Das Sinnpotential der Texte ist – gerade wenn sie als unverbrüchliches Wort Gottes ernst genommen werden – größer und weiter. Insbesondere im christlich-jüdischen Gespräch, das den Messias nicht ausblendet, ist das Chance und Herausforderung zugleich. So fest der *christliche* Glaube an die Erlösung der Schöpfung ist, der sich an dem Bekenntnis zu Jesus als dem Christus, dem Messias, fest macht, so sehr schmerzt noch das Seufzen der Schöpfung (Röm 8,22), das die Sehnsucht nach Vollendung wach hält. Diese Sehnsucht bringen die messianischen Hoffnungen des Alten Testaments immer neu zur Geltung. Sie spornen an, die letzte These von Dabru Emet im Tiefsten ernst zu nehmen: „Juden und Christen erkennen – jeweils auf ihrem eigenen Weg – den unerlösten Zustand der Welt, wie er sich spiegelt im Andauern von Verfolgung, Armut und menschlicher Erniedrigung und menschlichem Elend. Obwohl Gerechtigkeit und Friede schließlich Gottes Sache sind, werden unsere vereinten Anstrengungen – zusammen mit solchen anderer Glaubensgemeinschaften – dazu beitragen, Gottes Herrschaft näher zu bringen, auf die wir hoffen und nach der wir uns sehnen. Getrennt und gemeinsam müssen wir Gerechtigkeit und Frieden in unserer Welt schaffen“.[35]

[35] Zit. nach *Dirscherl/Trutwin*, Wahrheit (2004), 120.

Bibliographie

Auffahrt, Christoph, Art. Messias/Messianismus I. Religionsgeschichtlich, in: RGG[4] 5 (2002) 1143–1144.

Ben-Chorin, Schalom, Im jüdisch christlichen Gespräch, Berlin 1962.

Beuken, Willem, Hatte Israel den Messias nötig?, in: Concilium 29 (1993) 7–13.

Beyerle, Stefan, „Der mit den Wolken des Himmels kommt". Untersuchungen zum Traditionsgefüge „Menschensohn", in: *D. Sänger* (Hrsg.), Gottessohn und Menschensohn (BThS 67), Neukirchen-Vluyn 2004, 1–52.

Ders., „A Star Shall Come out of Jacob". A Critical Evaluation of the Balaam Oracle in the Context of Jewish Revolts in Roman Times, in: *G. H. van Kooten/J. van Ruiten* (Hrsg.), The Prestige of the Pagan Prophet Balaam in Judaism, Early Christianity and Islam (Themes in Biblical Narrative 11), Leiden 2008, 163–188.

Butting, Klara/Kampling, Rainer, Art. Messias, in: Sozialgeschichtliches Wörterbuch zur Bibel (2009) 380–384.

Collins, John J., The Scepter and the Star. The Messiahs of the Dead Sea Scrolls and Other Ancient Literature (The Anchor Bible Reference Library), New York 1995.

Dan, Jaffé, Art. Messias/Messianismus. III. Judentum. Mittelalter und Neuzeit, in: RGG[4] 5 (2002) 1148–1150.

Delkurt, Holger, Sacharjas Nachtgesichte. Zur Aufnahme und Abwandlung prophetischer Traditionen (BZAW 302), Berlin u. a. 2000.

Dirscherl, Erwin/Trutwin, Werner (Hrsg.), Redet Wahrheit – Dabru Emet. Jüdisch-christliches Gespräch über Gott, Messias und Dekalog (Forum Christen und Juden 4) Münster 2004.

Fabry, Hein-Josef, Art. Messianismus, in: Lexikon der Religionen ([4]1999), 416–422.

Fohrer, Georg, Das Alte Testament und das Thema Christologie, in: EvTh 30 (1970) 285–286.

Ders., Christliche Fehldeutungen der Hebräischen Bibel, in: *Ders.*, Studien zum Alten Testament, Berlin 1991, 160–166.

Freyne, Séan, Die frühchristlichen und jüdischen Vorstellungen vom Messias, in: Concilium 29 (1993) 25–32.

Gerhards, Meik, Die Begnadigung Jojachins. Überlegungen zu 2 Kön.25,27–30 (mit einem Anhang zu den Nennungen Jojachins auf Zuteilungslisten aus Babylon), in: BN 94 (1998) 52–76.

Ders., Die beiden Erzählungen aus 2 Kön.20 und 2 Kön.20,18 als Ankündigung der Begnadigung Jojachins (2 Kön.25,27–30), in: BN 98 (1999) 5–12.

Hanhart, Robert, Sacharja (BK XIV/7.1), Neukirchen-Vluyn 1989.

Henrix, Hans Hermann, Die Geburt des Erlösers. Differenz und Gemeinsamkeit des Messiasbildes und Gottesverständnisses in Judentum und Christentum, in: ThPQ 156 (2008) 356–367.

Hesse, Franz, χρίω κτλ, B. שׁמח und מָשִׁיחַ, in: ThWNT IX (1973) 485–500.

Hossfeld, Frank-Lothar, Art. Hoherpriester. A. Alttestamentlich-jüdisch, Art. in: RAC XVI (1994) 4–23.

Ders., Messianische Texte des Psalters. Ein Überblick mit hermeneutischen Konsequenzen, in: *I. Z. Dimitrov/J. D. G. Dunn* (Hrsg.), Das Alte Testament als christliche Bibel in orthodoxer und westlicher Sicht (WUNT 174), Tübingen 2004, 307–324.

Hossfeld, Frank-Lothar/Zenger, Erich, Psalmen 101–150 (HThKAT), Freiburg u. a. 2008.

Janowski, Bernd/Wilhelm, Gernot (Hrsg.), Texte aus der Umwelt des Alten Testaments. Neue Folge, Bd. 1: Texte zum Rechts- und Wirtschaftsleben, Gütersloh 2004.

Kampling, Rainer/Weinrich, Michael (Hrsg.), Dabru emet – redet Wahrheit. Eine jüdische Herausforderung zum Dialog mit den Christen, Gütersloh 2003.

Keel, Othmar, Die Geschichte Jerusalems und die Entstehung des Monotheismus (OLB 4,1), Göttingen 2007.

Koch, Kurt, Der Menschensohn in Daniel, in: ZAW 119 (2003) 369–385.

Lux, Rüdiger, Himmelsleuchter und Tempel. Beobachtungen zu Sacharja 4 im Kontext der Nachtgesichte, in: *Ders.*, Prophetie und Zweiter Tempel. Studien zu Haggai und Sacharja (FAT I/65), Tübingen 2009, 144–164.

Mayer, Reinhold, War Jesus der Messias? Geschichte der Messiasse Israels in drei Jahrtausenden, Tübingen 1998.

Päpstliche Bibelkommission, Das jüdische Volk und seine Heilige Schrift in der christlichen Bibel (VAS 152), Bonn 2001.

Pola, Thomas, Das Priestertum bei Sacharja. Historische und traditionsgeschichtliche Untersuchungen zur frühnachexilischen Herrschererwartung (FAT I/35), Tübingen 2003.

Ders., Jojachin, König von Juda. Aspekte einer Herrschergestalt, in: *L. Hauser* (Hrsg.), Jesus als Bote des Heils. Heilsverkündigung und Heilserfahrung in frühchristlicher Zeit. FS. D. Dormeyer (SBB 5), Stuttgart 2008, 12–18.

Rendtorff, Rolf/Henrix, Hans Hermann (Hrsg.), Die Kirchen und das Judentum. Band I. Dokumente von 1945 bis 1985, Paderborn/Gütersloh 2001.

Rosenzweig, Franz, Der Mensch und sein Werk. Gesammelte Schriften, Band 1, Den Haag 1979.

Schäfer, Peter, Bar Kokhba and the Rabbis, in: *Ders.* (Hrsg.), The Bar Kokhba War Reconsidered (Texts and Studies in Ancient Judaism 100), Tübingen 2003, 1–22.

Scholem, Gershom, Zum Verständnis der messianischen Idee im Judentum, in: *Ders.*, Judaica, Frankfurt 1963, 7–74.

Stemberger, Günter, Art. Messias/Messianische Bewegungen. II. Judentum, in: TRE XXII (1992) 622–630.

Strauss, Hans, Messianisch ohne Messias (EHS.T 232), Frankfurt 1984.

Ders., Art. Messias/Messianische Bewegungen I. Altes Testament, in: TRE XXII (1992) 617–621.

Waschke, Ernst-Joachim, Der Gesalbte. Studien zur alttestamentlichen Theologie (BZAW 306), Berlin u. a. 2001.

Ders., Art. Messias/Messianismus. II. Altes Testament, in: RGG^4 5 (2002) 1144–1146.

Ders., Art. Messias, in: WiBiLex (www.bibelwissenschaft.de/wibilex; letzter Zugriff 31.3.2010).

Wiesel, Eli, Alle Flüsse fließen ins Meer, Hamburg 1995.

Dies., Zum Geleit. Kultur allein ist nicht genug, in: *R. Boschki/D. Mensik* (Hrsg.), Kultur allein ist nicht genug, Münster 1998, 38–46.

Wissmann, Felipe Blanco, „Er tat das Rechte…“. Beurteilungskriterien und Deuteronomismus 1 Kön 12–2 Kön 25 (AThANT 93), Zürich 2008.

Wolfson, Elliot R., Open Secret. Postmessianic Messianism and the Mystical Revision of Menahem Mendel Schneerson, New York 2009.

Yarbro-Collins, Adela/Collins, John J., King and Messiah as Son of God. Divine, Human, and Angelic Messianic Figures in Biblical and Related Literature, Grand Rapids 2008.

Zenger, Erich, Die deuteronomistische Interpretation der Rehabilitierung Jojachins, in: BZ 12 (1968) 16–30.

Ders., Jesus von Nazaret und die messianischen Hoffnungen des alttestamentlichen Israel, in: *U. Struppe* (Hrsg.), Studien zum Messiasbild im Alten Testament (SBAB 6), Stuttgart 1989, 23–66.

Ders., Heilige Schrift der Juden und der Christen. Die Bedeutung der Bibel Israels für christliche Identität, in: *Ders. u. a.*, Einleitung in das Alte Testament (Kohlhammer Studienbücher Theologie 1,1), 7., durchgesehene und erweiterte Auflage, Stuttgart 2008, 11–21.

Die gespaltene Einheit des Gottesvolkes

Volk Gottes als biblische Kategorie im Kontext des christlich-jüdischen Gesprächs

In der Kirchenkonstitution des II. Vatikanischen Konzils (Lumen Gentium) ist der Begriff des Gottesvolkes als Bezeichnung für die Kirche wieder verstärkt in ekklesiologischen Aussagen aufgenommen worden. Die Texte sprechen vom heiligen, messianischen oder neuen Volk Gottes (vgl. LG 9–16). Bei dieser Aufnahme haben die Konzilsväter es zum Nutzen des großökumenischen Dialogs bewusst vermieden, eine völlige Identität zwischen der Größe Volk Gottes und der konkreten (römisch-katholischen) Kirche auszusagen. Dem universalen Heilswillen Gottes entsprechend wird Volk Gottes als eine universale Größe bestimmt, zu der alle Menschen gerufen werden (vgl. LG 13) und deren Haupt Christus als „inkarnatorisch vermittelte Unmittelbarkeit zu Gott"[1] ist (vgl. LG 9). Zwischen der katholischen Kirche, in der die Kirche Christi „subsistiert" (vgl. LG 8) und die in dazu analoger Weise Volk Gottes „ist", und den übrigen Kirchen und kirchlichen Gemeinschaften besteht „in vielfacher Hinsicht eine ‚*Verbindung*' (coniunctio) oder ‚communio' innerhalb des Volkes Gottes"[2] (vgl. LG 15), während die nichtchristlichen Gemeinschaften, insbesondere aber die Juden, auf verschiedene Weise auf das Gottesvolk *hingeordnet* sind (vgl. LG 16).[3] Gerade die letzte Aussage bestätigt, dass in der Ekklesiologie einer der Brennpunkte eines Verhältnisses der Christen zu ihren älteren Geschwistern, den Juden, angesprochen ist. Der Rede vom „Volk Gottes" kommt damit eine besondere Bedeutung zu. Wenn richtig ist, dass „jede Aussage über Israel eine Aussage über die Kirche impliziert, und – was Christen oft verdrängen –, dass jede Aussage über die Kirche auch eine Aussage über Israel enthält"[4], dann gilt das in gleicher Weise auch für Aussagen über das Volk Gottes: Jede Aussage über das Volk

[1] *Breuning*, Kirche (1987), 21.
[2] *Kehl*, Kirche (1992), 414.
[3] Zur Volk Gottes-Rezeption im II. Vatikanum vgl. *Rahner*, Gottesvolk (1969), 1196–1200; nahezu identisch mit *Ders.*, Volk (1982), 65–68; *Breuning*, Kirche (1987); *Kehl*, Kirche (1992), 411–430; *Wiedenhofer*, Kirchenverständnis (1992), 167–169.188–191; *Klinger*, Volk (1992), 305–319 und *Vorgrimler*, Volk-Gottes-Theologie (1993), 67–72. Nur am Rande sei erwähnt, dass von den drei oben erwähnten Attributen – heilig, messianisch und neu – nur das erste im biblischen Sprachgebrauch einen Rückhalt hat.
[4] *Frankemölle*, Entstehung (1992), 71.

Gottes impliziert auch eine Aussage über das Judentum. Ebenso wie andere biblisch grundgelegte ekklesiologische Begriffe – etwa Gemeinde, Kirche oder der in ekklesiologischem Kontext problematische Begriff „Israel“ – verweist der Begriff „Volk“ auf die historische Verbindung des Christentums zum Judentum. Welche Folgen ergeben sich in dieser Hinsicht aus der ekklesiologischen Rede vom Volk Gottes im II. Vatikanum? Unbezweifelbar ist eine klassische Substitutionstheologie, in der das „alte Volk Gottes“ durch das von Christus versammelte „neue Volk Gottes“ vollständig abgelöst worden wäre, nach dieser Konzeption theologisch nicht mehr vertretbar; abgesehen davon, dass eine solche Position nur bei erheblicher Selektion innerhalb des biblischen Befundes zu begründen wäre.[5] Sind aber die Juden nach dem oben skizzierten Modell noch „Volk Gottes“? Ohne Zweifel muss an dieser Aussage *in positiver Form* festgehalten werden, auch wenn in LG 16 bezogen auf das Judentum nur von einer „Hinordnung“ auf das Gottesvolk gesprochen wird, nicht aber den Juden der Status, Gottes Volk *geblieben* zu sein, *explizit* zugesprochen wird. Dies liegt einerseits an dem Konzept der gestuften Kirchenzugehörigkeit, andererseits sowohl an dem betonten Festhalten an der Einheit *und* Einzigkeit der Gottesvolk-Vorstellung als universaler Größe (LG 13), als auch an dem damit verbundenen messianisch-eschatologischen Charakter dieser Größe.[6] Sowohl LG 9 wie LG 16 und nicht zuletzt NA 4 erwähnen ausdrücklich die bleibende und unwiderrufliche Erwählung des jüdischen Volkes, „dieses seiner Erwählung nach um der Väter willen so teure Volk“ (LG 16 in Anlehnung an Röm 11,28). In der Konsequenz dieser Aussagen scheint es geboten, von Juden bleibend und „Grund-legend“ als Gottesvolk zu sprechen, wie dies inzwischen auch nachkonziliare Dokumente des Dialogs[7] und vor allem Papst Johannes Paul II. in seiner vielbe-

[5] „Gewiss ist die Kirche das neue Volk Gottes, trotzdem darf man die Juden nicht als von Gott verworfen oder verflucht darstellen“ (Nostra Aetate 4).

[6] Die beiden letztgenannten Aspekte werden allerdings nicht in allen Konzilsaussagen voll und ganz durchgehalten. So finden sich neben der universal weiten Füllung auch Aussagen, die eher an eine vorausgesetzte Identität von „Leib Christi“ und „Volk Gottes“ denken lassen. Hier erscheint das „Volk Gottes“ dann nicht nur auf sein Haupt Christus hingeordnet, sondern (ausschließlich) identisch mit den Christusgläubigen (vgl. AG 1; PO 2,4 u. ö.). Vgl. in Konsequenz dazu auch die Vorstellung unterschiedlich weiter Bestimmungen des Gottesvolk-Gedankens bei *Rahner*, Gottesvolk (1969).

[7] Die Aussagen zum Volk Gottes sind gut auffindbar über das Stichwortregister der Dokumentensammlung von *Rendtorff/Henrix*, Kirchen (^{2}1989), nach deren Zählung im Folgenden alle Dokumente angegeben sind. Die Auswahl der Stellungnahmen beschränkt sich auf katholische Dokumente. Zu Aussagen der evangelischen Kirche sei auf den „Kommentar“ zu der Dokumentensammlung von Rendtorff verwiesen (*Rendtorff*, Gott [1989]), der mehrfach das Augenmerk auf Volk-Gottes-Aussagen

achteten Ansprache vor dem Zentralrat der Juden und der Rabbinerkonferenz in Mainz getan haben: „Die erste Dimension dieses Dialoges, nämlich die Begegnung zwischen dem Gottesvolk des von Gott nie gekündigten Alten Bundes und dem des Neuen Bundes, ist zugleich ein Dialog innerhalb unserer Kirche, gleichsam zwischen dem ersten und zweiten Teil ihrer Bibel".[8] Schon der Sprachgebrauch zeigt die gestiegene Sensibilität angesichts des beginnenden christlich-jüdischen Dialogs. Neben der Konzilsformulierung vom „Volk des neuen Bundes" (NA 4) spricht der Papst im Anschluss an Röm 11,1.29 vom „Gottesvolk des nie gekündigten Alten Bundes". Gibt es folglich zwei Gottesvölker, die gleichzeitig nebeneinander existieren?[9] Ein solches Modell gerät automatisch in Konflikt mit den Konzilsaussagen, in denen *Einheit und Einzigkeit* des Gottesvolk-Konzepts betont werden.[10] Bleibt man bei dem Modell eines einzigen Gottesvolkes, so kommt man unter Wahrung der Aussage, dass Juden Gottesvolk *sind und bleiben,* zu der Vorstellung von der „gespalteten Einheit" des Gottesvolkes.

In diesem sogenannten Schisma-Konzept[11] bilden Juden und Christen im Anschluss an das Ölbaumgleichnis in Röm 11[12] eine auseinandergebrochene komplementäre Einheit. Betont wird dabei die Aufgabe beider Teile, die erst eschatologisch erreichbare Voll-

und deren Tragweite richtet. Vgl. zur Rede von zwei Völkern in katholischen Dokumenten z. B. die Hinweise für eine richtige Darstellung von Juden und Judentum der Kommission für die religiösen Beziehungen zum Judentum von 1985 (K.I.31), die Pastoralkommission Österreichs von 1982 (K.II.26) oder die Synode 72 des Bistums St. Gallen von 1974 (K.II.14) mit der bemerkenswerten Formulierung „Gott steht auch heute noch zu seinem ersten Bundesvolk".

8 Ansprache vom 17.11.1980 (K.I.23).

9 Die Rede des Papstes von 1980 bleibt im Hinblick auf die gespaltene Einheit des Gottesvolkes ambivalent. Während das Zitat von zwei Gottesvölkern redet, ohne deren Einheit explizit zu thematisieren, kehrt der Papst am Schluss seiner Rede in einer Doxologie zur Einzigkeit zurück: „ER, der uns alle zu seinem Volk erwählt: Sein Name sei gepriesen!".

10 Vgl. neben LG 13 z. B. auch die Richtlinien der Erzdiözese von Los Angeles (K.II.24).

11 Vgl. dazu den Überblick bei *Zenger*, Israel (1991), 105. Vgl. zu Vertretern dieses Schisma-Konzepts neben der dort zitierten Position aus dem „Bristol-Report" von 1967 (E.I.10, dazu auch *Rendtorff*, Gott [1989] 50f) auch die Erklärung der Französischen Bischofskonferenz von 1973 (K.II.10) oder die Intervention von Kardinal Etchegaray 1983 in Rom (K.II.28): „Auch müssen wir den am Beginn liegenden Bruch zwischen Israel und der Kirche als das erste Schisma, als den ‚Prototyp der Schismen' (Claude Tresmontant), im Schoß des Gottesvolkes betrachten".

12 „Die Kirche kann demnach nicht anders verstanden werden denn als ‚Mitteilhaberin an der Wurzel' (vgl. Röm 11,17), sie stellt nicht ein neues, sondern das ‚erweiterte Volk Gottes dar, das zusammen mit Israel das eine Volk Gottes bildet' – auch wenn dies von einem nichtchristusgläubigen Juden so nicht geglaubt werden kann", *Frankemölle*, Entstehung (1992), 76 mit Zitat von F. Mußner.

form der Einheit des Gottesvolkes schon jetzt anzustreben. Obwohl das Schisma-Konzept wertvolle Implikationen für den Dialog zwischen Kirche und Judentum hat, bereitet es genau an dem Punkt Probleme, wo es der Kontinuität zu stark den Vorzug vor der Diskontinuität gibt: Es hat die Schwierigkeit, die aktuell anzustrebende Einheit inhaltlich unter Wahrung der Eigenheiten sowohl jüdischer *wie* auch christlicher Theologie näher zu bestimmen. Denkt man diese Einheit nun im Sinn des Konzils „christozentriert“ als Hinordnung auf Christus mit einer Identifikation der Größe Volk Gottes mit der Universalkirche, dann kann dies ein jüdischer Gesprächspartner nicht akzeptieren.[13] Unter der Voraussetzung der Aussagen des Konzils gerät man also – wie mit den Begriffen Bund oder Heilsweg auch – mit dem Gottesvolk-Konzept im christlich-jüdischen Gespräch fast unweigerlich in Aporien.[14] In der neueren Diskussion ist daher der Begriff „Volk Gottes“ als mögliche Leitkategorie einer Verhältnisbestimmung von Erich Zenger in Frage gestellt worden. Gerade aus der Perspektive des Ersten Testaments sei der Begriff so Israel-zentriert, dass er weder als Oberbegriff einer Verhältnisbestimmung noch als Grundbegriff einer Ekklesiologie tauge.[15] Auf diese Problematisierung des Volk-Gottes-Begriffs im Kontext des christlich-jüdischen Gesprächs ist am Schluss dieses Beitrags noch einmal zurückzukommen. Im Folgenden sollen nun einige Aspekte der Gottesvolk-Vorstellung des Ersten/Alten Testaments vorgestellt werden, um über die Juden und Christen gemeinsame Schrift selbst eine Orientierung in der Problematik der hier skizzierten neueren Diskussion zu ermöglichen. Weder können und sollen dabei Problemlösungen geboten werden, noch kann die ganze Breite der Gottesvolk-Aussagen hier zur Sprache kommen.[16]

[13] Unter anderem scheint es auch in Hinblick auf das christlich-jüdische Gespräch theologisch geboten, die Grunddimension, den Ausgangs- und eschatologischen Zielpunkt (vgl. 1 Kor 15,28) einer Ekklesiologie trinitarisch zu formulieren, wie es z. B. auch Lumen Gentium Art. 4 explizit tut. Vgl. zur trinitarischen Grundstruktur auch *Breuning*, Kirche (1987), 15–22; *Wiedenhofer*, Kirchenverständnis (1992), 182f; *Kehl*, Kirche (1992), 63–103.

[14] Vgl. dazu auch die Formulierung der Studie „Christen und Juden“ vom Rat der Evangelischen Kirche 1975 (E.III.19): „Der Konflikt über die Zugehörigkeit zum Volk Gottes hat das Verhältnis von Juden und Christen durch die Jahrhunderte hindurch aufs schwerste belastet. Bis heute verbindet sich damit die Frage, ob der Anspruch der einen, Volk Gottes zu sein, den gleichen Anspruch der anderen ausschließen müsse.

[15] Vgl. *Zenger*, Israel (1991), 107.

[16] Insbesondere die in letzter Zeit mehrfach behandelte Frage einer sog. alttestamentlichen Ekklesiologie wird hier vernachlässigt. Dafür sei vor allem auf die Beiträge in dem in Anm. 1 genannten Sammelband „Unterwegs zur Kirche“ hingewiesen. Ferner: *Füglister*, Strukturen (1972), 23–99, *Fabry*, Gottesvolk (1989), 7–

Die beiden Hauptbegriffe für Volk im Alten Testament

Geht man einmal die Stellen durch, die in den alttestamentlichen Texten vom Volk oder von Völkern reden, so fällt zunächst auf, dass das Erste/Alte Testament hauptsächlich zwei Begriffe für die übergeordnete Großgruppenbezeichnung „Volk" verwendet, nämlich *'am* und *gôy*.[17] Der erstgenannte, häufiger verwandte Begriff[18] ist von seiner Grundbedeutung her ein Verwandtschaftsbegriff und bezeichnet ursprünglich den Onkel väterlicherseits. Diese Bedeutung von *'am* ist jedoch im AT nur noch in Personennamen zu greifen, etwa in Amminadab „Mein Onkel war freigiebig" (Rut 4,19), Ammisabad „Mein Vatersbruder schenkte" (1 Chr 27,6) oder Ammihud „Mein Onkel ist Hoheit" (Num 1,10 u. ö.).[19] Auf einer zweiten Ebene bezeichnet *'am* die Verwandtschaft oder die Sippe, wie etwa in der Begräbnisformel „er starb und wurde mit seinen Vorfahren (*'ammāyw*) vereint"[20] oder in der Straf- und Bannformulierung „er soll aus seinem Verwandtschaftskontext ausgeschlossen werden".[21] Schließlich

31; *Rost*, Vorstufen (1938); *Stendebach*, Versammlung (1984), 211–224; *Preuss*, Theologie (1991), 54–63. Vgl. zum Thema Gottesvolk im Horizont biblischer Theologie das unter dem Titel „Volk Gottes, Gemeinde und Gesellschaft" stehende JBTh 7 (1992) sowie den Sammelband von *Meinhold/Lux*, Gottesvolk (1990). Zum Gottesvolk im AT vgl. ferner *Macholz*, Verständnis (1970), 169–187; *Schmidt*, Volk Gottes (1987), 19–32.

17 Die außer *gôy* und *'am* weit seltener verwendeten Begriffe *le'om/le'ûmmîm* „Volk, Völker" und *'ummāh* „Stamm, Völkerschaft" können hier vernachlässigt werden, vgl. dazu den Überblick bei *Preuss*, Art. לאם *le'om* (1984), 411–413.

18 Vgl. zum Folgenden *Hulst*, Art. עם/גוי *'am/gōj* (1984), 290–325; *Lipinski*, Art. עם *'am* (1989), 177–194; *Lohfink*, Beobachtungen (1971), 275–305.

19 Ein weiteres Beispiel, in dem *'am* einen nahestehenden Verwandten bezeichnet, ist die Namengebung am Schluss der Erzählung von den Töchtern Lots (Gen 19,30–38). Aus der nächtlichen Verbindung mit dem Vater gehen zwei Söhne, die Stammväter der Moabiter und Ammoniter, hervor. Das Kind der älteren Tochter bekommt den Namen Moab „vom Vater (gezeugt)" und der Sohn der jüngeren den Namen Ben-Ammi „Sohn meines Vaterbruders/meines engen Verwandten". Die Erzählung von den Töchtern Lots fungiert so als despektierliche Namensätiologie für die Bruderstaaten Israels, Moab und Ammon.

20 Vgl. Gen 25,8.17; 35,29; 49,29.33; Num 20,24; 27,13; 31,2; Dtn 32,50. Die Wendung ist parallel zu einer anderen Umschreibung für das Sterben und Begraben-Werden, „sich zu den Vätern legen" oder „sich zu den Vätern versammeln", vgl. Gen 47,30; Dtn 31,16; Ri 2,10; 2 Sam 7,12; 1 Kön 14,31; 15,24; 22,51; 2 Kön 8,24; 9,28 u. ö.

21 Vgl. z. B. Gen 17,14; Ex 30,33.38; 31,14; Lev 7,20f; 17,9; 19,8; 23,29; Num 9,13. An diesen Stellen wird *'am* im Plural verwandt und kann kaum eine Völkergemeinschaft bezeichnen. Ambivalent bleiben die Stellen, wo die genannte Bannformel im Singular verwandt ist (vgl. etwa Lev 17,4.10; 18,29; 20,3.5.6; Ez 14,8f) und auch den Ausschluss aus dem Volk Israels bzw. der kultischen Versammlung der Gemeinde Israels bedeuten kann.

bezeichnet *'am* als dritte Möglichkeit am häufigsten eine nicht durch Blutsverwandtschaft konstituierte Großgruppe, die zum großen Teil mit unserem Begriff „Volk“ wiedergegeben werden kann (z. B. „Volk Israels“, „Volk der Ägypter“ oder einfach „die Völker“ usw.), jedoch nicht notwendig mit einer politisch oder national strukturierten Organisationsform (Staat, Nation) identisch sein muss So kann *'am* außer dem Volksganzen auch die Bevölkerung einer Stadt bezeichnen[22] oder aber nur eine Gruppe innerhalb des Volksganzen. So etwa das „Volk der Armen“ in Jer 39,10 (vgl. ähnlich auch Ps 18,28/ 2 Sam 22,28) oder der *'am ha'ᵃreṣ* „das Volk des Landes“ als Bezeichnung der grundbesitzenden Oberschicht eines Landes[23] oder auch *'am* als Bezeichnung der kämpfenden Truppe oder des Heerbanns.[24] Der zweite Begriff, mit dem im AT ein Volk bezeichnet wird, ist *gôy.*[25] Ihm fehlen im Unterschied zu *'am* die Konnotationen eines Verwandtschaftsbegriffs, *gôy* tendiert weit mehr zu der Bedeutung „Nation“, wenn man ihn auch nicht ausschließlich auf die Facetten eines territorial und national verfassten und politisch eigenständig organisierten Volkes engführen kann. Im Unterschied zu *'am* kann mit *gôy* nicht eine Teilgruppe des Volkes bezeichnet werden. Im AT findet sich der Terminus sehr häufig im Plural als Bezeichnung der Völker im Unterschied zu dem *'am* Israel, obwohl auch Israel als *gôy* bezeichnet werden kann.[26] *gôy* ist der zentrale Begriff in den Verheißungstexten, in denen den Erzvätern eine große Nachkommenschaft und deren Anwachsen zu einer Nation zugesagt wird:

> YHWH sprach zu Abram: Zieh weg aus deinem Vaterhaus in das Land, das ich dir zeigen werde. Ich werde dich zu einem großen Volk machen, dich segnen und deinen Namen groß machen. Ein Segen sollst du sein. Ich will segnen, die dich segnen, wer dich verwünscht, den will ich verfluchen. Durch dich sollen alle Geschlechter der Erde Segen erlangen. (Gen 12,1–3)[27]

[22] „Volk“ von Jerusalem (vgl. 2 Chr 32,18), von Gomorra (Jes 1,10) oder von Betlehem (vgl. Rut 3,11; 4,4.9.11).

[23] Vgl. etwa Gen 23,7.12f; 2 Kön 11,14.18.20; 15,5; 23,35; Jer 1,18; 34,19; 37,2; 44,21; Ez 7,27; 22,29 u. ö. Der *terminus technicus 'am ha'ᵃreṣ* kann allerdings auch die Gesamtbevölkerung eines Landes bezeichnen, vgl. z. B. 2 Kön 25,3; Ez 39,13; Hag 2,4 u. ö.

[24] Vgl. etwa Num 20,20; 21,33 „Krieger“; Jos 8,3.5; 11 „Kriegsvolk“; Ri 5,11.13; 2 Sam 1,12 „Heerbann YHWHs“.

[25] Vgl. dazu *Clements*, Art. גוי *gôy* (1973); *Hulst*, Art. גוי/עם (1984).

[26] Vgl. z. B. Ex 19,6; Jes 60,22; Ez 35,10; Ps 106,5 u. ö.

[27] Vgl. Verheißungstexte Gen 17,20; 18,18; 21,18; 46,3 und ferner Gen 17,4.6; 35,11; Ex 32,10; Num 14,12; Dtn 4,6.34; 9,14; 26,5.

Auch hier haben wahrscheinlich die obengenannten Konnotationen des Begriffs den Ausschlag für die Wahl anstelle von *'am* gegeben. Israel soll (wieder) zu einem territorial verankerten, national verfassten und politisch eigenständig organisierten Verband, zu einer Nation unter anderen Nationen werden.[28] Zwar sind die hier genannten Unterschiede zwischen den Begriffen *'am* und *gôy* in vielen Fällen deutlich[29], beide Termini werden jedoch auch einfach synonym und ohne die jeweiligen Konnotationen gebraucht.[30] Als wesentlicher Unterschied bleibt jedoch trotz teils synonymer Verwendung die Verwendungsmöglichkeit als Relationsbegriff. Soll „das Volk" zu einer dritten Größe in eine enge Beziehung gesetzt werden, etwa als „mein Volk" oder „ihr Volk", wird nie *gôy,* sondern immer *'am* verwandt. Dies trifft auch für die Fälle zu, in denen die Beziehung zwischen Gott und seinem Volk zum Ausdruck kommt, also die Gottesvolk-Thematik angesprochen ist. Es wird so gut wie nie gesagt, dass Israel Gottes *gôy* ist[31], jedoch häufiger vom *'am YHWH,* vom Volk YHWHs gesprochen.[32]

Israel als Familie YHWHs

Im Hinblick auf eine weitere Differenzierung lohnt es sich, bei der Rede „Volk Gottes" im Ersten/Alten Testament etwas genauer hinzuschauen. Obwohl im AT oft nicht zwischen Gottesname (dem Tetragramm YHWH) und Gottesbezeichnung (*'ælohîm* „Gott") unterschieden wird, findet sich die exakte Entsprechung zu dem Ausdruck „Volk Gottes" nur in zwei Belegen, in Ri 20,2 und 2 Sam 14,13. Es

[28] Vgl. dazu die Ausführungen zur Priesterschrift von *Cross,* Hoffnung (1987), 88–98, und von *Fuhs,* Volk (1987), 156f.

[29] Zwei (relativ späte) Beispiele, in denen scheinbar bewusst mit den Konnotationen der beiden Begriffe gespielt wird und *gôy* betont auf den Status der politischen Eigenständigkeit und Nationalität abhebt: In Jer 33,24–26 geht es um die Frage des Status für das zerschlagene Volk: „Das Wort des Herrn erging an Jeremia: Hast du nicht bemerkt, was diese Leute reden: ‚Die beiden Stammesverbände, die YHWH erwählt hatte, hat er verworfen'. Und sie schmähen mein Volk (*'am*), so dass es kein Volk (*gôy*) mehr ist in ihren Augen" (Jer 33,24). Ähnlich Ps 83,4f: „Gegen dein Volk (*'am*) ersinnen sie lästige Pläne und halten Rat gegen die, die sich bei dir bergen. Sie sagen ‚Wir wollen sie ausrotten als Volk (*gôy*). An den Namen Israels soll niemand mehr denken'".

[30] Vgl. z. B. Dtn 4,6.27; Ex 33,13; Jer 33,24; Zef 2,9, vgl. auch Jes 2,1–5 mit Mi 4,1–5 u. ö.

[31] Einzig in Ps 106,5 und Zef 2,9 wird von Israel als „mein" bzw. „dein", also YHWHs *gôy* gesprochen.

[32] Insgesamt sind es etwa 350 der 1850 Belege von *'am,* die vom „Volk YHWHs" oder von „meinem, deinem, seinem" Volk in Bezug auf YHWH reden, vgl. die aufgeschlüsselten Belege bei *Lohfink,* Beobachtungen (1971), 276.

ist auch nie vom „Volk des/meines Herrn“ oder vom „Volk Schaddais“ die Rede[33], sondern vom Volk Gottes wird als dem Volk YHWHs gesprochen. Diese Besonderheit der Konzentration auf den Gottesnamen deutet bereits an, dass hier das außergewöhnliche, personale und durch Erwählung konstituierte Verhältnis zwischen Gott und seinem Volk zum Ausdruck gebracht wird. Eine weitere Besonderheit ist, dass vom Volk YHWHs besonders häufig in den Prophetenbüchern und in den Psalmen die Rede ist und dass „mehr als zwei Drittel aller Belege ... in Jahwerede, Rede im Namen Jahwes oder Gebetsanrede an Jahwe“[34], d. h. in einer Sprechsituation des Dialogs stehen. In vielen Fällen schlägt der Verwandtschaftsbezug des Begriffes noch durch: Das Volk ist YHWHs Familie, die Gruppe, um die er sich in außergewöhnlicher Weise wie um die eigene Verwandtschaft kümmert. Dies kommt deutlich in der Exoduserzählung zum Ausdruck, in der, wenn man den narrativen Faden des Pentateuchs vom Anfang der Genesis an verfolgt, zum ersten Mal von „YHWHs Familie“ ausdrücklich die Rede ist. Am Beginn des Exodusbuches werden die Israeliten als „(Volk der) Söhne Israels“ (1,7.9) bezeichnet[35], ohne dass ausdrücklich gesagt würde, dass die Israeliten Gottesvolk YHWHs sind. Erst in der Erzählung von der Offenbarung des YHWH-Namens am Gottesberg wird die Beziehung zwischen YHWH und dem Volk der Israeliten im Text, zunächst für Mose im Rahmen der Beauftragung, hergestellt[36]: „Ich habe das Elend *meines Volkes* in Ägypten gesehen …“ (Ex 3,7; vgl. Ex 3,10: „… führe *mein Volk,* die Kinder Israels, aus Ägypten heraus“). Durch Mose und Aaron wird diese Zusage dann indirekt in Ex 4,30 für das ganze Volk

[33] Einzig einmal wird vom „Volk des Gottes Abrahams“ in Ps 47,10 gesprochen.

[34] *Lohfink,* Beobachtungen (1971), 280.

[35] In Ex 1, dem Gelenkstück zwischen den Vätererzählungen der Genesis, die in der Josefsgeschichte enden, und der Exodusgeschichte, weitet sich die Bezeichnung „Söhne Israels“ von einem wörtlichen Verständnis zu einer Bezeichnung für das Volk. Zuerst sind in Ex 1,1–3 im wörtlichen Sinne die Söhne des Stammvaters Jakob/Israel gemeint („Das sind die Söhne Israels, die nach Ägypten gekommen waren …: Ruben, Simeon usw.“). In Ex 1,7 sind dann mit dem Ausdruck „Söhne Israels“ nach dem Tod der Jakobssöhne deren Nachkommen i. S. einer Kollektivbezeichnung der Israeliten gemeint („Die Kinder Israels aber waren fruchtbar und wimmelten, sie mehrten sich und wurden äußerst zahlreich und das Land füllte sich mit ihnen an“). Schließlich wird in der Rede des Pharao die Volkwerdung vollendet, wenn dieser in Ex 1,9 von dem „Volk der Kinder Israels“ spricht und dieses „seinem Volk“, den Ägyptern gegenüberstellt.

[36] Ex 2,25 bildet da keine Ausnahme, obwohl es dort heißt „Gott blickte auf die Söhne Israels und gab sich ihnen zu erkennen“. Trotz der „Zuwendung Gottes“ wird hier weder der Name YHWH genannt, noch werden die „Söhne Israels“ als sein Volk bezeichnet. Dies ist der Offenbarung des YHWH-Namens gegenüber Mose in Ex 3 vorbehalten.

nachgeholt.[37] Dadurch, dass YHWH sich nicht „der Israeliten“ oder „des Volkes“ annimmt, sondern „seiner Familie der Kinder Israels“, wird das besondere Verhältnis zwischen Israel und YHWH, die Erwählung ausgedrückt, die die Errettung motiviert.[38] YHWH ist der nahe Verwandte, der Löser (*go'el*) der sein Volk/seine Familie in verwandtschaftlicher Solidarität aus der Sklaverei freikauft.[39] Ähnlich deutlich ist der Verwandtschaftskontext in den Aussagen zur Gotteskindschaft der Israeliten, in denen das Volk Israel als Kind YHWHs vorgestellt wird.[40] Das Verwandtschaftsverhältnis zwischen YHWH und seinem Volk führt aber nicht nur zur besonderen Fürsorge Gottes „für seine Familie“, sondern kann auch zur Motivation für das Handeln Israels angeführt werden, was deutlich in Dtn 14,1 aufscheint:

> Ihr seid Kinder YHWHs, eures Gottes, darum sollt ihr euch keine Einschnitte machen und keine Stirnglatze für einen Toten schneiden. Denn ein heiliges Volk bist du für YHWH, deinen Gott. Dich hat YHWH ausgewählt, damit du ihm zum persönlichen Eigentumsvolk unter allen Völkern der Erde seist.

Israel ist als Erwählungskollektiv „heiliges Volk für YHWH“ und soll so handeln, dass es dieser Heiligkeit entspricht.[41] Insbesondere in dem hier durch Dtn 14,1f angesprochenen deuteronomisch/deuteronomistischen Literaturbereich ist mit dem Israel zukommenden Vorzug, Volk YHWHs zu sein, zugleich ein Anspruch verbunden.[42] Am

[37] Vgl. Ex 5,1 für die Vermittlung gegenüber dem Pharao.

[38] Vgl. die ähnliche Verwendung des Volksbegriffs in Rettungsankündigungen in 1 Sam 9,16; 2 Sam 3,18; 2 Sam 7,10f und besonders in Fürbittkontexten, in denen YHWH zur Motivation daran erinnert wird, dass Israel doch „sein Volk“ ist und er durch sein rettendes und heilendes Handeln einschreiten soll bzw. sein Strafhandeln nicht ausführen soll, vgl. Ex 32,11–14; 33,13.16; Dtn 9,26.29; 1 Kön 8,50f; Jes 64,8; Joel 2,17f; Ps 80,5

[39] Zur Vorstellung von Gott als Löser (vgl. zum Vorstellungshintergrund der Löserinstitution Lev 25), der als naher Verwandter sein Volk freikauft bzw. erlöst, im Zusammenhang der Befreiung aus Ägypten vgl. z. B. Ex 6,6; 15,13; Ps 77,16; 106,10 und vor allem YHWH als Löser (*go'el*) bei dem „Propheten der vertrauensbildenden Maßnahmen“, dem Exilspropheten Deuterojesaja. YHWH ist der Gott, der das von ihm geschaffene Volk aus der Not der Gefangenschaft wie ein solidarisch handelndes Familienmitglied auslöst bzw. befreit, vgl. z. B. Jes 43,14–21; 41,14; 43,1; 44,22f; 48,17; 49,7f.26; 52,2–6; 54,8.

[40] Vgl. z. B. Dtn 1,31; 32,5–7.19; Jes 1,2–4; Jer 3,19; 31,9; Hos 11,1.

[41] Zu weiteren Belegen für Israel als heiliges Volk, vgl. Ex 19,3b–8; Dtn 7,6; 14,21; 26,19; 28,9 (s. dazu u. Anm. 42) und das Heiligkeitsgesetz (Lev 17–26) mit der mehrfachen Betonung des Programms „Seid heilig, denn ich YHWH, euer Gott, bin heilig“ (Lev 19,2). Vgl. zu Israels Heiligkeit *Fuhs,* Heiliges Volk (1987).

[42] Die vielgestaltige (natürlich auch diachron gewachsene) Rede vom „Volk YHWHs“ gehört neben dem damit eng verbundenen Ausschließlichkeitsanspruch YHWHs zu den Hauptthemen der deuteronomisch-deuteronomistischen Theologie.

deutlichsten kommt dies in der Bundestheologie des Dtn zum Ausdruck: YHWH geht mit Israel einen Bund am Sinai/Horeb (im Rückblick Dtn 26,17–19) bzw. im Land Moab (vgl. Dtn 29,11–14) auf der Basis des göttlichen Dekalogs (Dtn 5) und der mosaischen Rechtssatzungen und Rechtsentscheide (Dtn 12–26) ein:

Heute, an diesem Tag, verpflichtet dich der Herr, dein Gott, diese Gesetze und die Rechtsvorschriften zu halten. Du sollst auf sie achten und sie halten mit ganzem Herzen und mit ganzer Seele. Heute hast du der Erklärung zugestimmt. Er hat dir erklärt: Er will dein Gott werden, und du sollst auf seinen Wegen gehen, auf seine Gesetze, Gebote und Rechtsvorschriften achten und auf seine Stimme hören. Und der Herr hat heute deiner Erklärung zugestimmt. Du hast ihm erklärt: Du möchtest das Volk werden, das ihm persönlich gehört, wie er es zugesagt hat. Du willst auf alle seine Gebote achten; er soll dich über alle Völker, die er geschaffen hat, erheben – zum Lob, zum Ruhm, zur Zierde –; und du möchtest ein Volk werden, das ihm, dem Herrn, deinem Gott, heilig ist, wie er es zugesagt hat. (Dtn 26,16–19)[43]

YHWH macht Israel zu seinem Volk auf der Grundlage der Selbstverpflichtung Israels, an ihm und seinen Geboten festzuhalten. Es ist wichtig zu sehen, dass die „Volkwerdung" und „Heiligung" nicht Leistung Israels, sondern im „Heute" eingeholte Zusage YHWHs („wie er es zugesagt hat") ist, die mit der Bundesverpflichtung des menschlichen Partners verknüpft wird. „YHWHs heiliges Volk" zu sein ist zugleich Folge wie Vorbedingung der „Leistung" Israels.[44] Die beiden Teile der feierlichen Erklärung von Dtn 26, dass YHWH Israels Gott und Israel YHWHs Volk wird bzw. bleibt[45], sind beides

Zum Gottesvolk im Deuteronomium vgl. immer noch die instruktive gleichnamige Studie von *Rad*, *Gottesvolk* (1929), 28–36. Vgl. ferner *Schreiner*, Volk (1987), 244–262.

[43] Vgl. zu den Voraussetzungen für die hier wiedergegebene Einheitsübersetzung und zur Auslegung *Lohfink*, Dtn 28,17–19 (1969), 517–553.

[44] Anders als Dtn 7,6f (s. dazu u.) oder 14,1f beschreibt Dtn 28,9 den Charakter der Heiligkeit deutlicher konditioniert, obwohl auch diese Formulierung noch ambivalent bleibt (die Übersetzung des hebräischen Textes ist hier vereindeutigend): „Der YHWH wird dich dann (im Segensfall) erstehen lassen als das Volk, das ihm heilig ist, wie er es dir unter der Bedingung geschworen hat, dass du auf die Gebote YHWHs, deines Gottes, achtest und auf seinen Wegen gehst". Noch deutlicher an die Gesetzesobservanz als Bedingung des „Volk-Seins" zurückgebunden ist der dtr beeinflusste Text Ex 19,5f.

[45] Dass Israel YHWHs Volk werden soll, schließt in der feierlichen Proklamation nicht aus, dass Israel nicht schon YHWHs Volk ist. Die beiden Momente des aktuellen „Werdens" und des dauerhaften „Bleibens" rühren von der Anlage des Bundes selbst her. Die Bundesverpflichtung Israels, die Gesetze YHWHs zu halten, ist z. T. erst „im Lande" einzulösen und natürlich nicht punktuell, sondern dauerhaft gefordert. Deutlich werden beide Momente auch in dem Zusatz zum Moabbund, in dem auch die nachfolgenden Generationen in den Bund hineingenommen werden: „Der Herr schließt heute mit dir diesen Bund, um dich heute als sein Volk einzusetzen und dein Gott zu werden, wie er es dir zugesagt hat und deinen Vätern Abraham, Isaak

göttliche Zusagen. Man nennt die hier breiter ausformulierten beiden Elemente „Ich will euer Gott werden, und ihr sollt mein Volk sein" die Bundesformel, die in mehrfacher Variation vor allem im Deuteronomium, im Jeremiabuch und bei Ezechiel vorkommt.[46]

Das in der „Bundesformel" von YHWH verheißene und/oder verwirklichte[47] Gottesverhältnis hat die Zuordnung Israels als Familie YHWHs zum Ziel. Dass auch in der sogenannten „Bundesformel" der Verwandtschaftskontext des Begriffs *'am* als Familie YHWHs durchscheint, zeigen die Formulierungsparallelen, die eine deutlich familiäre Prägung aufweisen. So etwa die Zusage YHWHs an David über seinen Nachfolger Salomo in der Natansweissagung: „Ich will für ihn Vater sein, und er wird für mich Sohn sein" (2 Sam 7,14).[48] Durch das „Ich will euer Gott werden, und ihr sollt mein Volk sein" der „Bundesformel'" wird Israel als Bundespartner angenommen und zu „Kindern Gottes" (vgl. Dtn 14,1) gemacht. Auch außerhalb der hier zitierten Beispiele wird die Bundesformel häufig mit der Forde-

und Jakob geschworen hat. Nicht mit euch allein schließe ich diesen Bund ..., sondern ich schließe ihn mit denen, die heute hier bei uns vor dem Herrn, unserem Gott, stehen, und mit denen, die heute hier nicht bei uns sind" (Dtn 29,11–14, vgl. Dtn 5,3 dtr).

46 Vgl. in der hier wiedergegebenen Vollform mit beiden Gliedern in Ex 6,7; Lev 26,12; Dtn 26,17–19; 29,12; 2 Sam 7,24//1 Chr 17,22; Jer 7,23; 11,4; 24,7; 30,22; 31,1.33; 32,38; Ez 11,20; 14,11; 36,28; 37,23.27; Sach 8,8, vgl. für den zweiten Teil, Israel als Volk YHWHs, auch Ex 19,5; Dtn 4,20; 7,6; 14,2; 27,9; 28,9; 1 Sam 12,22; 2 Kön 11,17; Jer 13,11. Zur Bundesformel und zu den weiteren Belegen vgl. *Smend*, Bundesformel (1963), 11–39; *Lohfink*, Dtn 29,17–19 (1969).

47 Zum Teil sind die Belege Verheißung und Verwirklichung zugleich (vgl. etwa Dtn 26,17–19 mit Dtn 27,9) oder aktualisierend (vgl. etwa Lev 26,12; Dtn 28,9; 2 Kön 11,17; 1 Sam 12,22). Oft beziehen sie sich zurück auf den Exoduszusammenhang (vgl. Dtn 4,20; 2 Sam 7,23f) oder sind prophetisch verheißend und auf die Zukunft ausgerichtet (vgl. Jer 24,7; 30,22; 31,1.33; 32,38; Ez 11,20; 36,28 u. ö.). Ob die sog. Bundesformel einen tatsächlichen „Sitz im Leben" im Kult der Königszeit gehabt hat, bleibt äußerst unsicher. Dass die Formel in den Kontext eines alten Bunderneuerungsfestes gehört, ist unwahrscheinlich. Ob sie ursprünglich dem Bundesschluss unter Joschija (vgl. 2 Kön 22f, dazu *Smend,* Bundesformel [1963]) oder der Königsinvestitur (vgl. 2 Kön 11,17, dazu *Lohfink*, Dtn 26,17–19 [1969]) angehört, bzw. dort ihren Sitz im Leben hatte oder doch ‚nur' einen „Sitz in der Literatur", ausgehend von dem deuteronomisch-deuteronomistischen Traditionsstrom, kann hier dahingestellt bleiben; vgl. zum letzteren z. B. *Levin*, Verheißung (1985), 101–109, der den Ausgangspunkt für die Bundesformel in Jer 7,23 sehen will.

48 Vgl. 1 Chr 17,13; 22,10; 28,6 ebenfalls für Salomo. Vgl. ferner Jer 31,9: „Ich wurde für Israel Vater und Efraim, mein Erstgeborener ist er". Es ist gut möglich, dass diese Formulierungen nicht der „Bundesformel" vorausgehen, sondern sich bereits an die geprägte Wendung anlehnen. Durch ihren familiären Kontext weisen sie aber dennoch darauf hin, dass auch die zweigliedrige „Bundesformel" in diesem Sinn verstanden werden will.

rung zur Gesetzesbeobachtung verknüpft.[49] Bis hierhin ist zunächst einmal festzuhalten, dass, wenn vom Volk YHWHs gesprochen wird, nicht immer, aber dennoch häufig der ursprüngliche Bezug des Volksbegriffes *'am* zum Verwandtschaftskontext assoziiert ist.

Erwählung als bleibendes Grunddatum der Gottesvolk-Vorstellung

In den bisher erwähnten Beispielen ist bereits deutlich geworden, dass das Faktum der Erwählung der ausschlaggebende Punkt für die Konstitution der Größe Israels als „Volk YHWHs" ist. Israel wird nicht aus eigenem Verdienst oder aus freien Stücken zum Volk YHWHs, so als könnte es auch das „Volk Baals" sein, wenn es sich nur für Baal als *den* Gott entscheiden würde.[50] Das erwählende Handeln Gottes bleibt konstitutiv für das besondere Verhältnis zwischen YHWH und Israel. Diese Voraussetzung kommt zum Ausdruck, wenn die Zuordnung Israels zu seinem Gott durch erb- oder besitzrechtliche Kategorien ausgedrückt wird, so etwa, wenn Israel als YHWHs persönliches Eigentumsvolk[51], als YHWHs Anteil[52] oder als Volk seines Erbbesitzes[53] bezeichnet wird. Ein weiteres Beispiel aus dem Deuteronomium bringt diese „Urcharta der Erwählung" am besten zum Ausdruck. In dem wahrscheinlich exilischen Text Dtn 7,1–5 fordert es die radikale Trennung von den Landesbewohnern beim Eintritt in das Kulturland und begründet die fast militante Absonderung von den Völkern mit dem Faktum der Erwählung:

> Denn du bist ein Volk, das dem Herrn, deinem Gott, heilig ist. Dich hat der Herr, dein Gott, ausgewählt, damit du unter allen Völkern, die auf der Erde leben, das Volk wirst, das ihm persönlich gehört. Nicht weil ihr zahlreicher als die anderen Völker wäret, hat euch der Herr ins Herz geschlossen und ausgewählt; ihr seid das kleinste unter allen Völkern. Weil der Herr euch liebt und weil er auf den Schwur

[49] Vgl. *Lohfink*, Dtn 26,17–19 (1969), 218: „Man wird folgern, daß für die ‚Bundesformel' die Verbindung mit dem Motiv des Gesetzesgehorsams Israels wesentlich zu sein scheint, ebenso wie die Verbindung mit dem Motiv des Auszugs aus Ägypten und der Bezug zum Ehe- oder Adoptionsvergleich".

[50] An keiner Stelle findet sich eine derartige Konstruktion, nicht einmal als Anklage oder im *irrealis*.

[51] Privatschatulle, persönliches Eigentumsvolk (*'am s^e^gullah*) in Ex 19,5; Dtn 7,6; 14,2; 26,18; Ps 135,4 und Mal 3,17.

[52] Anteil (*ḥelæq*) in Dtn 32,9 und Sach 2,16.

[53] Erbbesitz *naḥ^a^lāh* als Bezeichnung für die Zugehörigkeit zu YHWH in Dtn 4,20; 9,26.29; 32,9; 1 Kön 8,51.53; Ps 28,9; 33,12 u. ö. Zu weiteren Metaphern für das enge und persönliche Verhältnis YHWHs zu Israel, vgl. *Füglister*, Strukturen (1972), 58.

achtet, den er euren Vätern geleistet hat, deshalb hat der Herr euch mit starker Hand herausgeführt und euch aus dem Sklavenhaus freigekauft, aus der Hand des Pharao, des Königs von Ägypten (Dtn 7,6–8).

Insofern Israel durch die außerordentliche Erwählung und Liebe YHWHs aus der Völkerwelt herausgehoben ist, muss es sich sowohl in kultischen als auch in sozialen Dingen von den Völkern absondern. Israel soll im Lande eine ideale „Kontrastgesellschaft"[54] sein, eine geschwisterliche Gemeinde bilden[55], die den Randgruppen der Gesellschaft Raum zum Leben einräumt, offen für Fremde ist und YHWH – und nur YHWH allein, seinen einzigartigen und einzigen Gott – von ganzem Herzen und von ganzer Seele liebt. Das Deuteronomium wird nicht müde, immer wieder zu betonen, dass YHWH der Gott ist, der Israel befreit hat.[56] Zur Begründung von Rechtsvorschriften verweist es immer wieder auf die Situation der eigenen Sklaverei in Ägypten und die befreiende Rettungstat Gottes im Exodus.[57]

Wer ist „Volk YHWHs" im Ersten Testament?

Was wird nun darüber hinaus an Aussagen und Inhalten mit dem Begriff „Volk YHWHs" verbunden? Ist Volk Gottes eine fassbare soziale oder *nur* eine ideale theologische Größe? *Wer* ist *wann* und mit welchen Implikationen Volk Gottes? Wichtig ist festzustellen, dass es auf diese Fragen nicht *eine* Antwotl gibt. Es gibt nicht eine Essenz von Gottesvolk-Aussagen, die aneinandergereiht *die* Theologie des Gottesvolkes im AT repräsentieren würden. Überwiegend wird im Ersten/Alten Testament die Größe „Volk YHWHs" mit Israel identifiziert, es ist die „wichtigste Selbstbezeichnung Israels".[58] Aber Israel selbst ist im AT keine feste, sondern eine wachsende und wechselnde, zum Teil politisch reale, zum Teil theologisch ideale Größe, und es gibt folglich unterschiedliche Möglichkeiten, diese Größe zu definieren.[59]

[54] Vgl. zu diesem Begriff *Lohfink*, Volkskirche (^{2}1989), 30–47.236 mit der dort Anm. 3–4 genannten Literatur; im Zusammenhang mit Dtn 7 vgl. *Braulik*, Deuteronomium 1–16,17 (1986), 63f.

[55] Vgl. zu diesem Themenkreis *Perlitt*, Volk (1980), 27–52.

[56] Vgl. u. a. die Selbstvorstellung zu Beginn des Dekalogs in Dtn 5,6 oder die Paränese in Dtn 8.

[57] Vgl. u. a. die Selbstvorstellung des Sabbatgebotes in Dtn 5,12–18.

[58] *Zenger*, Israel (1991), 104.

[59] In dem folgenden Überblick liegt der Schwerpunkt weder auf der literarhistorischen Diachronie noch auf einer exakten historischen Verortung der Aussagen über das Volk YHWHs. Es geht lediglich darum, einige unterschiedliche Perspektiven an-

Ein erstes Beispiel ist die Identifikation der Größe „Volk Gottes" mit der politischen bzw. nationalen Größe des Staates Israel in der Königszeit. So heißt es z. B. in der Natansweissagung an David: „Ich habe dich von der Weide und von der Herde weggeholt, damit du Fürst über mein Volk Israel wirst" (2 Sam 7,8). In den folgenden Kapiteln des Samuelbuches wird dann von der Reichseinheit und der territorialen Ausdehnung des Königreiches unter David erzählt, die Größe „Volk Gottes" wächst folglich kontinuierlich mit. Ähnlich wird nach dem Bau des Jerusalemer Tempels unter Salomo der Staatskult für das Großreich im Nationalheiligtum eingerichtet. Auch hier wird das Subjekt des Reichskultes „Volk YHWHs" genannt, wie im Tempelweihgebet Salomos deutlich wird (vgl. 1 Kön 8,30.33.44. 50–53).[60] Selbst nach der Reichsteilung, in deren Folge sich vermutlich sowohl das Nordreich wie das Südreich (und keineswegs komplementär) als „Volk YHWHs" verstanden hat, wurde die Größe „Volk YHWHs" noch mit der politischen Größe der Teilstaaten identifiziert. So wird z. B. Jehu von dem Gottesmann Elischa zum König

zureißen, um die Komplexität des Volk-Gottes-Begriffs zu verdeutlichen. Zu den beiden Fragerichtungen sei nur so viel gesagt: Trotz aller Datierungsunsicherheiten und der Problematik der Literaturtheorien zum Pentateuch ist die Rede vom „Volk YHWHs" literarisch sicher nicht spät, sondern schon in frühen Überlieferungen, etwa der Exoduserzählung oder dem Deboralied, verankert. Aus historischer Perspektive ist aber gerade hier einschränkend zu sagen, dass weder die überschaubare Exodusgruppe ein „Volk" gewesen ist, noch im Deboralied Ri 5,11. 13 das gesamte Volk Israels, sondern der Heerbann als Stellvertretung „ganz Israels" bezeichnet wird. Aus vorstaatlicher Zeit wird man den *Gebrauch des Begriffs* „Volk YHWHs" mit der Verwandtschaftskonnotation nicht mehr herleiten können (die problembeladenen Stichworte dafür waren: nomadische Existenz, Amphiktyonie, Sichem usw.). Als sicherer Fixpunkt für die Rede vom Volk YHWHs als Volksganzem (Israel) ist Hosea zu nennen, der die Rede vom „Volk YHWHs" als festes Theologumenon aufgreift, um sie zu negieren, vgl. Hos 1,9, dazu *Jeremias*, Hosea (1983), 32f; vgl. zur Problematik auch *Smend*, Bundesformel (1963), 19–26.

60 Es soll nicht der Eindruck erweckt werden, dass sich in 1 Kön 8 die Größe „Volk Gottes" geradlinig mit der politischen Größe Israel deckt. Gerade in dem mehrfach dtr und nachdtr gestuften 1 Kön 8 ist die Lage weitaus komplexer. Schon eine exakte Bestimmung der Gruppe, die bei der Tempelweihe zugegen war, bereitet Schwierigkeiten: 1 Kön 8,1 versammelt (kultischer Versammlungsterminus!) Salomo die Ältesten, die Stammeshäupter und die Häupter der Großfamilien, während sich dann alle Männer Israels tatsächlich versammeln (V. 2). Die Kultversammlung Israels (mit z. T. unterschiedlichen Termini) in V. 5.14.22.55 ist dann das Gegenüber Salomos, während der König in V. 62 zusammen mit „ganz Israel" Opfer darbringt (zu den unterschiedlichen Konzeptionen der hier angesprochenen Kultversammlung vgl. *Hossfeld*, Volk [1987], 123–142). Ähnlich schwierig bleibt auch eine einheitliche Bestimmung der Größe „Volk YHWHs": Deutlich in die Diachronie verweist z. B. V. 33f: Während der Angriff auf das Volk Israel eine politische Größe nahelegt, wird in V. 34 die nichtstaatliche, im babylonischen Exil außerhalb des Landes befindliche Größe als „Volk YHWHs" (unter Ausblendung der im Lande Verbliebenen!) angesprochen.

über das Nordreich mit den Worten gesalbt: „Ich salbe dich zum König über das Volk YHWHs, über Israel." Ähnlich spricht z. B. der Prophet Amos das Nordreich als „Volk YHWHs" an („Das Ende ist gekommen über mein Volk Israel", Am 8,2, vgl. 7,15; Hos 1,9, vgl. 2,25), während im Buch des Südreichpropheten Jesaja der Rumpfstaat Juda als Volk YHWHs angesprochen wird (vgl. z. B. Jes 1,3; 3,12f; 5,25).[61] Es bleibt eine noch nicht befriedigend zu beantwortende Frage, welche Auswirkungen die Reichsteilung oder der Untergang des Nordreiches 722 auf die Vorstellung vom „Volk YHWHs" gehabt haben. Z. T. scheint es tatsächlich so, dass jeder Reichsteil für sich die (vom Exodus hergeleitete) Kontinuität, „Volk YHWHs" zu sein, beansprucht hat[62], zum anderen weisen exilisch-nachexilische Stellen darauf hin, dass die Reichsteilung lediglich als Spaltung des einen Volkes YHWHs in zwei Nationen (*gôyîm*) verstanden wurde.[63] Neben der Möglichkeit, die Größe „Volk YHWHs" mit der nationalen oder politischen Größe (Israel, Israel und Juda) als deckungsgleich zu betrachten, gibt es vor allem nach dem Verlust der Eigenstaatlichkeit in exilisch-nachexilischer Zeit Traditionen, die „Volk YHWHs" als eine Teilgruppe des Volksganzen bestimmen. Diese Teilgruppe ist meist sowohl sozial als auch religiös bestimmt, wie etwa in der Armenfrömmigkeit des Psalters deutlich wird.[64] Dort wird nicht nur (wie etwa in Jes 49,13) ganz Israel als armes und von

[61] Vgl. auch Jes 2,6, wo gesagt wird, dass YHWH „sein Volk", das Haus Jakob (das Nordreich Israel) verworfen habe. Allerdings ist die Authentizität der genannten Belege umstritten, vgl. *Wildberger*, Jesaja (^{2}1980); *Kaiser*, Buch des Propheten (1981); *Kilian*, Jesaja (1986), jeweils z. d. Stellen.

[62] Dabei ist die Kontinuität zum Gottesvolk, das aus Ägypten heraufgeführt worden ist, im Nordreich aufgrund der stärkeren Rückbindung an den Exodus scheinbar deutlicher betont worden, was sich zum einen an den NR-Propheten Amos und Hosea, aber auch an dem von Nordreichtheologie beeinflussten Deuteronomium zeigt, dass sich eine ausgeprägte Volk-Gottes-Theologie entwickelte (siehe unten).

[63] Vgl. Jer 33,14–26; Ez 34,23f; 37,15–19.22–24.(27), vgl. zu diesen Stellen und der Restitutionshoffnung in nachexilischer Zeit, *Cross,* Hoffnung (1987), 106–119. Die Schwierigkeit, die oben gestellte Frage zu beantworten, hat mehrere Facetten: Zum einen muss man davon ausgehen, dass Exklusivansprüche (sowohl des Nordreiches als auch des Südreiches), „das Volk YHWHs" zu sein, nicht unbedingt überliefert worden sind bzw. aus den vorliegenden Stellen nicht hervorgeht, ob der Gebrauch etwa für den Staat Israel (etwa Hos 1,9; Am 8,2) exklusiv war und Juda (wie Jes 2,6 für Israel) das Selbstverständnis als Volk Gottes abgesprochen hat. Zum anderen ist ab der spätexilischen Zeit der Begriff *'am* zugunsten des zweiten Begriffs *gôy* zurückgetreten, was ein differenziertes Urteil über das Selbstverständnis als „Volk YHWHs" erschwert.

[64] Vgl. zur Armenfrömmigkeit im Psalter in Verbindung mit der Gottesvolk-Theologie jetzt *Hossfeld/Zenger*, Beobachtungen (1992), 21–50, vgl. auch *Lohfink*, Lobgesänge (1990), 101–125; *Zenger*, Gott (^{2}1988), 172–187, und *Albertz, Religionsgeschichte* (1992), dessen kultisch-liturgische Verortung der „religiösen Unterschichtszirkel" allerdings nicht recht überzeugt.

den Völkern gebeugtes Gottesvolk bezeichnet, sondern in einigen Stellen erscheinen die Armen als die Frommen und Gerechten, als das eigentliche Volk Gottes innerhalb Israels, dem sich YHWH in besonderer Weise zuwendet:

> Wie lange noch dürfen die Frevler, o YHWH,
> wie lange noch dürfen die Frevler frohlocken?
> Sie führen freche Reden,
> alle, die Unrecht tun, brüsten sich.
> Herr, sie zertreten *dein* Volk,
> sie unterdrücken dein Erbteil.
> Sie bringen die Witwen und Waisen um
> und morden die Fremden.
> Sie denken: YHWH sieht es ja nicht,
> der Gott Jakobs merkt es nicht.
> Begreift doch, ihr Toren *im Volk*!
> Ihr Unvernünftigen, wann werdet ihr klug? (Ps 94,3–8)[65]

Neben solchen Differenzierungen innerhalb Israels zwischen dem „eigentlichen Volk YHWHs“ und dem Volksganzen gibt es schließlich noch nachexilische Stellen, in denen umgekehrt die Größe „Volk YHWHs“ nicht als Teilgröße, sondern als Volksganzes kaum noch national, sondern in eschatologischer Zukunft ausschließlich religiös bestimmt wird. So definiert z. B. Jes 56,1–8 die Größe „Volk YHWHs“ nicht mehr ausschließlich von Israel her. Entgegen den Abgrenzungsbemühungen von Dtn 23,2–9 wird hier bestimmt, dass auch einzelne Fremde, d. h. Nicht-Israeliten, in die Gemeinde YHWHs aufgenommen werden können und so zum Volk YHWHs dazugehören können[66]: „Der Fremde, der sich YHWH angeschlossen hat, soll nicht sagen: Sicher wird YHWH mich ausschließen aus seinem Volk“ (Jes 56,3). Bedingung dieses Anschlusses sind die Anerkenntnis YHWHs und das Halten seiner Gebote, insbesondere der Sabbatobservanz (V. 5f). In einer anderen ebenfalls nachexilischen und wahrscheinlich auch späteren Stelle werden noch deutlicher nicht einzelne Personen, sondern ganze Völker in ein eschatologisches „Betreuungsverhältnis“ zu YHWH gestellt: „Der Herr der Heere wird

[65] Vgl. z. B. Ps 14,4//53,5; Ps 72,2; 85,3; 148,14; 149,4 u. ö., vgl. auch Jes 3,14f (anders z. B. Jes 10,2; 14,32).

[66] Vgl. zu Jes 56,1–8 und zum Verhältnis zwischen Dtn 23,2–9 und Jes 56,1–8 *Donner,* Jesaja (1983), 81–95. Zum Ringen um die Verhältnisbestimmung zwischen YHWH-Volk und den Völkern vgl. auch *Gross*, YHWH (1990), 11–32. Es muss herausgestellt werden, dass es nur wenige Stellen sind, die die Größe „Volk YHWHs“ so deutlich offenhalten. Um nur ein Gegenbeispiel zu zitieren, in dem die Verehrung YHWHs durch Fremde bzw. das Motiv der Völkerwallfahrt zum Zion nicht zu einer Eingliederung in das „Gottesvolk“ führt: „Auch Fremde, die nicht zu deinem Volk Israel gehören, werden wegen deines Namens aus fernen Ländern kommen... Dann werden alle Völker der Erde deinen Namen erkennen. Sie werden dich fürchten, wie *dein Volk Israel* dich fürchtet...“ (1 Kön 8,41.43).

sie segnen und sagen: Gesegnet in Ägypten, mein Volk, und Assur, das Werk meiner Hände, und Israel, mein Erbbesitz" (Jes 19,25).[67] Die Bezeichnung „Volk YHWHs" wird in spätnachexilischer Zeit z. T. geradezu spiritualisiert und – obwohl eine gewisse Sonderstellung des Volkes Israels bleibt – von der Größe „Israel" abgekoppelt und zur allgemeinen Chiffre für Gottes universalen Heilswillen und sein Erwählungshandeln an Israel *und* den Völkern: „Juble und freue dich, Tochter Zion; denn siehe, ich komme und wohne in deiner Mitte – Spruch YHWHs. An jenem Tag werden sich viele Völker YHWH anschließen, und sie werden mein Volk sein, und ich werde in deiner Mitte wohnen" (Sach 2,14–15).[68] Mit dieser eschatologischen und universalen Füllung des Volk Gottes-Begriffs soll dieser unvollständige Überblick über die unterschiedliche Bestimmtheit der Vorstellung vom „Volk YHWHs" abgeschlossen werden. Es ist deutlich geworden, dass die Größe „Volk YHWHs" nicht an eine, im ganzen AT einheitliche Vorstellung geknüpft ist, sondern eine wechselnde, sowohl politisch-national wie religiös-ideal gefüllte Größe sein kann. Zur Verdeutlichung muss aber gesagt werden, dass der Schwerpunkt der atl. Aussagen zum Volk YHWHs nicht auf der zuletzt genannten universalen Ebene, sondern mit deutlichem Hauptgewicht auf der nationalen Ebene liegt, d. h. in der vorausgesetzten nationalen Identität der Größe „Volk YHWHs" mit dem Volk Israel.[69] Die bleibende Erwählung und damit verbundene Sonderstellung Israels unter den Völkern darf nicht gegen den (auf das Gesamt der Aussagen gesehen partikulären) „Universalismus" ausgespielt werden.

[67] Dass hier durch die (singulär) additive Formulierung das „Proprium Israeliticum begrifflich preisgegeben wird", wie *Zenger*, Israel, 107 im Anschluss an *Gross*, YHWH (1990), 20f herausstellt, stimmt nur bedingt, insofern dieses Proprium nicht mehr an dem Begriff „Volk Gottes" haftet. Eine gewisse Vorrangstellung Israels – wenn auch weniger deutlich als in der erwählungstheologischen Gegenüberstellung Israel-Völker – bleibt ausgedrückt, wenn man V. 24 stärker gewichtet, wo im Anklang an bzw. in Aufnahme an Gen 12,3 die Segensfunktion Israels für die Völker hervorgehoben wird, vgl. *Kaiser*, Prophet (^{3}1983), 90f; *Deissler*, Volk (1993). Unwahrscheinlicher ist hingegen die Möglichkeit, dass auch in der Verteilung der Begriffe (mein Volk, Werk meiner Hände, mein Erbbesitz) das Proprium Israels gewahrt ist, vgl. zu dieser Position *Wildberger*, Jesaja (^{2}1989), 744–746.

[68] Zur Auslegung, vgl. *Hanhart*, Sacharja (1991), 152–154. Zur bleibenden Sonderstellung Israels in Sach 12 vgl. z. B. V. 12.

[69] Dieses Hauptgewicht der atl. Volk-Gottes-Aussagen darf nicht vorschnell beiseitegeschoben werden. M. E. kann man bei der Beurteilung des ntl. Sprachgebrauchs angesichts etwa Jer 31,35f (vgl. dazu unten) nicht von „der schon im AT sehr zerbrechlichen Beziehung zwischen der Größe Israel und der Größe Gottesvolk" sprechen (so *Lohfink*, Gottesvolk [1990], 940). Die Öffnung des Gottesvolk-Begriffs im AT ist m. E. nicht so dominant, dass es tatsächlich im NT „kein Problem (war), in voller Kontinuität zum AT die Gottesvolk-Aussage nun mit der Kirche zu verbinden" (ebd.).

Unterschiedliche Aspekte der „Volkwerdung"

Neben der Frage, wie die Größe, „Israel als Volk YHWHs" sozial und religiös gefüllt wird, stellt sich eine zweite: Wann ist Israel zum Volk YHWHs geworden? Auch hier gibt es unterschiedliche Akzentsetzungen in den Volk-Gottes-Aussagen im Ersten Testament. In den oben erwähnten Belegen aus der vorpriesterlichen Exodusüberlieferung ist der Status Israels, „Volk YHWHs" zu sein, der Befreiungstat in Ägypten vorausliegend: „Ich habe das Elend meines Volkes in Ägypten gesehen und habe ihre laute Klage über ihre Antreiber gehört. Ich kenne ihr Leid. Darum bin ich herabgestiegen, um sie aus der Hand der Ägypter zu entreißen". Weil die Israeliten in Ägypten bereits „Familie YHWHs" sind und dort wegen der Unterdrückung und Misshandlung YHWH um Hilfe anrufen, greift YHWH rettend ein. Der Startpunkt, ab dem die Israeliten „Volk YHWHs" sind, wird weder in Ex 3,7 noch davor explizit erwähnt, sondern vorausgesetzt. Eine anders akzentuierte Konzeption zeigt sich in der priesterschriftlichen Exodusgeschichte: „Ich bin YHWH. Ich führe euch aus dem Frondienst für die Ägypter heraus und rette euch aus der Sklaverei. Ich erlöse euch mit hoch erhobenem Arm und durch ein gewaltiges Strafgericht über sie. Ich nehme euch als mein Volk an und werde euer Gott sein" (Ex 6,6–7). Hier wird ein Zeitpunkt genannt, an dem die Israeliten Volk YHWHs werden, nämlich mit der geschichtlichen Heilstat der Befreiung aus der Sklaverei (vgl. ähnlich Ez 20,5f). YHWH verspricht, die Kinder Israels – fast in einer Art Adoption – anzunehmen und sie in seinen Familienverband aufzunehmen. Ähnlich, jedoch noch pointierter auf das Eltern-Kind-Verhältnis zurückgreifend, formuliert bereits Hosea: „Als Israel jung war, gewann ich ihn lieb, ich rief meinen Sohn aus Ägypten" (Hos 11, 1). In Ex 6,7 ist nun nicht gesagt, dass nicht vorher bereits ein Verhältnis zwischen YHWH und den Israeliten bestand. Im Gegenteil, denn in V. 4 wird der Verheißungsbund mit den Erzvätern erwähnt, deren Nachkommen jetzt in Ägypten sind (vgl. Ex 1). Inhalt dieses Bundes ist neben der Landgabe (vgl. Gen 17,8 mit Ex 6,8) auch die Mehrungsverheißung (vgl. Gen 17,2) und die Volksverheißung (vgl. Gen 17,4–6). Zwar ist die in Ex 6,7 variierte Bundesformel „Ich nehme euch als mein Volk an und werde euer Gott sein" in Gen 17 nicht erwähnt – dort findet sich nur die erste Hälfte (vgl. Gen 17,7) –, jedoch ist genau das der Punkt, der die Situation in Ägypten von derjenigen der Erzväter unterscheidet. Die Israeliten sind in Ägypten zu einem Volk geworden (vgl. Ex 1,7), und jetzt nimmt YHWH sie, eingedenk seiner Zusagen, als „seine Familie" an. Diese in sich stimmige Konzeption trennt periodisierend die Zeit der Erwählung der Erzväter von der – die Erwählung der Väter aktualisierenden – Annahme Israels als „Volk“ in Ägypten ab, betont wird in beiden Fällen die Initiative YHWHs.[70] Wiederum etwas anders akzentuiert ist die dtn/dtr Konzeption des Deuteronomium, die oben bereits mit den Stellen der Bundesformel angesprochen wurde. Der konzentrische Punkt ist hier der Bundesschluss der ganzen Versammlung Israels am Horeb bzw. in aktualisierender Fassung beim Übergang in das Kulturland am Ort der Abschlussrede des Mose in Moab. „Volk YHWHs“ konstituiert sich hier – unabhängig von dem vorausgesetzten Gottesvolk-Status vom Exodus her (vgl. Dtn 4,10.20; 7,6; 9,26.29) – durch die Versammlung am Gottesberg (vgl. Dtn 5,22; 9,10; 10,4; 18,16), die Übermittlung von Dekalog und Gesetzen und durch den Bundesschluss als Familie YHWHs (vgl. Dtn 26,17–19; 29,9–14).[71] Volk YHWHs zu sein wird an das Halten des Bundes, an die Bundesverpflichtungen gebunden. Eine solche Konzeption hat, sofern man sie in dieser abstrakten Form konsequent verfolgt, verheerende Konsequenzen für das Selbstverständnis Israels. Denn in dtr Theologie wird die Katastrophe des Zusammenbruchs im Exil als Folge des andauernden Bundesbruchs während der Königszeit interpretiert. In dem skizzierten Denkmodell heißt das: Israel wäre aufgrund eigenen Verschuldens nicht mehr YHWHs Volk, Gott ist nicht mehr an seine Verheißungen und seine Bundeszusage gebunden. Israel wäre nicht mehr seine schutzbedürftige Familie, für die er rettend eingreifen muss. In dieser Härte und Konsequenz ist das Modell *im Exil niemals* gedacht worden, da es in Resignation und Hoffnungslosigkeit enden würde.[72]

Vielmehr konzentrierte man sich auf die Zuverlässigkeit des göttlichen Bundespartners und die Unverbrüchlichkeit seiner Zusagen. Natürlich war das Verhältnis YHWHs zu seinem Volk gestört, jedoch nicht unwiederbringlich zerbrochen. Prophetische Belege der Bundesformel, die die Heimführung aus dem Exil ins Auge fassen, machen das deutlich. YHWH wird Israel, „sein Volk“, wie im Exodusgeschehen wieder neu zu seinem Volk machen (vgl. Sach 8,8). Verheißen wird eine anthropologische Veränderung der Menschen, die

[70] Ähnlich betont ist der Zeitpunkt der Volkwerdung *durch* den Exodus auch in späteren Texten, wie z. B. Dtn 4,20: „Euch aber hat der Herr genommen und aus dem Schmelzofen, aus Ägypten, herausgeführt, damit ihr sein Volk, sein Erbbesitz werdet – wie ihr es heute seid“.

[71] Vgl. dazu ausführlich *Hossfeld*, Volk (1987), 128–135.

[72] Zwar beschreibt z. B. die Vision in Ez 37,1–14 Israels Zustand nach der Katastrophe des Gerichts als Tod, jedoch gerade unter Einschluss einer Restitution der „toten“ Größe Israel. Einzig Hosea wagt es, allerdings in einer nicht vergleichbaren Situation vor dem Exil resp. dem Untergang des Nordreiches, Israel den Status als „Volk YHWHs“ abzusprechen (vgl. Hos 1,9 und die spätere Aufhebung in 2,18–25).

das Einhalten der Bundesverpflichtung möglich, fast automatisch und einen Bundesbruch unmöglich macht:

Ich richte meine Augen liebevoll auf sie und lasse sie in dieses Land heimkehren. Ich will sie aufbauen, nicht niederreißen, einpflanzen, nicht ausreißen. Ich gebe ihnen ein Herz, dass sie erkennen, dass ich YHWH bin. Sie werden mein Volk sein und ich werde ihr Gott sein; dann werden sie mit ganzem Herzen zu mir umkehren. (Jer 24,6–7)[73]

Die Verheißungen setzen die Zugehörigkeit Israels zu YHWH neu, und zwar als eine dauerhaft bleibende und unzerstörbare Annahme Israels als „Volk YHWHs". Nirgends wird allerdings gesagt, dass Israel zum Zeitpunkt dieser Verheißungstexte nicht „Volk YHWHs" ist. Der Versuch, den Status, „Volk YHWHs" im Laufe der Geschichte Israels auf ein bloßes „Sein" oder „Nicht-Sein" zu reduzieren, muss fehlschlagen, da er die Konstanz des erwählenden Handelns YHWHs unterschätzt.[74] Diese Dauerhaftigkeit wird gerade im Exil massiv beschworen:

So spricht der Herr, der die Sonne bestimmt zum Licht am Tag, der den Mond und die Sterne bestellt zum Licht in der Nacht, der das Meer aufwühlt, dass die Wogen brausen, Herr der Heere ist sein Name: Nur wenn jemals diese Ordnungen vor meinen Augen ins Wanken gerieten - Spruch des Herrn, dann hörten auch Israels Nachkommen auf, für alle Zeit vor meinen Augen ein Volk zu sein. (Jer 31,35–36)[75]

Durch den Vergleich mit der Schöpfungsordnung wird die Treue und Verlässlichkeit Gottes geschildert. Die Frage, ob Israel durch den Bundesbruch zum „Nicht-Volk YHWHs" geworden sein könnte, kann so gar nicht gestellt werden. Israel ist und bleibt, in der Schöpfungsordnung verankert, auf alle Zeit hin und in anderen Belegen auch von der Urzeit her (vgl. etwa Jes 51,16; Dtn 32,8f) das erwählte „Volk YHWHs".

[73] Vgl. Jer 31,31–34 („neuer Bund" mit der „Tora im Herzen"); 32,37–40 („ewiger Bund"); Ez 11,17–20 („ein anderes Herz"); Ez 36,26–29 („neues Herz") jeweils in Verbindung mit der „Bundesformel".

[74] Wie ambivalent „Volkwerdung" und „Volk-Sein" tatsächlich im Sprachgebrauch sind, zeigt auch ein Vers in der Abschiedsrede Samuels: „Um seines großen Namens willen wird der Herr sein Volk nicht verstoßen, denn er hat sich entschlossen, euch zu seinem Volk zu machen" (1 Sam 12,22).

[75] Vgl. auch Jer 33,23–26. Betont ist hier anstatt *'am* das Wort *gôy* verwandt, wahrscheinlich um eine erneute Existenz als Staat zu verheißen (vgl. zu dem Text *Gross*, Hoffnung [1987], 106–112). Durch das betonte „vor mir/vor meinen Augen" könnten aber auch die Konnotationen eines suffigierten „mein Volk" eingeholt worden sein.

Volk Gottes als bleibender Verweisbegriff im christlich-jüdischen Gespräch

Am Schluss sei noch einmal zu einem der Ausgangspunkte zurückgekehrt. Bei dem Durchgang durch einige Aussagen des Ersten Testaments zum „Volk YHWHs" hat sich eine Facette der Reserven gegen den Gottesvolk-Begriff in der aktuellen Diskussion erwartungsgemäß bestätigt: „Volk YHWHs" ist in der Tat ein „Israel"-zentrierter Begriff, der ohne weitere Füllung nicht als *Oberbegriff* für eine *systematisch-theologische* Verhältnisbestimmung zwischen Israel und Kirche taugt.[76] Allerdings liegt bei dieser notwendigen Relativierung und impliziten Disqualifizierung des Volk-Gottes-Begriffs als eigenständiger Dialogbegriff die Betonung auf der systematisch-theologischen Überordnung. Die Vorstellung vom Gottesvolk im Ersten Testament ist unablösbar gefüllt mit den Theologumena Erwählung, Bund (sowohl als Zusage wie Verpflichtung) und Heilswillen Gottes. Von daher – d. h. allein nur von der hier versuchten ausschließlichen Betrachtung vom ersten Teil der christlichen heiligen Schrift aus[77]–, ist „Volk Gottes" eine Vorstellung, die aus christlicher Ekklesiologie und Soteriologie kaum wegzudenken ist. In der Tat ist die Rede vom „Volk YHWHs", wenn auch nicht ausschließlich, so doch überwiegend Israel-spezifisch. Der Begriff des Gottesvolkes in christlicher Theologie ist damit immer ein *Verweisbegriff*, der die Kontinuität und bleibende Erwählung Israels zu wahren versuchen muss.[78] Zugegeben bleibt der Begriff als Verhältnisbegriff für das christlich-jüdische Gespräch problematisch. Die Aporien eines Konzepts der Einzigkeit und Einheit des gespaltenen Gottesvolkes unter Wahrung der Identität wie der Verbundenheit beider Teile, sowohl der Juden als auch der Christen, wird der Begriff nicht umgehen können. Aber es gibt kaum einen Hauptbegriff biblischer Theologie, der in der Verhältnisbestimmung von Israel und Kirche nicht problematisch, wenn nicht sogar auf der Seite der letzteren mit Schuld assoziiert wäre. Wie andere Verhältnisbegriffe (Bund, Heilsweg, alt-neu usw.) auch, steht er in der Gefahr, substitutionstheologisch verwandt zu werden oder Asymmetrien zwischen Judentum und Chris-

[76] Vgl. *Zenger*, Israel (1991), 107.

[77] Zu den neutestamentlichen Implikationen des Volk-Gottes-Begriffs, vgl. *Roloff*, Bedeutung (1987), 33–46; *Frankemölle*, Art. λαός (1981), 837–848; für die paulinische Rezeption vgl. *Hainz*, Volk Gottes (1992), 145–164; *Wiedenhofer*, Kirchenverständnis (1992), 88–95.

[78] Das gilt für alle Begriffe einer christlichen Ekklesiologie, die versucht „angesichts des Weiterbestehens des biblischen Israel die Kirche zu definieren, ohne dabei mit den biblisch begründeten, unverändert gültigen Aussagen über Israel in Konflikt zu kommen", *Rendtorff*, Gott (1989), 114; vgl. *Zenger*, Israel (1991), 100.107.

tentum überzubetonen. Er hat ebenso die bleibende Schwierigkeit, zugleich die Kontinuitäten wie die Diskontinuitäten zwischen Israel und Kirche zu benennen. Es geht also auf christlicher Seite um den schwierigen und mit Aporien belasteten Weg, sowohl die Kontinuitäten mit den Juden als den älteren Geschwistern zu benennen und als die bleibenden Wurzeln des Christentums anzuerkennen als auch zugleich die Diskontinuitäten wahrzunehmen, ohne die Faktizität jüdischer Existenz *als bleibend erwähltes Volk Gottes* in Zweifel zu ziehen. Auf christlicher Seite wäre im Sinn des christlich-jüdischen Gesprächs schon viel gewonnen, wenn der Begriff als Verweisbegriff auf das Judentum konsequent ernstgenommen würde. Konkret ist das Minimum, dass der Begriff weder in problematischen Abstraktionen unspezifiziert analog (Kirche ist Volk Gottes) und schon gar nicht univok (Kirche ist das Volk Gottes) gebraucht wird[79], sondern im Bewusstsein bleibt, dass jede Aussage über die Kirche als „Gottesvolk des neuen (und erneuerten) Bundes in und durch Christus“ immer eine Aussage über das Judentum als Volk Gottes impliziert. Die Rede vom „Gottesvolk des Neuen Bundes“ (vgl. NA 4) ist daher auf jeden Fall der Rede vom „neuen Volk Gottes“ vorzuziehen, da bei letzterem der Gegensatz alt-neu zu stark durchschlägt. Die Rede vom „Gottesvolk des neuen Bundes“ hat demgegenüber stärkeren Verweischarakter, da sie u. a. Jer 31,31–34 aufnimmt, eine Verheißung, die sowohl Juden wie Christen einschließt. Volk des neuen Bundes können sowohl Juden wie Christen sein. Insofern die Wendung als Bezeichnung der Kirche gebraucht wird, sollte sie m. E., um einer ausschließlich christlichen Vereinnahmung der Verheißung vom neuen Bund vorzubauen, durch ein „in Christus“ (vgl. 1 Kor 11,25; Lk 22,20) ergänzt werden. Als Mahnung zur Wahrung dieses Minimums bleibt die unaufgebrochene Zusage YHWHs an unsere älteren Geschwister: „Wer euch antastet, tastet meinen Augapfel an“ (Sach 2,12, vgl. Dtn 32,10).

[79] So überschreibt z. B. – um *ein* willkürlich herausgegriffenes Beispiel zu nennen – der katholische Erwachsenenkatechismus der deutschen Bischofskonferenz von 1985 ein Kapitel als „Die Kirche ist das Volk Gottes“ und sagt dort: „Die Kirche ist das *Volk Gottes*, d. h. sie ist das Volk, das Gott aus den Völkern auserwählt und berufen hat“ (ebd., 273). Eine solche mit Dtn 7,6f (und weniger mit 1 Petr 2,9) formulierte Rede ist angesichts der bleibenden Erwählung des „Gottesvolkes des niemals gekündigten Bundes“ sehr bedenklich, auch wenn anschließend ausdrücklich auf NA 4 verwiesen wird und zwischen dem Gottesvolk des Alten Bundes und dem des Neuen Bundes (allerdings unter starker Betonung der Diskontinuität) unterschieden wird.

Bibliographie

Albertz, Rainer, Religionsgeschichte Israels in alttestamentlicher Zeit, Bd. 2, Göttingen 1992.

Braulik, Georg, Deuteronomium 1–16,17 (NEB), Würzburg 1986.

Breuning, Wilhelm, Wie „definiert" sich Kirche heute, in: *J. Schreiner* (Hrsg.), Unterwegs zur Kirche. Alttestamentliche Konzeptionen (QD 110), Freiburg 1987, 11–32.

Clements, Ronald Ernest, Art. גּוֹי *gôy*, in: ThWAT I (1973) 965–973.

Deissler, Alfons, Der Volk und Land überschreitende Gottesbund der Endzeit nach Jes 19,1–25, in: *F. Hahn u. a.* (Hrsg.), Zion Ort der Begegnung. FS L. Klein (BBB 90), Bodenheim 1993, 7–18.

Deutsche Bischofskonferenz, Katholischer Erwachsenen-Katechismus von 1985, München ^{4}1989.

Donner, Herbert, Jesaja LVI 1–7. Ein Abrogationsfall innerhalb des Kanons – Implikationen und Konsequenzen, in: *J. A. Emerton* (Hrsg.), Congress Volume Salamanca 1983, Leiden 1985, 81–95.

Fabry, Heinz-Josef, Gottesvolk und Gottesreich. Biblische Konzeptionen, in: Katechetisches Institut, Bistum Essen (Hrsg.), Kirche als Volk Gottes auf dem Weg zum Reich Gottes. Theologische und religionspädagogisch-katechetische Perspektiven (Religionspädagogische Beiträge 25), Essen 1989, 7–31.

Frankemölle, Hubert, Art. λαός, in: EWNT II (1981) 837–848.

Ders., Die Entstehung des Christentums aus dem Judentum. Historische, theologische und hermeneutische Aspekte im Kontext von Röm 9–11, in: *S. Schröer*, Christen und Juden. Voraussetzungen für ein erneuertes Verhältnis, Altenberge 1992, 34–83.

Füglister, Notker, Strukturen der atl. Ekklesiologie, in: MySal IV/1 (1972) 23–99.

Fuhs, Hans F., Heiliges Volk Gottes, in: *J. Schreiner* (Hrsg.), Unterwegs zur Kirche. Alttestamentliche Konzeptionen (QD 110), Freiburg 1987, 143–167.

Gross, Walter, Israels Hoffnung auf die Erneuerung des Staates, in: *J. Schreiner* (Hrsg.), Unterwegs zur Kirche. Alttestamentliche Konzeptionen (QD 110), Freiburg 1987, 87–122.

Ders., Wer soll YHWH verehren? Der Streit um die Aufgabe und die Identität Israels in der Spannung zwischen Abgrenzung und Öffnung, in: *H. J. Vogt* (Hrsg.), Kirche in der Zeit. FS W. Kasper, München 1990, 11–32.

Hainz, Josef, Vom „Volk Gottes" zum „Leib Christi". Biblisch-theologische Perspektiven paulinischer Ekklesiologie, in: JBTh 7 (1992) 145–164.

Hanhart, Robert, Sacharja (BK XIV/7), Neukirchen-Vluyn 1991.

Hossfeld, Frank-Lothar, Gottes Volk als „Versammlung", in: *J. Schreiner* (Hrsg.), Unterwegs zur Kirche. Alttestamentliche Konzeptionen (QD 110), Freiburg 1987, 123–142.

Ders./Zenger, Erich, „Selig, wer auf die Armen achtet" (Ps 41,2). Beobachtungen zur Gottesvolk-Theologie des ersten Davidpsalters, in: JBTh 7 (1992) 21–50.

Hulst, Alexander R., Art. עם/גוי *'am/gōj*, in: THAT II (1984) 290–325.

Jeremias, Jörg, Hosea (ATD 24,1), Göttingen 1983.

Kaiser, Otto, Das Buch des Propheten Jesaja 1–12 (ATD 17), Göttingen [5]1981.

Ders., Der Prophet Jesaja. Kap. 13–39 (ATD 18), Göttingen [3]1983.

Kehl, Medard, Die Kirche. Eine katholische Ekklesiologie, Würzburg 1992.

Kilian, Rudolf, Jesaja 1–12 (NEB), Würzburg 1986.

Klinger, Elmar, Das Volk Gottes auf dem zweiten Vatikanum. Die Revolution in der Kirche, in: JBTh 7 (1992) 305–319.

Levin, Christoph, Die Verheißung des neuen Bundes in ihrem theologiegeschichtlichen Zusammenhang ausgelegt (FRLANT 137), Göttingen 1985.

Lipinski, Edward, Art. עם *'am*, in: ThWAT VI (1989) 177–194.

Lohfink, Norbert, Dtn 26,17–19 und die „Bundesformel", in: ZThK 91 (1969) 517–553.

Ders., Beobachtungen zur Geschichte des Ausdrucks עם יהוה, in: *H. W. Wolff* (Hrsg.), Probleme biblischer Theologie. FS G. von Rad, München 1971, 275–305.

Ders., Volkskirche und Kontrastgesellschaft, in: *Ders.*, Das Jüdische am Christentum, Freiburg [2]1989, 30–47.

Ders., Lobgesänge der Armen. Studien zum Magnifikat, den Hodajot von Qumran und einigen späten Psalmen (SBS 143), Stuttgart 1990.

Ders., Art. Gottesvolk, in: NBL (1990) 940–942.

Macholz, Georg C., Das Verständnis des Gottesvolkes im Alten Testament, in: *W. Eckert/N. P. Levinson/M. Stöhr* (Hrsg.), Jüdisches Volk – Gelobtes Land, München 1970, 169–187.

Meinhold, Arndt/Lux, Rüdiger (Hrsg.), Gottesvolk. Beiträge zu einem Thema Biblischer Theologie. FS S. Wagner, Berlin 1990.

Perlitt, Lothar, „Ein einzig Volk von Brüdern". Zur deuteronomischen Herkunft der biblischen Bezeichnung „Bruder", in: *D. Lührmann/G. Strecker* (Hrsg.), Kirche. FS G. Bornkamm, Tübingen 1980, 27–52.

Preuss, Horst D., Art. לאם *le'om*, in: ThWAT IV (1984) 411–413.

Ders., Theologie des Alten Testaments, Bd. 1, Stuttgart 1991.

Rad, Gerhard von, Zum Gottesvolk im Deuteronomium (BWANT 47), Stuttgart 1929.

Rahner, Karl, Art. Volk Gottes, in: SM 4 (1969) 1196–1200.

Ders., Art. Volk Gottes, in: HThTL 8 (1982) 65–68.

Rendtorff, Rolf, Hat denn Gott sein Volk verstoßen? Die evangelische Kirche und das Judentum seit 1945. Ein Kommentar, München 1989.

Ders./Henrix, Hans H. (Hrsg.), Die Kirchen und das Judentum. Dokumente von 1945–1985, Paderborn/München [2]1989.

Roloff, Jürgen, Die Bedeutung des Gottesvolk-Gedankens für die neutestamentliche Ekklesiologie, in: Glaube und Lernen 2 (1987), 33–46.

Rost, Leonhard, Die Vorstufen von Kirche und Synagoge im Alten Testament. Eine wortgeschichtliche Untersuchung (BWANT 76), Stuttgart 1938; Darmstadt [2]1967.

Schmidt, Werner H., „Volk Gottes". Aspekte des Alten Testaments, in: Glaube und Lernen 2 (1987) 19–32.

Schreiner, Josef, Volk Gottes als Gemeinde des Herrn in deuteronomischer Theologie, in: *Ders.*, Segen für die Völker, Würzburg 1987, 244–262.

Smend, Rudolf, Die Bundesformel, in: *Ders.*, Die Mitte des Alten Testaments. Gesammelte Studien, Bd. 1 (BevTh 99), München 1986, 11–39.

Stendebach, Franz Josef, Versammlung – Gemeinde – Volk Gottes. Alttestamentliche Vorstufen von Kirche? in: Judaica 40 (1984) 211–224.

Vorgrimler, Herbert, Die Volk-Gottes-Theologie des Zweiten Vatikanischen Konzils und die Folgen „danach", in: Bibel und Liturgie 66 (1993) 67–72.

Wiedenhofer, Siegfried, Das Katholische Kirchenverständnis. Ein Lehrbuch der Ekklesiologie, Graz/Wien/Köln 1992, 167–169.175–203.

Wildberger, Hans, Jesaja Kap. 1–12 (BK X/1), Neukirchen-Vluyn ^{2}1980.

Ders., Jesaja (BK X/2), Neukirchen-Vluyn ^{2}1989.

Zenger, Erich, Mit meinem Gott überspringe ich Mauem. Einführung in das Psalmenbuch, Freiburg ^{2}1988.

Ders., Israel und Kirche im einen Gottesbund? Auf der Suche nach einer für beide akzeptablen Verhältnisbestimmung. in: Kirche und Israel 6 (1991) 99–114.

„Mögen sie fluchen, du wirst segnen“ (Ps 109,16)

Gewalt in den Psalmen

Gewalt auf der Straße, in der Schule, in der Familie – sichtbarer und gegenwärtiger denn je. Vom Fausthieb in Gesichtern und Tritten im Bauch bis hin zum Massaker in einer Erfurter Schule oder einer öffentlichen Enthauptung in Übach-Palenberg. Die Gewalt rückt in bedrohliche Nähe, da der Schutzraum des Privaten immer neu exemplarisch durchbrochen wird. Daneben nehmen in der Wahrnehmung gewaltbesetzte Konflikte, sichtbare kollektive und unsichtbare strukturelle Gewalt exponential zu. Das Schlagwort des Terrors steht stellvertretend für globalisierte Gewalt. Schien der Anschlag des 11. September 2001 an kalter Grausamkeit kaum zu überbieten, so sprengen die marodierenden islamischen Terrorgruppen der Dschandschawid im Darfur-Gebiet im Sudan mit über 50.000 Ermordeten Schwarzafrikanern im Juli 2004 erneut Dimensionen der Fassbarkeit. Mehr und mehr scheint sich im Zeitgeist der Eindruck zu festigen, dass der Friede unter den Religionen eine zunehmend aussichtslose Vision ist und fundamentalistische Gewalt und Religion in der Moderne eine unheilige Allianz eingehen. Wie ein roter Faden zieht sich dabei die Monotheismuskritik durch die Debatten. Nicht erst seit Jan Assmanns Thesen zur mosaischen Unterscheidung zwischen wahrer und falscher Religion steht der Monotheismus als potentielle Quelle der Gewalt auf dem Prüfstand. „Der Monotheismus ist der Sündenbock der globalisierten Gegenwart: Wer wirft den ersten Stein“?[1]

Gewaltige Schieflage – Das Alte Testament am Pranger der Gewalt

In der Gewalt-Debatte hat es die Bibel und insbesondere das Alte Testament besonders schwer. Es steht immer neu unter dem Verdacht, Gewalt über das Gottesbild zu legitimieren, damit zu sakralisieren und so gegen Kritik zu immunisieren. Der Weg in einen bitteren und gewalttätigen Fundamentalismus scheint unumkehrbar, die Forderung nach dem Abschied vom vorchristlichen veralteten *alten* Testament, die mit der immer gleichen Kette von Gewalterzählungen

[1] *Assheuer*, Rücken (2003).

unterstrichen wird, ist die Folge. Der „Gott der Rache“, der Kriege liebt, in seinem Zorn straft und abgrundtief hasst, wird dann dem verklärten „lieben Gott“ des Neuen Testamentes gegenübergestellt. Die Feindesliebe – vermeintlich mit der höheren Warte des neutestamentlichen Ethos verbunden – verdeckt und verklärt dabei die auch im NT präsente Gewalt. Der Vorwurf der Gewaltverhaftetheit trifft im AT noch einmal im Besonderen die Psalmen, weil sie einerseits von existentieller Rede geprägt sind und weil sie als Gebet existentiell nachvollzogen werden wollen und sollen. Wenn der Beter von Ps 68,3 die Frevler wie Wachs zerfließen sehen oder in Ps 58,9 die Feinde durch Vergleiche mit Schneckenschleim und Fehlgeburten der Vernichtung preisgeben will, wenn er in Ps 137,9 denjenigen seligpreist, der die Kinder Babels am Felsen zertrümmert oder in Ps 58,11 der Gerechte seine Füße im Blut der Frevler mit Genugtuung badet, dann ist der Aufschrei da und die Psalmen werden pauschal als *unvollkommen, vorchristlich* oder gar *unterchristlich* denunziert. Es sei darin „die ‚allzumenschliche Schranke‘ alttestamentlichen Denkens, die unter dem Gericht des Neuen Testaments steht“[2] erkennbar. Die diametrale Gewaltopposition zwischen Altem und Neuem Testament trägt weder, noch führt sie wirklich weiter. Genau genommen ist sie sogar häretisch, weil sie das Gottesbild verfälscht.

Gott ist nicht harmlos!

Die Verharmlosung des biblischen als des „nur“ lieben Gottes führt genau in die Falle, in die auch Franz Buggele mit seinem Buch „Denn sie wissen nicht, was sie glauben“ getappt ist. „Wie die Psalmen wirklich sind: ein in weiten Teilen und in einem selten sonst so zu findenden, Ausmaß von primitiv-unkontrollierten Haßgefühlen, Rachebedürfnissen und Selbstgerechtigkeit bestimmter Text“.[3] Aus der Wertung spricht Unverständnis und eine hermeneutische Vorentscheidung. Es ist das selektive Ausspielen von Spitzenstellen des NT gegen problematische des AT, der Bergpredigt gegen die (fälschlich so titulierten) „Fluchpsalmen“. Ich mache die Absurdität dieses Verfahrens einmal am Gegenteil deutlich: „So wird es auch am Ende der Welt sein: Die Engel werden kommen und die Bösen von den Gerechten trennen und in den Ofen werfen, in dem das Feuer brennt. Dort werden sie heulen und mit den Zähnen knirschen. Habt ihr das alles verstanden? Sie antworteten: Ja!“, heißt es in Mt 13,42. Die Verwerfung der Ungerechten ist selbstverständlicher Teil des Ge-

[2] *Weiser*, Psalmen (^{4}1955), 223.
[3] *Buggele*, Streitschrift (1992), 79.

richts. Dem steht die Vision endzeitlichen Friedens und der Versöhnung gegenüber. Gott wendet sich den Menschen zu und ist voll des Erbarmens: „Ich will hören, was Gott redet: Frieden verkündet der Herr seinem Volk und seinen Frommen, den Menschen mit redlichem Herzen. [...] Es begegnen einander Huld und Treue; Gerechtigkeit und Friede küssen sich“ (Ps 85,9.11). Dass hier „Äpfel“ mit „Birnen“ verglichen werden, macht ein zweites Beispiel noch deutlicher. Jesus sagt von sich in Lk 12,49 den vielfach verdrängten oder verharmlosten Satz: „Ich bin gekommen, um Feuer auf die Erde zu werfen. Wie froh wäre ich, es würde schon brennen!“. Ganz eng mit der Person Jesu ist hier das läuternde und auch vernichtende Element verbunden. Widerspricht das nicht der Fülle des Friedens, der etwa in Ps 72,7 mit dem Auftreten des messianischen Friedensfürsten erwartet wird? Dort heißt es „Die Gerechtigkeit blühe auf in seinen Tagen und großer Friede, bis der Mond nicht mehr da ist“. Keine Spur von Gewalt und brennendem Eifer im Feuer. Was die schroffe Gegenüberstellung von aus dem Kontext herausgerissenen Stellen deutlich macht, ist die methodische Schieflage, die durch den wertenden Eklektizismus entsteht. Altes und Neues Testament lassen sich nicht gegeneinander ausspielen: „Liebe deinen Nächsten wie dich selbst“ (Lev 19,18) steht auch im Alten und „Mein ist die Rache“ (Röm 10,19) im Neuen Testament.

Altes und Neues Testament im Dialog, nicht im Gegensatz

Dabei geht es nicht um eine Art „Ehrenrettung“ für das AT, sondern um eine angemessene hermeneutische Position. In der Bestimmung des Verhältnisses beider Testamente hat sich in den letzten Jahren theologisch viel verändert. Ein Antagonismus oder eine diametrale Opposition zwischen beiden Testamenten kann theologisch nicht mehr vertreten werden. Weder *überwindet* das NT das AT noch wird dieses *aufgehoben*. Eine Position, die nur das als christlich gelten lässt, was mit dem Konstrukt eines weich gewaschenen Geistes Jesu vereinbar ist, ist insbesondere in der Annahme einer linearen evolutionären Entwicklung zwischen den Testamenten überholt.[4]

[4] Ein evolutionistisches Modell eines ethisch höher entwickelten Neuen Testamentes scheint auch noch in dem Papier „Gerechter Friede“ der Deutschen Bischöfe auf, wenn es dort heißt: „Zu dieser langsamen Herausführung aus dem Denken in Kategorien von Gewalt und Gegengewalt gehört notwendig auch ein Gottesbild, das noch nicht der Welt des wahren Friedens entspricht. Menschliche Wirklichkeit und Gottesvorstellung hängen zusammen. Ein Volk, das weitgehend in der allgemeinen Welt der Gewalt steckt, muss notwendig auch noch ein von Zügen der Gewalt gezeichnetes Gottesbild haben. Erst miteinander verändern sich die eigene Weltsicht und das

Der gleichberechtigte Dialog zwischen beiden Kanonteilen darf nicht zu Lasten des alttestamentlichen Teils aufgelöst werden. Weder Aufhebung oder Evolution noch Linearität fassen die Entwicklung vom AT zum NT adäquat, sondern die durchgehaltene Spannung zwischen Kontinuität und Diskontinuität. Daraus ergibt sich die Forderung eines innerkanonischen Dialogs. Was „Christentum treibet", erweist sich im Dialog zwischen den Testamenten.

Die „Heraus!"-Forderung der Gewalt in den Psalmen

Für die Beurteilung der Betbarkeit der Psalmen tritt neben die hermeneutischen Rahmenvorgaben das Moment der Rezeption. Gebet ist existentieller Nachvollzug und der ist immer subjektiv. Wenn christliche Beterinnen und Beter unter der Maxime der Gewaltüberwindung Schwierigkeiten haben, die unzweifelhaft gewaltbehafteten Passagen der Psalmen im Gebet für sich nachzuvollziehen, müssen diese Schwierigkeiten ernst genommen werden. Das ist etwas anderes als im *Gebet der Kirche*, wo scheinbar problematische Stellen oder gar ganze Psalmen (Ps 58; 83; 109) „wegen gewisser psychologischer Schwierigkeiten"[5] seit 1971 aus dem Stundengebet herausgestrichen worden sind. Die inakzeptable Zensur ist ein Ausweichen vor der Gewalt, die mit der Verstümmelung der Texte erkauft ist. Es kann nicht angehen, *dass die Bibel als nicht mehr zumutbar* empfunden wird, sondern gerade die Kirche muss *Mut zur Bibel* haben. Die Zensur ist auch ein Ausweichen vor der Auseinandersetzung mit der Gewalt. Die Provokation der Texte wird nicht ernst genommen, wenn man sie meidet. Mit der „Heraus!"-Forderung nimmt man jedenfalls die Herausforderung der Texte nicht an. Da das Stundengebet als Gebet der Kirche auch *stellvertretendes Gebet* ist, dürfen existentielle Schwierigkeiten nicht der alleinige Maßstab sein.

eigene Gottesbild. Die Heiligen Schriften zeigen nicht nur die Endstation, sondern den ganzen Weg". Um nicht in eine Schieflage zu geraten, müsste stärker betont werden, dass auch das Alte Testament schon Visionen des „Herausgeführt-Seins" aus der Gewalt und Wege zum gerechten Frieden kennt.

[5] So die allgemeine Einführung in das Stundenbuch Art. 131, die auf die Diskussion auf dem Zweiten Vatikanischen Konzil zurückgeht. Die Ausscheidung von problematischen Stellen war durchgehend umstritten und sollte unter den veränderten hermeneutischen Rahmenbedingungen neu diskutiert werden. Der Diskussionsprozess ist dokumentiert bei *Huonder*, Psalmen (1991). Ein gut dokumentiertes Plädoyer für die sog. Fluchpsalmen findet sich bei *Zenger*, Gott (1994); *Ders.*, Gotteszeugenschaft (1994), 11–37.

„Gerecht ist der Herr; mein Fels ist er, an ihm ist kein Unrecht“ (Ps 92,16)

Es ist richtig: Die Psalmen sind vielfach emotional, affektiv, oft grausam und schwer erträglich, aber das ist unsere Welt auch. Die Psalmen bieten einen Raum der Auseinandersetzung mit der Gewalt und müssen auch darin ernst genommen werden. Wenn im Folgenden einige hermeneutische und theologische Grundsätze formuliert werden, soll dem Problem der Gewalt nicht ausgewichen werden. Es geht nicht um ein apologetisches Schönreden oder eine Verharmlosung, sondern um eine Verständnishilfe in sechs Punkten:

1. Eine erste Grundvoraussetzung für ein angemessenes Verständnis ist die Tatsache, dass die Psalmen *Texte* sind und damit auch der Realität literarischer Formen verpflichtet bleiben. Die Textwelt ist aber nicht identisch mit der realen Welt. Das heißt nicht, dass die Psalmen unrealistisch oder per se unhistorisch sind, sondern dass die Texte nicht zuallererst den Kriterien nachprüfbarer Wirklichkeit oder Historizität verpflichtet sind. Gewalt der Psalmen ist nicht unbedingt real, ihre Formen sind zunächst literarische Formen.

2. Die Psalmen schildern die dramatische Auseinandersetzung zwischen dem Beter und seiner Welt. Für den Beter bzw. die Beterin ist die Gewalt gegenwärtig und real. Seine/ihre Welt ist eine *wahre* Welt. In der Konstruktion subjektiver Wirklichkeit gibt es zwischen Beter und Rezipienten keinen Unterschied. In der Allgegenwart der Gewalt und der Bedrängnis spiegeln die Psalmen oftmals exemplarisch auch das Empfinden des Rezipienten. Dieser Identifikation mit der Situation des Beters darf man nicht vorschnell mit einer Allegorisierung begegnen. Allerdings bleibt der subjektive Nachvollzug für eine Allegorisierung offen.

3. Gewalt ist ein schwieriger Kontext, und Kontexte in der Gewalt sind schwierig, da Gewalt unmittelbar betrifft, schmerzt und emotional bewegt. Dennoch muss die Gewalt der Psalmen auch in die Welt der Psalmen eingeordnet werden. Die Psalmenforschung hat in den letzten Jahren deutlicher erkannt, dass die Psalmen im Psalter in einem Zusammenhang stehen und aufeinander bezogen sind. Die Klage in Ps 22 ist von dem Vertrauenslied Ps 23 nicht zu trennen. Auch das leidenschaftliche Zeugnis für den in der Geschichte handelnden gerechten Gott in Ps 83 ist nicht unabhängig von dem vorher ergangenen Göttergericht von Ps 82. Da die anderen Götter Ungerechtigkeit vermehren, hofft der Beter auf den *einzig* verblieben Gott, den

Gott Israels. Erkennt man zusätzlich den Zusammenhang der Völkerperspektive in Ps 83, wird deutlich, dass es nicht um die Vernichtung der Gottesfeinde, sondern um die Verwandlung der Gottesfeindschaft geht. Die Kontexte lösen das Problem der Gewalt in den Psalmen nicht, mildern es aber deutlich ab.

4. In den Psalmen sind göttliche und menschliche Welt nicht getrennt. Der Beter bzw. die Beterin ist überzeugt, dass Gott in der Welt präsent ist und er in der Geschichte handelt. Dieses Heilshandeln manifestiert sich für den Beter im erhaltenden Handeln an der Schöpfung und im erwählenden Handeln an Israel. Für uns Christen beschränkt sich das besondere Handeln Gottes oftmals auf das Wirken Gottes im Leben und Sterben Jesu Christi. Hier gehen die Psalmen von anderen Voraussetzungen aus. Gott ist viel unmittelbarer zur Welt, viel verantwortlicher und präsenter in der Welt. Das Ausbleiben seines Handelns stellt sein Gottsein in Frage. Das Gottsein Gottes erweist sich im Handeln an der Welt. Natürlich sind die Beter nicht so naiv, zu erwarten dass Gott tatsächlich den Feinden die Zähne im Mund zerbricht (Ps 58,7) oder die Glieder zerschlägt (Ps 53,6). Ein *deus ex machina* entspricht der Erfahrungswelt eines Beters vor 2500 Jahren ebenso wenig wie er unserer Erfahrungswelt entspricht, die Gott-los geworden ist. Ein Großteil der sog. Vernichtungswünsche ist daher metaphorisch gemeint. Die Bildwelt der Psalmen ist eine uns oft fremde Welt von wilden Tieren, unmittelbarer Einschüchterung durch Feinde und direkter gewalttätiger Bedrohung, die durch die drastischen Bilder eine ungeheuer lebendige Dynamik entfaltet. Sie entzieht zugleich die feindlichen Mächte der geschichtlichen Konkretion und macht sie intersubjektiv in den Gebetsformularen vermittelbar. Diese Leistung der Metaphern darf nicht unterschätzt werden.[6]

5. Der Zusammenhang zwischen Gott und Welt ist eng mit dem Begriff der Ordnung verknüpft. Immer geht es im Handeln Gottes – und auch in der Vernichtung der Feinde – um die Bewahrung oder Wiederherstellung der Schöpfungsordnung. Diese abstrakte Ordnung ruht auf Regeln des Rechtes und zielt auf Gerechtigkeit. Der Schrei der Beter und Beterinnen nach Gewalt ist immer der *Schrei nach Gerechtigkeit*. Der Strom der Geschichte soll nicht in einem Meer der Ungerechtigkeit münden. Die Feinde *sind* ungerecht, sie stellen die Ordnung in Frage und darin das Gottsein Gottes. Ihr Handeln gegen den *gerechten* Beter ist nicht nur Akt tiefer und verletzender Ungerechtigkeit, sondern auch Ausdruck ihrer Gottesfeindschaft. Gott

[6] Vgl. dazu etwa die anregende Studie zu Ps 58 *Krawczack*, Gott (2001).

muss handeln, weil niemand sonst die göttliche Ordnung wieder herstellen kann. Ein wichtiger Punkt dabei ist, dass die Durchsetzung der Gerechtigkeit für den alttestamentlichen Beter *nur* innerweltlich vorstellbar ist. Da gibt es kein Verschieben auf ein jüngstes Gericht oder ein Eschaton, sondern *hier und jetzt* muss Gerechtigkeit werden. Das Gottsein Gottes wird immer neu an die Durchsetzung der göttlichen Gerechtigkeitsordnung geknüpft. Das erhöht den Handlungsdruck, ist aber zugleich so sympathisch, denn in der Bedrängnis sind Vertröstungen schmerzlich.

6. Für uns befremdlich ist die Gottespassion, mit der die alttestamentlichen Beterinnen und Beter ihrem Gott begegnen. Sie leiden an ihrem Gott, klagen ihn an und suchen ihn mit dem Schrei der Verzweiflung zum Eingreifen zu motivieren. Sein Schweigen interpretieren sie als ungerechte Verurteilung und sein Stillhalten als Feindschaft. Voraussetzung für das Handeln Gottes ist die Sündlosigkeit und die grundlegende Gerechtigkeit des Beters. Die Feinde stellen eine reale Bedrohung für die gerechte Ordnung dar, weswegen Gott um seines Gottseins willen eingreifen soll. Der Psalmenbeter – das ist ein wesentlicher Punkt – greift nie selbst zur Gewalt, sondern überlässt Gott die Gewalt. Die Rache wird nicht um ihrer selbst willen und auch nicht um der Beter oder ihrer Genugtuung willen eingefordert, sondern um Gottes willen.

„Er setzt den Kriegen ein Ende“ (Ps 46,10): Gegen-Gewalt

Mit den vorstehenden Überlegungen wird man den Stachel der Gewalt in den Psalmen nicht quitt. Es sollte aber deutlich gemacht werden, dass das auch kein vernünftiges Ziel sein kann. Neben dem Bewusstsein für die Schieflage im Gottesbild muss ein Verständnis der Psalmen gefördert werden, um diese „betbar“ zu halten. Die beste Werbung dafür sind die Psalmen selbst: In ihnen überwiegt – wie in der gesamten Heiligen Schrift – Gottes Barmherzigkeit. Die Psalmen nähren die Hoffnung auf eine Welt, in der die gottesfeindliche Gewalt überwunden ist. Solange „prüft der Herr Gerechte und Frevler“, und „wer Gewalttat liebt, den hasst er aus tiefster Seele“ (Ps 11,5).

Bibliographie

Assheuer, Thomas, Hinter dem Rücken des einen Gottes, in: Die Zeit Nr. 42 (9. Oktober 2003).

Buggele, Franz, Denn sie wissen nicht, was sie glauben. Oder warum man redlicherweise nicht mehr Christ sein kann. Eine Streitschrift, Reinbeck 1992.

Huonder, Vitus, Die Psalmen in der Liturgia Horarum, Fribourg 1991.

Krawczack, Peter, „Es gibt einen Gott, der Richter ist auf Erden" (Ps 58,12b) (BBB 132), Berlin 2001.

Weiser, Alfons, Die Psalmen (ATD 14/15), Göttingen ^{4}1955.

Zenger, Erich, Ein Gott der Rache, Freiburg 1994.

Ders., Die Gotteszeugenschaft des 83. Psalms. Anmerkungen zur pseudotheologischen Ablehnung der sog. Fluchpsalmen, in: M. Lutz-Bachmann (Hrsg.), Und dennoch ist von Gott zu reden. FS H. Vorgrimler, Freiburg 1994, 11–37.

Lernort Tora

Anstöße aus dem Alten Testament

Das ist kein leeres Wort, das ohne Bedeutung für euch wäre, sondern es ist euer Leben. (Dtn 32,47)

Die Rede vom „Religionsunterricht als Ort der Theologie" als Ausgangspunkt

Wenn unter dem Titel „Religionsunterricht als Ort der Theologie" nach den Wechselwirkungen von Theologie und schulischem Religionsunterricht gefragt wird und es dabei gerade nicht um die traditionelle Vorordnung der hohen akademischen Theologie vor den Niederungen der Praxis gehen soll, verändern sich die Perspektiven. Theologie wird dann nicht mehr ausschließlich als normativer Impulsgeber des Religionsunterrichts gesehen und eine „didaktische Dimension" der Theologie nicht als ein bloßes *Surplus*, das zu den Inhalten – dem vermeintlich „Eigentlichen" – nachträglich und akzidentiell hinzutritt. Unter didaktischer Dimension ist dabei ein von den Inhalten nicht zu trennendes Moment der Vermittlung, der transformierenden und kontextualisierenden Adaption verstanden.[1] Diese didaktische Dimension wird als der Offenbarung und damit auch der Theologie substantiell inhärent begriffen. Damit ist eine formale Dynamisierung der Offenbarung verbunden, die den Prozessen der subjektiven und biographischen Aneignung größere Aufmerksamkeit schenkt[2], ohne damit Gegenstand und Inhalt der Offenbarung an sich material zu verändern. Dass die angesprochenen Prozesse selbst wieder in kulturelle Konstruktionen von religiöser Identität eingebunden, d. h. vielfältig kontextualisiert sind, sei nur am Rande als Selbstverständlichkeit erwähnt. Worauf es aber ankommt, ist, dass Lernprozesse im schulischen Religionsunterricht unter dieser veränderten Perspektive nicht mehr nur als Objekt theologischer Reflexion zu begreifen sind,

[1] Didaktik ist hier in einem weiten Sinne verstanden, so dass Methoden und Inhalte, sowie deren Hermeneutik und Struktur umfasst werden (s. *Klafki*, Didaktik [1998], 836–837). Beide stehen unzweifelhaft in vielfältigen Wechselbeziehungen zueinander, wobei die Methoden der Vermittlung hier nicht im Vordergrund stehen.

[2] Zu dem Wechsel von einer „Hermeneutik der Vermittlung" zu einer „Hermeneutik der Aneignung" aus der Perspektive der Religionspädagogik s. *Goßmann/Mette*, Erfahrung (1993), 164; vgl. ferner mit Bezug auf die Bibeldidaktik *Schambeck*, Didaktik (2009), 64f.120.145.178f.

sondern vielmehr als Ort, in dem theologische Inhalte sowohl transformiert als auch generiert werden. Lernende und Lehrende als Subjekte dieser Prozesse werden nicht mehr nur als reproduzierende Rezipienten, sondern auch als transformierende Produzenten von Theologie begriffen und ernst genommen. Um dem Missverständnis vorzubeugen, hier ginge es um eine Auslagerung der wissenschaftlichen Theologie in die Schule, sei betont, dass es bei der Rede vom Religionsunterricht als „Ort der Theologie" nicht um eine materiale Produktion von Theologie geht – im schulischen Religionsunterricht werden keine theologischen Traktate produziert –, sondern weit mehr um eine formale Bestimmung, die aus der Perspektive der Theologie die Relevanzfrage für die Lernprozesse außerhalb der *loci theologici classici*, der genuinen Orte der Theologie, stellt und den Religionsunterricht als *locus theologicus alienus* begreift.[3] Einem zweiten Missverständnis ist ebenfalls vorzubeugen: es geht bei den Überlegungen, die den Rahmen für den folgenden Beitrag bilden, nicht um eine theologische Überformung des Religionsunterrichts, so dass nach bzw. neben die katechetische und kerygmatische Überforderung nun eine hermeneutische Überforderung des Religionsunterrichts tritt. Religionsdidaktische Konkretionen sind daher auch nicht Gegenstand der folgenden Überlegungen. Vielmehr soll aus exegetischer Perspektive nach den Konsequenzen eines theologischen Bildungsbegriffs gefragt werden, der – das sei zugestanden – noch reichlich unbestimmt bleibt, aber zumindest „Theologie" unter den Rücksichten mehrdimensionaler Interpretationsprozesse begreift und Lern- und Entwicklungsprozesse einbezieht.[4] Aus exegetischer Perspektive sind in der Frage nach dem „Ort der Theologie" bzw. „Orten der Theologie" zugleich Grundfragen des Schriftverständnisses, der Methodik und der Auslegung berührt.

Welche Relevanz kommt der Auslegung biblischer Texte außerhalb der wissenschaftlichen Theologie zu und welche Wechselwirkungen für die wissenschaftliche Exegese ergeben sich daraus? Hat ein vorkritisches intuitives Textverständnis für die Theologie Bedeutung oder ist es gar Theologie? Das wirft die weit reichenden Fragen nicht nur nach dem Theologieverständnis auf, sondern auch nach dem „Subjekt" der Theologie und dem „Subjekt" der Auslegung des der „Kirche überlassenen heiligen Schatz(es) des Wortes Gottes" (DV 10). Damit sind komplexe Fragen angesprochen, die seit dem

[3] Zur systematisch-theologischen Entfaltung der *loci*-Lehre Melchior Canos sei auf den Beitrag von M. Knapp verwiesen: *Knapp*, Wort (2012).

[4] Vgl. dazu aus der Fülle der Literatur zum Bildungsbegriff *Englert*, Grundfragen (2008), 159f; *Altmeyer*, Wahrnehmung (2006), 96–100; *Tomberg*, Religionsunterricht (2010), 39–43.

Zweiten Vatikanischen Konzil in der Verhältnisbestimmung von „sensus literalis“, „sensus spiritualis“ und „sensus plenior“ und der Schrift als „Seele der Theologie“ noch nicht in ausreichendem Maße geklärt sind. Derzeit werden sie in der Exegese eher im Umfeld der Debatte um die kanonische Schriftauslegung diskutiert.[5]

Vom Schriftverständnis her stellt sich die Frage grundsätzlicher: Wenn „alle Glieder der Kirche“ – wie die Päpstliche Bibelkommission formuliert – „eine Rolle bei der Interpretation der heiligen Schriften zu übernehmen haben“[6], kann der Religionsunterricht als Ort der Schriftauslegung nicht ausgeschlossen werden. „Man darf nie vergessen, daß eine solche Lesung der Heiligen Schrift nie rein individuell ist, denn der Gläubige liest und interpretiert die Heilige Schrift immer innerhalb des Glaubens der Kirche, und er vermittelt in der Folge der Gemeinschaft die Frucht seiner Lektüre und bereichert so den gemeinsamen Glauben“.[7]

Wie das geschehen kann und welche hermeneutischen Rahmenbedingungen dafür gelten, darüber ist auch von der Schrift selbst aus neu nachzudenken. Das dabei auch sensible Fragen der *res mixta* wie z. B. eines konfessionellen Religionsunterrichts an staatlichen Schulen berührt sind, braucht nicht betont zu werden. Im Folgenden sollen aus exegetischer Perspektive einige sehr begrenzte Angebote gemacht werden, in denen verdeutlicht wird, wie sehr Interpretations- und Auslegungsprozesse das Selbstverständnis der Schrift schon von ihren Grundlagen her – der Tora – bestimmen. Zunächst ist aber kursorisch auf das neue Interesse am Lehren und Lernen in der Exegese einzugehen.

Die neue Lust am Lehren und Lernen in der Exegese

„Bildung“ ist zwar bekanntlich kein biblischer Begriff, aber von seinen Ursprüngen her vielfältig mit biblischen Aussagen verknüpft. Daher wurde die Frage nach „Bildung“ exegetisch seit je her mit Aufmerksamkeit bedacht.[8] Die eine Wurzel des Begriffs liegt unbestritten im griechischen παιδεία-Ideal, das die Abkehr von einer alltäglich-zufälligen hin zu einer reflektierten, durch Erkenntnis begründeten Weltsicht beschreibt. Das Wort ist in der LXX vielfältig

[5] Vgl. in enger Auswahl und mit weiterer Literatur: *Ballhorn/Steins*, Bibelkanon (2007); *Gillmayr-Bucher*, Bibel (2008); *Söding*, Schatz (2010); *Köhlmoos*, Kanon (2009).

[6] *Päpstliche Bibelkommission*, Interpretation (1996), 86.

[7] Ebd.

[8] Vgl. dazu *Crüsemann*, Bildung (2003), 272–275.

präsent und auch dort nicht ohne Bezug zum hellenistischen Bildungsdiskurs zu sehen.[9] Die andere Wurzel führt weg vom hellenistischen Ideal zur Einführung des Begriffs in die deutsche Sprache, die gewöhnlich mit Meister Eckhart verbunden wird. Bildung ist bei ihm eng mit der Gottebenbildlichkeitsaussage in Gen 1,26f verknüpft. Um die Entfremdung von Gott und das Verfallen-Sein an die Welt aufzuheben, soll der Mensch sich „über-bilden" in der mystischen Angleichung an das Bild Christi.[10] Entsprechend setzen auch immer wieder theologische Untersuchungen zur Bildungskategorie an der Gottebenbildlichkeitsaussage an.[11] Wegen der problematischen Verknüpfung mit der qualitativ verstandenen Gottesbildlichkeitsaussage[12] und der oft christologischen Zuspitzung wird diese Spur in dem jüngeren Trend zur Lerntheologie aus alttestamentlicher Rücksicht nicht aufgenommen, sondern stärker die Breite von biblischen Lernprozessen in den Vordergrund gerückt. In einem Überblicksartikel zu „Lehren und Lernen als Thema der alt- und neutestamentlichen Wissenschaft" schreiben Beate Ego und Christian Noack: „Angeregt durch die aktuelle Bildungsdebatte sowie den Vormarsch der Kulturwissenschaften, die die Paradigmen der ‚Gedächtniskultur' sowie der ‚Literacy' in den wissenschaftlichen Diskurs eingebracht haben, spielt das Thema ‚Lernen und Lehren' gegenwärtig in der alttestamentlichen Wissenschaft eine beachtliche Rolle".[13] Das Thema hat inzwischen eine Fülle von Facetten und Schwerpunkten, die von der Semantik über die Sozialgeschichte bis hin zur Bibeldidaktik reichen. Aus exegetischer Perspektive bildet etwa der 2005 von Beate Ego und Helmut Merkel herausgegebene Sammelband „Religiöses Lernen in der biblischen, frühjüdischen und frühchristlichen Überlieferung" das Themenspektrum ab. Dort finden sich Aufsätze zum Deuteronomium, zu YHWH als Lehrer der Tora in den Psalmen, zu Neh 8, zur frühjüdischen Weisheitsliteratur, zu religiösem Lernen in Qumran, bei Philo und in der rabbinischen Literatur sowie eine ebensolche Fülle von neutestamentlichen Beiträgen. Besondere Betonung erfährt der Blick auf die Lernprozesse und ihre Kontextualisierungen sowie die in den Texten selbst reflektierten Methoden der Vermittlung und Aneignung. Da ist zum einen die Rolle des Lehrers und die

[9] Neben Dtn 11,2 und einigen Belegen in den Propheten finden sich die allermeisten der 110 Belege von παιδεία in den Weisheitsschriften; mit besonderer Dichte in den Sprüchen und bei Jesus Sirach. Vgl. zum Hintergrund des hellenistischen Ideals *Ueberschaer*, Weisheit (2007), 109–134 und zuletzt *Ego*, Schatten (2009), 203–205.

[10] Vgl. *Fraas*, Bildung (2000), 44–47.

[11] Vgl. *Biehl/Nipkow*, Bildung (2005), bes. 9–102

[12] Zum Problem *Frevel*, Gottesbildlichkeit (2009), 262–271 (Lit.), zur Kritik auch *Crüsemann*, Bildung (2003), 272–274.

[13] *Ego/Noack*, Lernen (2008), 3.

mit der Lehrinstanz verbundene soziale, institutionelle, personale und emotionale Beziehung, die nicht nur real, sondern auch memorativ-virtuell resp. anamnetisch ausgestaltet sein kann. Zum anderen und von mindestens ebensolcher Bedeutung ist die nachvollziehende und aktualisierende Verinnerlichung im Prozess der Aneignung, der vom mnemotechnischen Lesen über das Auswendiglernen bis hin zur Auslegung reicht und auf Praxis zielt. Die Kontexte biblischen Lernens umfassen schulische und kultische Zusammenhänge ebenso wie individuelle Lernbiographien, lassen sich aber darauf nicht beschränken. Auffallend sind vielmehr die sozialen Lernstrukturen, die als identitätsstiftend und konstitutiv für die Glaubensgemeinschaft gefasst werden. Schon der hier nur angedeutete Strauß von Themen unterstreicht die Aussage des Vorworts: „Religiöses Lernen hat in der jüdischen und christlichen Tradition einen zentralen Stellenwert“.[14]

Versucht man den Trend der alttestamentlichen Exegese noch etwas näher einzuordnen, so fällt auf, dass den Fragen der produktiven Auslegung in Rezeptionsprozessen der Schrift in der jüngeren Zeit stärkere Aufmerksamkeit geschenkt wird. Auslegung findet nicht erst jenseits der Schrift statt, sondern ist Teil der Schrift selbst.[15] Die maßgebliche Selbstauslegung der Schrift ist in den Lern- und Rezeptionsprozessen selbst angelegt und greift über die rezipierenden Subjekte über die Schrift hinaus. Der Trend ist verstärkt durch die Intertextualitätsdebatte und nicht zuletzt durch die Relevanzfrage, inwieweit der Heiligen Schrift als „Ort der Theologie“ unter den Bedingungen der Moderne außerhalb der Exegese Rechnung getragen werden kann. Damit haben sich die Gewichte gegenüber den 80er- und 90er-Jahren etwas verschoben bzw. weiterentwickelt. Dort stand die Frage der Gedächtniskultur und die anamnetische Struktur des Gedenkens im Alten Testament im Vordergrund[16], die immer noch zu Recht ihre Spuren zieht.[17] Die vornehmlich an die Semantik von זכר „erinnern, vergegenwärtigen“ und זכרון „Gedächtnis, Erinnerung“ anknüpfenden Überlegungen, den Wurzeln der Erinnerungskultur der christlich-jüdischen Rezeptionsgemeinschaft, richteten sich besonders auf die Exoduserinnerung im Rahmen der Festkultur, der Historisierung und zugleich anamnetischen Vergegenwärtigung der Befreiungserfahrung. Sie wurden durch die Arbeiten von Jan Assmann aufgenommen und mit kulturwissenschaftlichen Ergebnissen der Gedächtnisforschung im Anschluss an Maurice Halbwachs vernetzt und

[14] *Ego/Merkel*, Lernen (2005), VII.
[15] *Taschner*, Weisung (2010), 14.18 spricht zutreffend von einer „Grundkonstante“.
[16] Aus der Vielzahl der Aufsätze sei auf den Überblick von *Fabry*, Gedenken (1983) verwiesen.
[17] Vgl. als Überblick den Band 22 des Jahrbuchs für Biblische Theologie unter dem Titel „Die Macht der Erinnerung“; *Dohmen*, Erinnerungsgemeinschaft (2008).

fortgeführt. In dem 1992 erschienenen „kulturellen Gedächtnis" beschrieb Assmann das Deuteronomium als „Paradigma kultureller Mnemotechnik".[18] Verbunden mit geschichtlicher Krisenerfahrung interpretierte er das Besondere des Buches als „kontrapräsentische Erinnerung", in der Ungleichzeitiges gleichzeitig gemacht wird. Das Lernen wird zu einem Erinnerungsgeschehen gemacht, das für die Gegenwart konstitutiv ist und diese identitätsstiftend verändert. Die Arbeiten Jan Assmanns haben stark produktiv auch die Beschäftigung mit Lernzusammenhängen in der Bibel bewirkt.

Eine weitere Verschiebung der Akzente hat auch die in den vergangenen Dekaden intensiv geführte „Schuldebatte" mit sich gebracht. So wurde die Frage nach der institutionellen Vermittlung der Schreib- und Lesekompetenz intensiv an der Existenz von Schulen festgemacht. Abecedarien und kurze Übungstexte wie etwa die Briefformulare aus *Kuntillet 'Ağrūd* oder der sog. Bauernkalender aus Geser wurden als Indizien einer breiten schulischen Vermittlung von Wissen eingestuft.[19] Inzwischen gehen die meisten zumindest für die vorexilische Zeit nicht mehr von einer breiten institutionellen Vermittlung von Schreib- und Lesetechniken sowie einer über die Eliten hinausgehenden schulischen Rezeption des Traditionswissens aus. Demgegenüber wurde die mündliche Traditionsweitergabe in Erziehungs- und Bildungsprozessen wieder stärker in den Vordergrund gerückt, wobei man wieder bei den Impulsen von Jan Assmann und im Buch Deuteronomium landet. Besonderen Einfluss nahm hier die Studie von David Carr „Writing on the Tablet of the Heart", der die Wissenssysteme von Mesopotamien, Ägypten, Griechenland und Israel komparativ untersucht und festgestellt hat, dass „basic cultural texts" memoriert und dabei auch produktiv ausgelegt und verändert wurden.[20]

Gegenüber der Ausrichtung auf die Lerngemeinschaft „Israel" ist besonders die Frage nach „YHWH als Lehrer" in den Psalmen und der Weisheitsliteratur in der jüngeren Diskussion hinzugetreten.[21] Erich Zenger etwa beschreibt den Psalter als „ein (Vor-)lesebuch und als solches ein Lernbuch".[22] Ps 147 besingt YHWH als Weisheitslehrer im Lehrhaus Jerusalem. Die Tora als Ordnungskonstrukt und Spiegel der Weltordnung schafft Frieden, schmilzt Eis und Schnee und verbindet Himmel und Erde, was im Zentrum, in Zion/Jerusa-

[18] *Assmann*, Gedächtnis (2000), 215, vgl. 212–228.

[19] Vgl. dazu die Übersicht über die Argumente bei *Ueberschaer*, Bildung (2007), 92–104 und den (insgesamt in Bezug auf die Sachverhalte zu zuversichtlichen) Überblick bei *Krispenz*, Schule (2007).

[20] *Carr*, Writing (2005).

[21] Vgl. zuletzt *Finsterbusch*, Lehrer (2007).

[22] *Zenger*, Lehrer (2005), 47.

lem, sichtbar und erlebbar werden soll. „Die Worte des Lehrers JHWH sind konstitutiv für die Erneuerung Jerusalems".[23]

Kein anderer Psalm thematisiert den Zusammenhang von Tora und Lernen so intensiv wie Ps 119.[24] YHWH wird angerufen, die Tora zu lehren: ברוך אתה יהוה למדני חקיך „Gepriesen seist Du, YHWH! Lehre mich deine Satzungen" (Ps 119,12). Dieses „Lehre mich deine Satzungen bzw. Gebote" wird insgesamt sechsmal in Ps 119 wiederholt oder variiert (Ps 119,12.26.64.68.108.124). Diese Lehre und Belehrung ist untrennbar mit der scheinbar redundanten Repetition verknüpft, die den Psalm zu einem meditativen Universum der Tora-Theologie werden lässt, das sich nicht im Wissen, sondern erst in dessen geradezu unendlicher Variation und Vermittlung erschöpft. Diese ist freilich gerade in dem längsten Psalm des Psalters schon formal begrenzt durch den poetischen Rahmen des Akrostichons (je acht Zeilen beginnen mit einem Buchstaben des Alphabets) und den Horizont des fünften Psalmenbuchs und des fünfteiligen Psalters. Der Psalm entfaltet dabei eine Empathie des Lernenden, die kognitive, ästhetische und emotionale Dimensionen einschließt und Tora-frömmigkeit zum Prinzip eines welt(um)gestaltenden Ethos macht. Damit ist vor allem eine umfassende anthropologische Dimension der Lernprozesse angesprochen, die zwar Textaneignung und Textbewahrung einschließt, aber weit darüber hinausgeht und vielfältige Anschlussmöglichkeiten für das Gespräch mit der praktischen Theologie bietet: „Lernen erweist sich damit nicht als kognitiver Vorgang, sondern zielt auf die Erfassung des ganzen Menschen, auf Bildung im eigentlichen Sinne, auf einen Prozess lebenslanger Ausrichtung auf den Willen Gottes".[25] Erich Zenger ordnet diesen Psalm in den Kontext des hellenistischen Bildungskontextes ein, der Lesen als Akt der Weltgestaltung und Literatur als „Heilstätte der Seele" versteht.[26] Mit der Betonung des Lernens im hellenistischen Kontext ist eine innerbiblische Entwicklung von Lehr- und Lernprozessen angesprochen, die in der Tora ihren Ausgangspunkt nimmt.

[23] Ebd., 54.
[24] S. auch *Reynolds*, Torah (2010).
[25] *Rölver*, Existenz (2010), 394.
[26] Vgl. *Zenger*, Lehrer (2005), 63.

Lehren und Lernen als Brücke zwischen den Generationen – Zur Lerntheologie des Deuteronomiums

Vom Alten Testament her kommt dem Buch Deuteronomium nicht nur forschungsgeschichtlich die Rolle eines Klassikers der Lerntheologie zu. Dort werden idealtypisch Lern- und Lehrprozesse mit programmatischem Charakter entfaltet. Schon über einzelne Stichworte lässt sich die Vielfalt der Perspektiven im Deuteronomium aufrufen: Mose als Lehrer der Tora (Dtn 1,5; 4,1.5.14; 31,19.22; 32,45f u. ö.), die sog. Kinderfrage (Dtn 6,20), das Lesen (Dtn 17,19), Hören (in Dtn 4,1.10; 5,1; 6,4; 9,1 u. ö.) und Kommemorieren der Tora (in Dtn 6,6–9, dem „Schlüsseltext zum Glaubenlernen“[27]) und schließlich der im Festzyklus institutionalisierte wie ritualisierte Lernvorgang (Dtn 31,10–13[28]). In all dem wird das Lernen der Tora stark in den Vordergrund gerückt und zu Reflexionen über schriftgestützte Lernvorgänge angeregt. Nach wegweisenden Beiträgen von Norbert Lohfink und Georg Braulik in den 80er- und 90er-Jahren[29] wurde die Lerntheologie des Deuteronomiums zuletzt in zwei sehr unterschiedlich gelagerten Habilitationsschriften noch einmal detailliert aufbereitet. Zum einen von *Karin Finsterbusch* in der Arbeit „Weisung für Israel. Studien zu religiösem Lernen und Lehren im Deuteronomium und in seinem religiösen Umfeld“ (2005). Finsterbusch versteht dabei die Lehr- und Lerntheologie des Deuteronomiums als geschlossene Konzeption. Durch einzelne Exegesen erarbeitet sie die notwendige Freiheit im Vermittlungsprozess der Tora, die in der Anlage des Buches als Abschiedsrede des Mose in Moab grundgelegt ist. Mose ist im Deuteronomium *nicht nur* Mittler der Tora, sondern auch ihr Lehrer.[30] Indem Mose dabei Israel wiederum als Lehr- und Lerngemeinschaft konstituiert, ist die Rezeption der Schrift ein permanenter Lernvorgang, der von ästhetischer Repräsentation, Repetition und Rezeption bestimmt ist. Alle drei Aspekte sind komplementär zueinander und umgreifen sowohl die Familie als auch das ganze Volk als Lerngemeinschaft. Die in das Gesamt der kollektiven wie individuellen Lebenszusammenhänge eingebundene Vermittlung der Tora wird so zum produktiven Ort der Gottesbegegnung, in dem Geschichte und Gegenwart unlösbar verknüpft sind. Aus der repräsentierten Geschichte erwächst repräsentierende Gegenwart, in der durch produktive Erinnerungsvorgänge emergente Handlungsimpulse generiert werden, die auch künftig Gottesgegenwart und ein Leben in

[27] *Lohfink*, Glauben (1983), 92.
[28] Vgl. zu diesem Text zuletzt *Heckl*, Augenzeugenschaft (2010), 354f.
[29] In Auswahl: *Lohfink*, Volk (1984); *Braulik*, Gedächtniskultur (1993).
[30] *Finsterbusch*, Weisung (2005), 307.

Gottesgegenwart ermöglichen. Das deuteronomische Konzept der Tora im Zusammenspiel von Verkündigung, Auslegung und Rezeption ist damit keinesfalls das einer starren, gesetzesfixierten, kasuistischen Religion, sondern das einer dynamischen Interpretationsgemeinschaft, deren Identität vom Rekurs auf die Schrift nicht zu lösen ist: „Nur als Lehr- und Lerngemeinschaft kann Israel überleben. Überleben hat wesentlich mit Bewusstsein und Bewahrung von Identität zu tun. Genau dies garantieren die vieldimensionalen deuteronomischen Vorschriften zu religiösem Lehren und Lernen“.[31]

Die andere nahezu zeitgleich (2004) veröffentlichte Arbeit ist die von *Isa Breitmeier*: „Lehren und Lernen in der Spur des Ersten Testaments. Exegetische Studien zum 5. Buch Mose und dem Sprüchebuch aus religionspädagogischer Perspektive“. Während Finsterbusch stärker exegetische Akzente setzt und die Deuteronomiumforschung breit integriert, setzt Breitmeier stärker bibeldidaktische Akzente und entwickelt eine „Didaktik des Hörens“ für einen ästhetischen Unterricht, in dem die Lernenden als aktiv Rekonstruierende im Zusammenspiel von *aisthesis* und *poiesis* zu Subjekten der Auslegung werden, indem sie die Leerstellen im Text wahrnehmen und produktiv füllen. Beide Arbeiten betonen das Zusammenspiel von normativer Setzung und Auslegung in der Konzeption der Schrift selbst, so dass innerbiblisch reflektierte Rezeptionsprozesse den Ansatzpunkt für eine Vermittlung und Auslegung der Schrift bilden.

Es versteht sich von selbst, dass der knappe Einblick in die Forschungsfelder im Trend „Lehren und Lernen als Thema der alttestamentlichen Wissenschaft“ unvollständig bleibt. Er zeigt aber zumindest das wachsende Interesse an innerbiblischen Rezeptions- und Vermittlungsprozessen und die Konzentration auf die Tora. Dies soll im Folgenden noch an einigen Beispielen vertieft werden, die – ausgehend vom Deuteronomium – die Tora als Lernort verdeutlichen.

In Moab wird der Horeb als Vergangenheit gegenwärtig (Dtn 5,1–5)

Das Buch Deuteronomium ist als Abschiedsrede des Mose stilisiert, die den drohenden Traditionsbruch zwischen der Exodusgeneration und der gegenwärtigen Generation zu überbrücken sucht. Das Volk, das sich in Moab im Ostjordanland aufhält, steht kurz vor der Landnahme (Dtn 3,18), ist aber in einer ausgesprochen kritischen Situation. Die Exodusgeneration, die nicht nur die Befreiung aus Ägypten

[31] *Finsterbusch*, Weisung (2005), 316.

als Heilstat der Erwählung erlebt, sondern auch am Sinai/Horeb die Offenbarung des erwählenden Gottes gehört und nicht zuletzt im Bundesschluss erfahren hatte, ist in der Wüste bis auf Mose[32] vollständig verstorben (Dtn 1,35; 2,16). Die Augenzeugenschaft (Dtn 1,30; 4,3.9.34; 6,22; 7,19; 9,17; 10,21; 11,7; 29,2; 34,12 u. ö.) und Unmittelbarkeit der Gotteserfahrung (Dtn 4,9–14.35f) droht damit im Generationenwechsel abzubrechen und die entscheidende Rückbindung an die Anfänge im Land verloren zu gehen. Die Dringlichkeit eines Brückenschlags wird durch die erfolglosen Verhandlungen des Mose unterstrichen, doch noch von der im Widerspruch des Volkes begründeten Strafe (Dtn 1,32–37) ausgenommen zu werden (Dtn 3,23–27; 34,4). Der Tod des Mittlers Mose selbst steht unmittelbar bevor, so dass Vermittlung in die nächste Generation Not tut. Genau das leistet das Buch Deuteronomium durch die mehrfach gestaffelte Abschiedsrede und deren Verschriftung quasi „in letzter Minute" so nachhaltig, dass in der vergegenwärtigenden Erinnerung des Buches Lernprozesse in Gang gesetzt werden, die die Generationen zum Ursprung hin überbrücken. Markantester Ausdruck dafür ist der Bezug auf den Bundesschluss am Horeb in der Einleitung zum Dekalog Dtn 5,1–5:

1 Und Mose rief ganz Israel und sprach zu ihnen: Höre, Israel, die Satzungen und Rechtsentscheide, die ich heute in eure Ohren rede; ihr sollt sie lernen und sie bewahren, um sie zu tun. 2 YHWH, unser Gott, hat mit uns am Horeb einen Bund geschlossen. 3 Nicht mit unseren Vätern hat YHWH diesen Bund geschlossen, sondern mit uns, die wir hier heute sind, mit uns allen, die am Leben sind. 4 Von Angesicht zu Angesicht hat YHWH mit Euch mitten aus dem Feuer auf dem Berg gesprochen. 5 Ich stand damals zwischen YHWH und Euch, um euch die Worte YHWHs zu verkünden, denn ihr habt euch vor dem Feuer gefürchtet und seid nicht auf den Berg gestiegen.

Der Text ist komplex und die Sprechsituation auf der Endtextebene mehrfach codiert.[33] Durch die Überschrift Dtn 4,44–49 als זאת התורה „dies ist die Tora" eingeleitet, beginnt hier ein neuer Verkündigungsabschnitt. Der Anfang in V. 1 konstituiert mit „ganz Israel" die Größe, die den Adressaten der Rede des Mose bildet. Deswegen wird das קרא אל meist übersetzt „Mose rief ganz Israel *zusammen*", so als wenn es um eine erneute Versammlung ginge oder die Versammlung

[32] Auf die Sonderrolle Kalebs und Josuas (Num 14,30.38; 26,65; 32,12; Dtn 1,36. 38; 3,28) kann hier nur verwiesen werden.

[33] Auf diachrone Aspekte des Deuteronomiums wird im Folgenden nicht eingegangen, auch wenn außer Frage steht, dass die Lern- und Lehrkonzeptionen nicht auf einer literargeschichtlichen Ebene liegen.

Israels am Horeb (Dtn 4,10) gemeint wäre.[34] Die Wendung kann das ausdrücken (vgl. Dtn 29,1), hat aber „Nuancen zwischen Zuruf und Herbeizitieren“[35], so dass man sie auch – mit der Übersetzung Martin Bubers – „Mosche rief allem Jissrael zu“ wiedergeben kann. Dann aber gerät die Adressatensituation in die Schwebe, denn sowohl das Israel am Horeb als auch das in Moab vor Mose versammelte Israel kann gemeint sein. Der Aufruf „Höre, Israel“, der unter Vertauschung der Glieder Dtn 4,1 aufnimmt, und das „heute“ lassen eine gegenwärtige Hörsituation erwarten und sprechen zugleich die aktuellen Rezipienten an, die damit in das Geschehen einbezogen werden. Das wird unterstrichen durch den Wechsel von der Lehre in Dtn 4,1 (למד D-Stamm mit Mose als Subjekt, s. auch Dtn 4,5[.10]. 14) zum Lernen (למד G-Stamm mit dem Volk als Subjekt, vgl. bes. Dtn 17,19; 31,12f). Sowohl das „hören“ als auch das „in die Ohren reden“ zielen über die punktuelle akustische auf die kognitive Wahrnehmung der Gesetze, die durch den Doppelausdruck „Satzungen“ (חקים) und „Rechtsentscheide“ (משפטים) das ganze deuteronomische Gesetz einbeziehen. Demgegenüber weisen die folgenden Verben „lernen“ (למד) und „bewahren“ (שמר) über den kognitiven Aspekt hinaus auf die pragmatische Seite, was der abschließende Infinitiv „um sie zu tun“ (לעשתם) deutlich macht. Beide greifen über den performativen Akt (das Lernen und Bewahren *im* Akt des Hörens) über das aktuelle Geschehen hinaus auf eine Perspektive, die zeitlich weit darüber hinausgeht. Mit dem Lernen ist das aktive wiederholende Auswendiglernen auf der Basis der Schriftlichkeit gemeint[36], das auf Internalisierung und schließlich auf die nachhaltige Ausrichtung des ganzen Menschen am Gelernten zielt. „Das Lernen zielt letztendlich auf eine Befähigung zum Tun der Tora“.[37] Das Verbum שמר, das im Dtn sehr oft mit עשה „tun“ zusammengebunden ist[38], zielt zum einen auf die Gesetzesobservanz und wird deshalb oft mit „(auf das Gesetz) achten“ oder „(das Gesetz) halten“ übersetzt. Daneben tritt aber ein Aspekt der Nachhaltigkeit, des dauerhaften Bewahrens, des Festhaltens an, der sich zumindest assoziativ auch auf das Materialobjekt „Gesetz“ bzw. die Tora als Gesetz bezieht. So wie das למד „lernen“ von der Mündlichkeit in der Hörsituation auf die Schriftlichkeit und Rezeption hinausweist, so weist das שמר „bewahren“

[34] Vgl. z. B. *Lohfink*, Deuteronomium (2005), 117: „Dagegen zitiert Mose ein in Deuteronomium 5 nicht vorkommendes Gotteswort: den Befehl an Mose, durch Einberufung einer Versammlung das Horebgeschehen in Gang zu bringen“.

[35] *Hossfeld*, Dekalog (1982), 219.

[36] S. dazu *Finsterbusch*, Weisung (2005), 161.

[37] *Ego*, Schatten (2009), 213.

[38] Vgl. Dtn 4,4; 5,32; 6,3; 7,11f; 8,1; 11,32; 12,1.28; 13,1; 15,5; 16,12; 17,10.19; 19,9; 23,24; 24,8; 26,16; 28,1.13.15.58; 29,8; 31,12; 32,46.

über die Beachtung auf die Konstituierung der Tradition. Werden also schon im ersten Vers die Generationen überbrückt und Offenbarung, Tradition und Rezeption zusammengebunden, so wird dieser Aspekt im Folgenden noch deutlicher. Mose redet nun nicht mehr nur das Volk an, sondern bezieht sich selbst ein, wenn er auf den Horebbund Bezug nimmt. Die Angeredeten jedoch waren nicht selbst am Horeb, sondern die in der Wüste verstorbene Exodusgeneration. Der Bundesschluss bezieht das gegenwärtige Israel aktualisierend über die erinnernde Rede mit ein, so als wären die Angeredeten tatsächlich Bundespartner gewesen. Der viel diskutierte V. 3 führt das weiter. Wer sind die Väter, mit denen YHWH nicht „diesen Bund" geschlossen hat? Auf den ersten Blick kann nicht die Horebgeneration gemeint sein, denn es steht ja außer Frage, dass YHWH mit ihnen den Bund geschlossen hat. Deshalb wurden die „Väter" oft mit den Patriarchen identifiziert und in dem לא את־אבותינו „nicht mit unseren Vätern" eine Absetzung des Horebbundes gegenüber dem Väterbund gesehen.[39] Doch durch die Gegenüberstellung der gegenwärtigen Generation („heute", „uns", „die am Leben sind") mit der Horebgeneration ist die Sachlage eigentlich eindeutig. „Durch die Identifizierung der Adressaten mit denen, die am Horeb anwesend waren, wird deutlich gemacht, daß ‚die Gottesoffenbarung am Sinai … nichts Vergangenes (ist), nicht eine historische Angelegenheit für die lebende angeredete Generation, sondern gerade für sie eine lebensbestimmende Wirklichkeit'".[40] Durch V. 3 wird das Geschehen am Horeb aktualisierend aufgerufen bzw. in der Moserede so vergegenwärtigt, dass die Moabgeneration und jede weitere Generation zum Bundespartner bzw. in den Bundesschluss am Horeb und die Unmittelbarkeit der Gotteserfahrung („von Angesicht zu Angesicht") mit hinein genommen wird.[41] „Im biblischen Denken veraltet das Alte nicht, es wird nicht ‚historisiert' oder gar ‚revidiert', sondern bei jedem Bundesschluss gleichsam konzentriert und so verstärkend vergegenwär-

[39] S. dazu *Taschner*, Mosereden (2005), 107.112.

[40] *Römer*, Väter (1990), 52 (mit Zitat von G. von Rad).

[41] Über die Frage, was Inhalt der Rede von V. 4 war und inwiefern der Dekalog *im Deuteronomium* über die unbestrittene Verkündigung durch Mose hinaus als verständliche unmittelbare (Dtn 4,13; 5,22) oder als *ausschließlich* durch Mose vermittelte Offenbarung (Dtn 4,12; 5,5) verstanden werden muss, kann hier nicht ausführlicher gehandelt werden. Siehe zur Diskussion *Braulik*, Deuteronomium (1993), 13.34–46 (Lit!). Von der Erzählsituation in Dtn 4f ergibt sich m. E. beides: Es wird darauf zurückverwiesen, dass Gott unmittelbar zu der Exodusgeneration gesprochen hat. Der Inhalt der Rede wird von Mose gegenüber der Moabgeneration – wie oben dargelegt – zitiert, so dass mit Dtn 4,13 davon ausgegangen werden kann, dass die Exodusgeneration den Wortlaut des Dekalogs gehört hat. Durch die Identifikation der Exodus- mit der Moabgeneration in Dtn 5,3 allerdings verkompliziert sich die Lage noch einmal auf der Textebene.

tigt".[42] Einerseits bleibt damit der Dekalog in Dtn 5 Gottesrede und *direkte Offenbarung* für die Exodusgeneration, wird aber anderseits ohne Abwertung zur vermittelten Verkündigung des Mose und erinnerten Gottesrede für die Moab-Generation (und alle folgenden Generationen): „Mose konnte den Wortlaut des Bundesdokumentes vermitteln, ohne dass der Dekalog dadurch aufhörte, Offenbarung JHWHs zu sein".[43] Die V. 2–5 entsprechen so der Konzeption des Lernens in V. 1, die auch auf eine aktualisierende Vergegenwärtigung des Inhalts gerichtet war, die den ganzen Menschen aus dem Gottesverhältnis heraus umgreift. V. 5 führt Mose als den Mittler und Lehrer des Inhalts ein (vgl. Dtn 5,31), der durch seine Rede in Moab die Gottesrede am Horeb wiedergibt (Dtn 5,6–21). Mose wird damit quasi schon im Deuteronomium nicht nur zum autorisierten Mittler und Ausleger der von Gott gesprochenen Worte (Dtn 4,5.14; vgl. 4,1.10; 5,1.27.31; 6,1 u. ö.), sondern auch zum Ausleger seiner selbst. Das macht die Besonderheit des Mose als Lehrer der Tora aus. Das Deuteronomium bleibt auch nicht dabei stehen, sondern sichert die Weitergabe der Tora durch die Verschriftung. Kernbeleg dafür ist Dtn 31,9–13, wo Mose את־התורה הזות „diese Tora" aufschreibt und den Leviten und Ältesten übergibt. Der Begriff „Tora" kann unterschiedliche Referenzgrößen bezeichnen – hier durch das Demonstrativum am ehesten das deuteronomische Gesetz –, entfaltet jedoch mit zunehmendem Abschluss der Größe „Pentateuch" eine Gravitationskraft, die ganze Tora zu umfassen.[44] Das Lehren der Tora und die Transformation des Vergangenen in die Gegenwart ist nach dem Deuteronomium Aufgabe des ganzen Volkes (Dtn 27,1), besonders aber der Eltern und der Ältesten: „Denk an die Tage der Vorzeit, wendet euch mit Aufmerksamkeit den Jahren der vergangenen Generationen zu. Frage deinen Vater, er wird es dir kundtun, die Ältesten, sie werden es dir sagen" (Dtn 32,7). Durch die Weitergabe der verschrifteten Tora wird deren Institutionalisierung bzw. institutionelle Implementierung als Voraussetzung der Lernprozesse, die von der Tora ausgehen, gesichert. Das Deuteronomium legt dabei Wert darauf, dass die Tora nicht in die Hände von Priestern gelegt wird, sondern gerade die Ältesten als die erfahrenen Repräsentanten mit der Tora umgehen. Doch damit nicht genug, denn in jedem siebten Jahr soll die Tora laut vorgetragen werden. Es ist bezeichnend, dass Mose in Dtn 31,11 die Verlesung der Tora נגד כל־ישׂראל באזניהם

[42] *Taschner*, Deuteronomium (2010), 92.

[43] *Braulik*, Deuteronomium (1993), 13.35. Das ולא־יסף „und er fügte nichts hinzu" in Dtn 5,22 zeigt nicht einen anderen, längeren Dekalogtext im Hintergrund an (so *Heckl*, Augenzeugenschaft [2010], 361), sondern zielt gerade auf die Vollständigkeit der Übermittlung von Dtn 5,6–21.

[44] Vgl. zuletzt *Heckl*, Augenzeugenschaft (2010), bes. 356.

„vor ganz Israel in ihre Ohren“ (vgl. 5,1!) ohne expliziten Rückgriff auf eine Anordnung YHWHs den Priestern und Ältesten befielt.[45] Die Verlesung soll dazu dienen, dass die Rezipienten – Männer, Frauen, Kinder und die sich im Land aufhaltenden Fremden – die Tora hören und sie lernen, damit sie sie beachten/bewahren und sie tun. Die Nähe zu Dtn 5,1 ist unverkennbar. Wie zentral dabei das Überbrücken der Generationen ist, macht Dtn 31,13a deutlich: „Und ihre Kinder, die sie noch nicht kennen, sollen sie hören und [darin, dadurch] lernen, YHWH, euren Gott, zu fürchten“. Es braucht nicht betont zu werden, dass mit „Gottesfurcht“ hier keine Angst vor Gott gemeint ist, sondern ein von der Gottesliebe (Dtn 4,35; 7,8.13; 23.6) getragenes umfassendes Gottesverhältnis in liebender Anerkennung (Dtn 6,5; 10,12; 11,1.13.22; 19,9; 30,6.16.20), das ein umfassend gelingendes Leben ermöglicht („damit du Leben hast“ Dtn 30,6).

Authentische Verkündigung, vergegenwärtigende Narration, Tradition und Rezeption sind im Deuteronomium nicht voneinander getrennt, sondern eng miteinander verzahnt. Insofern die Institutionalisierung des Lernens nicht erst außerhalb der Tora greift, sondern – begründet durch die spezifische Verkündigungssituation des Deuteronomiums in Moab – bereits in der Generation der Erst-Adressaten (und Modell-Leser), ist das Deuteronomium selbst schon Auslegung. Das soll in einem weiteren Schritt durch einen Blick auf Dtn 1,5 noch einmal unterstrichen werden.

Auslegung als Lernort der Tora (Dtn 1,5)

Nachdem Dtn 1,1–4 den Ort der Verkündigung des Deuteronomiums „jenseits des Jordan in der Wüste“ durch weitere Lokalisierungen recht unscharf festgehalten und die lange Abschiedsrede des Mose zeitlich auf den 1.11.40 nach dem Aufbruch vom Horeb datiert hat, lautet Dtn 1,5: „Jenseits des Jordans, im Land Moab, begann Mose diese Tora …“. Das nun folgende Verb, באר im D-Stamm, wird derzeit in der Deuteronomiumforschung heftig debattiert und die Deutungen schwanken zwischen aufschreiben, verbindlich vorschreiben, bezeugen, darlegen, entfalten, erklären und auslegen.[46] Schon Siegfried Mittmann hatte resignierend festgestellt: „Die Exegeten sind

[45] ויצו משה „und Mose gebot“ findet sich in dieser Form (ohne das sonst übliche „alles, was YHWH ihm aufgetragen hatte“) im Dtn nur in Dtn 27,1.11; 31,10.25 und ist jeweils bezogen auf die Traditionsweitergabe.

[46] Vgl. zur Forschungsgeschichte und den verschiedenen Vorschlägen, die hier nicht im Einzelnen besprochen werden sollen, *Braulik/Lohfink*, Rechtskraft (2005), 234–241; *Otto*, Tora (2009), 482–485; *Finsterbusch*, Weisung (2005), 118–123; *Rüterswörden*, Moses (2007), 54f.

mit der Aussage dieses Verses bis heute nicht zu Rande gekommen".[47] Das mahnt zur Vorsicht und Bescheidenheit, dass hier auf begrenztem Raum Entscheidendes zu der Frage beigetragen werden könne. Von dem oben entfalteten Verständnis von Dtn 5 lässt sich jedoch eine Tendenz erkennen.

Der Vers gehört zur ersten Einleitung des Deuteronomiums, die der gestaffelten Abschiedsrede des Mose vorgeschaltet ist und somit auf das ganze Buch ausstrahlt. Dtn 1,1–5 ist einerseits eingebunden in das Überschriftensystem des Deuteronomiums (Dtn 1,1; 4,44; 28,69; 33,1), hat aber darüber hinaus die Funktion einer Bucheinleitung. Das vorverweisende אלה הדברים אשׁר דבר משׁה אל־כל־ישׂראל „dies sind die Worte, die Mose zu ganz Israel gesprochen hat" (Dtn 1,1) umfasst damit „seiltänzerisch" nicht nur die erste in Dtn 1,6 beginnende und bis 4,40 reichende Rede, sondern greift über das deuteronomische Gesetz und den markierten Schluss der Reden in Dtn 32,45 bis zum Ende des Buches hinaus.[48] Zumindest durch „ganz Israel" (Dtn 34,12) wird markiert das ganze Buch umklammert. Das Eingeständnis, dass Dtn 1,1–5 nicht nur eine Einleitung von beschränkter Reichweite ist, hat Konsequenzen für die Rolle, die Dtn 1,5 dabei zukommt.

In Dtn 1,5 taucht das determinierte התורה *hattôrāh* zum ersten Mal im Buch Deuteronomium auf. Es ist verknüpft mit dem Demonstrativum הזאת als „diese Tora", das sich nur auf das Folgende beziehen kann. Die Bestimmungen der Bezugsgröße schwanken zwischen einem Bezug nur auf die unmittelbar folgende Aufforderung zum Aufbruch („Der Herr, unser Gott, hat am Horeb zu uns gesagt: Ihr habt euch lange genug an diesem Berg aufgehalten", Dtn 1,6) und dem ganzen Deuteronomium. Georg Braulik schreibt in seinem Deuteronomiumkommentar dazu: „Die ‚Weisung' (*tōrā*) als die von Mose selbst verschriftete Lehre umfasst sowohl Geschichte als auch Gesetz samt Sanktionen. Der Begriff bezog sich ursprünglich auf 5–28*, meint aber hier bereits alle Mosereden des Dtn".[49] Dafür würde

[47] *Mittmann*, Deuteronomium (1975), 14.

[48] Vgl. z. B. *Perlitt*, Deuteronomium (1990), 6–9; *Finsterbusch*, Weisung (2005), 118f; *Otto*, Rechtshermeneutik (2007), 80f; zum Bezug auf Dtn 32,45f auch *Rüterswörden*, Moses (2007), 52. Die Doppelfunktion sieht auch *Lohfink*, Absageformel (2005), 50–55, für den aber die Annahme einer Funktion als Buchüberschrift „seiltänzerisch" ist. Dabei unterscheiden *Braulik/Lohfink*, Rechtskraft (2005), 250, zwischen „Buchanfang" und „Buchüberschrift" und gestehen Dtn 1,1–5 nur die erstere Funktion zu. Primär habe Dtn 1,1–5 die Funktion der Einleitung der ersten Moserede: „1,1 bezieht sich … auf die erste Moserede allein, und 1,5 leitet diese ein" (234). Für Dtn 1,5 sehen sie aber, dass das als Bestimmung gerade nicht ausreicht: „Die mit באר ausgedrückte Handlung läuft also auch nach der hier eingeleiteten ersten Moserede noch weiter" (ebd., 243).

[49] *Braulik*, Deuteronomium (^{2}2000), 17.22.

auch sprechen, dass תורה *tôrāh* in Dtn 17,18; 27,3.9; 28,58.61; 29,20; 30,10; 31,24.26 mit Aufschreibvorgängen und der Größe „Buch“ (ספר) verbunden wird und dort dann – zumindest auf der Endtextebene – referentiell das ganze Deuteronomium meint.[50] Lassen wir das erst einmal dahingestellt, so zielt V. 5 jedenfalls auf einen Beginn. Mose setzt etwas *erstmalig* in Gang (הואיל משה „und Mose begann“), das offenbar Inhalt der folgenden Rede ist und durch das באר את־התורה הזאת näher bestimmt wird. Wie aber diese Näherbestimmung genau zu fassen ist, ist in der Deuteronomiumexegese derzeit sehr umstritten, zumal an dem Verständnis des Verbums *b'r* in Dtn 1,5 mehr hängt als nur eine exegetische Petitesse.

Die Einheitsübersetzung von 1979 schließt V. 5 an den Rückblick auf den Sieg über Sihon und Og an und fasst das Verbum als Aufschreibvorgang: „Nachdem …, begann Mose jenseits des Jordan im Land Moab, diese Weisung aufzuschreiben. Er sagte: ...“. Dtn 1,5 wird damit in eine Reihe zu den für das Verständnis sehr bedeutenden Verschriftungsverweisen im Deuteronomium gezählt.[51] Dazu zählt insbesondere Dtn 30,10, wo das *Deuteronomium* als ספר התורה הזה, als „dieses Buch der Tora“, bezeichnet wird, was einen Aufschreibvorgang voraussetzt, der in Dtn 31,9 erzählt wird: „Und Mose schrieb diese Tora auf und gab sie den Priestern, den Söhnen Levis, die die Lade des Bundes trugen und allen Ältesten Israels“. Die Leviten werden hier zusammen mit den Ältesten Israels zu den Hütern des Bundes, indem ihnen die Tora zur Aufbewahrung und zur Vermittlung gegeben wird. Sie sollen jeweils zum Laubhüttenfest das Volk versammeln „die Männer und Frauen, Kinder und Greise, dazu die Fremden“ (Dtn 31,12), damit sie (die Tora) hören und (die Tora) lernen, um sie zu tun (s. dazu o.). Auf das so wichtige Aufschreiben der Tora durch Mose wird abschließend noch in Dtn 31,24–26 kurz vor dessen Tod Bezug genommen: „Als Mose damit zu Ende war, den Text dieser Weisung in eine Urkunde einzutragen, ohne irgendetwas auszulassen, befahl Mose den Leviten, die die Lade des Bundes des Herrn trugen: Nehmt diese Urkunde der Weisung entgegen, und legt sie neben die Lade des Bundes des Herrn, eures Gottes! Dort diene sie als Zeuge gegen euch“. Nur am Rande sei erwähnt,

[50] Anders *Braulik/Lohfink*, Rechtskraft (2005), 244 in Absetzung von Perlitt: „Es handelt sich bei ‚dieser Tora‘ nicht einfach um das Buch Deuteronomium als solches, auch nicht um *alles*, ‚was Mose ab 1,6 nacherzählt, predigt, promulgiert‘“.

[51] Vgl. zu dem Versuch einer Begründung eines Bezugs auf einen Schreibvorgang *Mittmann*, Deuteronomium (1975), 14f, der als Alternative die Auffassung nennt, dass „die folgende Gesetzesverkündigung (im weiteren Sinne) gleichzeitig eine Auslegung ihrer selbst ist“ (14). Damit zieht er allerdings zu wenig in Betracht, dass das Objekt der Auslegung nicht zwingend das Deuteronomium, sondern – ausgehend vom Dekalog – die vorgängigen Gesetze sind.

dass die Aufschreibvorgänge im Deuteronomium zu dem komplexen Geflecht von Stellen gehören, die den Prozess der Konservierung, Weitergabe und Rezeption umgreifen. Israel soll ja das ganze Gebot, das Mose in seiner Abschiedsrede in Moab verkündet, halten und nach dem Übergang über den Jordan im Land aufschreiben: „Mose und die Ältesten Israels befahlen dem Volk: Achtet auf das ganze Gebot, auf das ich euch heute verpflichte. An dem Tag, wenn ihr über den Jordan zieht in das Land, das der Herr, dein Gott, dir gibt, sollst du große Steine aufrichten, sie mit Kalk bestreichen und alle Worte dieser Weisung darauf schreiben, wenn du hinüberziehst, um in das Land, das der Herr, dein Gott, dir gibt, das Land, wo Milch und Honig fließen, hineinzuziehen, wie der Herr, der Gott deiner Väter, es dir zugesagt hat" (Dtn 27,1–3). Der damit angeordnete Aufschreibvorgang liegt hier außerhalb der Rede selbst und setzt die Erstverschriftung der Tora bereits voraus.[52] Wie in Dtn 17,18 ist eine Abschrift gemeint. Dtn 27,1–3 bezieht sich auf ein Gewebe von Texten im Josuabuch. Während die Steine beim Jordanübergang in Jos 4 aufgestellt, jedoch nicht mit dem Gesetz beschrieben werden, findet sich das Aufschreiben des Gesetzes erst in Jos 8,32–34. Möglicherweise gehört auch die Bundeserneuerung in Sichem in Jos 24,26 noch in den Bezugsrahmen, worauf hier aber nicht weiter eingegangen werden kann. Es sollte lediglich deutlich werden, dass die Schreibvorgänge schon im Deuteronomium selbst eng mit den Fragen der Rezeption verbunden sind.

Indem die Einheitsübersetzung von 1979 das באר את־התורה היאת als Aufschreibvorgang auffasst, wird das Deuteronomium von Beginn an verschriftet und die ganze Abschiedsrede des Mose vom mündlichen Vortrag auf die Verschriftung hin konzentriert. Nun ist das Verbum באר ausgesprochen selten und insgesamt nur an drei Stellen im AT belegt. Die beiden anderen Stellen (Dtn 27,8; Hab 2,2) haben zwar beide mit Aufschreibvorgängen zu tun, doch regt sich in der Deuteronomiumforschung seit längerem Widerstand gegen die Übersetzung des Verbums mit „aufschreiben".[53] Demgegenüber wurde im Anschluss an die Wiedergabe in der LXX mit διασαφέω, die Verwendung des Verbums in Qumran (1Q22 [1QapocrMoses-a?]

[52] Vgl. *Mittmann*, Deuteronomium (1975), 14: „Mose fertigte als erster eine Aufzeichnung seiner Weisung an und schuf damit das Vorbild und die Vorlage für die nach dem Jordanübergang und auf dem Ebal zu errichtenden Gesetzesstelen".

[53] Vgl. zur ausführlichen Auseinandersetzung *Perlitt*, Deuteronomium (1990), 22f. *Rüterswörden*, Moses (2007), 55 fügt mit Verweis auf J. P. Sonnet hinzu, dass das die Rede einleitende לאמר am Ende des Satzes ein vorhergehendes *verbum dicendi* erwarten lässt. Das würde gut zu der Bedeutung „erklären", „auslegen", weniger aber zu „Rechtskraft verleihen" oder „aufschreiben" passen.

II:8; 4Q508 [4QPrFêtes-b] 24:2)[54] und die Bedeutung des Verbums in den aramäischen *Targumim* zu „verdeutlichen", „erklären", „darlegen" und vor allem „auslegen" zurückgekehrt. So entscheidet sich etwa die Neue Zürcher Übersetzung für die Explikation: „jenseits des Jordan, im Land Moab, begann Mose, diese Weisung darzulegen". Sehr ähnlich übersetzt auch Karin Finsterbusch: „Jenseits des Jordans im Land Moab begann Mose, diese Tora folgendermaßen zu erklären".[55] Erklären und darlegen ist etwas ganz anderes als aufschreiben. „Die Leserschaft oder Hörerschaft weiß durch diese Überschrift, wie sie die folgende Rede zu verstehen hat bzw. sie weiß, wie das hörende Israel in Moab diese Rede verstanden hat: nämlich als Erklärung ‚dieser Tora'".[56] Der Frage, was „diese Tora" in Dtn 1,5 umfasst, ist damit entscheidende Bedeutung beigemessen. Georg Braulik und Norbert Lohfink haben sich dagegen verwandt, Mose über Dtn 1,5 zum „Ausleger" zu machen: „Die Idee, Mose werde in Dtn 1,5 als ein ‚Schriftgelehrter' oder ‚Gesetzeslehrer' eingeführt, (ist) besser aufzugeben, sofern sie sich aus der Bedeutungsbestimmung ‚erklären' für באר herleitet".[57] Sie selbst schlagen als Übersetzung „Rechtsgeltung verschaffen, bindend machen, Rechtskraft verleihen" vor und berufen sich dafür auf das akkadische Verbum *bâru(m)*. Mose „führt einen ‚Bundesschluß' herbei, in dem die Geltung der im Bereich von Deuteronomium 5–28 niedergelegten תורה für Israel etabliert wird".[58] Dtn 1,5 zielt dann auf den „buchumfassenden narrativen Großkontext und auch dessen engeren Kontext", wo begründet werde, dass „Mose jetzt die Leitung Israels an Josua übergeben muss"[59], was die Zeremonie, in der der Tora Rechtskraft verliehen werde, überhaupt erst begründe. Damit ist die Bedeutung von באר hin zu einem Verpflichtungsvorgang verschoben. Gegen das Verständnis als Promulgation hat Eckart Otto eingewandt, dass sie den „Narrativ des Pentateuch auf den Kopf ()stellt. Rechtskraft verleiht der Tora nicht Mose, sondern JHWH selbst durch die mit Num 36,13 abgeschlossene Rechtsoffenbarung. Dem kann Mose an Rechtskraft nichts hinzufügen. Sollte sich der Akt der Rechtskraft-

[54] Ferner ohne Kontext und in der Lesung sehr unsicher 4Q381 [4QNon-Can Psalms B] 22:1, vgl. *Tov*, Dead Sea (2006).

[55] *Finsterbusch*, Lehrer (2005), 28, zur Bedeutung „verdeutlichen, erklären" auch Gesenius[18] I, 120.

[56] Ebd., 29.

[57] *Braulik/Lohfink*, Rechtskraft (2005), 236.

[58] Ebd.; dem Vorschlag zustimmend *Taschner*, Mosereden (2008), 78f und *Schaper*, Publication (2007), 230f.235, der באר im Sinne von Öffentlichkeit herstellen durch Verschriftung *und* Verlesung versteht und auf die mit Dtn 1,5 beginnende Promulgation bezieht.

[59] *Braulik/Lohfink*, Rechtskraft (2005), 247.

beilegung in Dtn 1,5 aber auf die Verschriftlichung beziehen, kommt Dtn 1,5 vor Dtn 31,9 zu früh und wird durch den Abschluß von Dtn 1,5 mit לאמר, der sich auf eine mündlich vorgetragene Tora bezieht, ausgeschlossen".[60] Stimmt man auch nicht jeder Nuance seiner Widerlegung zu, so scheint doch der Versuch, Dtn 1,5 in einen legalistischen Kontext analog zu prozessrechtlichen Vorgängen zu interpretieren, nicht das Richtige zu treffen.[61]

Mit Dtn 1,5 wandelt sich die Tora des Mose zum Kommentar, ohne darin aufzugehen und aufzugeben, selbst Gesetz zu sein. Das haben zuletzt J. P. Sonnet, U. Rüterswörden und E. Otto unterstrichen, was in den folgenden drei Kernzitaten mit unterschiedlicher Reichweite ausgedrückt wird: „La loi n'est plus proclamée, mais interprétée et expliquée. Avec le Deutéronome, le lecteur passe pour ainsi dire du ‚texte' au ‚commentaire'".[62] „So what we have now in Deuteronomy is not Moses' Torah, but Moses' expounding of the Torah. Moses' Torah is hidden behind his teaching".[63] „Das Deuteronomium ... ist der erste Kommentar des Sinaigesetzes innerhalb des Pentateuch".[64] Dem entspricht am ehesten der Vorschlag, das Verbum in Dtn 1,5 als „auslegen" zu verstehen und zu übersetzen: „begann Mose jenseits des Jordan, diese Tora auszulegen".

Hinter dem scheinbar feinsinnigen Streit um die Semantik eines Verbums stehen letztlich gewichtige Fragen nach der Rolle des „zweiten Gesetzes", des Deuteronomiums im Aufriss des Pentateuch. Während das Deuteronomium im Vorschlag „aufschreiben" stärker seine Eigenständigkeit bewahrt und in der Variante „verbindlich vorschreiben" der Aspekt der Promulgation in den Vordergrund gerückt wird, ist es in der Variante „auslegen" als Interpretation der Sinaigesetzgebung aufzufassen. Mose entfaltet in seiner Abschiedsrede eine narrative Auslegung der Sinaigesetzgebung für die Weitergabe in den Generationen, die ganz auf das Wohnen im Land aus der Erinnerung an die Heilsereignisse der Wüstenzeit geprägt ist. Dass Mose überhaupt eine solche aktualisierende Auslegung der Sinaigesetzgebung vornehmen muss und das bereits Gegebene nicht statisch eine normative Geltung hat, liegt in der Erzählsituation des Deuteromiums begründet, die bereits oben zu Dtn 5,1–5 entfaltet wurde. Abgesehen von Mose hat keiner der Anwesenden (und keiner der späteren Rezipienten) die Unmittelbarkeit des Sinai selbst erlebt, so dass Mose die Bedingungen des Bundes, der nach deuteronomi-

[60] *Otto*, Tora (2009), 484f.
[61] Vgl. auch *Rüterswörden*, Moses (2007), 55.
[62] *Ska*, La structure (2001), 482.
[63] *Rüterswörden*, Moses (2007), 56.
[64] *Otto*, Mose (2005), 482.

schem Verständnis verpflichtend über der Landgabe steht, erneut darlegen muss. Dabei kommt es darauf an, die Forderung zum Halten der Tora im Heilsgeschehen zu verankern.

Berücksichtigt man die Stellung des Buches im Pentateuch, ergibt sich eine Doppelfunktion von Dtn 1,5: *Innerdeuteronomisch* bleibt „diese Tora" bezogen auf das von Mose dargelegte Gesetz (mind. Dtn 4,44–28,69), das „autoexplikativ konstituiert"[65] wird. Spätestens im Zusammenhang des Pentateuch ist der Ausdruck jedoch nicht mehr nur kataphorisch auf das Folgende zu beziehen, sondern das gesamte Deuteronomium greift auf eine Tora zurück, die am Sinai/Horeb gegeben wurde und die die anschließende Offenbarung, die in Num 36,13 abgeschlossen wurde, einschließt und die jetzt von Mose für das Volk neu und aktualisierend, zugleich aber verbindlich „ausgelegt" wird.[66] Nach Eckart Otto greift Dtn 1,5 im Endtext auf den Narrativ des Pentateuch zurück: „באר את־התורה הזאת ist die Ausführung dessen, was Mose in Ex 24,12b aufgetragen wird, nämlich das Volk darin (scil. in Gesetz und Tora) zu unterrichten (להורתם)".[67] Zu Recht ist dem schwierigen Vers Ex 24,12 damit im Pentateuch eine tragende Rolle zugewiesen. Er lautet: „Und YHWH sprach zu Mose: Steig herauf zu mir auf den Berg und bleib dort. Ich werde dir die steinernen Tafeln geben, die Weisung und das Gebot (והתורה והמצוה), die ich geschrieben habe, um sie zu unterweisen (להורותם)". Der abschließende Infinitiv, der auf die Unterweisung des Volkes zielt, ist auf Mose zu beziehen, was ihn zum „Lehrer" der Tora macht. Jedoch ist mit den beiden Gesetzestermini weder das Bundesbuch noch – wie Maimonides meinte – das ganze sinaitische Gesetz außer dem Dekalog gemeint, sondern recht eindeutig wegen des Bezugs auf die beiden Tafeln der Dekalog.[68] Denn Gott hat nichts anderes geschrieben als den in Ex 20 verkündeten Dekalog auf zwei Tafeln. Wenn Mose also ausgehend vom Dekalog, der als unmittelbare Offenbarung verstanden ist, das Volk unterweist, wird die Sonderstellung des Dekalogs unterstrichen und alle von Mose übermittelte Offenbarung an ihn zurückgebunden. Ex 24,12 liegt damit eine

[65] *Braulik/Lohfink*, Rechtskraft (2005), 247.

[66] Dass diese anaphorische Ferndeixis auf der Ebene des Pentateuch ausgeschlossen sein soll (so ebd., 241; *Schaper*, Tora [2007], 52–54) ist m. E. nicht einsichtig. Zum Verständnis von Dtn 1,5 im Horizont der These, dass das Dtn in kommunikativer und rechtshermeneutischer Hinsicht im Anschluss an den Tetrateuch zu verstehen ist vgl. ferner *Gertz*, Funktion (2006), 115f; *Schmid*, Deuteronomium (2004), 199f; *Frevel*, Hexateuchperspektive (2011), 32–34.

[67] *Otto*, Tora (2009), 487; *Heckl*, Augenzeugenschaft (2010), 369, demgegenüber ablehnend *Braulik/Lohfink*, Rechtskraft (2005), 242; *Braulik*, Weisung (2004), 120–122.

[68] S. zur Begründung *Frevel*, Schreiben (1991), 46.

Rechtshermeneutik zugrunde, die dem oben entfalteten Verständnis des Deuteronomiums voll entspricht. Auch im Deuteronomium nimmt die „Auslegung“ vom Dekalog ihren Ausgang. Mose ist also nicht nur „Lehrer“, sondern zugleich Ausleger der Tora.

Nun ist „Mose“ nicht nur die führungsstarke Einzelperson, sondern auch die Instanz, die synekdochisch für die Tora stehen kann.[69] Wenn z. B. in Esra 6,18 von dem ספר משה, dem Buch des Mose, die Rede ist, in dem die Organisation des Priesterdienstes geregelt ist, ist darin nicht nur das Buch Numeri als Teiltext der Tora angesprochen (Num 1–4; 8), sondern die Tora als Ganzes. Gleiches gilt für 2 Chr 35,12, wo auf die Opfervorschriften in Lev 3 verwiesen wird. Die Tora des Mose und der Pentateuch werden in der Rezeption zu austauschbaren Größen. Für diese von der Rezeption her konstituierte Sinnebene ist von N. Lohfink und G. Braulik zutreffend der Terminus „‚(nach-)kanonische‘ Neusemantisierung“[70] eingeführt worden, wobei der Prozess bereits im Kanon beginnt, aber noch nicht an sein Ende gekommen ist. Erinnert sei noch einmal an „die immer stärkere Ausweitung des Referenzbereiches des Begriffes“[71] Tora. Auf der Ebene der nachkanonischen Rezeption gestehen Braulik und Lohfink auch Dtn 1,5 eine neue Referenz zu, die „die gesamte vorangehende Gesetzgebung im Pentateuch“[72] umgreift.[73] Im weitesten Sinne markiert Dtn 1,5 damit, dass die Tora sich selbst auslegt und Lehrort und Lernort „Tora“ nicht voneinander zu trennen sind. Der Inhalt der Offenbarung, die Lehre, ihre lehrende Auslegung und ihr lernender Vollzug rücken in der Konzeption der Tora im Deuteronomium enger zusammen. Das Deuteronomium ist *Auslegung*.

Das Deuteronomium kann als Paradigma der Schriftauslegung verstanden werden, insofern es die Kontextualisierung der Schrift inszeniert.[74] Dass das „Lernen“ der Tora von ihrer Auslegung nicht zu trennen ist, ist ein wichtiger Aspekt der Lerntheologie, die vom Deuteronomium ihren Ausgangspunkt nimmt. Dass alle Auslegung der Offenbarung also auf die Tora selbst zurückgreifen muss, ist bereits in der Tora grundgelegt. Die Selbstauslegung der Tora ist entspre-

[69] Vgl. dazu bereits *Frevel*, YHWH (2003), 21f.
[70] *Braulik/Lohfink*, Rechtskraft (2005), 251.
[71] *Heckl*, Augenzeugenschaft (2010), 356.
[72] *Braulik/Lohfink*, Rechtskraft (2005), 250.
[73] Damit ist im Grunde nicht die hier entfaltete Konzeption als solche strittig, sondern lediglich die Frage, ab wann mit einer solchen Hermeneutik gerechnet werden kann. Je stärker das Dtn im Zusammenhang mit dem Tetrateuch gelesen wird, desto früher lässt sich das Deuteronomium als Auslegung verstehen. Dtn 1,5 dürfte mindestens exilisch, wenn nicht eher nachexilisch zu datieren sein, was die Plausibilität der hier gegebenen Deutung erhöht.
[74] Vgl. *Taschner*, Mosereden (2008), 338.

chend auch in den Lernprozessen zu entfalten, die in der Rezeption der Tora ihren Ausgangspunkt nehmen. Das ist abschließend noch mit einem knappen Blick auf ein ausgewähltes Beispiel zu unterstreichen, das an das bisher Gesagte anknüpft und zugleich zu der grundsätzlichen Bedeutung der biblischen Lernprozesse zurückführt.

Rezeption als Identitätskonstitution (Neh 8)

Dass die in Dtn 31,10–13 entfaltete Anweisung zur Rezeption der Tora beim Laubhüttenfest nicht nur innerdeuteronomisch und im Josuabuch bedeutsam ist, sondern besonders für das Selbstverständnis der nachexilischen Gemeinde relevant ist, zeigt die Erzählung in Neh 8. Die Tora wird dort zur unverzichtbaren Grundlage des Gemeinwesens und durch die Repräsentation und Rezeption der Tora wird die Gemeinde neu konstituiert. Im siebten Monat versammelt sich das ganze Volk (כל העם) am Wassertor und fordert den Schriftgelehrten Esra (עזרא הספר) auf, die Tora des Mose (את־ספר תורת משה) zu holen (Neh 8,1). Esra bringt die Tora vor die gesamte Versammlung, vor „Männer und Frauen und die, die es hörend verstehen konnten" (Neh 8,2) und verliest die Tora vom Morgen bis zum Mittag. Ausdrücklich wird vermerkt, dass das ganze Volk aufmerksam zuhörte. Die Schilderung der beeindruckenden Szene endet mit dem Ausruf des Volkes, das durch „Amen, Amen" das Gehörte bestätigt (Neh 8,7). Mit der Verlesung allerdings ist die Belehrung noch nicht beendet. „Man las aus dem Buch, dem Gesetz Gottes, in Abschnitten vor und gab dazu Erklärungen, so dass die Leute das Vorgelesene verstehen konnten" (Neh 8,8). Instanz für die didaktische Vermittlung des Vorgelesenen sind die nichtpriesterlichen Leviten als die im Deuteronomium installierte Institution der Vermittlung der Torainhalte. Sie *erklären* dem Volk die Tora (מבינים את־העם לתורה Neh 8,7), die erneut in Abschnitten (Paraschen) vorgelesen wird, sprich: *sie legen sie aus*. Obwohl das Volk zögerlich angesichts der Inhalte ist, wird ein großes Freudenfest gefeiert, denn das Volk hatte die verkündigten Worte *verstanden* (Neh 8,12). Die Erzählung, die sich unverkennbar an Dtn 31,10–13 anlehnt und Israel als Lerngemeinschaft konstituiert, entfaltet einen Lernprozess auf der Grundlage eines verlesenen Buches: „Die Lektüre" – so schreibt Georg Steins – „wird somit zur Basisaktivität des Lernens".[75] Interessant für die Reflexion über Lernorte wird Neh 8 nicht nur durch die Rückbindung an das Deuteronomium durch die Einbettung in die Geschichte, sondern auch durch die Kontextualisierung der Lernprozesse. Die in

[75] *Steins*, Inszenierung (2005), 83.

Neh 8 stilisierte Situation ist eine Phase der Reorganisation, die Wege aus der kollektiven Identitätskrise nach dem Exil sucht und durch Lesen und Lernen zu neuer Identitätskonstitution führt: „Dort, wo das Buch der Bücher auf Heilige Schrift(en) rekurriert, also selbstreferentiell wird, handelt es sich stets um eine Situation der Bedrohung oder des Übergangs und der kollektiven Reorganisation".[76] Die Tora als konstitutive und konstituierende Grundlage des Lernvorgangs ist nach Georg Steins „ein Paradebeispiel situierter Kognition, sie präsentiert sich den Adressaten als narrative Konstruktion eines Lernvorgangs …, der es den Adressaten erlaubt, sich als Teil dieser ‚Geschichte' zu begreifen".[77] Die Rolle der bereits schriftlich etablierten Tora als Lernort des Glaubens wird so noch einmal in ganz anderer Perspektive als im Deuteronomium reflektiert.

Der Blick auf Neh 8 verdeutlicht noch einmal, worum es in den Lernprozessen geht: um Auslegung und Aktualisierung. Dass die Hermeneutik der Auslegung bereits in der Tora selbst grundgelegt ist, wurde an den Beispielen aus dem Deuteronomium entfaltet. Die Heilige Schrift ist zwar material „unveränderlich" im Kanon festgelegt, zielt aber formal auf Rezeption und Auslegung und produziert so ihren Sinn jeweils neu in Rezeptionsvorgängen. Die Schrift ist selbstreferentiell und dadurch auf Rezeption, Auslegung und Aneignung angelegt. Insofern die in der Tora begründeten Lernprozesse nicht auf den Kult bzw. den Gebrauch der Schrift in „religiösen" Kontexten eingeschränkt sind, werden die Rezeptions- und Repräsentationsvorgänge der Schrift zu Orten der Theologie. Daraus ergeben sich vielleicht auch Anstöße für die Rolle der Bibel im Religionsunterricht jenseits kerygmatischer Ansätze. Mirjam Schambeck hat in ihrem Vorschlag für eine Bibeltheologische Didaktik die Rolle des Lesers als sinn(mit)konstituierendes Subjekt der Rezeptionsvorgänge unterstrichen und dabei die Rolle der empirischen Leser gegenüber den Modelllesern herausgestellt.[78] Während der Modellleser den im Text angelegten „impliziten" Rezipienten beschreibt, ist der empirische Leser der tatsächliche, je den Lesevorgang aktuell vollziehende „reale" Leser. Es ist richtig, dass die Exegese zunächst nur auf die Modellleser führt, doch impliziert sie in den konstitutiven und inhärenten Lernprozessen empirische Leser, die in semiotischen Abduktionsprozessen den Sinn des Textes unter Einschluss ihrer Lebenswelt und Enzyklopädie konstituieren, ohne sich je ganz von den diskursiven Strategien der Modellleser zu entfernen.[79] In didakti-

[76] Ebd., 85.
[77] Ebd., 96.
[78] Vgl. *Schambeck*, Didaktik (2009), 120f; *Dies.*, Lernen (2009), 182f.
[79] Vgl. zu dem Modell im Hintergrund *Eco*, Lector (^{3}1998), 76–82.

schen Kontexten geht es darum, mit der Bibel „ein ‚Spiel' in Bewegung zu setzen, zu begleiten, in einen Ausdruck zu übersetzen und damit unser Handeln, unsere Praxis zu verändern. Das bedeutet nicht, dass dieses Spiel und die daraus folgenden Realisierungen losgelöst vom Text oder Subjekt sind. Sie sind vielmehr von ihnen bedingt und auf sie zurückverwiesen".[80] Dieses „Spiel" beginnt schon in der Schrift selbst und ist in ihr selbst grundgelegt.

[80] *Schambeck*, Lernen (2009), 189.

Bibliographie

Altmeyer, Stefan, Von der Wahrnehmung zum Ausdruck. Zur ästhetischen Dimension von Glauben und Lernen (Praktische Theologie Heute 78), Stuttgart 2006.

Assmann, Jan, Das kulturelle Gedächtnis. Schrift, Erinnerung und politische Identität in frühen Hochkulturen (Beck'sche Reihe 1307), München 2000.

Ballhorn, Egbert/Steins, Georg (Hrsg.), Der Bibelkanon in der Bibelauslegung. Beispielexegesen und Methodenreflexionen, Stuttgart 2007.

Biehl, Peter/Nipkow, Karl Ernst, Bildung und Bildungspolitik in theologischer Perspektive (Schriften aus dem Comenius-Institut 7), Münster ^{2}2005.

Brandt, Peter, Das Gottesvolk als Lerngemeinschaft. Biblische Grundlagen lebenslangen Lernens, in: Report 32 (2009) 25–35.

Braulik, Georg, Das Deuteronomium und die Gedächtniskultur Israels. Redaktionsgeschichtliche Beobachtungen zur Verwendung von lmd, in: *W. Groß u. a.* (Hrsg.), Biblische Theologie und gesellschaftlicher Wandel. FS N. Lohfink, Freiburg 1993, 9–31.

Ders., Deuteronomium 1–16,17 (NEB 15), Würzburg ^{2}2000.

Ders., „Die Weisung und das Gebot" im Enneateuch, in: *F.-L. Hossfeld/ L. Schwienhorst-Schönberger* (Hrsg.), Das Manna fällt auch heute noch. FS E. Zenger (HBS 44), Freiburg 2004, 115–140.

Ders., Deuteronomium 4,13 und der Horebbund, in: *C. Dohmen/C. Frevel* (Hrsg.), Für immer verbündet. Studien zur Bundestheologie der Bibel (SBS 211), Stuttgart 2007, 27–36.

Ders./Lohfink, Norbert, Deuteronomium 1,5 באר את־התורה הזאת: „Er verlieh dieser Tora Rechtskraft", in: *N. Lohfink,* Studien zum Deuteronomium und zur deuteronomistischen Literatur V (SBAB 38), Stuttgart 2005, 233–251.

Breitmeier, Isa, Lehren und Lernen in der Spur des Ersten Testaments. Exegetische Studien zum 5. Buch Mose und dem Sprüchebuch aus religionspädagogischer Perspektive (BVB 8), Münster 2004.

Carr, David M., Writing on the Tablet of my Heart, Oxford 2005.

Crüsemann, Frank, Die Bildung des Menschengeschlechts. Überlegungen zum Thema „Bildung" im Alten Testament, in: *Ders.*, Maßstab Tora. Israels Weisung für christliche Ethik, Gütersloh 2003, 269–288.

Dohmen, Christoph, Erinnerungsgemeinschaft als hermeneutischer Schlüssel zur Bibel Israels, in: *V. Lenzen* (Hrsg.), Erinnerung als Herkunft der Zukunft, Luzern 2008.

Eco, Umberto, Lector in fabula. Die Mitarbeit der Interpretation in erzählenden Texten, München ^{3}1998.

Ego, Beate, Zwischen Aufgabe und Gabe. Theologische Implikationen des Lernens in der alttestamentlichen und antik-jüdischen Überlieferung, in: *B. Ego/H. Merkel* (Hrsg.), Religiöses Lernen in der biblischen, frühjüdischen und frühchristlichen Überlieferung (WUNT 180), Tübingen 2005, 1–26.

Dies., „In der Schriftrolle ist für mich geschrieben“ (Ps 40,8). „Mündlichkeit“ und „Schriftlichkeit“ im Kontext religiösen Lernens in der alttestamentlichen Überlieferung, in: *J. Schaper* (Hrsg.), Textualisierung der Religion (FAT I/62), Tübingen 2009, 82–104.

Dies., Im Schatten hellenistischer Bildung. Ben Siras Lern- und Lehrkonzeption zwischen Mündlichkeit und Schriftlichkeit, in: *J. Schaper* (Hrsg.), Textualisierung der Religion (FAT I/62), Tübingen 2009, 203–221.

Dies./Merkel, Helmut (Hrsg.), Religiöses Lernen in der biblischen, frühjüdischen und frühchristlichen Überlieferung (WUNT 180), Tübingen 2005.

Dies./Noack, Christian, Lernen und Lehren als Thema alt- und neutestamentlicher Wissenschaft, in: ZNT 21 (2008) 3–16.

Englert, Rudolf, Religionspädagogische Grundfragen. Anstöße zur Urteilsbildung, Stuttgart ²2008.

Fabry, Heinz-Josef, Gott im Gespräch zwischen den Generationen. Überlegungen zur Kinderfrage im Alten Testament, in: Katechetische Blätter 107 (1982) 754–760.

Ders., „Gedenken“ im Alten Testament, in: *J. Schreiner* (Hrsg.), Freude am Gottesdienst. Aspekte ursprünglicher Liturgie. FS J. G. Plöger, Stuttgart 1983, 177–187.

Finsterbusch, Karin, Weisung für Israel. Religiöses Lehren und Lernen im Deuteronomium und in seinem Umfeld, Tübingen 2005.

Dies., „Du sollst sie lehren, auf dass sie tun ...“. Mose als Lehrer der Tora im Buch Deuteronomium, in: *B. Ego/H. Merkel* (Hrsg.), Religiöses Lernen in der biblischen, frühjüdischen und frühchristlichen Überlieferung (WUNT 180), Tübingen 2005, 27–45.

Dies., „Wenn dein Kind dich morgen fragt ...“. Lehren, Lernen und die nächste Generation, in: BiHe 41 (2005) 4–6.

Dies., Jahwe als Lehrer der Menschen. Ein Beitrag zur Gottesvorstellung in der Hebräischen Bibel (BThSt 90), Neukirchen-Vluyn 2007.

Dies., Modelle schriftgestützten religiösen Lehrens und Lernens in der Hebräischen Bibel, in: BZ 52 (2008) 223–243.

Fraas, Hans-Jürgen, Bildung und Menschenbild in theologischer Perspektive, Göttingen 2000.

Frevel, Christian, Vom Schreiben Gottes. Ein Rückverweis auf den Dekalog in 2 Kön 17,37?, in: Biblica 72 (1991) 23–48.

Ders., „Jetzt habe ich erkannt, dass YHWH größer ist als alle Götter“. Ex 18 und seine kompositionsgeschichtliche Stellung im Pentateuch, in: BZ 47 (2003) 3–22.

Ders., Gottesbildlichkeit und Menschenwürde. Freiheit, Geschöpflichkeit und Würde des Menschen nach dem AT, in: *A. Wagner* (Hrsg.), Anthropologische Aufbrüche. Alttestamentliche Menschenkonzepte und anthropologische Positionen und Methoden (FRLANT 232), Göttingen 2009, 255–276 [235–257 im vorliegenden Band].

Ders., Die Wiederkehr der Hexateuchperspektive. Eine Herausforderung für die These vom Deuteronomistischen Geschichtswerk, in: *H. J. Stipp* (Hrsg.), Das deuteronomistische Geschichtswerk (ÖBS 39), Frankfurt u. a. 2011, 13–53.

Gertz, Jan Christian, Kompositorische Funktion und literarhistorischer Ort von Deuteronomium 1–3, in: *M. Witte u. a.* (Hrsg.), Die deuteronomistischen Geschichtswerke. Redaktions- und religionsgeschichtliche Perspektiven zur „Deuteronomiums"-Diskussion in Tora und Vorderen Propheten (BZAW 365), Berlin u. a. 2006, 103–123.

Gillmayr-Bucher, Susanne u. a., Bibel verstehen. Schriftverständnis und Schriftauslegung (Theologische Module 4), Freiburg 2008.

Goßmann, Klaus/Mette, Norbert, Lebensweltliche Erfahrung und religiöse Deutung. Ein religionspädagogisch-hermeneutischer Zugang, in: Religion in der Lebensgeschichte. Interpretative Zugänge am Beispiel der Margret E., hrsg. vom *Comenius-Institut*, Münster 1993, 163–175.

Hardmeier, Christof, Die Weisheit der Tora (Dtn 4,5–8). Respekt und Loyalität gegenüber JHWH allein und die Befolgung seiner Gebote – Ein performatives Lehren und Lernen, in: *C. Hardmeier/R. Kessler* (Hrsg.) Freiheit und Recht. FS F. Crüsemann, Gütersloh 2004, 224–254.

Heckl, Raik, Augenzeugenschaft und Verfasserschaft des Mose als zwei hermeneutische Konzepte der Rezeption und Präsentation literarischer Traditionen beim Abschluss des Pentateuchs, in: ZAW 122 (2010) 353–373.

Hossfeld, Frank-Lothar, Der Dekalog. Seine späten Fassungen, die originale Komposition und seine Vorstufen (OBO 45), Fribourg/Göttingen 1982.

Klafki, Wolfgang, Art. Didaktik, in: RGG 1 ([4]1998) 836–837.

Knapp, Markus, Das Wort Gottes, seine Überlieferungen und Erkenntnis. Die Lehre von den loci theologici, in: *N. Mette/M. Sellmann* (Hrsg.), Religionsunterricht als Ort der Theologie, Freiburg 2012, 33–51.

Köhlmoos, Melanie, Kanon und Methode. Zu einer Zwischenbilanz der „kanonischen Auslegung", in: ThR 74,2 (2009) 135–146.

Krispenz, Jutta, Art. Schule (2007), in: WiBiLex (www.bibelwissenschaft.de; letzter Zugriff 19.11.2015).

Lohfink, Norbert, Glauben lernen in Israel, in: KatBl 108 (1983) 84–99.

Ders., Gottes Volk als Lerngemeinschaft. Zur Kirchenwirklichkeit im Buch Deuteronomium, in: BiKi 39 (1984) 90–100.

Ders., Deuteronomium 5 als Erzählung, in: *Ders.*, Studien zum Deuteronomium und zur deuteronomistischen Literatur V (SBAB 38), Stuttgart 2005, 111–130.

Ders., Die An- und Absageformel in der hebräischen Bibel. Zum Hintergrund des deuteronomischen Vierüberschriftensystems, in: *A. Gianto* (Hrsg.), Biblical and Oriental Essays in Memory of William L. Moran, Rom 2005, 47–77.

Mittmann, Siegfried, Deuteronomium 1,1–6,3 literarkritisch und traditionsgeschichtlich untersucht (BZAW 139), Berlin u. a. 1975.

Otto, Eckart, Mose, der erste Schriftgelehrte. Deuteronomium 1,5 in der Fabel des Pentateuch, in: *D. Böhler u. a.* (Hrsg.), L'Ecrit et l'Esprit. Etudes d'histoire du texte et de théologie biblique. FS A. Schenker (OBO 214), Fribourg/Göttingen 2005, 273–284.

Ders., Die Rechtshermeneutik im Pentateuch und in der Tempelrolle, in: *R. Achenbach u. a.* (Hrsg.), Tora in der Hebräischen Bibel (BZAOR 7), Wiesbaden 2007, 72–121.

Ders., Die Tora. Studien zum Pentateuch. Gesammelte Schriften (BZAOR 9), Wiesbaden 2009.

Päpstliche Bibelkommission, Die Interpretation der Bibel in der Kirche (VAS 115), Bonn ²1996.

Perlitt, Lothar, Deuteronomium (BK 5), Neukirchen-Vluyn 1990–2006.

Reynolds, Kent A., Torah as Teacher. The Exemplary Torah Student in Psalm 119 (VT.S 137), Leiden u. a. 2010.

Rogowski, Cyprian, Biblisches Lernen vor den Herausforderungen der Gegenwart, in: G. *Hotze/E. Spiegel* (Hrsg.), Verantwortete Exegese. Hermeneutische Zugänge – Exegetische Studien – Systematische Reflexionen – Ökumenische Perspektiven – Praktische Konkretionen. FS F. G. Untergaßmair (Vechtaer Beiträge zur Theologie 13), Berlin 2006, 535–540.

Rölver, Olaf, Christliche Existenz zwischen den Gerichten Gottes. Beobachtungen zur Eschatologie des Matthäusevangeliums (BBB 163), Göttingen 2010.

Römer, Thomas, Israels Väter. Untersuchungen zur Väterthematik im Deuteronomium und in der deuteronomistischen Tradition (OBO 99), Fribourg/Göttingen 1990.

Rüterswörden, Udo, Moses' Last Day, in: *A. Graupner/M. Wolter* (Hrsg.), Moses in Biblical and Extra-Biblical Traditions (BZAW 372), Berlin 2007, 51–59.

Schambeck, Mirjam, Bibeltheologische Didaktik. Biblisches Lernen im Religionsunterricht, Göttingen 2009.

Dies., Biblisches Lernen postmodern gewendet. Das Konzept einer bibeltheologischen Didaktik als Impuls, in: rhs 52,3 (2009) 182–191.

Schaper, Joachim, „Tora als Text im Deuteronomium“ in: *L. D. Morenz/S. Schorch*, Was ist ein Text? Alttestamentliche, ägyptologische und altorientalistische Perspektiven (BZAW 362), Berlin u. a. 2007, 49–63.

Schaper, Joachim, The „Publication“ of Legal Texts in Ancient Judah, in: *G. N. Knoppers/B. M. Levinson* (Hrsg.), The Pentateuch as Torah. New Models for Understanding Its Promulgation and Acceptance, Winona Lake 2007, 225–236.

Schmid, Konrad, Das Deuteronomium innerhalb der „deuteronomistischen Geschichtswerke“ in Gen–2 Kön, in: *E. Otto/R. Achenbach* (Hrsg.), Das Deuteronomium zwischen Pentateuch und Deuteronomistischem Geschichtswerk (FRLANT 206) 2004, 193–211.

Schwienhorst-Schönberger, Ludger, Den Ruf der Weisheit hören. Lernkonzepte in der alttestamentlichen Weisheitsliteratur, in: *B. Ego/H. Merkel* (Hrsg.), Religiöses Lernen in der biblischen, frühjüdischen und frühchristlichen Überlieferung (WUNT 180), Tübingen 2005, 69–82.

Ska, Jean-Louis, La structure du Pentateuch dans sa forme canonique, in: ZAW 113 (2001) 331–352.

Söding, Thomas, Der Schatz in irdenen Gefässen. Der Kanon als Urkunde des Glaubens, in: IKaZ 39,3 (2010) 233–263.

Steins, Georg, Inszenierung des Lesens und Lernens in Neh 8,1–12, in: *B. Ego/ H. Merkel* (Hrsg.), Religiöses Lernen in der biblischen, frühjüdischen und frühchristlichen Überlieferung, Tübingen 2005, 83–97.

Taschner, Johannes, „... dass sie es hören und lernen" (5. Mose 31,24). Zum Stellenwert des Lernens in der Geschichte Gottes mit seinem Volk, in: JK 66,4 (2005) 1–4.

Ders., Die Mosereden im Deuteronomium. Eine kanonorientierte Untersuchung (FAT I/59), Tübingen 2008.

Ders., Art. Lehren/Lernen, in: Sozialgeschichtliches Wörterbuch zur Bibel (2009) 348–353.

Ders., Weisung für Israel. Lernen und Lehren der Tora als Grundkonstante, in: BiKi 65 (2010) 14–19.

Ders., Das Deuteronomium als Abschluss der Tora, in: *G. Steins/J. Taschner* (Hrsg.), Kanonisierung. Die hebräische Bibel im Werden (BThSt 110), Neukirchen-Vluyn 2010, 64–92.

Tomberg, Markus, Religionsunterricht als Praxis der Freiheit. Überlegungen zu einer religionsdidaktisch orientierten Theorie gläubigen Handelns (Praktische Theologie im Wissenschaftsdiskurs 7), Berlin u. a. 2010.

Tov, Emmanuel, Dead Sea Scrolls. Electronic Library, Leiden 2006.

Ueberschaer, Frank, Weisheit aus der Begegnung. Bildung nach dem Buch Ben Sira (BZAW 379), Berlin u. a. 2007.

Zenger, Erich, JHWH als Lehrer des Volkes und der Einzelnen im Psalter, in: *B. Ego/H. Merkel* (Hrsg.), Religiöses Lernen in der biblischen, frühjüdischen und frühchristlichen Überlieferung, Tübingen 2005, 47–67.

Bei Zeiten – Vom Nutzen des Augenblicks

Die Zeitsignatur des Daseins bei Kohelet

Alles ist vergänglich, alles ist flüchtig, alles ist nichtig, alles ist Nichts! Dies sind einige der populärsten Übersetzungen für den Mottospruch *des Philosophen* der Bibel, dem Prediger Kohelet. Mit dem Ausspruch „Windhauch, Windhauch, das alles ist Windhauch“, der seine Überlegungen in 1,2 und 12,8 einrahmt und der allzu lange pessimistisch missverstanden wurde, wird eine Tendenz zum Nichts ausgedrückt, die allem Sein zukommt. Die Vergänglichkeit alles Irdischen wird darin wachgehalten, nicht mehr, aber auch nicht weniger. Kein anderer in der Bibel reflektiert so tiefgehend über die Zeit wie Kohelet, dessen poetische Überlegungen sogar in den Siebzigern Eingang in einen Pop-Song der Byrds gefunden haben. Das von Pete Seeger schon 1954 vertonte Zeitgedicht des Kohelet (Koh 3,1–8) kam zuletzt in dem Film Forrest Gump zu neuen Ehren. Es beginnt mit den Zeilen:

> To everything – turn, turn, turn
> There is a season – turn, turn, turn
> And a time for every purpose under heaven

Danach folgen die Einzelzeilen, die jeweils Zeitpunkte mit gegensätzlichen Handlungen belegen: Eine Zeit zu lieben, eine Zeit zu hassen … Der mottoartige Chorus „turn, turn, turn“ macht deutlich, dass der Texter nicht einfach ein biblisches Gedicht in einen Popsong überführt hat, sondern sich mit Kohelet weiterführend auseinandergesetzt hat. Denn mit der Wiederkehr des Immergleichen, dem Sich-Drehen, greift Seeger das Kosmosgedicht vom Anfang des Koheletbuches (Koh 1,4–11) auf, wo es heißt: „Eine Generation geht, die andere kommt. Die Erde besteht in Ewigkeit. Die Sonne geht auf, und die Sonne geht unter, nach Luft schnappend kehrt sie an den Ort des Aufgangs zurück. Er weht nach Süden und dreht sich nach Norden, dreht, dreht, weht der Wind und wegen seines Drehens kehrt der Wind zurück“. Wird in dem Anfangsgedicht ein Raum der Unveränderbarkeit beschrieben und durch das positiv gemeinte „Nichts Neues unter der Sonne“ die Stabilität und Ordnung des Kosmos als Grundlage entfaltet, so beschreibt das Zeitgedicht das Eingebundensein des Menschen in die ihm selbst unverfügbare Zeit. Beide Gedichte rahmen den Gedankengang, der unter der Mottofrage von 1,3 steht: „Welchen Vorteil hat der Mensch von all seinem Besitz, für den er sich anstrengt unter der Sonne?“ (vgl. 3,9). Die Argumentation führt zu der Erkenntnis, dass der Mensch sein Glück nicht selbst schmieden kann, es ihm vielmehr als Geschenk von Gott gewährt wird (2,24–26). Dem Menschen obliegt es, den Moment zu ergreifen und das geschenkte Glück zu genießen: carpe diem (3,12f). Nur der gegenwärtige Augenblick kann *erlebt* und gestaltet werden. Vergangenheit kann zwar erinnert und Zukunft vorausschauend antizipiert werden und beide werden darin in den Gegenwartszeitpunkt hineingeholt, bleiben aber zugleich der menschlichen Gestaltung entzogen.

Keine Zeit gibt's nicht: Alles hat seine Zeit (Koh 3,1)

Diesen Gedankengang unterstreicht das Zeitgedicht (Koh 3,1–8), das durch die Form parallelen Singsangs die Wiederkehr des Immergleichen aus dem Anfangsgedicht wiederaufnimmt. Durch die Form wird das Gedicht gleichsam den Zeitläuften entzogen, und es wird in einer Art meditativer Pause Raum für greifbare Gegenwart geschaffen. Eine Kette von „Gegenwarten“ entsteht, die immer gleich zwischen einer Handlung und deren Gegenteil wechselt. Lediglich die Anordnung der positiv oder negativ konnotierten 28 Begriffe verändert sich, so dass eine übergeordnete Gliederung des Gedichtes zustande kommt. Jeweils zwei Oppositionspaare, also vier Begriffe, sind zu einer Strophe zusammengeschlossen, wobei insgesamt sieben Strophen das Gedicht bilden. In der symbolisch aufgeladenen Anordnung 7 * 4 bringt das Gedicht Vollkommenheit und Totalität zum Ausdruck und knüpft auch darin an das Kosmosgedicht des Anfangs an. Das Zeitgedicht hebt an mit der übergreifenden Aussage: Für alles gibt es einen richtigen Zeitpunkt. Das „unter dem Himmel“ schließt an Koh 1,13 an und ruft die Frage in Erinnerung nach dem Gewinn, den der Mensch – eingebunden in die Verfügung Gottes – überhaupt eigenständig erlangen kann. Auch das hier entfaltete „alles hat seine Zeit“ ist Teil der Antwort, die die Argumentation zuvor begründet hat. Der rechte Zeitpunkt ist dem Menschen allzu oft entzogen, aber es gibt ihn. Die Oppositionspaare des Gedichtes wollen keine wählbaren Handlungsalternativen aufzeigen, was besonders in „Mord“ und „Krieg“ offenkundig ist. Ebenso wenig geht es darum, die Widersprüchlichkeit menschlichen Handelns zu unterstreichen, dass man also nicht etwas und zugleich sein Gegenteil tun kann. Vielmehr geht es Kohelet um die Unverfügbarkeit des rechten Augenblicks. Das macht die erste, in sich sehr vielschichtige Zeile „eine Zeit zum Gebären, eine Zeit zum Sterben“ deutlich. Mit der Geburt und dem Tod wird die Spanne eines Lebens umgriffen. In der entindividualisierten Form klingt der Lauf der Generationen aus dem Kosmosgedicht erneut an: „Eine Generation geht, eine Generation kommt, die Erde steht in Ewigkeit“ (1,4). Zeit, so sagt es der erste Vers, ist von Dauer umgeben, ummantelt von der Ewigkeit. Der Mensch ist in den Lauf der Zeiten eingebunden. Dabei ist dem Bewusstsein des Menschen der Zeitpunkt der eigenen Geburt ebenso unzugänglich wie derjenige des Todes, beide kann man nicht in die Gegenwart hineinholen. Der Mensch bewegt sich zwischen diesen beiden Polen. Auch wenn man hier unwillkürlich und sicher auch zutreffend das der Verfügung entzogene „geboren werden“ dem unverfügbaren Tod entgegensetzt, spricht der Text wörtlich vom Gebären. Doch auch das macht Sinn, denn häufig wird in der Bibel der Zeitpunkt der Geburtswehen als Metapher für Plötzlichkeit verwandt. Von dem ersten Wortpaar her ist das parallele zweite „pflanzen“ und „ausreißen“ zu interpretieren. Hier ist nicht an Saat und Ernte gedacht, sondern an das planvolle Anlegen eines Gartens, für das es einen rechten Zeitpunkt gibt. Der Garten steht häufig für eine geordnete und verfügbar gemachte Welt. Er hat wie das parallel gesetzte menschliche Leben eine bestimmte zeitliche Ausdehnung, bis er wieder aufgegeben wird. Das „ausreißen“ ist damit parallel zum Sterben. Die zentrale Opposition von Leben und Tod bestimmt auch die folgenden Strophen. Was beim ersten Begriffspaar („töten“ und „heilen“) eindeutig ist, scheint beim folgenden „einreißen“ und „bauen“ aufgegeben. Doch vielleicht spielt hier neben dem Gegensatz zwischen konstruktivem und destruktivem Handeln auch die Generationenfolge hinein, denn „ein Haus bauen“ könnte in poetischer Umschreibung auch „eine Familie mit Bestand über Generationen gründen“ meinen. Die folgende Strophe mit den emotional bestimmten Handlungen „weinen“, „lachen“, „klagen“ und „tanzen/hüpfen“ lässt Trauerriten und Jahresfeste anklingen. Die Bedeutung bleibt offen, kann im verweilenden Nachsinnen über den rechten Zeitpunkt dieser Handlungen vom Leser gefüllt werden.

Die Grundopposition von Leben und Tod wird in den folgenden Paaren aufgegeben. Das „Steine sammeln“ ist viel gedeutet worden; am ehesten überzeugt nach wie vor die sexuelle Deutung des Midrasch. Das zweite Paar, das die liebevolle Zuneigung durch die Umarmung umschreibt, deutet ebenso in diese Richtung. Die Liebe ist wie der Tod ein „flüchtig“ Ding, es gilt sie dann zu leben, wenn es an der Zeit ist. Schwerer erkennbar ist der Tenor des unverfügbaren rechten Zeitpunkts in den folgenden Paaren, die am Ende mit dem „zerreißen“ und „zusammennähen“ und dem dazugestellten „schweigen“ und „reden“ noch einmal zur Trauer zurückkehren. Die letzten über Kreuz angeordneten Begriffspaare beschreiben mit „lieben“ und „hassen“ und „Krieg“ und „Frieden“ stark emotionale Sachverhalte.

So endet die Reihe mit dem als göttliche Gabe verstandenen Wohlergehen des Menschen in Friedenszeiten. Der Wechsel zwischen Positivem und Negativem und dem cantus firmus, das der Mensch zwischen beidem steht und keine Verfügung über den Ausschlag in die eine oder andere Richtung hat, beantwortet die Mottofrage aus 1,3 implizit negativ: Es gibt keinen Gewinn des Menschen, den er sich selbst erarbeiten könnte. Das Glück bleibt zeitgebundenes und unverfügbares Geschenk des Schöpfers.

„Und auch die Ewigkeit hat er in ihr Herz gelegt" (Koh 3,11)

Während Gott in dem Zeitgedicht als der Geber des unverfügbaren Guten wie auch des unverfügbaren Schlechten nur im Hintergrund steht, rückt er in 3,11 in den Vordergrund. „Gott hat alles zu seiner Zeit schön gemacht. Und auch die Ewigkeit hat er in ihr Herz gelegt, doch ohne, dass der Mensch das Tun Gottes von Anfang bis Ende aufdecken könnte". Kohelet greift hier auf Gen 1,31 zurück und gründet seine Gedanken schöpfungstheologisch. „Es gibt nichts Neues unter der Sonne" ist – keinesfalls pessimistisch – auch ein Plädoyer für den guten, von Gott gesetzten Anfang „alles hat Gott gut gemacht zu seiner Zeit".

Gelegentlich ein Wolkenspalt

Das Dasein des Menschen – so der zentrale Gedanke Kohelets – ist zeitlich absolut begrenzt. Seine gegenwärtige Zeitlichkeit hebt sich mit dem Tod in die beziehungslose Ewigkeit auf. Dann ist keine Zeit mehr, da die Kategorie „Zeit" nicht mehr greift. Das hat Kohelet in seiner ganzen Radikalität verstanden. Zugleich erkennt er, dass der Mensch ansatzhaft seine zeitliche Ausdehnung gedanklich übersteigen kann und auch das sieht er als gottgegeben an. Das Herz ist hier Verstandesorgan und gemeint ist die anfanghafte Fähigkeit, die eigene begrenzte Zeit zu übersteigen. Doch dieses Transzendieren der eigenen Begrenztheit hat feste Grenzen. Ewigkeit kommt Gott und nicht dem Menschen zu (3,14). Der Mensch überblickt nicht das Ganze, geschweige denn, dass er es aktiv verändern könnte. Ewigkeit bedeutet eben nicht nur Stabilität und Dauerhaftigkeit, sondern auch Unveränderbarkeit. Die Folge für den Menschen ist, dass von ihm die Momente, in denen sich Himmel und Erde berühren, ergriffen werden müssen. Die in 3,14 von Gott bewirkte Gottesfurcht ist nichts anderes als die bewusste Erkenntnis und Annahme des geschenkten Augenblicks – des Wolkenspaltes, der sich nicht offen halten lässt.

Die Frage nach dem Menschen

Biblische Anthropologie als wissenschaftliche Aufgabe – Eine Standortbestimmung

Im Folgenden wird eine Standortbestimmung der Biblischen Anthropologie aus alttestamentlicher Perspektive versucht. Dazu werden zunächst die Relevanz der Frage nach dem Menschen und ihre aktuelle Bedeutung an verschiedenen Kontexten aufgezeigt. Danach wird ausgehend vom Relevanzverlust biblischer Aussagen grundsätzlich nach der Leistungsfähigkeit Biblischer Anthropologie im Kontext gegenwärtiger Diskurse gefragt. Die Einordnung führt zu einem näheren Blick auf die Ansätze historischer Anthropologie in den Kultur- und Geschichtswissenschaften. Die kritische Auseinandersetzung mit den neueren Ansätzen führt schließlich zu einer Positionsbestimmung Biblischer Anthropologie in methodischer, hermeneutischer und theologischer Hinsicht.

Die Frage nach dem Menschen: Hinführung

„Ich bin nämlich eigentlich ganz anders, aber ich komme nur so selten dazu".[1] Dieses bekannte Bonmot Ödön von Horváths beschreibt treffend die fragile Identität des modernen Menschen. Es verbindet die subjektiv wahrgenommene Verknappung der Zeit und die zunehmende Beschleunigung gelebten Lebens mit der unauflösbaren Spannung zwischen Möglichkeit und Wirklichkeit menschlichen Seins. Der *Jargon der Eigentlichkeit* decouvriert dabei, dass es *kein richtiges Leben im falschen* gibt (T. W. Adorno).[2] Was aber *richtiges* Leben als umfassend gelungenes Leben wäre, ließe sich nur bestimmen, wenn die Frage „Was ist der Mensch?" zu beantworten wäre. Doch die Antwort darauf ist nicht mehr als die Repetition der *offenen* Frage selbst, wie Harry Mulisch es formuliert hat: „Die Antwort lautet: ‚Was ist der Mensch?'".[3] Der Mensch ist die Frage, die er sich selbst

[1] In Horváths Werk findet sich „Ich bin nämlich eigentlich ganz anders, aber ich komme nur so selten dazu" (*von Horváth*, Gesammelte Werke [1970], 67); „Ich bin ja ganz anders, aber ich komme so selten dazu" (Ebd., 88).

[2] Vgl. *Adorno*, Minima moralia (1980), 43.

[3] *Mulisch*, Selbstporträt (1997), 132. Die gesamte Szene ist eine tiefsinnige Persiflage auf die Frage, denn das Orakel *Computor* gibt die Antwort vor, auf die die Frage gefunden werden muss: „Dort, im Gestrüpp auf einem Abhang, sieht er ein schreckliches Ungeheuer. Glänzend, hellgrau, leise summend. Der Computor! Seit

stellt. Die Selbstreflexivität als Kennzeichen des Menschseins wird umschlossen von der prinzipiellen Unabgeschlossenheit der Frage nach dem Menschen: „Der Mensch ist nicht die in sich fraglose, fraglos gegebene Unendlichkeit der Wirklichkeit; er ist die Frage, die leer, aber wirklich und unausweichlich vor ihm aufsteht und die von ihm nie überholt, nie adäquat beantwortet werden kann".[4] Dieses Paradox führt dazu, dass die prinzipielle Unabgeschlossenheit der Anthropologie ihrer Orientierungsleistung anscheinend unversöhnlich gegenüber steht.

Nachdenken über den Menschen im Zeitalter der Anthropologie

Dass Anthropologie und Theologie untrennbar zusammengehören, bedarf nach Karl Rahners fundamentalem Denken keiner ausdrücklichen Betonung mehr[5], umso weniger der unlösbare Zusammenhang von Anthropologie und Religion.[6] Es lässt sich ohne Übertreibung festhalten, dass eine Religion ohne tragfähige Antwortversuche auf die Frage „Was ist der Mensch?", d. h. ohne eine Bestimmung des Menschenbildes in Geschichte wie Gegenwart, kaum als diskursfähig anzusehen ist. Dabei sind seit der Aufklärung Antwort und Frage immer weiter auseinander getreten, was nach Max Scheler die Ausgangslage philosophischer Anthropologie grundlegend kennzeichnet: „Wir sind in der ungefähr zehntausendjährigen Geschichte das erste Zeitalter, in dem sich der Mensch völlig und restlos ‚problematisch' geworden ist: in dem er nicht mehr weiß, was er ist; zugleich aber auch weiß, dass er es nicht weiß".[7] Auch wenn das Diktum Wolfhart Pannenbergs inzwischen nahezu ein halbes Jahrhundert alt ist, hat es

Jahrhunderten stellt er jedem Reisenden, der hier vorüber will, eine Antwort; wer die Frage auf diese Antwort nicht weiß, wird sofort vernichtet. [...] Die Antwort lautet: ‚Was ist der Mensch?'. ‚Das ist keine Antwort' sagen die meisten sofort, ‚das ist eine Frage'. Sie wurden auf der Stelle mit einem Stromschlag hingerichtet". Nur Oidinase findet die rechte Frage: „Dann [...] stellte er sich vor dem Computor auf und sagte laut: ‚Was ist der Mensch?' [...] Denn Oidinase hatte begriffen, daß es sich bei der Frage, worauf die Frage ‚Was ist der Mensch?' die Antwort ist, um dieselbe Frage handelte, und sie deshalb lauten musste: ‚Was ist der Mensch?' – denn der Mensch ist keine Antwort, sondern eine Frage". *Mulisch*, Selbstporträt (1997), 131–133.

4 *Rahner*, Grundkurs (1999), 37; vgl. *Rahner*, Mensch (1973), 116: „Der Mensch ist die Frage, auf die es keine Antwort gibt".

5 Vgl. *Rahner*, Grundkurs (1999), bes. 30; *Raffelt/Rahner*, Anthropologie (1981), bes. 10–13; *Rahner*, Menschsein (1995), 309–322.415–417; *Fischer*, Mensch (1975), 44f.97–105.passim.

6 Vgl. dazu *Knapp*, Vernunft (2009), 202–213.

7 *Scheler*, Gesammelte Werke (1976), 120.

an Treffsicherheit auch im 21. Jahrhundert nichts eingebüßt: „Wir leben in einem Zeitalter der Anthropologie“.[8]

Man kann sogar sagen, dass die Relevanz der Anthropologie im *globalen, transnationalen, multikulturellen und multireligiösen Dorf*, in dem die Grenzen des Menschseins in kommunikativer, reproduktiver und medizinischer Hinsicht ebenso gedehnt wie unbestimmt erscheinen, noch erheblich gewachsen ist. Daher ist die inhaltliche Bestimmung dessen, was das in Raum- und Zeitkontexte eingebundene „Menschsein“ ausmacht, seine Identität, Relationalität, Sozialität und Kulturalität bestimmt, ebenso *unverzichtbar* für die Theologie wie für andere Disziplinen.

Die neue Unübersichtlichkeit in der Anthropologie

Dabei steht die Relevanz der anthropologischen Frage in der Gegenwart unzweifelhaft in einem umfassenden wissenschaftsgeschichtlichen Kontext, für den hier lediglich einige Schlaglichter stehen können: Bereits in der Vormoderne ist der Mensch sich selbst zur Frage geworden, was zu vielfältigen Antwortversuchen geführt hat, die in der Philosophiegeschichte bis in die Neuzeit nachwirken.[9] Die sog. *Wende zum Menschen* ist als Folge der neuzeitlichen erkenntnistheoretischen Wende zum Subjekt zu sehen. Mit dem Wegbrechen eines metaphysischen Deutungskontextes wird der Mensch sich selbst zum „rätselhaftesten Ding der Natur“ (Blaise Pascal)[10], womit Geist, Seele und Körper auseinander treten. „In dem Maß, in dem eine Metaphysik, die diese Einheit (scil. von Geist und Körper) zu denken erlaubt, nicht mehr zur Verfügung steht, sieht sich die Anthropologie gezwungen, ihre Frage in der verbleibenden Doppelung der Aspekte zu verfolgen“.[11] Neben die Kritik der theoretischen Vernunft tritt der Mensch bei Immanuel Kant als „Zweck an sich selbst“, wobei die drei Grundfragen „*Was kann ich wissen?*“, „*Was soll ich tun?*“, „*Was darf ich hoffen?*“ in die Frage „*Was ist der Mensch?*“ münden.[12] Je stärker in der Folge die Natur des Menschen durch die empirischen Wissenschaften in einer Vielzahl von Perspektiven (Biologie, Medizin, Psychologie) erforscht wird, desto deutlicher wird die Bestim-

[8] *Pannenberg*, Mensch (1995), 5.

[9] Vgl. *Marquard*, Anthropologie (1971), 362–374; *Bröker*, Mensch (1999), passim; *Haeffner*, Philosophische Anthropologie (2000), bes. 13.17–19.22f.46–52 u. ö.

[10] *Pascal*, Religion (1972), 50 (Fragment 72).

[11] *Honnefelder*, Anthropologie (1993), 722; vgl. *Honnefelder*, Problem (1994), 9–11.

[12] *Kant*, Gesammelte Schriften (1970), 533f.

mung eines ontologisch bestimmbaren unveränderlichen Wesens des Menschen relativiert. „Als Antwort auf die kantische Frage der Anthropologie verstanden, entzieht die mit dem 19. Jh. einsetzende Historisierung und Naturalisierung nicht nur der Rede von einem Wesen des Menschen das Fundament, sie setzt auch die das tradierte Selbstverständnis des Menschen ‚kränkende' Preisgabe der Sonderstellung des Menschen fort, die mit der kopernikanischen Revolution begonnen hatte".[13] Darauf reagieren zu Beginn des 20. Jh. die den sog. *anthropological turn* markierenden Arbeiten von Max Scheler (*der weltoffene Mensch* mit dem *Geist als Differenz*), Helmuth Plessner (die *exzentrische Positionalität* des Menschen) und Arnold Gehlen (der Mensch *als Mängelwesen*), die nach einer Neubegründung philosophischer Anthropologie und einer Bestimmung des Wesens des Menschen im Kontext seiner Mitwelt fragen. Doch setzt sich die Tendenz der in der Aufklärung gegebenen „Kränkung" des Menschen vor allem durch den Fortschritt in den Humanwissenschaften fort. Michael Pauen nennt ausgehend von dem von Sigmund Freud wissenschaftsgeschichtlich-psychoanalytisch geprägtem Begriff der „Kränkung" neben der kosmologischen die anthropologische, psychologische und neurowissenschaftliche Kränkung des Menschen in der Moderne.[14] Natürlich wäre hier näher auf die Diskussion einzugehen, ob die Rede von „Kränkungen" die Veränderungen im Selbstbild des Menschen überhaupt treffend beschreibt oder sich die These nur vor dem Horizont einer eurozentristischen Selbstermächtigung des Menschen als sinnvoll erweist. Für den vorliegenden Zweck der Verdeutlichung der unterschiedlichen Herausforderungen des Menschenbildes können wir es bei dem Begriff der „Kränkung" belassen. Einerseits stehen nun anthropologische Theorien im derzeitigen Wissenschaftsdiskurs hoch im Kurs, andererseits stehen sie durch die Entwicklungen der Naturwissenschaften vor enormen Herausforderungen, das kulturell Invariante und von der konkreten Erfahrung Unabhängige der „menschlichen Natur" anthropologisch zu fassen und theoriebildend zu verarbeiten.

> Denn die zahlreichen und teils gewichtigen Einwände, die gegen anthropologische Theoriebildungen erhoben worden sind – vor allem der dreifache Verdacht *essentialistischen*, *dualistischen* und *schlecht-teleologischen* Denkens –, decouvrieren nur reduktionistische und deshalb zu meidende Antwortversuche auf eine Frage, die so hartnäckig immer wiederkehrt, dass wir sie gar nicht stellen können – die Frage nach dem Insgesamt unseres Selbst- und Weltverhältnisses.[15]

[13] *Honnefelder*, Anthropologie (1993), 723.

[14] *Pauen*, Mensch (2007); vgl. *Reinmuth*, Anthropologie (2006), 1.

[15] *Jung*, Artikulation (2009), 6; vgl. *Schlette/Jung*, Anthropologie (2005), 8–10.

Daher muss das, „was sich heute als Anthropologie verstehen will, ... die Kritik am Essentialismus, am Dualismus und an der Teleologie zum Teil ihres Selbstverständnisses gemacht haben".[16]

Ohne hier auf die Entwürfe philosophischer und theologischer Anthropologie eingehen zu können – es gibt weder *die* noch *die eine* philosophische oder theologische Anthropologie[17] –, zeichnet sich die gegenwärtige Situation durch eine dem Pluralismus unterschiedlicher Rationalitäten geschuldete Unübersichtlichkeit aus, die sich die prinzipielle Unabgeschlossenheit und Uneindeutigkeit ihrer Aussagen eingesteht.[18] Das Geheimnis Gottes als Antwort befriedigt im rationalen Diskurs wohl kaum, weshalb die Pluralität von Ansätzen auch in der theologischen Diskussion zunächst unhinterfragt als Herausforderung ebenso zu akzeptieren ist wie das unaufgebbare Drängen der Frage nach dem Selbst- und Weltverhältnis des Menschen. Die gewachsene Komplexität und Unabgeschlossenheit der Frage birgt die Gefahr von Vereinfachungen in sich. Zu schnell wird mit Hinweis auf die Vielzahl kultureller Ausprägungen von Menschenbildern gefordert, dass die Suche nach anthropologischen Invarianten oder Universalien der menschlichen Natur aufzugeben sei. In der kulturwissenschaftlichen und historischen Literatur zur Anthropologie ist es üblich geworden, von „dem Ende der Verbindlichkeit einer abstrakten anthropologischen Norm"[19] zu sprechen. Dass dabei die Frage nach der menschlichen Natur überhaupt unter den Tisch fällt, steht auf einem anderen Blatt und führt auf der einen Seite zu der Unterstellung gegenüber der Philosophie, unhaltbaren abstrakten anthropologischen Universalien anzuhängen und auf der anderen Seite zum Vorwurf gegenüber den Kulturwissenschaften, mittels des Rekurses auf die naturwissenschaftlichen Erkenntnissen die menschliche Natur reduktionistisch in unverbindliche Variation aufzuheben.

Von dieser Situation ist die Biblische Anthropologie[20] nicht unbeeinflusst, insofern sie weit entfernt davon ist, dem „Ende der Ver-

[16] Ebd., 10.

[17] Vgl. etwa die Überblicke zur Philosophischen Anthropologie von *Arlt*, Anthropologie (2001); *Fischer*, Anthropologie (2008); *Thies*, Einführung (2004); *Tugendhat*, Anthropologie (2007); *Ganten u. a.*, Mensch (2008) und zur Theologischen Anthropologie von *Langemeyer*, Theologische Anthropologie (1995); *Ders.*, Anthropologie (1998); *Schoberth*, Einführung (2006), und *Dirscherl*, Grundriss (2006).

[18] Vgl. *Ders.*, Grundriss (2006), 261–277, bes. 267f. mit der Skizze fundamentalistischer Alternativen.

[19] *Wulf*, Anthropologie (2004), 268; Ebd., 124; vgl. die ähnliche Formulierung bei *Janowski*, Mensch (2005), 146.

[20] Ich benutze die Bezeichnung „Biblische Anthropologie" im Folgenden in einem übergreifenden Sinn als *Sammelbezeichnung* für die alt- und neutestamentliche Anthropologie (und unterscheide dabei zunächst nicht scharf zwischen einer Anthropologie *aus* dem Alten resp. Neuen Testament, einer Anthropologie *im* Alten resp.

bindlichkeit“ etwas Verbindliches gegenüber setzen zu können. Denn „die im Lauf der Geschichte bezeugten Selbstauffassungen und Selbstexplikationen des Menschen können nicht unter eine Wesensformel subsumiert, sondern müssen seiner Geschichtlichkeit und Kulturalität gerecht werden“.[21] D. h. die Konzeptualisierungen des Menschen bieten keine abstrakten zeitlosen Normen, sondern bleiben kontingent und nur in ihrem geschichtlichen Kontext zu verstehen. Auch wenn Biblische Anthropologie nicht als das fundamentalistische Gegenstück zum Relativismus missverstanden werden darf, scheint mir dennoch gerade in der Situation legitimer und unaufgebbarer Vielfalt der Positionen das Gewicht der Biblischen Anthropologie wieder zuzunehmen bzw. die wissenschaftlich verantwortete Biblische Anthropologie in einer gewissen Bringschuld zu stehen. Darin unterscheidet sie sich zunächst nicht von anderen theologischen Disziplinen. In Bezug auf alle wissenschaftlichen Disziplinen hat Joseph Ratzinger im Gespräch mit Jürgen Habermas unterstrichen: Da die „grundlegende Veränderung des Welt- und Menschenbildes … wesentlich am Zerbrechen alter moralischer Gewissheiten beteiligt ist(, gibt es) eine Verantwortung der Wissenschaft um den Menschen als Menschen“.[22] Insofern aber dem biblisch vermittelten Menschenbild eine fundamentale Bedeutung im Orientierungsdiskurs zukommt, ist die Exegese in besonderer Weise herausgefordert. Dass dem Menschenbild der Heiligen Schrift eine zentrale Rolle zukommt, haben die Deutschen Bischöfe zuletzt 2001 in ihrem Wort „Der Mensch: sein eigener Schöpfer“ unterstrichen, wenn sie formulieren: „Das biblische Menschenbild und insbesondere die Menschenwürde bilden den Rahmen für menschliches Handeln“.[23] Was aber ist „das biblische Menschenbild“? Die Frage verschärft sich, wenn man sich bewusst macht, dass der zweite Begriff „Menschenwürde“ in seiner absoluten und nicht näher bestimmten Verwendung im Verdacht einer Leerformel steht. Damit kommt der Bestimmung dessen, was *das* biblische Menschenbild ist, in Bezug auf den formalen wie materialen Rahmen, für die ethische Orientierung eine entscheidende Bedeutung zu.[24]

Neuen Testament oder einer Anthropologie *des* Alten resp. Neuen Testaments) und in einem spezifischen Sinn als gesamtbiblische Anthropologie mit theologischem Anspruch (s. dazu u.).

[21] *Janowski*, Mensch (2005), 145.

[22] *Ratzinger/Habermas*, Grundlagen (2004), 5.

[23] *Deutsche Bischöfe*, Mensch (2002), 245.

[24] Vgl. dazu auch *Dirscherl*, Beziehung (2008), 8–12.

Das biblische Menschenbild gibt es nicht

Die Notwendigkeit wissenschaftlich reflektierter biblischer Anthropologie ergibt sich insbesondere daraus, dass es *das* biblische Menschenbild nicht gibt. Die Aussagen zum Menschen sind weder thematisch stringent noch ergeben sie additiv *ein* Bild. Sie sind nicht umfassend, nicht eindeutig, geschweige denn systematisch reflektiert. Das Problem der Diversität und Pluriformität lässt sich auch nicht durch einen Kanon im Kanon aufheben, sei es – begründet mit der kanonischen Prä-Position der Tora – durch eine Präponderanz der Anthropologie der Schöpfungsberichte, sei es – begründet mit der These von der alles im Kern in sich tragenden „kleinen Biblia" – durch die selektierende Vorrangstellung der Anthropologie der Psalmen oder sei es schließlich – begründet mit der christologisch bestimmten Theozentrik der christlichen Bibel – durch die Vorordnung der paulinischen Anthropologie. *Den* biblischen Menschen oder *das* biblische Menschenbild gibt es nicht.

Nimmt man die biblischen Aussagen zum Menschen zusammen, unverkürzt und ohne theologisch-systematische Selektion, bleiben Ambivalenzen und Antagonismen. Neben die radikale Diesseitigkeit und Endgültigkeit des Todes (Jes 30,18; Ps 88,11; 115,17; Ijob 7,8. 21; Koh 3,19–21 u. ö.) treten eine über den Tod hinausgehende Hoffnung, die Hoffnung auf ein Leben nach dem Tod und schließlich die Hoffnung auf eine Auferstehung des Leibes (Ps 16; 22,18–32; 49; 73; 2 Makk 7; Dan 12,13 u. ö.)[25]; neben den unverrechenbaren Wert und die nicht aufhebbare Würde des Menschen (Ps 8; Ijob 10,11–13; Gen 1,26–28) treten dessen Niedrigkeit, das Elend des Menschen (Ijob 7,1; 14,1f), der nur Staub und Asche ist (Sir 17,32).[26] Und neben die grundsätzliche Annahme, dass der Mensch gut geschaffen und zum Guten fähig ist (Gen 17,1; Dtn 30,11–14; Mi 6,8; Ijob 1,1; 30f. u. ö.), tritt die radikale Verfallenheit und Disposition zur Sünde (Gen 4,7; Ijob 4,17; 14,4; 15,14; Ps 14,1; 51,7; Koh 7,20 u. ö.). Mit dem anthropologischen Grundbegriff „Geist" (רוח/*ruᵃḥ*) werden einerseits die mit Willen, Antrieb und Gemüt verbundenen Dimensionen des Personseins bezeichnet, die ein ganzheitliches Menschenverständnis im Hintergrund haben, aber damit nicht voll erfasst. In manchen Texten reicht die Vorstellung vom Geist durchaus an z. T. dualistisch gefärbte Leib-Seele- oder trichotome Leib-Geist-Seele-Konzeptionen heran (Ps 51,12; Koh 12,7; Ijob 12,10; Weish 9,15; 16,14). Zugleich sind „Seele" (נפש/*næpæš*) und andere Lexeme eine Wirklichkeit, die nicht restlos in der Rede von der Ganzheitlichkeit, der

[25] Vgl. dazu *Hossfeld*, Anweg (2006); *Schnocks*, Rettung (2009).
[26] Vgl. *Frevel*, Gottesbildlichkeit (2009).

Vitalität oder der konstellativen Person aufgeht (Ps 31,10; 42,6f.; Ijob 14,22 u. ö.).[27] Der Umgang mit Leid deckt in alttestamentlichen Texten die ganze Spanne von Naturalisierung, Bonisierung, Ethisierung, Pädagogisierung bis hin zur Theologisierung und Theodizee ab.[28] Die Spannungen und Gegensätze sind dabei jedoch nicht in einfachen Entwicklungsschemata diachron aufzulösen, sondern sind nebeneinander stehende Stimmen.

Der Versuch der Anthropologie kann nur gelingen, wenn die ganze Spannbreite der alttestamentlichen Traditionen im Kontext Berücksichtigung findet. Das darf allerdings nicht nur in einer bloßen Aneinanderreihung geschehen, sondern muss eingebunden sein in eine Denkbewegung *Biblischer Theologie*, die beide Testamente als Einheit begreift und zusammen zu sehen sucht.[29] Komplementäre und kontrastive Dialogizität ist – wie in der Biblischen Theologie – konstitutiv und unaufhebbar für eine hermeneutisch, theologisch und methodisch verantwortete Biblische Anthropologie, in der die Frage „Was ist der Mensch?“ in ihrer prinzipiellen Offenheit ernst genommen und daher *nicht* abschließend beantwortet wird.

Bevor aber die Frage nach der Operationalisierbarkeit eines solch umfassenden Projektes gestellt werden kann, muss zunächst eine genauere Standortbestimmung erfolgen. In den beiden folgenden Abschnitten möchte ich das versuchen, indem ich zwei Achsen der Fragestellung entfalte, die quasi ein „Koordinatensystem“ der Herausforderungen für eine Biblische Anthropologie darstellen. Der nächste Schritt entfaltet an aktuellen Kontexten die Relevanz anthropologischer Fragen in der Gegenwart. Das führt zu der Frage nach den hermeneutischen Voraussetzungen einer Relevanz Biblischer Anthropologie im Kontext der Moderne. In einem zweiten Schritt soll dann mit Blick auf neuere Entwicklungen in den Kultur- und Geschichtswissenschaften ein zweiter Bezugsrahmen entfaltet werden, der für eine Neuorientierung Biblischer Anthropologie von Gewicht ist. Auch hier wird am Ende nach der Leistungsfähigkeit und den hermeneutischen Voraussetzungen gefragt. Das führt zu einem Blick auf den Stand der Forschung in Biblischer Anthropologie und zu künftigen Perspektiven.

[27] Vgl. die Anregungen bei *Dirscherl*, Mensch (2003). Die Frage der „Seele“ als die ganzheitliche Existenz des Menschen bestimmende, aber nicht darin aufgehende Dimension, bedarf in der alttestamentlichen Anthropologie einer Neubearbeitung, die über die bisher vordergründig behandelte semasiologische Aspekte hinausgeht.

[28] Vgl. dazu *Bieberstein*, Leiden (2001).

[29] Vgl. zur Anthropologie *Frevel/Wischmeyer*, Menschsein (2003), 10. Zur „Biblischen Theologie“ u. a. *Lohfink*, Wissenschaft (2001), 13–47.

Die drängende Wiederkehr der Anthropologie in der Gegenwart

Die drängenden Fragen der Gegenwart sind zweifellos anthropologische Fragen. War seit der Mitte des 20. Jh. in Literaturwissenschaften, Geschichtswissenschaften und Theologie von einem „anthropological turn“ die Rede[30], so ist das beginnende 21. Jh. geradezu von einem „anthropological return“, der Wiederkehr anthropologischer Grundfragen, gekennzeichnet. In jüngerer Zeit ist ein aus verschiedenen Wissenschaftszweigen gespeistes Hintergrundgeräusch zu vernehmen, das sich in Feuilletons und anderen wissenschaftsnahen Medien als „Auflösung des traditionellen und wissenschaftlich überholten Menschenbildes“ oder ähnlich äußert. Gemeint ist damit die Fraglichkeit eines an essentialistischen Kategorien orientierten Menschenbildes und eine demgegenüber „neue“ Betonung des gewachsenen, veränderlichen, exemplarischen, kulturell und konventionell codierten Charakters jeglicher Menschenbilder. Es mag zunächst einmal dahingestellt sein, ob es dabei wirklich um ein *neues* oder nur ein *verändertes Menschenbild* geht. Die mal mehr, mal weniger lautstark proklamierten „Abschiede von einer alten Anthropologie“ belegen in der Suche nach Orientierungsmustern paradoxerweise gerade eine „Wiederkehr“ der anthropologischen Frage. In besonderem Maße steht der „anthropische Transzendentalismus“ (Wolfgang Welsch)[31], also das Festhalten an einer ontologisch begründeten, unveränderlichen Sonderstellung des Menschen in der Welt, in der Tradition philosophischer Anthropologie unter Beschuss. Daneben treten durch den demographischen Wandel, den medizinischen und biotechnischen Fortschritt forcierte aktuelle Herausforderungen, die nach einer anthropologischen Justierung verlangen. Sowohl die Kontexte als auch die Prämissen für die Frage nach dem Menschen haben sich in den vergangenen Jahrzehnten entscheidend verändert.[32] „Die Frage nach dem Wesen des Menschen, die mit der ‚anthropologischen Wende‘ des 18. Jahrhunderts ins Zentrum der Natur- und Humanwissenschaften rückte, ist in der philosophischen Anthropologie des 20. Jahrhunderts vor allem aufgrund der wachsenden Vertraut-

[30] So z. B. für den Bereich der Theologie bei *Losinger*, Turn (2000), und für die Literaturwissenschaft in dem Sammelband von *Schlaeger*, Turn (1996).

[31] Zum Begriff *Welsch*, Human (2007), 87–109.

[32] Vgl. *Frühwald*, Design (2004). Als Beispiel für neue Herausforderungen sei der Bereich des (bio)technologischen „Enhancements“ genannt, der im Internet und nichtwissenschaftlichen Medien intensiver als in wissenschaftlichen Publikationen diskutiert wird. Vgl. etwa die populären Debatten über die Cyborg genannten Hybrid-Wesen, dazu die Überblicke bei *Ruf*, Über-Menschen (2001); *Heilinger/Müller*, Cyborg (2007) und für das AT *Schäfer-Bossert*, Cyborgs (2003); *Walker-Jones*, Eden (2008).

heit mit der Biologie, der Psychologie und der Soziologie des Menschen prinzipiell relativiert worden".[33]

Ich wähle im Folgenden drei Kernfelder aus der Diskussion aus, die jeweils ganz knapp angerissen werden sollen: (1) Identität und Sonderstellung des Menschen im Licht der Erkenntnisse der Evolutionsbiologie und Neurowissenschaften, (2) die Würde von Anfang und Ende menschlichen Lebens in den Debatten um Gentechnik und humanes Sterben sowie (3) der Umgang mit dem Alter unter den Voraussetzungen des demographischen Wandels. Am Ende des jeweiligen Abschnitts wird jeweils knapp ein Bezug zu Fragestellungen der Biblischen Anthropologie aus alttestamentlicher Perspektive angezeigt, der im Rahmen dieser Standortbestimmung nicht entfaltet werden kann.

(1) Identität und Sonderstellung des Menschen im Licht der Erkenntnisse der Evolutionsbiologie und Neurowissenschaften

Jürgen Habermas formulierte 2001 in seiner Friedenspreisrede: „Die Zerstörung der astronomischen Illusion über den Umlauf der Gestirne (hat) geringere Spuren in der Lebenswelt hinterlassen als die biologische Desillusionierung über die Stellung des Menschen in der Naturgeschichte. Wissenschaftliche Erkenntnisse scheinen unser Selbstverständnis umso mehr zu beunruhigen, je näher sie uns auf den Leib rücken".[34] Diese grundlegende Einsicht spiegelt sich wie bereits angesprochen in der Abkehr von traditionellen Menschenbildern. So formuliert z. B. der Philosoph Wolfgang Welsch in einer Ringvorlesung unter dem Titel „Das neue Bild vom Menschen"[35]:

> Wir meinen, daß das herkömmliche Bild vom Menschen unhaltbar ist und durch ein anderes ersetzt werden sollte. In den Wissenschaften sind in den letzten Jahrzehnten Einsichten gewonnen worden, die Grundpunkte des herkömmlichen Selbstverständnisses umstürzen oder neu zu buchstabieren verlangen. ... So hat die Evolutionsbiologie gezeigt, daß vermeintlich mensch-exklusive Eigenschaften – von der Rationalität über Sozial- und Verhaltensformen (Altruismus) – sich schon bei unseren entfernten und nahen Verwandten finden. Die Evolutionäre Anthropologie hat uns verstehen lassen, wie wir Menschen nicht durch göttliche Begabung, sondern infolge evolutionärer Veränderungen den Weg zur Kultur gefunden haben. Die Hirnforschung hat auf eine immense evolutionäre Kontinuität der Organisation des Gehirns bis zum Menschen hingewiesen. Die Kognitiven Neurowissenschaften und die Kognitionspsychologie haben uns zu verstehen gelehrt, auf welchem Weg die Abstrakti-

[33] *Janowski*, Mensch (2005), 144.

[34] *Habermas*, Glauben (2001), 16.

[35] Die Vorträge sind abrufbar unter http://www.uni-jena.de/eho_ringvorlesung.html (letzter Zugriff 30.11.2015).

onsleistungen, die beim Menschen gewiß immens sind, aus Strategien hervorgegangen sind, die sich schon bei anderen Tieren finden.[36]

Welsch sieht das Grundproblem traditioneller Anthropologie in der Heterogenität von Animalität und Rationalität des Menschen, deren Grenzen durch die neueren Erkenntnisse der Evolutionsbiologie aufgehoben werden. Identität, Abstraktionsvermögen, Umgang mit Zeit, funktionale Intelligenz und sprachliche Kommunikation, allesamt Kennzeichen der Rationalität des Menschen lassen sich – so die Quintessenz – nicht mehr vom Tier eindeutig abgrenzen. Da rein evolutionäre Erklärungsmodelle in der Gefahr des naturalistischen Reduktionismus stehen, will Welsch über den Begriff der „Emergenz" zu neuen Lösungsansätzen vorstoßen. Ob damit den Herausforderungen der Evolutionsbiologie für das Menschenbild ebenso wie der Komplexität der Erklärungssysteme begegnet werden kann, soll hier nicht beurteilt werden.[37] Die angesprochene evolutionsbiologische Relativierung des Menschen wird durch die neuen Erkenntnisse der Neuro- und Kognitionswissenschaften flankiert. Große Beachtung finden derzeit – keinesfalls völlig unumstrittene – Thesen aus der Neurobiologie und Hirnforschung, die nicht nur keine Differenz der Organisation des Gehirns des Menschen zu anderen Primaten erkennen, sondern auch Bewusstseinsprozesse ausschließlich neuronal erklären: Demnach ist die Entwicklung des Gehirns und seiner kognitiven wie mentalen Funktion, die auf den materiellen neuronalen Prozessen beruhen und diesen *nachgängig* sind, bei allen höheren Lebewesen gleich. Die evolutionäre Entwicklung des menschlichen Hirns als selbst organisierende Instanz lässt keine Sprünge erkennen, sondern lediglich einen höheren Komplexitätsgrad gegenüber anderen Gehirnen. Die etwa von Gerhard Roth und Wolf Singer vertretene Grundannahme, dass die immaterialen mentalen Prozesse bis hin zum Bewusstsein von Freiheit, Moral und Identität auf materialen neuronalen Prozessen beruhen und aus diesen emergent hervorgehen, hat erhebliche Konsequenzen für das Personverständnis. Ist die These richtig, dann ist das Bewusst-sein lediglich eine Folge der Iterative selbstähnlicher Repräsentationsprozesse.[38] Dass mit der sog. „Mind-brain-Debatte"[39] Identität und Personbegriff tangiert sind und eine Anthropologie herausgefordert ist, die den Menschen als selbstreflexives Subjekt begreift und dabei auf einem immateriellen

[36] *Welsch*, Anthropologie (2006), 1.

[37] Vgl. zur jüngsten Diskussion *Greve/Schnabel*, Emergenz (2009).

[38] Vgl. in Auswahl: *Singer*, Beobachter (2007); *Singer*, Menschenbild (2008); *Roth*, Gehirn (2005).

[39] Vgl. *Kläden*, Leib (2005); *Ders.*, Thomas von Aquin (2006), 199–222; *Ders.*, Seele (2006), 217–225; *Ders.*, Theology (2007), 79–92.

Personverständnis und einem nicht-determinativem Freiheitsbegriff aufruht, dürfte (trotz der Verkürzung der hier dargestellten Implikationen und der weit differenzierteren Diskussion) deutlich sein. Der *homo neurobiologicus* hat mit seinem nachgeordneten Bewusstsein ein „Identitätsproblem", das traditionelle Verständnisse philosophischer und theologischer Anthropologie in Frage zu stellen scheint oder zumindest herausfordert.[40] Das gilt selbst dann, wenn dem neuronalen Determinismus ein naturalistischer Fehlschluss zugrunde liegt und die Neurobiologie nicht in Anspruch nehmen kann, das „Ganze des Menschen in den Blick zu nehmen".[41]

Vor diesem Hintergrund ist der konstellative Personbegriff biblischer Konzeptionen[42] und die Entdeckung des „inneren Menschen"[43] ebenso von Interesse wie eine Reflexion über die Sonderstellung des Menschen in der Schöpfung, die aus Gen 1,26–28 abgeleitet worden ist. Die Rezeption dieses bedeutenden anthropologischen Grundlagentextes kann wirkungsgeschichtlich kaum überschätzt werden, sei es in der qualitativ missverstandenen Gottebenbildlichkeit (Selbstreflexivität, Vernunft- oder Sprachbegabung des Menschen u. a. m.) oder dem als Unterjochung der Natur fehlinterpretierten Herrschaftsauftrag (Mensch als Mittelpunkt, Anthropozentrik u. a. m.).[44]

(2) Die Würde von Anfang und Ende menschlichen Lebens in den Debatten um Gentechnik und humanes Sterben

Besondere Sensibilität haben in den derzeitigen anthropologischen Kontexten die Ränder des Lebens, sowohl der vorgeburtliche Anfang des Menschen als auch die Würde seines Endes. Ohne Zweifel hat Hans Christian Schmidbaur Recht, dass „das Interesse an anthropologischen Fragen … im Zusammenhang mit der öffentlichen Debatte

[40] Vgl. dazu die Auseinandersetzung aus theologischer Perspektive in dem Band *Neuner*, Naturalisierung (2003); Aus philosophischer Perspektive *Jung*, Freiheit (2005).

[41] *Dirscherl*, Grundriss (2006), 37; vgl. zur Kritik auch *Lüke*, Bescheidenheit (2003), 131.134–136; *Ders.*, Gehirn (2003); *Ders.*, Mensch (2007); *Ders.*, Säugetier (2007); *Knapp*, Vernunft (2009), 206; *Rahner*, Mensch (1973), 118f; *Jung*, Freiheit (2005).

[42] Vgl. dazu *Janowski*, Konfliktgespräche (2006), 43f.110; *Janowski*, Mensch (2005), 153.156.162; *Neumann*, Kultur (2009), 38f; *Ders.*, Person (2009), 339f; *Frevel/Wischmeyer*, Menschsein (2003), 39–41; *Frevel*, Tau (2006), 3.

[43] Vgl. *Assmann*, Erfindung (1993), bes. 9f; *Baumgarten*, Self (1998); *Assmann/ Stroumsa*, Transformations (1999), bes. 3f. mit explizitem Bezug auf das Achsenzeittheorem.

[44] Vgl. als Überblick *Neumann-Gorsolke*, Ehre (2000); *Neumann-Gorsolke*, Herrschen (2004); *Lohfink*, Erde (1974); *Uehlinger*, Dominium (1991).

über die Anwendung gentechnischer und biomedizinischer Verfahren am Menschen zugenommen“[45] hat. Spätestens seit 2001 gilt das menschliche Genom im Prinzip als entschlüsselt, auch wenn seitdem immer noch Korrekturen eingebracht werden. Vergleiche mit Primaten und anderen Säugetieren zeigen die evolutionsbiologische Nähe zwischen höheren Lebewesen auf, die aus genetischer Sicht das Spezifische des Menschen relativieren. Weit zentraler ist aber die seitdem nicht mehr abreißende Diskussion um die genetische Diagnostik und die gezielte Manipulation menschlichen Erbgutes (sei es als Gentherapie oder gentechnisches Enhancement) sowie die Frage des reproduktiven oder therapeutischen Klonens. Die Problemstellung mündet in differenzierte Debatten über prädiktive gendiagnostische Verfahren, die Präimplantationsdiagnostik und damit verbundene Gentherapien, die Forschung mit embryonalen Stammzellen bzw. spezifisch in Deutschland deren Begrenzung durch die Stichtagsregelung. Darf der Mensch, was er kann, oder findet die Freiheit der Forschung an der Würde des Menschen bzw. am Menschenbild eine moralisch-ethische Begrenzung? Wann beginnt menschliches Leben? Die weit verzweigte Diskussion um die unverrechenbare und unveräußerliche Menschenwürde und deren Begründung führt die Problemstellung über die Moraltheologie hinaus in eine große Vielzahl von Disziplinen, von denen ohne Zweifel auch die Biblische Anthropologie tangiert ist.[46] Das gilt nicht nur, weil mit der systematisch reflektierten Gottebenbildlichkeit auf die Gottesbildlichkeit in Gen 1,26–28 zurückgegriffen wird, sondern auch, weil die schöpfungstheologischen Konzepte des AT grundlegend für eine Orientierungshilfe aus biblischer Sicht sind.[47]

Neben die angesprochenen Fragen nach dem Lebensanfang und dem Wert des ungeborenen Lebens tritt die *Phase des Sterbens* als besondere anthropologische Problemzone. Durch die Fortschritte in der Medizin kann der natürliche Tod weit hinaus gezögert werden. Menschen werden in ihren vegetativen Grundfunktionen am Leben erhalten. Festzulegen, wann ein Mensch tot ist, setzt eine Definition dessen voraus, was Tod bedeutet, und auch hier gibt es derzeit keinen Konsens, da die Antwort aus biologischer, medizinischer, rechtlicher oder sozialwissenschaftlicher Perspektive unterschiedlich aus-

[45] *Schmidbaur*, Gottebenbildlichkeit (2008), 53.

[46] Vgl. *Ernst*, Machbarkeit (2002); *Nacke/Ernst*, Ungeteiltsein (2002); zur Bedeutung biblischer Anthropologie in der Debatte *Schockenhoff*, Würde (2002), 169f; *Oeming*, Probleme (2004), 109f.

[47] Vgl. *Frevel*, Würde (2009), 426f; *Ders.*, Tau (2006), 1–12; *Ders.*, Schöpfungsglaube (2007); *Ders.*, Gottesbildlichkeit (2009); *Neumann-Gorsolke*, Ehre (2000); *Dirscherl*, Beziehung (2008), 25–29.

fallen kann.[48] Wie weit reicht das Recht des Menschen auf einen selbst bestimmten Tod? Fragen der Reichweite der Patientenverfügung, der moralischen und rechtlichen Bewertung des assistierten Selbsttodes wie der Tötung auf Verlangen, des Behandlungsverzichts und des Behandlungsabbruchs, also der aktiven und passiven Sterbehilfe und der weitere Kontext der Euthanasie – all diese Fragen setzen eine Positionsbestimmung voraus. Dabei sind umfassende Wertungen von Leben und Tod, die Bedeutung der Unverfügbarkeit und Unaufhebbarkeit der Vergänglichkeit, die Wertung des Leibes und der Krankheit und schließlich die inhaltliche Konkretion abstrakter Würdekonzepte zentrale Voraussetzungen, um eine christliche Position zu begründen und diese in den gesellschaftlichen Diskurs einzubringen.

Es dürfte außer Frage stehen, dass der Biblischen Anthropologie und ihrer Entfaltung dabei eine nicht geringe Rolle zukommt, besonders den Vorstellungen die mit dem Begriff „Leben“ verbunden sind[49] oder den vielfältigen Todesvorstellungen.[50] Dass Leben und Tod biblisch zwar diametrale Konzepte sind, sich aber als dynamische Konstrukte gegenseitig nicht völlig ausschließen, und dass Leben und Tod mit kontextualisierten Wertungen verknüpft sind, kann aus alttestamentlicher Perspektive weiterführend in die moderne Debatte eingebracht werden.

(3) Demographischer Wandel und veränderte Lebensperspektiven

Standen in den bisherigen Kontexten mit der Frage nach der Sonderstellung des Menschen und seiner unaufhebbaren Würde eher abstrakte Konzeptionen im Vordergrund, ist das letzte Beispiel praxisnäher, bestimmt aber ebenso die gegenwärtige Diskussion: Der unter anderem in der statistischen Verschiebung des durchschnittlichen Lebensalters gründende demographische Wandel, der zu einer Verkehrung der Alterspyramide führt. Die damit verbundenen Probleme sind vielfältig und reichen von der Wertung des Alters als Lebensphase bis hin zur Frage wie weit die Verantwortung der Gesellschaft für die Pflege der alternden Menschen reicht. Ist das Alter nur „Rest-

[48] Vgl. aus moraltheologischer Perspektive *Schockenhoff*, Sterbehilfe (1991); *Ernst*, Menschlich sterben (1996); *Mieth*, Selbstbestimmung (2008).

[49] Vgl. *Riede*, Leben (2007); *Wagner*, Dimensions (2007); *Janowski*, Tod (2003); *Utzschneider*, Beginn (2002); *Oeming*, Probleme (2004), 110–112; *Grohmann*, Impulse (2008); *Frevel*, Leben (2009).

[50] Vgl. *Berlejung*, Tod (2001); *Hieke*, Sichtweisen (2002); *Fischer*, Tod (2005); *Frevel*, Tod (2009); *Berlejung/Janowski*, Tod (2009).

laufzeit“ und sind die Alten nur als unvermeidbare Folge des Fortschritts gesellschaftlich geduldet oder hat die Lebensphase des Alters aus anthropologischer Perspektive einen Eigenwert? Wie kann einerseits die „gewonnene“ Lebenszeit jenseits der Produktivphase individuell gestaltet und mit Sinn gefüllt werden? Wie können andererseits die Ressourcen der Alten für die Gesellschaft sinnvoll genutzt werden? Wie kann die Generationengerechtigkeit angesichts der sich umkehrenden Alterspyramide aufrechterhalten werden? Die Gestaltung des demographischen Wandels setzt nicht nur ökonomisches, human- und sozialwissenschaftliches Wissen, sondern auch ein klar umrissenes Menschenbild voraus. Mit dem bloßen Hinweis auf Wert und Würde des Menschen ist es dabei nicht getan. Bieten die Grundlagen des christlichen Menschenbildes in diesen Fragen ein „Plus“ der Orientierung?

Die Würde des Alters, die Integration der Alten in die Gesamtgesellschaft unter Nutzung ihrer spezifischen Ressourcen sowie die biblischen Konzepte familiärer, gentiler oder gesellschaftlicher Altersversorgung sind seit mehreren Dekaden ein aus alttestamentlicher Perspektive vielfach behandeltes Thema[51], das auf die aktuellen Debatten mit weiterführenden Impulsen eingewirkt hat und weiter einwirkt.

Die Notwendigkeit von biblisch gegründeten Stellungnahmen zu den aktuellen Fragen

Mit den angerissenen Diskussionskontexten sollte ausreichend unterstrichen sein, dass anthropologische Fragen in der Gegenwart eine besondere Relevanz haben. Der kulturpolitische Arbeitskreis des ZdK hat die Theologie zu Recht aufgefordert, sich der „Herausforderung für das christliche Menschenbild“ zu stellen und sich um tragfähige Begründungen einer christlichen Position zu bemühen, denn „die Geschichte zeigt: ohne Begründungen fallen auch wichtige Tabus“.[52] Und das ZdK unterstreicht in seinem darauf gründenden Beschluss ergänzend, dass für eine christliche Positionierung insgesamt eine nachhaltige Beschäftigung mit den grundlegenden Fragen des

[51] Vgl. in Auswahl *Hossfeld*, Panther (1990); *Schottroff*, Alter (1992); *Klopfenstein*, Stellung (1996); *Stol/Vleeming*, Care (1998); *Fabry*, Generationenvertrag (2005); *Hossfeld*, Glaube (2006); *Frevel*, Herz (2009).

[52] Der biomedizinische Fortschritt als Herausforderung für das christliche Menschenbild. Diskussionsanstoß des kulturpolitischen Arbeitskreises des ZdK zum „Jahr der Lebenswissenschaften“ (2001): http://zdk.org/data/erklaerungen/pdf/ Der_biomedizinische_Fortschritt_als_Herausforderung_fuer_das_christliche_Menschenbild_pdf.pdf (letzter Zugriff 15.2.2009), 5.

Menschseins unabdingbar ist: „Deshalb gehören die Fragen, was den Menschen zum Menschen macht, wie er mit seiner Endlichkeit umgehen kann, von welchen Visionen er sein Handeln leiten läßt und welche Begrenzungen seines Tuns um der Humanität willen vorgenommen werden müssen, unabdingbar mit in den Diskurs“.[53] Eine solche Beschäftigung mit dem christlichen Menschenbild wird die Bibel nicht außen vor lassen wollen und können, allerdings – und das gilt es mit Nachdruck zu betonen – bietet die Bibel keine direkten Antworten auf die herausfordernden Fragen der Gegenwart. Das käme einem biblizistischen Fundamentalismus gleich, in dem man den Verunsicherungen, die durch den gewachsenen Pluralismus der Moderne entstanden sind, durch den Rückgriff auf eine statische Normativität überkommener Traditionen zu begegnen versucht. Deshalb ist zum Abschluss dieses Durchgangs der Rahmen der Leistungsfähigkeit Biblischer Anthropologie unter hermeneutischen Gesichtspunkten knapp und sehr grundsätzlich abzustecken. Dabei ist zunächst zwischen Geltungsansprüchen im Sinn einer intersubjektiv vermittelbaren „Relevanz“ und einer (erst weiter unten thematisierten) „Normativität“ im religiösen Binnendiskurs zu unterscheiden.

Zur bleibenden Relevanz der anthropologischen Aussagen der Bibel

Die anthropologischen Aussagen der Bibel sind von den Voraussetzungen eines vormodernen Weltbildes aus formuliert und im unterschiedlichen Grade auch davon abhängig. Damit stehen sie somit zunächst unter dem Verdacht des Plausibilitätsverlustes, den H.-P. Müller wie folgt formuliert: „Gegenüber der Plausibilität, die heute insbesondere einer biologischen Anthropologie mit ihren physikalischen Voraussetzungen nachgesagt wird, stellt sich eine Anthropologie aufgrund antiker Texte, zu denen die alttestamentlichen gehören, ohnehin immer als eine erkenntnisarme Volksweisheit mit allzu einfachen Denkstrukturen dar“.[54] Daher fragt Müller weiter mit Bezug auf Rudolf Bultmann: „Kann man ein ‚biblisches Selbstverständnis‘ bewahren, wenn dessen Weltbildvoraussetzungen hinfällig werden? Muß eine Entmythologisierung, wenn das Weltbild und so der emotionale Wirklichkeitszugang sich fundamental verändert haben, nicht

[53] Beschluss der Vollversammlung des Zentralkomitees der deutschen Katholiken zu Fragen der biomedizinischen Entwicklung und ihrer ethischen Bewertung (4.5. 2001): http://zdk.org/data/erklaerungen/pdf/Beschluss_der_VV_zu_Fragen_der_biomedizinischen_Entwicklung_deutsch_pdf.pdf (letzter Zugriff 15.2.2009), 3.
[54] *Müller*, Akzeptanz (2003), 3.

vielmehr gerade das Menschenbild betreffen?".[55] Sicherlich ist das Menschenbild betroffen, aber das macht es nicht *per se* in seiner Orientierungsleistung irrelevant. Dem Problem kann in unterschiedlicher Weise begegnet werden.

Müller selbst argumentiert auf einer radikalskeptischen erkenntnistheoretischen Linie mit der Begrenztheit des Denkens, um die vermeintliche Konkurrenz zwischen den Denkweisen der Natur- und Geisteswissenschaften in die Schwebe zu bringen. Damit öffnet er für Aussagen der „Biblischen Anthropologie" einen Raum im praktischen Orientierungswissen:

> Offenbar handelt es sich bei diesen Zeugnissen um lebensnotwendige Setzungen, die man unter den kontingenten Bedingungen der eigenen Religion und Kultur übernimmt, weil und solange man ihre Lebensdienlichkeit erfährt. Die lebensdienliche Funktion unseres Denkens und Metadenkens ist als einstweilen alternativlos zu akzeptieren, zumal sie der Selbstzweckhaftigkeit menschlichen Daseins entspricht, dessen begrifflicher Ausdruck das Selbstverständnis ist.[56]

Insofern akzeptiert wird, dass die Bibel nach wie vor kulturell relevant ist, kann sie ihre Deutungs- und Orientierungskompetenz entfalten. Die Bedeutsamkeit ergibt sich nicht aus sich selbst heraus oder Kraft einer normativen Setzung, sondern im Rahmen einer kulturell geprägten Konvention, die selbstverständlich nicht unabhängig von der Religion ist. Vorausgesetzt ist dabei, *dass* die Bibel ihre Lebensdienlichkeit unter den genannten Bedingungen entfalten kann. Das zumindest exemplarisch zu zeigen, wäre Aufgabe Biblischer Anthropologie.

Zu einem ähnlichen Ergebnis unter anderen Voraussetzungen kommt das Gespräch zwischen Jürgen Habermas und Joseph Ratzinger, in dem beide Seiten festgehalten haben, dass kein prinzipieller Vorrang naturalistischer Weltbilder vor Glaubensüberzeugungen besteht. Ratzinger seinerseits erkennt gleichzeitig eine „Hybris der Vernunft", die zur „Hörbereitschaft gegenüber den großen religiösen Überlieferungen der Menschheit"[57] mahnt. Damit kommt den biblischen Traditionen ein eigenes Gewicht zu: Die Stimme der religiösen Traditionen ist zum einen die Basis der Korrelativität von Vernunft und Glaube und entfaltet damit quasi korrektive Funktion, zum anderen ist von diesen Traditionen aus nach dem zu suchen, was Jürgen Habermas eine „rettende Übersetzung" genannt und am Beispiel der

[55] Ebd., 5.

[56] Ebd., 9.

[57] Vgl. *Ratzinger/Habermas*, Grundlagen (2004), 4.7; *Dies.*, Dialektik (2007), 56f.

Gottebenbildlichkeit verdeutlicht hat.[58] Damit ließe sich der Plausibilitätsverlust der religiösen Traditionen zwar nicht aufheben, aber doch verringern.[59] In der säkularisierten Gegenwart erweisen die religiösen Traditionen ihre Bedeutung durch ihre Erschließungs- und Orientierungsfunktion, insofern sie das nicht letztbegründbare Selbstverständnis des Menschen diskursfähig halten und so geeignet sind, den „Sinn von Humanität" resp. deren Unverfügbarkeit zu erschließen.[60] Die biblischen Traditionen stellen eine wichtige Ressource für diesen sinnkonstituierenden Prozess dar.

Dass die kritische Reflexion der Biblischen Traditionen nicht auf derselben Diskursebene wie der philosophische, natur- oder kulturwissenschaftliche Diskurs liegt, schließt also nicht aus, dass sie gleichermaßen relevant und „wahr" ist. Voraussetzung für die Vermittlung der unterschiedlichen Diskurstypen scheint ein diskursverbindender Stil, den Wolfgang Welsch als „transversale Vernunft"[61] bezeichnet hat.

Halten wir aus diesem Durchgang fest: Die Biblische Anthropologie steht im Kontext der anthropologischen Herausforderungen der Moderne. Da es keine unmittelbare oder unvermittelte Normativität der Schrift gibt, ihre Aussagen kulturell und geschichtlich gebunden sind und die Fragen der Gegenwart keine Fragen der Bibel sind, gibt sie keine Antworten *vor*, sondern leistet *einen* Beitrag zu den Antwortversuchen, die aus unterschiedlichen Diskursperspektiven versucht werden. Es ist Aufgabe der Biblischen Anthropologie, die Lebensdienlichkeit ihrer Aussagen aufzuzeigen und Brückenpfeiler für „rettende Übersetzungen" aufzurichten.

Wenn aus der hermeneutischen Grundüberlegung die geschichtliche und kulturelle Gebundenheit biblisch anthropologischer Aussagen als zentral heraus gestellt wird, stellt sich die Frage, wie sich Biblische Anthropologie zu den anthropologischen Diskursen in den Kulturwissenschaften verhält. Der zweite Blick wird deutlich machen, dass sich besonders ein Dialog mit der Historischen Anthropo-

[58] Zum Begriff der „rettenden Übersetzung" *Dies.*, Grundlagen (2004), 4; *Dies.*, Dialektik (2007), 32; zur Sache *Habermas*, Glauben (2003), 20–25; *Ders.*, Denken (1988), 23: „So glaube ich nicht, daß wir als Europäer Begriffe wie Moralität und Sittlichkeit, Person und Individualität, Freiheit und Emanzipation […] ernstlich verstehen können, ohne uns die Substanz des heilsgeschichtlichen Denkens jüdisch-christlicher Herkunft anzueignen".

[59] Vgl. zur begrenzten Reichweite des Habermas'schen Vorschlags *Knapp*, Christsein (2006), 241; *Knapp*, Vernunft (2009), 269f.

[60] Zu der Formulierung „Sinn von Humanität" vgl. *Habermas*, Denken (1988), 23.

[61] Zu dem Begriff *Welsch*, Vernunft (1996), 364. Vgl. dazu *Dirscherl*, Grundriss (2006), 47.

logie lohnt und Biblische Anthropologie im Ansatz einen transdisziplinären Horizont voraussetzt.

Biblische Anthropologie als Historische Anthropologie?

Clifford Geertz schreibt in seinem wegweisenden Essay „Kulturbegriff und Menschenbild“ (1966): „Es ist außerordentlich schwer, zwischen dem Natürlichen, Universellen und Dauerhaften im Menschen und dem Konventionellen, Lokalen und Veränderlichen eine Grenze zu ziehen. Ja mehr noch, es liegt nahe, daß eine solche Grenzziehung die menschlichen Verhältnisse verfälscht oder zumindest fehlinterpretiert“.[62] Ohne hier einen weiten kulturvergleichenden ethnologischen Horizont zu bemühen, lässt sich ein einfaches Beispiel nennen: Im vorangegangenen Abschnitt wurde als Herausforderung der demographische Wandel und der Umgang mit dem Alter angesprochen. Nimmt man die aktuellen Daten der Bundesrepublik, dann beträgt die *durchschnittliche* Lebenserwartung neugeborener Jungen 76,6 und die von Mädchen 82,1 Jahre.[63] Auch wenn genaue Untersuchungen fehlen, betrug die Lebenserwartung eines alttestamentlichen Menschen im Durchschnitt weit weniger als die Hälfte und lag etwa zwischen 25 und 35 Jahren.[64] Die Gründe für diese Differenz sind komplex, sie liegen in den unterschiedlichen raumzeitlichen Lebensbedingungen, in der Ökonomie, der Medizin und der sozialen Organisation. Sie müssen hier nicht weiter entfaltet werden, um zu erahnen, dass die kulturelle Differenz auf den *Umgang* mit dem Alter durchschlägt.

[62] *Geertz*, Kulturbegriff (1992), 59; vgl. *Wulf*, Anthropologie (2006), 120.

[63] Pressemitteilung des Statistischen Bundesamts vom 15. Februar 2006: http://www.destatis.de/presse/deutsch/pm2006/p0610022.htm (letzter Zugriff 14.4.2007). Dort wird für den bundesweiten Berechnungszeitraum 2000/2004 im Schnitt 75,89 Jahre für Jungen und 81,55 Jahren bei Mädchen bei Geburt angegeben. Inzwischen ist die Lebenserwartung im Schnitt für neugeborene Jungen auf 76,6 Jahre und für neugeborene Mädchen auf 82,1 Jahre gestiegen. Vgl. die Pressemitteilung Nr. 336 vom 27. August 2007: http://www.destatis.de/jetspeed/portal/cms/Sites/destatis/Internet/DE/Presse/pm/2007/08/PD07__336__12621.psml (letzter Zugriff 30.11.2015). Vgl. ferner die Auswertung in *Grupe*, Anthropologie (2005), 238–270.

[64] Vgl. dazu z. B. *Wiesehöfer*, Lebenserwartung (1999), 1213–1215 und die Angaben bei *Pola*, Auffassung (2008), 403; *McDowell*, Aspects (1998), 199–200 (20–25 bzw. 35–37 Jahre); *Wolff*, Anthropologie (2002), 178 (≤ 40 Jahre); *Nunn*, Alltag (2006), 105–106 (30–40 Jahre); *Schottroff*, Alter (1992), 67–68 (30–35, max. 60 Jahre) und den oft zitierten „Klassiker“ *Kenyon*, Archäologie (1976), 187 (30–35 Jahre).

Die kulturwissenschaftliche Diskussion lehrt die Einsicht in den Konstruktionscharakter sämtlicher kultureller Äußerungsformen[65], so dass sich Anthropologie mit Gunter Gebauer auf „lokales, orts- und zeitgebundenes Wissen“[66] beziehen muss. Entsprechend ist mit Bernd Janowski zu konstatieren: „Die im Lauf der Geschichte bezeugten Selbstauffassungen und Selbstexplikationen des Menschen können nicht unter eine Wesensformel subsumiert, sondern müssen seiner Geschichtlichkeit und Kulturalität gerecht werden“.[67] Die Aussagen zur Vergänglichkeit, zur Lebenszeit, zu den Lebensphasen und zur Wertung des Alters im AT müssen vor diesem Hintergrund gesehen werden. Jedoch ist es außerordentlich schwer, das kulturell Bedingte und historisch Kontingente von dem kulturell Konstanten und anthropologisch „Universalen“ zu trennen.

Aus der grundlegenden Einsicht in die kulturelle Bedingtheit aller Aussagen zur Anthropologie erwächst jedenfalls *wissenschaftsgeschichtlich* in den Sozial- und Kulturwissenschaften in der zweiten Hälfte des 20. Jh. ein Unbehagen gegenüber einer philosophischen Anthropologie, die nach dem Universellen, Übertragbaren, Konstitutionellen des Gattungswesens Mensch fragt. So formuliert Christoph Wulf:

> Kritisch lässt sich gegen diese Auffassung einwenden, daß es den universellen Menschen, von dem die Philosophische Anthropologie handelt, nicht gibt, sondern daß Menschen immer nur in historischen und kulturellen Ausprägungen anzutreffen sind. Der dem philosophischen Denken zugrundeliegende universelle Mensch ist eine Abstraktion, die in der geschichtlichen und kulturellen Welt keine Entsprechung hat und die suggeriert, es gäbe den Menschen außerhalb historischer und kultureller Spezifizierungen.[68]

Das ist zunächst ebenso banal wie unscharf, weil es das Abstrakte gegen das Konkrete und das Universale gegen das Geschichtliche ausspielt.[69] Dennoch findet sich diese Grundeinsicht ähnlich formuliert geradezu als „Credo“ des Forschungsprogramms einer „Historischen Anthropologie“, die sich seit den 1970er-Jahren aus Ansätzen der ethnologisch ausgerichteten „Cultural Anthropology“, der französischen „Schule der Annales“ und der daraus erwachsenen „Men-

[65] Vgl. *Lenzen*, Historische Anthropologie (1989), 13–48, bes. 22–25.
[66] *Gebauer*, Überlegungen (1998), 8.
[67] *Janowski*, Mensch (2005), 102.
[68] *Wulf*, Grundzüge (2002), 1100; vgl. *Winterling*, Begriffe (2006), 9: „Immer mehr menschliche Gegebenheiten, die lange Zeit für ‚natürlich‘ und invariant gehalten wurden, haben sich als kontingent, als so und auch anders möglich herausgestellt“.
[69] Zur Kritik an dem historischen Ansatz aus der Sicht philosophischer Anthropologie vgl. *Tugendhat*, Anthropologie (2007); *Jung*, Artikulation (2009).

talitätsgeschichte" entwickelt.[70] H. Neumeyer formuliert zusammenfassend zu den Ansätzen Historischer Anthropologie:

> Entscheidend sind jedoch für alle Vertreter zwei Aspekte: Durch die Betonung des historischen Moments gehen sie erstens auf Distanz zu biologischer und philosophischer Anthropologie, die zeitlose Konstanten menschlichen Wesens destillieren. In der Akzentuierung des Menschen opponieren sie zum anderen mit der Form von Sozialgeschichtsschreibung, die um die Erfassung umgreifender Strukturen und deren Regel geleiteter Entwicklung innerhalb von Kulturen bemüht ist und deshalb kritisch als ‚Geschichte ohne Menschen' (van Dülmen) bezeichnet wird.[71]

Jakob Tanner nennt in seiner Einführung drei Grundfragen der Historischen Anthropologie: „*Erstens* jene nach dem Wandel von Menschenbildern und den sich verändernden diskursiven und medialen Bedingungen anthropozentrischer Selbstbeschreibungen; *zweitens* jene nach den sozialen Praktiken und symbolischen Formen, durch welche die Menschen ihr gesellschaftliches Zusammenleben organisieren und regulieren, und *drittens* jene nach der Geschichtlichkeit der menschlichen Natur".[72] Dass dabei dem Dialog mit den Humanwissenschaften ebenso Bedeutung wie der Anthropologiekritik eine große Rolle zukommt, betont Christoph Wulf. Er sieht historisch-anthropologische Forschungen deutlich in den Prozess kultureller Selbstverständigung eingebunden. Nach Wulf „untersuchen historisch-anthropologische Forschungen die kulturelle Vielfalt gesellschaftlichen Lebens. Ein starkes Interesse gilt dabei auch der Erforschung der Phänomene der Gegenwart. Die auf dieses Ziel ausgerichteten Untersuchungen Historischer Anthropologie liefern einen wichtigen Beitrag zum Selbstverständnis und zur Selbstauslegung von Kultur und Gesellschaft heute".[73]

Einer ihrer Ausgangspunkte ist ein relationaler Kulturbegriff im Anschluss an Clifford Geertz, der Kultur als Netz symbolischer Repräsentationen begreift. Kultur wird dabei verstanden als „a historically transmitted pattern of meanings embodied in symbols, a system of inherited conceptions expressed in symbolic forms by means of which men communicate, perpetuate, and develop their knowledge

[70] Vgl. die Überblicke bei *Neumeyer*, Anthropologie (2003), 108; *Winterling*, Begriffe (2006), 10–14; *Tanner*, Anthropologie (2000), 9f.
Zur Wissenschaftsgeschichte und zum Forschungsprogramm s. ferner: *van Dülmen*, Historische Anthropologie (2000), 1–39; *Wulf*, Anthropologie (2004), 105–135; *Tanner*, Historische Anthropologie (2004), 9–35.64–96; *Böhme/Matussek/Müller*, Orientierung (2000), 131–147 und jüngst mit kritischen Bemerkungen *Reinhard*, Wende (2009).

[71] *Neumeyer*, Anthropologie (2003), 108.

[72] *Tanner*, Historische Anthropologie (2004), 21.

[73] *Wulf*, Anthropologie (2006), 124.

about and attitudes towards life".[74] Die symbolischen Konstruktionen, Transformationen und Repräsentationen, die Bedeutung für den Menschen konstituieren, bewahren im Verfahren der „dichten Beschreibung" ihre Mehrdeutigkeit und Komplexität. Dieser Ansatz wird für die Geschichts- und Kulturwissenschaften themenzentriert fruchtbar gemacht.[75] Historische Anthropologie entwickelt sich dabei nicht zu einer neuen Unterdisziplin der Geschichtswissenschaft[76], sondern lässt sich eher als Forschungsperspektive oder „Forschungsprogramm" verstehen. Dabei sind die Ansätze keineswegs homogen, auch *die* Historische Anthropologie gibt es nicht, es handelt sich eher um einen „Anziehungspunkt für neue Methoden und neue Fragestellungen".[77] So schreibt einer der derzeit herausragenden Vertreter Christoph Wulf: „Historische Anthropologie bezeichnet keine Fachwissenschaft und kein in sich geschlossenes Feld der Forschung"[78], sondern umfasst „vielfältige transdisziplinäre Bemühungen, nach dem Ende der Verbindlichkeit einer abstrakten anthropologischen Norm, weiterhin Phänomene des Menschlichen zu erforschen".[79] Eine Vielfalt von Methoden ist daher kennzeichnend: „In ihren Untersuchungen zeigt sich eine wissenschaftliche Haltung, die häufig zu einer transdisziplinären und transnationalen Organisation der Forschung führt und in deren Rahmen eine Pluralität von Methoden zur Anwendung kommt. Zu diesen gehören Methoden historischer Quellenarbeit, literaturwissenschaftlicher Texthermeneutik, qualitativer Sozialforschung und philosophischer Reflexion".[80] „Historische Anthropologie bezeichnet" nach Wulf „den Versuch, verschiedene anthropologische Perspektiven thematisch und methodisch aufeinander zu beziehen und in ihrer Historizität und Kulturalität zu berücksichtigen".[81] Der Ansatz will dabei „die Geschichtlichkeit und Kulturalität der Begriffe, Perspektiven und Methoden auf die Geschichtlichkeit und Kulturalität der untersuchten Themen, Gegenstände und Sachverhalte ... beziehen"[82] und unterscheidet sich damit signifikant von Ansätzen philosophischer Anthropologie. Damit bilden die For-

74 *Geertz*, Interpretation (1973), 89.

75 Vgl. *Neumeyer*, Anthropologie (2003), 111.115.

76 Eine vom Begriff ausgehende engere Umschreibung findet sich bei *Winterling*, Begriffe (2006), 10.

77 *Burguière*, Anthropologie (1994), 74.

78 *Wulf*, Anthropologie (2004), 105; vgl. auch ebd., 272 sowie *Ders.*, Vom Menschen (1997), 13f.

79 *Ders.*, Grundzüge (2002), 1003.

80 *Wulf*, Anthropologie (2004), 268.

81 Ebd., 105.

82 Ebd., 268; vgl. auch ebd., 134, wo auch die selbstverständliche geschichtliche und kulturelle Situation des forschenden Subjekts einbezogen ist.

schungen Historischer Anthropologie „einen Mittelpunkt heutiger kulturwissenschaftlicher Forschung“.[83] Diese Verankerung zeigt sich in der Auswahl der Themen, die Christoph Wulff als repräsentativ auswählt und die allesamt im kulturwissenschaftlichen Diskurs gut verankert sind: Körper (mit einer gewissen Zentral- und Ausgangsstellung), Mimesis, Ritual und Performativität, Sprache, Imagination, Tod und Alterität.[84]

Wie ist nun die „Biblische Anthropologie“ vor der Folie der „Historischen Anthropologie“ zu sehen? Zunächst ist festzustellen, dass sich – abgesehen von der Selbstverständlichkeit historischer Zugangsweisen in der Exegese – diese an die Kulturwissenschaften, ihre Methoden und Gegenstände vielfach annähert. Das ist zum einen gegeben durch den Kulturbegriff mit der Aufwertung der symbolischen Repräsentation und dem Verständnis von Religion als kulturellem Symbolsystem, zum anderen durch die Wahl der Themen in Einzeluntersuchungen. Alle von Wulf genannten Themen haben auch in der alttestamentlichen Forschung eine gewisse Konjunktur, besonders Körper, Ritual, Tod und die Frage der Konstruktion von Alterität. Trotzdem ist festzuhalten, dass der Forschungsansatz Historischer Anthropologie bisher kaum reflektiert Eingang in die alttestamentliche Diskussion gefunden hat. Es gilt die Feststellung von Bernd Janowski: „Eine ‚Historische Anthropologie des Alten Testaments‘ ist ein Desiderat der Forschung“.[85] Janowski selbst fasst darunter „die Unterschiedlichkeit der materialen Lebensbedingungen, die demographischen und sozialen Besonderheiten einzelner Epochen und Regionen, die historisch variablen Wahrnehmungs- und Handlungsmuster, kurz die Fülle der konkreten Existenzformen des Menschen“.[86]

Biblische Anthropologie als historische und theologische Anthropologie

Die konsequente Einsicht in die kulturelle Bedingtheit anthropologischer Aussagen, die einem Paradigmenwechsel gleich kommt, ist der wohl wichtigste Impuls aus der „Historischen Anthropologie“, der die Notwendigkeit einer diachronen Perspektive für die Biblische Anthropologie nachdrücklich unterstreicht. Gleichzeitig ist aber evi-

[83] Ebd., 105; vgl. ebd., 270: „Sie bilden heute das Zentrum der Kulturwissenschaften“; vgl. auch ebd., 126.
[84] Ebd., 105–134.
[85] *Janowski*, Konfliktgespräche (2006), 2.
[86] *Janowski*, Konfliktgespräche (2006), 2.

dent, dass diese Perspektive einer Biblischen Anthropologie *nicht* genügen kann. Denn im Kontext der Theologie (wie der Philosophie) sind nicht nur die kulturellen Ausprägungen des Menschen und des Menschseins, sondern auch deren Voraussetzungen, auf die diese zu beziehen sind, zu thematisieren. Das Unbehagen eines Desiderates lässt sich an der 2006 vorgelegten „Anthropologie im Neuen Testament" von Eckart Reinmuth verdeutlichen, der bewusst nicht der einflussreichen Linie von Bruce Malinas „The New Testament World: Insights from Cultural Anthropology"[87] folgt. Reinmuth schreibt: „Es gibt auch im Blick auf das Neue Testament sehr unterschiedliche Möglichkeiten, anthropologische Fragen zu formulieren. Man kann z. B. im Sinn einer historischen, kulturanthropologischen, psychologischen, philosophischen bzw. philosophiegeschichtlichen Anthropologie nach dem Neuen Testament fragen".[88] Reinmuths Ausgangsfrage jedoch ist begründet eine andere und lautet: *„Wie und warum wird Menschsein im Neuen Testament überhaupt thematisch?"*.[89] „Mit diesem Ansatz trennen wir uns von einer langen Tradition theologischer Anthropologie, in der die biblische Frage nach dem Menschen mit Hilfe von metaphysischen oder essentialistischen Kategorien beantwortet wurde".[90] Reinmuths Grundfrage macht – unabhängig von der konkreten Durchführung, die dann doch eher traditionell ist und alttestamentliche Vorgaben wie historisch-kulturelle Rückbindungen nahezu ganz ausblendet – deutlich, dass Biblische Anthropologie nicht in der Perspektive der Historischen Anthropologie aufgehen kann. Sie hat *neben der historischen Entfaltung* nach dem theologischen Narrativ zu fragen, in dem Menschsein als solches thematisch und Theologie zur Anthropologie bzw. Anthropologie theologisch wird.

Den Ausgangspunkt bilden dafür die nahezu invarianten Konstanten, in denen Menschsein biblisch reflektiert wird und die für das biblische Menschenverständnis konstitutiv sind: Geschöpflichkeit und Unverfügbarkeit des Gewordenseins der menschlichen Existenz, ihr Zeitbezug in Endlichkeit und Vergänglichkeit sowie die Irreversibilität der individuellen Biographie. Die im Wovonher und Woraufhin reflektierte transzendentale Verwiesenheit des Menschen, seine Selbstreflexivität, seine Leiblichkeit ebenso wie seine Sexualität. Ferner Relationalität, Sozialität, Kulturalität und konstitutiver Weltbezug der menschlichen Existenz. Dazu treten Freiheit und Verant-

[87] Bruce Malinas kulturanthropologischer Überblick erschien erstmalig 1981, in zweiter Auflage 1993 (deutsche Ausgabe 1993, zuletzt 1997).
[88] *Reinmuth*, Anthropologie (2006), 40.
[89] Ebd.
[90] Ebd., 41.

wortung, Personalität und Individualität, moralische Unvollkommenheit und Sündhaftigkeit des Menschen. Die Themen Körper, Sprache, Performanz und Alterität gehen zwar in diesen Fragen nicht auf, sind aber davon auch nicht zu trennen.

Mit den genannten Themenfeldern ist der Anspruch einer *theologischen Anthropologie* deutlich zu erkennen. In der Biblischen Anthropologie geht es eben nicht nur um die historisch kontingente Selbstauslegung des Menschen in Israel, Palästina, der südlichen Levante – wie immer man den Raum kennzeichnen will, in dem die biblischen Texte entstanden sind. Bei aller Kontingenz und kulturellen Gebundenheit geht es *zugleich* um Selbstauslegungen, die im Selbstverständnis des Christentums normativen Charakter entfalten. Ihre Orientierungsleistung entfalten sie nicht nur als paradigmatische historische Selbstauslegungen, sondern durch und mit ihrer theologischen Deutung.

Die hermeneutische Problemstellung Biblischer Anthropologie ist komplex: Einerseits gilt es also nicht in die Falle der „Suggestion zeitloser Konstanz des Menschlichen“[91] zu tappen und eine essentialistische Vorstellung vom Menschen fortzuschreiben. Deshalb sind die biblischen anthropologischen Texte in ihre historischen Kontexte zu stellen und von diesen her zu entfalten. Andererseits ist die normative Funktion der Schrift zu berücksichtigen und so nach den Konstanten im Wandel zu fragen. Konstanz heißt hier allerdings nicht *universalmenschlich*, sondern im Kontext des Bezugsrahmens der christlich-jüdischen Tradition. Biblische Anthropologie steht demnach – so das Fazit – in der Spannung zwischen *historischer* und *theologischer* Anthropologie. Diese produktive Spannung ist eine besondere Herausforderung für die Exegese und bisher in den Entwürfen Biblischer Anthropologie noch nicht ausreichend eingelöst. Die alttestamentliche Wissenschaft wird sich der Herausforderung stellen müssen, die Aussagen der Schrift zum Menschsein und seiner Bestimmung zu erheben, sie über die rein historische Dimension hinaus von der Ganzheit der Heiligen Schrift her theologisch zu entfalten, ihre Orientierungsleistung darzustellen und sie so für den interdisziplinären theologischen Diskurs der Gegenwart argumentativ fruchtbar zu machen.

[91] *Neumeyer*, Anthropologie (2003), 114.

Die wissenschaftliche Aufgabe Biblischer Anthropologie: Zusammenfassung

Die wissenschaftliche Aufgabe Biblischer Anthropologie aus alttestamentlicher Perspektive lässt sich nach dem Gesagten wie folgt in drei Punkten zusammenfassen:

1. Sie entfaltet die Selbstauslegung des Menschen ausgehend von den biblischen Texten unter Berücksichtigung ihrer literarischen und lebensweltlichen Kontexte sowohl in synchroner wie diachroner Hinsicht.[92] Dabei bezieht sie die Erkenntnisse der Exegese, der Geschichte Israels, der Religions- und Sozialgeschichte sowie der Archäologie und Ikonographie ein. Ihr methodischer Ansatz ist entsprechend transdisziplinär.

2. Ohne den Fokus auf ihren spezifischen Gegenstand aufzugeben, steht sie im engen Austausch mit anderen anthropologischen Ansätzen, deren Fragestellungen, Perspektiven und Lösungsansätzen. Dazu gehören neben der neutestamentlichen Anthropologie vor allem die Kulturanthropologie und die Historische Anthropologie, aber auch anthropologische Ansätze der Humanwissenschaften (Biologie, Medizin, Psychologie, Neurowissenschaften usw.) sowie die Philosophische Anthropologie und nicht zuletzt die Theologische Anthropologie.

3. Ihre Aufgabe steht in einem doppelten hermeneutischen Spannungsfeld, das analog zu dem der „Biblischen Theologie“ ist: Zum einen entfaltet sie unter der Grundvoraussetzung der kulturellen und historischen Bedingtheit aller Aussagen zum Menschen ein historisches Menschenverständnis in seiner Entwicklung. Zum anderen versucht sie die Grundlegung eines Menschenbildes der Schrift im Zusammenhang beider Testamente, also auf kanonischer Ebene. Dabei ist über die rein additive Zusammenstellung von Aspekten hinauszugehen und die prinzipielle theologische Gleichwertigkeit der Testamente zu beachten. Es ergibt sich kein systematisches Konzept vom Menschen, sondern die Pluralität bleibt in der Einheit gewahrt. Wie Biblische Theologie ist Biblische Anthropologie daher prinzipiell unabgeschlossen. Ihre Relevanz ist in enger Relation zum Diskurs um die materiale Normativität der Schrift in der jeweiligen Rezeptionsgemeinschaft zu bestimmen. Damit ist sie zugleich nicht unabhängig von den gegenwärtigen Fragen zur Bestimmung des Menschseins und entfaltet dort ihr kritisches, orientierendes und normativ korrektives Potential.

[92] Vgl. im Prinzip schon Wolff: „Biblische Anthropologie als wissenschaftliche Aufgabe wird ihren Einsatz dort suchen, wo innerhalb der Texte selbst erkennbar nach dem Menschen gefragt wird. Die ganze Weite der Kontexte ist heranzuziehen, um die spezifischen Aufgaben zu erarbeiten“ (*Wolff*, Anthropologie [2002], 53).

Bibliographie

Adorno, Theodor W., Minima Moralia. Reflexionen aus einem beschädigten Leben (Gesammelte Schriften Bd. 4), Frankfurt a. M. 1980.

Aguilar, Mario I./Lawrence, Louise L. (Hrsg.), Anthropology and Biblical Studies. Avenues of Approach, Leiden 2004.

Arlt, Gerhard, Philosophische Anthropologie, Stuttgart 2001.

Assmann, Jan (Hrsg.), Die Erfindung des inneren Menschen. Studien zur religiösen Anthropologie (Studien zum Verstehen fremder Religionen 6), Gütersloh 1993.

Assmann, Jan/Stroumsa, Guy G. (Hrsg.), Transformations of the Inner Self in Ancient Religions (SHR 83), Leiden 1999.

Baumgarten, Albert I. (Hrsg.), Self, Soul and Body in Religious Experience (SHR 78), Leiden u. a. 1998.

Berlejung, Angelika, Tod und Leben nach den Vorstellungen der Israeliten, in: *B. Janowski/B. Ego* (Hrsg.), Das biblische Weltbild und seine altorientalischen Kontexte (FAT I/32), Tübingen 2001, 465–502.

Berlejung, Angelika/Janowski, Bernd (Hrsg.), Tod und Jenseits im Alten Israel und in seiner Umwelt. Theologische, religionsgeschichtliche, archäologische und ikonographische Aspekte (FAT I/64), Tübingen 2009.

Bieberstein, Klaus, Leiden erzählen. Sinnfiguren der Theodizee im Alten Testament. Nur eine Skizze, in: *A. Michel/H.-J. Stipp* (Hrsg.), Gott – Mensch – Sprache. FS W. Gross (ATS 68), St. Ottilien 2001, 1–22.

Böhme, Hartmut/Matussek, Peter/Müller, Lothar (Hrsg.), Orientierung Kulturwissenschaft. Was sie kann, was sie will, Reinbek 2000.

Bröker, Werner, Was ist der Mensch? Theologische Anthropologie aus dem Dialog zwischen Dogmatik und Naturwissenschaften, Osnabrück 1999.

Burguière, André, Historische Anthropologie, in: *J. Le Goff/R. Chartier/J. Revel* (Hrsg.), Die Rückeroberung des historischen Denkens. Grundlagen der Neuen Geschichtswissenschaft, Frankfurt 1994, 62–103.

Die Deutschen Bischöfe, Der Mensch: sein eigener Schöpfer? Wort der Deutschen Bischofskonferenz zu Fragen von Gentechnik und Biomedizin, 7. März 2001, abgedruckt in: *B. Nacke/S. Ernst* (Hrsg.), Das Ungeteiltsein des Menschen. Stammzellforschung und Präimplantationsdiagnostik (Christentum und Gesellschaft 4), Mainz 2002, 242–251.

Dirscherl, Erwin, Der Mensch und das Geschehen der Relationalität in der Zeit. Überlegungen zum Leib-Seele-Verhältnis aus der Sicht des biblischen Personverständnisses, in: *P. Neuner* (Hrsg.), Naturalisierung des Geistes – Sprachlosigkeit der Theologie? Die Mind-Brain-Debatte und das christliche Menschenbild (QD 205), Freiburg/Basel/Wien 2003, 99–128.

Ders., Grundriss Theologischer Anthropologie. Die Entschiedenheit des Menschen angesichts des Anderen, Regensburg 2006.

Ders. u. a., In Beziehung leben. Theologische Anthropologie (Theologische Module 6), Freiburg u. a. 2008.

Dülmen, Richard van, Historische Anthropologie. Entwicklung, Probleme, Aufgaben, Köln u. a. ²2001.

Ernst, Stephan, Menschlich sterben. Eine Herausforderung an unsere Einstellung zu Alter, Krankheit und Tod, in: LebZeug 51 (1996) 176–182.

Ders. (Hrsg.), Machbarkeit des Menschen. Theologie angesichts der Macht der Biomedizin (Symposion 3), Münster 2002.

Fabry, Heinz-Josef, Der Generationenvertrag und das biblische Gebot der Elternehrung, in: *T. Klosterkamp/N. Lohfink* (Hrsg.), Wohin du auch gehst. FS F. J. Stendebach, Stuttgart 2005, 14–29.

Fischer, Alexander A., Tod und Jenseits im Alten Orient und im Alten Testament, Neukirchen-Vluyn 2005.

Fischer, Joachim, Philosophische Anthropologie. Eine Denkrichtung des 20. Jahrhunderts, Freiburg/München 2008.

Fischer, Klaus P., Der Mensch als Geheimnis. Die Anthropologie Karl Rahners, Freiburg 1975.

Frevel, Christian, Wie Tau aus dem Schoß des Morgenrots. Zur Würde des Menschen nach dem Alten Testament, in: IKaZ 35 (2006) 1–12 [219–233 im vorliegenden Band].

Ders., Schöpfungsglaube und Menschenwürde im Ijobbuch. Anmerkungen zur Anthropologie der Ijob-Reden, in: *T. Krüger u. a.* (Hrsg.), Das Buch Hiob und seine Interpretationen (AThANT 88), Zürich 2007, 467–497 [259–294 im vorliegenden Band].

Ders., Art. Anthropologie/Herz/Leben/Tod/Würde, in: HGANT (²2009) 1–7/250–252/295–298/389–392/426f.

Ders., „Du wirst jemand haben, der dein Herz erfreut und dich im Alter versorgt" (Rut 4,15). Alter und Altersversorgung im Alten/Ersten Testament, in: *R. Kampling/A. Middelbeck-Varwick* (Hrsg.), Alter. Blicke auf das Bevorstehende (Apeliotes), Berlin 2009, 12–45 [327–357 im vorliegenden Band].

Ders., Gottesbildlichkeit und Menschenwürde. Freiheit, Geschöpflichkeit und Würde des Menschen nach dem AT, in: *A. Wagner* (Hrsg.), Anthropologische Aufbrüche. Alttestamentliche Menschenkonzepte und anthropologische Positionen und Methoden (FRLANT 232), Göttingen 2009 [235–257 im vorliegenden Band].

Ders./Wischmeyer, Oda, Menschsein. Perspektiven des Alten und Neuen Testaments (NEB 11), Würzburg 2003.

Frühwald, Wolfgang (Hrsg.), Das Design des Menschen. Vom Wandel des Menschenbildes unter dem Einfluss der modernen Naturwissenschaft, Köln 2004.

Ganten, Detlev u. a. (Hrsg.), Was ist der Mensch?, Berlin 2008.

Gebauer, Gunter, Überlegungen zur Anthropologie, in: *Ders.* (Hrsg.), Anthropologie, Leipzig 1998, 7–21.

Geertz, Clifford, The Interpretation of Cultures. Selected Essays, New York 1973.

Ders., Kulturbegriff und Menschenbild, in: *P. Burke/R. Habermas/R. Cackett* (Hrsg.), Das Schwein des Häuptlings. Sechs Aufsätze zur Historischen Anthropologie (Wagenbachs Taschenbuch 212), Berlin 1992, 56–81.

Greve, Jens/Schnabel, Annette (Hrsg.), Emergenz. Zur Analyse und Erklärung komplexer Strukturen (Suhrkamp Taschenbücher Wissenschaft 1917), Frankfurt 2009.

Grohmann, Marianne, Alttestamentliche Impulse für bioethische Diskussionen zum Lebensbeginn, in: ZEE 52 (2008) 169–182.

Grupe, Gisela u. a., Anthropologie. Ein einführendes Lehrbuch, Berlin 2005.

Habermas, Jürgen, Nachmetaphysisches Denken. Philosophische Aufsätze, Frankfurt a. M. 1988.

Ders., Glauben und Wissen, in: *Ders./J. P. Reemtsma* (Hrsg.), Glauben und Wissen (Sonderdruck Edition Suhrkamp), Frankfurt a. M. 2001, 9–31.

Habermas, Jürgen/Ratzinger, Joseph, Dialektik der Säkularisierung. Über Vernunft und Religion, Freiburg [7]2007.

Haeffner, Gerd, Philosophische Anthropologie, Stuttgart [3]2000.

Heilinger, Jan-Christoph (Hrsg.), Naturgeschichte der Freiheit, Berlin u. a. 2007.

Ders./Müller, Oliver, Der Cyborg und die Frage nach dem Menschen. Kritische Überlegungen, in: Jahrbuch für Wissenschaft und Ethik 12 (2007) 21–44.

Hieke, Thomas, „Schon zähle ich zu denen, die in die Grube fahren …“ (Ps 88,5). Einige Sichtweisen des Todes im Alten Testament, in: LebZeug 57 (2002) 164–177.

Honnefelder, Ludger, Art. Anthropologie. A. Allg. Wissenschaftsgeschichte, in: LThK[3] I (1993) 721–724.

Ders., Das Problem der philosophischen Anthropologie. Die Frage nach der Einheit des Menschen, in: *Ders.* (Hrsg.), Die Einheit des Menschen. Zur Grundfrage der philosophischen Anthropologie, Paderborn 1994, 9–24.

Horváth, Ödön von, Gesammelte Werke. Bd. 2: Komödien, hrsg. von *D. Hildebrandt/W. Huder/T. Krischke*, Frankfurt a. M. 1970.

Hossfeld, Frank-Lothar, Graue Panther im Alten Testament?, in: ArztChr 36 (1990) 1–11.

Ders., Glaube und Alter, in: ThG 49 (2006) 267–276.

Ders., Der lange Anweg und das Ringen um den Auferstehungsglauben im AT (Internetdokument: http://www.bibelwerk.de/fileadmin/ev_dateien/DL-allgemein/Vortrag_F.L.Hossfeld.pdf; letzter Zugriff 16.2.2009).

Janowski, Bernd, De profundis. Tod und Leben in der Bildersprache der Psalmen, in: *Ders.* (Hrsg.), Der Gott des Lebens. Beiträge zur Theologie des Alten Testaments 3, Neukirchen-Vluyn 2003, 244–266.

Ders., Der Mensch im alten Israel. Grundfragen alttestamentlicher Anthropologie, in: ZThK 102 (2005) 143–175.

Ders., Konfliktgespräche mit Gott. Eine Anthropologie der Psalmen, Neukirchen-Vluyn [2]2006.

Ders., „Du hast meine Füße auf weiten Raum gestellt“ (Psalm 31,9). Gott, Mensch und Raum im Alten Testament, in: *A. Loprieno* (Hrsg.), Mensch und Raum von der Antike bis zur Gegenwart (Colloquium Rauricum 9), München/Leipzig 2006, 35–70.

Jung, Matthias, Freiheit in Hirnforschung und Alltagserfahrung. Von der Handlung zur Artikulation und zurück, in: *J. Dierken/A. von Scheliha* (Hrsg.), Freiheit und Menschenwürde (Religion in Philosophy and Theology 16), Tübingen 2005, 185–214.

Ders., Artikulation. Integrative Anthropologie und moralphilosophischer Ausblick, Berlin 2009.

Kant, Immanuel, Gesammelte Schriften, Bd. 5: Vorlesung über Metaphysik und Rationaltheologie, hrsg. von der *Deutschen Akademie der Wissenschaften zu Berlin*, Berlin 1970.

Kenyon, Kathleen, Archäologie im heiligen Land, Neukirchen-Vluyn [2]1976.

Kläden, Tobias, Mit Leib und Seele. Die Mind-Brain-Debatte in der Philosophie des Geistes und die Anima-Forma-Corporis Lehre des Thomas von Aquin (ratio fidei 26), Regensburg 2005.

Ders., Thomas von Aquin und die Mind-Brain-Debatte, in: *D. Hübner* (Hrsg.), Dimensionen der Person. Genom und Gehirn, Paderborn 2006, 199–222.

Ders., Seele. Ein praktisch unverzichtbarer Begriff der Theologie, in: *U. Feeser-Lichterfeld u. a.* (Hrsg.), Dem Glauben Gestalt geben. FS W. Fürst, Münster 2006, 217–225.

Ders., Empirical Theology and Brain Research, in: *H. Streib* (Hrsg.), Religion Inside and Outside Traditional Institutions, Leiden/Boston 2007, 79–92.

Klopfenstein, Martin A., Die Stellung des alten Menschen in der Sicht des Alten Testaments, in: *W. Dietrich* (Hrsg.), Leben aus dem Wort, Bern u. a. 1996, 261–273.

Knapp, Markus, Verantwortetes Christsein heute. Theologie zwischen Metaphysik und Postmoderne, Freiburg 2006.

Ders., Die Vernunft des Glaubens. Eine Einführung in die Fundamentaltheologie, Freiburg 2009.

Korsch, Dietrich/Richter, Cornelia, Gottesbilder – Menschenbilder. Zur Transformation normativer Instanzen, in: *H.-R. Duncker* (Hrsg.), Beiträge zu einer aktuellen Anthropologie, Stuttgart 2006, 427–442.

Lang, Bernhard, Anthropological Approaches to the Old Testament (IRTh 8), Philadelphia 1985.

Langemeyer, Georg, Die theologische Anthropologie, in: *W. Beinert* (Hrsg.), Glaubenszugänge. Lehrbuch der katholischen Dogmatik (Bd. 1), Paderborn 1995, 496–622.

Ders., Anthropologie (tzt, Dogmatik 8), Graz 1998.

Lenzen, Dieter, Historische Anthropologie. Zum Problem der Humanwissenschaften heute oder Versuche einer Neubegründung, in: *G. Gebauer u. a.* (Hrsg.), Historische Anthropologie. Zum Problem der Humanwissenschaften heute oder Versuche einer Neubegründung (Rowohlts Enzyklopädie 486), Reinbek 1989, 13–48.

Lohfink, Norbert, „Macht euch die Erde untertan“?, in: Orientierung 38 (1974) 137–142.

Ders., Alttestamentliche Wissenschaft als Theologie? 44 Thesen, in: *F.-L. Hossfeld* (Hrsg.), Wieviel Systematik erlaubt die Schrift? Auf der Suche nach einer gesamtbiblischen Theologie (QD 185), Freiburg/Basel/Wien 2001, 13–47.

Losinger, Anton, Anthropological Turn. The Human Orientation of the Theology of Karl Rahner, Fordham 2000.

Lüke, Ulrich, Mehr Gehirn als Geist? Grenzen der naturalistischen Interpretation, in: *P. Neuner* (Hrsg.), Naturalisierung des Geistes – Sprachlosigkeit der Theologie? Die Mind-Brain-Debatte und das christliche Menschenbild (QD 205), Freiburg 2003, 57–77.

Ders., Theologische Bescheidenheit. Kritische Anfragen an das naturalistische Weltbild, in: *R. Isak* (Hrsg.), Kosmische Bescheidenheit. Was Theologen und Naturalisten voneinander lernen können, Freiburg 2003, 127–148.

Ders., Das Säugetier von Gottes Gnaden. Evolution, Bewusstsein, Freiheit, Freiburg [2]2007.

Ders., Der Mensch – nichts als Natur? Über die naturalistische Entzauberung des Menschen, in: *Ders./H. Meisinger/G. Souvignier* (Hrsg.), Der Mensch – nichts als Natur? Interdisziplinäre Annäherungen, Darmstadt 2007, 126–145.

Malina, Bruce, The New Testament World. Insights from Cultural Anthropology, Atlanta [2]1993.

Ders., Die Welt des Neuen Testaments (Sonderausgabe), Stuttgart 1997.

Marquard, Odo, Art. Anthropologie, in: HWPh I (1971) 362–374.

McDowell, Andrea, Legal Aspects of Care of the Elderly in Egypt to the End of the New Kingdom, in: *M. Stol u. a.* (Hrsg.), The Care of the Elderly in the Ancient Near East (SHCANE 14), Leiden 1998, 199–221.

Mieth, Dietmar, Grenzenlose Selbstbestimmung? Der Wille und die Würde Sterbender, Düsseldorf 2008.

Müller, Hans-Peter, Was der Akzeptanz einer biblischen Anthropologie entgegensteht und wie wir mit der Herausforderung umgehen, in: *U. Mittmann-Richert/F. Avemarie/G. S. Oegema* (Hrsg.), Der Mensch vor Gott. Forschungen zum Menschenbild in Bibel, antikem Judentum und Koran. FS H. Lichtenberger, Neukirchen-Vluyn 2003, 3–13.

Mulisch, Harry, Selbstporträt mit Turban, Hamburg 1997.

Nacke, Bernhard/Ernst, Stephan (Hrsg.), Das Ungeteiltsein des Menschen. Stammzellforschung und Präimplantationsdiagnostik (Christentum und Gesellschaft 4), Mainz 2002.

Neumann, Klaus, Art. Kultur und Mentalität, in: HGANT ([2]2009) 35–42.

Ders., Art. Person, in: HGANT ([2]2009) 339f.

Neumann-Gorsolke, Ute, „Mit Ehre und Hoheit hast Du ihn gekrönt“ (Ps 8,6b). Alttestamentliche Aspekte zum Thema Menschenwürde, in: JBTh 15 (2000) 39–65.

Dies., Herrschen in den Grenzen der Schöpfung. Ein Beitrag zur alttestamentlichen Anthropologie am Beispiel von Psalm 8, Genesis 1 und verwandten Texten (WMANT 101), Neukirchen-Vluyn 2004.

Neumeyer, Harald, Historische und literarische Anthropologie, in: *A. Nünning/ V. Nünning* (Hrsg.), Konzepte der Kulturwissenschaften. Theoretische Grundlagen – Ansätze – Perspektiven, Stuttgart/Weimar 2003, 108–131.

Neuner, Peter (Hrsg.), Naturalisierung des Geistes – Sprachlosigkeit der Theologie. Die Mind-Brain-Debatte und das christliche Menschenbild (QD 205), Freiburg 2003.

Nunn, Astrid, Alltag im Alten Orient, Darmstadt 2006.

Oeming, Manfred, Bioethische Probleme des Klonens in alttestamentlicher und jüdischer Perspektive, in: Glaube und Lernen 19 (2004) 109–117.

Overholt, Thomas W., Cultural Anthropology and the Old Testament, Minneapolis 1996.

Pannenberg, Wolfhart, Was ist der Mensch. Die Anthropologie der Gegenwart im Lichte der Theologie (Kleine Vandenhoeck-Reihe 1139), Göttingen [8]1995.

Pascal, Blaise, Über die Religion und einige andere Gegenstände (Pensées), übertr. und hrsg. von *E. Wasmuth,* Heidelberg [7]1972.

Pauen, Michael, Was ist der Mensch? Die Entdeckung der Natur des Geistes, München 2007.

Pola, Thomas, Eine priesterschriftliche Auffassung der Lebensalter (Lev 27,1–8), in: *M. Bauks u. a.* (Hrsg.), Was ist der Mensch, dass du seiner gedenkst? (Psalm 8,5). Aspekte einer theologischen Anthropologie. FS B. Janowski, Neukirchen-Vluyn 2008, 389–408.

Raffelt, Albert/Rahner, Karl, Anthropologie und Theologie, in: CGG 24 (1981) 5–55.

Rahner, Karl, Der Mensch – die unbeantwortete Frage, in: *E. Stammler* (Hrsg.), Wer ist das eigentlich – der Mensch?, München 1973, 116–126.

Ders., Menschsein und Menschwerdung. Studien zur Grundlegung der Dogmatik, zur Christologie, Theologischen Anthropologie und Eschatologie. Sämtliche Werke, Bd. 12, bearb. von *H. Vorgrimler*, Zürich u. a. 1995.

Ders., Grundkurs des Glaubens. Studien zum Begriff des Christentums. Sämtliche Werke, Bd. 26, bearb. von *N. Schwerdtfeger/A. Raffelt*, Zürich u. a. 1999.

Ratzinger, Joseph/Habermas, Jürgen, Vorpolitische moralische Grundlagen eines freiheit-lichen Staates. Gespräch in der Katholischen Akademie in Bayern am 19.4.2004, in: Zur Debatte 34 (2004) 1–8.

Riede, Peter, Noch einmal: Was ist „Leben“ im Alten Testament?, in: ZAW 119 (2007) 416–420.

Reinhard, Wolfgang, Die Anthropologische Wende der Geschichtswissenschaft, in: *A. Wagner* (Hrsg.), Anthropologische Aufbrüche. Alttestamentliche und interdisziplinäre Zugänge zur historischen Anthropologie (FRLANT 232), Göttingen 2009, 77–99.

Reinmuth, Eckart, Anthropologie im Neuen Testament (UTB M 2768), Tübingen/Basel 2006.

Roth, Gerhard, Das Gehirn und seine Wirklichkeit. Kognitive Neurobiologie und ihre philosophischen Konsequenzen (Suhrkamp-Taschenbuch Wissenschaft 1275), Frankfurt a. M. 2005.

Ruf, Simon, Über-Menschen. Elemente einer Genealogie des Cyborgs, in: *A. Keck/N. Rethes* (Hrsg.), Mediale Anatomien. Menschenbilder als Medienprojektionen, Bielefeld 2001, 267–282.

Schäfer-Bossert, Stefanie, Cyborgs im Ersten Testament?, in: *Hedwig-Jahnow-Forschungsprojekt* (Hrsg.), Körperkonzepte im Ersten Testament. Aspekte einer feministischen Anthropologie, Stuttgart 2003, 190–219.

Scheler, Max, Gesammelte Werke, Bd. 9.: Späte Schriften, hrsg. *von M. S. Frings*, Bern 1976.

Schlaeger, Jürgen (Hrsg.), The Anthropological Turn in Literary Studies, Tübingen 1996.

Schlette, Magnus/Jung, Matthias (Hrsg.), Anthropologie der Artikulation. Begriffliche Grundlagen und transdisziplinäre Perspektiven, Würzburg 2005.

Schmidbaur, Hans C., Gottebenbildlichkeit. Anmerkungen zu einem schwierigen Begriff, in: FKTh 24 (2008) 53–64.

Schnocks, Johannes, Rettung und Neuschöpfung. Studien zur alttestamentlichen Grundlegung einer gesamtbiblischen Theologie der Auferstehung (BBB 158), Göttingen 2009.

Schoberth, Wolfgang, Einführung in die Theologische Anthropologie, Darmstadt 2006.

Schockenhoff, Eberhard, Sterbehilfe und Menschenwürde. Die Begleitung zu einem eigenen Tod, Regensburg 1991.

Ders., Die Würde ist immer Würde des anderen. Der Schöpfungsglaube hat einen rationalen Gehalt, der in der Debatte um die Biopolitik konsequent entfaltet werden sollte, in: *B. Nacke/S. Ernst* (Hrsg.), Das Ungeteiltsein des Menschen. Stammzellforschung und Präimplantationsdiagnostik (Christentum und Gesellschaft 4), Mainz 2002, 169–175.

Schottroff, Willy, Alter als soziales Problem in der hebräischen Bibel, in: *F. Crüsemann/C. Hardmeier/R. Kessler* (Hrsg.), Was ist der Mensch...? Beiträge zur Anthropologie des Alten Testaments. FS H. W. Wolff, München 1992, 61–77.

Schroer, Silvia/Staubli, Thomas, Die Körpersymbolik der Bibel, Gütersloh [2]2005.

Singer, Wolf, Der Beobachter im Gehirn. Essays zur Hirnforschung (Suhrkamp-Taschenbuch Wissenschaft 1571), Frankfurt a. M. [7]2007.

Ders., Ein neues Menschenbild. Gespräche über Hirnforschung (Suhrkamp-Taschenbuch Wissenschaft 1596), Frankfurt a. M. [2]2008.

Stol, Marten/Vleeming, Sven P. (Hrsg.), The Care Of the Elderly in The Ancient Near East (SHCANE 14), Leiden u. a. 1998.

Tanner, Jakob, Historische Anthropologie zur Einführung, Hamburg 2004.

Thies, Christian, Einführung in die philosophische Anthropologie, Darmstadt 2004.

Tugendhat, Ernst, Anthropologie statt Metaphysik, München 2007.

Uehlinger, Christoph, Vom dominium terrae zu einem Ethos der Selbstbeschränkung? Alttestamentliche Einsprüche gegen einen tyrannischen Umgang mit der Schöpfung, in: BiLi 64 (1991) 59–74.

Utzschneider, Helmut, Der Beginn des Lebens. Die gegenwärtige Diskussion um die Bioethik und das Alte Testament, in: ZEE 46 (2002) 135–142.

Wagner, Andreas, Les différentes dimensions de la vie. Quelques réflexions sur la terminologie anthropologique de l'Ancien Testament, in: RevSR 81 (2007) 391–408.

Walker-Jones, Arthur, Eden for Cyborgs. Ecocriticism and Genesis 2–3, in: Biblical Interpretation 16 (2008) 263–293.

Welsch, Wolfgang, Vernunft. Die zeitgenössische Vernunftkritik und das Konzept der transversalen Vernunft, Frankfurt 1996.

Ders., The Human. Over and Over Again, in: *S. Zabala* (Hrsg.), Weakening Philosophy. FS G. Vattimo, Montreal 2007, 87–109.

Ders., Anthropologie im Umbruch – Das Paradigma der Emergenz. Eröffnungsvortrag der Ringvorlesung „Das neue Bild vom Menschen" Friedrich-Schiller-Universität Jena, Wintersemester 2006/07. 8. November 2006 (Internetdokument: http://www.uni-jena.de/data/unijena_/faculties/phil/inst_phil/ls_theophil/ eho/ Welsch.Emergenz.pdf , letzter Zugriff 15.02.2009).

Wiesehöfer, Josef, Art. Lebenserwartung, in: NP VI (1999) 1213–1215.

Winterling, Aloys, Begriffe, Ansätze und Aussichten Historischer Anthropologie, in: *Ders.* (Hrsg.), Historische Anthropologie, München 2006, 9–29.

Wolff, Hans W., Anthropologie des Alten Testaments, Gütersloh [7]2002.

Wulf, Christoph, Vom Menschen. Handbuch Historische Anthropologie, Weinheim/Basel 1997.

Ders., Grundzüge und Perspektiven Historischer Anthropologie, in: *C. Wulf/ D. Kamper* (Hrsg.), Logik und Leidenschaft. Erträge historischer Anthropologie (Reihe Historische Anthropologie, Sonderband), Berlin 2002, 1099–1122.

Ders., Anthropologie. Geschichte – Kultur – Philosophie, Reinbek 2004.

Ders., Anthropologie kultureller Vielfalt. Interkulturelle Bildung in Zeiten der Globalisierung, Bielefeld 2006.

Wie Tau aus dem Schoß des Morgenrots

Zur Würde des Menschen nach dem Alten Testament[1]

„Ich sah, dass alles Vollkommene Grenzen hat“. Dieser Einsicht in die Begrenztheit selbst des Vollkommenen und Perfekten wird in Ps 119,96 die unendliche Weite der Tora entgegengesetzt. Das Gesetz, das in christlichen Augen so oft als rigider Zaun der Beschränkung abgewertet wird, erweist sich in der Begrenzung als Grenzen überschreitend und unendliche Perspektiven eröffnend. Nicht das Vollkommene, dem Machbaren und Perfekten Verpflichtete, und das darin selbstbewusst Grenzen Überschreitende ist das Erstrebenswerte und Erfüllende, sondern der limitative Maßstab und begrenzende Rahmen. Das Gebot führt in der Einschränkung über die Vollkommenheit noch hinaus. Sich dieser Paradoxie als Maxime freiwillig und ohne Zwang unterzuordnen, bedeutet der Gesetzestheologie des 119. Psalms Leben in Fülle. Die Tora wird zum Maßstab erfüllten Lebens, weil sie den Rahmen setzt, in dem Gottesnähe sich ereignet. Der Lobpreis der gesetzten Grenzen, die dem Wohl des Menschen mehr dienen als das Rüstzeug selbst gemachter Vollkommenheit, liest sich wie eine Allegorie auf die Diskussion um die Selbstbeschränkung des Menschen im Zeitalter technologischer Machbarkeit.

Dürfen wir, was wir können?

Die alles umgreifende Frage der Anthropologie „Was ist der Mensch?“ hatte Immanuel Kant mit den Fragen „Was kann ich wissen?“, „Was soll ich tun?“ und „Was darf ich hoffen?“ verbunden. Angesichts der modernen Herausforderungen der Biotechnologie wandelt sich die Frage nach dem Menschen und spitzt sich im Bereich der Ethik zu: Darf der Mensch, was er kann? Was setzt ihm Grenzen? Darf der Mensch therapeutisch klonen? Darf er behindertes Leben abtreiben? Darf er physische Gewalt anwenden, um Frei-

[1] Der Artikel führt Überlegungen des Autors zusammen und in einzelnen Aspekten weiter. Im Folgenden nicht je eigens genannt werden: „Eine kleine Theologie der Menschenwürde“. Ps 8 und seine Rezeption im Buch Ijob, in: *Hossfeld/Schwienhorst-Schönberger*, Manna (2004), 244–272; Art. Würde, in: *Berlejung/Frevel*, Handbuch (2006), 426f; Schöpfungsglaube und Menschenwürde im Ijobbuch. Anmerkungen zur Anthropologie der Ijob-Reden, in: *Schmid u. a.*, Buch Hiob (2007); Gottesbildlichkeit und Menschenwürde. Freiheit, Geschöpflichkeit und Würde des Menschen nach dem AT, in: *Wagner*, Aufbrüche (2013).

heit zu erzwingen? Darf der Mensch foltern? Darf der Mensch beim Sterben helfen? Darf er bestimmen, wann ein Mensch seine Identität so nachhaltig verloren hat, dass der Anspruch auf die Fortsetzung des Lebens verfällt? Das einfache und klare „Nein“ ist lange einem „Jain“ oder „Ja, aber“ gewichen, denn es fehlen Maßstab und Rahmen für die klare, gesellschaftlich konsensuale wie ethisch verantwortete Antwort. Die Fragen nach den Grenzen menschlichen Handelns sind zum ethischen Mantra unseres Alltags geworden. Dabei reicht die Palette von der Stammzellenforschung über die Heilsversprechen der Biotechnologie bis zu Altenheimen, von der Entführung Jakob von Metzlers über Abu Ghraib bis in deutsche Bundeswehrkasernen. Und überall leuchtet die Menschenwürde wie ein Fixstern der Orientierung in der Diskussion auf. Das entspricht dem in Art. 1 des Grundgesetztes über allem gestellten Leitsatz: „Die Würde des Menschen ist unantastbar“. Angesichts der Erfahrungen von staatlich legitimierter und propagierter Menschenverachtung und Würdeverletzung, der offen vorgetragenen Aufhebung der Universalität, Unverrechenbarkeit und Unaufhebbarkeit der menschlichen Würde in der Zeit des Nationalsozialismus hatten die Verfassungsväter am 23. Mai 1949 die Menschenwürde als quasi naturrechtliches, vorstaatliches oberstes und tragendes Konstitutionsprinzip dem Grundgesetz der Bundesrepublik Deutschland eingepasst. Doch zeigt die jüngste staatsrechtliche Diskussion, dass der kategorische Würdeanspruch nur deklaratorischen und appellativen Charakter hat und kaum die Last einer vorpositiven Begründung der Menschenwürde als staatsrechtliches Prinzip zu tragen vermag. „Art und Maß des Würdeschutzes (sind) für Differenzierungen durchaus offen“, so lautet ein als „Epochenbruch“ viel diskutierter Satz Matthias Herdegens in der Neukommentierung des Art. 1 GG in dem Maunz/Dürig, dem Klassiker unter den Grundgesetzkommentaren.[2] Was bleibt, ist immerhin die Orientierungsleistung dieses Konzeptes. Doch auch die verblasst, wenn nach dem positiven Inhalt dessen gefragt wird, was unter Menschenwürde konkret zu verstehen sei. Die Unantastbarkeit der Person, ihrer Individualität und Freiheit scheint nur auf den ersten Blick festen Halt zu geben, denn Maß und Raum der Freiheit des Menschen sind nicht definiert und kaum für alle Menschen gleichermaßen im Konsens festzulegen. Zu different sind die Begründungsmodelle dessen, was als „Würde“ gefasst wird[3] und keines der Modelle

[2] *Herdegen*, Grundgesetz (2003), 42. Ergänzungslieferung, 2003; Aktualisierung, 44. Ergänzungslieferung, 2005, vgl. dazu *Böckenförde*, Würde (2003), 33.35; *Ders.*, Menschenwürde (2004), 1216–1227.

[3] Vgl. aus der Legion von Literatur die Überblicke: *Nicht/Wildfeuer*, Person (2002); *Dabrock/Klinnert/Schardien*, Menschenwürde (2001).

erfüllt all die hohen Ansprüche, die an das Konzept herangetragen werden. Sarkastisch zugespitzt: Stufenkonzepte und leistungsorientierte Modelle lassen die Universalität nur potentiell erscheinen, während die an der kantischen Selbstzwecklichkeit orientierten Modelle die Potentialität universell erscheinen lassen. „Es gibt eine Mehrzahl miteinander konkurrierender Begründungen, oder es gibt gar keine Begründung".[4] Dabei sind alle Begründungsmodelle abhängig von Menschenbildern, in denen die Personalität und Individualität des Menschen Voraussetzung ist.

Die Bibel als Eckwertekonstellation

An diesem Punkt setzt das Gespräch mit dem Alten Testament ein. Die Bibel kann weder eine Begründung für das moderne Konzept universaler Menschenwürde liefern noch kann sie eindeutige Antworten auf die drängenden Fragen geben, die damit zusammenhängen. Aber sie kann einen Beitrag zum Diskurs über die Grundlagen und Ausgangspunkte des christlichen Menschenbildes leisten. Die Bibel bietet sozusagen die Eckwerte oder den Rahmen, in dem die Antworten gesucht werden müssen.

Dabei ist nun als Hindernis und Chance gleichermaßen festzuhalten, dass die biblische Anthropologie bzw. die biblischen Anthropologien ebenso wenig wie eine konzeptionell entfaltete Würdevorstellung ein einheitliches oder systematisch gefasstes Menschenbild konzipieren. Dazu kommt die Schwierigkeit, dass begrifflich gefasste Konzeptionen wie Würde, Individualität, Freiheit oder gar Person dem biblischen Denken der vorhellenistischen Antike vollkommen fremd sind. Dieses denkt in Aspekten und Konstellationen und nicht in Perspektiven oder Begriffen. Etwas „auf den Punkt" zu bringen ist biblisch gesehen ein geradezu unsinniges Paradox; biblisches Denken stellt vielmehr in den Raum. Das „hebräische Denken" im Unterschied zum „griechischen" ist nicht analytisch und zielt nicht auf Komplexitätsreduktion, sondern es ist konstellativ, d. h. es zielt auf Zusammenhänge und die Aufrechterhaltung der Mehrdimensionalität. Es ist von daher also gar nicht zu erwarten, dass es definitorische oder systematische Aussagen zur Würde des Menschen gibt. Dennoch kann das Gespräch mit der alttestamentlichen Anthropologie

[4] *Härle*, Mensch Gottes (2001), 529–543, 531.

auch bei der Suche nach einer universalen, unaufhebbaren und unverrechenbaren Menschenwürde weiterführen.[5]

Die konstellative Persönlichkeit des Menschen im Alten Testament, oder: „Ich denke, also sind wir“

Leben heißt im alttestamentlichen Sinn vor allem in Beziehung stehen. Es gibt keine Welt ohne Gott und keine Welt ohne die Anderen. Der Mensch ist eingebunden in Konstellationen, in eine sich in konzentrischen Kreisen erweiternde Gemeinschaft beginnend bei der eigenen Familie, über die Großfamilie und Sippe zum Stamm oder Volk bis hin zum Ganzen des Menschengeschlechts. Daher ist der Mensch von seinem jeweiligen Gegenüber abhängig. Er lebt in ständiger Herausforderung seines Status und seines Selbst, um ererbte und einmal übernommene Rolle auszufüllen und immer neu zu bestätigen. Ohne Beziehung ist der Mensch nichts; er ist ein homo connectivus. Die Netzwerkmetapher aus der modernen Welt der Kommunikation kann das verdeutlichen: Ohne Konnektivität ist der Mensch abgetrennt, nicht mehr wahrnehmbar von außen und nicht mehr in der Lage, in Kontakt zu den anderen zu treten. Der Tod ist die totale Beziehungslosigkeit und Herauslösung aus den Zusammenhängen des gelebten Lebens. Wie sehr Leben nicht der Individualität und Subjektivität des Einzelnen, sondern der Sozialität und Konnektivität geschuldet ist, zeigt ein Blick auf die Entwicklung des Personbegriffs. Dem griech. πρόσωπον, das im Lateinischen als persona wiedergegeben wird, entspricht im Hebräischen zunächst wörtlich: *pānîm*, was so viel wie Gesicht, Vorderseite oder die dem Gegenüber zugewandte Seite meint und manchmal für den Einzelnen bzw. die Person steht (Lev 19,15.32). Zum Menschsein gehört das Hineintreten in eine Beziehung zum Gegenüber.

Die Biographie des Einzelnen bestimmt sich aus den unterschiedlichen Beziehungen und den Rollen heraus, die der Mensch darin einnimmt, so dass er nie in sich oder für sich selbst steht. Identität findet der Mensch nicht in der Individualität, sondern in der Gemeinschaft und der Beziehung zu Anderen. Natürlich gibt es auch für den alttestamentlichen Menschen ein „Ich“ und ein „Selbst“, doch die moderne psychologische Konzeption eines Selbstbewusstseins oder die subjektorientierte erkenntnistheoretische Konzeption des neuzeitlich cartesianischen „Ich“-Subjekts ist dem alttestamentlichen „Ich“

[5] Zu den vergleichbaren statusbezogenen antiken Würdekonzepten bei Cicero, Seneca und Ovid, die hier nicht weiter berücksichtigt werden, vgl. *Cancik*, Würde (2005) 1736f.

fremd. Das „Ich" bleibt eingebunden in ein „Wir". Einen Personbegriff gibt es dementsprechend nicht. Viel näher liegt die Konzeption der ursprünglichen Bedeutung des Begriffs persona oder griech. πρόσωπον: Es ist die Maske, durch die der Schauspieler auf der Bühne spricht, also dasjenige, was seine Rolle kennzeichnet. Es ist die soziale Rolle, die der Mensch in der Gesellschaft einnimmt. Aus dieser heraus bestimmen sich auch die Rechte und Pflichten des Einzelnen.

Würde als gesellschaftliche Wertzuschreibung

Bedenkt man diese Grundlagen, verwundert nicht, dass auf der Grundlage der patriarchalen Gesellschaftsordnung vor allem bei den männlichen Vollbürgern gesellschaftlicher Status, Ehre, Ruhm und Präsenz im öffentlichen Gedächtnis enorm wichtige Werte waren, auf die alles Handeln und alle sozialen Aktionen zielten. Dabei handelt es sich um relationale Werte, die einem Selbst von einem Gegenüber zugeschrieben werden (sog. challenge-response-Prinzip). Der Status war ererbt und nur nach festen Regeln von Höherstehenden (Gott, König, pater familias) veränderbar. Scham und Schande bilden die bedrohliche Alternative, wenn Ehre und Ansehen verloren gehen. Der Verlust der Ehre wird einem Statusverlust gleichgesetzt. Am Status hängen aber wiederum soziale Entfaltungsmöglichkeiten, Wohlergehen, Prosperität und – so ungewohnt das für unsere egalitär geschulten Augen ist –selbst der göttliche Segen.[6] Ehre wird griechisch durch das Wort τιμή oder das vieldeutige δόξα „Herrlichkeit, Glanz, Ruhm, Ansehen" zum Ausdruck gebracht. Im Hebräischen steht in beiden Fällen meist *kābôd*, das wörtl. „Schwere, Herrlichkeit, Ehre, Ruhm" bedeutet oder das viel seltenere *hādār*, das mit „Zier, Erhabenheit und Pracht" wiedergegeben werden kann. *hādār* ist ein Begriff, der zu einem guten Teil auch ästhetische Qualitäten ausdrückt, was deutlich macht, dass Inhalt und äußere Form in der Antike mindestens so deutlich zusammenhängen wie in unserer modernen Werbewelt: Das Gute ist auch das Schöne. Das wird mit Blick auf die Königsideologie deutlich, in der der Segen und die darin sich äußernde Ästhetik eine besondere Rolle spielen. „Du bist schöner als die Menschenkinder, Gnade/Anmut (*ḥen*) ist ausgegossen über deine Lippen, deshalb hat Gott dich auf Dauer gesegnet. Gürte dein Schwert um die Hüfte, du Held, kleide dich in Hoheit (*hôd*) und

[6] Indem die Bibel vielfach davon Zeugnis gibt, dass Gott das Kleine und Unbedeutende erwählt, protegiert oder fördert, bzw. biblisch ausgedrückt: segnet, wird der Zusammenhang von Status und göttlicher Gunst durchbrochen.

Pracht (*hādār*). Und deine Pracht führt zum Erfolg. Zieh aus für die Sache der Wahrheit und der Elenden Gerechtigkeit“ (Ps 45,3–5a). Der Rückgriff auf einen königstheologischen Psalm macht auf eine weitere Besonderheit aufmerksam. Das Menschenbild im Alten Testament ist nicht unabhängig von der Königsideologie zu beschreiben. Gerade die Spitzentexte der Anthropologie Gen 1,26–28 und Ps 8 beschreiben den Menschen mit königlichen Attributen. Das ist kein Zufall, denn der König ist der ideale Mensch, von Gott erwählt und begünstigt, von unangefochtenem Status und quasi gottgleich in Verantwortung und Aufgabe. Das Bild des Königs ist deshalb Ausgangspunkt und Maßstab für den Menschen insgesamt. Allerdings würde es zu kurz greifen, wenn man das Menschenbild im Alten Testament auf die nachgeahmte Königsideologie begrenzen würde. Dann fiele die Spannung zwischen Hoheit und Niedrigkeit, Würde und Elend aus, die so bezeichnend ist für die alttestamentliche Anthropologie. Bleiben wir aber zunächst noch einmal beim Status und dem daran gekoppelten Würdebegriff.

Das Kleid der Würde – Der Status als *dignitas* des Menschen

Ein gutes Beispiel der statusbezogenen Würde ist in der Person des exemplarisch Geschundenden und vom Leid erniedrigten Ijob zu finden. Ijob wird im Prolog des Buches als ungewöhnlich reich und wohlhabend beschrieben. Kinderreichtum und Besitz zeichnen sein Gesegnetsein aus, das in enger Korrespondenz zu seiner ethischen und religiösen Vollkommenheit steht. Die Herausforderungsreden in Kap. 29–31 nehmen dieses Bild an ihrem Beginn auf. Bis zu seinem unendlichen Leid war Ijob ein Edelmann von hohem Ansehen, der unter göttlichem Schutz stand (Ijob 29,2f). „Gottes Freundschaft stand über meinem Zelt“ übersetzt die Einheitsübersetzung Ijob 29,4. Damit einher gingen die öffentliche Anerkennung, ein Ehrenplatz und ein vorgeordnetes Rederecht in der Versammlung der Ortsgemeinde auf der einen Seite und die Wahrnehmung besonderer sozialer Verantwortung auf der anderen Seite. Sorge für die Armen und Hilfe für Witwen und Waisen – Ijob war „Vater für die Armen“ (Ijob 29,16). Das alles begründet Ijobs *kābôd*, wie Ijob 29,19–20 zum Ausdruck bringt: „Meine Wurzel ist zum Wasser hin geöffnet, und Tau nächtigt auf meinen Zweigen. Meine Würde (*kābôd*) bleibt mir stets erneuert, und mein Bogen lässt (Pfeil auf Pfeil) folgen“. Ijob sieht sich in einer begünstigten Lage, der eine sich selbst verstärkende Tendenz Dauerhaftigkeit verleiht. Sein Wohlstand ermöglicht ihm die Entfaltung seiner Freiheit zu Vitalität, Kraft und Prosperität hin

(„zum Wasser hin geöffnet“) und sein Ansehen wird nicht geschmälert, sondern von Tag zu Tag erneuert. Wie anders steht Ijob jetzt im Leid da? Sein Ansehen ist in Spott verkehrt und Achtung der Verachtung gewichen: „Schrecken wandten sich gegen mich; verjagt wie der Wind ist meine Würde (*n*^{e}*dibāh*) und wie eine Wolke zog meine Hilfe vorüber“ (Ijob 30,15). Das Nomen *n*^{e}*dibāh* bedeutet Status, Adel oder Hoheit, womit eine soziale Kategorisierung zum Ausdruck gebracht wird. Ijobs Ansehen ist jetzt „wie der Wind verjagt“, sein Status gemindert und seine Einbindung in die Gesellschaft reduziert. Aus dem Edelmann wurde eine kranke Randfigur. Und das alles durch das Handeln Gottes, der die Gerechtigkeit Ijobs nicht (weiterhin) reziprok mit Segen lohnt. „Meinen Weg hat er vermauert, ich kann ihn nicht begehen, und über meine Pfade legt er Finsternis. Meiner Würde (*kābôd*) hat er mich entkleidet und mir die Krone vom Haupt genommen“ klagt Ijob in 19,8f mit einer eindeutigen Anspielung auf Ps 8. Er sieht sich eines angemessenen, würdevollen Menschseins enthoben und benutzt dafür das Bild der Krone, die dem Menschen in Ps 8 von Gott verliehen wurde.

„Wenig geringer als Gott“?

In dem im Hintergrund stehenden Ps 8 reflektiert der Beter in hymnischem Lobpreis vor dem Nachthimmel die Größe Gottes und fragt demgegenüber:

> 5 Was ist das Menschlein, dass du seiner gedenkst,
> der Mensch/das Menschenkind, dass du seiner dich annimmst?
> 6 Du hast es ihm nur wenig im Vergleich zu einem Gott fehlen lassen,
> und mit Würde und Hoheit ihn bekrönt.
> 7 Du hast ihn zum Herrscher eingesetzt über die Werke deiner Hände,
> alles hast du gelegt unter seine Füße:
> 8 Kleinvieh und Rinder, sie alle,
> und auch die Wildtiere der Steppe,
> 9 den Vogel des Himmels und die Fische des Meeres,
> was auf den Pfaden der Meere dahinzieht.

Der Mensch ist herausgehoben aus der Schöpfung und in eine herrschende Position hineingesetzt. Die Aussage in V. 6 ist nicht qualitativ oder ontologisch zu deuten, d. h. sie macht keine Aussage über die göttliche Qualität des menschlichen Seins oder eine ihm anerschaffene göttliche Würde. Sie bezieht sich auch nicht auf die Konstitution des Menschen – weder auf seine Körperlichkeit, seine Vernunftbegabung oder gar seine Unsterblichkeit. Gott lässt es dem Menschen an kaum etwas mangeln, d. h. er versorgt ihn. Ps 23 fasst das in das Bild des gedeckten Tisches (Ps 23,2f.5), Ps 104 in das des gestärkten Herzens (Ps 104,15). Dort wird Gott dafür gepriesen, dass er Pflanzen für die Arbeit des Menschen sprießen lässt, damit der Mensch „Brot gewinnt von der Erde und Wein, der das Herz des Menschleins erfreut, dass sein Gesicht von Öl glänzt, und das Brot das Herz des Menschleins stärkt" (Ps 104,14f). Gott konstituiert die Welt dem Menschen in einer ausgezeichneten Weise (Gen 1,31), so dass der Mensch sich in Freiheit entfalten kann. Würde (*kābôd*) und Hoheit (*hādār*) sind königliche, ja sogar gottkönigliche Zuschreibungen (Ps 21,6; 93,1; 145,5.11f) und beide zielen wieder auf den Status, das Ansehen des Menschen. Doch das, was der Mensch ist, ist er nur von Gott her, seine Würde ist ganz und gar abhängig von dem, was der Mensch von Gott her ist. Das Menschsein des Menschen – auch seine herrschaftliche Stellung gegenüber der Schöpfung – ist nur bestimmbar in Relation zum Gottsein Gottes. Der Größe Gottes steht – bei aller Erhabenheit und Würde – die Niedrigkeit des kleinen Menschenkindes, des Menschleins (*ʾænôš*) gegenüber. Von dieser Relationalität des Menschen ist im Alten Testament niemals abgesehen. „Das ist die Eigenart des biblischen Schöpfungsglaubens, daß die Herrlichkeit der Schöpfung erkannt wird durch die Niedrigkeit des Geschöpfs hindurch. [...] Im Alten Testament [gilt] die Menschenwürde nichts [...] durch sich selbst, sondern nur dadurch, daß sie von Gott gegeben ist".[7]

Würde als Verantwortung

Die Würde des Menschen in Herrlichkeit und Hoheit ist nun in Ps 8 nicht zweckfrei, sondern sie zielt auf die Verantwortung des Menschen in seiner Funktion als Herrscher. Das unterstreicht noch einmal, dass es bei der anerschaffenen Würde der Gottähnlichkeit nicht um eine qualitative, sondern um eine funktionale Ähnlichkeit geht. In konzentrischen Kreisen wird – ausgehend vom unmittelbaren Lebensumfeld (Nutztiere – *Kleinvieh und Rinder*) bis zu den äußersten Rändern der geschaffenen Welt (Chaoswesen – *auf den Pfaden der Meere*) – die Welt dem Menschen als Herrschaftsbereich zugeordnet (Ps 8,8). Dem Menschen ist die gesamte von Gott geschaffene Welt „unter die Füße" gelegt. Wie in Gen 1,26–28 wird damit nicht ein Unterjochen der Schöpfung oder gar ein Niedertrampeln legitimiert,

[7] *Weiser*, Psalmen ([4]1955), 89.

sondern die Metapher zielt auf eine königliche Ordnungsfunktion.[8] Die hoheitliche Stellung des Menschen bestimmt sich in der Aufgabe, die geschaffene Welt in Gerechtigkeit und Barmherzigkeit zu ordnen und damit für die Entfaltung des Herrschaftsbereiches zu sorgen. Zwar ist einerseits nicht zu leugnen, dass das Weltbild theozentrisch gegründet, aber doch anthropozentrisch ausgerichtet ist. Auch geht – wie im ersten Schöpfungsbericht – die Herrschaft nicht in der Hirtenfunktion der Fürsorge auf, sondern ist die Ausübung herrschaftlicher Gewalt. Der Dominationsaspekt ist nicht verkennbar. Aber ebenso klar ist, dass diese Herrschaft nicht primär dem Menschen dient, sondern der Schöpfung, ihrer Erhaltung und ihrer Entfaltung. „Der Unterwerfungs- und Ausbeutungszwang der neuzeitlichen Anthropologie, die unsere Erde an den Rand des Ruins gebracht hat, steht in krassem Widerspruch zu dieser von Gottes fürsorglichem Königtum für alle Lebenden her zu definierenden königlichen Beauftragung des Menschen".[9]

An Ps 8 zeigt sich, dass alttestamentlich nicht nur Würde und Status zusammengedacht werden, sondern auch Würde und Verantwortung. Über das Konzept der dem Einzelnen zugeschriebenen dignitas, die sich in Anerkennung, Ruhm oder gesellschaftlichem Rang spiegelt, hinaus ist hier eine Würde beschrieben, die dem Menschen qua Mensch zukommt. Die ordnende, auf die Erhaltung und Entfaltung der Schöpfung zielende Aufgabe des Menschen ist ihm mit der Schöpfung gegeben. Sie eignet – und das zeichnet die alttestamentliche Anthropologie in besonderer Weise aus – nicht nur einzelnen herausgehobenen Menschen mit besonderem Status, seien sie Könige oder gesellschaftliche Würdenträger, sondern sie eignet dem Menschen als Gattungswesen. Die mit der Verantwortung verknüpfte Würde ist unaufhebbar, nicht übertragbar und unverrechenbar. Das unterscheidet die im ersten Teil besprochene rein leistungsorientierte Würdekonzeption von dem hier entfalteten Konzept. Ps 8 wird deshalb vollkommen zu Recht als „kleine Theologie der Menschenwürde" angesprochen, auch wenn dort keine konzeptionell oder begrifflich entfaltete Würdevorstellung zu finden ist.

[8] Vgl. zur Interpretation der Herrschaft in Ps 8 *Görg*, Füße (1986), 125–148; *Neumann-Gorsolke*, Ehre (2001), 39–65; *Dies.*, Herrschen (2004); *Schnieringer*, Psalm 8 (2004).

[9] *Zenger*, Menschlein (1981), 137.

Gottebenbildlichkeit als Würde

Das in Ps 8 entfaltete Menschenbild, das den Menschen als mit Würde und Hoheit bekleidet entwirft, um ihm dabei zugleich die Sorge für die Schöpfung anzuvertrauen, kann durchaus als „kleines Kompendium einer – nicht schlechthin der – biblischen Anthropologie“[10] bezeichnet werden, denn Ps 8 gehört zu den am meisten innerbiblisch aufgenommenen und zitierten Texten. Dazu gehört wahrscheinlich auch der etwas später entstandene priesterschriftliche Schöpfungsbericht Gen 1,1–2,4a, auf den im Kontext der Würdevorstellung von den Kirchenvätern[11] und Boethius[12] an bis hin zu modernen Entwürfen immer wieder zurückgegriffen wird. „Die Ebenbild-Qualifikation des Menschen ist eine eminente Bestimmung der Würde des Menschen und damit eine Spitzenaussage zur Biblischen Anthropologie“.[13] Die *imago dei* Lehre hat, ausgehend von Gen 1,26, eine Eigengravitation entfaltet, die Ps 8 immer wieder in den Schatten gestellt hat.[14] Dabei ist dort noch weniger begrifflich das gefasst, was unter „Würde des Menschen“ verstanden werden soll. Es ist die Gottebenbildlichkeit, die entsprechend als Unsterblichkeit, Beseelung, Freiheit, Vernunft- oder Geistbegabung aufgefasst wurde und so das unverlierbare Moment zum Ausdruck einer allen Menschen anerschaffenen, gleichen Würde zum Ausdruck bringt. Dabei hat auch hier die Exegese in den letzten Jahrzehnten die Wende von einer qualitativen zu einer funktionalen Interpretation vollzogen.[15] „Heute wird die Identifizierung der Gottebenbildlichkeit mit einem bestimmten Wesensmerkmal kaum noch vertreten“.[16] Hingegen wird die Gottebenbildlichkeit, ausgehend von Überlegungen zur Bildsemantik in Gen 1,26, als Statuarität oder Gottesbildlichkeit gefasst. Bezugspunkt ist Gott nicht in seinem Sein, sondern in seinem Handeln. So wird der Mensch als Repräsentant Gottes mit dem *dominium terrae* betraut. Wieder geht es in einer demokratisierten Königsvorstellung, sei sie nun ausschließlich ägyptisch oder auch assyrisch und vielleicht sogar schon persisch beeinflusst, um die ordnende, das

[10] *Irsigler*, Frage (1997), 21; vgl. auch *Janowski*, Konfliktgespräche (2003), 11.
[11] Vgl. *Visonà*, L'uomo (1980) 393–430 und nach wie vor den Exkurs bei *Westermann*, Genesis (^{3}1983), 203–214.
[12] *Boethius*, Eutychen (1988), 80.
[13] *Oberforcher*, Lesarten (2003), 139 (Herv. getilgt.); vgl. *Neumann-Gorsolke*, Ehre (2001), 41f: „Das Verständnis der Gottebenbildlichkeit des Menschen, die seine besondere Würde und Vorrangstellung in der Welt ausmache, hat auch die alttestamentliche Exegese nachhaltig beeinflußt“.
[14] Vgl. zur Bedeutung auch *Koch*, Imago Dei (2000), 5.
[15] Vgl. dazu *Groß*, Statue (2000), 11–38.
[16] *Neumann-Gorsolke*, Ehre (2001), 42.

Chaos zurückdrängende, erhaltende und fördernde Herrschaft des Menschen gegenüber den Lebewesen. Die in der Gottebenbildlichkeit zum Ausdruck kommende Würde aller Menschen besteht damit nicht in einer Eigenschaft oder Qualität, sondern in der Vorrangstellung gegenüber allen Lebewesen, die Relation einerseits und Verantwortung andererseits aussagt. In der inhaltlichen Aussage geht Gen 1 über Ps 8 nicht hinaus.

Problematisch an dem Begründungskonzept einer in der Gottebenbildlichkeit fußenden Würde aller Menschen ist die innerbiblische Rezeption, die aus dem Zusammenlesen der beiden Schöpfungsberichte entstanden ist. Die Gottebenbildlichkeit wird dabei entsprechend der griechischen Tradition als qualitatives Wesensmoment verstanden. Danach verliert der Mensch mit dem Sündenfall seine Gottähnlichkeit und wird sterblich: „Gott hat den Menschen zur Unvergänglichkeit erschaffen und ihn zum Bild seines eigenen Wesens gemacht. Doch durch den Neid des Teufels kam der Tod in die Welt, und ihn erfahren alle, die ihm angehören" (Weish 2,23f; vgl. äthHen 69,11; Sir 25,24). „Alle haben gesündigt und ermangeln der Herrlichkeit Gottes" (τῆς δόξης τοῦ θεοῦ) (Röm 3,23). Die Gottebenbildlichkeit ist eine verlierbare Wesenseigenschaft geworden und die Universalität ist von der Zuschreibung des Würdeprädikats auf die Fehlbarkeit übergegangen. Erst in Christus, der – selbst sündlos – als einziges Ebenbild des Vaters die Gottebenbildlichkeit widerspiegelt, kann der Mensch – durch Angleichung an Christus in der Taufe – die Gottebenbildlichkeit wiedererlangen (1 Kor 15,49; 2 Kor 4,4; Kol 1,15; 3,10; Eph 4,24). Die Gottebenbildlichkeit wird in der paulinisch geprägten neutestamentlichen Rezeptionslinie zur Christusbildlichkeit und die im Alten Testament mit dem Begriff verbundene Würde zur Christenwürde. Ohne flankierende systematische Denkbemühungen oder den filternden Rückgriff auf den Ausgangstext in Gen 1,26–28 ist die Universalität der Menschenwürde in Frage gestellt.

Aufgrund der besonderen und komplexen innerbiblischen Rezeption der funktionalen Gottesbildlichkeit als wesenhafte Christusbildlichkeit eignet sich die Gottebenbildlichkeitsvorstellung von Gen 1,26–28 deutlich weniger zur Begründung einer universalen Menschenwürde als Ps 8, der die Würdeaussage ohne Rückgriff auf Bildbegriffe formuliert.

Die Würde der Entwürdigten – Eine einklagbare Würde?

Unser Gedankengang hat von der im gesellschaftlichen Status zugeschriebenen Würde über die verantwortliche Sonderstellung des Menschen zu einer funktionalen Würde geführt. Kommt man alttestamentlich über diese beiden Aspekte noch hinaus? Erneut muss man sich dafür von der Erwartung lösen, begrifflich entfaltete Konzepte zu finden. Nimmt man als Ausgangspunkt noch einmal die unlösbare Spannung von Elend und Würde, die das biblische Menschenbild auszeichnet, legt sich die im klagenden Gebet thematisierte Gott-Mensch-Relation als Reservoir einer grundlegenden Würdevorstellung nahe. Sie führt zu der Frage nach dem letzten Grund der Rechtfertigung der Klage des Leidenden gegenüber Gott. Während Notklage und Feindklage die Situation des Leidens und die Verantwortung der Mitwelt beschreiben, führt die Gottklage zur Anklage Gottes, dem Beter nicht die Gerechtigkeit zuteil kommen zu lassen, die ihm „zusteht". Was berechtigt den Beter, Gott die eigene Gottferne und Verlassenheit zur Last zu legen (Ps 22) und von ihm die Gewährung der Gottesnähe zu erwarten? Was berechtigt Ijob, Gott anzuschreien, trotz aller Anerkenntnis der Größe und Allmacht Gottes ihn nicht ins Leid absinken zu lassen (Ijob 7; 9f)? Vielfach rekurrieren die Beter im Alten Testament dabei auf die Geschöpflichkeit und die damit gegebene unaufhebbare Relation: „Du bist es, der mich aus dem Schoß meiner Mutter zog" (Ps 22,10) oder „Deine Hände haben mich gebildet" (Ijob 10,8). Indem Gott den Menschen in eine Gott-Mensch-Relation hineingeschaffen hat, hat er selbst eine unlösbare Verbindung zwischen Mensch und Gott konstituiert, die er nicht wieder aufheben kann. Es ist eine unumkehrbare Verbundenheit mit Gott, die der Mensch auch in der Situation größten Leids einklagen kann, denn jede Infragestellung dieser Relationalität ist ein Antasten der Würde. Die Geschöpflichkeit des Menschen begründet eine unveräußerliche Würde des Menschen, die er – ohne das wovonher je aufheben zu können – in seinem Leben in Freiheit entfaltet. Diese Würde kommt dem Menschen nicht von sich aus zu, sie ist weder leistungsorientiert noch quantifizierbar. Sie ist kein abstrakter, von der konkreten körperlichen Wirklichkeit ablösbarer Wert, der dem Menschen erst „zukommt", sondern diese Würde ist mit der Geschöpflichkeit gegeben. Es ist die personale, unaufhebbare Beziehung zwischen Schöpfer und Geschöpf, die unaufhebbar, unzerstörbar und unvertretbar bleibt. Diese „Gotteskindlichkeit" gilt in alttestamentlicher Auffassung universal für jeden Menschen unabhängig von Herkunft, Status oder Geschlecht.

Die relationale Würde aller Gotteskinder – Schluss

Menschsein – so war am Anfang festgestellt worden – ist alttestamentlich wesentlich durch Relationalität bestimmt. Die Dimension der Beziehung haben wir sowohl in Bezug auf des Menschen Mitwelt (Sozialität und Status), seine geschaffene Umwelt (Gestaltungsauftrag und Verantwortung) und auf den Schöpfer hin (Personalität und Gotteskindlichkeit) entfaltet. In allen drei Feldern war nach biblischen Konzeptionen von Würde getastet worden. Dabei kamen bewusst unterschiedliche, derzeit auch kontrovers diskutierte Ansätze der Begründung der universalen Menschenwürde zum Tragen. Gefunden wurde nicht die eine begrifflich entfaltete oder exakte umrissene und biblisch begründete Würdekonzeption, sondern gefunden wurden biblische Konstellationen, in denen Würde bzw. ihre antiken und modernen Analoga auftauchten. Die Bibel eignet sich – auch das war eingangs betont worden – nicht als gleichwertiger Partner im modernen philosophischen, bioethischen oder verfassungsrechtlichen Diskurs, wohl aber als Reservoir von Eckwerten für ein christliches Menschenbild. Wenn es ein Begründungsmodell für die universale, unverrechenbare und unaufhebbare Menschenwürde nicht gibt und die Suche nach einem übergreifenden Konsens aussichtslos bleiben wird, ist es doch zumindest geboten, sich selbst Rechenschaft über die eigenen Wurzeln zu geben. Das Alte Testament ist darin für das christliche Menschenbild ein guter Lehrmeister.

Bibliographie

Böckenförde, Ernst-Wolfgang, „Die Würde des Menschen war unantastbar" – Abschied von den Verfassungsvätern, in: FAZ v. 3.9.2003.

Ders., Bleibt die Menschenwürde unantastbar?, in: BdiP 10 (2004) 1216–1227.

Cancik, Hubert, Art. Würde des Menschen, in: RGG[4] 8 (2005) 1736f.

Dabrock, Peter/Klinner, Larst/Schardien, Stefanie, Menschenwürde und Lebensschutz. Herausforderungen theologischer Bioethik, Gütersloh 2004.

M. Elsässer (Hrsg.), Die theologischen Traktate, Hamburg 1988

Frevel, Christian, „Eine kleine Theologie der Menschenwürde" – Ps 8 und seine Rezeption im Buch Ijob, in: *F. L. Hossfeld/L. Schwienhorst-Schönberger* (Hrsg.), Das Manna fällt auch heute noch. Beiträge zur Geschichte und Theologie des Alten, Ersten Testaments. FS E. Zenger (HBS 44), Freiburg u. a. 2004, 244–272.

Ders., Art. *Würde*, in: HGANT (2006) 426f.

Ders., Schöpfungsglaube und Menschenwürde im Ijobbuch. Anmerkungen zur Anthropologie der Ijob-Reden, in: *T. Krüger u. a.* (Hrsg.), Das Buch Hiob und seine Interpretationen (AThANT 88), Zürich 2006 [259–294 im vorliegenden Band].

Ders., Gottesbildlichkeit und Menschenwürde. Freiheit, Geschöpflichkeit und Würde des Menschen nach dem AT, in: *A. Wagner* (Hrsg.), Anthropologische Aufbrüche. Alttestamentliche Menschenkonzepte und anthropologische Positionen und Methoden (FRLANT 232), Göttingen 2009, 255–276 [235–257 im vorliegenden Band].

Görg, Manfred, Alles hast du gelegt unter seine Füße. Beobachtungen zu Ps 8,7b im Vergleich mit Gen 1,28, in: *E. Haag* (Hrsg.), Freude an der Weisung des Herrn. FS H. Groß (SBB 13), Stuttgart 1986, 125–148.

Groß, Walter, Gen 1,26.27; 9,6. Statue oder Ebenbild Gottes? Aufgabe und Würde des Menschen nach dem hebräischen und dem griechischen Wortlaut, in: JBTh 15 (2000) 11–38.

Härle, Wilfried, Der Mensch Gottes. Die öffentliche Orientierungsleistung des christlichen Menschenverständnisses, in: *E. Herms* (Hrsg.), Menschenbild und Menschenwürde (VWGTh 17), Gütersloh 2001, 529–543.

Herdegen, Matthias, in: *T. Maunz/G. Dürig*, Grundgesetz. Kommentar, Art. 1 I, Stand 2003, Nr. 50, 42. Ergänzungslieferung, 2003; Aktualisierung, 44. Ergänzungslieferung, 2005.

Herms, Eilert (Hrsg.), Menschenbild und Menschenwürde (VWGTh 17), Gütersloh 2001.

Irsigler, Hubert, Die Frage nach dem Menschen in Psalm 8. Zu Bedeutung und Horizont eines kontroversen Menschenbildes im Alten Testament, in: *Ders.*, Vom Adamssohn zum Immanuel (ATS 58), St. Ottilien 1997, 1–48.

Janowski, Bernd, Konfliktgespräche mit Gott. Eine Anthropologie der Psalmen, Neukirchen-Vluyn 2003.

Koch, Klaus, Imago Dei. Die Würde des Menschen im Biblischen Text. Vorgelegt in der Sitzung vom 7. Juli 2000, Berichte aus den Sitzungen der Joachim-Jungius-Gesellschaft der Wissenschaften e.V., Göttingen 2000.

Neumann-Gorsolke, Ute, „Mit Ehre und Hoheit hast Du ihn gekrönt" (Ps 8,6b). Alttestamentliche Aspekte zum Thema Menschenwürde, in: JBTh 15 (2000) 39–65.

Dies., Herrschen in den Grenzen der Schöpfung. Ein Beitrag zur alttestamentlichen Anthropologie am Beispiel von Psalm 8, Genesis 1 und verwandten Texten (WMANT 101), Neukirchen-Vluyn 2004.

Nicht, Manfred/Wildfeuer, Armin G. (Hrsg.), Person – Menschenwürde – Menschenrechte im Disput (Arbeitsbücher für Schule und Bildungsarbeit 5), Münster 2002.

Oberforcher, Robert, Biblische Lesarten zur Anthropologie des Ebenbildmotivs, in: *A. Vonach/G. Fischer* (Hrsg.), Horizonte biblischer Texte. FS J. M. Oesch (OBO 196), Fribourg u. a. 2003, 131–168.

Schnieringer, Helmut, Psalm 8. Text – Gestalt – Bedeutung (ÄAT 59), Wiesbaden 2004.

Visonà, Giuseppe, L'uomo a immagine di Dio. L'interpretazione di Genesi I,26 nel pensiero cristiano dei primi tre secoli, in: StPatr 27 (1980) 393–430.

Weiser, Artur, Die Psalmen (ATD 14–15), Göttingen ^{4}1955.

Westermann, Claus, Genesis. Kapitel 1–11 (BK.AT), Neukirchen-Vluyn ^{3}1983.

Zenger, Erich, „Was ist das Menschlein, dass du seiner gedenkst...?" (Ps 8,5), in: *R. M. Hübner/B. Mayer/E. Reiter* (Hrsg.), Der Dienst für den Menschen in Theologie und Verkündigung. FS A. Brems (ESt.NF 13), Regensburg 1981, 127–145.

Gottesbildlichkeit und Menschenwürde

Freiheit, Geschöpflichkeit und Würde des Menschen nach dem Alten Testament

Die folgenden Ausführungen verstehen sich als bibeltheologischer Beitrag zur aktuellen Würde-Diskussion. Dabei soll bewusst das Gespräch mit den anderen theologischen Disziplinen gesucht und ein Gesprächsimpuls gegeben werden. Aus diesem Grund sind die exegetischen Voraussetzungen, die in einer Fülle der thematisch relevanten Literatur entwickelt worden sind, wie auch die in der exegetischen Diskussion noch offenen Punkte nicht eigens dargestellt oder in den Anmerkungen benannt. Die hier vertretene These steht im Kontext einer Auffassung der Würde in biblischer Sicht, die an anderer Stelle breiter entfaltet worden ist.[1]

Signaturen der Gegenwart. Die Prominenz der fraglichen Würde

„*Würde* ist ein Konjunktiv" könnte eine ironische Beschreibung der Fluidität dessen sein, was das Menschenrechtsethos der Neuzeit in mehreren Verfassungen als Grundlage der Gleichheit aller Menschen festzuschreiben sucht.[2] Das Nomen „Würde" hebt sich von einer Bezeichnung des Gegebenen in das bloß Mögliche einer auxiliaren Dimension auf – und das ist noch viel. Hatte nicht bereits Schopenhauer Recht, als er diesen Begriff gegen Kant als „Schibboleth aller rath- und gedankenlosen Moralisten"[3] brandmarkte und die Aporien der Moderne vorwegnahm, in der dieser Begriff im Verdacht einer Leerformel steht?[4] Würde scheint als konkreter Wert nicht fassbar, sondern bleibt eine offene Größe.

Geradezu in paradoxer Entsprechung wächst die Bedeutung des als universal reklamierten Wertes der „Menschenwürde" in der ge-

[1] Vgl. *Frevel*, Theologie (2004), 244–272; *Ders.*, Würde (2006), 426f; *Ders.*, Tau (2006), 1–12; *Ders.*, Schöpfungsglaube (2007).

[2] Als Ausgangspunkt der Verfassungen gelten die Charta der Vereinten Nationen vom 26. Juni 1945 und die Allgemeine Erklärung der Menschenrechte 1948. Vgl. dazu *Wildfeuer*, Menschenwürde (2002), 19f; *Schweizer/Sprecher*, Menschenwürde (2004), 127–162.

[3] *Schopenhauer*, Fundament (1841), 522.

[4] Vgl. z. B. *Schlink*, Menschenwürde (2003), 50–55. Vgl. zur Kritik auch die Provokation bei *Wetz*, Würde (1998).

genwärtigen Debatte.[5] Dies passiert nicht nur in den „Außenbezirken“ der globalisierten Welt, die in den westlichen Zivilisationen und ihrer verfassungsmäßig festgeschriebenen Menschenwürde ihre Mitte sieht. In den letzten zehn Jahren trifft dies ebenfalls in zunehmendem Maße für den Binnenraum der westlichen oder vom westlichen Menschenrechtsethos geprägten Kulturen zu. Hintergrund der folgenden Überlegungen ist die neu aufgebrochene Würde-Debatte und die Frage einer biblisch begründeten christlichen Positionierung darin. Das Thema hat viele aktuelle Facetten und rückt mit Macht immer deutlicher auf die gesellschaftliche Agenda.[6] Ich nenne nur ganz knapp stichwortartig sehr unterschiedliche Aufhänger aus der aktuellen Diskussion resp. Tagespresse (2005/2006): (1) Menschenrechtsverletzungen in den Gefangenenlagern auf Guantanamo Bay (Kuba), in Bagram (Afghanistan) oder in Abu Ghraib (Irak). (2) Im europäischen Kontext die Feststellung im Jahresbericht Amnesty International 2005 über die zurückgehende Achtung vor der Menschenwürde in der Behandlung von Asylbewerbern.[7] (3) Die Diskussion um die Würde kranker Menschen in der Palliativmedizin angestoßen durch ein Positionspapier der Gesellschaft für Palliativmedizin, medial inszenierte Totschlagsprozesse von Sterbehilfefällen in der Altenpflege und neuere rechtliche Entwicklungen der Euthanasiegesetzgebung in den Benelux-Ländern Anfang 2006. (4) Bisher für den deutschen Kontext unvorstellbare Misshandlungen von Soldaten in deutschen Bundeswehrkasernen im Jahr 2005. (5) Diskussionen um die Rechtfertigung von Folterandrohungen am Beispiel der Entführer von Jacob Metzler 2005. (6) Medienethische Debatten um die verletzte Würde von Opfern und Tätern etwa am Beispiel der Videos von Entführten im Irak. Hinzu kommt als *basso continuo* die bioethische Diskussion um die Herstellung von embryonalen Stammzellenreihen und die Gentechnik des Klonens.

Nicht nur der Sache, sondern auch dem Begriff nach, ist die Menschenwürde aus den rezenten Debatten nicht wegzudenken.[8] Die Beispiele variieren und sind nicht gelöst vom Tagesgeschehen zu be-

[5] Die folgenden Anmerkungen zu aktuellen Bezügen beziehen sich überwiegend auf den Diskussionsstand im Jahr 2006. Das Thema „Würde“ ist allerdings dauerhaft aktuell, so dass sich die Bezüge zwar tagesaktuell, jedoch nicht grundsätzlich verändern. So hat z. B. die Bundestagsdebatte über die Geltung und Verbindlichkeit von Patientenverfügungen im März 2007 ein Wiederaufleben der Diskussion um die Würde des Sterbens ausgelöst.

[6] Zur Einführung sei aus der Fülle der Literatur verwiesen auf den umfassenden Überblick bei *Herms*, Menschenwürde (2005), 79–134.

[7] Vgl. Amnesty International, Jahresbericht 2005.

[8] So auch *Nida-Rümelin*, Freiheit (2005), 128, der einerseits von drei Krankheiten des Begriffs spricht (Juridifizierung, Theologisierung und Ideologisierung), andererseits aber dafür plädiert, trotz der „Malaise“ an dem Begriff festzuhalten.

trachten, doch bleibt als Konstante das, was diffus unter dem Begriff „Menschenwürde“ gefasst wird. Menschenwürde ist quasi zu einer Signatur der modernen ethischen Diskurse geworden. Die Menschenwürde ist „ein zusammenfassendes Grundkriterium ethischen Handelns“.[9] Dabei wächst mit der Bedeutung die Unsicherheit, was unter Menschenwürde genau zu fassen und vor allem wie sie zu begründen ist. Das Dilemma der fehlenden materialen Konkretion und der Notwendigkeit derselben ist einer der Hauptkritikpunkte an der bis zur Parole entwerteten Leerformel „Menschenwürde“. Denn trotz Unaufhebbarkeit und Unverrechenbarkeit bleibt die inhaltlich positive Füllung der Menschenwürde als Selbstwert des Menschen bekanntlich schwer zu vollziehen.[10] Sie ist – was die auf *Kant* zurückgehende Objektformel zum Ausdruck bringt[11] – einfacher im Modus der Abwesenheit zu beklagen, wenn Menschen etwa in ihren Lebensbedingungen so erniedrigt werden, dass der gesellschaftliche Konsens von einem Verlust der Würde spricht. Doch bleibt die subjektive Einschätzung, wann Armut, Krankheit oder Leid die Würde eines Menschen antasten oder gar aufheben, sehr different. Einen gleichermaßen für alle Menschen verbindlichen Maßstab gibt es nur auf sehr abstraktem Niveau. Zwischen der formalen theoretischen Grundlage und der konkreten Anwendung klafft ein Hiatus. Dazu kommt die allenthalben notierte Begründungsproblematik. Ein Konsens in der Begründung ist bisher nicht gefunden und – wie es scheint – auch per se ausgeschlossen. W. Härle formuliert pointiert: „Es gibt eine *Mehrzahl* miteinander konkurrierender Begründungen, oder es gibt gar *keine* Begründung“.[12] Begründungsoffenheit wird daher zu Recht als „die ausdrückliche Zulassung zumindest der Möglichkeit mehrerer unterschiedlicher (möglicherweise sogar miteinander unvereinbarer) Begründungen für die Menschenwürde“[13] gefasst. Den Menschen mit Kant als „Zweck an sich selbst“ zu beschreiben scheint zwar für

[9] *Mieth*, Mensch (2005), 32.

[10] *Herms*, Menschenbild (2001), 13 nennt als Gründe für diese Schwierigkeit: Die inhaltliche Bestimmung dessen, was die Menschenwürde umfasst, ist different, da die Bestimmung von Menschenbildern abhängig ist und diese wiederum differieren und an sich nicht verifizierbar oder falsifizierbar sind. Eine verbindliche Definition des Menschseins, wie sie die universale Menschenwürde eigentlich voraussetzt, ist daher unmöglich. Zurück bleibt das Paradox, dass die Menschenwürde universal reklamiert, aber partikular differenziert wird.

[11] „Handle so, dass du die Menschheit sowohl in deiner Person als in der Person eines jeden Anderen, jederzeit zugleich als Zweck, niemals bloß als Mittel brauchst“ (Grundlegung zur Metaphysik der Sitten AA IV, 429,10–13). Vgl. zur Darstellung der Position Kants *Cattaneo*, (2004), 24–32; *Wildfeuer*, Menschenwürde (2002), 58–69; *Löhrer*, Würde (2005).

[12] Zur prinzipiellen Begründungsoffenheit *Härle*, Mensch (2001), 531.

[13] *Härle*, Mensch (2001), 531.

einen Großteil der modernen Gesellschaften konsensfähig zu sein, doch reicht das nicht aus, um die „Würde von Anfang“ an letztgültig widerspruchsfrei und konsensfähig zu begründen. Die Bezogenheit auf das in der Vernunft gründende Personsein kommt ohne Potentialitäts- und Kontinuitätsargumente nicht aus und genau dort beginnen die anwendungsbezogenen Probleme in Bioethik und Recht.

Die Diskussion um die Menschenwürde, ihre Begründung und konkrete Anwendung bestimmen seit Jahren den Diskurs um die Gentechnik.[14] Was darf die Forschung tun und was muss sie an Möglichkeiten unverwirklicht lassen? War mit der Einigung über das Verbot verbrauchender Embryonenforschung, nach der jede Herstellung und Verwendung von menschlichen Embryonen verboten ist (es sei denn, sie dient der Herbeiführung einer Schwangerschaft)[15], in der Bundesrepublik etwas Ruhe in die erhitzte Diskussion eingekehrt, so ist diese durch eine Rede der Bundesjustizministerin Brigitte Zypries an der Humboldt-Universität im Oktober 2003 erneut aufgeflammt.[16] Die „neue“ Position plädierte dafür, zugunsten der Forschungsfreiheit die Menschenwürde in einem Stufenkonzept zurückzustellen. „Die Menschenwürde ist demgegenüber absolut geschützt. Sie ist nach herrschender Meinung einer Abwägung nicht zugänglich. Ich halte das für richtig. … Gerade wegen dieses absoluten Schutzes müssen wir die Frage, ob bereits dem Embryo in vitro Menschenwürde zukommt, besonders sorgfältig prüfen“. Dann aber kommt sie zu dem Ergebnis: „Die lediglich abstrakte Möglichkeit, sich in diesem Sinne weiter zu entwickeln, reicht meines Erachtens für die Zuerkennung von Menschen nicht aus“. Da an der Unabwägbarkeit festzuhalten sei, müsse sorgfältig geprüft werden, „ob bereits dem Embryo in vitro Menschenwürde zukommt“. Im Wahlkampf 2005 wurde diese Position von dem damaligen Bundeskanzler Gerhard Schröder im Rahmen der sog. „Innovationsoffensive“ forciert.[17] Im Kontext der Verleihung der Ehrendoktorwürde an der Universität Göttingen machte Schröder mit Hinweis auf die internationale Konkurrenz deutlich, dass die Position Deutschlands in der verbrauchen-

[14] Vgl. *Höffe/Honnefelder/Isensee/Kirchhof*, Gentechnik (^{2}1998), 161–242.

[15] Das sog. Embryonenschutzgesetz vom 1.1.1991.

[16] Die unter dem Titel „Vom Zeugen zum Erzeugen? Verfassungsrechtliche und rechtspolitische Fragen der Bioethik“ am 29.10.2003 an der Humboldt-Universität in Berlin gehaltene Rede zum bisherigen Embryonenschutz-Gesetz ist dokumentiert unter http://www.zeit.de/reden/wissenschaft/Bioethik_031030 (letzter Zugriff 07.12. 2015).

[17] Vgl. das Interview im Spiegel vom 5.1.2004 sowie die Stellungnahmen des Vorsitzenden der Enquete-Kommission *Röspel* und des Grünen *Büttikhofers* im Tagesspiegel vom 7.1.2004.

den Embryonenforschung überdacht werden müsse.[18] Die Forschungsministerin ist ihm unmittelbar mit der Forderung beigesprungen, über die Stichtagsregelung hinaus neue Stammzellen-Linien für die Forschung zuzulassen. Die Reaktion der Opposition war entsprechend heftig und polemisch. Man mag dies als Wahlkampfgetöse abtun, doch ist unzweifelhaft erkennbar, dass die Ablehnung des therapeutischen und reproduktiven Klonens mittels des in der Verfassung festgeschriebenen Wertes der unantastbaren Würde des Menschen politisch keinesfalls mehr unbestritten ist. Damit eng verbunden ist der Diskussionsfaden in der Rechtswissenschaft und der Frage des Stellenwerts der Menschenwürde in der Verfassung der Bundesrepublik.

Ausgehend von Umbrüchen in der Rechtswissenschaft hat vor allem die Überarbeitung des klassischen und für das rechtliche Verständnis basalen Grundgesetzkommentars von Maunz/Dürig[19] durch den Bonner Staatsrechtler Matthias Herdegen hohe Wellen geschlagen.[20] Dort geht es um den Stellenwert, der der Menschenwürde in staatsrechtlicher Sicht im Grundgesetz zukommt bzw. aus staatsrechtlicher Sicht zukommen kann. Versteht man die Menschenwürde quasi naturrechtlich als oberstes und tragendes Konstitutionsprinzip, das vorpositiv und damit normativ begründend ist, oder versteht man sie vom positiven Recht her als lediglich subjektiven Anspruch, der dem Recht vorgeschaltet ist, dem aber als solchem keine unhinterfragt begründende, sondern lediglich eine deklaratorische Funktion zukommt? Die Positionen sind diametral und die Folgen unübersehbar. Einer der Schlüsselsätze Herdegens lautet: „Trotz des kategorischen Würdeanspruchs aller Menschen sind Art und Maß des Würdeschutzes für Differenzierungen durchaus offen, die den konkreten Umständen Rechnung tragen".[21] Damit ist das Konzept für graduelle Differenzierungen und Abstufungen offen. Die auf Potentialitäts-

[18] Vgl. bereits die Regierungserklärung vom 17.3.2005 in Bezug auf das therapeutische Klonen http://www.bundesregierung.de/Bulletin/-,413.803931/ dokument.htm (letzter Zugriff 1.3.2006).

[19] Vgl. *Maunz/Dürig*, Grundgesetz ([47]2006).

[20] In beiden Kommentaren wird die Auslegung des Grundgesetzes etwa in Bezug auf die Menschenwürde eines Embryos (keinesfalls völlig zu Unrecht) als zeitbedingt qualifiziert. Daraus wird der Anspruch abgeleitet, eine Neubestimmung der Grundposition vornehmen zu können. Zypries bezieht sich in ihrer Rede auf den Streit und weist die Position von *Böckenförde*, Würde (2003), 33.35 als übertrieben zurück.

[21] *Herdegen*, Grundgesetz (2003), Nr. 50, 42. In der jüngsten Fassung lautet der Satz: „Der kategorische Würdeschutz kommt *allen* Menschen als Person zu. Im Sinne der gebotenen Gesamtbetrachtung sind Art und Maß des Würdeanspruches für Differenzierungen durchaus offen, die den konkreten Umständen (wie besonderer Schutzbedürftigkeit) Rechnung tragen" (Nr. 50, 35).

und Kontinuitätsargumentationen aufruhenden Argumentationsmuster in den Debatten um Embryonenschutz scheinen damit in Frage zu stehen. Die Verschiebung hat Ernst-Wolfgang Böckenförde sicher nicht zu Unrecht als „Epochenbruch", „Traditionsbruch" und „Abschied von Günter Dürig" sowie als „Rütteln am Fundament" gebrandmarkt.[22]

Aufgrund der Erfahrungen eklatanter Würdeverletzungen zwischen 1933 und 1945 sollte die in Art. 1 GG verankerte Menschenwürde quasi naturrechtlich und unabwägbar verankert werden. Das brachte der lange Zeit Maßstäbe setzende Kommentar Dürigs zum Ausdruck, indem er die Menschenwürde als der Abwägung entzogenes oberstes Konstitutionsprinzip allen objektiven Rechts definierte. Doch scheint trotz der damit verbundenen Folgeprobleme *staatsrechtlich* eine vorpositive Begründung der Menschenwürde schwer haltbar.[23] „Die Garantie der unverletzlichen Menschenwürde und der daraus folgenden Freiheiten wird nicht schon deshalb gelingen, weil die Verfassungsgeber sie beschlossen und veröffentlicht haben oder die Völkergemeinschaft sie als Menschenrechte verkündet hat. Ihre normative Kraft steht und fällt mit dem Willen der Rechtsgemeinschaft zu diesem Recht und dem allgemeinen Bewusstsein seiner Richtigkeit".[24] Damit geht es weniger um den rechtspositiven Aspekt als um die auf den Rechtswillen gerichtete appellative Funktion des Maßstabs „Menschenwürde". Einer direkten Ableitung von Freiheitsrechten aus Art. 1 GG ist damit eine Absage erteilt. „Auch die in der verfassungsrechtlichen Literatur gängige, aber selten explizierte oder gar problematisierte Rede vom „Menschenwürde-Kern" der (aller) Grundrechte ist vermutlich gut gemeint, aber schlecht durchdacht".[25] Was unbestritten bleibt, ist die Orientierungsfunktion – nicht mehr und auch nicht weniger.

Wie auch immer diese Diskussion zu bewerten ist, erkennbar ist, dass die Begründungsoffenheit des Menschenwürde-Konzeptes trotz des inflationären Bedeutungspostulates auch das Grundgesetz und damit das Fundament des Rechtsstaates erreicht hat. In der kommen-

[22] Vgl. *Böckenförde*, Würde (2003); *Ders.*, Menschenwürde (2004), 1216.1219. 1222.

[23] Vgl. z. B. *Thurn*, Tasten (2005), 11. Zur breiten Diskussion in der Rechtswissenschaft vgl. in Auswahl: *Benda*, Verständigungsversuche (2001), 2147–2148; *Böckenförde*, Menschenwürde (2003), 809–815; *Herdegen*, Menschenwürde (2001), 773–779; *Hoerster*, Bedeutung (1983), 93–96; *Hofmann*, Menschenwürde (1993), 353–377; *Dreier*, Grundgesetzkommentar (^{2}2004), 139–231; *Ders.*, Bedeutung (2004), 33–48; *Ders.*, Menschenwürde (2005), 167–210. Dezidiert anders: *Höfling*, Kommentierung (^{3}2002), 87; *Ders.*, Unantastbarkeit (1995), 857–862.

[24] *Kirchhof*, Zusammenhalt (2002), 263.

[25] *Dreier*, Bedeutung (2004), 47.

den Auseinandersetzung wird es umso notwendiger sein, Position beziehen zu können.

Damit soll der äußere Rahmen angerissen sein, in dem sich meine Überlegungen zur Würde des Menschen situieren. Dieser Aufsatz will keinen Beitrag zur Begründungsproblematik in rechtsphilosophischer oder in moraltheologischer Hinsicht leisten und kann dies auch gar nicht. Aber Begründungsoffenheit darf ja nicht als Begründungsbeliebigkeit oder Begründungsverzicht missverstanden werden, sondern fordert zur Standortdefinition innerhalb pluralistischer Begründungskonzepte heraus. Dabei geht es nicht darum, das eigene Begründungsmodell absolut zu setzen, sondern vielmehr nach außen transparent zu machen und für eine differenzierte Auseinandersetzung zur Diskussion zu stellen. Wenn Menschenwürde als konstitutiver anthropologisch-ethischer Leitbegriff festgehalten werden soll, muss der jeweilige Begründungshintergrund im Menschenbild offen gelegt werden. „Menschenwürde ... wirkt nur dort konkret, wenn sie gehaltvoll ist – und gehaltvoll wird sie wiederum nur durch Menschenbilder“.[26] Für eine christliche Position ist dabei Voraussetzung, die in der Offenbarung liegenden Menschenbilder und Begründungsmöglichkeiten zu entfalten. Das ist ohne den Rückbezug auf die Schrift nicht zureichend möglich, weshalb die Bibelwissenschaft in der derzeitigen Debatte eigentlich besonders gefragt ist.

Die Ebenbildlichkeit als *das* biblische Begründungsmodell für die universale Menschenwürde

In der Bibelwissenschaft herrscht bezüglich des offenen Konzeptes oder Problemkreises Menschenwürde, um es drastisch zu formulieren, ein gewisser Notstand. „Würde“ ist biblisch ohne semantisch eindeutiges Äquivalent und „Menschenwürde“ kein genuin biblischer Begriff, geschweige denn eine biblische Konzeption, so dass es an eindeutigen textlichen Ansatzpunkten fehlt.[27] Leichter ist zurückzugreifen auf ein statusorientiertes Konzept, das mit leistungsorientierten Wertzuschreibungen arbeitet und für die Antike einen Grundtyp der Begründung von „Ehre“ bzw. „Würde“ darstellt.[28]

Mit gutem Rückhalt in der patristischen Tradition einerseits und der systematischen Theologie andererseits wird von alttestamentli-

[26] *Mieth*, Menschenbild (2004), 69f.

[27] Entsprechend fehlt der Begriff in nahezu allen biblischen Wörterbüchern und Nachschlagewerken. Eine Ausnahme jetzt: *Frevel*, Würde (2006), 426f.

[28] Vgl. zu Begründungsmodellen der Antike *Feldtkeller*, Grundtypen (2005), 25–47; *Neumann*, Ehre (2006), 138–140 und *Frevel*, Tau (2006).

cher Seite beim Thema Menschenwürde geradezu reflexartig auf die Gottebenbildlichkeit und damit auf den ersten Schöpfungsbericht zurückgegriffen (Gen 1,26–31). Daneben, aber davon nicht unabhängig, ist Psalm 8 zu nennen, wo der Mensch „wenig geringer als Gott" (ותחסרהו מעט מאלהים V. 6) geschaffen ist. So finden sich etwa in dem Jahrbuch für Biblische Theologie, das sich in seinem 15. Band dem Thema „Menschenwürde" gewidmet hat, zwei alttestamentliche Aufsätze: Walter Groß fasst noch einmal die von ihm selbst maßgeblich vorangebrachte Ebenbildlichkeitsdiskussion zu Gen 1,26 zusammen[29] und Ute Neumann-Gorsolke bietet einen Überblicksartikel zu „Alttestamentlichen Aspekten zum Thema Menschenwürde", der sich nach einer kurzen allgemeinen Einleitung vornehmlich mit Ps 8 beschäftigt.[30] In der Einleitung des Bandes heißt es zum Stellenwert der Ebendbildlichkeitsaussage: „Zweifellos spielt im semantischen Feld der biblischen Theologie, das dem neuzeitlichen Begriff der Menschenwürde entspricht, die Bestimmung des Menschen zum Ebenbild (*imago dei*) eine Schlüsselrolle".[31]

Ein weiteres gutes Beispiel für den Rückgriff bietet die Studie von Klaus Koch zu „Imago Die. Die Würde des Menschen im Biblischen Text". Für ihn zielt der „klare(n) Wortlaut von Gen 1 … offensichtlich auf eine universale Menschenwürde ohne jeden Abstrich".[32] Abgesehen davon, dass der Wortlaut in Gen 1 bedauerlicherweise nicht so klar ist, ist eine universale Würdekonstitution nur unter der Voraussetzung *offensichtlich*, dass in der Abbildlichkeit eine unverlierbare *Qualität* zum Ausdruck kommt. Gerade das steht allerdings in der jüngeren Diskussion nicht mehr außer Zweifel. Der Prominenz der Aussage und ihrer Verbindung mit der „Menschenwürde" scheint das aber nicht im Wege zu stehen. So schreibt etwa der Züricher Alttestamentler Thomas Krüger in einem Artikel über die Menschenwürde aus alttestamentlicher Perspektive: „Wenn Gott den Menschen nach seinem Bilde geschaffen hat, ist auch ein Baby, ein Bewusstloser, ein geistig Behinderter, ja selbst noch ein Leichnam Gott ähnlich und hat darin seine Würde – unabhängig von bestimmten Eigenschaften, einfach deshalb, weil es sich um einen Menschen handelt".[33] Eine derartige Argumentation, der abgesehen von dem zustimmungspflichtigen appellativen Moment die Stringenz fehlt,

29 Vgl. *Groß*, Gen 1,26.27 (2000), 11–38.

30 Vgl. *Neumann-Gorsolke*, Ehre (2000), 41f.

31 *Hamm/Welker*, Vorwort (2000).

32 *Koch*, Imago (2000), 6.

33 *Krüger*, Elend (2001), 280. Der Artikel bietet ansonsten gute und wichtige Anregungen zur Diskussion um die Menschenwürde. Der zitierte Satz ist – was die Behutsamkeit und Stringenz der Argumentation *Krügers* angeht – eher eine Ausnahme.

überfordert die alttestamentliche Aussage von der Gottebenbildlichkeit, wenn diese keine qualitative *unverlierbare Eigenschaft* des Menschseins festschreibt. Ist also die Entwicklung der jüngeren Ebenbildlichkeitsdiskussion von der qualitativen zur funktionalen Interpretation in der Auswertung von Gen 1,26–28 noch nicht in der Menschenwürde-Diskussion angekommen?

Hinzu kommt das Problem der Singularität der Aussage von Gen 1. Zu Recht wurde und wird die Aussage immer wieder als Spitzenaussage herausgehoben. So z. B. bei Robert Oberforcher: „Die Ebenbild-Qualifikation des Menschen ist eine eminente Bestimmung der Würde des Menschen und damit eine Spitzenaussage zur Biblischen Anthropologie".[34] Dabei hat nie sonderlich gestört, dass die Aussage im Alten Testament keinesfalls im Zentrum steht, sondern – abgesehen von dem Paukenschlag zu Beginn mit Gen 1,26 lediglich das Dasein eines Mauerblümchens fristet. Innerhalb der biblischen Aussagen zur Anthropologie ist die Gottebenbildlichkeitsaussage ein geradezu isoliertes Theologumenon. „Dennoch ist die Formel ‚der Mensch – das Ebenbild Gottes', in der lateinischen Fassung *imago dei*, zum konstitutiven Faktor theologischer Anthropologie geworden".[35] Gerade insofern die Gottebenbildlichkeit als Vernunftbegabung und Fähigkeit zur Selbstreflexion bestimmt wird, bietet sie sich als anschlussfähiges Bindeglied zu der personenbezogenen Argumentation an. Entsprechend häufig ist sie im Kontext der Menschenwürde-Diskussion verhandelt worden.

Nicht nur im alttestamentlichen, sondern auch im *gesamtbiblischen* Kontext kommt der Gottebenbildlichkeitsaussage aber gar nicht die zentrale Stellung zu, die ihr in der Rezeption beigemessen wurde. Die Gottebenbildlichkeit wurde als unverlierbares, qualitatives, ja ontologisches Moment des Menschseins gefasst und so mit der unverlierbaren Würde des Menschen verknüpft. Dabei wird einerseits die neutestamentliche Rezeption von Gen 1,26–28 LXX bei Paulus vorausgesetzt, zugleich aber in problematischer Weise ausgeblendet, da Paulus die Gottebenbildlichkeit nur als eine durch die Sünde verlierbare Eigenschaft über Gen 3 rezipiert (Röm 3,23[36]). Wenn nicht, treten Universalität und Unverlierbarkeit in Spannung zur Erlösungsbedürftigkeit. Nehmen wir als ein erstes Beispiel den Katechismus der Katholischen Kirche. Dort heißt es in Art. 1700:

[34] *Oberforcher*, Lesarten (2003), 139 (Herv. getilgt.). Vgl. *Neumann-Gorsolke*, Ehre (2000), 41f: „Das Verständnis der Gottebenbildlichkeit des Menschen, die seine besondere Würde und Vorrangstellung in der Welt ausmache, hat auch die alttestamentliche Exegese nachhaltig beeinflußt".

[35] *Koch*, Imago (2000), 5.

[36] Vgl. Weish 2,23f; 1 Kor 11,7; 15,49; 2 Kor 4,4; Kol 1,15; 3,10; Jak 3,9; Eph 4,24.

„Die Würde des Menschen wurzelt in seiner Erschaffung nach Gottes Bild und Ähnlichkeit; sie kommt in seiner Berufung zur Seligkeit Gottes zur Vollendung". Zur Erläuterung wird dann in 1702 unter Aufnahme der Pastoralkonstitution des II. Vatikanums Gaudium et Spes 22,1 erläutert: „‚Christus … macht in der Offenbarung des Geheimnisses des Vaters und seiner Liebe dem Menschen sein eigenes Wesen voll kund und erschließt ihm seine höchste Berufung' (GS 22,1). In Christus, dem ‚Ebenbild des unsichtbaren Gottes' (Kol 1,15), wurde der Mensch nach dem ‚Bilde' des Schöpfers ‚ihm ähnlich' erschaffen. In Christus, dem Erlöser und Retter, wurde das durch die Ursünde entstellte göttliche Abbild im Menschen in seiner ursprünglichen Schönheit wiederhergestellt und durch die Gnade Gottes veredelt".[37] Die unverrechenbare Menschenwürde tritt hier in eine Abhängigkeit zur Offenbarung in Christus und droht ihre Universalität zu verlieren, insofern der Mensch sich nicht als „neuer Mensch" in Christus der Gnade Gottes öffnet.[38] Die Problematik wird vollends sichtbar in dem folgenden Satz 1702: „Das Bild Gottes ist in jedem Menschen gegenwärtig". Damit bleibt ein unversehrter Restbestand der ursprünglichen Schöpfungswürde, die nicht in Christus wiederhergestellt werden muss, und diese steht in Spannung zur universalen Sündhaftigkeit und der damit verloren gegangenen δόξα (πάντες γὰρ ἥμαρτον καὶ ὑστεροῦνται τῆς δόξης τοῦ θεοῦ Röm 3,23). „Es zeichnet sich folgende Problemlage ab: Der Ansatz bei der Gottebenbildlichkeit sieht sich konfrontiert mit der Sündhaftigkeit des Menschen, der christologische Rechtfertigungsansatz steht vor der Frage der Universalität der Menschenwürde".[39]

In protestantischer Rezeption bricht die angezeigte Problematik im Verhältnis von Rechtfertigung und Ebenbildlichkeit auf. Klassisch ist dies beispielsweise in der Rezeption der Ebenbildlichkeitsvorstellung in Bonhoeffers Systematik erkennbar: „Niemand findet das verlorene Ebenbild wieder, es sei denn, dass er teilgewinnt an der Gestalt des menschgewordenen und gekreuzigten Jesus Christus".[40] Oder mit Wolfgang Huber: „Seine Würde kann deshalb auch nicht als etwas an ihm selbst aufweisbares verstanden werden; vielmehr wird sie ihm durch Gottes rechtfertigende Gnade zugesprochen".[41] Wenn aber Gottebenbildlichkeit etwas ist, das dem Menschen nur qua *imago Christi* in der Spannung von „schon" und „noch nicht" bzw. im Rechtfertigungsgeschehen zukommt, ist die Universalität

[37] Katechismus der Katholischen Kirche (1993).
[38] Das sieht mit decouvrierender Deutlichkeit *Nida-Rümelin*, Freiheit (2005), 129f.
[39] *Schardien*, Menschenwürde (2004), 92.
[40] *Bonhoeffer*, Nachfolge (^{2}1994), 300.
[41] *Huber*, Menschenrechte (1992), 579.

der Gottebenbildlichkeit nur noch bedingt gegeben. Dann wird die Angleichung an Christus in der Taufe zur Voraussetzung der Würdezuschreibung und die Menschenwürde droht zwar zu einem universalen Angebot, zugleich aber zu einer exklusiv christlichen Zuschreibung zu werden, die vollkommen abhängig ist vom christlichen Menschenbild. „Erst Christus eröffnet dem Menschen das Angebot neuer Würde".[42]

> Die Essenz der zumeist impliziten neutestamentlichen Aussagen zur Würde ist deutlich christologisch geprägt, doch stimmt sie gerade im Blick auf die menschliche Verdanktheit auch mit dem Alten Testament überein. Der Mensch vermag seine Würde nicht selbst zu konstituieren, denn sie besteht in keiner intrinsischen Qualität oder ethischen Kompetenz. Stattdessen wird sie dem Menschen bar jeder Eigenleistung im Rechtfertigungsgeschehen als ‚abgestrahlte Fremdwürde' Christi zugeeignet und wirkt sich tatkräftig aus in einem dieser Würdestellung entsprechenden Leben.[43]

Wenn das Problem gesehen wird, bietet sich als scheinbare Lösung die Entkoppelung von Ebenbildlichkeit und Sündhaftigkeit des Menschen an. So z. B. bei Michael Welker: „Die klassischen Schöpfungserzählungen Gen 1 und Gen 2 werden auch von den neutestamentlichen Überlieferungen als maßgeblich vorausgesetzt und aufgenommen. Die schöpfungstheologische Bestimmung der Menschen zur Gottebenbildlichkeit und die ihnen damit verliehene Würde werden nicht revoziert".[44] Auch wenn Welker von der christologischen Begründung der Ebenbildlichkeit nicht Abstand nimmt, betont er die Geltung der Aussage von Gen 1,26–28. Dabei stellt sich der Eindruck ein, dass der paulinischen Position gegenüber der Grundaussage in Gen 1 zu wenig Gewicht beigemessen wird.

Über systematisch-theologische Versuche zum Zusammenhang von Würde und Ebenbildlichkeit soll hier nicht geurteilt werden. Mir geht es um die Tragfähigkeit der biblischen Konzeption der Gottebenbildlichkeit und ihrer Rezeption im Kontext der Menschenwürde-Diskussion. Angesichts der bisher angestellten Überlegungen stellt sich der Verdacht ein, dass, wenn es um die Unaufhebbarkeit der Menschenwürde geht, die gnadenhafte Ebenbildlichkeit in Christus stärker betont wird, während dann, wenn es um die Universalität geht, die schöpfungsgegebene Gottebenbildlichkeit in Gen 1,26–28 zur Begründung herausgestellt wird. Wenn beide Linien zusammen gesehen werden, ist entweder die Universalität oder die Unaufheb-

[42] *Schardien*, Menschenwürde (2004), 86.

[43] Ebd., 87.

[44] *Welker*, Person (2000), 260. Abgesehen von der Präponderanz von Gen 1 erscheint mir die christologische Begründung des universalen, unverrechenbaren und unaufhebbaren Würdeprädikates nicht adäquat eingeholt, wenn die Würde als eine erst „eschatologisch vollzogene göttliche Bestimmung" (262) gefasst wird.

barkeit in Frage gestellt und ein Stufen- oder ein graduelles Konzept favorisiert. Aber „entweder wird dem Menschen Würde zuerkannt – dann auch im Vollsinn – oder eben nicht, wodurch das Menschsein im Ganzen abgesprochen wird".[45] Eignet sich also die biblisch formulierte Gottebenbildlichkeitsvorstellung überhaupt zur Begründung universaler, unverrechenbarer und unaufhebbarer Würde des Menschen?

Relationale Gottesbildlichkeit und universale Würde

Bezüglich des Verständnisses der biblischen Rede von der Gottebenbildlichkeit hat sich in den vergangenen Jahrzehnten in der alttestamentlichen Exegese eine stark veränderte Diskussionslage ergeben, die auch auf das Verhältnis von Menschenwürde und Gottebenbildlichkeit durchschlägt. An die Stelle der von der Vernunftnatur ausgehenden abendländischen qualitativen Deutung ist die von der Königsvorstellung ausgehende funktionale altorientalische getreten. „Der gegenwärtige exegetische Konsens besagt: Die Gottesstatuenmetapher ist Israel aus Varianten der altorientalischen Königsideologie überkommen. Statue Gottes und insofern machtvoller und tätiger Repräsentant der Gottheit ist in Ägypten (dort vielfältiger und systematisch entfaltet) und in Assyrien der König. ... Nach dem Ende des Königtums in Israel konnte diese Vorstellung universalisiert werden".[46] Ferner hat sich mehr oder weniger ein Konsens dahingehend gebildet, dass der ursprüngliche Sinn der Gottebenbildlichkeitsaussage in Gen 1,26f weder auf eine Abbildlichkeit des Menschen noch auf ein bestimmtes natürliches Wesensmerkmal wie die Vernunftbegabung, das Personsein oder die unsterbliche Seele zielt.[47] Die Gottebenbildlichkeitsaussage in Gen 1 ist vielmehr als Funktionsaussage zu verstehen. Sie spricht dem Menschen nicht eine Wesensähnlichkeit mit Gott zu (was in der um den starken Abstand zwischen der Heiligkeit des *kābôd* bemühten Priestergrundschrift auch verwundern würde), sondern eine Funktionsähnlichkeit. Nun ist mit Recht darauf hingewiesen worden, dass die diametrale Gegenüberstellung von Funktion und Wesen nicht hilfreich ist, insofern die funktionale In-

[45] *Schardien*, Menschenwürde (2004), 87.

[46] *Groß*, Gen 1,26.27 (2000), 12f.

[47] Vgl. zum Diskussionsstand *Groß*, Gen 1,26.27 (2000); *Ders.*, Gottebenbildlichkeit (1993), 35. Vgl. auch *Görg*, Ebenbild Gottes (1998), 11–23; *Janowski*, Statue (2004), 183–214; *Neumann-Gorsolke*, Herrschen (2004). Anders nach wie vor *Koch*, Perspektiven (2001), 48–70, 52f; *Ders.*, Imago (2000), 21: „Die Standbild-Metapher setzt sicherlich eine gewisse Übereinstimmung der *äußeren Gestalt* von Mensch und Gott voraus".

terpretation auch qualitative Momente einschließt.[48] Allerdings hat diese Korrektur schon den Schwenk der Mehrheitsmeinung zur funktionalen Interpretation im Rücken. Ist man einmal aus der ontologischen Interpretationsschiene heraus, kann man der Gottebenbildlichkeit durchaus „qualitative" Anteile zugestehen, wobei der funktionale Aspekt im Vordergrund bleibt.

Um diese veränderte Sichtweise zu unterstreichen ist in jüngerer Zeit mehrfach von Gottesbildlichkeit anstelle von Gott*eben*bildlichkeit die Rede. Der Mensch wird als Repräsentationsbild zum königlichen Mandatar Gottes bestellt. Entscheidend für das Verständnis sind die beiden Bildbegriffe und die mit ihnen kontextualisierte Aussage. Während צלם „die Statue in ihrer Funktion als machtvolle Repräsentanz"[49] und nicht in ihrer Ähnlichkeit zum „Urbild" ausweist, ist auch durch das explikativ hinzugesetzte דמות auf die funktionale Ähnlichkeit und nicht die Abbildlichkeit abgehoben. Exegetisch nicht abschließend geklärt ist, ob die Aussage insgesamt durch die Kombination der beiden Lexeme mit den jeweils vorgeschalteten Präpositionen abgeschwächt werden soll oder ob die beiden Aussagen als synonym und gleichwertig zu verstehen sind. Als Tendenz wird man festhalten können, dass eine Abschwächung eher von denen favorisiert wird, die an einem ontologischen Bedeutungspotential der Gottebenbildlichkeitsaussage festzuhalten suchen. Für die explikative Synonymität spricht die umgekehrte Lexemreihenfolge und der vertauschte Gebrauch der Präpositionen in Gen 5,3. Das lässt eine subtile Abschwächung in der Kombination der Begriffe eher unwahrscheinlich erscheinen, wobei schon das bloße Nebeneinander als distanzierende Umschreibung gedeutet werden kann. Als gewichtiges Argument für ein Moment der Distanz ist hingegen die Numerusinkongruenz zwischen dem „uns" und dem Sg. des Menschen und schließlich die Zweigeschlechtlichkeit, die Gott nicht zukommt, ins Feld geführt worden. Dabei fragt sich allerdings, ob die für die Priestergrundschrift selbstverständliche Differenz zwischen Mensch und Gott auch in einer in der Lexematik ausgedrückten Distanzierung zum Ausdruck kommen muss. Das muss hier nicht erneut diskutiert werden. Festzuhalten ist, dass Gottebenbildlichkeit und Herrschaftsauftrag nicht voneinander zu trennen sind: Durch die Gottesbildlichkeit des Menschen wird der Mensch in eine gegenüber der übrigen Schöpfung herausgehobene Stellung versetzt, die vor allem mit dem Herrschaftsauftrag verbunden ist. Es geht um das stellvertretende Handeln des Menschen, der sich gegenüber der geschaffenen Welt in

[48] Vgl. *Oberforcher*, Lesarten (2003), 136–138; *Neumann-Gorsolke*, Herrschen (2004), 197ff.304ff; *Schwindt*, Gesichte (2007), 89.
[49] *Groß*, Gen 1,26.27 (2000), 19.

einer dem Schöpfer vergleichbaren Funktion befindet. Dabei ist weniger an die *creatio prima* als an die *creatio continua* gedacht. Die Gottebenbildlichkeitsaussage ist eine Verhältnisaussage, die den Auftrag des Menschen zur Wahrung der Schöpfungsordnung festschreibt. Dass damit unaufgebbare Momente des Menschseins festgeschrieben werden und dessen relative Sonderstellung in der Schöpfungsordnung begründet ist, kann und soll nicht bestritten werden. Auch nicht, dass durch die demokratisierte Königsvorstellung jedem Menschen qua Schöpfung eine königliche Dignität zugesprochen wird. Dennoch liegt der Schwerpunkt der Gottesbildlichkeitsaussage auf dem relationalen und funktionalen Aspekt.

Trotz aller demokratisierter Königsvorstellung und der darin impliziten Herrschaftskritik, ist ein Zweifaches zuzugestehen. Entfaltet wird, auch wenn in der Priestergrundschrift eine klare Theozentrik im Hintergrund steht, ein anthropozentrisches Weltbild. Zum anderen ist die dem Menschen übertragene Herrschaft nur mit einer eindeutigen Domination zu verwirklichen.[50] Es geht nicht nur um ein hirtenähnliches Behüten der Schöpfung, sondern auch um ein anthropozentriertes Gewaltmonopol. Allerdings darf ebenso wenig verkannt werden, dass die Herrschaft des Menschen nicht dem Menschen dient oder dass die Schöpfung ausschließlich auf ihn hin geordnet ist. Alttestamentlich ist die gegebene Anthropozentrik nicht aus der übergeordneten Theozentrik zu lösen. Jene Theozentrik ist Ziel und Korrektiv der Herrschaft des Menschen. Ein der Gottesbildlichkeit entsprechendes Handeln zielt auf die Erhaltung und Entfaltung der von Gott gut geschaffenen Welt. Damit ist die dem Menschen qua Schöpfung gegebene Würde vor allem als *Verantwortung* zu konkretisieren. Die Gottesbildlichkeit „beschreibt den Menschen weniger in seiner Relation zu Gott als vielmehr in seiner aus der schöpfungsgemäßen Gottesbeziehung resultierenden Relation zu allen Lebewesen unter ihm".[51] Verantwortung und Würde gehören in der Ebenbildlichkeitsaussage eng zusammen. Damit eignet sich die Aussage nur noch bedingt zur Begründung der unveräußerlichen und unverrechenbaren Menschenwürde, denn ihre Stoßrichtung ist eigentlich eine andere. Natürlich lässt sich ein Moment der Würde auch über die schöpfungsgemäße Funktion des Menschen begründen, doch ist dies nicht etwa die in der Präambel des Grundgesetzes gemeinte unantastbare und unverrechenbare Menschenwürde. Ausgeschlossen ist jedenfalls die traditionelle Deutung einer wesenhaften

[50] Vgl. zur Diskussion um den semantischen Bedeutungsgehalt der Verben רדה und כבש *Rüterswörden*, Dominium (1993); *Janowski*, Herrschaft (1993), 142–165.
[51] *Groß*, Gen 1,26.27 (2000), 32.

Ebenbildlichkeit, die als Würde gefasst, den konstitutiven Leitbegriff einer Anthropologie darstellt.

Hinzu kommt ein geradezu klassisch zu nennendes Problem, dass durch die jüngeren Bemühungen um eine gesamtbiblische Theologie und das Zusammendenken der beiden Testamente verschärft wird. In der innerbiblischen Rezeption wird nicht die funktionale Gottesbildlichkeit rezipiert, sondern über die hellenistische Tradition eine am Urbild orientierte qualitative Interpretation. Dabei wird die Gottebenbildlichkeit als Gottähnlichkeit gefasst und mit Unsterblichkeit gleichgesetzt. Im Zusammenlesen der beiden Schöpfungsberichte werden der Sündenfall und die damit verbundene Folge der Sterblichkeit als Verlust der Gottebenbildlichkeit gedeutet. Einige Schlaglichter dieser Rezeptionslinie seien benannt. Den Ausgangspunkt bildet die Übersetzung der komplexen hebräischen Bildsemantik durch das ontologisch verstandene κατ' εἰκόνα ἡμετέραν καὶ καθ' ὁμοίωσιν in der LXX. Dadurch wird der Weg zu einer wesenhaften Gottähnlichkeit geebnet, ein Verständnis, das durch den platonischen Einfluss eines substantialen Verständnisses des εἰκών-Begriffs noch verstärkt worden ist.

Sir 25,24 deutet zunächst die Sterblichkeit eindeutig als Folge der Sünde (ἀπὸ γυναικὸς ἀρχὴ ἁμαρτίας καὶ δι' αὐτὴν ἀποθνήσκομεν πάντες[52]) und bildet so einen der markanten Wegpunkte der Rezeption. Mit der Gottebenbildlichkeit wird die Sterblichkeit aber erst in Weish 2,23f verbunden:

> Gott hat den Menschen zur Unvergänglichkeit (ἀφθαρσία) geschaffen und ihn zum Bild seines eigenen Wesens gemacht (καὶ εἰκόνα τῆς ἰδίας ἀϊδιότητος ἐποίησεν αὐτόν). Doch durch den Neid des Teufels kam der Tod in die Welt, und den erfahren alle, die ihm angehören.

Die Gottebenbildlichkeit ist hier bereits eine verlierbare Eigenschaft, die nur eschatologisch wiedererlangt werden kann. An die Stelle der allen Menschen zukommenden unverlierbaren Gottebenbildlichkeit tritt die Universalität der Sünde und „das dem Menschen bei seiner Erschaffung verliehene Herrschersein … verkehrt sich in ein Beherrschtwerden".[53] Das wird vor allem in der anthropologischen apokryphen Literatur aufgenommen. Im Leben Adam und Evas[54] heißt es in 20,1 angesichts der Erkenntnis der Nacktheit (vielleicht unter Anspielung auf Ijob 19,9 und Ps 8,5f): „Und ich erkannte, dass ich

[52] Es steht außer Frage, dass der Vers einer Kommentierung bedarf, die im Rahmen der vorliegenden Überlegungen nicht geleistet werden kann. Vgl. zur Rezeptionsgeschichte *Schüngel-Straumann*, Frau (1998), 11–20.

[53] *Schwindt*, Gesichte (2007), 100.

[54] Vgl. dazu *Knittel*, Leben (2002).

nackt war, (entblößt) der Gerechtigkeit, mit der ich bekleidet war. Und ich weinte und sprach: Warum hast du das getan, dass ich entfremdet wurde von meiner Herrlichkeit (ὅτι ἀπελλοτριώθην ἐκ τῆς δόξης μου)?". Die Gottebenbildlichkeit bleibt zwar eine Auszeichnung, die den ersten Menschen in ein besonderes Gottesverhältnis stellt, doch „werden Adam und Eva durch den Sündenfall ihrer Herrlichkeit entfremdet. ... Das Motiv von der Entfremdung oder dem Verlust der ursprünglichen Herrlichkeit ist auch in anderen frühjüdischen und rabbinischen Schriften belegt (vgl. grBar 4,16; Rech 12,3; ARN B 42; PRE 14; TPsJ Gen 2,25; GenR 11f)".[55]

Die Linie einer im Sündenfall verlorenen δόξα wird vor allem bei Paulus aufgenommen: „Alle haben gesündigt und ermangeln der Herrlichkeit Gottes" (πάντες γὰρ ἥμαρτον καὶ ὑστεροῦνται τῆς δόξης τοῦ θεοῦ) (Röm 3,23).[56] Daraus erwächst die Überzeugung, dass der sündlose Christus, der durch die Auferweckung den Tod überwunden hat, als der neue Adam das Bild Gottes ist. In der Herrlichkeit Christi und dem verherrlichten Christus, der das Bild Gottes ist (ὅς ἐστιν εἰκὼν τοῦ θεοῦ), wird erneut Gottes Herrlichkeit sichtbar.[57] Diese Vorstellung von Christus als Bild Gottes wird vor allem im Kolosserbrief rezipiert (Kol 1,15).[58] Dazu schreibt J. Gnilka: „Die Zusammenhänge werden nur begreiflich, wenn man mit dem Autor – und mit Paulus – davon überzeugt ist, dass der Mensch seine schöpfungsmäßige Gottebenbildlichkeit und damit die Grundlage seiner Menschenwürde durch die Tat Adams verloren hat. ... In Christus, der Eikon schlechthin, wird dem Menschen die Gottebenbildlichkeit und mit ihr seine wesentliche Würde erneut gewährt".[59] Nur in Angleichung an Christus kann der Mensch die Herrlichkeit der Gottesbildlichkeit wiedererlangen. Die Angleichung geschieht bei Paulus dadurch, „daß der präexistente Sohn, das Bild Gottes, Mensch wird und dadurch dem irdischen Menschen die Möglichkeit schafft, zum authentischen Bild des Bildes Gottes bzw., wie es in Röm 8,29 ausgedrückt ist, ‚gleichgestaltig dem Bild seines Sohnes' (συμμόρφους τῆς εἰκόνος τοῦ υἱοῦ αὐτοῦ) zu werden".[60] Indem der alte Mensch abgelegt wird und der neue zur Erkenntnis nach dem Bild dessen, der ihn

[55] *Schwindt*, Gesichte (2007), 99.

[56] Vgl. dazu *Hübner*, Offenbarungen (1994), 20f. Die Distanz gegenüber diesem Verständnis der paulinischen Aussage bei *Schwindt*, Gesichte (2007), 117 überzeugt nicht.

[57] Vgl. dazu *Merklein*, Christus (1998), 53–75.

[58] Der breiten Aufnahme der δόξα-Aussagen im christologischen Kontext kann hier nicht nachgegangen werden. S. dazu jetzt die Studie von *Schwindt*, Gesichte (2007), 107–448.

[59] *Gnilka*, Kolosserbrief (^{2}1991), 188.

[60] *Merklein*, Christus (1998), 69.

geschaffen hat (εἰς ἐπίγνωσιν κατ᾽ εἰκόνα τοῦ κτίσαντος αὐτόν), angezogen wird (Kol 3,10, vgl. Eph 4,24 τὸν κατὰ θεὸν κτισθέντα), erlangt der Mensch in der Taufe die ursprüngliche Gottebenbildlichkeit als neuer Mensch zurück. Da er aber im irdischen Leben sterblicher Mensch bleibt und zugleich gerechtfertigter Sünder, ist die neue Gottebenbildlichkeit eine *eschatologische* Qualität des Menschen.

So wichtig diese Linie einer christologisch geprägten Anthropologie ist, so bedeutsam ist der Unterschied zur ursprünglichen Aussage in Gen 1,26f (im masoretischen Text). Die in Gen 1,26f gegebene Universalität der gottebenbildlichen Würde des Menschen ist in der neutestamentlichen Rezeption nur noch potentiell in Christus gegeben. Angesichts der nicht aufhebbaren Spannung zwischen der ursprünglichen funktionalen und unverlierbaren Gottebenbildlichkeit und der rezipierten qualitativen verlierbaren Gottebenbildlichkeit muss man eingestehen, dass die *biblische* Gottebenbildlichkeitsaussage zur Begründung einer unveräußerlichen Würde des Menschen nicht ausreicht und dass nach anderen Begründungszusammenhängen in der Schrift Ausschau gehalten werden muss.

Die Relation zwischen Schöpfer und Geschöpf als unverlierbare Würde aller Menschen

Hier bieten sich weniger die funktional orientierten Würdekonzepte Ps 8 und Gen 1 als die relationalen der Schöpfungstheologie und der Klage an.[61] In alttestamentlicher Überzeugung ist der Mensch in eine Relation zu Gott hinein geschaffen.[62] Das Gottesverhältnis, das durch den Akt der Schöpfung konstituiert wird, ist nicht aufhebbar oder verlierbar. Es bleibt bis in die Vergänglichkeit hinein (etwa in Ps 90 oder der Psalmengruppe Ps 102–104), und schon im Alten Testament zunehmend auch über den Tod hinaus[63], für das Menschsein bestimmend. Das bringen die Psalmen wie Ps 22; 71 oder Ps 139 ebenso zum Ausdruck wie die Konfessionen des Jeremiabuches oder die Ijobreden.[64] Diese unaufhebbare Verwiesenheit und Bezogenheit auf Gott berechtigt den Beter, Gott gegenüber Gerechtigkeit einzuklagen. Den begrifflich nicht gefassten Bezugspunkt kann man mit

[61] Vgl. dazu als Einführung und Überblick *Janowski*, Konfliktgespräche (^{2}2006), 1–52.

[62] Vgl. dazu *Dieckmann/Erbele-Küster*, Mutter Leib (2006), 1–9 und darin bes. *Grund*, Geburt (2006), 99–120; sowie als Überblick *Frevel*, Geburt (2006), 201f; *Ders.*, Entstehung (2006), 45–57.

[63] Vgl. dazu in Auswahl: *Berlejung*, Tod (2006), 2–7; *Janowski*, Sehnsucht (2006), 34–39; *Schnocks*, Bewohner (2006), 40–45.

[64] Vgl. dazu *Frevel*, Schöpfungsglaube (2007).

dem Würde-Konzept beschreiben. Analog zum modernen Verständnis ist diese Würde nicht positiv fassbar, sondern nur negativ zu bestimmen. Diese Würde ist begrifflich wie normativ nicht präzise gefasst, ist aber doch als konstitutive Grundlage des Menschseins festgehalten. Sie ist nicht übertragbar, unverrechenbar und unaufhebbar. Trotz dieser Analogien ist das in der personalen Gottesbeziehung wurzelnde Würdekonzept nicht deckungsgleich mit demjenigen, das dem modernen Verständnis (Leitkategorie/Fundamentalkategorie des Menschseins, Grundwert) zugrunde liegt. Denn es ist abgekoppelt vom Personbegriff, von der Vernunft und formal auch von der Selbstzwecklichkeit, nicht aber von seinem freien Willen. Es begründet keine universalen Rechte, markiert aber eine zu respektierende sittlich nicht hintergehbare Grenze. Gerade in seiner biblischen Ausprägung ist es nicht vollständig von dem Status des konkreten Menschseins zu lösen. Dazu hängt es zu stark am כבוד-Begriff. Dennoch geht die im AT durch die Schöpfungsrelation begründete Würde des Menschen nicht im Status auf.

Die Schöpfungswürde kommt dem Menschen nicht von sich aus zu, sie ist weder leistungsorientiert noch quantifizierbar. Es ist die personale, unaufhebbare Beziehung zwischen Schöpfer und Geschöpf. In der Geschöpflichkeit des Menschen liegt seine Gotteskindschaft begründet.[65] Diese „Gotteskindlichkeit" gilt universal für jeden Menschen unabhängig von Status oder Geschlecht. Jeder Mensch ist nach biblischer Überzeugung hinein geschaffen in eine Beziehung zu Gott (vgl. z. B. Num 16,22; Ps 8,6; 90,3; 104,30; Spr 20,27 u. ö.). Daraus leitet sich ein unveräußerlicher Wert ab, den – wie die Klagen im AT zeigen – selbst der Schöpfer nicht mehr in Frage stellen darf. Der Sache nach ist dabei geradezu die kantische Objekt-Formel zu erkennen. Menschsein ist alttestamentlich wesentlich durch Relationalität bestimmt. Neben die Verwiesenheit auf den Schöpfer tritt die schöpfungsgemäße Kulturalität und Sozialität des Menschen als Ausdruck seiner Relationalität. Der Mensch hat in alttestamentlichem Verständnis die Freiheit, sich von dieser Bezogenheit auf Gott, Mitmensch und Umwelt zu entfernen, lösen allerdings kann er sich aus dieser *conditio humana* nicht. Die Beziehung zwischen Schöpfer und Geschöpf ist unaufhebbar, unzerstörbar und unvertretbar. Sie ist individuell und universal. Wenn sich der Mensch seiner Herkünftigkeit und seinem Woraufhin entzieht – was als Sünde gefasst werden kann –, wird er seiner Geschöpflichkeit nicht mehr gerecht. Jede Infragestellung der grundlegenden Relationalität des Menschen und dem damit gegebenen Personsein tastet

[65] Vgl. als Hintergrund der Rede von der Gotteskindschaft *Müller*, Gottes Kinder (2002), 150–156; *Kügler*, Würde (2002), 163f.

seine darin gegebene Würde an. Die Freiheit, sich dem Bezogensein auf Gott aktualiter zu entziehen, bedingt die Autonomie und Selbstzwecklichkeit des Menschen.

Die Gottesbildlichkeit hingegen bestimmt die Verantwortung des Menschen, seiner geschöpflichen Relationalität gerecht zu werden. In der Verwirklichung der bewahrenden Herrschaft ist dem Menschen eine Aufgabe zugewiesen, die er selbstbestimmt und freiheitlich verwirklichen kann. Indem der Mensch der Gottesbildlichkeit entspricht, wandelt sich seine Verantwortlichkeit in eine Ebenbildlichkeit, insofern der Mensch in der bedingungslosen Achtung und Wahrung des mitgeschaffenen Gegenübers die essential-exemplarische Gottebenbildlichkeit Christi „anzieht".

Die beiden Konzepte der Gottesbildlichkeit und der relationalen Würde der Gotteskindlichkeit schließen einander nicht aus, sondern ergänzen einander. Aufgrund der aufgezeigten Schwierigkeiten, die das Konzept der Gottebenbildlichkeit durch die christologische Engführung macht, ist es m. E. in der Würde-Diskussion angemessener, auf die Schöpfungswürde und das personale Gottesverhältnis zurückzugreifen. Dann allerdings kann das biblische Menschenbild als Bezugspunkt einer christlich begründeten Würde aller Menschen dienen. Dass das Konzept nicht über den christlichen Binnenraum hinausreicht, muss nicht einschränkend betont werden. Vielleicht ist das angesichts der Pluralität der Begründungen noch nicht einmal ein Manko. Zumindest würde die Partitur des Leitbegriffs „Menschenwürde" ohne diese Stimme weniger konzertant klingen.

Bibliographie

Amnesty International, Jahresbericht 2005, Frankfurt 2005.

Benda, Ernst, Verständigungsversuche über die Würde des Menschen, in: NJW 54 (2001) 2147–2148.

Berlejung, Angelika, Was kommt nach dem Tod? Die alttestamentliche Rede von Tod und Unterwelt, in: BiKi 61 (2006) 2–7.

Böckenförde, Ernst-Wolfgang, Die Würde des Menschen war unantastbar. Abschied von den Verfassungsvätern, in: FAZ v. 3.9.2003.

Ders., Menschenwürde als normatives Prinzip. Die Grundrechte in der bioethischen Debatte, in: JZ 58 (2003) 809–815.

Ders., Bleibt die Menschenwürde unantastbar?, in: Blätter für die deutsche und internationale Politik 10 (2004) 1216–1227.

Bonhoeffer, Dietrich, Nachfolge, Gütersloh [2]1994.

Cattaneo, Maria Alejandra, Menschenwürde bei Kant, in: *K. Seelmann* (Hrsg.), Menschenwürde als Rechtsbegriff (ARSP Beiheft 101), Stuttgart 2004, 24–32.

Dieckmann, Detlef/Erbele-Küster, Dorothea (Hrsg.), „Du hast mich aus meiner Mutter Leib gezogen“. Beiträge zur Geburt im Alten Testament (BThS 75), Neukirchen-Vluyn 2006.

Dreier, Horst, Art. 1 I, in: *Ders.* (Hrsg.), Grundgesetzkommentar, Bd. I, Tübingen [2]2004, 139–231.

Ders., Bedeutung und systematische Stellung der Menschenwürde im deutschen Grundgesetz, in: *K. Seelmann* (Hrsg.), Menschenwürde als Rechtsbegriff (ARSP Beiheft 101), Stuttgart 2004, 33–48.

Ders., Menschenwürde aus verfassungsrechtlicher Sicht, in: *W. Härle/R. Preul* (Hrsg.), Menschenwürde (Marburger Jahrbuch Theologie 17), Marburg 2005, 167–210.

Feldtkeller, Andreas, Grundtypen der Begründung von menschlicher Würde in der Religionsgeschichte, in: *W. Härle/R. Preul* (Hrsg.), Menschenwürde (Marburger Jahrbuch Theologie 17), Marburg 2005, 25–47.

Frevel, Christian, „Eine kleine Theologie der Menschenwürde“ – Ps 8 und seine Rezeption im Buch Ijob, in: *F. L. Hossfeld/L. Schwienhorst-Schönberger* (Hrsg.), Das Manna fällt auch heute noch. Beiträge zur Geschichte und Theologie des Alten, Ersten Testaments. FS E. Zenger (HBS 44), Freiburg u. a. 2004, 244–272.

Ders., Art. Würde, in: HGANT (2006) 201f.426f.

Ders., Die Entstehung des Menschen. Anmerkungen zum Vergleich der Menschwerdung mit der Käseherstellung in Ijob 10,10, in: BN.NF 130 (2006) 45–57 [327–357 im vorliegenden Band].

Ders., Wie Tau aus dem Schoß des Morgenrots, in: Concilium 35 (2006) 1–12 [219–233 im vorliegenden Band].

Ders., Schöpfungsglaube und Menschenwürde im Ijobbuch. Anmerkungen zur Anthropologie der Ijob-Reden, in: *T. Krüger u. a.* (Hrsg.), Das Buch Hiob und seine Interpretationen (AThANT 88), Zürich 2007 [259–294 im vorliegenden Band].

Gnilka, Joachim, Der Kolosserbrief (HThKNT 10,1), Freiburg ²1991.

Görg, Manfred, „Ebenbild Gottes". Ein biblisches Menschenbild zwischen Anspruch und Realität, in: *R. Bucher/O. Fuchs/J. Kügler* (Hrsg.), In Würde leben. FS E. L. Grasmück, Luzern 1998, 11–23.

Groß, Walter, Die Gottebenbildlichkeit des Menschen nach Gen 1,26.27 in der Diskussion des letzten Jahrzehnts, in: BN 68 (1993) 35–48, abgedruckt in: *Ders.*, Studien zur Priesterschrift und zu alttestamentlichen Gottesbildern (SBAB 30), Stuttgart 1999, 37–54.

Ders., Gen 1,26.27; 9,6. Statue oder Ebenbild Gottes? Aufgabe und Würde des Menschen nach dem hebräischen und dem griechischen Wortlaut, in: JBTh 15 (2000) 11–38.

Hamm, Berndt/Welker, Michael, Vorwort, in: JBTh 15 (2000) VI.

Härle, Wilfried, Der Mensch Gottes. Die öffentliche Orientierungsleistung des christlichen Menschenverständnisses, in: *E. Herms* (Hrsg.), Menschenbild und Menschenwürde (VWGTh 17), Gütersloh 2001, 529–543.

Herdegen, Matthias, Die Menschenwürde im Fluß des bioethischen Diskurses, in: JZ 56 (2001) 773–779.

Ders., in: *T. Maunz/G. Dürig*, Grundgesetz. Kommentar, Art. 1 I, Stand 2003, Nr. 50, 42. Ergänzungslieferung, München 2003; Aktualisierung, 44. Ergänzungslieferung, München 2005.

Herms, Eilert, Menschenbild und Menschenwürde (VWGTh 17), Gütersloh 2001.

Ders., Menschenwürde, in: *W. Härle/R. Preul* (Hrsg.), Menschenwürde (Marburger Jahrbuch Theologie 17), Marburg 2005, 79–134.

Hoerster, Norbert, Zur Bedeutung des Prinzips der Menschenwürde, in: JuS (1983) 93–96.

Höffe, Otfried/Honnefelder, Ludger/Isensee, Josef/Kirchhof, Paul (Hrsg.), Gentechnik und Menschenwürde. An den Grenzen von Ethik und Recht, Köln 2002.

Höfling, Wolfram, Die Unantastbarkeit der Menschenwürde. Annäherungen an einen schwierigen Verfassungsrechtssatz, in: JuS (1995) 857–862.

Ders., Kommentierung des Art. 1 (Schutz der Menschenwürde, Menschenrechte, Grundrechtsbindung), in: *M. Sachs* (Hrsg.), Grundgesetz. Kommentar, München ³2002, 78–115.

Hofmann, Heinz, Die versprochene Menschenwürde, in: AöR 118 (1993) 353–377.

Huber, Wolfgang, Art. Menschenrechte/Menschenwürde, in: TRE 22 (1992) 577–602.

Hübner, Holger, Offenbarungen und Offenbarung. Philosophische und theologische Erwägungen zum Verhältnis von Altem und Neuem Testament, in: *S. Pedersen* (Hrsg.), New Directions in Biblical Theology (NT.S 76), Leiden u. a. 1994, 10–23.

Janowski, Bernd, Herrschaft über die Tiere. Gen. 1,26–28 und die Semantik von *rdh*, in: *G. Braulik/W. Gross/S. McEvenue* (Hrsg.), Biblische Theologie und gesellschaftlicher Wandel. FS N. Lohfink, Freiburg u. a. 1993, 142–165.

Ders., Die lebendige Statue Gottes. Zur Anthropologie der priesterlichen Urgeschichte, in: *M. Witte* (Hrsg.), Gott und Mensch im Dialog. FS O. Kaiser (BZAW 345), Berlin u. a. 2004, 183–214.

Ders., Konfliktgespräche mit Gott. Eine Anthropologie der Psalmen, Neukirchen-Vluyn [2]2006.

Ders., Sehnsucht nach Unsterblichkeit. Zur Jenseitshoffnung in der weisheitlichen Literatur, in: BiKi 61 (2006) 34–39.

Johannes Paul II., Katechismus der Katholischen Kirche, München u. a. 1993.

Kant, Immanuel, Grundlegung zur Metaphysik der Sitten, hrsg. von *J. Timmermann*, Göttingen 2004.

Kirchhof, Paul, Der Zusammenhalt der Menschen im Prinzip ihrer Würde, in: *I. Dingel* (Hrsg.), Reformation und Recht. FS G. Seebaß, Gütersloh 2002, 255–269.

Knittel, Thomas, Das griechische „Leben Adams und Evas". Studien zu einer narrativen Anthropologie im frühen Judentum (Texts and Studies in Ancient Judaism 88), Tübingen 2002.

Koch, Kurt, Imago Dei. Die Würde des Menschen im Biblischen Text. Vorgelegt in der Sitzung vom 7. Juli 2000, Berichte aus den Sitzungen der Joachim-Jungius-Gesellschaft der Wissenschaften e. V., Göttingen 2000.

Ders., Perspektiven biblischen Menschenverständnisses im Zeitalter der Technologie, in: *E. Herms* (Hrsg.), Menschenbild und Menschenwürde (VWGTh 17), Gütersloh 2001, 48–70.

Krüger, Thomas, „Wie der Wind verfliegt meine Würde ..." (Hiob 30,15). Elend und Würde des Menschen in alttestamentlicher Sicht, in: *E. Herms* (Hrsg.), Menschenbild und Menschenwürde (VWGTh 17), Gütersloh 2001, 271–287.

Kügler, Joachim, „Denen aber, die ihn aufnahmen ..." (Joh 1,12). Die Würde der Gotteskinder in der johanneischen Theologie, in: JBTh 17 (2002) 163–179.

Löhrer, Guido, Menschliche Würde. Wissenschaftliche Geltung und metaphorische Grenze der praktischen Philosophie Kants, Freiburg u. a. 2005.

Maunz, Theodor/Dürig, Günter, Grundgesetz, München [47]2006.

Merklein, Helmut, Christus als Bild Gottes im Neuen Testament, in: JBTh 13 (1998) 53–75.

Mieth, Dietmar, Menschenbild und Menschenwürde, in: *R. Weth* (Hrsg.), Der machbare Mensch, Neukirchen-Vluyn 2004, 56–72.

Ders., Mensch und Moral. Anthropologie und Menschenwürde in der Moralbegründung, in: *U. Thurnherr* (Hrsg.), Menschenbilder und Menschenbildung (Hodos 3), Frankfurt u. a. 2005, 31–44.

Müller, Peter, Gottes Kinder. Zur Metaphorik der Gotteskindschaft im Neuen Testament, in: JBTh 17 (2002) 141–161.

Neumann, Klaus, Art. Ehre, in: HGANT (2006) 138–140.

Neumann-Gorsolke, Ute, „Mit Ehre und Hoheit hast Du ihn gekrönt" (Ps 8,6b). Alttestamentliche Aspekte zum Thema Menschenwürde, in: JBTh 15 (2000) 39–65.

Dies., Herrschen in den Grenzen der Schöpfung. Ein Beitrag zur alttestamentlichen Anthropologie am Beispiel von Psalm 8, Genesis 1 und verwandten Texten (WMANT 101), Neukirchen-Vluyn 2004.

Nida-Rümelin, Julian, Über menschliche Freiheit, Stuttgart 2005.

Oberforcher, Robert, Biblische Lesarten zur Anthropologie des Ebenbildmotivs, in: *A. Vonach/G. Fischer* (Hrsg.), Horizonte biblischer Texte. FS J. M. Oesch (OBO 196), Fribourg/Göttingen 2003, 131–168.

Rager, Günter (Hrsg.), Beginn, Personalität und Würde des Menschen (Grenzfragen 23), Freiburg/München [2]1998.

Rüterswörden, Udo, Dominium terrae. Studien zur Genese einer alttestamentlichen Vorstellung (BZAW 215), Berlin u. a 1993.

Schardien, Stefanie, Menschenwürde. Zur Geschichte und theologischen Deutung eines umstrittenen Konzeptes, in: *P. Dabrock/L. Klinnert/S. Schardien*, Menschenwürde und Lebensschutz. Herausforderungen theologischer Bioethik, Gütersloh 2004, 57–116.

Schlink, Bernhard, Die überforderte Menschenwürde, in: Der Spiegel 51 (2003) 50–55.

Schnocks, Johannes, „Wacht auf und jubelt, Bewohner des Staubes!" (Jes 26,19). Theologische Aspekte der Auferstehungshoffnung in den prophetischen Schriften des Alten Testaments, in: BiKi 61 (2006) 40–45.

Schopenhauer, Arthur, Über das Fundament der Moral (1840), in: *Ders.*, Die beiden Grundprobleme der Ethik, Frankfurt 1841.

Schröder, Gerhard, Regierungserklärung vom 17.3.2005 in Bezug auf das therapeutische Klonen (http://www.bundesregierung.de/Content/DE/Bulletin/2001_ 2007 /2005/03/2005-03-17-regierungserklaerung-von-bundeskanzler-gerhardschroeder-vor-dem-deutschen-bundestag-am-17-maer.html; letzter Zugriff am 07.12. 2015).

Schüngel-Straumann, Helen, „Von einer Frau nahm die Sünde ihren Anfang, ihretwegen müssen wir alle sterben" (Sir 25,24). Zur Wirkungs- und Rezeptionsgeschichte der ersten drei Kapitel der Genesis in biblischer Zeit, in: BiKi 53 (1998) 11–20.

Schweizer, Rainer J./Sprecher, Franziska, Menschenwürde im Völkerrecht, in: *K. Seelmann* (Hrsg.), Menschenwürde als Rechtsbegriff (ARSP Beiheft 101), Stuttgart 2004, 127–162.

Schwindt, Rainer, Gesichte der Herrlichkeit. Eine traditionsgeschichtliche Studie zur paulinischen und johanneischen Christologie (HBS 50), Freiburg u. a. 2007.

Thurn, John P., Tasten nach der Würde, in: ForumRecht 1 (2005) 11.

Welker, Michael, Person, Menschenwürde und Gottebenbildlichkeit, in: JBTh 15 (2000) 247–262.

Wetz, Franz Josef, Die Würde des Menschen ist antastbar, Stuttgart 1998.

Wildfeuer, Armin G., Menschenwürde – Leerformel oder unverzichtbarer Gedanke?, in: *M. Nicht/A. G. Wildfeuer* (Hrsg.), Person – Menschenwürde – Menschenrechte im Disput (Arbeitsbücher für Schule und Bildungsarbeit 5), Münster 2002, 19–116.

Zypries, Brigitte, Vom Zeugen zum Erzeugen? Verfassungsrechtliche und rechtspolitische Fragen der Bioethik. Am 29.10.2003 an der Humboldt-Universität in Berlin gehaltene Rede zum bisherigen Embryonenschutz-Gesetz (http://www.zeit.de/reden/wissenschaft/Bioethik_031030; letzter Zugriff am 07.12. 2015).

Schöpfungsglaube und Menschenwürde im Ijobbuch

Anmerkungen zur Anthropologie der Ijob-Reden

Hinführung und Rahmen

Die Würde des Menschen ist antastbar. Mit dieser prominenten polemischen Verkehrung der Formulierung des Grundgesetzes lässt sich der Eindruck der aktuellen Menschenrechtslage und ihrer Diskussion karikieren.[1] Infragestellungen der Würde bestimmen die Nachrichten des Tages. Bilder von entwürdigenden Misshandlungen von Gefangenen in Abu Graib im Irak oder Berichte über bisher im Gebiet des Grundgesetzes unvorstellbarer Misshandlungen von Rekruten in Kasernen der deutschen Bundeswehr reihen sich nahtlos aneinander. Die schmutzigen Perlen der Würdeverletzungen reihen sich zu einer Kette, die zum alltäglichen „Schmuck" geworden ist. Obwohl der Gedanke der unantastbaren menschlichen Würde nicht nur in die Charta der Vereinten Nationen und die europäischen Verfassungen Eingang gefunden hat[2], erscheint die Würde lediglich noch als ein reklamierter Wert. Würdeverletzungen werden beklagt, sind aber weder messbar noch randscharf justitiabel. Die Rede von der Würde steht unter dem Verdacht einer Leerformel.

Inflationär und in paradoxer Entsprechung zu den zunehmenden Würdeverletzungen wächst die Bedeutung des als universal reklamierten Wertes der „Menschenwürde" in der gegenwärtigen philosophisch-ethischen Debatte. Menschenwürde ist zu einer Signatur der modernen ethischen Diskurse geworden.[3] Dabei wächst allerdings mit der Bedeutung die Unsicherheit, was unter der Würde des Menschen genau zu fassen ist und vor allem wie sie zu begründen ist. Hintergrund meiner folgenden Überlegungen ist die neu aufgebrochene Würde-Debatte und die Frage einer biblisch begründeten Posi-

[1] Die Formulierung des Art.1 Abs. 1 GG (23. Mai 1949) lautet: „Die Würde des Menschen ist unantastbar. Sie zu achten und zu schützen ist Verpflichtung aller staatlichen Gewalt". Vgl. die Verkehrung im Titel der Studie von *Wetz*, Würde (1998) oder bei *Meinhof*, Würde (2004) und jüngst in Frageform: *Rode/Kammeier/Leipert*, Würde (2006).

[2] Griechenland, Irland, Italien, Portugal, Schweden, Spanien, ferner die Verfassungen der Schweiz und Kanadas.

[3] Vgl. aus der Fülle der Literatur *Baumgartner/Honnefelder/Wickler/Wildfeuer*, Menschenwürde (^{2}1998), 161–242; *Wildfeuer*, Menschenwürde (2002), 19–116; *Härle/Preul*, Menschenwürde (2005).

tionierung darin. Als Alttestamentler sind mir drei Anknüpfungspunkte wichtig:

1. Die Menschenwürde ist nur negativ im Modus der Abwesenheit zu konkretisieren. Trotz der Unaufgebbarkeit und Unverrechenbarkeit des Wertes gelingt *eine* letztgültige Begründung derzeit nicht. Die Objektformel Kants, nach der der Mensch Zweck an sich selbst sei[4], erreicht zwar einen breiten Konsens, doch gelingt es nicht, ohne Potentialitäts- oder Kontinuitätsargumente die Würde des Menschen an sich konkret zu bestimmen.[5] Außerdem ist dieses Begründungskonzept nicht universalisierbar, da es vom Personbegriff der westlichen Philosophiegeschichte nicht abkoppelbar ist. Damit bleibt ein Hiatus zwischen der prinzipiell begründungsoffenen[6] theoretischen Grundlage und der konkreten Anwendung des Würde-Konzeptes. Ein für alle Menschen universalisierbarer konkreter Maßstab der Menschenwürde gelingt nur auf sehr abstraktem Niveau. Der Verlust der Menschenwürde oder der Grad, wann diese angetastet ist, bleibt weitestgehend subjektiv. Gegenüber der positiven Konkretion ist deutlich einfacher, vom Verlust der Würde zu sprechen. In der Bestimmung der Würde durch Negation sowie in dem subjektiven Faktor ist eine Anschlussfähigkeit des AT und seiner Konzeptionen gegeben.

[4] „Handle so, dass du die Menschheit sowohl in deiner Person als in der Person eines jeden Anderen, jederzeit zugleich als Zweck, niemals bloß als Mittel brauchst" (Grundlegung zur Metaphysik der Sitten AA IV, 429,10–13). Vgl. zur Darstellung der Position *Wildfeuer*, Menschenwürde (2002), 58–69; die Objektformel in der klassischen Formulierung im Grundgesetzkommentar von *Dürig*, Grundrechtssatz (1956), 127: „Die Menschenwürde ist getroffen, wenn der konkrete Mensch zum Objekt, zu einem bloßen Mittel, zur vertretbaren Größe herabgewürdigt wird". E. W. Böckenförde erläutert: „Genügt es, wenn die Anerkennung und Achtung der Würde erst an einer bestimmten Stelle im Lebensprozess des Menschen einsetzt, dieser Lebensprozess davor aber verfügbar bleibt, oder muss diese Anerkennung und Achtung vom Ursprung an, dem ersten Beginn dieses menschlichen Lebens, bestehen? Nur das Letztere kann der Fall sein, wenn das Dasein um seiner selbst willen oder der Zweck an sich selbst wahr bleiben und nicht eine inhaltsleere Deklamation werden soll" (*Böckenförde*, Dasein [2003], 982).

[5] Vgl. z. B. den vieldiskutierten Schlüsselsatz im Grundgesetzkommentar Matthias Herdegens: „Trotz des kategorischen Würdeanspruchs aller Menschen sind Art und Maß des Würdeschutzes für Differenzierungen durchaus offen, die den konkreten Umständen Rechnung tragen" (*Herdegen*, Grundgesetz [2003], 42).

[6] Vgl. zur prinzipiellen Begründungsoffenheit *Härle*, Mensch (2001), 531, der pointiert formuliert: „Es gibt eine *Mehrzahl* miteinander konkurrierender Begründungen, oder es gibt gar *keine* Begründung". Begründungsoffenheit wird zu Recht gefasst als „die ausdrückliche Zulassung zumindest der Möglichkeit mehrerer unterschiedlicher (möglicherweise sogar miteinander unvereinbarer) Begründungen für die Menschenwürde" (ebd., 531).

2. Obwohl die konkret beklagten Würdeverletzungen vornehmlich die biographische Mitte von Menschen betreffen, treten die Sollbruchstellen der begründungsoffenen Konzepte vor allem an den Rändern des menschlichen Lebens zu Tage. Da sind auf der einen Seite die Probleme eines zeitlichen Anfangs der Menschenwürde, die in der Bioethik diskutiert werden. Daneben treten auf der anderen Seite vergleichbare Probleme des Endes, die in der Palliativmedizin und der Euthanasiedebatte greifen. Obwohl sich die Debatte durch die bioethische Diskussion auf die Ränder verlagert, ist die Freiheit und sittliche Autonomie des mit Vernunft ausgestatteten Menschen der Begründungskern des Konzeptes nach Kant. Es verwundert nicht, dass aufgrund des Begründungsdilemmas in jüngerer Zeit wieder vermehrt die in angelsächsischer Tradition stehenden leistungsorientierten Konzepte gestellt werden. Dort wird die Würde an das biographisch aktualisierte Personsein gekoppelt. S. Schardien verweist u. a. auf die frühen Reflexionen bei Niklas Luhmann.[7] Würde wird hier als konsistente Selbstdarstellung verstanden. Sie „ist das Ergebnis schwieriger, auf generelle Systeminteressen der Persönlichkeit bezogener, teils bewusster, teils unbewusster Darstellungsleistungen und in gleichem Maße Ergebnis ständiger sozialer Kooperation, die ebenfalls bewusst, latent oder durchschauend ... praktiziert werden kann“.[8] Hinzuweisen wäre auch auf die jüngsten Einlassungen von Julian Nida-Rümelin.[9] Zwar ist nicht von der Hand zu weisen, dass die relationalen an Leistung, Status oder Anerkennung gebundenen Konzepte Schwierigkeiten in der Behauptung durchgehaltener Universalität der Menschenwürde haben, dennoch bieten gerade solche Konzepte Ansatzpunkte für ein Gespräch mit vormodernen Würdekonzeptionen. Das Oszillieren der Debatte zwischen der universal mit Kant ansetzenden Begründung in der Selbstzwecklichkeit des Menschen und den leistungsorientierten bzw. biographischen Konzepten, oder anders gesagt: Die Spannung zwischen Potentialität und Aktualisierung bietet weitere Ansatzmöglichkeiten aus alttestamentlicher Perspektive. Da dem AT die systematisierten, begrifflichen Konzeptionen fehlen, spielen konkrete biographische Personkonzeptionen in vormodernen Würdekonzeptionen eine deutlich größere Rolle. Dennoch wird an einem Kern der Unverlierbarkeit und Unvertretbarkeit eines jeden Einzelnen festgehalten. Hier bieten sich m. E. interessante Gesprächsmöglichkeiten.

[7] Vgl. das Zitat bei *Schardien*, Menschenwürde (2004), 65.

[8] *Luhmann*, Grundrechte (1965), 68f.

[9] *Nida-Rümelin*, Freiheit (2005).

3. In der Debatte ist zu Recht herausgestellt worden, dass das Konzept der unvertretbaren Würde von einem bestimmen Menschenbild nicht abkoppelbar ist.[10] Wenn richtig ist, dass die inhaltliche Bestimmung der Fundamentalkategorie oder des Leitprinzips Menschenwürde ebenso wie dessen Begründung in hohem Maße, wenn nicht vollständig von dem zugrunde liegenden Menschenbild abhängig ist, erscheint es notwendig und geboten, aus theologischer Perspektive das christliche Menschenbild auf der Grundlage der biblischen Menschenbilder zu explizieren. Dabei sollte die Vielfalt der biblischen Menschenbilder ebenso wahrgenommen werden, wie die Tatsache, dass diese selbst schon von Ambivalenzen bestimmt sind und die Summe der Menschenbilder der Bibel kein homogenes Menschenbild aus sich herauslässt. D. h. auch das christliche Menschenbild ist nicht eines. Von daher behalten kontrastierende Menschenbilder der Schrift ihren unaufgebbaren Wert in der Bestimmung des *proprium christianum* im gesellschaftlichen Diskurs über die unantastbare Würde des Menschen. Dass hier für den Bibliker Ansatzpunkte sind, bedarf keiner Erläuterung.

Begründungsoffenheit darf nicht als Begründungsbeliebigkeit oder Begründungsverzicht missverstanden werden, sondern fordert zur Standortdefinition innerhalb pluralistischer Begründungskonzepte heraus. Dabei geht es nicht darum, das eigene Begründungsmodell absolut zu setzen, sondern vielmehr nach außen transparent zu machen und für eine differenzierte Auseinandersetzung zur Diskussion zu stellen. Dabei sehe ich Chance und Verpflichtung der Rückfrage nach einer Begründung der unveräußerlichen Menschenwürde in der Bibel.

In der bisherigen Forschung wird dabei geradezu reflexartig auf die Gottebenbildlichkeit (Gen 1,26–31) zurückgegriffen. Bereits an anderer Stelle habe ich deutlich gemacht, dass es wenig zuträglich ist, sich bezüglich einer biblischen Begründung einer unveräußerlichen Würde an die Gottebenbildlichkeit zu klammern. Die in den letzten Jahren sich durchsetzende funktionale Interpretation einerseits und die paulinische Rezeption, die die Gottebenbildlichkeit als eine durch die Sünde verlorene Eigenschaft kennzeichnet, andererseits mahnen diesbezüglich zur Vorsicht.[11] Kurz gefasst ist meine These folgende: Im Alten Testament wird eine unteilbare, unveräußerliche Würde viel stärker als über die Gottesbildlichkeit[12] durch die Geschöpflichkeit des Menschen formuliert. Das wird insbesonde-

[10] Vgl. *Pieper*, Menschenwürde (2001), 19–30; *Mieth*, Menschenbild (2004), 69.
[11] Vgl. dazu *Frevel*, Gottesbildlichkeit (2006).
[12] Zur Rede von der Gottesbildlichkeit anstelle der Gottebenbildlichkeit vgl. *Gross*, Gottesbildlichkeit (1993), 35–48.

re im Kontext der Gottklage deutlich, wenn die Würde des Einzelnen in Frage gestellt scheint. Hier kommt neben den Klagepsalmen des Einzelnen vor allem das Buch Ijob als Gesprächspartner in den Blick, das ohnehin in anthropologischen Grundlagenfragen m. E. unterbewertet ist.[13]

Daher möchte ich im Folgenden einige Blicke auf Menschenbildvorstellungen im Buch Ijob unter dem besonderen Aspekt der Würde richten. Ebenso wie das gesamte Alte Testament enthält aber auch das Buch Ijob keine begrifflich systematisierte Anthropologie. Seine Aussagen sind nicht kontextlos, sondern haben im dialogischen-dramatischen Geschehen des gesamten Buches die Funktion als Frage, Antwort, Herausforderung oder Verteidigung. Neben allgemeine, das Menschsein betreffende Aussagen treten solche, die im Kontext nur für die besondere Situation Ijobs gelten. Die stilisierte *literarische* Gestalt Ijob ist jedoch in vielerlei Hinsicht ein exemplarischer Mensch. Dabei verstehe ich Ijob weniger als den exemplarischen *homo patiens*, denn als den *homo querens*. Das Thema des Buches ist – wenn man sich auf das problematische Unterfangen eines einzigen Nenners überhaupt einlassen will – nicht so sehr die Theodizee, also die Rechtfertigung des Gottseins Gottes angesichts des Leids, sondern vielmehr die Rechtfertigung der (Leid-)Klage und Anklage Gottes angesichts und trotz der Größe und Übermacht Gottes. In dem Zusammenspiel der Antwort Ijobs auf die Theophanie und die Reden Gottes in Ijob 42,6[14] und der Rechtfertigung seiner Klage und Anklage in der Zurückweisung der Freunde Ijob 42,7 erweist sich das Buch als *literarische* Auseinandersetzung um den klagenden Umgang mit dem Leid. Dieser wird – unterstrichen durch den Prolog und Epilog – zwar als Herausforderung Gottes, aber nicht als dessen

[13] Vgl. zur Anthropologie des Ijobbuches *Remus*, Menschenbildvorstellungen (1993); *van Oorschot*, Menschenbild (2001), 320–343; *Krüger*, Wind (2001), 271–287; *Witte*, Mensch (2004), 404–420.

[14] Mit dem Verständnis von Semantik und Syntax in Ijob 42,6f sind entscheidende Weichenstellungen für das Textverständnis des gesamten Buches verbunden (s. auch u. Anm. 69). Meinem Verständnis nach ist Ijob 42,6 *nicht* als Akt der Reue oder Buße zu verstehen, sondern durch das מאס wird ein durch die Gottesbegegnung und -erkenntnis (Ijob 42,5) verändertes Problembewusstsein angezeigt, das Ijob zum Trost (נחם nicht als Reue, sondern als Trost) über seine durch das ungerechte Leid geminderte Existenz gereicht und ihn mit der Unverfügbarkeit Gottes versöhnt. Mit dem erkennenden Schauen Gottes ist Ijob eine Perspektive eröffnet, die nicht den Grund, wohl aber die Kriterien seiner Klage aufhebt. Da die Freunde getadelt werden, nicht recht *zu* Gott geredet zu haben (so die Interpretation des אלי in 42,7 als Sprechrichtung nicht als Gegenstand der Rede bei *Oeming*, Ziel, [2001], 135–139), wird Ijobs Klage und Anklage gegenüber Gott, die zum Prozess einer Bewältigung des Leids notwendig dazugehört, ins Recht gesetzt. Die im Epilog erzählte unwirkliche Restitution Ijobs ist dabei vielleicht als idealtypisch erzählte Bewältigung des Leids zu verstehen.

Infragestellung verstanden. Die Klage ist Teil des Menschseins, ohne die ein bewältigender Umgang mit dem Leid nicht möglich erscheint. Dabei ist einschränkend zu bedenken, dass die jeweiligen Texte im dialogisch-dramatischen Gefüge des Buches bestimmte textpragmatische Funktion haben und nicht einfach isoliert werden dürfen. Die Dramaturgie des Buches ist ohne die Rahmenteile ebenso unterbestimmt wie ohne die Gottesreden. Ich beschränke mich dennoch im Folgenden weitestgehend auf die Ijob-Reden, da diese die meisten anthropologisch auswertbaren Aussagen enthalten.

„Bruder der Made". Die Vergänglichkeit des Menschen als anthropologische Konstante

Grundkonstante des menschlichen Lebens nach dem Ijobbuch ist die Unverfügbarkeit des Lebens sowohl von seinem Anfang wie von seinem Ende her. Die weisheitliche Einsicht, dass der Mensch weder den Zeitpunkt der Geburt noch das „Dass" seines Daseins selbst bestimmt, ist für Ijob ebenso leitend wie die Unverfügbarkeit des Todes.[15]

Mehrfach macht er deutlich, dass der Grund seiner Existenz nicht in ihm selbst liegt. Er bezeichnet den Menschen als „von der Frau geboren" (ילוד אשה Ijob 14,1, vgl. 15,14; 25,4) und verflucht die Nacht, in der er empfangen wurde (Ijob 3,3) wie den Tag seiner Geburt (Ijob 3,3–26; vgl. 10,18) als dunklen Schicksalstag.[16] Auch in dem sprichwörtlich demütigen „Nackt kam ich hervor aus dem Schoß meiner Mutter, nackt kehre ich dorthin zurück" (Ijob 1,21) schwingt die Unverfügbarkeit des eigenen Lebens mit. Ebenso wie Faktum und Kontext der Geburt, bleibt der Zeitpunkt des Todes unverfügbar. Es ist Gott, der ihn ins Leben ruft, aber auch Gott, der ihn zum Staub zurückkehren lässt (Ijob 10,9, vgl. 12,10; 30,23).

Gerade Ijob 10,9 macht deutlich, dass für Ijob selbstverständlich die Vergänglichkeit zu den Bedingungen des Daseins gehört. Das זכר־נא כי־כחמר עשיתני ואל־עפר תשיבני wird in der Regel im Anschluss an V. 8 als Einst-Jetzt-Gegensatzpaar übersetzt: „Bedenke doch, dass du mich wie Ton gestaltet hast! Und *jetzt* willst du mich

[15] Vgl. *van Oorschot*, Menschenbild (2001), 326: „Charakteristisch für das Menschenbild ist dabei besonders die Art und Weise, in der die aus den Psalmen bekannte Vergänglichkeitsklage verwandt wird".

[16] Der Wunsch, nicht ins Dasein geworfen zu sein, zielt – so paradox es klingt – auf die Wiederherstellung der Schöpfungsordnung, die in den Augen Ijobs in seinem ungerechten Schicksal „auf den Kopf gestellt ist". Vgl. dazu ausführlicher *Ebach*, Streiten (1995), 46–48.

zum Staub zurückkehren lassen!". Aber die Vergänglichkeit als solche ist nicht Ijobs Problem. Er sehnt sie sich sogar herbei, um seinen heillosen Zustand nicht länger ertragen zu müssen. Nicht der Tod als solcher ist Ijob der Klage wert, sondern die mit dem verfrühten Tod bzw. mit der zum Tode führenden Lebensminderung verbundene Gerechtigkeitslücke, d. h. das fehlende Gleichgewicht zwischen Tun und Ergehen. Dies hat – und das ist Ijobs Credo – Gott zu verantworten. Lebensspanne und Todeszeitpunkt sind vom Menschen nicht zu beeinflussen. Mir scheint es daher angemessener, das Moment der Anklage in Ijob 10,9 zurückzufahren. Ijob bringt mit dem appellativen זכר־נא „gedenke doch" die vollkommene Abhängigkeit von seinem Schöpfer zum Ausdruck: „Gedenke doch, dass du mich wie Ton gemacht hast und mich zum Staub zurückkehren lassen wirst". Dem Menschen bleibt der Tod unverfügbar.

Das unterstreichen die rhetorischen Fragen in dem einleitenden Ijob-Monolog (3,11–13), der mit der Reflexion über das „Dass" der Existenz Ijobs einsetzen und rhetorisch das „Dass-Nicht" als die bessere Möglichkeit darstellen:

11	Wozu starb ich nicht vom Mutterleib,	למה לא מרחם אמות
	ging nicht aus dem Schoß hervor und verging?	מבטן יצאתי ואגוע:
12	Wozu begegneten mir Knie	מדוע קדמוני ברכים
	und wozu Brüste, dass ich daran sog?	ומה־שדים כי אינק:
13	Denn sonst läge ich und wäre ruhig,	כי־עתה שכבתי ואשקוט
	ich schliefe – ja, ich hätte Ruhe!	ישנתי אז ינוח לי:

Die Schattenexistenz des Todes wird als ruhige, ausgeglichene und geradezu erfüllte gegenüber der unruhigen, rastlosen und unerfüllten Gegenwart aufgebaut. Dort – so die Zuspitzung in Ijob 3,17 – ruhen diejenigen aus, deren Kraft erschöpft ist. Die Unterwelt ist anscheinend eine „heile Welt", in der das Böse seine Kraft verliert, der Frevler Toben ein Ende hat (שם רשעים חדלו רגז). Das Toben des Frevlers steht für das Chaos, das hier in paradoxer Zuspitzung in der Unterwelt zur Ruhe kommt. Der Unterwelt scheinen die bedrohlichen Konnotationen genommen. In fast ironischem Spiel mit dem sonst so dominanten und unveränderlichen Sozialstatus wird der Tod der sozialen Ungerechtigkeit und Härte des Lebens gegenübergestellt. Zunächst wird die Wertigkeit des Todes auch über den Sozialstatus aufgewertet. Der hypothetisch Tote sieht sich in der Unterwelt in Gemeinschaft mit Königen, den Reichen und den Säulen der Gesellschaft (Ijob 3,14f). Ließe dies noch einen Schluss auf den im realen Leben notablen Ijob zu, zeigt Ijob 3,18, dass es ironisch um die Einebnung des Sozialstatus geht. Die Last der Statusdifferenz hebt sich in eine friedliche Gleichheit auf: Gefangene sind sorgenfrei, weil sie die Stimme des Treibers nicht mehr hören (Ijob 3,18). Wenn mit dem Treiber Gott gemeint sein sollte, würde gar implizit unterstrichen, dass die Unterwelt YHWHs Verfügung entzogen ist. Die Argumentation gipfelt in dem geradezu eschatologisch heilen Spitzensatz:

Klein und groß sind dort zusammen,	קטן וגדול שם הוא
und der Knecht ist frei von seinem Herrn.	ועבד חפשי מאדניו:

Anders als bei Kohelet, der den fehlenden nachtodlichen Ausgleich beklagt und durch die Gleichschaltung von Mensch und Tier persifliert (Koh 3,17–21), ist der Tod hier im positiven Sinne der „große Gleichmacher“, der die Lichtlosigkeit des Diesseits durch seine Schatten einebnet.[17]

Der Argumentation geht es nun nicht wirklich darum, die tote Existenz der Unterwelt dem Leben vorzuziehen, sondern sie verfolgt zwei Ziele. *E silentio* wird die tatsächliche Existenz Ijobs als gekrümmte und falsche Existenz herausgestellt. Dort ist die Ordnung verkehrt, sind die Gewichte durch Gottes Handeln verschoben. Da die Unterwelt seiner Verfügung entzogen ist, erscheint Gott geradezu als Störfaktor einer harmonischen Ordnung. Die Persiflage der Unterwelt mutiert so unter der Hand zur Anklage. Gerade darin ist zu erkennen, wie sehr der eröffnende Monolog Ijobs in Kap. 3 in Korrespondenz zu den Gottesreden steht. Denn dort wird erwiesen, dass Gott entgegen dem harten Vorwurf Ijobs nicht für das Chaos, sondern für die Ordnung verantwortlich zeichnet.[18]

Der zweite Punkt ist die Unverfügbarkeit des Todes, die durch den Irrealis herausgestrichen wird. Ijobs Leben endet eben nicht *ab ovo* und kann nicht rückgängig gemacht werden. Das „Dass“ des Lebens ist – da die Selbsttötung im gesamten Ijobbuch in der Argumentation nicht als Möglichkeit in Betracht gezogen wird[19] – für Ijob unverfügbar und das macht ihn vollkommen machtlos. Diese Machtlosigkeit wird – gewendet zur Bitternis – in den folgenden Versen noch einmal auf alle Menschen gewendet anthropologisch exemplifiziert. Selbst in der Todessehnsucht des tiefsten Elends hat der Mensch nicht die Wahl, seine Lebensspanne zu verkürzen, Ijob 3,20–23:

[17] Zum Unterschied von Kohelet und Ijob an dieser Stelle vgl. auch *Ebach*, Streiten (1995), 53.
[18] Vgl. zu Ijob 3 und dem Bezug zu den Gottesreden zuletzt *Ha*, Frage (2005) und den Beitrag von *Pezzoli-Olgiati*, Leben (2007), 441–454.
[19] Vgl. zur Selbsttötung *Lenzen*, Selbsttötung (1992), 87–93.

20	Wozu gibt er dem Mühseligen Licht	למה יתן לעמל אור
	und Leben den Verbitterten;	וחיים למרי נפש:
21	denen, die auf den Tod warten	המחכים למות
	– und er kommt nicht –,	ואיננו
	die nach ihm graben	ויחפרהו
	mehr als nach verborgenen Schätzen.	ממטמונים:
22	Sie würden sich freuen über einen Steinhaufen,	השמחים אלי־גיל[20]
	frohlocken, wenn sie ein Grab fänden.	ישישו כי ימצאו־קבר:
23	dem Mann, dessen Weg sich verschlossen hat,	לגבר אשר־דרכו נסתרה
	und den Gott (Elo^{a}h) rundherum abgesperrt hat.	ויסך אלוה בעדו:

Der Blick konzentriert sich auf die Menschen, deren Menschsein gemindert ist. Sie werden als der Mühselige עמל und die Verbitterten מרים eingeführt. Auffallend ist der Wechsel zwischen Singular und Plural, der andeutet, dass – wie so oft in den Ijob-Reden – der Wechsel vom Ich zu einer allgemeinen anthropologischen Perspektive vollzogen wird. Die dritte Gruppe von Menschen ist durch den Todeswunsch charakterisiert (המחכים למות) der als Folge der Mühsal und Bitterkeit erscheint. Hier setzt eine Parenthese ein, die durch das hingeworfene „und er kommt nicht“ eingeleitet wird. Danach folgt eine Narrativformulierung, dass die Niedergebeugten mehr auf den Tod als auf verborgene Schätze warten. Wieder ist es die verkehrte, paradoxe Welt, die die Argumentation auszeichnet. Die Hoffnung auf den Tod wird mit dem Graben nach Schätzen verglichen. Traditionelle Bewertungen werden dabei geradezu absurd verkehrt, um die Intensität des Wunsches zu verdeutlichen. Erneut wird dabei die Unterwelt zum Ziel der Sehnsucht. Das Graben nach Schätzen dient dem irdischen Leben, und – so die allgemeine Überzeugung – Besitz gilt im Tod nichts. Während das Sammeln von Schätzen gerade Signum der diesseitigen Welt ist und sozialen Status bedeutet, zeichnet sich die Unterwelt dadurch aus, dass man nichts mitnehmen kann und im Status gemindert ist. Hier jedoch ist der Tod das ersehnte Gut und ein Reichtum. Ebenso werden in V. 22 Begriffe der Lebensfreude mit der Existenz des tristen Grabes konnotiert; Werte wie Besitz,

[20] Üblicherweise ist hier aufgrund der Parallelität der Stichoi eine Konjektur vorzunehmen, die anstelle des גִּיל ein גַּל liest und so auf den Verschluss eines Kammergrabes mit einem Rollstein kommt oder auf ein mit Steinen bedecktes Hügelgrab schließt. Vgl. z. B. *Duhm*, Buch Hiob (1897), 23: „Besser wird גַּל statt גִּיל gelesen (*Beer*); der Sinn ist: solche Unglücklichen freuen sich selbst über einen bloßen Steinhaufen, mit dem man sie zudecken möchte, wie sonst solche Leichen, denen man kein ordentliches Grab gönnt (II Sam 18,17; Jos 7,26), wenn sie nur sterben könnten. Ja, sie jauchzen, wenn sie ein (ordentliches) Grab finden“.

Ansehen, Status haben die Seite gewechselt. Mit dieser argumentativen Strategie wird erneut der Tod dem Leben als Alternative gegenübergestellt und mit dem ואיננו zugleich der Verfügung entzogen.

Wieder aufgenommen wird die in V. 20 begonnene Reihe in V. 23 durch לגבר, das über den Singular aus V. 20 auch syntaktisch und semantisch an V. 3 anknüpft und damit Ijob wieder in die Nähe des Fokus zurückbringt (obwohl die allgemeinmenschliche Ebene noch nicht verlassen ist), und durch einen Relativsatz fortgeführt wird. Das Ende von V. 23 greift das Subjekt der Frage von V. 20 wieder auf und identifiziert es so explizit mit אלוה.[21] Immer stärker ist die textliche Präsenz dessen geworden, der das alles zu verantworten hat. War Gott am Anfang noch im Hintergrund, so kommt er jetzt als aktiv und bedrohlich Handelnder („rundherum abgesperrt") in den Blick. Mit V. 23 ist der Text eindeutig wieder bei Ijob angekommen. Die Fortsetzung V. 24–26, in der Ijob auf seine chaotische, ungeordnete und ungerechte Gegenwart blickt, ist daher nur folgerichtig. Die alltäglichen Abläufe, das „ganz Normale" (Brot als elementares Grundnahrungsmittel), sind durch das omnipräsente und maßlose (Wasser lässt Fülle assoziieren) Leiden gestört.[22] Die Reflexion, in der die Schrecken des Prologs deutlich erkennbar im Hintergrund stehen, endet mit dem Toben רגז. War die irreale Unterwelt vom Aufhören des Tobens gekennzeichnet, so die reale Welt Ijobs kontrastreich durch das Toben. Ijobs geminderte Existenz ist weit entfernt von dem ausgeglichenen Zustand der paradox heilen Gottlosigkeit. Seine Welt ist durch Gott unfriedlich, unruhig und unheilvoll.

Eingebunden in die Beschreibung von Ijobs „verkehrter Welt", in der Gerechtigkeit in Ungerechtigkeit, Ordnung in Chaos und Licht in Finsternis verkehrt ist, ist die anthropologische Reflexion über das Menschsein, die den Ausgangspunkt und Hintergrund der Argumentation bildet. Das Maß seiner Tage bleibt dem Menschen gerade im Leid rätselhaft. Die den Versen zugrunde liegende Haltung ist nicht die einer generellen Verachtung des Lebens oder eine Skepsis über dessen Sinn, sondern eine Infragestellung der Wertigkeit des durch Leiden geminderten Lebens. Der עמל ist die Beschwernis des Lebens durch Krankheit und Leid, wo durch Bitterkeit die Lebensfreude abgelöst wird. Gerade in dem Ineinander von allgemeinmenschlichen Reflexionen und auf das Einzelschicksal Ijobs bezogener Aussagen wird deutlich, wie sehr Ijob als exemplarischer Mensch verstanden

[21] Vgl. dazu *Ha*, Frage (2005), 84.

[22] Vgl. zum Zusammenhang der „stereotypen Gleichzeitigkeit" des Leidens in Ijob 1 mit den Schlussversen in Ijob 3 und der Vergänglichkeitsreflexion in Ijob 7 auch *Witte*, Beobachtungen (2003), 400–402.

ist. Den Leidenden scheint der Tod näher und vor allem besser. Sie sehnen sich den Tod herbei, um das Leiden durch den Tod zu begrenzen. Das hingeworfene ואיננו „doch er kommt nicht" macht den Wunsch zunichte. Mag der Todeswunsch noch so intensiv sein, der Todeszeitpunkt bleibt unverfügbar.

Für Ijob ergibt sich, dass das Handeln des Menschen keinen Einfluss auf die Lebensspanne hat, zumal Frevler zu lange und Gerechte oft zu kurz leben (Ijob 21,7.9.17, vgl. 12,5f) – eine Einsicht, die von den Freunden vehement bestritten wird (Ijob 4,18f; 5,1–6; 8,11–22; 15,20; 18,5; 20,5). Das bringt Ijob 14,5 mit der Grenze zum Ausdruck, die der Mensch nicht überschreiten darf:

Wenn festgesetzt sind seine Tage,	12	אם חרוצים ימיו
die Zahl seiner Monate bei dir,	12	מספר־חדשיו אתך
seine Grenzen du ihm gesetzt hast	8	חקיו עשית
und er sie nicht überschreitet	8	ולא יעבור:

„Im Voraus setzt du fest, wie alt er wird, auf Tag und Monat hast du es beschlossen. Du selbst bestimmst die Grenzen seines Lebens, er kann und darf sie niemals überschreiten". So überträgt die Gute Nachricht Bibel gelungen den im Hebräischen kunstvoll gestalteten Vers. Die jeweils parallelen Stichoi sind (kolometrisch) ebenmäßig aufgebaut (wenn man das *Q^e^re* liest), aber auch die mittleren und äußeren sind aufeinander bezogen. In den mittleren Stichoi ist Gott indirekt genannt („bei dir" und „hast du gemacht"), während im ersten und letzten Stichos der Mensch im Vordergrund steht („seine Tage" und „er darf nicht überschreiten"). Dem dient das passivische Partizip im ersten Stichos, wobei die Semantik von חרץ schon gezielt auf Vergänglichkeit anspielt, vgl. Jes 10,22f; 28,22, Dan 9,26f; 11,36; Joël 4,14. Nach den mit End- und Stabreim gereimten ersten Stichen kommen die beiden kurzen Schlussstichoi staccatohaft hinterher und unterstreichen durch ihre konturierte Schärfe die Thematik des gesetzten Endes.

Zugleich wird dort ein weiterer Aspekt der Vergänglichkeit zum Ausdruck gebracht. Die Todesgrenze ist in den Ijob-Reden absolut und der Zugriff Gottes auf die Unterwelt und die Toten ausgeschlossen (Ijob 14,12.14).[23] „Der Mensch legt sich hin und steht nicht mehr auf" (Ijob 14,12). Kein anderes Kapitel betont die Vergänglichkeit

[23] „Die Aussagen verbleiben in einer radikalen Endlichkeit" (*van Oorschot*, Menschenbild [2001], 327). Von Auferstehung ist für Ijob im MT sicher nicht zu reden, eher sind Ijob 19,25–27 wie 42,5.10 unter dem Titel „Restitution" und „Restitutionshoffnung" zu verhandeln. Vgl. zur Forschungsgeschichte *Müller*, Hiobproblem ([3]1995), 92f; *Horst*, ([6]2003). Zur Skizze einer Entwicklung s. zuletzt *Janowski*, Sehnsucht (2006), 34–39.

des Menschen so sehr wie die abschließende Ijob-Rede im ersten Redegang (Ijob 14). Deren poetisch starker Beginn lautet[24]:

1	Der Mensch –	אדם
	von der Frau geboren,	ילוד אשה
	knapp an Tagen,	קצר ימים
	gesättigt mit Unrast,	ושבע־רגז:
2	geht auf wie eine Blume	כציץ יצא
	und welkt,	וימל
	flieht wie ein Schatten	ויברח כצל
	und bleibt nicht.	ולא יעמוד:
3	Doch über diesen hältst du dein Auge offen,	אף־על־זה פקחת עינך
	und mich[25] lässt du ins Gericht mit dir kommen.	ואתי תביא במשפט עמך:

Angesichts der Ewigkeit sind die festgelegten Tage des Menschen nur ein Hauch (vgl. Ijob 7,16 und das geradezu ironische כי־הבל ימי). Das Wesen des Menschen wird treffend als „unruhevoll" („gesättigt mit Unrast") beschrieben. Der Mensch empfindet seine Lebensspanne als zu kurz, um sie in für sich befriedigender Weise zu gestalten (Ijob 7,6). Da ist kein Spielraum für Experimente, weshalb Ijob immer wieder einklagt, dass Gott von ihm ablassen möge, damit er die ihm verbleibende Lebensspanne angemessen verleben kann (חדל Ijob 7,16; 10,20; 14,6). Nur ein Hauch (הבל) ist die verbleibende Zeit und Ijob lebt definitiv nicht ewig לא־לעלם אחיה, weshalb Gott von ihm ablassen soll. In Ijob 7,16 erhöht Ijob den Handlungsdruck auf Gott noch durch seinen Todeswunsch. Angesichts der fehlenden Möglichkeit des nachtodlichen Ausgleichs lastet ein enormer „Ge-

[24] Durch das vorangestellte אדם ist ein wirklicher Beginn gegeben. 13,28 wirkt zwar durch die plötzliche 3. Sg. mask. recht deplaziert, kann aber kaum als Beginn der Rede 14,1 geführt werden. Wenn man nicht auf die methodisch fragliche Hypothese einer Umstellung hinter 14,1 oder 14,2 zurückgreifen will, dürfte der Vers, zumal sein Anschluss an 13,27 schlecht ist, als sekundärer Zusatz zu werten sein. So auch *Witte*, Leiden (1994), 95, dessen Ansicht, dass 14,1 wegen des ילוד אשה sekundär sein soll, allerdings nicht verfängt, weil gerade, wenn 13,28 sekundär ist, der Reflexion in 14,1ff eine anklagende Reflexion auf das eigene Leben vorangeht, die Witte formgeschichtlich einfordert. Der Zusatz in 13,28 betont mit dem Bild des zerfressenen Stoffes und des Abfalls in drastischer Weise die in 14,2 ebenfalls zum Ausdruck gebrachte Vergänglichkeit.

[25] „Ich habe keine Hoffnung, die Unterwelt wird mein Haus" (EÜ 17,13) bekennt Ijob, denn in seinem aktuellen Leben bleibt ihm die Gerechtigkeit versagt, so mit MT. Die LXX und davon abhängige Versionen beziehen es noch auf den Menschen. Der spontane Wechsel zwischen allgemeiner anthropologischer Aussagen und dem Bezug auf Ijob gehört zu den Spezifika der Ijob-Reden.

rechtigkeitsdruck“ auf dem diesseitigen Leben.[26] Das reale Leben, das dem Gerechten Elend und Leid nicht erspart, hinterlässt einen bitteren Nachgeschmack. Das drückt Ijob in Kap. 7 mit den Metaphern „Kriegsdienst“ und „Tagelohn“ aus:

1	Ist nicht Kriegsdienst des Menschleins [Leben]	הלא־צבא לאנוֹשׁ
	auf der Erde	על־ארץ
	und die Tage eines Tagelöhners seine Tage?	וכימי שכיר ימיו:
2	Wie ein Knecht lechzt er nach Schatten,	כעבד ישאף־צל
	wie ein Tagelöhner hofft er auf seinen Lohn.	וכשכיר יקוה פעלו:
3	So habe ich für mich Monde der Wertlosigkeit geerbt,	כן הנחלתי לי ירחי־שוא
	und Nächte der Mühsal wurden mir zugeteilt.	ולילות עמל מנו־לי:

Im Schicksal erscheint dem Menschen das Leben fremdbestimmt, er selbst harrt nur auf den Lohn, der sich im Wohlergehen zeigt. Entsprechend sieht sich Ijob getäuscht, da ihm der Lohn eines gerechten Lebens versagt geblieben ist. Die Verse schildern das Leben als eine in enge Bahnen gezwungene Konstellation. Die Metaphern צבא und שכיר kommen in der Einschränkung der Freiheit überein. Weder für den Söldner noch für den Tagelöhner gibt es sicheren Lohn. Während der Söldner um eines Minimums der Existenzsicherung willen sein Leben aufs Spiel setzt, verdingt sich der Tagelöhner in der Unsicherheit, am Tagesende seinen verdienten Lohn nicht zu erhalten. Beide sind „frei“ und doch im Status gemindert, ja geradezu ohne Freiheit.

Wenn den Söldner der Tod trifft, bleibt der Lohn aus, und der Tagelöhner kann seinen geringen Lohn kaum genießen, weil er zur nachhaltigen Subsistenz nicht reicht. Die reduzierte Form der Freiheit gipfelt in dem Vergleich mit dem unfreien Sklaven, dessen geringer Lohn im Genuss kurzfristiger Linderung der Tageshitze besteht. Diese ertragsorientierten Bilder münden in der Selbsteinschätzung Ijobs, nichts als שוא erhalten zu haben. Der auf Nachhaltigkeit zielende Terminus נחל H-pass. meint dauerhaften Besitz, so dass der Kontrast ausgesprochen scharf ist, denn שוא dagegen drückt Leere und Nichtigkeit aus.[27] שוא ist zugleich mit Meineid und Falschaus-

[26] Das „Vergeltungskonzept“ genannte Grundmodell beschreibt *van Oorschot* mit Rückgriff auf *Sitzler* (Vorwurf [1995]) so: „Gott soll, in einem wechselseitigen Beziehungsmodell gedacht, die Fürsorgepflicht gegenüber seinem Diener erfüllen, der seinerseits alle ihm aufgetragenen Leistungen erbracht hat“ (*van Oorschot*, Menschenbild [2001], 325).

[27] In dem sekundären Einschub Ps 89,48f wird der Terminus ebenfalls mit dem menschlichen Leben bzw. dem diesseitig zu erwartenden Lohn in Verbindung gebracht. Vgl. dazu *Hossfeld/Zenger*, Psalmen 51–100 (^{2}2001), 583.596.

sage verbunden (Ex 20,7; Dtn 5,11; Ex 23,1; Dtn 5,20; Jes 59,4; Hos 10,4; Ijob 15,31 u. ö.), so dass der Vers subtil in eine bittere Anklage Gottes kippt: „Denn statt Gerechtigkeit ist Lüge und Nichtigkeit". Gott – so der implizite Vorwurf – hat Ijob um seinen gerechten Lohn geprellt. Im weisheitlichen Tun-Ergehen-Zusammenhang ist das Wohlergehen der gerechte Lohn für gerechtes Handeln. Dieses ist für Ijob vollständig ausgeblieben, vielmehr sogar ins Gegenteil verkehrt.

Wie in Ijob 14 mündet auch die Argumentation in Ijob 7 in eine Vergänglichkeitsklage (Ijob 7,6): „Meine Tage eilen dahin wie das Weberschiffchen, und sie schwinden dahin ohne Hoffnung". Auch das זכר כי־רוח חיי „gedenke, dass mein Leben nur ein Wind ist" (V. 7, vgl. V. 16) zielt auf die Vergänglichkeit Ijobs und nimmt ebenso wie die „schwindende Wolke" כלה ענן (V. 9) die Flüchtigkeit eines Wetterphänomens als Bild. Beide sind endgültig und unumkehrbar, der weggeblasene Wind ebenso wie die abgeregnete Wolke. Ebenso ist die Möglichkeit eines gerechten Ausgleichs in der Unterwelt nicht mehr gegeben. Dieser muss diesseitig im Leben erfolgen. Wer aber einmal in das Totenreich hinab gestiegen ist, steigt nicht wieder hinauf (geradezu sprichwörtlich knapp V. 9: יורד שאול לא יעלה).

Die traditionelle Vergänglichkeits*klage* zielt auf das rettende Eingreifen Gottes resp. auf die göttliche Barmherzigkeit. Nicht anders das Vergänglichkeitsmotiv hier, auch wenn Ijob Gott auffordert, von ihm abzulassen. Diese Bitte bezieht sich auf den lebensmindernden Druck, den Ijob durch sein negatives Schicksal erfährt und als göttliches Handeln deutet. Keinesfalls aber wird mit dem Vergänglichkeitsmotiv die „Rettung in der Gottlosigkeit" gesehen.[28]

„Meiner Würde hat er mich entkleidet". Ijobs Würde als Rechtsstandpunkt

Neben der *conditio humana* tritt immer auch Ijobs Schicksal in den Blick. Ijob sieht sich von einem erträglichen Menschsein entfremdet. Seine Krankheit hat ihn an Leib und Seele entstellt (Ijob 6,4; 7,5; 19,20; 30,28.30), so dass er sich vor sich selbst ekelt (Ijob 10,1).

[28] So *van Oorschot*, Menschenbild (2001), 326, der damit die Klage paradox verwendet sieht und von einer „Umwertung aller Werte" spricht. Zu wenig bedacht ist dabei, dass die Klage nur dann Sinn macht, wenn sie auf Veränderung zielt. Wenn Gott tatsächlich als der unberechenbare Feind, als chaotische „Fratze" wahrgenommen wird, dann wird jeglicher Appell an diese Instanz schlicht sinnlos. Ijob bräuchte sich weder ihm noch den Freunden gegenüber zu bemühen. Dann wäre die Rede vom „zynischen Gott" tatsächlich gerechtfertigt. M. E. ist aber die Pragmatik der Klage stärker in Anschlag zu bringen als das gewöhnlich zugestanden wird. Vgl. dazu bereits die Auslegung von Ijob 7,17–21 in *Frevel*, Theologie (2004), 244–272.

Selbst seine Familie erträgt den Geruch des Kranken nicht mehr (Ijob 19,17, vgl. 9,31), und seine Mitwelt wendet sich von ihm ab (Ijob 16,20; 17,2.6; 19,13–19; 30,1.9f). Er ist vorschnell gealtert (Ijob 7,6; 17,7) und dem Sterben nahe (Ijob 7,6; 9,25f; 16,22; 17,1.12), ja, er wünscht sich den Tod sogar herbei (Ijob 7,15f).[29] Das alles ist kein Zufall, sondern von Gott herbeigeführt: Es sind *seine* Schläge (Ijob 9,34): „Die Pfeile des Allmächtigen sind in mir, mein Geist trinkt ihr Gift, Gottesschrecken stellen sich gegen mich" (Ijob 6,4). Von der Rahmenerzählung ist es sogar ein bitterer Test, eine Wette, ob Ijob standhält oder nicht (Ijob 1f). Das fordert den untadeligen Ijob gegen Gott und die „Lügentüncher" (טפלי־שקר Ijob 13,4), als die er seine Debattierkollegen tituliert, heraus. Seine Vorwürfe sind hart und ohne den Kontext unerträglich. Ijob wirft Gott Willkür, Machtmissbrauch und Sarkasmus vor (Ijob 9,22–24), und alle Hinweise auf eine verborgene Schuld bei sich weist er mit Vehemenz zurück. Überzogen ist m. E. allerdings die unter dem Stichwort „Satanisierung" firmierende Charakterisierung des Gottesbildes bei H. Spieckermann, Ijob fürchte den „hinterhältig, unberechenbar, grundlos, vernichtungsbesessen zuschlagenden Gott".[30]

Sein Schicksal ist ungerecht, und deshalb fordert er Gott im Rechtsstreit heraus. Worin gründet Ijobs Rechtsanspruch gegenüber Gott? Hier liegt die Antwort „in seiner unveräußerlichen Würde als Mensch" auf der Hand, doch bisher war von der Würde Ijobs explizit noch nicht die Rede, auch wenn wir sie im Blick auf Ijobs *de facto* Würdelosigkeit schon berührt haben. Im Folgenden sollen daher zunächst die Stellen durchgegangen werden, in denen verschiedene Übersetzungen das deutsche „Würde" wählen, oder der Textzusammenhang eine solche Übersetzung nahe legen könnte.

Ijob 30,15 ist die Stelle des Ijobbuches, bei der die meisten Übersetzungen das deutsche Wort „Würde" gebrauchen. Nachdem Ijob in seiner Schlussrede die Heilszeit beschworen hat, in der er wohlhabend, glücklich und geachtet war (Ijob 29), kehrt er sich noch einmal abschließend seiner Lage zu, um dann in der großen Unschuldslitanei Ijob 31 zu enden. Seine Klage beginnt mit einer ausgedehnten Feindklage, deren militärische Vernichtungsbilder mit einem gleich-

[29] Es wird immer wieder angenommen, dass es sich bei den beschriebenen Symptomen um *lepra tuberculosa* handele (so etwa *Remus*, Menschenbildvorstellungen [1993], 39). Das ist nicht nur anachronistisch (da die Lepra wohl erst mit Alexander d. Gr. in den Vorderen Orient kam), sondern ist auch von der Stilisierung her nicht nahe liegend. Ijob wird als *exemplarischer Mensch* mit vielfältigen Krankheitssymptomen geschildert. Dabei geht es nicht darum, ein bestimmtes Krankheitsbild exakt zu spiegeln.

[30] *Spieckermann*, Satanisierung (1994), 432.

mäßig gebauten Trikolon in Ijob 30,15 abgeschlossen werden. Kaum zwei Übersetzungen sind gleich; ich schlage folgende vor:

Schrecken wandten sich gegen mich,	12	ההפך עלי בלהות
verjagt wie der Wind ist meine Würde,	13	תרדף כרוח נדבתי
und wie eine Wolke zog meine Hilfe vorüber.	13	וכעב עברה ישעתי:

Der Aufbau ist auf den ersten Blick ebenmäßig, die drei Kola (12/13/13) sind nahezu gleich lang. Jedes Kolon hat ein Verbum und jeweils ein grammatisch feminines Substantiv in Schlussposition (בלהה, נדיבה, ישועה), auf das es sich bezieht. Alle drei Kola zeigen durch ein auf den Sprecher bezogenes Suffix die 1. Person an. Die beiden letzten Kola sind durch einen mit der Partikel כ eingeführten Vergleich bestimmt. Soweit die Gleichmäßigkeit. Die Schwierigkeiten beginnen mit der Numerusinkongruenz zwischen singularischem Verbum und pluralischem Nomen im ersten Stichos. Das erste Verbum ist zudem keine Femininform, sondern eine 3. Sg. mask. H-*pass*. Eine Änderung in den N-Stamm – wie Duhm sie vorschlägt – entlastet zwar, ist aber von der Textüberlieferung MT her nicht angezeigt. Überhaupt ändert Duhm den Text zu freizügig. Den zweiten Stichos liest er „verweht (תנדף) wie vom Wind ist mein Glück (טובתי)". Während die erste Änderung noch angehen könnte, ist die zweite Willkür. Duhm begründet: „die Schrecken verfolgen meine Würde' ist wunderlich. ... die ‚Würde' passt nicht zu dem parallelen Wort, auch nicht besonders zum Bilde".[31] Das ist gerade mit Blick auf die „Schrecken" (בלהות) in Ijob 18,11; 24,17; 27,20 nicht zutreffend. In Ijob 18,11 sind die bedrohlich umgebenden Schrecken die bösen Taten des Frevlers, die ihn selbst in das Klappnetz treiben (18,7–10). Mit בלהה kommt ein unausweichlich Bedrohliches, einengend Umgebendes zum Ausdruck, das konnotiert ist mit Chaos, Lebensferne und Verunsicherung. Aufgegipfelt in der Krankheit als dem „Erstgeborenen des Todes" (Ijob 18,13) und dem Tod als dem „König der Schrecken" (מלך בלהות Ijob 18,14) wird die Todeskonnotation der Schrecken deutlich. Es ist eine Bedrohung, die keine Sicherheit mehr lässt und die Person ausreißt aus ihrem Lebenszusammenhang. Genau das beschreibt das „Verjagen" der Würde, die Aufhebung eines gesicherten sozialen Status.

Die Verbstellung ist in den drei Kola syntaktisch nicht gleich, die beiden ersten stellen das Verbum voran, der Schlussvergleich hat das Verb in Mittelstellung. Während streng genommen durch die Position im Satz die *qaṭal*-Form einen abgeschlossenen Sachverhalt in der

[31] *Duhm*, Hiob (1897), 143.

Vergangenheit kennzeichnet, wird mit der *yikṭol*-Form im zweiten Kolon ein unabgeschlossener Sachverhalt gekennzeichnet, während die *w^e^-x-qaṭal*-Stellung im dritten Kolon hingegen wieder für einen abgeschlossenen Sachverhalt zu sprechen scheint. Letzterer liegt auch von der Einleitung des Abschnitts V. 9 kontextuell nahe. Die Inkongruenzen sind weder textkritisch noch literarkritisch aufzulösen.[32]

Syntaktisch macht das zweite Verbum im Grundstamm Probleme. Es kann als Subjekt nur eine 2. Sg. mask. oder eine 3. Sg. fem. haben. Für letzteres spricht, dass nur Gott mit dem „Du" gemeint sein könnte. Das ist aber vom Kontext her überhaupt nicht angezeigt. Nimmt man also an, dass, wie in den anderen Kola, das jeweils am Schluss genannte Nomen das Subjekt des Verbums ist, würde ein N-Stamm erwartet, weil ein G-Stamm keinen Sinn ergibt: „meine Würde verfolgt wie der Wind" gegenüber „verjagt ist meine Würde wie der Wind". In der Regel wird daher die Verbform als Reflexivstamm vokalisiert, entweder als D-Stamm *passiv* (Pu'al) oder als N-Stamm.[33]

Semantisch ist das zweite Kolon von besonderem Interesse, wo der Terminus נדיבה mit „Würde" übersetzt wurde. Das Nomen kommt nur noch Jes 32,8 vor.[34] Gesenius nennt „Adel, Hoheit, Willigkeit" und für Jes 32,8 „edle Taten" als Übersetzungsmöglichkeiten. Das Nomen gehört in die von der Wurzel נדב abzuleitenden Lexemgruppe, zu denen vornehmlich das Verbum נדב „eine Sache bereitwillig verfolgen, sich freiwillig entschließen", das Nomen נדיבה „innerer Antrieb, freiwillige Gabe, Freiwilligkeit" und das Adjektiv נדיב „freiwillig, bereitwillig" gehören.[35] Die Bedeutung des Wortes ist durchgehend mit „Ungebundenheit" konnotiert.[36] Über die Bereitwilligkeit und Freigiebigkeit kommt ein Moment der Auszeichnung hinzu. Als soziale Kategorie bezeichnet נדיב den „vornehmen Angehöri-

[32] Ein MS bezeugt die erste Verbform in der Präfixkonjugation (*yikṭol*). BHS vermerkt ebenfalls, dass im zweiten Stichos einige Handschriften und die Peschitta statt נדבתי „meine Hoheit" נתיבתי „mein Pfad" lesen. Damit ist dann eine Wiederaufnahme der Semantik von V. 13 („meinen Pfad haben sie aufgerissen") gegeben. Das Problem des aktiven Verbums, das auch kaum mit נתיבה sinnvoll kombiniert werden kann, löst sich damit nicht (s. dazu u.). *Fohrer* will das erste Kolon als sachlich unpassend erläuternde Glosse zu V. 12–14 streichen (*Fohrer*, Hiob [1989], 414); *van Oorschot*, Menschenbild (2001), 330 schließt sich dem an. Zwar markiert die Zeile den Übergang zwischen V. 12–14 und V. 15, ist jedoch allein schon wegen des parallelen Aufbaus kaum einfach zu eliminieren.

[33] Vgl. dazu *Strauß*, Hiob (2000), 170; *Fohrer*, Hiob (1989), 414.

[34] GesB 488; Halat 636 nennt „Würde" und „Edles".

[35] Vgl. zu den weiteren Derivaten *Conrad*, Art. נדב (1986), 237f.

[36] „... kann die Grundbedeutung der Wurzel *ndb* mit ‚sich als freiwillig erweisen' wiedergegeben werden", *Conrad*, Art. נדב (1986), 238.

gen der Führungsschicht“, dem besonderes Ansehen zukommt. Wenn Ijob diese נדיבה für sich reklamiert, ist damit sein gesellschaftliches Ansehen zum Ausdruck gebracht, das ihn herausgehoben hat und das jetzt „wie der Wind“ verjagt ist. Damit ist es noch einmal der Kontrast zu Ijob 29, der in dem Vers zum Ausdruck kommt. Ijobs hohes gesellschaftliches Ansehen und sein „Adel“ (so die Übersetzung der EÜ) sind dahin. D. Conrad stellt zu Recht heraus, dass das Ideal des Weisen hier in vielfältiger Weise mithineinspielt: „Der *nāḏīb* verkörpert also das Ideal des Gerechten und Weisen und ist damit der vollkommene Mensch schlechthin“.[37]

Das macht ebenfalls Ijob 29,18–20 deutlich, wo von Ijobs כבוד die Rede ist. Nachdem Ijob sein tadelloses soziales Engagement im Einsatz für die Schwachen geschildert hat, beschreibt er die erwarteten Folgen seines Handelns.

18	Ich dachte, mit meinem Nest werde ich sterben,	ואמר עם־קני אגוע
	und meine Tage werden wie Sand sein.	וכחול ארבה ימים:
19	Meine Wurzel ist zum Wasser hin geöffnet,	שרשי פתוח אלי־מים
	und Tau nächtigt auf meinen Zweigen.	וטל ילין בקצירי:
20	Meine Würde bleibt mir stets erneuert,	כבודי חדש עמדי
	und mein Bogen lässt (Pfeil auf Pfeil) folgen.	וקשתי בידי תחליף:

Der Beginn ist problematisch, weil קן „Nest“ nicht eindeutig ist bzw. nur einen metaphorischen Bezug hat. Immer wieder (z. B. auch bei Luther, in der EÜ oder der Elberfelder Übersetzung) ist vorgeschlagen worden, in dem Terminus חול aufgrund der LXX ὥσπερ στέλεχος φοίνικος πολὺν χρόνον βιώσω und besonders aufgrund des mehrdeutigen φοίνικος eine Reminiszenz an den bereits bei Herodot belegten Fabelvogel Phönix zu sehen, von dem die Sage überliefert, dass er nach langem mehrhundertjährigem Leben zusammen mit seinem Nest vergeht.[38] Nun zielt die Sage vom Phönix auch auf eine Restitution aus der „Asche“, weshalb der Vogel seit dem hellenistischen Judentum Symbol für die Auferstehungshoffnung ist. Da eine solche im hebräischen Ijobbuch noch nicht anzunehmen ist, ist m. E. der Bezug auf den Phönix gegen die schöne rabbinische Lesart unwahrscheinlich. Dann aber steht קן „Nest“ für den sicheren Wohnort und חול für den Sand, der – wie die Tage eines langen Lebens – ungezählt bleibt.

37 Ebd., 243.

38 Vgl. *Duhm*, Hiob (1897), 140; *Fohrer*, Hiob (1989), 402; *Ebach*, Streiten (^{2}2005), 73f; *Diebner*, Phönix (1996), 245–265.

Die folgenden Bilder stehen für die Prosperität und Vitalität eines gelungenen Lebens. Die Wurzeln am Wasser erinnern an Ps 1 und der Tau an „Segen und Leben in Ewigkeit“ aus Ps 133,3. Mit dem כבוד ist wie mit der נדיבה in Ijob 30,15 Ijobs Ansehen und Ruhm gemeint. Wenn diese ständig neu wird, so ist damit gerade keine immerwährende Veränderung, sondern eine in der Erneuerung dauerhafte Beständigkeit gemeint. Das Ansehen ist nicht punktuelle Aufwertung seiner Person, sondern darin kommt sein Status zum Ausdruck. Man kann dies durchaus mit „Würde“ wiedergeben, auch wenn die meisten Übersetzungen das כבוד wohl treffender als „Ehre“ übersetzen.

Ziehen wir ein Zwischenfazit, so zeigt sich, dass die lexematische Suche nach dem, was der deutsche Begriff „Würde“ bezeichnet, zwar auf einige Termini eingegrenzt werden kann, aber es keine wirkliche Entsprechung zu dem Begriff gibt, wenn eine unveräußerliche, dem Menschen nicht von außen zukommende, sondern als Mensch eignende Zuschreibung gemeint ist. Insbesondere für Ijob 30,15 lässt sich die Übersetzung „Würde“ durchaus rechtfertigen, doch kann diese Stelle nicht, auch wenn sie in der Literatur mehrfach so eingeführt worden ist, für ein Konzept unaufhebbarer Menschenwürde im Ijobbuch in Anspruch genommen werden. Einen unaufgebbaren Rechtsstandpunkt gegenüber Gott begründet die נדיבה Ijobs nicht. Sie bezieht sich auf die *dignitas* oder griechisch seine τιμή[39], d. h. sein gesellschaftliches Ansehen.

Damit ist ein Problem berührt, das mit den vormodernen Konzeptionen von „Würde“ überhaupt zusammenhängt.[40] Die Gesellschaften des südlichen Mittelmeerraumes und der Levante können als „agonistische“ beschrieben werden, in denen Status und gesellschaftlicher Rang in ständiger Herausforderung und Auseinandersetzung (challenge-response-Prinzip) in Frage gestellt und bestätigt oder negiert werden.[41] Eine Person bezieht ihren Wert aus den sozialen Beziehungen und den damit verbundenen Interaktionen. Der antike gesellschaftliche Status war relativ schwer veränderlich, da – folgt man der Theorie der begrenzten Güter – der Vorrat an Ehre, Ansehen und Ruhm insgesamt begrenzt ist. Das auf den Status bezogene Handeln

39 Wie die LXX auf ἐλπίς und die Vulgata auf *desideria* als Übersetzung kommen, ist unklar. *Desiderium* steht meist für תאוה / ἐπιθυμία. Keines der in ThWNT genannten Lexeme, die als Übersetzung in der LXX ἐλπίς finden, kommen phonetisch oder orthographisch in die Nähe des MT, an keiner anderen Stelle ist נדיבה mit ἐλπίς wiedergegeben. Vielleicht ist die Übersetzung durch das σωτηρία des dritten Stichos motiviert worden.

40 Vgl. dazu *Cancik/Herms*, Würde (2005), 1736–1739.

41 Vgl. dazu *Neumann*, Kultur (2006), 35–41; *Pilch/Malina*, Handbook (^{2}1998), 140.

ist stets von Reziprozität bestimmt und die damit verbundene Sozialität abhängig von dem auf Gegenseitigkeit angelegten Handeln. Eine Vermehrung des sozialen Ansehens bzw. der gesellschaftlichen Reputation ist nur im permanenten Beantworten und Bestehen der Herausforderung, d. h. in der Bestätigung von außen möglich.[42] Die „überindividuell vorgegebenen, gesellschaftlich zugewiesenen und unterschiedlich bewerteten Rollen setzten den einzelnen Menschen in Beziehung zu anderen, gaben ihm einen bestimmten sozialen Status ... und wiesen ihm einen Platz in der Statusleiter der Gemeinschaft zu. ... Die Bewahrung des ererbten (= zugeteilten) sozialen Status eines Menschen war zugleich sein Lebensziel, an Veränderungen bestand kein Interesse".[43] Ehre und Scham sind die beiden Pole, in denen der Status-Wettbewerb stattfindet.

Unter diesen Voraussetzungen steht auch der Diskurs des Ijobbuches. Gerade die erwartete Reziprozität spielt sowohl zwischen den Freunden und Ijob eine Rolle als auch etwa in den Rückblicken Ijobs auf sein ehrenhaftes Handeln in der Vergangenheit und in enger Relation dazu in seinem Verhältnis zu Gott, das jetzt tiefgreifend gestört ist (Ijob 29–31). Wenn im Kontext von Ijob 19,20; 30,15 von der „Würde" bzw. Ehre Ijobs gesprochen wird, ist das gesellschaftliche Ansehen, die in Frage gestellte *dignitas* der Person Ijobs gemeint.

Das zeigt auch der Blick auf eine weitere Stelle, in der im Unterschied zu Ijob 30,15 so gut wie nie das deutsche Äquivalent „Würde" in der Übersetzung genannt wird. Doch liegt Ijob 19,9 für das Gesuchte ebenso nah, wenn nicht näher. Überhaupt sind die beiden Passagen semantisch eng miteinander verwandt, was im Folgenden nicht jeweils eigens genannt wird. Die Stelle entstammt der Passage vehementer Gottklage in der mittleren Rede Ijobs im zweiten Redegang (Ijob 19,6ff), die mit „Erkennt doch, dass Gott mich krümmt" eingeleitet wird. Anschließend heißt es:

[42] Dieser Aspekt hat eine erkennbare Parallele in der modernen Diskussion, dass sich die Menschenwürde nur in negativer Bestimmung fassen lässt. Nach *Nida-Rümelin* (Menschenwürde [2001]) setzt die Zuschreibung der Menschenwürde die Fähigkeit zur Demütigung voraus. Selbstachtung – Status – ist also Voraussetzung von Menschenwürde. Ähnlich die in angelsächsischer Tradition stehenden leistungsorientierten Konzepte, die näher an vormodernen Konzeptionen einer „zu erwerbenden Ehre" stehen. Einerseits ist die Anfrage berechtigt, wie bei leistungsorientierten Ansätzen eine Universialität der Menschenwürde gewährleistet werden soll, andererseits ist nicht zu verkennen, dass auch die modernen Konzepte ohne den vormodernen Zusammenhang von Status und Würde nicht auskommen.

[43] *Berlejung*, Sozialstatus (2006), 53–60.

8	Meinen Weg hat er vermauert,	ארחי גדר
	ich kann ihn nicht begehen,	ולא אעבור
	und über meine Pfade legt er Finsternis.	ועל נתיבותי חשך ישים:
9	Meiner Würde hat er mich entkleidet	כבודי מעלי הפשיט
	und mir die Krone vom Haupt genommen.	ויסר עטרת ראשי:
10	Er hat mich ringsum eingerissen, so dass ich (ver-)gehe,	יתצני סביב ואלך
	und er hat ausgerissen meine Hoffnung wie einen Baum.	ויסע כעץ תקותי:

Unmittelbar auffallend ist die polare Gestaltung. Jede Zeile enthält ein Verbum, das Gott als Subjekt hat, und ein Objekt, das grammatikalisch dem Sprecher Ijob zugeordnet wird. Während die Aktivität Gottes zum Ende hin immer gewalttätiger wird, steigert sich die Minderung Ijobs von der Weglosigkeit bis zur Vernichtung der Hoffnung. Ijob bleibt dabei passiv, seine Bewegung V. 8 wird gar verneint. Das einzige aktive Verbum in V. 10 führt zur „Verflüchtigung" Ijobs. Die kurzen Verse hämmern die Demontage Ijobs durch Gott ein, indem sie traditionelle Vertrauensbekenntnisse ins Gegenteil verkehren: Der Gott der Geborgenheit und des Schutzes ist zum Feind geworden. Der Pfad, den Ijob beschreiten will, ist der Lebensweg des Gerechten und Weisen (Ps 119,105; Spr 3,17; 7,25; 8,20; 12,28; Klgl 3,9; Jes 58,8). Während der Psalmbeter darum bittet, dass Gott ihm den Weg weist Ps 25,4; 27,11 (ארח und דרך), sieht Ijob seinen Weg durch Gott versperrt. Der Psalmbeter überspringt mit seinem Gott Mauern (Ps 18,30), hier vermauert Gott Ijob den Weg (vgl. Klgl 3,7.9), während Gottes Wort dem Beter von Ps 119,105 „Licht auf dem Pfad" (נר־לרגלי דברך ואור לנתיבתי) und Licht in der Finsternis (Ps 18,29) ist, sieht sich Ijob mit Finsternis umhüllt.

עטרה ist zunächst einmal literal die Krone oder das Diadem der Herrschenden, eine Insignie der Macht (2 Sam 12,30; Jes 62,3; Jer 13,18; Ez 21,31; Sach 6,11; Ps 21,4; Hld 3,11; Est 8,15; 1 Chr 20,2), wird aber häufiger für Erhabenheit und Hoheit sinnbildlich verwandt oder kennzeichnet eine besondere Auszeichnung (Jes 28,1; Ez 16,12; 23,42; Ijob 31,36; Spr 4,9; 12,4; 14,24; 16,31; 17,6; Klgl 5,16). Die Grundbedeutung des Verbum עטר „umgeben, umringen" (1 Sam 23,26; Ps 5,13), das im D-Stamm „bekrönen" bedeutet (vgl. Ps 8,6; Ps 103,4; Hld 3,11, und Jes 23,8 H-Stamm), schwingt dabei immer mit. Die Krone ist Insignie der Hoheit und des herausgehobenen Ansehens. Von daher knüpft Ijob 19,9 sehr gut an die „Würde" aus Ijob 30,15 an. Die hohe Symbolkraft und konstitutive Mobilität der Insignie lässt sie besonders geeignet erscheinen, das Verlieren einer Auszeichnung zum Ausdruck zu bringen. So steht sie in Klgl 5,16 nicht nur real für den Kopfschmuck der festlich gekleideten Tänzer, sondern *pars pro toto* für die verlorene Ehre der ganzen Person. Vom Bekrönen ist nicht nur das Haupt, sondern die ganze Person betroffen. Die Krone steht *pars pro toto* für die verlorene Ehre. Natürlich bringt sich insbesondere Ps 8,6 in Erinnerung, wo es vom Menschen heißt:

Du hast es ihn nur wenig von einem Gott mangeln lassen,	ותחסרהו מעט מאלהים
mit Ehre und Hoheit hast du ihn bekrönt.	וכבוד והדר תעטרהו:

Die unzweifelhafte Anspielung auf Ps 8,6 setzt die Linie der Aufnahmen und betonten Kontrastierungen positiver Aussagen aus den Psalmen fort. Der כבוד, der dem königlichen und hoheitlichen Menschen qua Schöpfung zukommt, und der ihn nur wenig geringer als Gott sein lässt, gehört für Ijob konstitutiv zum Mensch-Sein. Doch hat Gott diese Grundlage des Menschseins Ijob entzogen: Das Verbum פשט steht dabei primär für das Entkleiden eines Gewandes oder eines äußeren Kleidungsstücks (Gen 37,23; Lev 6,4; 16,23; Num 20,26), kann aber auch drastischer konnotiert sein. Es wird Lev 1,6 auch für das Abhäuten des Opfertiers verwendet.

Das *Bekleiden* (nur hier mit שוה Pi.) mit הוד והדר entstammt Ps 21,6 (גדול כבודו בישועתך הוד והדר תשוה עליו „Groß ist sein Ruhm durch deine Hilfe, du hast ihn bekleidet mit Hoheit und Pracht“, EÜ), wo es sich auf den König bezieht, Ps 93,1 (יהוה מלך גאות לבש לבש יהוה עז התאזר אף־תכון תבל בל־תמוט „Der Herr ist König, bekleidet mit Hoheit; der Herr hat sich bekleidet und mit Macht umgürtet. Der Erdkreis ist fest gegründet, nie wird er wanken“, EÜ), wo es mit dem geläufigeren לבש ausgedrückt wird und den königlichen Gott beschreibt, und Ps 104,1 (הוד והדר), wo es ebenfalls auf Gott bezogen wird.[44]

Die anthropologische Grundspannung zwischen der Niedrigkeit der vergänglichen „Made“ (Ijob 17,14; 25,6) einerseits und der Hoheit des „Königs“ andererseits, der „Widerstreit zwischen Elend und Würde“[45] ist bei Ijob ganz und gar auf die eine Seite hin ausgeschlagen. Deshalb zieht er gerade die Kernstelle des königlichen Menschen aus Ps 8 heran, um seine aussichtslose Lage zu charakterisieren.

Kein anderer Psalm bringt schöpfungstheologisch die Würde des Menschen pointierter zum Ausdruck als Psalm 8, den Herrmann

[44] Vgl. Ps 132,9.16, wo sich die Priester mit Gerechtigkeit und Heil bekleiden, Jes 51,9 fordert den Arm des Herrn auf, sich mit Macht zu bekleiden, vgl. ferner Sir 17,3; Bar 5,1.

[45] *Krüger*, Wind (2001), 273.

Spieckermann ein „poetisches Kompendium klassischer psalmtheologischer Anthropologie" nennt.[46] Schon in Ijob 7 hatte Ijob die „Was ist der Mensch?"-Frage aus Ps 8,5 zitiert und die Fürsorge in eine verstetigte und bedrohliche Aufmerksamkeit des „Menschenwächters" kippen lassen.[47]

Ijob 19,10 steigert die Metaphorik noch einmal durch die drastische Rede vom Einreißen. Das Verbum נתץ steht nahezu ausschließlich für massive Zerstörungen, meist von Mauern, Gebäuden oder Gebäudeteilen (z. B. Ex 34,13; Lev 11,35; 14,45; Ri 8,9 u. ö.). Übertragen oder für andere Formen des Einreißens wird es nur selten verwandt, sicher in Ps 58,7 (Zähne der Löwen), Jer 4,26 (Volk oder Reich), Nah 1,6 (Felsen). Lediglich in Ps 52,7 wird dem gewalttätigen und lügenhaften גבור angekündigt, dass Gott ihn für immer niederreißt. Die Tirade יחתך ויסחך מאהל ושרשך מארץ חיים „er wird dich niederschlagen und herausreißen aus dem Zelt und dich entwurzeln aus dem Land der Lebenden" zielt auf den Tod des Frevlers.[48] Durch das סביב „ringsherum" wird die Vollständigkeit des Zerstörungsvorgangs betont (vgl. Klgl 2,3; Ps 97,3 und Ijob 19,12), zugleich aber eine geringe Inkonsistenz eingetragen. Denn entweder ist Ijob das Objekt der Zerstörung oder das, was ihn „ringsherum" umgibt. Auf der Ebene des Endtextes kann das „ringsherum" als Familie und Besitz Ijobs gelesen werden. Diese Rückkehr in die immobile Welt ist absichtsvoll.

Vertrauensaussagen, in denen der Beter sich von Mauern geschützt sieht[49], werden hier kontrastiert. Der Gott, der Schutz und Zuflucht bieten sollte, reißt ein und alles Schützende ab. Mit dem konsekutiven ואלך „ich aber vergehe" schlägt der Text wieder in eine Vergänglichkeitsmetaphorik um. Das הלך trägt hier wie in Ijob 14,20; 10,21; 27,21 und vielleicht auch Ijob 7,9; 16,22 die Konnotation des Vergehens.[50] Es geht um den Gang „ins Todesschattenreich".

Den Höhepunkt der Anklage bildet dann der metaphorisch gewalttätige Eingriff in Weltbild und Glaube Ijobs „und er hat ausgerissen

46 *Spieckermann*, Heilsgegenwart (1989), 237. Vgl. das „Summe tempeltheologischer Anthropologie" bei *Willi-Plein*, Reflexion (1996), 1–12, 2, wohl in Aufnahme Spieckermanns.

47 „Der wichtigste Intertext für die Hiob-Dichtung ist der mehrfach rezipierte Ps 8" (*Köhlmoos*, Auge [1999], 362). Vgl. zur Rezeption von Psalm 8 im Ijobbuch *Frevel*, Theologie (2004).

48 Vgl. zum „Zelt" Ijob 19,12. Nach *Strauß* handelt es sich allerdings bei V. 12b um einen Nachtrag: „V. 12b ist schon immer und nicht nur aus metrischen Gründen als nachträgliche Ergänzung empfunden worden, vermutet wurde auch eine Anspielung auf 18,5f" (*Strauß*, Hiob [2000], 11).

49 Z. B. Ps 9,10; 18,3; 31,3–4; 59,17f; 62,3.7; 71,3; 91,2; 94,22; 144,2 u. ö.

50 Vgl. zur Nähe von חיה und מות auch *Grimm*, Leben (1998), 236.

meine Hoffnung wie einen Baum". Die Formulierung ist singulär[51], doch auch dadurch scheint bewusst ein Assoziationsfeld freigesetzt zu werden, das bekannte Vertrauensmotive verkehrt.

Die *Hoffnung* auf das Eingreifen und die Güte Gottes bestimmt immer wieder das Vertrauen der Psalmbeter, ein Vertrauen, das für Ijob vollkommen zerstört ist.[52] Die Hoffnung kennzeichnet den Frommen, der wie ein am Wasser gepflanzter Baum ist, dessen Blätter nicht welken (Ps 1,3). Anders Ijob, der seine Hoffnung in Gott entwurzelt sieht, er bleibt grund- und haltlos enttäuscht zurück. נסע beschreibt einen Aufbruch, der einem Ortswechsel vorangeht. Insbesondere Jes 33,20; 38,12 wird es mit dem Abbruch von Zelten in Verbindung gebracht. Diese Bildwelt wird hier assoziativ eingespielt und so noch einmal ein Vergänglichkeitsmotiv evoziert. Ijobs Zelt wird abgebrochen, d. h. er droht vom Land der Lebenden in die Scheol überzusiedeln. Vielleicht wird die Metapher hier gerade deswegen vermieden, um den Widerspruch zwischen Ijobs Hoffnung auf ein letztes Eingreifen Gottes einerseits und seinem Todeswunsch (Ijob 14) andererseits nicht zu groß erscheinen zu lassen. Gerade zusammen mit dem vorhergehenden Bild stellen sich assoziativ auch die Jeremiastellen ein, die vom Abreißen, Aufbauen, Einpflanzen und Ausreißen reden und für eine Restitutionshoffnung stehen (Jer 1,10; 24,6; 42,10).

Noch einmal bringen sich zwei Schlüsselstellen aus den vorangegangenen Ijob-Reden in Erinnerung. „Meine Tage eilen dahin wie das Weberschiffchen, und sie schwinden dahin ohne Hoffnung" (Ijob 7,6). Und noch krasser „wenn ich hoffte: dann auf die Unterwelt" (Ijob 17,13).

Am Ende dieses kurzen Abschnitts steht die Resignation über das fortgesetzte negative Eingreifen Gottes. Folgt nun daraus für die Frage der Würde eines jeden Menschen, dass – wie immer wieder geschrieben wird – Ijob eine pessimistische, negative Anthropologie vertrete, die diejenige von Psalm 8 schroff ablehne?[53] Verbleibt der Mensch als würdelose Kreatur ohnmächtig der willkürlichen Allmacht Gottes ausgesetzt? Ist das Buch Ijob „die Annullierung des theologischen Zentrums des Alten Testaments, nämlich (die) Annullierung der Menschenfreundlichkeit Gottes"?[54] Das wäre das Ende

[51] Dass die Hoffnung vergeht, wird sonst meist mit אבד ausgedrückt (Ez 19,5; 37,11; Spr 11,7).

[52] Vgl. etwa Ps 25,3.5.21; 27,14; 33,20; 37,9.34; 39,8; 40,2; 52,11; 62,6; 69,7; 71,5.14; 119,116; 130,5; 146,5.

[53] So z. B. *Spieckermann*, Heilsgegenwart (1989), 237; vgl. den Begriff der „Umkehrung" bei *Köhlmoos*, Auge (1999), 362; *van Oorschot*, Menschenbild (2001), 325.

[54] So *Spieckermann*, Satanisierung (1994), 431.

der Theologie und des Klagegebetes.[55] M. E. beachtet diese Sicht die Pragmatik des Textes zu wenig. Gegenüber der Vergänglichkeitsklage ist die Ambivalenz noch einmal verstärkt. Es gibt *kein* den Psalmen vergleichbares Vertrauensgebet um das Eingreifen Gottes zugunsten Ijobs. Doch zeigt gerade das literarische „Spiel" mit der bewussten Verkehrung der Vertrauensaussagen aus dem Psalter an, dass es einen Subtext gibt. Dieser ist „Widerspruch" gegen die existentiale Situation Ijobs, dem die Würde genommen ist. Ijob klagt ja Gott genau dafür an, dass er ihm die Krone vom Kopf reißt, wo sie „eigentlich" hingehört. Gerade die Überzeugung von der ihm zustehenden Menschenwürde motiviert seine Klage und Anklage. Ijob 19,9 reklamiert deutlicher als Ijob 30,15 eine unveräußerliche Würde Ijobs. Damit verschärft sich die Frage nach dem Grund und Ausgangspunkt. Was gibt Ijob die Sicherheit, eine gegenüber Gott einklagbare Würde zu haben? Die Antwort ist in der Vorstellung einer individuellen Menschenschöpfung zu suchen und in Kap. 10 zu finden.

Alles „Käse"? Die Geschöpflichkeit des Menschen in Ijob 10 als Grundlage seiner Würde

Die zweite Rede Ijobs gilt als die schärfste Anklage und der Höhepunkt im ersten Redegang.[56] Wenn ein sinnvoller Rechtsstreit mit Gott nicht zu führen ist, da der Mensch ihm immer tausendfach unterlegen ist und in der Person Gottes Richter und Angeklagter in eins fallen, lastet auf Gott der Druck, *von sich aus* gerecht zu handeln. Doch Ijob spürt nur den Druck *auf sich*, der ihm den Atem nimmt und ihm Wunden schlägt (Ijob 9,17f). Wenn Gott ihm nicht seine Schuld und damit den gerechten Grund seines Leidens aufweist, folgert er, dass dieser Gott willkürlich und ungerecht ist: Denn den Gerechten und den Frevler vernichtet er gleichermaßen, ja „er spottet über die Verzweiflung Unschuldiger" (Ijob 9,23). Ijob 10 schreckt noch einmal vor diesem Zynismus zurück, lässt die Klage in Gebet umschlagen und appelliert an das Gottsein Gottes. In einer rhetorischen Frage (Ijob 10,3) sucht er Gott zur Einsicht zu bewegen:

[55] Das erkennt *Spieckermann* klar: „Die Aufkündigung des Vertrauens gegenüber dem gnädig hinschauenden Gott ist das Ende der Theologie der Heilsgegenwart" (Heilsgegenwart [1989], 237). Daneben spricht er vom „Ende der Weisheit" aufgrund der Gotteserfahrung Ijobs (Satanisierung [1994], 431).

[56] Vgl. *Ebach*, Streiten (1995), 93.99.

Ist es (etwa) gut für dich,	הטוב לך
dass du gewalttätig unterdrückst,	כי־תעשק
dass du die Mühe deiner Hände verwirfst	כי־תמאס יגיע כפיך
und über dem Rat der Frevler aufscheinst?	ועל־עצת רשעים הופעת:

Auch hier ist das gleiche intertextuelle Spiel mit den Psalmen zu erkennen, das sich durch die gesamten Ijob-Reden zieht. Ironisch wird *Gott* in den Kontrast zum frommen Weisen gesetzt, der nicht dem Rat der Frevler folgt (Ps 1,1). Da עצת רשעים außerhalb des Ijobbuches (Ijob 21,16; 22,18) nur hier vorkommt, wird die intertextuelle Anspielung auf Ps 1 nahezu eindeutig. Während Gott in Ps 103,6; 146,7 den Unterdrückten (עשוקים) Recht verschafft (vgl. auch Ps 72,4), wird er hier zum Unterdrücker; während er dort er als „Sonne der Gerechtigkeit“[57] zum Gericht aufscheint (Ps 50,2; 80,2; 94,2), wird ihm hier unterstellt, die Frevler zu beschirmen. Während der Weise יגיע כפיך die „Mühe seiner Hände“[58] verzehrt und es gut für ihn ist (Ps 128,2), verwirft Gott den Ertrag. Wer die Bezüge erkennt, liest Ijobs Frage als freche Unterstellung: „Du verhältst dich nicht wie ein gerechter Weiser, sondern wie ein frevelhafter Tor“.

Explizit ist von Ijob noch gar nicht die Rede, implizit nimmt die Opposition zu den Frevlern ihn mit in die יגיע כפיך hinein, die zudem auf das üblichere מעשה ידיך „Werk deiner Hände“ anspielt. Zu Recht ist deshalb in der „Mühe deiner Hände“ eine Anspielung auf die Schöpfung Ijobs gesehen worden[59], allerdings sollte die Formulierung nicht darauf eng geführt werden.[60]

Ijob gerecht sein zu lassen und nicht zu verwerfen, hieße also „gut“ zu sein und „weise“ zu handeln, was Ijob mit Recht von Gott erwarten kann. Das Verhalten Gottes bleibt ihm jedoch rätselhaft, da dieser sich wie ein begrenzter und böser Mensch verhält. Wo V. 3 noch implizit blieb, werden die folgenden Verse explizit:

[57] Nur die Sache, nicht die Formulierung stammt aus den Psalmen. Von der „Sonne der Gerechtigkeit“ wird nur in Mal 3,20 geredet.

[58] Vgl. zu יגיע Ijob 3,17; 39,11.16. Die Formulierung יגיע כפיך kommt *nur noch* in Ps 128,2 vor. Dort heißt es von dem Frommen: „Die Mühe deiner Hände wirst du essen; wohl dir, es wird gut טוב für dich sein“. Auch hier scheint mir eindeutig, dass Ijob 10,3 darauf anspielt.

[59] Vgl. etwa *Fohrer*, Hiob (1989), 214.

[60] So aber etwa *Egger-Wenzel*, Freiheit (1998), 255 und die ebd. 244 gelisteten Autoren.

8	Deine Hände haben mich gebildet	ידיך עצבוני
	und haben mich um und um zusammengefügt,	ויעשוני יחד סביב
	doch jetzt hast du mich verschlungen.	ותבלעני:
9	Gedenke doch,	זכר־נא
	dass du mich wie Ton gemacht hast	כי־כחמר עשיתני
	und auch zum Staub zurückkehren lässt.	ואל־עפר תשיבני:
10	Hast du mich nicht wie Milch ausgegossen,	הלא כחלב תַּתִּיכֵנִי
	wie Käse mich gerinnen lassen?	וכגבנה תקפיאני:
11	(Mit) Haut und Fleisch hast du mich bekleidet,	עור ובשר תלבישני
	und mit Knochen und Sehnen	ובעצמות וגידים
	hast du mich durchflochten.	תסככני:
12	Leben und Gnade hast du mir gewährt	חיים וחסד עשית עמדי
	und durch deine Zuwendung meinen Geist bewahrt.	ופקדתך שמרה רוחי:

Die Übersetzung des Stücks ist nicht ganz einfach. Der schnelle Wechsel zwischen Verbkonstellationen (*w^e^qaṭal*, *wayyiqṭol* und anderen Verbalformationen) schwankt aus hebraistischer Perspektive immer zwischen Vergangenheit und Zukunft. Kommt man vom Gesamt des Kapitels her, dann geht es in der Argumentation der Klage um die Gegenüberstellung von einst und jetzt, und überwiegend wird das Handeln Gottes beschrieben, das bereits zeitlich weit zurückliegt. Ich habe mich deshalb für eine perfektische Übersetzung entschieden. Keine andere Stelle im Ijobbuch geht so ausführlich auf die Menschenschöpfung ein, und kaum eine andere Stelle im Alten Testament reicht an die Vielfalt dieser Stelle heran.

Der Beginn ist semantisch ungewöhnlich, weil das erste Verbum עצב „bilden" sonst nicht mit göttlichem Subjekt gebraucht wird. Es steht für die Herstellung eines handwerklich hergestellten Kunstproduktes, etwa einer Skulptur. Die anthropomorphe Rede vom Formen mit den Händen erinnert an das Töpferbild und evoziert – durch das textlich schwierige יחד סביב „um und um" unterstrichen – eine besondere Nähe und Beziehung zwischen Schöpfer und Geschöpf. Die Abhängigkeit des Kunstproduktes von seinem Schöpfer ist groß, und genau darum geht es. In dem für die Klage typischen Gegensatz von *einst* und *jetzt* schlägt die Obhut und Nähe des Schöpfungsvorgangs in ein lebensbedrohliches Chaos um: „Du hast mich verschlungen". Das Verbum בלע, das sonst für die Chaosmächte und die Unterwelt steht – bringt das „zu Grunde richten" und „Verderben", also den direkten und tätlichen Angriff Gottes auf Ijob kontrastreich ins Spiel.[61] Das Verschlingen ist immer mit Tod, Finsternis, Stillstand der Entwicklung verbunden. Es gehört zu den Wesenszügen des Chaos bzw. der Gottheiten und Wesen, die das Chaos repräsentieren. Wenn daher Ijob zum Schöpfer sagt: „Du hast mich verschlungen", reiht sich ein weiterer furchtbarer Vorwurf in den Katalog der Anklagen von Kap. 9–10 ein. Ijob sagt nichts anderes als: Gott hat sich unberechenbar verhalten wie die Chaosmacht! Schärfer kann der Gegensatz zwischen dem heilvollen Anfang und dem als Ende stilisierten erbärmlichen Jetzt nicht sein.

Der folgende verstärkte Imperativ erinnert Gott daher an die Verantwortung, die er für sein Geschöpf hat. Es gilt das Verursacherprinzip. Das zerbrechliche Geschöpf ist vollständig abhängig vom Schöpfer, bis in die Vergänglichkeit hinein. Üblicherweise wird V. 10 implizit oder explizit in einem Einst-Jetzt-Gegensatz übersetzt, etwa Fohrer: „nun lässt du mich zum Staub zurückkehren". Angesichts des Todeswunsches, den Ijob mehrfach zuvor geäußert hat, ist diese Leseweise m. E. aber problematisch. Gerade V. 9 stellt Ijob noch einmal ganz in die Verfügung des Schöpfers, der – wie wir oben gesehen haben – Anfang und Ende bestimmt.

Wenn das Tongefäß zerbricht, ist es unwiederbringlich dahin. Viel Zeit – auch das hat Ijob schon mehrfach deutlich gemacht – bleibt Gott nicht mehr. Denn „der Leidende verträgt keinen Zeitaufschub (21,21)", da die „Jetztzeit dem Leidenden Todeszeit (17,13ff)" ist.[62]

Die ungewöhnlichste Aussage zur Menschenschöpfung ist die zur gerinnenden Milch, die im Alten Testament singulär ist. Den Hintergrund des Bildes bildet die Käseherstellung mittels Milchsäurebakterien. Die „ausgegossene Milch" wird erwärmt und unter Hinzugabe von Milchsäurebakterien eingedickt. Der dann entstehende Käsebruch wird abgeschöpft und zu Sauermilchkäse geformt oder gepresst. Der Vergleich der Menschenschöpfung mit der Käseherstellung ist abhängig von der embryologischen Grundannahme, dass das im Mutterleib befindliche Blut durch das männliche Sperma gerinnt. Diese außerbiblisch breit belegte Vorstellung ist im Alten Testament nicht näher rezipiert. Umso auffallender ist, dass die Käseallegorie in Ijob 10 auftaucht. Neben Aristoteles, der ebenfalls den Gerinnungsvorgang der Käseherstellung und das Werden des Embryo aus gerinnendem Blut vergleicht, ist bei Ijob eine – und vielleicht die früheste

[61] *Fuchs*, Mythos (1993), 81, die ebd. auch auf die *weiblichen* Bilder von V. 9–11 hinweist. (Berufsmäßiges) Weben ist allerdings ebenso wie Töpfern im Vorderen Orient nicht eine klassische Frauenrolle oder weiblich konnotiert.

[62] *Witte*, Beobachtungen (2003), 412.

– Wurzel der Käseallegorie zu sehen. Wie an anderer Stelle gezeigt worden ist, hat die Käseallegorie noch mehr Ansatzpunkte, die deutlich über den Gerinnungsvorgang als solchen hinausgehen und von dem weichen Embryo bis zu den Windeln reichen.[63] Die Käseallegorie geht auf die frühesten Anfänge des Menschseins zurück. Vom absoluten Beginn an ist wie in Ps 139 ein unlösbares personales Verhältnis zwischen Schöpfer und Geschöpf begründet, das die – und an diesem Punkt wird über die Allegorie hinausgegangen – dauerhafte Verwiesenheit und Abhängigkeit des Geschöpfes bedingt. Die Beziehung zu Gott ist durch die individuelle Menschenschöpfung in besonderer Weise intim, unmittelbar *und* unaufgebbar.

Neben das Töpferbild und die singuläre Käseallegorie tritt in V. 11 noch die Textilherstellung als Vergleichspunkt. Das Bild des Webens ist nahezu so prominent wie das Töpferbild, das hier durch das Verbum סכך Pol. eingespielt wird (vgl. Spr 8,23). *SKK* heißt im G- und H-Stamm „bedecken, beschirmen“, hier „flechten, weben“. Als Vergleichspunkt dient das Durchziehen der Kettfäden mit dem Weberschiffchen. Die Sehnen und Knochen halten das ungeformte Fleisch zusammen wie die Kettfäden das Gewebte (s. dazu u.). In Spr 8,23 taucht die Metapher für die vor der Schöpfung geschaffene Weisheit absolut auf: „Von der Ewigkeit her wurde ich gewoben, vom Anfang, von den Urzeiten der Erde“ (Ps 139,13.15). *SKK* lässt semantisch zusätzlich den Aspekt des Schutzes assoziieren. Zusätzlich kommt ein duratives Moment hinzu, was die Überlegungen zur Phasenaufteilung zwischen V. 10 und V. 11 noch unterstreicht. Etwas Ungeformtes wird durch den handwerklichen Einfluss in einen dauerhaft stabilen Zustand überführt.[64]

V. 12 geht nun über Beginn des Menschen hinaus und dehnt die Zuwendung desselben Schöpfergottes in die Phase des Menschseins nach der Geburt aus. חיים „Leben“, das sonst nie mit חסד „Gnade“ kombiniert wird[65], markiert den Anschluss an die Menschenschöpfung und den „Übergang in das Leben“. Die Gewährung des חסד steht ebenso für die heilvolle Zuwendung wie die Bewahrung des Geistes, der hier für das Leben und seine Qualität schlechthin steht. Die Erinnerung an Ps 23,6 stellt sich ein: „Lauter Güte und Gnade (טוב וחסד) werden mir folgen alle Tage meines Lebens“.

Nach diesem positiven Blick auf Gott als Schöpfer und Erhalter des menschlichen Lebens kippt diese intensive Zuwendung ab V. 13, der selbst die Leerstelle markiert: Gott hält seine Zuwendungen jetzt

[63] Vgl. *Frevel*, Entstehung (2006).
[64] Vgl. die Vorstellung vom Körper (Fleisch, Knochen, Sehnen, aber keine Muskeln, die unter „Fleisch“ gefasst werden!) in Ez 37,1–14.
[65] Vgl. lediglich Ps 42,9; 103,4; Spr 21,21.

zurück[66], verhält sich wie ein Raubtier und stellt „immer neue Zeugen“ gegen Ijob auf (V. 16f). In kürzester Zeit ist Ijobs Gegenwart wieder hereingebrochen und die „Heilsblase“ geplatzt. „Wozu hast du mich aus dem Mutterschoß herausgehen lassen?“ fragt Ijob anklagend den Gott, der diesen Kontrast zu verantworten hat.

Halten wir aus dem Durchgang noch einmal fest: Wie eine Insel im Meer der Tränen ist Ijobs Bekenntnis zu Gottes Zuwendung, die im Akt der Schöpfung ihren Ursprung hat. Diese Insel wird auffallend groß und üppig ausgestattet. Ijob appelliert an die Verantwortung des Schöpfers für sein Geschöpf.[67] Mit der Schöpfung ist ihm qua Mensch eine Würde anerschaffen, die auch Gott nicht aufheben darf. Diese Würde wird begrifflich nicht gefasst und nur implizit zum Ausdruck gebracht. Sie ist keine positive Eigenschaft des Menschen, sondern lässt sich nur in ihrer Negation, in der Summe der Lebensminderungen Ijobs, fassen. Das unaufhebbare personale Verhältnis zwischen Schöpfer und Geschöpf (und hier erinnert Ijob 10 an Ps 22,10 oder Ps 139) ermächtigt Ijob zum Einspruch gegen die Aufgabe seiner Würde. Ijob 10,8–12 liegt damit zwar nicht auf derselben Ebene wie Ijob 19,9, aber auf der gleichen Linie.

Der Beitrag des Ijobbuches zur Menschenwürde

1. Das Ijobbuch gründet nicht auf einer negativen und pessimistischen Anthropologie.

Das Menschenbild in den Ijob-Reden war bestimmt von Kontrast und einer durchgehenden Ambivalenz. Im Vordergrund steht der durch das Leid in seiner Menschlichkeit herabgewürdigte und in Frage gestellte Mensch. Mit drastischen Bildern wird dessen unhintergehbare Vergänglichkeit und Ohnmacht herausgestellt. Der Kontrast zu dem mächtigen Gott könnte nicht größer sein. Darin wie auch in dem mehrfachen Hinweis auf das bevorstehende Ende Ijobs

[66] *Egger-Wenzel*, Freiheit (1998), 261 spricht zu Recht von einer „Verweigerung“ Gottes: „Er will nichts mehr davon wissen und auch nicht mehr daran erinnert werden“.

[67] Vgl. dazu auch *Albertz*, Weltschöpfung (1974), 133; *Egger-Wenzel*, Freiheit (1998), 261 und *Witte*, Leiden (1994), 94.96, pointiert anders *Köhlmoos*, Auge (1999), 214. *Remus* hingegen sieht in dem Rekurs auf die Schöpfung Ijobs sicheren Hoffnungshafen, was einer im Angesicht von Ijobs Lage und Verzweiflung zynischen Verharmlosung gleichkommt: „Hoffnung und Halt findet Ijob dabei weder in den Aussagen der Kulttheologie noch in den Heilsereignissen, die die Geschichtstheologie aufweist, sondern in den gläubigen Bekenntnissen der Schöpfungstheologie, in die Ijob vertrauensvoll einzustimmen vermag“ (*Remus*, Menschenbildvorstellungen [1993], 112).

und seinen Eintritt in das „Land ohne Wiederkehr" war im Anschluss an die Vergänglichkeitsklagen des Psalters die textpragmatische Funktion des Appells zu erkennen. Gott soll zum Eingreifen motiviert werden.

Das Menschenbild des Ijobbuches ist aber nicht nur durch die Niedrigkeit und Schwäche des Menschen bestimmt. Die kontrastierende Aufnahme von Ps 8 zeigte das königlich-hoheitliche Bild eines Menschen, der mit Ehre bekrönt nur wenig geringer als Gott erschaffen ist. Dieses Menschenbild, das sich auch in den Hinweisen auf die Aristokratie des großzügigen Edelmanns Ijob in den Herausforderungsreden spiegelt, ist *Paradigma und Maßstab* der Klage des Geschundenen. Die Ambivalenz zwischen Sein-Sollen und Sein bleibt für die Anthropologie in den Ijob-Reden unaufhebbar.

Wichtig ist mir festzuhalten, dass ich die Einschätzung nicht teile, dass das ganze Ijobbuch von einer „negativen" oder „pessimistischen" Anthropologie bestimmt werde.[68] Darin ist die Pragmatik der Negativzeichnung zu wenig in Anschlag gebracht, die trotz aller Negation auf positive Veränderung zielt und hofft. Diese Hoffnung wahrt die Ambivalenz, weiß aber das positive Menschenbild der Psalmen als Maßstab.

Das Festhalten an einem auf den weisheitlichen Schöpfungstraditionen gegründeten positiven Menschenbildes als Leitbild des Ijobbuches darf nun nicht dahingehend missverstanden werden, dass es negative Aussagen zum Menschsein nicht gäbe. Die Aussage gilt zu allererst für die Ijob-Reden und die Antwort Ijobs.[69] Diese Position wird göttlich sanktioniert und damit besonders valent. Dagegen stehen Aussagen in den Freundesreden, die mit dem Menschsein über die Vergänglichkeit hinaus eine konstitutive moralische Inferiorität verbinden (Ijob 4,17–21; 15,14–16; 25,2–5).[70]

[68] *van Oorschot*, Menschenbild (2001), 325.

[69] Das gilt auch für Ijob 42,6 (s. dazu bereits o. Anm. 14). Wenn z. B. Luther übersetzt „Darum spreche ich mich schuldig und tue Buße in Staub und Asche", dann ist in der Einsicht Ijobs nicht nur die totale Abhängigkeit von der gnadenhaften Rechtsprechung zum Ausdruck gebracht, sondern auch die Selbsterniedrigung Ijobs als Sünder. Auch *Witte* (Mensch [2004], 420) perpetuiert in der Einsicht Ijobs letztlich ein negatives Menschenbild, wenn er in Anlehnung an die LXX übersetzt „Darum widerrufe ich in Staub und Asche und bereue, *weil* ich Staub und Asche bin". Seiner Interpretation nach stimmt Ijob damit einer Naturalisierung des Leids zu: „Der Verknüpfung seines Leidens mit der grundsätzlichen, geschöpflich bedingten inferioren Disposition vermag Hiob letztlich zuzustimmen – allerdings erst nach der Gottesrede, die den Satz von der kreatürlichen Unwürdigkeit des Menschen in ein neues Licht stellt (Hiob 42,1–6)" (Mensch [2004], 416f).

[70] Vgl. zu diesen Stellen und der negativen Anthropologie der Freundesreden *Frevel*, Theologie, 267f.

2. Die intertextuellen Bezüge zeigen das Buch Ijob in einem intensiven innerkanonischen Dialog mit dem Psalter und dessen weisheitlichen Idealen.

Beim Blick auf die Pragmatik und Funktion der anthropologischen Aussagen im Argumentationsgefüge war das reichhaltige intertextuelle Spiel mit den Psalmen aufgefallen.[71] Die Beziehung verwundert von der Sache her nicht, da anthropologische Reflexionen zum Schwerpunkt weisheitlichen Denkens gehören und der Psalter für die Klage, die rechtliche Auseinandersetzung um die Gerechtigkeit und das Ideal des gerechten Weisen reichhaltiges Material bietet. Die Intensität der Textaufnahmen und Anspielungen hingegen ist bisher noch nicht in den Blick genommen worden. Es erschien eindeutig, dass Textpassagen in den Ijob-Reden vom Psalter her verstanden werden wollen. Dieser Form der (intentionalen innerkanonischen) Intertextualität sollte die Ijobforschung in Zukunft mehr Aufmerksamkeit widmen.[72] Neben den form- und gattungsgeschichtlichen Impuls tritt der intertextuelle. Es scheint mir offenkundig, dass das Ijobbuch mit dem Psalter und seiner Theologie in einem Gespräch steht und *auch* von diesem Gespräch her verstanden werden kann.[73]

3. Das Ijobbuch leistet innerhalb des Alten Testaments einen weiterführenden Beitrag zur Begründung der Würde des Menschen.

Zu Beginn wurde herausgestellt, dass die inhaltliche Bestimmung der Fundamentalkategorie oder des Leitprinzips Menschenwürde in hohem Maße abhängig von dem zugrunde liegenden Menschenbild ist. Die Menschenbilder des Ijobbuches haben in der Suche nach dem christlichen Menschenbild unverkennbaren Wert, denn auch das

[71] Vgl. zur Intertextualität im Ijobbuch die anregende Studie von *Köhlmoos*, Auge (1999), 2: „Die formale und inhaltliche Dramaturgie des Hiobbuches vollzieht sich auf dem Hintergrund anderer alttestamentlicher Texte und Traditionen. Das Hiobbuch ist eine Auseinandersetzung mit bereits überlieferten Traditionsblöcken ... Im großen Hauptteil des Hiobbuches, der Dialogdichtung (Hi 3–42,6), findet ebenfalls eine Auseinandersetzung mit Traditionen und Texten statt, die teils in der Aufnahme von Gattungen und Motiven greifbar wird, teils eine explizite Auseinandersetzung mit bestimmten normativen Texten ist. Folglich ist das Hiobbuch in hohem Maße ein intertextuelles Werk". Interessant ist vor allem der Hinweis auf die vorausgesetzte Normativität des Textes, die im Blick auf den Psalter als Buch noch stärker zu bedenken wäre.

[72] Ansätze dazu bei *Köhlmoos*, Auge (1999), die mit ihrer Studie eine Wende von einem gattungsgeschichtlichen Zusammenhang zu einer intertextuellen Perspektive vollzieht, einer Zuordnung Ijobs zur Weisheitsliteratur aber skeptisch gegenübersteht (vgl. ebd., 13). Was formgeschichtlich zutreffen mag, weil die Unterschiede in Aufbau und Redeformen signifikant sind, überzeugt inhaltlich m. E. gerade unter intertextuellem Aspekt nicht.

[73] Ebenso wie Kohelet ist Ijob ein weisheitliches und kein anti-weisheitliches Buch.

christliche Menschenbild ist nicht eines. Wenn im Alten Testament nach einer unveräußerlichen und allen Menschen zukommenden Würde gesucht wird, sollte den Reflexionen im Ijobbuch auf jeden Fall ein Mitspracherecht eingeräumt werden. Diese Würde ist begrifflich wie normativ nicht präzise gefasst, ist aber doch als konstitutive Grundlage des Menschseins festgehalten. Sie gründet im personalen Verhältnis zwischen Schöpfer und Geschöpf und ist mit dem Gottsein Gottes unlösbar verknüpft. Nur wenn Gott so willkürlich, gewalttätig und zynisch ist, wie Ijob ihn verklagt, wäre auch die in der Schöpfung begründete Würde Ijobs eine Farce. Die Würde bietet Ijob einen unhintergehbaren Rechtsstandpunkt, mit dem er Gott zur Verantwortung zu ziehen sucht. Die Würde des Menschen nach dem Ijobbuch ist grundsätzlich unveräußerlich, d. h. sie ist nicht vom Menschsein abziehbar. Sie kann und wird jedoch durch Lebensminderungen in Frage gestellt und sogar aufgehoben, wie das exemplarische Schicksal Ijobs erkennen lässt.

Das Würdekonzept des Ijobbuches ist keinesfalls deckungsgleich mit demjenigen, das dem modernen Verständnis (Leitkategorie/Fundamentalkategorie des Menschseins, Grundwert) zugrunde liegt. Es ist abgekoppelt vom Personbegriff, von der Vernunft und von der Selbstzwecklichkeit, aber nicht von seinem freien Willen. Es begründet keine universalen Rechte, markiert aber eine zu respektierende sittlich nicht hintergehbare Grenze. Es ist ein begrenzter schöpfungstheologischer Beitrag zu Frage der Menschenwürde, aber m. E. dennoch anregend für die moderne Diskussion[74] und für die Suche nach einem von der funktionalen Gottebenbildlichkeit abgekoppelten Würdebegriff.

[74] Die American Bill of Rights 1787 verankerte die Menschenwürde in der Ausstattung durch einen Schöpfer. Demgegenüber wurde hier eher das Verhältnis zwischen Schöpfer und Geschöpf betont, in dem eine unveräußerliche Würde begründet liegt. Wenn das zutrifft, ist das Ergebnis doch wieder recht nah an dem Begründungsmuster der Gottebenbildlichkeit/Gottesbildlichkeit.

Bibliographie

Albertz, Rainer, Weltschöpfung und Menschenschöpfung. Untersucht bei Deuterojesaja, Hiob und in den Psalmen (CThM A3), Stuttgart 1974.

Baumgartner, Hans Michael/Honnefelder, Ludger/Wickler, Wolfgang/Wildfeuer, Armin G., Menschenwürde und Lebensschutz. Philosophische Aspekte, in: *G. Rager* (Hrsg.), Beginn, Personalität und Würde des Menschen (Grenzfragen 23), Freiburg/München ²1998, 161–242.

Berlejung, Angelika, Art. Sozialstatus/Gesellschaft und Institution (AT), in: HGANT (2006) 53–60.

Böckenförde, Ernst-Wolfgang, „Dasein um seiner selbst willen", in: Deutsches Ärzteblatt 100 (2003) 981–984.

Cancik, Hubert/Herms, Eilert, Art. Würde des Menschen, in: RGG⁴ (2005) 1736–1739.

Conrad, Diethelm, Art. נדב, in: ThWAT 5 (1986) 237–245.

Diebner, Bernd J., Art. Phönix, in: NBL 3 (2001) 145.

Duhm, Bernhard, Das Buch Hiob (KHC), Freiburg u. a. 1897.

Dürig, Günter, Der Grundrechtssatz von der Menschenwürde, in: AÖR 81 (1956) 117–157.

Ebach, Jürgen, Streiten mit Gott. Bd. 1: Hiob 1–20, Neukirchen-Vluyn 1995.

Ders., Streiten mit Gott. Bd. 2: Hiob 21–42, Neukirchen-Vluyn ²2005.

Egger-Wenzel, Renate, Von der Freiheit Gottes, anders zu sein. Die zentrale Rolle der Kapitel 9 und 10 für das Ijobbuch (FzB 83), Würzburg 1998.

Fohrer, Georg, Das Buch Hiob (KAT 16), Gütersloh 1989.

Frevel, Christian, „Eine kleine Theologie der Menschenwürde". Ps 8 und seine Rezeption im Buch Ijob, in: *F.-L. Hossfeld/L. Schwienhorst-Schönberger* (Hrsg.), Das Manna fällt auch heute noch. Beiträge zur Geschichte und Theologie des Alten, Ersten Testaments. FS E. Zenger (HBS 44), Freiburg u. a. 2004, 244–272.

Ders., Die Entstehung des Menschen. Anmerkungen zum Vergleich der Menschwerdung mit der Käseherstellung in Ijob 10,10, in: BN NF 130 (2006) 45–57 [295–307 im vorliegenden Band].

Ders., Gottesbildlichkeit und Menschenwürde, in: *A. Wagner* (Hrsg.), Anthropologische Aufbrüche. Alttestamentliche und interdisziplinäre Zugänge zur historischen Anthropologie (FRLANT 232), Göttingen 2009, 255–274 [235–257 im vorliegenden Band].

Fuchs, Gotthard, Mythos und Hiobdichtung. Aufnahme und Umdeutung altorientalischer Vorstellungen, Stuttgart u. a. 1993.

Grimm, Markus, „Dies Leben ist der Tod". Vergänglichkeit in den Reden Ijobs. Entwurf einer Textsemantik (ATS.AT 62), St. Ottilien 1998.

Gross, Walter, Die Gottesbildlichkeit des Menschen nach Gen 1,26.27 in der Diskussion des letzten Jahrzehnts, in: BN 68 (1993) 35–48.

Ha, Kyung-Taek, Frage und Antwort. Studien zu Hiob 3 im Kontext des Hiobbuches (HBS 46), Freiburg 2005.

Härle, Wilfried, Der Mensch Gottes. Die öffentliche Orientierungsleistung des christlichen Menschenverständnisses, in: *E. Herms* (Hrsg.), Menschenbild und Menschenwürde (VWGTh 17), Gütersloh 2001, 529–543.

Härle, Wilfried/Preul, Reiner (Hrsg.), Menschenwürde (Marburger Jahrbuch Theologie 17), Marburg/Lahn 2005.

Herdegen, Matthias, in: *T. Maunz/G. Dürig*, Grundgesetz. Kommentar, Art. 1 I, Stand 2003.

Horst, Freidrich, Hiob. Kapitel 1–19 (BK.AT 16/1), Neukirchen-Vluyn [6]2003.

Hossfeld, Frank-Lothar/Zenger, Erich, Psalmen 51–100 (HThKAT), Freiburg u. a. [2]2001.

Janowski, Bernd, Sehnsucht und Unsterblichkeit. Zur Jenseitshoffnung in der weisheitlichen Literatur, in: BiKi 61 (2006) 34–39.

Kant, Immanuel, Grundlegung zur Metaphysik der Sitten, hrsg. von *J. Timmermann*, Göttingen 2004.

Köhlmoos, Melanie, Das Auge Gottes. Textstrategie im Hiobbuch (FAT I/25), Tübingen 1999.

Krüger, Thomas, „Wie der Wind verfliegt meine Würde ...“ (Hiob 30,15). Elend und Würde des Menschen in alttestamentlicher Sicht, in: *E. Herms* (Hrsg.), Menschenbild und Menschenwürde (VWGTh 17), Gütersloh 2001, 271–287.

Ders., Did Job Repent?, in: *Ders. u. a.* (Hrsg.), Das Buch Hiob und seine Interpretationen (AThANT 88), Zürich 2007, 217–229.

Lenzen, Verena, Selbsttötung in der Bibel. Für eine Ethik der Liebe zu den Leidenden, in: BiKi 47 (1992) 87–93.

Luhmann, Niklas, Grundrechte als Institution. Ein Beitrag zur politischen Soziologie, Berlin 1965.

Meinhof, Ulrike, Die Würde des Menschen ist antastbar. Aufsätze und Polemiken, Berlin 2004.

Mieth, Dietmar, Menschenbild und Menschenwürde angesichts des Fortschritts der Bioethik, in: *R. Weth* (Hrsg.), Der machbare Mensch. Theologische Anthropologie angesichts der biotechnischen Herausforderung, Neukirchen-Vluyn 2004, 56–72.

Müller, Hans Peter, Das Hiobproblem. Seine Entstehung und Stellung im Alten Orient und im Alten Testament (EdF 84), Darmstadt [3]1995.

Neumann, Klaus, Art. Kultur und Mentalität, in: HGANT (2006) 35–41.

Nida-Rümelin, Julian, Wo die Menschenwürde beginnt, in: Der Tagesspiegel, Berlin 03.01.2001.

Ders., Über menschliche Freiheit, Stuttgart 2005.

Niehoff, Maren R., The Phoenix in Rabbinic Literature, in: HThR 89 (1996) 245–265.

Oeming, Manfred, Das Ziel, in: *Ders./K. Schmid* (Hrsg.), Hiobs Weg. Stationen von Menschen im Leid (BThS 45), Neukirchen-Vluyn 2001, 121–142.

Oorschot, Jürgen van, Menschenbild, Gottesbild und Menschenwürde. Ein Beitrag des Hiobbuches, in: *E. Herms* (Hrsg.), Menschenbild und Menschenwürde (VWGTh 17), Gütersloh 2001, 320–343.

Pezzoli-Ogliati, Daria, Leben und Tod, Unterwelt und Welt. Strategien der Kontingenzbewältigung in Hiob 3, in: *T. Krüger u. a.* (Hrsg.), Das Buch Hiob und seine Interpretationen (AThANT 88), Zürich 2007, 441–454.

Pieper, Annemarie, Menschenwürde. Ein abendländisches oder ein universelles Problem? Zum Verhältnis von Genesis und Geltung im normativen Diskurs, in: *E. Herms* (Hrsg.), Menschenbild und Menschenwürde (VWGTh 17), Gütersloh 2001, 19–30.

Pilch, John J./Malina, Bruce J. (Hrsg.), Handbook of Biblical Social Values, Peabody ^{2}1998.

Remus, Martin, Menschenbildvorstellungen im Ijob-Buch. Ein Beitrag zur alttestamentlichen Anthropologie (BEAT 21), Frankfurt u. a. 1993.

Rode, Irmgard/Kammeier, Heinz/Leipert, Matthias (Hrsg.), Die Würde des Menschen ist antastbar?, Münster 2006.

Schardien, Stefanie, Menschenwürde. Zur Geschichte und theologischen Deutung eines umstrittenen Konzeptes, in: *P. Dabrock/L. Klinnert/S. Schardien* (Hrsg.), Menschenwürde und Lebensschutz. Herausforderungen theologischer Bioethik, Gütersloh 2004, 57–116.

Sitzler, Dorothea, Vorwurf gegen Gott. Ein religiöses Motiv im alten Orient (StOR 32), Wiesbaden 1995.

Spieckermann, Hermann, Heilsgegenwart. Eine Theologie der Psalmen (FRLANT 148), Göttingen 1989.

Ders., Die Satanisierung Gottes. Zur inneren Konkordanz von Novelle, Dialog und Gottesreden im Hiobbuch, in: *I. Kottsieper u. a.* (Hrsg.), „Wer ist wie du, Herr, unter den Göttern?“. FS O. Kaiser, Göttingen 1994, 431–444.

Strauß, Hans, Hiob. Kapitel 19–42 (BK.AT 16/2), Neukirchen-Vluyn 2000.

Wetz, Franz J., Die Würde des Menschen ist antastbar. Eine Provokation, Stuttgart 1998.

Wildfeuer, Armin G., Menschenwürde – Leerformel oder unverzichtbarer Gedanke?, in: *Ders./M. Nicht* (Hrsg.), Person – Menschenwürde – Menschenrechte im Disput (Arbeitsbücher für Schule und Bildungsarbeit 5), Münster 2002, 19–116.

Willi-Plein, Ina, Biblisch-theologische Reflexion zum Thema aus alttestamentlicher Sicht, in: *R. Weth* (Hrsg.), Totaler Markt und Menschenwürde. Herausforderungen und Aufgaben christlicher Anthropologie heute, Neukirchen-Vluyn 1996, 1–12.

Witte, Markus, Vom Leiden zur Lehre. Der dritte Redegang (Hiob 21–27) und die Redaktionsgeschichte des Hiobbuches (BZAW 230), Berlin u. a. 1994.

Ders., Beobachtungen zum Verhältnis von Zeit und Leid im Buch Ijob, in: *F. Sedlmeier* (Hrsg.), Gottes Wege suchend. Beiträge zum Verständnis der Bibel und ihrer Botschaft. FS R. Mosis, Würzburg 2003, 399–414.

Ders., Der leidende Mensch im Spiegel des Buches Hiob, in: *B. Hadinger* (Hrsg.), Mut in Zeiten der Resignation. Betrachtungen zur Bestimmung des Menschen. FS W. Kurz, Tübingen/Wien 2004, 404–420.

Die Entstehung des Menschen

Anmerkungen zum Vergleich der Menschwerdung mit der Käseherstellung in Ijob 10,10

Die biologische Entstehung des Menschen steht in der alttestamentlichen Weisheit nicht im Zentrum des Interesses. Das Wissen um die vorgeburtliche Existenz und um das Entstehen des Kindes im Mutterleib war relativ gering. Ein Konnex zwischen Monatszyklus der Frau, Eisprung und Zeitpunkt der Befruchtung durch das Sperma scheint aus Erfahrung und Beobachtung bekannt gewesen zu sein, doch wo der Samen in der Frau verblieb und wie sich ein Embryo entwickelt, war nahezu unbekannt.[1] Der Geheimnischarakter des Geschehens kommt Koh 11,5 zum Tragen: „Wie du nicht den Weg des Windes kennst, den der Knochen im Leib der Schwangeren (wörtl. Vollen), so kennst du nicht das Werk Gottes, der das alles tut". Geschickt verknüpft Kohelet hier auf der Textebene verschiedene Assoziationen zur Menschwerdung. רוח knüpft einerseits an die Bilder V. 3f an, lässt aber zugleich die Rolle des Geistes im Menschen anklingen (vgl. Koh 12,7; Ez 37,3–5; Ps 104,29; 146,4; Ijob 34,14). Auch der Begriff עצם löst ein Bedeutungsspiel aus. Das Lexem steht primär für „Knochen, Skelett", kann aber auch für den ganzen Menschen stehen. Damit löst es zuerst die Assoziation des „Festen" aus und spricht genau das an, was am stärksten als Geheimnis verstanden wurde: der Übergang des ungeformten flüssigen Blutes und des Spermas zu dem wachsenden und sich entfaltenden Embryo. Auch Ps 139,15 benutzt den Begriff in dieser Hinsicht. „Meine Knochen (עצמי) waren nicht von dir entzogen, als ich im Verborgenen gemacht wurde". Auch hier scheint es nicht um das Skelett des Menschen zu gehen, sondern um die Form und feste Gestalt des Menschen. Zugleich wird durch das ungewöhnliche עצם der ganze Mensch „eingespielt" und als Geheimnis seiner Existenz und Entstehung mit dem Geheimnis des Handelns Gottes verglichen. Dass Gott derjenige ist, der das ganze Werden des Menschen bestimmt, klingt schließlich in dem Schluss des Verses implizit an, wenn Gott derjenige ist, der את־הכל macht (vgl. Koh 11,5). Damit ist weniger das All als das Ganze Tun Gottes oder das Ganze des Tuns Gottes gemeint. Und das schließt das Werden des Kindes im Mutterleib ein, das als Handeln Gottes verstanden wird (vgl. Ps 139,15f). Diese Einsicht gehört zu den Selbstverständlichkeiten der alttestamentlichen Weisheit, die sich bis in die späte Weisheit un-

[1] Vgl. *Frevel*, Geburt (2006), 201.

verändert durchhält. Es ist Gott, der den Menschen Gestalt gibt (ὁ τοῦ κόσμου κτίστης ὁ πλάσας ἀνθρώπου γένεσιν (2 Makk 7,23), doch wie, bleibt auch für die Mutter der sieben Söhne in 2 Makk 7,22 undurchsichtig: οὐκ οἶδ' ὅπως εἰς τὴν ἐμὴν ἐφάνητε κοιλίαν οὐδὲ ἐγὼ τὸ πνεῦμα καὶ τὴν ζωὴν ὑμῖν ἐχαρισάμην καὶ τὴν ἑκάστου στοιχείωσιν οὐκ ἐγὼ διερρύθμισα. „Ich weiß nicht, wie ihr in meinem Leib aufgetaucht seid, ich habe euch weder Atem noch Leben geschenkt, noch habe ich einen von euch aus den Grundstoffen zusammengefügt". Zwar waren durch Aborte und Totgeburten unterschiedliche Embryonalstadien bekannt (Ex 21,22f; Num 12,12; Jer 20,17; Ijob 3,11.16; 10,18f; Koh 6,3), aber der absolute Beginn des Menschenlebens wurde als undurchdringbares Geheimnis begriffen. Über den Zeitpunkt der Entstehung des Menschen wird daher im Alten Testament auch nicht reflektiert. Die Entzogenheit des Vorgangs macht die Verortung in den unzugänglichen „Tiefen der Erde" (בתחתיות ארץ) deutlich. Bei der Bildrede handelt es sich wohl nicht um „chthonische Mythen, die von Israel übernommen und auf Jahwe bezogen worden sind"[2] oder um Anklänge an „Mutter Erde".[3] Ps 139 legt jedenfalls deutlich größeren Wert auf die Unverfügbarkeit der Entstehung des Menschen, der von Gott im Mutterleib gewoben wurde (אמי תסכני בבטן „du hast mich im Leib meiner Mutter gewoben" Ps 139,13). Wie das auch in altorientalischen Vergleichstexten (*Gilgamesch*, *Enūma Eliš*, *Atramḫasis*, *Prometheus* u. ö.[4]) prominente Bild vom Töpfern (Gen 2,7; Jes 29,15f; 64,7; Jer 18,5f; Ijob 10,9; 33,6) drückt die Metapher des Webens (Ijob 10,11; Spr 8,23; Jes 38,12) einen Übergang von einem ungeformten in einen festen (und zugleich nicht wieder aufhebbaren) Zustand an. In der alttestamentlichen Rede vom Werden des Menschen geht es mehr um die Unverfügbarkeit und die Herkünftigkeit des Lebens wie die Abhängigkeit vom Schöpfer als um ein Interesse am physiologischen Werden des Körpers. Einen eigenen Begriff für den Embryo gibt es im biblischen Hebräisch nicht, auch wenn der Termi-

[2] *Kraus*, Psalmen (^{5}1978), 1099.

[3] *Gunkel*, Psalmen (^{6}1986), 588. Auf das Problem einer mythischen Verbindung der Geburt mit der Erde, die über Ijob 1,21 und Sir 40,1 auch immer wieder für Ps 139 eingebracht wird, kann hier nicht näher eingegangen werden. Für die vorhellenistische Zeit sind allerdings Zweifel an der Vorstellung von „Mutter Erde" oder der Entstehung der Embryonen im Erdinneren angebracht. Ohne einer ausführlicheren Auseinandersetzung mit der Thematik vorzugreifen, sei auf das Ergebnis Hutters verwiesen: „Earth does not feature as a great goddess in the surrounding cultures of the OT. As a cosmic entity she could be connected with theogonical and cosmogonical speculations; she is also referred to as a divine witness. On the other hand she is connected with gods of the netherworld or with goddesses who bring life. But earth herself never gain the importance of these personal deities" (Art. Earth, 272).

[4] S. dazu. Anm. 20.

nus גלם „Ungeformtes" in Ps 139,16 dem wohl am nächsten kommt. Dort ordnet der Beter seine Zeit ganz in die Verfügung Gottes ein. „Mein Formloses (גלמי) sahen deine Augen, und in dein Buch waren schon alle [Tage] geschrieben". Es gibt demnach keine Zeit des Menschen, die der Fürsorge Gottes entzogen wäre. Schon zu Beginn des menschlichen Lebens ist Gott gegenwärtig.

Nach diesen als Überblick gedachten einleitenden Bemerkungen soll der Blick auf den umfangreichsten Text zur Menschenschöpfung in Ijob 10 gerichtet werden. Nur der deutlich prominentere Ps 139 redet ähnlich ausführlich über die Entstehung des Menschen. Die Argumentation ist eingebunden in den ersten Redegang des Ijobbuches und Teil der Antwort Ijobs auf die Einwürfe Bildads. Der Rekurs auf die Menschenschöpfung stellt das argumentative Widerlager zu der schroffen Anklage Gottes in Ijob 9 dar. Pragmatik und Ziel der Rede in der Argumentation Ijobs sind an anderer Stelle ausführlicher gewürdigt worden.[5]

8	Deine Hände haben mich gebildet	ידיך עצבוני
	und haben mich um und um zusammengefügt,	ויעשוני יחד סביב
	doch jetzt hast du mich verschlungen.	ותבלעני׃
9	Gedenke doch,	זכר־נא
	dass du mich wie Ton gemacht hast	כי־כחמר עשיתני
	und auch zum Staub zurückkehren lässt.	ואל־עפר תשיבני׃
10	Hast du mich nicht wie Milch ausgegossen,	הלא כחלב תתיכני
	wie Käse mich gerinnen lassen?	וכגבנה תקפיאני׃
11	(Mit) Haut und Fleisch hast du mich bekleidet,	עור ובשר תלבישני
	und mit Knochen und Sehnen	ובעצמות וגידים
	hast du mich durchflochten.	תסככני׃
12	Leben und Gnade hast du mir gewährt,	חיים וחסד עשית עמדי
	und durch deine Zuwendung meinen Geist bewahrt.	ופקדתך שמרה רוחי׃

Neben die Metaphern vom Töpfern und vom Weben tritt hier als ungewöhnlichste Aussage zur Menschenschöpfung die gerinnende Milch. Dieses Bild ist im AT singulär und hat auch in den Kommentaren bisher wenig Beachtung gefunden.[6] In der Regel wird lediglich das *tertium comperationis* auf den Gerinnungsvorgang eng geführt.

[5] Vgl. *Frevel*, Schöpfungsglaube (2006), 244–272.

[6] Vgl. zur Interpretationsgeschichte *Egger-Wenzel*, Freiheit (1998), 252, die ohne Ergebnis oder Wertung Interpretationen aus nahezu zwei Jahrhunderten addiert.

Zum Vergleich kann man ab dem 4. Jh. auf Aristoteles, Philo, Plinius, Tertullian, zwei Koransuren und einen hinduistischen Text verweisen. Im Hintergrund der Käseallegorie, bei deren Rezeption meist auf Aristoteles zurückgegriffen wird, steht die Vorstellung der Gerinnung des Blutes im Mutterleib bei der Entstehung des Embryos. Wenn im Folgenden die Spur etwas verfolgt wird, können die komplexen Hintergründe antiker Embryologien nicht entfaltet werden.[7] Auch wird nicht angestrebt, die weit häufiger belegte Vorstellung von der Gerinnung des Blutes im Mutterleib vollständig zu dokumentieren.[8] Der Schwerpunkt liegt auf der Käseallegorie. Den Ausgangspunkt bildet Aristoteles, wo es in der Darstellung des werdenden Lebens in „De generatione animalium" heißt:

ὅταν δέ συστῇ ἡ ἐν ταῖς ὑστέραις ἀπόκρισις τοῦ θήλεος ὑπὸ τῆς τοῦ ἄρρενος γονῆς παραπλήσιον ποιούσης ὥσπερ ἐπὶ τοῦ γάλακτος τῆς πυετίας καὶ γὰρ ἣ πυετία γάλα ἐστὶ θερμότητα ζωτικὴν ἔχον, ἥ τὸ ὅμοιον εἰς ἕν ἄγει καὶ συνίστηισυνι καὶ ἡ γονὴ πρὸς τὴν τῶν καταμηνίων φύσιν ταὐτο πέποντεν

Sobald die Absonderung in der weiblichen Gebärmutter von der männlichen Samenflüssigkeit zur Entfaltung gebracht ist, die dabei etwas ähnliches bewirkt, wie das Lab in der Milch – Lab ist ja auch Milch mit Lebenswärme, die das Gleichgeartete zusammenbringt und gerinnen lässt.[9]

Bei Philo taucht die Vorstellung nur mit Bezug auf den Gerinnungsvorgang auf: „Aber sobald er [der Same] in den Mutterschoß gelangt, erlangt er sogleich Bewegung und verwandelt sich in organische

[7] Vgl. dazu ausführlich *Lesky/Waszink*, Embryologie (1959), 1228–1244; ferner *Leven*, Embryo (2005), 249–251.

[8] Vgl. zu dieser Vorstellung etwa die Belege im Corpus Hippocraticum bei *Hundert*, Blut (2005), 167, sowie weitere Belege und deren Ausgangspunkte bei Aristoteles bei *Stamatu*, Gerinnung (2005), 339.

[9] Übersetzung nach *Gohlke*, Aristoteles (1959), 96f. Vgl. die Übersetzung von Peck „The action of the semen of the male in ‚setting' the female's secretion in the uterus is similar to that of rennet upon milk. Rennet is milk which contains vital heat, as semen does, and this integrates the homogeneous substance and makes it set" (*Peck*, Generation [1963], 190–193), vgl. ferner De generatione Animalium II, 4, 729a; 737a. Davon sind viele Aufnahmen der „Käseallegorie" abhängig, vgl. etwa z. B. neben der prominenten Rezeption Thomas von Aquins (Zitat von Ijob 10,10 in Summa contra Gentiles Buch 3, Kap. 67,7, Z. 7 sowie im Kommentar zu Ijob 10 Expositio super Iob ad litteram: „Ita enim se habet semen maris ad materiam quam femina ministrat in generatione hominis et aliorum animalium sicut se habet coagulum in generatione casei") die von Galen in De Elementis secundum Hippocratem Libri 2, 2 K I, 496. Der Kölner Mani Codex Nr. 85 bezieht sich mit der Anspielung καὶ δι' ἐτυπώθη „dadurch ist er geronnen" lediglich auf die Gerinnung, ohne Erwähnung von Milch oder Käsewasser (vgl. *Koenen/Römer*, Kölner Mani-Kodex [1988], 58f).

Natur (κίνησιν εὐθὺς λαβὸν εἰς φύσιν τρέπεται)".[10] Ähnlich nimmt Plinius die Vorstellung in seiner Naturgeschichte auf, wenn er über die Frauen ohne Menstruation schreibt:

Jene aber gebären nicht, denn dies [das Blut] ist der Stoff zur Entstehung des Menschen, mit dem sich der männliche Same wie ein Gerinnungsmittel zusammenballt und was mit der Zeit Leben und Körper erhält (Sed tales non gignunt, quando haec est generando homini materia, germine e maribus coaguli modo hoc in sese glomerante, quod deinde tempore ipso animatur corporaturque).[11]

Tertullian erläutert in einer Auseinandersetzung mit Valentinus um Joh 1,13 die Funktion des männlichen Samens, der das weibliche Blut gerinnen lässt. Dann folgt mit eindeutiger Verwendung der Käseallegorie: „Nam ex coagulo in caseo eius substantiae est, quam medicando constrinit, id est lactis".[12] „Denn aus dem Lab ist im Käse ‚Mach' über die Substanz, die er durch seine Vermischung zum Gerinnen bringt, das ist die Milch".[13]

Im Koran wird hingegen über den Spermatropfen lediglich auf den Gerinnungsvorgang mehrfach Bezug genommen und die Entwicklung des Embryos geschildert:

Ihr Menschen! Wenn ihr wegen der Auferweckung (der Toten) im Zweifel seid (so bedenket:) Wir haben euch (ursprünglich) aus Erde geschaffen, hierauf aus einem Tropfen (Sperma), hierauf aus einem Embryo, hieraus aus einem Fötus, (wohl)-gestaltet und auch ungestaltet, um euch Klarheit zu geben (oder: um euch) unsere Zeichen klarzumachen.[14]

[10] Philo, De Opificio mundi 67. Übersetzung *Cohn*, Philo (1856), 50.

[11] Plinius, Naturalis historia 1. VII, XIII, 66.

[12] Tertullian, De carne Christi XIX, 4.

[13] Zu weiteren Aufnahmen der Käseallegorie bei den griechischen Kirchenvätern vor allem zwischen dem 4. und 6. Jh. (meist Zitate von Ijob 10,10): Eusebius, Praeparatio evangelica 14.26.1.6; Johannes Chrysostomus, Fragmenta in Job 64.605.41 u. den Kommentar zu Ijob z. St.; Didymus Caecus, Commentarii in Job 276.28 (der lediglich den Samen als Vergleichspunkt annimmt und damit den Anteil der Frau an der Entstehung des Embryos zurückfährt: „Den Samen, aus dem das Lebewesen entsteht, nennt er ‚gemolkene Milch'; denn wie die Milch, wenn sie gerinnt, Käse wird, so wird der Same, wenn er gerinnt, ‚Natur'". Übersetzung nach *Hagedorn/Koenen*, Kommentar zu Hiob, 142 und Fragmenta in Psalmos 692.13, in Genesim 220.19; Catecheses ad illuminandos 1918.12.26.10 und Oplympiodorus Diaconus, Commentarii in Job 106,9.

[14] Hier in der Übersetzung von *Paret*, Koran (^{9}2004). Vgl. ferner *Sure* 40,67 (nicht 69 wie bei Fohrer und Horst angegeben): „Er ist es, der euch (ursprünglich) aus Erde, hierauf aus einem Tropfen (Sperma), hierauf aus einem Embryo geschaffen hat". Zur Erschaffung aus einem „Tropfen Sperma" vgl. auch *Sure* 36,76; 80,19, zum Embryo *Sure* 96,2.

Die Käseallegorie taucht dort meines Wissens nicht auf. Diese wird jedoch eindeutig in einem frühen Weisheitstext aus dem *Pañcatantra* verwandt, der häufig in der Sekundärliteratur angeführt worden ist, dessen traditionsgeschichtlicher Zusammenhang mit den übrigen Texten (über persische Vermittlung?) allerdings nicht geklärt ist: „Wenn die Feuchtigkeit, woraus das vollständige Kind gebildet werden soll, in den Uterus der Frau eintritt, mischt sie sich mit ihrer Feuchtigkeit und ihrem Blut, gerinnt und wird breiig. Dann schüttelt ein Wind diese Feuchtigkeit, und sie wird wie Käsewasser und darauf wie feste Dickmilch. Nach einer bestimmten Zahl von Tagen sondern sich die einzelnen Glieder“.[15]

Im Reigen der Vergleichstexte wird der Midrasch zum Buch Levitikus Wajjikra Rabba 14,9 oft ausgelassen, obwohl dort ausführlich auf die Gerinnung des Blutes im Mutterschoß Bezug genommen wird. In der Übersetzung von Martin Stol heißt es dort:

A woman’s womb is full of blood, some of which goes out by way of her menstrual flow, and by the favour of the Holy One, blessed be He, a drop of white matter goes and falls into it and immediately the foetus begins to form. It may be compared to milk in a basin; if one puts rennet (*mesō*) into it, it congeals and becomes consistent, if not, it continues to ‚tremble‘“[16] (לחלב שנתן בקערה אם נותן לתוכו מסו קופה ועומד ואם לאו הולך רופף[17]).

Ein ebenfalls im Vergleich zu den genannten relativ früher und von der frühhellenistischen Philosophie nicht unbeeinflusster Beleg, der allerdings nur die Gerinnung des Blutes rezipiert, findet sich in der LXX in Weish 7,1f:

εἰμὶ μὲν κἀγὼ θνητὸς ἄνθρωπος ἴσος ἅπασιν καὶ γηγενοῦς ἀπόγονος πρωτοπλάστου καὶ ἐν κοιλίᾳ μητρὸς ἐγλύφην σὰρξ δεκαμηνιαίῳ χρόνῳ παγεὶς ἐν αἵματι ἐκ σπέρματος ἀνδρὸς καὶ ἡδονῆς ὕπνῳ συνελθούσης

Auch ich bin ein sterblicher Mensch, allen gleich, und ein Nachkomme des ersten, aus Erde gemachten Menschen. Und im Mutterleib wurde ich als fleischliches Wesen gebildet, in zehn Monaten im Blut geronnen, aus dem Samen eines Mannes und der Lust, die zum Beischlaf hinzukam.[18]

[15] *Hertel*, Pancatantra (1914), 367f.
[16] *Stol*, Birth (2000), 12.
[17] Wajjikra Rabba/Lev Rab XIV,9 zu Lev 12,2, zitiert nach der Edition von *Margulies*, Midrash Wayyikra Rabbah (^{3}1993), 317. Androzentrisch enggeführt auf den Spermatropfen findet sich die Vorstellungen in Mischna Avot 3,1: „Woher du kommst: Aus einem stinkenden Tropfen“ (Übersetzung Lazarus Goldschmidt). Vgl. zur Spätdatierung des Traktats *Stemberger*, Mischna Avot (2005), 243–258; zu den frühjüdischen Texten und ihren Vorlagen und ihrer Nachwirkung vgl. auch *Kottek*, Embryology (1981), 299–315.
[18] Übersetzung nach *Hübner*, Weisheit (1999), 94.

Das Gerinnen wird durch das Verbum πήγνυμι ausgedrückt, das am häufigsten „ein Zelt aufschlagen" (z. B. Gen 26,25; Ex 33,7), „errichten" (z. B. Esra 6,11; Ijob 38,6), aber auch das „Erstarren" der Wasser (Ex 15,8) zum Ausdruck bringen kann. Immer geht es um das Festwerden eines zuvor nicht Stabilen oder die Veränderung eines Zustandes zum Festeren hin. Klgl 4,8 beschreibt das Verb das Aussehen der vom Hunger Ausgezehrten, deren geschrumpfte Haut sich fest um die Knochen schließt und diese hervortreten lässt. Ijob 15,7 ist das Lexem als Schöpfungsterminus verwandt, allerdings nicht im Zusammenhang mit der Koagulation. Die Veränderung eines flüssigen Zustandes in einen festen wird auch Ijob 6,16; 38,6; Sir 43,20 mit πήγνυμι wiedergegeben, das in der Vulgata von Weish 7,2 mit *coagulo* wiedergegeben ist. Damit dürfte Weish 7 am ehesten die bei Aristoteles belegte Vorstellung vom Gerinnen des Blutes aufgrund des Gerinnungsmittels „Sperma" wiedergeben.

Will man nicht ausschließlich spätere Belege anführen, kann für die Analogie zum Gerinnungsvorgang vielleicht schon auf das babylonische Schöpfungsepos *Enūma Eliš* zurückgegriffen werden, wo es in dem Entschluss Marduks, den Menschen zu schaffen, Tafel VI, Z. 5 heißt: *da-mi lu-uk-ṣur-ma eṣ-me-ta lu-šab-ši-ma.* „Ich will Blut ‚binden' und Knochen vorhanden sein lassen; ich will den Lullu erschaffen, Mensch sei sein Name".[19] Was mit dem *kaṣaru* „binden" letztlich gemeint ist, bleibt offen.[20] Vielfach wird das Verb hier mit „gerinnen" wiedergegeben, doch hat M. Stol semantische Bedenken geäußert: „However, with this meaning (the blood itself would coagulate) the verb should be intransitive".[21] Das Gerinnen des Blutes im *Enūma Eliš* bleibt demnach ein unsicherer Beleg. Vom Gerinnen des Samens in der Frau ist hingegen etwas undeutlich in einer sumerischen Geburtsbeschwörung die Rede. „[Der] in [den Mutterl]eib

[19] *Pettinato*, Menschenbild (1971), 106. W. G. Lambert in TUAT übersetzt: „Ich will Blut zusammenbringen und Knochen formen, ich will den Lullu ins Leben rufen, dessen Name Mensch sein soll", vgl. TUAT III 591f. *Dietrich*, Unheil (1994), 121: „Blut will ich ballen, Gebein hervorbringen, den *lullû*-Urmenschen will ich auf die Beine stellen, *amēlu*-Mensch sei sein Name!".

[20] Meist wird der Mensch in den akkadischen Zeugnissen aus Lehm oder aus Lehm *und* Blut erschaffen. Nintu etwa mischt im *Atramḫasis*-Mythos Blut mit Lehm. Pettinato geht deshalb davon aus, dass auch im *Enūma Eliš* der Lehm nicht fehlt. „Die Rolle Eas einerseits, und die Erwähnung des Lehms in der Berossos-Überlieferung andererseits, lassen jedoch unschwer erkennen, daß auch nach dem *Enūma Eliš* der Mensch aus Lehm und göttlichem Blut gebildet wurde", *Pettinato*, Menschenbild (1971), 46. Die Berossos-Überlieferung entstammt den Chroniken des Eusebius.

[21] *Stol*, Birth (2000), 11.

hineingegossene Same *ließ*, als er sich festigte, dem Menschen den *Fötus* gab, die [Frau] die Zähne in die ‚Honigpflanze‘ setzen“.[22]

Kehren wir zu Ijob 10 zurück – so muss auffallen, dass dort zwar die Gerinnungsvorstellung rezipiert ist, aber – wie überhaupt im AT im Kontext der Schöpfung – nicht vom Blut die Rede ist[23], sondern nur auf die Käseherstellung Bezug genommen wird. Ein traditionsgeschichtlicher Zusammenhang zwischen Aristoteles und Ijob lässt sich kaum herstellen. Es liegt näher, in Ijob 10 einen neben Aristoteles eigenständigen, zweiten frühen Beleg der Käseallegorie zu sehen.

Hintergrund des Bildes ist die Herstellung von Sauermilchkäse in der Antike.[24] Käse ist ein vielseitiges Nahrungsmittel, das in vielen Kulturen auftaucht, die Milch gebende Tiere kultivieren. Über den Ursprung der Käseherstellung gibt es unterschiedliche Angaben, die ältesten Sauermilchkäsen sollen bei halbnomadischen Bauern des mittleren Ostens 6000 v. Chr. hergestellt worden sein. Meist wird die „Erfindung“ des Käses mit den Sumerern in Ur 3000 v. Chr. in Verbindung gebracht, wo von „erwachsen gewordener Milch“ gesprochen wird. Die Sumerer hielten Milchkühe und beschäftigten sich mit der Milchverarbeitung und der Bewirtschaftung Milch gebender Tiere.

Über die Käseherstellung in Israel ist wenig bekannt und Vieles ist nur erschließbar. Dass es im ersten Jahrtausend Käse in Palästina gegeben hat, scheint sicher, und das zeigen wohl auch 1 Sam 17,18 als auch 2 Sam 17,29. Für Käseprodukte werden mehrere Worte verwandt, zum einen einfach חלב Milch (1 Sam 17,18: חרצי החלב Scheiben „Milch“), dann aber wie in Ijob 10,10 גבנה (vgl. akk. *gubnatu*). Josephus erwähnt in Jerusalem das Zentraltal als „Käsemachertal“ (φάραγξ τῶν τυροποιῶν, Bellum Judaicum V, 140), das die beiden Stadthügel Jerusalems trennt, und wenn die Lesung zutreffend

[22] Übersetzung nach Römer in TUAT II/2 (1987) 204–207, 205; vgl. *van Dijk*, Incantations, 53–65. Römer verweist in TUAT zur Erläuterung auf *van Dijk*, Orientalia 42 (1973) 501,1–4 (vgl. den Text, der häufiger als Vergleich für die Tiefen der Erde in Ps 139 herangezogen wird, jetzt auch bei *Keel/Schroer*, Schöpfung [2002], 247). Dort ist allerdings die Vorstellung der Gerinnung nicht belegt.

[23] Vgl. zur Vorstellung gerinnenden Blutes ausführlicher *Reiterer*, Blut (1983), 21–24, vgl. dort auch die altorientalischen Parallelen. Zum gedachten Zusammenhang zwischen Milch und Blut vgl. Clemens von Alexandrien, Paedagogos I,6 (39,2–4), Übersetzung bei *Stähling*, Clemens (1934),7.

[24] *Stol/Hoffner*, Milchprodukte (1999), 194. Ferner *Dalman*, Arbeit (1928), 303–313; PW 1489–1496; NBL 423, ThWAT II 950; LdÄ 4 (1983) 125; *Jacobsen*, Lad (1983), 193–200; *Stol*, Milk (1993), 99–113; *Herdi*, Käse (1918). Zu Darstellungen: ANEP 97.

ist[25], dann gab es sogar eine Berufsgruppe von Käsern, die in Jerusalem örtlich konzentriert waren.

Obwohl bereits die Sumerer Käse aus Kuhmilch hergestellt haben sollen, handelt es in der Regel wohl nicht um Kuhmilchkäse, wie die meisten Übersetzungen von 2 Sam 17,29 annehmen, sondern um einen aus Ziegen- oder Schafsmilch gewonnenen Sauermilchkäse, den sog. Topfen (Quark). Während Ziegenkäse eine relativ kurze Reifezeit (ca. zwei Wochen) und einen milden bis würzigen Geschmack hat, hat Schafskäse eine Reifezeit von etwa vier Wochen und ist kräftiger im Geschmack. Wahrscheinlich handelt es sich bei den Weichkäsen durchgehend um saure Eiweißgerinnung mittels Milchsäurebakterien, die den Milchzucker zu Milchsäure abbauen. Eine Herstellungsalternative ist die süße Eiweißgerinnung mit Labenzym, das im Altertum nicht aus dem Magen von Kälbern, sondern aus Ziegenmägen gewonnen worden ist und die Gerinnung beschleunigt.[26]

Für den Sauermilchkäse wird die Milch unter Zugabe von Milchsäurebakterien unter Wärmeeinwirkung (20–35° Celsius) dick gelegt. Der durch Koagulation nach kurzer Zeit dabei entstehende Käsebruch wird abgeschöpft bzw. nach Ablauf der flüssigen Molke geformt, evtl. auch gepresst und dann zur Reifung gelagert. Wenn es sich nicht um einen ausgesprochenen Weich- oder Frischkäse handelt, wird dann das Produkt mit einer Salzlake eingestrichen oder abgerieben oder darin mehrere Tage eingelegt. Das dient zum einen der Rindenbildung, zum anderen der Haltbarkeit. Bei den einfachen Sauermilchkäsen des Vorderen Orients wird der abgeschöpfte Käsebruch gewürzt und gesalzen, in Scheiben geschnitten oder zu Kugeln geformt und dann an der Sonne getrocknet. Diese Technik dient der Konservierung. Selbst nach langer Zeit kann man diese steinharten Käse in Wasser auflösen und das Endprodukt dann als Sauermilch trinken.[27]

Die Käseallegorie hat eine ganze Reihe von Ansatzpunkten: Mit dem ersten Versteil in Ijob 10,10 wird die *noch nicht* koagulierte Milch in den Vordergrund gerückt. Da der biologische Anteil der Frau an der Entstehung des *Embryos* unbekannt war (s. o.), dürfte es sicher das milchige Aussehen des männlichen Spermas gewesen sein, das mit der ausgegossenen Milch verglichen wird.[28] Dafür dass die Milch hier eher nicht für das Blut im Mutterleib steht, spricht das

[25] Wenn es sich nicht um das Mist- oder Aschetal aus Neh 2,13; 3,13f; 12,31 handelt, vgl. *Kellermann*, Käse (1995), 423.
[26] Vgl. dazu *Stol/Hoffner*, Milchprodukte (1999), 198, der auch darauf hinweist, dass Pflanzensäfte als Labersatz genutzt worden sein könnten.
[27] Vgl. zu den Techniken der Käseherstellung: *Stol/Hoffner*, Milchprodukte (1999), 189–205 (Lit.). Zu Darstellungen: ANEP 97.
[28] Gegen *Fohrer*, Hiob (1963), 217.

Verbum נתך, mit dem entweder das Ausgießen oder das Verflüssigen, d. h. der Übergang von einem festen in einen flüssigen Zustand beschrieben wird.[29] Ist diese Interpretation richtig, würden in Ijob 10,10 zwei Phasen unterschieden: Die erste Phase vom Ausgießen der Milch würde sich auf die Besamung beziehen und die Ansicht zeigen, die dem Mann entsprechend des antiken Wissensstandes den entscheidenden Anteil an der Befruchtung zuschreibt. Schon diese erste Phase würde Ijob 10,10 mit dem Handeln Gottes in Verbindung bringen. Der Gerinnungsvorgang im Mutterleib würde dann erst im zweiten Versteil zur Sprache kommen. Ijob 10,10 belegt dann die Vorstellung, dass das Sperma das Blut im Mutterleib zur Gerinnung bringt und daraus der Embryo entsteht.

Das zweite analoge Moment ist die weiche Konstitution des *Neugeborenen* und das beim Platzen der Fruchtblase austretende Fruchtwasser, das wie die Molke vom „Produkt" nach der „Gerinnungsphase" abgetrennt worden und in der Konsistenz vergleichbar ist. Ein dritter Ansatzpunkt ist die Reifezeit. Wie der geschaffene Embryo im Mutterleib reifen muss, so reift ein Käse nach der Eindickung des Käsebruchs zum Endprodukt heran. Auch auf den Milchschorf und die Rindenbildung des außen trocknenden Sauermilchkäses ließe sich noch hinweisen. Ein weiterer Ansatzpunkt, der bisher – wenn ich recht sehe, wie der zuvor genannte – noch nicht gesehen worden ist, ist der Einsatz von Salz zur Konservierung in der Käseherstellung. Das Neugeborene wird aus hygienischen Gründen mit Salz abgerieben (Ez 16,4), und wie bestimmte Weichkäsesorten, um sie feucht zu halten, in feuchte Tücher eingeschlagen werden, so wird das Neugeborene in Windeln gewickelt und in trockene Tücher eingeschlagen (Ez 16,4). So abwegig, wie es auf den ersten Blick scheint, ist die Käseallegorie also gar nicht, sondern bietet eine Reihe von Vergleichspunkten. Sie beschränkt sich keinesfalls auf den Gerinnungsvorgang und die Vorstellung, dass ein Spermatropfen das Blut im Mutterleib gerinnen lässt. Die hier wohl erstmalig auftauchende Käseallegorie geht auf die frühesten Anfänge des Menschseins zurück. Vom absoluten Beginn an ist wie in Ps 139 ein unlösbares personales Verhältnis zwischen Schöpfer und Geschöpf begründet, das die – und an diesem Punkt wird über die Allegorie hinausgegangen – dauerhafte Verwiesenheit und Abhängigkeit des Geschöpfes bedingt. Die Beziehung zu Gott ist durch die individuelle Menschenschöpfung in besonderer Weise intim, unmittelbar *und* unaufgebbar.

[29] Vgl. dazu auch die Vulgata von Ps 119,70a: *coagulatum est sicut lac cor eorum.*

Bibliographie

Albertz, Rainer, Weltschöpfung und Menschenschöpfung. Untersucht bei Deuterojesaja, Hiob und in den Psalmen (CThM A3), Stuttgart 1974.

Allgaier, Karl, Thomas von Aquin, Summe gegen die Heiden. Bd. 3, Teil 1: Kapitel 1–83 (Texte zur Forschung 17), Darmstadt 1990.

Cohn, Leopold, Philo von Alexandria. Die Werke in Deutscher Übersetzung, Bd. 1, Berlin ^{2}1962.

Cohn, Leopold/Wendland, Paul, Philo, De Opificio mundi. Werksausgabe Opera Quae Supersunt, Bd. 1 (Breslauer philologische Abhandlungen 4,4), Berlin 1856.

Dalman, Gustaf, Arbeit und Sitte in Palästina, Gütersloh 1928.

Dekkers, Eligius u. a., Tertullian, De carne Christi. Opera, Bd. 2: Opera Montanistica (CChr.SL 2), Turnhout 1954.

Dietrich, Manfried, Persönliches Unheil als Zeichen der Gottesferne, in: Mitteilung für Anthropologie und Religionsgeschichte 8 (1994) 115–141.

Ebach, Jürgen, Streiten mit Gott, Bd. 1: Hiob 1–20 (Kleine Biblische Bibliothek), Neukirchen-Vluyn 1996, ^{2}2004.

Ders., Streiten mit Gott, Bd. 2: Hiob 21–42 (Kleine Biblische Bibliothek), Neukirchen-Vluyn 1996, ^{2}2005.

Dijk, Johannes J. van, Incantations accompagnant la naissance de l'homme, in : Orientalia 44 (1975) 53–79.

Egger-Wenzel, Rita, Von der Freiheit Gottes, anders zu sein. Die zentrale Rolle der Kapitel 9 und 10 für das Ijobbuch (FzB 83), Würzburg 1998.

Fohrer, Georg, Das Buch Hiob (KAT 16), Gütersloh 1963.

Frevel, Christian, Eine kleine Theologie der Menschenwürde. Ps 8 und seine Rezeption im Buch Ijob, in: *F.-L. Hossfeld/L. Schwienhorst-Schönberger* (Hrsg.), Das Manna fällt auch heute noch. Beiträge zur Geschichte und Theologie des Alten, Ersten Testaments. FS E. Zenger (HBS 44), Freiburg u. a. 2004, 244–272.

Ders., Art. Geburt, in: HGANT (2006) 201f.

Ders., Schöpfungsglaube und Menschenwürde im Ijobbuch. Anmerkungen zur Anthropologie der Ijob-Reden, in: *T. Krüger* (Hrsg.), Das Buch Hiob und seine Interpretationen (AThANT 88), Zürich 2006 [259–294 im vorliegenden Band].

Gohlke, Paul, Aristoteles. Die Lehrschriften: Über die Zeugung der Geschöpfe, Paderborn 1959.

Goldschmidt, Lazarus, Der Babylonisch Talmud, Band 9: Synhedrin (2. Hälfte), Berlin 1967.

Gunkel, Hermann, Die Psalmen, Göttingen ^{6}1986.

Hagedorn, Ursula/Hagedorn, Dieter, Oplympiodor: Diakon zu Alexandria. Kommentar zu Hiob (PTS 24), Berlin u. a. 1984.

Hagedorn, Ursula/Hagedorn, Dieter/Koenen, Ludwig (Hrsg.), Didymus der Blinde. Kommentar zu Hiob [Tura-Papyrus], Teil 3, Bonn 1968.

Herdi, Ernst Paul, Die Herstellung und Verwendung von Käse im griechisch-römischen Altertum, Thurgau 1918.

Hertel, Johannes, Der Pancatantra. Seine Geschichte und seine Verbreitung, Leipzig 1914.

Hübner, Hans, Die Weisheit Salomos (ATD Apokryphen 4), Göttingen 1999.

Hundert, B., Art. Blut, in: Lexikon der antiken Medizin (2005) 164–168.

Hutter, Manfred, Art. Earth, in: DDD (^{2}1999) 272f.

Jacobsen, Thorkild, Lad in the Desert, in: JAOS 103 (1983) 193–200.

Keel, Othmar/Schroer, Silvia, Die Schöpfung. Biblische Theologien im Kontext altorientalischer Religionen, Fribourg u. a. 2002.

Kellermann, Mechthild, Art. Käse, in: NBL 2 (1995) 423f.

Koenen, Ludwig/Römer, Cornelia, Der Kölner Mani-Kodex. Über das Werden seines Leibes. Kritische Edition (PapyCol XIV = ARWAW), Opladen 1988.

König, Roderich/Winkler, Gerhard, Plinius. Naturalis historia, Darmstadt 1975.

Kottek, Samuel S., Embryology in Talmudic and Midrashic Literature, in: Journal of the History of Biology 14 (1981) 299–315.

Kraus, Hans-Joachim, Psalmen. Psalmen 60–150 (BK.AT XV/2), Neukirchen-Vluyn ^{5}1978.

De Lacy, Phillip, Galenus, On the Elements according to Hippocrates (CMG 5,1,2), Berlin 1996.

Lesky, Erna/Waszink, Jan-Hendrik, Art. Embryologie, in: RAC 4 (1959) 1228–1244.

Leven, Karl-Heinz, Art. Embryo, in: Lexikon der antiken Medizin (2005) 249–251.

Margulies, Mordecai (Hrsg.), Midrash Wayyikra Rabbah. A Critical Edition Based on Manuscripts and Genizah Fragments with Variants and Notes, Bd. 1.: Chapters 1–11, New York, Jerusalem ^{3}1993.

Migne, Jacques-Paul, Didymi Alexandrini opera omnia (MPG 39), Paris 1858.

Ders., Joannes Chrysostomus. Fragmenta in beatum Iob (MPG 64), Paris 1862

Nautin, Pierre, Didyme L'aveugle, Sur la Genèse, Bd. 2, (SC 244), Paris 1978.

Paret, Rudi, Der Koran, Stuttgart ^{9}2004.

Peck, Arthur L., Aristotle, Generation of Animals (LCL 366), London 1963.

Pettinato, Giovanni, Das altorientalische Menschenbild und die sumerischen und akkadischen Schöpfungsmythen, Heidelberg 1971.

Places, Édouard des, Eusèbe de Césarée. La préparation évangélique, Livres XIV–XV (SC 338), Paris 1987.

Reiterer, Friedrich V., „Er liebt uns und hat uns von unseren Sünden erlöst durch sein Blut". Vorbemerkungen zur zentralen Stellung des Blutes in der Bibel und christlichen Erlösungstheologie, in: Heiliger Dienst 37 (1983) 16–35.

Sorlin, Henri/Neyrand, Louis, Jean Chriysostome. Commentaire sur Job, Bd. 1: Chapitres 1–14 (SC 346), Paris 1988.

Stählin, Otto, Des Clemens von Alexandreia Mahnrede an die Heiden/Der Erzieher Buch 1 (BKV^2 7), München 1934.

Stamatu, Marion, Art. Gerinnung, in: Lexikon der antiken Medizin (2005) 339.

Stemberger, Günter, Mischna Avot. Frühe Weisheitsschrift, pharisäisches Erbe oder spätrabbinische Bildung, in: ZNW 96 (2005) 243–258.

Stol, Martin, Birth in Babylonia and the Bible (Cuneiform Monographs 14), Groningen 2000.

Ders., Milk, Butter and Cheese, in: BSA 7 (1993) 99–113.

Ders./Hoffner, Harry A., Art. Milchprodukte, in: RLA 8 (1999) 189–205.

Zigliara, Tommaso M./Cajetan, Thomas/Sylvestris, Franciscus de, Thomas de Aquino. Sancti Thomae Aquinatis doctoris angelici opera omnia. Iussu impensaque Leonis XIII. P.M. edita, Bd. 26, Expositio super Iob ad litteram, Rom 1965.

Dann wär' ich nicht mehr da

Annäherungen an das sog. Todeswunschmotiv im Buch Ijob

Es ist in der Ijob-Exegese weithin anerkannt, dass „der mehrfach variierte Todeswunsch … ein eigenständiges Motiv darstellt"[1], das von Köhlmoos sogar als „das stärkste narrative Element"[2] in den Ijob-Klagen bezeichnet wird. Doch wie dieses Motiv textpragmatisch einzuordnen ist, bleibt umstritten und je von der Gesamtdeutung des Ijob-Buches abhängig. Die Spannbreite reicht dabei von der romantischen Verklärung des Todes über den Verzweiflungsakt eines verzagten Ijob, der nur noch im Tod Rettung vor dem willkürlichen und grausamen Gott finden kann und den zynischen Wunsch, jeder Tod sei besser als das unerträgliche Leiden bis hin zum Tod als letztem Mittel in der Argumentation gegen Gott. Am Beispiel der ersten Ijob-Rede im ersten Redegang soll die Pragmatik des Todeswunsches im Folgenden untersucht werden, wobei auf den Kontext der Argumentation und deren intratextuelle Verwobenheit im Buch Ijob ein besonderes Augenmerk gerichtet werden soll.[3] Das Ziel ist eine exemplarische Einordnung des Todeswunsches in die rhetorische Pragmatik der Ijob-Reden.

Ijob 6,8–10

In seiner ersten Gegenrede durchkreuzt Ijob den fürsorglich gemeinten, aber falschen Rat des ersten Freundes unmittelbar zu Beginn seiner Rede.[4] Dieser hatte ihm – noch etwas unsicher – in Ijob 5,8 nahe gelegt, sich an Gott zu wenden (אולם אני אדרש אל־אל), aber dabei den Abstand zwischen Gott und Mensch ins Unermessliche gesteigert (Ijob 5,17–20). Ijob solle die Zucht des Allmächtigen nicht verwerfen (מוסר שדי אל־תמאס), in Demut die klagende Suche nach Gerechtigkeit in seinem Leben aufgeben und auf das heilende Handeln Gottes zu vertrauen. In Aufnahme von Hos 6,1 und – wegen des מחץ auch Dtn 32,39 – verweist Elifas auf die heilende Zuwendung

1 *Köhlmoos*, Auge (1999), 125.
2 Ebd., vgl. *Ha*, Frage (2005), 108.
3 Der vorliegende Aufsatz steht in einem größeren Kontext einer Exegese der Todeswunschpassagen im Ijobbuch, die an anderer Stelle veröffentlicht werden wird.
4 Vgl. zum stärker intratextuellen Verständnis die anregenden Studien von *Beuken*, Imprecation (1994); *Köhlmoos*, Auge (1999); *Engljähringer*, Theologie (2003) u. a. m.

Gottes: er schlägt, aber seine Hände heilen auch (Ijob 5,18). Gegen die Unschuld Ijobs stellt er dessen vermutete Schuld. Unter der Voraussetzung von Schuldeingeständnis und Gottesfurcht (Ijob 4,6f) werde Gott ihm jedoch Rettung, Ruhe, Geborgenheit, Hoffnung, Kinderreichtum, langes Leben, Heilung und Heil schenken (Ijob 5,18–26). Am Schluss rahmt das adhortative Heilsversprechen noch einmal die Aufforderung an Ijob, seine Sicht der Dinge zu verändern (ואתה דע־לך Ijob 5,27).

Ijob nimmt den Faden in seiner ersten Gegenrede auf, wendet sich jedoch nicht wie vorgeschlagen an Gott, sondern an die Freunde und beteuert seine Unschuld. Sein Leid ist so schwer, dass er klagen *muss*, ohne dabei auf die Konsequenzen zu achten (Ijob 6,1–3). Die weisheitliche Beherrschung hält den Schwall seiner Worte nicht mehr zurück. לעע in V. 3 qualifiziert seine Worte nicht als *irre* (so Luther und EÜ), sondern bringt im assoziativen Spiel mit לע das Unbeherrschte zum Ausdruck (vgl. Spr 20,25; 23,2). Hatte Elifas den weisheitlichen Grundsatz zitiert, dass den Toren der Unmut (כעש) umbringt (Ijob 5,2), so will Ijob genau diesen Unmut gewogen, d. h. genau wahrgenommen, haben (Ijob 6,2). Die Warnung des Freundes, durch seine Klage erst recht in Sünde zu verfallen und dadurch umzukommen, schlägt Ijob gleich zu Beginn in den Wind. Er ist so vom Recht seiner Klage überzeugt, dass er die vermeintliche Konsequenz einschließt. Damit steht der Tod implizit über der ganzen Argumentation Ijobs wie ein Damoklesschwert, das das zwingende wie unvermeidliche der Klage unterstreicht. Dabei geht es nicht darum, dass Ijob sein Leben durch seine Rede leichtfertig aufs Spiel setzt, sondern darum, dass ihn selbst der Tod nicht ins Unrecht setzen würde. Wenn Gott ihn wegen seiner Klage tötet, setzt er sich selbst ins Unrecht. Schon zu Beginn der Argumentation ist zu erkennen, dass der Tod in den Ijob-Reden eine z. T. direkte, z. T. aber auch indirekte argumentative Funktion hat. Impliziter Adressat dieses „Spiels" sind nicht die Freunde, sondern Gott.

Seine Lage führt er auf das Handeln Gottes zurück, das er durch die Pfeile (חצים) und erst recht den Zorn (חמה) negativ konnotiert (Ijob 6,4). Die beiden Gottesbezeichnungen שדי und אלוה zeigen den Anschluss an Ijob 5,17. Die „Zucht", die Ijob erfährt, ist pures Leid. Jedem Versuch einer Bonisierung ist durch den Gottesterror בעותי אלוה eine Absage erteilt. Der weisheitliche Rat des Freundes wird so zu „fadem Schleim" (Ijob 6,6), den Ijob sich weigert anzunehmen (Ijob 6,7). Nach dieser Zurückweisung drückt Ijob die Hoffnung auf ein Handeln Gottes aus, die als Todeswunsch bezeichnet werden kann.

8 מי־יתן תבוא שאלתי ותקותי יתן אלוה׃
9 ויאל אלוה וידכאני יתר ידו ויבצעני׃
10 תהי עוד נחמתי ואסלדה בחילה
לא יחמול כי־לא כחדתי אמרי קדוש׃

8 Wenn sich doch meine Bitte erfüllte,
und Gott (*Eloah*) meine Hoffnung einlöste,
9 und sich Gott (*Eloah*) entschlösse, mich zu zermalmen,
seine Hand abzöge und mich abschnitte,
10 dann gäbe es noch Trost für mich:
Ich würde vor Freude hüpfen im Schmerz.
Doch schont er mich nicht,
obwohl ich die Worte des Heiligen nicht verleugnet habe.

Schon V. 8 beginnt mit einem subtilen Spiel. Mit dem in Ijob stilistisch auffallend häufigen מי־יתן (Ijob 6,8; 11,5; 13,5; 14,4.13; 19,23; 23,3; 31,31.35) setzt eine Bitte ein, die als Hoffnung bezeichnet wird. Mit תקוה greift Ijob 6,8 auf Ijob 4,6 konterkarierend zurück. Er setzt seine Hoffnung nicht auf seine eigene Gottesfurcht und Vollkommenheit, sondern auf Gott! Allerdings kaum so wie es Elifas recht ist. Zwar reklamiert Ijob für sich Gottesfurcht und Vollkommenheit im Lebenswandel, doch führt dies nicht zur Verschonung im Leben, sondern zur Bestrafung im unermesslichen Leid, das das Leben zur Qual macht (Ijob 6,2f). Daher setzt Ijob seine Hoffnung auf Gott im vermeintlichen Todeswunsch.

Schon das in Ijob nur hier verwandte שאלה spielt subtil mit dem Ziel seines Verlangens: der Scheol (שאל), die jedoch erst im folgenden Kapitel erstmalig in Ijob benannt wird (Ijob 7,9). דכא als Terminus der Vernichtung ist drastisch (vgl. Ijob 4,19) und lässt die Staubmetapher aus Ps 90,3 assoziieren. Das Abschneiden בצע, das von Elifas in Ijob 22,3 und noch deutlicher von Ijob in 27,8 aufgenommen wird, drückt das Versterben metaphorisch aus und knüpft dabei vielleicht an die Durchtrennung des Lebensfadens bei den Moiren an.[5] Ohne auf den unsicheren überlieferungs- oder motivgeschichtlichen Bezug zurückgreifen zu müssen, verweist בצע als „Fachwort des Webers“[6] auf das auch in Ijob 7,6 verwandte Bild des „Lebensgeflechts“ (vgl. Ijob 10,11, vgl. Jes 38,12). Singulär bleibt נתר II mit יד als Objekt, doch zielt das fein gestaltete Staccato der vier verbalen Formulierungen in V. 9 ganz auf das Lebensende Ijobs. Durchgehend ist

[5] Vgl. den Hinweis auf die Parzen bei *Fohrer*, Hiob (^{2}1988), 170, auf Atropos bei *Gradl*, Ijob (2001), 100.
[6] Halat 141.

Gott (אלוה) Subjekt, Ijob im zweiten und vierten Verb durch enklitisches Personalpronomen Objekt der Handlungen Gottes, so dass trotz der Asyndese in der Mitte der Eindruck einer Gleichmäßigkeit entsteht.

Für die Beurteilung des „Todeswunsches“ ist V. 10 von zentraler Bedeutung, da dort in syntaktischem Anschluss an V. 9 vom Trost Ijobs (נחמה) die Rede ist. Allerdings ist unklar, ob der Trost als Folge des Vernichtungshandelns begriffen werden soll und damit der Tod positiv besetzt wird, der Trost möglicherweise ironisch zu verstehen ist oder die im Folgenden genannte Freude bzw. die Integrität Ijobs seinen geradezu *trotzigen* Trost gegen die Dunkelheit des Todes reklamiert. Die Interpretation hängt an vielen Faktoren, unter anderem an der Versaufteilung von V. 10.

Aus kolometrischen und inhaltlichen Gründen ist das לא יחמול eher zu der zweiten Vershälfte in V. 10 zu ziehen. Um der masoretischen Trennung zu entsprechen, hat man sich in der Übersetzung auch eher mit Konstruktionen beholfen (z. B. F. Horst „bei schonungslosem Schmerz“, J. Ebach „im schonungslosen Schmerz“, G. Fohrer „trotz mitleidloser Schmerzen“, B. Duhm „in der schonungslosen Qual“), wobei das לא יחמול relativisch verstanden werden muss. Ijob würde springen im Schmerz, *der nicht schont*. Der folgende כי-Satz hängt dementsprechend etwas in der Luft. Zur Lösung der Schwierigkeiten in V. 10 sind in der Forschung verschiedene Möglichkeiten vorgeschlagen worden, die den Bezug zum Kontext jeweils unterschiedlich bestimmen: F. Horst bezieht den Trost nicht auf das Vorhergehende, d. h. das Abgeschnitten-Werden in V. 7, sondern auf V. 10b, so dass Ijobs Trost *seine Integrität* ist.[7] J. Ebach hingegen deutet den Trost als Hoffnung auf eine Zuwendung Gottes in Gerechtigkeit und damit als implizit verneint, was mit V. 10b begründet sein soll: „Und wäre noch ein Trost für mich, dann wollte ich hüpfen noch in schonungslosem Schmerz, denn ich verleugnete nicht die Worte des Heiligen“. G. Fohrer bezieht m. E. zu Recht den Trost auf den Tod und begründet das mit dem konsekutiven Anschluss des ותהי.[8] Fohrer liest Ijob 6,8–10 von Ijob 3 und der ersten Rede des Elifas in Ijob 4f her: „Hiob erbittet von Gott den Tod, den er erhofft. Er setzt seine Hoffnung nicht auf zukünftiges Glück, das Eliphas ihm unter Hinweis auf seinen lauteren Wandel (4,6) und Gottes Hilfe (5,16) ausmalte, sondern im Gegenteil auf den Tod. … Hiob möchte nicht infolge seiner Krankheit sterben, die ihm Gott als Feind zugefügt hat, sondern infolge eines barmherzigen Eingreifens Gottes aufgrund seiner Bitte. Daran könnte er erkennen, daß Gott in Wahrheit nicht sein

[7] So auch *Budde*, Hiob (1913), 27.
[8] *Fohrer*, Hiob (^{2}1988), 161.

Feind, sondern ihm zugeneigt ist".[9] Die Deutung Fohrers geht sicher in die richtige Richtung, doch ist die Frage, ob Ijob im gewährten Tod Gott als barmherzig erfahren will. Vielleicht lässt sich die Pragmatik des Todeswunsches noch präziser fassen.

Es gibt für Ijob keinen Trost, weil Gott seinem Wunsch nach der Auflösung der so belastenden Lebensumstände nicht entspricht. Für Ijob klafft zwischen seinem Ergehen und Tun eine Gerechtigkeitslücke, die Gott nicht durch sein gerechtes Eingreifen schließt, sondern immer noch weiter aufreißen lässt. So bleibt für Ijob lediglich die Hoffnung auf den Tod, mit dem die ungerechte Situation quasi aufgesprengt würde. Geradezu ironisch weist Ijob darauf hin, dass er zumindest diesen Akt der Barmherzigkeit verdient habe. Wenn aber schon seine tadellose Gerechtigkeit Gott nicht zu einem gerechten Eingreifen bewegen kann, wie soll sie ihn dann zu seinem barmherzigen Eingreifen bewegen können? *Deswegen* gibt es keinen Trost, was die bittere Einsicht bestärkt, dass Gott anscheinend zur Schonung nicht bereit ist. Ist diese Deutung richtig, dann ist der konjunktivische Anschluss des dritten Stichos mit כי לא konzessiv mit *obwohl nicht* zu übersetzen[10] und als Verweis auf Ijobs Unschuld zu deuten.[11]

Die damit verbundene Aussage כחדתי אמרי קדוש bleibt trotz allem dunkel, nicht allein wegen des nur hier in Ijob verwandten קדוש, das den großen Abstand Ijobs zu Gott betont.[12] Grundbedeutung des כחד im D-Stamm ist „etwas verborgen halten", d. h. im Kommunikationskontext eine verbale Mitteilung zurückhalten, worauf Ha gegen die übliche Übersetzung „verleugnen" zu Recht hingewiesen hat.[13] Aber worauf soll sich das „denn ich habe die Heiligen Worte nicht verborgen gehalten"[14] beziehen? Denkbar wäre, dass Ijob hier auf den impliziten Vorwurf des Elifas reagiert, einen Aufweis seiner Schuld durch Gott bzw. sein Gewissen zurückzuhalten (Ijob 4,12–19), doch macht das im Kontext weniger Sinn als das übliche Verständnis einer Unschuldsbeteuerung. אמרי קדוש kann sich dann nur auf nicht näher bestimmte göttliche Vorgaben zum Lebenswandel beziehen. Darauf deuten Ijob 22,22 und 23,12, die im dritten Redegang aufeinander be-

[9] Ebd., 170f.
[10] So auch *Gradl*, Ijob (2001), 100.
[11] Vgl. *Mathewson*, Death (2006), 41.101; *Ha*, Frage (2005), 111.
[12] Ob der Stichos deswegen und aus metrischen Gründen als Nachtrag beurteilt werden kann (so z. B. *Hölscher*, Hiob [^{2}1969], 20; *Fohrer*, Hiob [^{2}1988], 161; *Köhlmoos*, Auge [1999], 159: „aus inhaltlichen Gründen"), ist unsicher, zumal keine Angaben darüber gemacht werden, *mit welchem Ziel* der Versteil *von wem wann* nachgetragen worden sein soll.
[13] Vgl. *Ha*, Frage (2005), 109.
[14] So die Übersetzung von *Ha*, Frage (2005), 109.

zogen sind. Ijob 22,22 ist es erneut Elifas, der Ijob auffordert *Weisung* aus Gottes Mund (קח־נא מפיו תורה) anzunehmen und *seine Worte* in sein Herz zu legen (ושים אמריו בלבבך). Das wird von Ijob in 23,12 aufgenommen, der reklamiert, das *Gebot* seiner Lippen nicht aufgegeben zu haben (מצות שפתיו ולא אמיש) und *seine Worte* als sein Gesetz bewahrt zu haben (אמרי־פיו מחקי צפנתי).[15] Fohrer betont zu Recht, dass die Formulierungen zwischen konkreter Offenbarung und allgemeinen ethischen Handlungsanweisungen schwanken: „Mit Gebot und Worten sind die ethischen Weisungen gemeint; sie entsprechen dem Schritt und Weg Gottes (V. 11). Es handelt sich nicht um das Gesetz im eigentlichen Sinn des Wortes, sondern allgemein um die dem Menschen bekannte Forderung Gottes. Die Hinzufügung ‚seiner Lippen' und ‚seines Mundes' beruht auf dem üblichen Sprachgebrauch (Jer 9,19; Ps 10,5; 119,13; 72,88) und weist darauf hin, daß an die geoffenbarte Forderung Gottes gedacht ist".[16] Die Kumulation der Termini für Gesetz (תורה, מצוה, חק) in Ijob 22,22; 23,12 lässt doch deutlicher an die Tora denken, auch wenn die Belege unspezifisch bleiben. Das bedeutet auch für das אמרי קדוש in Ijob 6,10, dass es sich nicht nur auf irgendwelche unspezifischen ethischen Leitsätze bezieht, sondern die Größe „Tora" durchaus im Hintergrund steht. Die Unschuldsbeteuerung umgreift die Tora als den geoffenbarten Willen Gottes, auch wenn sie im gesamten Ijobbuch nicht explizit thematisiert wird. Ijob steht damit im Kontext eines weisheitlichen Bezugs auf die Tora.

Ist in der Unschuldsbeteuerung Ijobs schon der appellative Subtext mit Händen zu greifen, so zeigen die verzweifelt fragenden V. 11–13 noch deutlicher, dass Ijob am Ende seiner Kraft ist. Die ironisch spottende Spitze, Ijob wäre aller Gebrochenheit zum Trotz noch zu Freudensprüngen fähig, wird nun durch die tatsächliche Schwäche seines בשר konterkariert. Er hat eben keinen wie Stein unangreifbaren Leib und auch keinen eisernen Willen, immer weiter durchzuhalten. Solch unerschütterliche Disziplin im endlosen Dulden kann Ijob nicht aufbringen, denn er hat aus seiner Sicht (gegen Elifas Ijob 5,16) keine Hoffnungsperspektive, solange Gott nicht handelt. Damit gibt er eine negative Antwort auf die Frage Elifas in Ijob 4,6, ob nicht seine Gottesfurcht (יראה) und seine Vollkommenheit (תם) ihm Hoffnung (תקוה) sein können. Einzige Sicherheit scheint ihm zu sein, dass Gott seinem Todeswunsch *nicht* entspricht. Damit stellt sich die Frage, worauf der Todeswunsch tatsächlich zielt, wenn die

[15] Auf die Probleme von Ijob 23,12 kann hier nicht weiter eingegangen werden. Gegen die übliche Änderung des מחקי wendet sich zu Recht *Ebach*, Streiten ([3]2007), 34.

[16] *Fohrer*, Hiob ([2]1988), 366.

Möglichkeit, dass Gott ihm entsprechen könnte, von Ijob ausgeschlossen wird. Der Todeswunsch scheint eher eine Form der „Anklage an Gott, denn dadurch erbittet und ersehnt er sich das Ende der Leiden, die Gott selbst verursacht hat“.[17]

Ijob 7,15f

Dass Ijob bemüht ist, Gott zum Schließen der Gerechtigkeitslücke zu bewegen, zeigt die anschließende Vergänglichkeitsklage in Kap. 7, die in V. 6 das Stichwort der fehlenden Hoffnung (תקוה) aus Ijob 6,8 wieder aufgreift und appellativ fortfährt: זכר כי־רוח חיי „Gedenke, dass mein Leben nur ein Wind ist!“ (Ijob 7,7). רוח unterstreicht einerseits die Vergänglichkeit und nimmt andererseits die Rede Elifas wieder auf. Hatte dieser Ijob durch das זכר־נא in Ijob 4,7–9 an Gottes Handeln an den Frevlern erinnert, die vom Windhauch seines Zorns מרוח אפו umkommen, wendet sich Ijob – erneut die Stichworte aufnehmend und deren Aussage verändernd – an Gott in der Vergänglichkeitsklage. Wenn Gott sich nicht beeilt, ist Ijob *nicht mehr da* (ואינני V. 8). Hier kann Ijob mit dem Tod drohen, denn wer in die Scheol hinabsteigt, kehrt nicht wieder (כן יורד שאול לא יעלה Ijob 7,9). Die Irreversibilität des Todes ist Ijob verstärkende Motivation zur Klage: Wenn nicht jetzt, wann dann? (Ijob 7,11). Die heilend eingreifende Gegenwart Gottes, die Ijob sich erhofft, ist an das irdische Leben gebunden. Geschickt verbindet der Text die Vergänglichkeitsklage mit der impliziten Handlungsaufforderung an Gott. Dabei vorausgesetzt ist ein Gottesbild, in dem Gott *nach Ijob schaut*, d. h. er sich ihm positiv zuwendet. Die dreimalige Verwendung des Lexems „Auge“ (עין) in Ijob 7,7f arbeitet dem zu. Es ist kein Zufall, dass gerade das Auge als Organ hier eine zentrale Rolle spielt. Das Auge ist nicht nur das Organ der sinnlichen Wahrnehmung, sondern in der alttestamentlichen Anthropologie auch Beziehungsorgan. In ihm kommt ein soziales, kommunikatives und dialogisches Handeln zum Ausdruck. Die Beziehungsebene allerdings ist gestört, was in allen drei Belegen durch die Negation fassbar wird. Zunächst ist es Ijob 7,7 Ijobs Auge, das nichts Gutes, Schönes oder kein Glück mehr schaut. Ijob ist seiner Welt entfremdet. Das nimmt Ijob 7,8 auf, wenn der erste Versteil das Subjekt des Sehens nicht näher bestimmt. Es bleibt offen, ob hier schon der suchende Blick Gottes gemeint ist oder die soziale Mitwelt Ijobs, von der er durch den Tod endgültig getrennt wird. Im zweiten Halbvers sind es Gottes Augen, die sich auf Ijob richten. Bestürzend knapp steht am Ende die Entzogenheit

[17] *Ha*, Frage (2005), 110.

Ijobs in dem ואינני, was die drei negierten Blicke als verpasste Möglichkeiten in den Raum stellt. Nur wenn Gott das Gelingen des Lebens Ijobs zulässt, ist ein Schauen des Glücks, eine Beziehung zu seiner Mitwelt und eine Beziehung zu Gott zu verwirklichen. Mit dem Tod sind diese Möglichkeiten endgültig und irreversibel vergangen. Das נכר in V. 10b greift daher folgerichtig das Thema des Sehens noch einmal assoziativ auf, wobei מקמו die gesamte Lebenswelt einschließt. Die Litanei der Verunmöglichung gelingenden Lebens durch Gottes Handeln rechtfertigt und motiviert die Klage Ijobs, was Ijob 7,11 durch drei Verben (לא חשך, דבר, שיח) und die Konzentration auf das Subjekt Ijob (אני, רוחי, נפשי) konstatiert.

Die erneut anhebende Klage in Ijob 7,12–21 setzt mit der rhetorischen Frage an, ob Ijob wie eine chaotische Macht dauerhaft bekämpft werden muss. Die Rhetorik ist geschickt, weil sie Gott in seiner Rolle anfragt, ohne dabei seine Souveränität anzutasten. Ijob unterstellt positiv, dass Gott für die Zurückdrängung des Chaos und die Bewahrung einer gerechten Schöpfungsordnung zuständig ist. Damit nimmt er ein Moment der Gottesreden implizit vorweg und immunisiert sich gegen den Vorwurf, Gottes Verantwortung für „das Ganze“ nicht ernst zu nehmen. Aber gerade dieser spezifisch zum Gottsein Gottes gehörenden Aufgabe kommt Gott nicht nach, wenn er Ijob gegenüber ungerecht ist. Schon darin ist ein Aufbrechen oder Sistieren der (negativen) Beziehung zwischen Gott und Ijob, die als „bewachen“ umschrieben wird, angedeutet. Die Argumentation klingt wie eine „Parodie des Bittgebetes“[18], doch ist sie letztlich von der Überzeugung getragen, dass Gott mehr ist als der „Menschenwächter“, den Ijob als strafend, unbarmherzig und ungerecht erfährt. Ijob empfindet Gottes „Zuwendung“, die für ihn Schmerz und Leid bedeutet, als Last, weshalb er sich wünscht, Gott möge von ihm ablassen (חדל ממני Ijob 7,16). Durch den Vergleich des Menschen mit den Chaosmächten macht Ijob die Unverhältnismäßigkeit des Handelns Gottes deutlich. Dazu bedient er sich in V. 17–21 des textlichen Spiels mit zwei Spitzentexten des Alten Testaments: Für das Menschenbild Ps 8 und für das Gottesbild der Gnadenformel in Ex 34. An kaum einer anderen Stelle in den Ijob-Reden ist das intertextuelle Spiel mit theologischen Basistexten so deutlich wie hier.

Der Appell an die im Wesen Gottes verankerte Vergebungsbereitschaft würde ins Leere laufen, wenn Ijob vollkommen oder prinzipiell ohne Schuld wäre. Zumindest potentiell muss auch Ijob sündigen können oder gesündigt haben. Daher ist Ijob hier (Ijob 7,21), anders als in den Rahmenteilen (Ijob 1,8; 2,3.10) nicht absolut sündlos, auch wenn nicht deutlich wird, worin die Schuld konkret besteht. Das

[18] *Schwienhorst-Schönberger*, Weg (2007), 50.

deckt sich mit anderen Stellen des Dialogteils, in denen von Ijobs möglicher oder tatsächlicher Schuld mehrfach die Rede ist. Dabei geht es immer um das angemessene Verhältnis von Tun und Ergehen in Relation zur Zeit. Ijobs Situation steht in keinem vertretbaren Verhältnis zu seinem Handeln in Vergangenheit und Gegenwart. Dieses Missverhältnis wird umso krasser, je weiter entfernt in der Vergangenheit die bewusste oder unbewusste Schuld Ijobs liegt. Die Reflexion ist damit der auch im Psalter immer wieder gestellten Frage „Wie lange noch?" (Ps 6,4; 13,2f; 35,17 u. ö.) verwandt, die in Ijob 7,19 geradezu parodiert wird. Es ist die Frage nach dem Verhältnis von Gottes strafender Gerechtigkeit zu seiner Barmherzigkeit, die auch die sog. Gnadenformel thematisiert. Ijob ist geringfügig schuldig, wird aber im Übermaß von Gott bestraft, was dessen Vergebungsbereitschaft in Frage stellt. Die Schuld Ijobs liegt folgerichtig in ferner Vergangenheit. Wenn Ijob nach seiner Schuld sucht, findet er *aktuell* nichts (Ijob 33,9; 34,6; 35,3). Gott teilt ihm die Sünden *seiner Jugend* immer wieder neu zu (Ijob 13,26), spricht ihn nicht frei von seiner Schuld (Ijob 10,14), sondern hält die Vergehen dauerhaft präsent (Ijob 14,16). Ja, er sucht in Ijobs Wahrnehmung sogar permanent nach neuen Verfehlungen Ijobs, ohne allerdings solche zu finden (Ijob 10,6f). Daher fordert Ijob Gott auf, sein Sündenkonto offen zu legen (Ijob 13,23), was die Unverhältnismäßigkeit seines Handelns offensichtlich machen würde. Auch in Ijob 7,21f bleibt offen, ob es tatsächlich eine Schuld Ijobs gibt. Die beiden Sündenbegriffe עון und פשע in V. 21 wie auch das verbale חטא V. 20 bleiben ohne Konkretion. Für die Argumentation ist es auch unerheblich, weil es *um Gott* und nicht um Ijobs Schuld geht. Vorausgesetzt ist ein Gottesbild, in dem es zu Gottes Wesen gehört, Vergebungsbereitschaft zu zeigen und die strafende Gerechtigkeit hinter die rettende Barmherzigkeit zu stellen (Ex 34,6f). Wenn es also eine Schuld Ijobs gäbe, müsste diese Vergebungsbereitschaft als Gnade doch endlich gewährt werden.

In Ijob 7,20 gipfelt der Vorwurf an Gott, eine überzogene Haltung gegenüber Ijob einzunehmen: „Habe ich gesündigt? Was habe ich dir getan, Menschenwächter (נצר האדם)"? Das überaus positiv konnotierte נצר (Ex 34,6; Dtn 32,10; Ps 12,8; 31,24; 32,7 u. ö.)[19] kippt in sein Gegenteil und die in Ps 8 staunende Frage „Was ist der Mensch?" wird zum ironischen Vorwurf.[20] Gottes Zuwendung (פקד Ijob 7,18) ist zur Last oder Heimsuchung (Ex 34,7b) geworden und seine zugesagte Barmherzigkeit (נצר חסד Ex 34,7) hat sich in den

[19] Zum sublimen Spiel zwischen נצר „Wächter" und יצר „Schöpfer", vgl. *Pinker*, Perspectives (2007), 79.

[20] Vgl. dazu *Frevel*, Theologie (2004), 257–262.

Augen Ijobs in Ungerechtigkeit verkehrt. Seine Verfolgung der Schuld ist „Überkompensation“. Denn wenn die früher begangenen Verfehlungen Ijobs den Grund für Gottes Handeln darstellen, reagiert Gott kleinlich, überzogen und unangemessen. „Warum hebst du nicht meine Schuld auf und lässt meine Schuld nicht vorüber gehen (ומה לא־תשא פשעי ותעביר את־עוני)?“ (Ijob 7,21aα) fragt Ijob daher ebenfalls mit Bezug auf die Gnadenformel Ex 34,6 (וחטאה נשא עון ופשע). Er fordert Gott auf, ihm sein Sündenkonto offen zu legen (Ijob 13,23), damit die Unverhältnismäßigkeit offenbar werde. Diese im negativen Handeln an Ijob strafende Gegenwart Gottes ist ihm unerträglich, so dass Ijob scheinbar erneut den Tod als Alternative in die Argumentation einbringt.[21] Dafür spielt er zunächst unter dem כי־אמרתי die Möglichkeit der innerweltlichen Tröstung in seiner realen Erfahrungswirklichkeit durch. Wenn er die Krankheit und das Leid akzeptierte, würde Gott ihn trotzdem mit Träumen erschrecken und mit Visionen terrorisieren (Ijob 7,14). Damit wird unterstrichen, dass nicht Ijob, sondern nur Gott die Situation ändern kann. Handelt er fortgesetzt feindlich gegenüber Ijob, so bliebe nur der Tod als vermeintlicher Ausweg. Insofern das Satzgefüge in V. 15f an das כי־אמרתי anschließt, ist es ebenfalls konjunktivisch zu übersetzen:

15 תבחר מחנק נפשי
מות מעצמותי
16 מאסתי לא־לעלם אחיה
חדל ממני כי־הבל ימי

15 Und meine Kehle würde das Strangulieren vorziehen,
den Tod eher als meine Knochen.
16 Ich verwerfe [es]! Ich werde nicht ewig leben:
Lass ab von mir, denn meine Tage sind ein Hauch!

Auch Ijob 7,15f ist nicht leicht zu übersetzen, vor allem das in V. 16 ohne Objekt geradezu hingeworfene מאסתי, das meist „ich mag nicht mehr“, „ich bin es leid“ o. ä. wiedergegeben[22], gestrichen[23] oder geändert wird. Duhm zieht es zu V. 15, konjiziert das ebenfalls ungewöhnliche מעצמותי in מעצבותי und verändert so den Sinn: „Den Tod verachte ich vor meinen Schmerzen“.[24] Beides ist unnötig. In weisheitlichen Parallelismen steht עצם zusammen mit einem anderen Kör-

[21] Es ist daher m. E. vollkommen richtig, wenn *Ha*, Frage (2005), 108.111f. die Passage zum „Todeswunschmotiv“ hinzurechnet.
[22] Vgl. *Ebach*, Hiob 1–20 ([3]2007), 69; *Ha*, Frage (2005), 111.
[23] Vgl. *Fohrer*, Hiob ([2]1988), 164.
[24] *Duhm*, Hiob (1897), 44.

perbegriff durchaus synonym für den ganzen Menschen (Spr 3,7f; 15,30; Ijob 2,5) und rückt seltener auch alleine in die Nähe eines Synonyms für den ganzen Menschen (z. B. Ijob 20,11).[25] Im Ijobbuch wie überhaupt in der weisheitlichen Klageliteratur ist עצם als besonderer Ort der Schwäche gekennzeichnet, bis zu dem die Krankheit durchgedrungen ist (Ijob 4,14; 19,20; 30,17.30, vgl. 33,19. 21), was als markantes Gegenbild zur strotzenden Lebenskraft starker Glieder (Ijob 20,11; 21,23f) verwendet wird.[26] In der Zuspitzung der Metonymie „Knochen", „Gebein" tritt genau das an die Stelle des gesamten Körpers (בשר), das das irdische Leben am längsten überdauert und im Tod nicht in die Scheol eingeht, sondern an seinen Rändern verbleibt (Ps 141,7). Den verbleibenden Knochen aber ist jegliche נפש „Vitalität" oder „Lebenskraft" entzogen. In größere Nähe zum Tod kann Ijob seine geschundene Existenz nicht mehr bringen. Dass die נפש – ebenfalls zum einen mit der wörtlichen Bedeutung „Kehle" im Vordergrund und zugleich der metonymischen „Vitalität" oder „Person" im Hintergrund – sich eher den Tod wünscht, kann nur als ironisches Paradox gefasst werden. An die Stelle seiner vom Leid durchtränkten Todesexistenz setzt Ijob die strangulierte Kehle[27], wodurch sich die Schwere der Hoffnungslosigkeit auf die Szene senkt, was die Vulgata durch die Wiedergabe des מאסתי mit *desperavi* gut zum Ausdruck bringt. Doch מאס bedeutet wörtlich „verachten, verwerfen" (*abicere*), nicht „verzweifeln". Da dem מאסתי wie in Ijob 42,6 das Objekt fehlt, eignet ihm als Ellipse eine gewisse Deutungsoffenheit. Stimmt die vorangegangene Deutung von Ijob 7,15, schwingt sicher die Ablehnung seines ganzen Lebens mit (ich verwerfe *[es]*).[28]

Zugleich aber greift das מאסתי – was bisher so noch nicht gesehen wurde – erneut die Rede Elifas aus Ijob 5,17 auf. Dieser hatte Ijob das Leid als pädagogisches Mittel Gottes anempfohlen und ihm geraten, die Züchtigung des Allmächtigen *nicht zurückzuweisen* (הנה אשרי אנוש יוכחנו אלוה ומוסר שדי אל־תמאס). Begründet hatte Elifas das mit dem nach der gerechten Strafe erbarmenden Handeln Gottes: „Denn er verletzt, aber er verbindet auch; er verwundet, aber seine Hände heilen auch" (Ijob 5,18). Genau gegen diesen bonisierenden

25 Vgl. *Beyse*, עצם (1989), 329f.

26 Vgl. *Scharbert*, Schmerz (1955), 91–97.

27 מחנק wird üblicherweise mit „Erstickung" wiedergegeben (Halat 540). Das Verbum bezeichnet im N-Stamm in 2 Sam 17,23 das Strangulieren und in Nah 2,13 im D-Stamm das „Würgen" eines Löwen von Speise für seine Jungen, so dass das Zuschnüren oder Zusammendrücken der Kehle gemeint sein dürfte. Aber „an Selbstmord denkt Hiob nicht" (*Duhm*, Hiob [1897], 44).

28 So *Habel*, Job (1985), 152, der übersetzt: „I reject life" oder *Clines*, Job 1–20 (1989), 157 „I have rejected life", vgl. auch unten zu 9,21, wo חי direktes Objekt von מאס ist.

und pädagogisierenden Umgang mit dem Leid wendet sich Ijob in scharfer Form (s. o.). Das מאסתי weist gleichermaßen ein Dreifaches zurück: 1. seine derzeitige unerträgliche Situation, 2. das Handeln Gottes als Züchtigung, 3. den Rat Elifas, diese Züchtigung duldsam anzunehmen. Die im Maß seines Leidens manifeste Ungerechtigkeit akzeptiert er nicht und begründet das mit der in Kap. 7 dominanten anthropologischen Konstante der Vergänglichkeit. Das auf das מאסתי folgende לא־לעלם אחיה wird in vielen Übersetzungen voluntativ verstanden und als Begründung des Todeswunsches aufgefasst: „Ich will nicht ewig leben" (EÜ) oder „Ich mag nicht auf Dauer leben".[29] Gleichermaßen möglich ist die auf die Vergänglichkeit verweisende kataphorische Deutung „ich *werde* nicht ewig leben", so dass die Feststellung die Motivation für den folgenden Imperativ „lass ab von mir" (חדל ממני) unterstreicht.

Das Ablassen zielt nicht auf ein Sterben-Lassen Ijobs („Lass ab, damit ich sterben kann"), sondern auf das Sistieren oder Beenden des als Ausdruck einer Feindschaft verstandenen Handelns Gottes. Es zielt damit letzten Endes auf das Leben („Lass ab, damit ich leben kann"). Weil die Lebenszeit Ijobs begrenzt ist und der im Rahmen konnektiver Gerechtigkeit erwartbare gerechte Ausgleich für das erlittene Leid und die Lebensdauer in einer Relation zueinander stehen, muss Gott schnell handeln. Für diese Lösung spricht die Begründung des Imperativs „denn meine Tage sind ein Hauch".

Mit הבל greift Ijob zurück auf V. 7. Dort war aber in der syntaktisch gleich gebauten Begründung des Imperativs רוח verwendet worden (זכר כי־רוח חיי). Hier steht der Ausdruck der Lebenszeit im Vordergrund. Das „Ablassen" (vielleicht sogar im subtilen Spiel mit Ijob 3, wo die Frevler in der Scheol vom רגז „ablassen") zielt auf die Situation Ijobs, die schlimmer als Strangulierung und Tod empfunden wird. Schon das bloße Abwenden Gottes von seinem strafenden Handeln würde Ijob als Zuwendung genügen. Wenn Gott sich jedoch nicht von Ijob abwendet und ihn fortgesetzt straft, dann ist erst im Tod Ruhe zu finden.[30]

Das „ewige" Leben ist nicht im Sinne eines „Nicht-Sterbens", sondern עולם ist die hyperbolisch ausgedehnte Zeit. Es geht also *nicht* um ewiges Leben, sondern das Leben im Hier und Jetzt des Elends dauert schon zu lang, quasi *eine Ewigkeit.* Der begründende Schlusssatz argumentiert mit der Vergänglichkeit als *conditio humana* gegen die ausgedehnte Leidenszeit. Als Ziel steht das von Gottes Zorn unbehelligte (Rest-)Leben Ijobs im Hintergrund. Gott soll von Ijob ablassen, *weil* seine Tage ein Hauch sind. Wenn er von ihm bzw. *seiner*

[29] Vgl. *Ebach*, Hiob 1–20 (³2007), 69; *Dohmen*, Todeswunsch (2001), 74 u. ö.

[30] Das hat *Hesse*, Hiob (1978), 66f.86f. richtig gesehen.

Ungerechtigkeit ablässt, kann Ijob Tage des Glücks ohne Krankheit erleben. Das Leben ist für Ungerechtigkeiten einfach zu kurz.

Von einem tatsächlichen *Todeswunsch* kann also keine Rede sein. Das Spiel mit dem Tod hat argumentative Funktion und ordnet sich damit in die Pragmatik der Vergänglichkeitsklage ein: „Das ist auch ein Gebetsmotiv im Klagelied, daß man Jahwe die Kürze des menschlichen, des eigenen Lebens vorhält, um ihn zu rettender Hilfe zu bewegen".[31]

Die Deutung kann mit einem letzten Blick auf den Schluss der ersten Rede Ijobs bekräftigt werden, der in Aufbau und Ziel dem vorhergehenden Abschnitt gleicht. Im Text folgt die kontrastierende Parodie auf Ps 8 in Ijob 7,17f, für die an anderer Stelle aufgewiesen wurde, dass es ihr um die Betonung des Kontrasts zwischen der existentiellen Not Ijobs und dem Anspruch seines Menschseins geht und gerade nicht um die Ablehnung der hoheitlichen Anthropologie von Ps 8, die als positive Referenz im Hintergrund steht.[32] Am Schluss fordert Ijob in V. 21 Gott zur Vergebung auf und appelliert – wie oben gezeigt in engem Bezug auf die Gnadenformel – an sein Erbarmen. Gott ist ohne Gnade und Barmherzigkeit letztlich nicht zu denken, denn der Mensch könnte vor der Gerechtigkeit Gottes nie bestehen. Das wird in V. 21 wie in V. 16 zusätzlich mit der Vergänglichkeit begründet. Fohrer und andere deuten den das Kapitel abschließenden Hinweis auf das Sterben Ijobs konsekutiv zum Vordersatz im Sinne einer Entlastung Ijobs: „Ja, *dann* könnte ich mich in den Staub hinlegen und suchtest du nach mir, so wäre ich nicht mehr".[33] Wenn Gott vergeben würde, „könnte Hiob beruhigt sterben. Er wüsste ja, daß er nicht einen strafweisen Tod erlitte, sondern ein natürliches Ende fände".[34] Diese Deutung lässt den Hinweis auf die Entzogenheit Ijobs in der Scheol außer Acht. Ijob hält Gott in den beiden knappen Schlussworten vor, dass dessen Einsicht zu spät kommen könnte: Du wirst mich suchen, aber ich bin nicht mehr da (ושחרתני ואינני)! Deswegen ist das כי־עתה לעפר אשכב wohl hyperbolisch auf den baldigen Tod Ijobs zu beziehen und unterstreicht die Eindringlichkeit der vorangegangenen Fragen.[35] Paraphrasiert: „Bald könnte es zu spät sein, also vergib mir endlich!". Ijob hat von seinem Tod zwar keinen Vorteil, aber Gott einen handfesten Nachteil, denn er hat – das ist hier wie im gesamten Ijobbuch die Voraussetzung – keinen Zugriff auf

31 *Horst*, Hiob 1–19 (^{2}1969), 123.
32 Vgl. *Frevel*, Theologie (2004), 257–262.
33 *Fohrer*, Hiob (^{2}1988), 160 (Hervorhebung C. F.).
34 Ebd., 182.
35 So auch *Hartley*, Job (1988), 151.153.

die Unterwelt. In den Augen Ijobs würde er mit dem Tod Ijobs die Ungerechtigkeit Gottes irreversibel festschreiben.

Der Hinweis auf den natürlichen Tod am Ende des Kapitels ordnet die in Ijob 7,15f geäußerte Todessehnsucht noch einmal in den Kontext der Klage ein. Ijob hat nicht schon so mit seinem Leben und mit Gott abgeschlossen, dass ihm die irreversible Trennung von Gott lieber wäre. Auch über das Gottesbild Ijobs sagt das Ende von Kap. 7 etwas sehr Wesentliches. In der Forschung scheiden sich an der Deutung des *Suchens* in V. 21 erneut die Geister. Sucht Gott nach seinem Opfer, um sich ihm in positiver oder negativer Weise zuzuwenden? Während die einen darin nur die Emphase der Entzogenheit in der Scheol sehen wollen[36] oder gar den sarkastisch spottenden Abschluss des Kapitels[37], sehen andere in dem intensiven Suchen Gottes ein Moment der Zuwendung und lesen es als Zeichen seines Grundvertrauens auf die Gnade Gottes, das noch nicht durch das Leiden vollständig korrumpiert ist. Es dürfte kein Zufall sein, dass nicht בקש, sondern שחר D-Stamm verwandt ist. Das Verb drückt eine von Verlangen getriebene intensive Suche aus (Spr 7,15; 11,27), häufiger gerade des Beters, der sich nach Gerechtigkeit Gottes sehnt (Jes 26,9; Ps 63,2). Nur hier ist Gott Subjekt dieser Suche und es liegt nahe, auch diese Suche mit der Gewährung erbarmender Gerechtigkeit zu verbinden. Ijob ist davon überzeugt, dass Gott ihn eines Tages/ (Morgens?[38]) suchen wird, d. h. sein zur Gnade und Vergebung sich wendendes Wesen sich in den Vordergrund schieben wird.

Der Gott Ijobs ist nicht der verletzende und hart handelnde Willkürgott, als den Ijob ihn auf der Textoberfläche anklagt. Im Hintergrund erkennbar bleibt das positive Gottesbild des Gottes, der den Schrei des Entrechteten erhört und sich *im Suchen* diesem zuwendet.[39] In der Spannung zwischen Klage und Hoffnung ist Ijobs Gottesbild nicht das eines harmlosen, nur lieben und gnädigen Gottes, es bleibt ungeschönt hart und im Widerspruch zwischen Wesen und

[36] *Clines*, Job 1–20 (1989), 195, der eine positive Konnotation des Suchens ablehnt. „It is rather an emphatic way of affirming that he will no longer be; even God cannot find that which does not exist". Das beantwortet jedoch nicht die Frage, *warum* Gott überhaupt Ijob suchen soll.

[37] *Habel*, Job (1985), 166: „a taunt rather than a traditional affirmation of trust" und „sarcastic closure".

[38] Das semantische Spiel des Verbums mit שחר „Morgenröte" ist vielleicht ebenfalls mehr als nur Zufall. Zum einen ist das Suchen Gottes nach all der Finsternis und Dunkelheit im Leben Ijobs wie ein Durchbruch des Lichts und zum anderen ist „Gottes Hilfe am Morgen" ja assoziativ eng verknüpft mit der Gerechtigkeit, auf die Ijob so dringend hofft.

[39] Gegen *Clines*, Job 1–20 (1989), 195; *Habel*, Job (1985), 164.

Handeln letztlich unverständlich.[40] Ijobs Klage zielt auf Gerechtigkeit mit den radikalsten Mitteln der Argumentation. Dabei stellt der Text nicht billig Ijobs Leiden zurück, sondern dieses bleibt im Vordergrund. Nicht umsonst aber endet die Ijob-Rede wie die folgenden Reden bis in den zweiten Redegang auch mit der drohenden Nicht-Existenz Ijobs: ואינני – dann bin ich nicht mehr da (vgl. Ijob 10,22; 14,19–22; 17,11–16). Der drohende Tod Ijobs wird so zum Appell an Gott.

Ertrag

Die Beschäftigung mit dem Todeswunsch in der ersten Rede Ijobs im ersten Redegang hat deutlich werden lassen, wie sehr das Buch Ijob als weisheitlicher Diskurs verstanden werden muss. Auffallend war die ausgesprochen enge Vernetzung der Argumentation in Ijob 6f mit der Rede Elifas in Ijob 4f. Weisheitliche Grundsätze und Einzelaussagen werden durch Stichwortaufnahmen und Teilzitate aufgegriffen und argumentativ kontrastiert. Dabei wird deutlich, dass Ijob und Elifas je von unterschiedlichen Voraussetzungen ausgehen, beide aber gleichermaßen das Verhältnis von menschlicher und göttlicher Gerechtigkeit thematisieren. Das diskursive Moment der Ijob-Rede konnte an vielen Stellen deutlicher herausgestellt werden. Ijob steht in Auseinandersetzung mit der Weisheitstradition und ihren Bezugstexten. Neben den Zitaten und Anspielungen auf Psalmstellen fiel insbesondere die Aufnahme der Gnadenformel auf. Der diskursive Stil bleibt der Auseinandersetzung mit Elifas vergleichbar. Jeweils setzt die Argumentation Ijobs ein bestimmtes Grundverständnis voraus, das nicht explizit erläutert wird. Er stellt seine ungerechte Situation kontrastiv dagegen und so das traditionsgebundene weisheitliche Grundverständnis in Gottes- und Menschenbild in Frage. Gott muss sich an den von der Tradition vorgegebenen Maßstäben messen lassen, weshalb Ijob ihn zur Rechenschaft zieht. Pragmatisch zielt die Argumentation auf die Entsprechung von Gottes Handeln zu dem von der Tradition vorgegebenen Muster, nicht auf eine generelle Infragestellung weisheitlichen Denkens.

In diesen Kontext einer weisheitlichen Pragmatik ist auch der Todeswunsch Ijobs einzuordnen. Der Todeswunsch in der ersten Ijob-Rede hat sowohl in Kap. 6 als auch in Kap. 7 klar appellative und die Argumentation unterstreichende Funktion. Er ist weder von Resignation noch von zynischer Hoffnung auf den Tod als einer besseren Al-

40 Vgl. zur Begründung der Hoffnungsperspektive Ijobs auch *Kummerow*, Job (2004).

ternative gerichtet, sondern eher ein dramatisches Stilmittel in Ijobs Verteidigung seiner Klage. Der Wunsch nach dem Tod ist irreal und die Argumentation zielt gerade nicht auf eine dauerhafte Trennung Ijobs von Gott. Auch wenn Ijobs Welt die schlechteste aller möglichen Welten ist, sieht er im Tod keine Alternative oder einen Ausweg. Die dramatische Spannung zwischen Ijobs und Gottes Gerechtigkeit wird durch das Todeswunschmotiv nicht gelöst, sondern eher verschärft. Nur wenn Gott an Ijob seiner Gerechtigkeit entsprechend handelt, kann Gott seine Gerechtigkeit aufrechterhalten. So ist Habels Einschätzung richtig und falsch zugleich: „Though Job does not plan suicide, he prefers death to an endless life of oppression at the hands of an arbitrary God (7:11–16)".[41] Richtig ist, dass Ijob weder ein freiwilliges Ausscheiden aus dem Leben im Freitod in Erwägung zieht noch die Fortsetzung seines faktischen Lebens zu akzeptieren bereit ist. Insofern ist auch richtig, dass er den Tod *diesem* Leben vorzieht, aber seine Argumentation setzt gerade nicht die Willkür Gottes voraus und zielt deshalb auch nicht auf den Tod als Ausweg. Diese Position hält er sowohl gegenüber den Freunden als auch gegenüber Gott durch. Da es keine Möglichkeit des außerweltlichen Ausgleichs gibt, ist die faktische Situation des ungerecht(fertigt)en Leids Rechtfertigung für Ijobs Klage gegenüber Gott. Vorausgesetzt ist ein Weltbild, in dem die Unterwelt dem Gott Ijobs entzogen ist, was den Druck auf eine diesseitige Lösung verstärkt. Der „Todeswunsch" ist so rhetorisches Mittel im *Kampf um das Leben* und die Wiederherstellung der Gerechtigkeit.[42] Der Todeswunsch ist Teil der Textstrategie – weniger gegenüber den Freunden als gegenüber Gott.

[41] *Habel*, Job (1985), 63.
[42] Zur rhetorischen Funktion des Todes auch *Matthewson*, Death (2006), 15 und *Grimm*, Leben (1998), passim, dessen Untersuchung aber an der Isolierung der Einzelstimmen krankt.

Bibliographie

Beuken, Willem A. M., Job's Imprecation as the Cradle of a New Religious Discourse. The Perplexing Impact of the Semantic Correspondences between Job 3, Job 4–5 and Job 6–7, in: *Ders.* (Hrsg.), The Book of Job (BEThL 114), Leuven 1994, 41–78.

Beyse, Karl-Martin, Art. עצם, in: ThWAT 6 (1989) 326–332.

Budde, Karl, Das Buch Hiob (HK 2,1), Göttingen 1913.

Clines, David, Job 1–20 (WBC 17), Dallas 1989.

Dohmen, Christoph, Nicht ewig will ich leben. Der Todeswunsch als Zumutung Gottes, in: AnzSS 110 (2001) 11–14, wiederabgedruckt in: *T. Thomas* (Hrsg.), Tod – Ende oder Anfang? Was die Bibel sagt, Stuttgart 2005, 67–76.

Duhm, Bernhard, Das Buch Hiob, Freiburg u. a. 1897.

Ebach, Jürgen, Streiten mit Gott. Bd. 1: Hiob 1–20, Neukirchen-Vluyn ³2007.

Ders., Streiten mit Gott. Bd. 2: Hiob 21–42, Neukirchen-Vluyn ²2005.

Engljähringer, Karin, Theologie im Streitgespräch. Studien zur Dynamik der Dialoge des Buches Ijob (SBS 198), Stuttgart 2003.

Fohrer, Georg, Hiob (KAT 16), Berlin ²1988.

Frevel, Christian, Eine kleine Theologie der Menschenwürde. Ps 8 und seine Rezeption im Buch Ijob, in: *F.-L Hossfeld/L. Schwienhorst-Schönberger* (Hrsg.), Das Manna fällt auch heute noch. Beiträge zur Geschichte und Theologie des Alten, Ersten Testaments. FS E. Zenger (HBS 44), Freiburg 2004, 244–272.

Gradl, Felix, Das Buch Ijob (NSK.AT 12), Stuttgart 2001.

Grimm, Markus, „Dies Leben ist der Tod". Vergänglichkeit in den Reden Ijobs – Entwurf einer Textsemantik (ATSAT 62), St. Ottilien 1998.

Ha, Kyung-Taek, Frage und Antwort. Studien zu Hiob 3 im Kontext des Hiob-Buches (HBS 46), Freiburg 2005.

Habel, Norman C., The Book of Job. A Commentary (OTL), London 1985.

Hartley, John E., The Book of Job (NICOT 15), Grand Rapids 1991.

Hesse, Franz, Hiob (ZBK.AT 14), Zürich 1978.

Hölscher, Gustav, Das Buch Hiob (HAT 1,17), Tübingen ²1952.

Horst, Friedrich, Hiob. 1. Teilband 1–19 (BK.AT 16,1), Neukirchen-Vluyn ²1969.

Köhlmoos, Melanie, Das Auge Gottes. Textstrategie im Hiobbuch (FAT I/25), Tübingen 1999.

Kummerow, David, Job, Hopeful or Hopeless? The Significance of גם in Job 16:19 and Job's Changing Conception of Death, in: JHS 5 (2004–2005) (http://www.jhsonline.org/, letzter Zugriff 14.01.2008).

Mathewson, David, Death and Survival in the Book of Job. Desymbolization and Traumatic Experience (LHBOTS 450), New York 2006.

Pinker, Aron, Job's Perspectives on Death, in: JBQ 35 (2007) 73–84.

Scharbert, Josef, Der Schmerz im Alten Testament (BBB 8), Bonn 1955.

Schwienhorst-Schönberger, Ludger, Ein Weg durch das Leid, Freiburg 2007.

Zuckerman, Bruce, Job the Silent. A Study in Historical Counterpoint, New York 1991.

„Du wirst jemand haben, der dein Herz erfreut und dich im Alter versorgt“ (Rut 4,15)

Alter und Altersversorgung im Alten/Ersten Testament[1]

An dem Faktum des demographischen Wandels in unserer Gesellschaft besteht kein Zweifel mehr. Die Umkehrung der Bevölkerungspyramide, der mehr oder minder gekündigte Generationenvertrag, die zunehmenden ökonomischen und sozialen Lasten der Pflege, Altersmigration des Kapitals, Debatten um humanes Sterben und die Sorge um den sozialen Frieden angesichts des demographischen Wandels – all das verdichtet sich – je nach Perspektive – in Schlagworten wie „Methusalemkomplott“, „Greisenland“, „Aufstand der Alten“, „Gerontokratie“, „Altersdiskriminierung“ und „Krieg der Generationen“. Dabei ist es gar keine Frage, dass es nicht um Umkehrung oder Vermeidung, sondern nur um die Gestaltung des Unausweichlichen gehen kann. Wie aber sind Perspektiven angesichts des demographischen Wandels zu entwerfen?

Das Alter und das Altwerden stellen eine der zentralen Herausforderungen an ein Menschenbild – auch an ein christliches Menschenbild – dar. In der theologischen Anthropologie ist das Alter zwar zunehmend, aber noch keinesfalls zureichend thematisiert.[2] In Fragen, in denen es um das zugrunde gelegte Menschenbild geht, kommt der Heiligen Schrift ein gewichtiges Wort zu, und an alttestamentlichen Beiträgen zum Alter herrscht kein Mangel.[3] Demgegenüber ist festzuhalten, dass die Stimme des Neuen Testaments in Bezug auf das Alter und das Altwerden leiser ist: Das NT reflektiert über das Alter nur sehr sporadisch.[4] Ob das Alter wirklich mit dem Evangelium an Gewicht verloren hat, wie Karl Lehmann in einer knappen Ansprache

[1] Der Vortrag wurde am 23.4.2007 in Berlin gehalten und für die Druckfassung nur geringfügig bearbeitet. Die Vortragsform wurde dabei weitgehend beibehalten und auf eine Diskussion der Literatur weitgehend verzichtet.

[2] Zu den Klassikern zählen *Guardini*, Lebensalter (1959) und *Rahner*, Grundverständnis (1983), 315–325. Aufgegriffen wird das Thema seit längerem auch in der Pastoraltheologie, vgl. etwa *Fürst*, Senioren (2003), zuletzt das Themenheft „Pastoral in einer alternden Gesellschaft und Kirche“ (2008).

[3] Für die vom Alten Testament ausgehenden Perspektiven vgl. vor allem: *Hossfeld*, Panther (1990), 1–11; *Ders.*, Glaube (2006), 267–276; *Fabry*, Generationenvertrag (2005), 14–29; *Kaiser*, Geschlechter (1992), 29–45; *Klopfenstein*, Stellung (1996), 261–273; *Schenker*, Altern (1987), 160–164; *Schottroff*, Alter (1992), 61–77; *Brenner*, Age (2002), 302–310.

[4] Vgl. z. B. *Blasberg-Kuhnke*, Augen (2006), 513–519; *Hainz*, Mensch (2006), 362–373; *Barclay*, Old (2007), 225–241.

zum Alter vermutet[5], oder ob nicht hier – wie in anderen anthropologischen Themen – ein theologisches Plus des AT aufscheint[6], mag dahingestellt bleiben. Jedenfalls bleibt man auf den ersten Teil der christlichen Heiligen Schrift verwiesen, wenn man nach Auskünften zur Bewertung des Alters sucht.

Insgesamt muss aber zugestanden werden, dass es trotz einer Fülle von Aussagen keine systematische Entfaltung der Lebensbedingungen des alternden Menschen gibt. So wird etwa, um nur einige Beispiele zu nennen, nichts über das Aussetzen der Wallfahrtsverpflichtung bei fehlender Mobilität im Alter gesagt, die Frage der Versorgung von Alleinstehenden in Altersarmut nicht angesprochen oder über die Frage einer Einschränkung der Selbstbestimmung im wirtschaftlichen Handeln sowie autoritätsgebundener Entscheidungen altersdementer Menschen kein Wort verloren. Doch die Vielfalt und das Gewicht der Aussagen sind in ihrer Gesamtheit doch überraschend und in der Substanz beeindruckend.

Da Alter eine zeitgebundene Kategorie ist, sollen einige Überlegungen zum Umgang mit der Zeit an den Anfang gestellt werden. Den Ausgangspunkt bildet der gewichtige Psalm 90. Anhand dieses Psalms werden in den ersten drei Abschnitten biblische Aussagen zur Zeitwahrnehmung, zur Vergänglichkeit und zum Lebensende entfaltet.

Werden und Vergehen als Grundstimmung der Zeit in Ps 90

Zeitreflexionen haben immer etwas Besonderes. Das gilt erst recht, wenn Sie das Menschsein und die Lebenszeit des Menschen betreffen. Mit Psalm 90 liegt eine der bedeutendsten biblischen Zeitreflexionen vor, aber zugleich auch eine der komplexesten. Als Hinführung der Überlegungen zum Alter sollen einige ausgewählte Aspekte herausgegriffen werden.[7]

> 1 [...] Mein Herr, du warst ein Unterschlupf für uns
> von Generation zu Generation.
> 2 Ehe (die) Berge geboren wurden
> und du Land und Erdkreis hervorbrachtest,
> bist du von Ewigkeit zu Ewigkeit Gott [El].

[5] *Lehmann*, Bürde (2004); vgl. *Langemeyer*, Sinndeutung (1995), 218.

[6] Vgl. dazu *Frevel*, Anthropologie (2006), 1–6; *Frevel/Wischmeyer*, Menschsein (2003), 121–125.

[7] Dabei greife ich zurück auf *Schnocks*, Vergänglichkeit (2002), 158–177; *Ders.*, Gegenwart (1999), 163–169; *Zenger*, Psalmen (2000), 603–615.

3 Du lässt den Menschen zu Staub zurückkehren
und hast gesprochen: Kehrt zurück, Adamskinder.
4 Denn tausend Jahre in deinen Augen
sind wie der Tag gestern, wenn er vorübergegangen ist,
und (wie) eine Wache in der Nacht.
5 Du überschwemmst sie mit Schlaf.
Sie sind am Morgen wie Gras, das nachwächst.
6 Am Morgen blüht es und wächst nach,
am Abend welkt es und vertrocknet.
7 Denn wir endeten in deinem Zorn,
und in deiner Hitze wurden wir erschreckt.
8 Du stelltest unsere Sünden vor dich hin,
unser Verborgenes in das Licht deines Gesichtes.
9 Denn alle unsere Tage wendeten sich durch dein Erzürnen,
wir vollenden unsere Jahre wie einen Seufzer.
10 Die Tage unserer Jahre für sich sind 70 Jahre
und wenn durch kraftvolle Taten 80 Jahre,
und ihr stolzes Treiben ist (nur) Mühe und Unheil.
Denn es ging eilends vorbei und wir verfliegen.[8]

Des Menschen Zeit wird in ein Verhältnis zur Gotteszeit gesetzt und so der Unterschied beider herausgestellt. Zugleich wird damit der Fokus auf die Vergänglichkeit und Gottesnähe des Beters als Mensch gelegt. Zeit wird in Bezug auf Gott als unabhängig vom Raum konstruiert. Gott umfasst und übersteigt den geschaffenen Kosmos und das menschliche zeitgebundene Erleben. Das bringt der Pleonasmus *m*^{e}*‘ôlām ‘ad ‘ôlām* in V. 2 zum Ausdruck, der traditionell mit „von Ewigkeit zu Ewigkeit“ übersetzt wird, aber vielleicht besser als von „Weltzeit zu Weltzeit“ wiederzugeben ist. Gottes Zeit ist vom Menschen nicht überschaubar und dem menschlichen Erleben nicht zugänglich. Das unterstreicht auch V. 4, wenn er eine Aussage über Gottes Perspektive wagt. Für Gott – so die weitgreifende Erkenntnis des Beters – ist selbst eine für Menschen unüberschaubare Strecke vergangener Zeit („tausend Jahre“) nur wie der bereits vergangene gestrige Tag. Das heißt, dass Gott, anders als üblich in den Konzepten der Antike, nicht einfach über eine unüberschaubar ausgedehnte Zeit verfügt, sondern er vom Vergehen der Zeit überhaupt nicht affiziert wird. Er steht außerhalb des Vergehens, *jenseits* der Zeit. Er ist den Zeitläuften nicht unterworfen und reicht über die Zeit als *derselbe* unveränderlich hinaus: Wie anders der Mensch und seine Zeit, die durch Unverfügbarkeit und Vergänglichkeit gekennzeichnet ist.

Zunächst greift die weisheitliche Reflexion die Metapher vom Staub auf: „Du lässt den Menschen zu Staub zurückkehren und hast

[8] Die Übersetzung ist vielfach angelehnt an *Schnocks*, Gegenwart (1999), 163–169 und *Zenger*, Psalmen (2000), 602f, weicht aber in einer Reihe von Punkten auch von beiden ab.

gesprochen: Kehrt zurück, Adamskinder".[9] Dadurch kommt im Kontrast zur ewigen Existenz der fest gefügten hohen Berge die Welt des Todes, des Zerfalls, der Niedrigkeit und der zusammenhanglosen Nichtigkeit *in den Blick.* Vielleicht kann man die starke Metapher sogar so deuten, dass durch sie die Vergänglichkeit nahe kommt und geradezu haptisch verbildlicht wird. Für Staub steht hier allerdings nicht das übliche Lexem *'āpār*, sondern *dakkā'*, was wörtlich *das Zerstoßene, in kleinste Bestandteile Zerfallene, Pulverisierte* meint und in dem aktiv gewendet das *Zermalmen, Zerstoßen* oder *Zertreten* zum Ausdruck kommt. So wird zum einen trotz der lexematischen Differenz entfernt das weisheitliche „Denn Staub bist du, und zum Staub wirst du zurückkehren!" aus Gen 3,19 assoziiert[10], das auch sonst mehrfach in weisheitlichen Texten als Bild der unausweichlichen Vergänglichkeit belegt ist (Ijob 7,21; 10,9; 34,15; Ps 30,10; 103,14; 104,29; Koh 3,20; 12,7 u. ö.), zum anderen wird ein starker Akzent auf den Zerfall und das Handeln Gottes gelegt (vgl. Ijob 4,19).

Damit kommt in Ps 90,3 besonders die Niedrigkeit des Menschen zum Ausdruck. Diese Tendenz wird durch die beiden parallelen Begriffe unterstrichen, die für den Menschen hier verwandt werden. Es ist die Rede von den *b^e^nê 'ādām*, was zwischen „Menschenkinder" und „*Kinder Adams*" oszilliert, auf jeden Fall aber als Gattungsbegriff *alle* Menschen umfasst. In der ersten Vershälfte ist aber nicht der übliche Gattungsbegriff für den Menschen, also nicht *'ādām*, der *Erdbraune*, gebraucht, sondern *'^æ^nôš*, ein Begriff, der vielfach dann benutzt wird, wenn die Niedrigkeit des Menschen zum Ausdruck kommen soll und deshalb in vielen Übersetzungen als Diminutiv „Menschlein" wiedergegeben wird. Eine Verniedlichung ist aber gerade nicht gemeint. Vielmehr wird dadurch noch weiter das Handlungspotential zugunsten Gottes verschoben. Sterblichkeit kommt dem Menschen von Gott her zu und ist der menschlichen Verfügung ganz entzogen. Geradezu ohnmächtig steht das „Menschlein" der unausweichlichen Vergänglichkeit und der Begrenzung seiner Lebens-

9 Das Problem der Deutung der Verbform ist hier pragmatisch angegangen. Zum einen hat J. Schnocks mit Verweis auf *Groß*, Verbform (1976), 153 noch einmal begründet aufgewiesen, dass ein perfektiver Aspekt (abgeschlossener Sachverhalt) zum Ausdruck kommt und deshalb *präterital* zu übersetzen wäre. Von der Aussage her scheint es jedoch um die vor der Zeit zugesprochene Sterblichkeit zu gehen, um die „sichere Begrenzung allen menschlichen Lebens durch den Tod" (*Schnocks*, Vergänglichkeit [2002], 62). Das aber mag das Präteritum im Deutschen nur schwer zum Ausdruck zu bringen. Aus diesem Grund wurden beide Verbformen in V. 3 unterschiedlich übersetzt.

10 Auch durch die doppelte Verwendung des *šûb* in V. 3 wird die Assoziation zu Gen 3,19 angeregt. Anders *Zenger*, Psalmen (2000), 610.

zeit gegenüber. Dem Werden der mächtigen Berge und der Geburt des dauerhaft bleibenden Erdkreises steht der Zerfall des Menschen entgegen. Kommen und Gehen sind in einen diametralen Kontrast gestellt. Gottes alle Begrenzung übersteigende Zeit wird die in atomisiertem Verfall begrenzte Lebenszeit des Menschen gegenübergestellt.

Die durch den bildlichen Kontrast evozierte Diminuierung menschlicher Lebenszeit wird durch das in V. 4 Folgende verdichtet, wenn die Zeiträume von tausend Jahren über einen Tag bis zu einer drei- bis vierstündigen Nachtwache zusammenschrumpfen. Wichtiger als die numerische Differenz ist das kategorische Auseinandertreten von Gotteszeit und Menschenzeit. Den Leser resp. die Leserin des Psalms ergreift ein Gefühl beklemmender Enge, ein Sog der reduzierten Zeitlichkeit. Dieser wird nun förmlich bildlich aufgegriffen, wenn Gott die Menschen zum Tod hin wie ein Sturzbach wegreißt. Es scheint, dass die Metaphern V. 4f geradezu kaskadierend weiterschreiten. Die durch die Nachtwache evozierte Nacht lässt den Schlaf assoziieren, dieser wiederum das Erwachen am Morgen. Der durch den Frühregen verursachte Sturzbach V. 5 tränkt trotz seines Zerstörungspotentials die Erde und lässt zartes Gras sprießen, mit dem der Vegetationszyklus assoziiert wird.

In dem „Überschwemmen mit Schlaf“ kommen die Unausweichlichkeit ebenso wie die Unberechenbarkeit und das Überraschende des Sterbens zum Ausdruck. Der Tod, „Schlafes Bruder“, macht keinen Unterschied, sondern reißt alles mit.[11] Wie sehr die Bilder des Psalms auf die unverfügbare Vergänglichkeit des Menschen abheben, zeigt das in V. 5–6 folgende Bild des nachwachsenden Grases, das sinnvoll an das Bild des Sturzbaches anschließt. Denn das ist die Paradoxie der zerstörenden Gewalt des Sturzregens: Es ist zugleich mit der lebensnotwendigen Bewässerung des Wadis, dem für das semiaride Palästina landestypischen Trockental, verbunden. Wie durch ein Wunder verwandelt sich das dürre Tal nach dem Sturzbach in ein zart grünendes Feld. Wo vorher nichts war, sprießt plötzlich zartes Grün. Schon hier lässt das poetische Geschick des Dichters das Verhältnis von Gericht und Erbarmen im Handeln Gottes einfließen. Darauf einzugehen, würde aber von der Zeitreflexion wegführen, die noch weitere Aufmerksamkeit verdient.

[11] Eine wirkliche Lösung scheint es für die beiden Vershälften in V. 5 sprachlich nicht zu geben, worauf Schnocks nachdrücklich hinweist: „Trotzdem bleibt das Problem, daß das Zusammenspiel der Bilder des Verses streng nach masoretischer Leseweise bisher nicht befriedigend erklärt werden konnte“ (*Schnocks*, Vergänglichkeit [2002], 73).

Des Menschen Tage sind wie Gras – Vergänglichkeit als anthropologische Konstante

Zweifach wird in Ps 90,5f der Lauf der Zeit metaphorisch periodisiert, zum einen durch den Vegetationszyklus, zum anderen durch Morgen und Abend. Wie in V. 2 erscheint die Zeit *gerafft*, denn der längere Prozess vom Sprießen bis zum Verwelken des Grases wird auf den Tageslauf zusammengedrängt. Mehrfach steht in Metaphern des AT das zart sprießende und rasch verwelkende Gras für die sichere Vergänglichkeit[12], besonders Ps 103,15f[13], wo durch den Vergleich ebenfalls auf den Lauf des menschlichen Lebens abgehoben wird:

> 15 Des Menschen Tage sind wie Gras,
> er blüht wie die Blume des Feldes.
> 16 Wenn der Wind über sie/ihn fährt,
> dann ist sie/er nicht mehr.
> Und ihr/sein Ort weiß von ihr/ihm nichts mehr.

Der hebräische Text ist offen im Bezug von V. 16 sowohl auf den Menschen (*'ænôš* wie in Ps 90,3) als auch auf das Gras oder die Blume. Die Vergänglichkeit erfasst sie alle. Verständlich wird das Bild nur, wenn Alltagserfahrungen und die klimatischen Besonderheiten des Landes vorausgesetzt werden. Es geht nicht um einen zerstörenden Sturmwind (Ps 107,25; Jes 32,2; Jer 25,32 u. ö.) oder einen erfrischend kühlen Abendwind (Gen 3,8), der meist von Westen weht, sondern um den heißen, sengenden Wüstenwind, der das in der winterlichen Regenzeit nachgewachsene Gras schnell welken lässt.

> Von gegenteiliger Wirkung sind die aus der Wüste herkommenden Ostwinde, die in der winterlichen Jahreshälfte neben den Westwinden stärker hervortreten und zeitweise im Herbst und im Frühling eine erschlaffende Hitze mit sich bringen. … Während im Winter der Ostwind kalt ist, bedeutet das Auftreten des Schirokko im Herbst und Frühjahr … unerträgliche Hitze, die auf die Lebewesen niederdrückend und erschöpfend wirkt. … Der Frühjahrsschirokko hat vor allem die augenfällige Wirkung, daß er nach dem Ablauf der Regenzeit die ‚Blumen des Feldes' mit einem Schlage verdorren und verschwinden läßt.[14]

Neben diesem landeskundlichen Hintergrund lebt der Vergleich von der Mehrdeutigkeit von hebr. *rû^{a}ḥ*, das den Wind als Naturphäno-

[12] Vgl. 2 Kön 19,26; Ijob 8,12; Ps 37,2; 58,8; 102,5.12; 129,6; Jes 37,27; 40,6–8; 42,15; 51,12; Sir 40,16.

[13] Zur Abgrenzung sowie zur formalen wie inhaltlichen Akzentsetzung des Abschnitts innerhalb von Ps 103 vgl. *Willis*, Analysis (1991), 531–532; *Metzger*, Lobpreis (1995), 123.129–130; *Zenger*, Nacht (1997), 418.422; *Wendland*, Aspects (2007), 113.117.

[14] *Noth*, Welt (1962), 29f.

men, als anthropologischen Begriff den „Geist“ oder „Atem“ bezeichnet und häufig für den Geist Gottes (Gen 1,2; Ez 8,3; 11,24; Koh 12,7 u. ö.) steht. Zudem ist auch der „Wind“ in alttestamentlicher Vorstellung nicht autark, sondern von Gott bewegt und gelenkt (Ps 107,25; 135,7; 147,18; Ijob 28,25; Koh 11,5; Nah 1,3 u. ö.). Das bedeutet, dass das in der Metapher angesprochene Vergehen des Menschen nicht unabhängig von Gottes Handeln ist (Ps 104,29f). Ein dritter Aspekt ist die restlose Vergänglichkeit, die in Ps 103,16 doppelt herausgestrichen wird. Das knappe *w^e'ênænnû* (wörtl. „er/es ist nicht mehr“) drückt das plötzliche Verschwinden aus (Gen 5,24; Ijob 3,21; 27,12; Ps 37,10; Jer 49,10). Dass sein „Ort“ nichts mehr von ihm weiß, ist wiederum doppeldeutig: Von dem nach dem Schirokko verdorrten Gras bleibt nach kurzer Zeit keine Spur mehr. Zugleich kann sich „sein Ort“ auf den Menschen beziehen und das meinen, was man vielleicht am ehesten mit *Präsenz in der Gegenwart* bezeichnen könnte (Ijob 20,9; Ps 37,10). Das Einzige, was in alttestamentlicher Vorstellung von dem Verstorbenen bleibt, ist die Erinnerung an ihn. Wenn „sein Ort“ nichts mehr von ihm weiß, ist auch diese getilgt und das Vergehen so umfassend, dass es jede Dimension des Daseins umfasst.

Auf den Abend folgt die Nacht – Lebensabend und Lebensende

Durch den Blick auf das Bild des verwelkenden Grases in Ps 103,15f ist das Bild als Vergänglichkeitsmetapher deutlich geworden. In Ps 90 wird darüber noch hinausgegangen, insofern die Spanne des Lebens in die Zeitreflexion eingebunden wird. Fraglos stellt sich in Ps 90,5f durch den Morgen und den Abend die Assoziation zu den Lebensphasen des Menschen und ihrer subjektiven Wahrnehmung ein. Der blühenden Kindheit und Jugend, die mit lebendiger Frische und Wachstum assoziiert wird, wird sprunghaft – unter Auslassung der mittleren Lebensphase des Erwachsenenalters – das welke Alter gegenübergestellt. Die trockene, grindige, geschrumpfte und mit Altersflecken gedunkelte Haut des alternden Menschen wird als Zeichen seiner Vergänglichkeit begriffen und im Bild des Welkens als gleitender Übergang zum Tod charakterisiert. Der Tod folgt auf den Abend so sicher wie das Dunkel der Nacht auf das Licht des Tages. Durch die beiden Grenzzeiten Morgen und Abend wird die dazwischen sich ausdehnende Zeitspanne gerafft. Das Leben des Menschen wird als zu kurz begriffen, auch wenn es, wie Ps 90,10 ausdrückt, von Gott gewährt bis zu 80 Jahren dauern kann. Doch die subjektive

Wahrnehmung der zu kurzen Lebenszeit reflektiert Ps 90,10 in der unmittelbaren Fortsetzung:

> Ihr [scil. Tage der Jahre] stolzes Treiben ist nur Mühe und Unheil.
> Denn es ging eilends vorbei und wir verfliegen.

Reflexionen über die Beschleunigung der Lebenszeit sind nicht erst ein Produkt des Computerzeitalters. In unübertroffener Dichte reflektiert dies auch Ijob 14,2:

> Der Mensch, von der Frau geboren, knapp an Tagen,
> gesättigt mit Unruhe,
> er geht wie die Blume auf und welkt, flieht wie ein Schatten
> und bleibt nicht bestehen.

Mit „knapp an Tagen" ist die subjektive wie objektive Einschätzung der begrenzten Lebenszeit angesprochen. Das realistische „gesättigt mit Unruhe" spiegelt aus heutiger Perspektive die Erfahrung des modernen Menschen, der sich in einen Sog beschleunigter Lebenszeit hineingezogen fühlt. Der Mensch begreift die Spanne seines Lebens als zu kurz, die Summe der nicht verwirklichten Möglichkeiten übersteigt die Momente gelungenen Lebens mit fortschreitender Dauer immer mehr. Getrieben von der Suche nach Sinn und der Sorge um sein Dasein scheint sich in der Wahrnehmung des Menschen sein Leben immer stärker zu beschleunigen. Das Verhältnis der Möglichkeiten zu den ausgelassenen Chancen kehrt sich mit zunehmendem Alter um. Die Begrenzung des Lebens schiebt sich in den Vordergrund und mit ihr die Erkenntnis, dass die begrenzte Lebenszeit nicht ausreicht, um zu einem umfassend gelungenen Leben in Vollendung zu gelangen. Lebenszeit als gefühlte Zeit verrinnt immer schneller – nur an den Rändern des Lebens gerät sie ins Stocken. So wie Kinder das Älterwerden nicht erwarten können, so erwarten lebenssatte Menschen den Tod, der nicht kommt. In der Gerontologie wird häufig darauf aufmerksam gemacht, dass Altern geradezu in Sprüngen verläuft und das Erwachsenenalter mit einem Mal vorbei zu sein scheint.

Die Lebensphasen des Menschen im Alten Testament

Ps 90,5f, Ps 103,15f und Ijob 14,2 zeigen beispielhaft, dass die Kontingenzerfahrung schon im Alten Testament erst dann zum Problem für den Menschen wird, wenn sie zu der subjektiv wahrgenommenen individuellen Lebenszeit in Beziehung gesetzt wird. Mit dem Bild der verwelkenden Blume wird wie mit dem Bild des verdorrenden Grases am Abend die Unausweichlichkeit und zugleich Unverfügbarkeit des

Todes betont. So wie das Gras nicht darüber entscheiden kann, wann es verdorrt, so kann der Mensch nicht über den Zeitpunkt seines Todes entscheiden. Dass dieser in der subjektiven Wahrnehmung zu früh kommt, wird durch das Überspringen der mittleren Phase des Lebens insinuiert. Überhaupt fällt auf, dass im Alten Testament weit mehr über die Ränder des Lebens in Geburt, Kindheit und Jugend, Alter und Tod als über das Erwachsenenalter, die Phase der Erwerbstätigkeit und Reproduktion, nachgedacht wird.[15]

In Bezug auf die Lebensphasen scheint es einige Verschiebungen zwischen Vormoderne und 21. Jahrhundert zu geben, weshalb es sinnvoll ist, der Aufteilung des menschlichen Lebens im AT kurz Aufmerksamkeit zu schenken.[16] Die Volljährigkeit ist im Alten Testament erst mit zwanzig Jahren erreicht. Das lässt sich beispielsweise daran ersehen, dass erst ab dem zwanzigsten Lebensjahr die Abgabe für das Heiligtum entrichtet werden muss (Ex 30,14; 38,26) und die Wehrfähigkeit im Kriegsfall beginnt (Num 1,3; 26,2; 1 Chr 27,23). Als das von Gott verheißene Land in der Kundschaftererzählung in Num 13f aufgrund der Verleumdung, es würde seine Bewohner fressen, von Israel abgelehnt wird, haben alle ab dem zwanzigsten Lebensjahr die Verantwortung für diesen Affront gegenüber Gottes Heilswillen zu tragen (Num 14,29; 32,11). Der siebzehnjährige Josef gilt in Gen 37,2 ebenso „jung" wie König Joschija mit sechzehn (2 Chr 34,1.3, vgl. 2 Kön 22f, wo Joschija zwanzig ist). Nicht sicher zu klären, aber doch zu vermuten ist, dass die Grenze von zwanzig Jahren auch die Grenze zum eigenen Hausstand für die Nicht-Erstgeborenen markiert. Bis dahin bleiben zumindest in der von Subsistenzwirtschaft geprägten bäuerlich-ländlichen Gesellschaft die Söhne im Hausstand des Vaters. Hier ist auf einen Unterschied zwischen den Geschlechtern hinzuweisen: Töchter haben das Elternhaus viel früher, in der Regel vor ihrer vollen Reproduktionsfähigkeit etwa zwischen dem 14. und 16. Lebensjahr mit der Heirat eines älteren Partners verlassen. Leider fehlen genaue Angaben über die Differenz des Heiratsalters und des damit verbundenen gesellschaftlich normierten Altersunterschieds zwischen Mann und Frau, der sich auch im Alter ausgewirkt haben wird.

Wann aber beginnt das Alter im Alten Testament? Ein festes Datum gibt es in der Bibel ebenso wenig wie heute. Anhaltspunkte sind das Erwerbsalter und die durchschnittliche Lebenserwartung, doch ist beides in der biblischen Lebenswelt nicht eindeutig. Dass Kinder und

15 Vgl. *Frevel*, Art. Alter/Jugend (2006), 81–83.

16 Vgl. dazu jetzt auch mit leicht anderer Akzentsetzung: *Pola*, Auffassung (2008), 392–403; ferner *Weinfeld*, Phases (1992), 182–189; *van Driel*, Care (1998), 161–197.

Jugendliche bereits in den Arbeitsprozess auf dem Feld, im Hüten der Tiere, in der Wasser- und Brennstoffversorgung, in der Zubereitung der Nahrung usw. integriert wurden und damit ihre Arbeitskraft früh in das ökonomische Potential der Kleinfamilie eingegliedert wurde, ist in einer über weite Strecken subsistenzwirtschaftlichen bäuerlichen Organisation erwartbar. Im durchweg männlich dominierten Handwerk (Bauhandwerk, Holzhandwerk, Töpfer, Bäcker, Siegelschneider, Textilhandwerk, Gerberei u. a. m.) und in anderen Erwerbstätigkeiten (Handel, Fischerei, Tempelwirtschaft usw.) scheint das – abgesehen von in durch Schuldknechtschaft gezwungener Arbeit von Kindern – anders gewesen zu sein. Bis zu welchem Alter Erwachsene im Arbeitsprozess voll integriert waren, ist nicht eindeutig zu erheben. Man wird im bäuerlichen Bereich mit einem gleitenden Austritt aus dem täglichen Arbeitsprozess rechnen können. Sofern die Einbindung in die Familie einen ökonomischen Rückhalt bot, konnte ein Erwachsener aus der Erwerbsarbeit ausscheiden. Bei Kinderlosigkeit war das aufgrund der drohenden Altersarmut nicht möglich, worauf noch zurückzukommen ist. Klgl 5,14 gibt einen Hinweis auf die Gestaltung des arbeitsfreien Lebensabends am Tor. Dort wird beklagt, dass die Alten fern vom Tor blieben und sich so aus dem gesellschaftlichen Leben zurückziehen. Das Stadttor ist der Ort, an dem es in den antiken Städten Öffentlichkeit gab, die öffentliche Mitte, in der der Handel stattfand, Nachrichten ausgetauscht wurden, Gerüchte verbreitet, geklatscht und gelacht – also schlicht öffentlich gelebt – wurde.[17] Dort tagt unter Beteiligung der Ältesten in vor- und frühstaatlicher Zeit das Torgericht. Den Alten oder sog. Ältesten werden insbesondere die interfamiliäre und intergentile Konfliktregelung und die zivile Gerichtsbarkeit übertragen, da besonders ihre Erfahrung und Weisheit geschätzt wurde. Die Wertschätzung der Erfahrungen älterer Mitbürger ist ein Kennzeichen der sozialen Welt des Alten Testaments, das sich durchgehend zeigt, auch nachdem das Ältestengericht durch eine institutionalisierte Gerichtsbarkeit ersetzt wurde.[18] Ijob hat als weiser und kinderreicher Mann am Tor seinen Sitzplatz, wo er selbst von der Gruppe der Alten durch Aufstehen geehrt wird (Ijob 29,8). Auch der altersschwache Eli sitzt – vermutlich im Schatten – am Tor auf seinem Stuhl auf dem gepflasterten Platz neben dem Tordurchgang (1 Sam 4,18).

Nimmt man diese Hinweise zusammen, dann gab es zumindest einen Teil der Alten, der nicht mehr voll erwerbstätig war. Darauf deuten auch die Bestimmungen über die Lebensarbeitszeit der Leviten am Offenbarungszelt. Ihre Dienstzeit soll vom dreißigsten bis zum

[17] Vgl. dazu *Frevel*, Rut (1992), 125–127.
[18] Vgl. zur Gerichtsorganisation den Überblick bei *Niehr*, Rechtsprechung (1987).

fünfzigsten Lebensjahr reichen (Num 4; 8,25). Geht man von einer Volljährigkeit mit zwanzig Jahren und einer Erreichung einer Altersgrenze mit sechzig Jahren aus, wird an den Rändern des Erwachsenenalters im sensiblen Bereich des Kultes je zehn Jahre abgerechnet.[19] Jedenfalls scheiden die über Fünfzigjährigen gleitend aus dem aktiven Dienst aus, denn sie dürfen nach Erreichen der Altersgrenze noch Hilfstätigkeiten verrichten. Dass die Schwelle von sechzig Jahren als ein Übergang aufgefasst wurde, zeigen auch die Tarifbestimmungen für die Auslösung von Gelübden in Lev 27[20] (EÜ):

[1] Der Herr sprach zu Mose: [2] Rede zu den Israeliten, und sag zu ihnen: Will jemand ein Gelübde für den Herrn einlösen, das er nach dem üblichen Wert einer Person abgelegt hat, [3] so gilt für einen Mann zwischen zwanzig und sechzig Jahren ein Schätzwert von fünfzig Silberschekel, nach dem Schekelgewicht des Heiligtums, [4] für eine Frau ein Schätzwert von dreißig Schekel, [5] für einen Jugendlichen zwischen fünf und zwanzig Jahren, wenn es ein Junge ist, ein Schätzwert von zwanzig Schekel, wenn es ein Mädchen ist, ein Schätzwert von zehn Schekel, [6] für einen Knaben zwischen einem Monat und fünf Jahren ein Schätzwert von fünf und für ein Mädchen ein Schätzwert von drei Silberschekel, [7] für einen Mann von sechzig und mehr Jahren ein Schätzwert von fünfzehn und für eine Frau ein Schätzwert von zehn Schekel.

Auf die differenzierte Wertung der Geschlechter wäre sicher genauer einzugehen, doch soll es hier lediglich um die genderspezifische Wertung der Lebensphasen gehen. Dazu schreibt E. Gerstenberger in seinem Levitikuskommentar:

Es kann sich nur um eine verstädterte Sozietät handeln, in der die Aufgaben zwischen männlichen und weiblichen Angehörigen nicht mehr gleichgewichtig verteilt werden können. Darum ist die Frau auf der sozialen Stufenleiter heruntergesetzt. Der Mann wird der ökonomisch und rechtlich Höhergestellte. Vielsagend ist auch die Bewertung der Altersstufen. Zwischen 20 und 60 Jahren sind die Menschen in ihrer leistungsfähigsten Phase und voll anerkannt. Die Jugendzeit erstreckt sich von 5 bis 20 Lebensjahren; sie ist eine Periode der Einübung in die sozialen und wirtschaftlichen Pflichten. Der junge Mann erreicht einen höheren Wert als nach Vollendung des 60. Jahres, das Mädchen ist ebenso viel wert wie die Greisin. ... Das Kriterium der Preistabelle ist folglich nicht die sonst übliche Wertschätzung der Altersstufen. Es ist aber wohl auch nicht die reine Arbeitskraft der im Gelübde geweihten Person; jährliche Silberzahlungen in der festgesetzten Höhe wären für den Normalbürger kaum erschwinglich gewesen. Vielmehr handelt es sich wohl um Tarife, wie sie bei Sklavenverkäufen üblich waren.[21]

19 Möglicherweise deutet die schwere Arbeit am Offenbarungszelt auch auf die Begrenzung der Lebensarbeitszeit, denn das Diensteintrittsalter der Leviten wird unterschiedlich bestimmt. In 1 Chr 23,24.27; 2 Chr 31,17; Esr 3,8 (20 Jahre) und in Num 8,24 (25 Jahre).

20 Vgl. dazu zuletzt *Pola*, Auffassung (2008), 405–408; zur Erklärung der Differenzen in den Tarifen bes. 407.

21 *Gerstenberger*, Mose (1993), 402.

In der Phaseneinteilung spielt jedenfalls die Wertung des Alters im Verbund mit der Leistungsfähigkeit eine entscheidende Rolle, und es scheint eine Erwerbsfähigkeitsgrenze im Hintergrund zu stehen, die bei sechzig Jahren verläuft.[22] Ein Anspruch auf einen arbeitsfreien Lebensabend oder eine gesicherte Altersrente, die einen solchen erst ermöglicht, gab es allerdings nicht. Das lässt nach der Korrelation von Lebensarbeitszeit und Lebenserwartung überhaupt fragen.

Zur Lebenserwartung alttestamentlicher Menschen

Anthropologische Untersuchungen über das durchschnittliche Sterbealter im ersten Jahrtausend v. Chr. liegen für Palästina nur vereinzelt vor. In der Forschung gibt es aber sehr unterschiedliche Angaben zum durchschnittlichen Lebensalter.[23] Die Spanne reicht von 25 bis weit über 60 Jahre, je nachdem, welcher Maßstab angelegt wird. Natürlich wird man nicht einfach von den biblischen Angaben zu den Lebensaltern der Bibel als statistischem Mittel ausgehen können. König David erreicht nach vierzig Regierungsjahren das hohe Alter von siebzig Jahren (2 Sam 5,4; 1 Kön 2,11; 1 Chr 29,27), was den Verdacht nährt, hier werde eine Idealbiographie vorgestellt (vgl. Jes 23,15; Ps 90,10). Mose erreicht sogar ohne erkennbare Altersschwächen das Alter von 120 Jahren (Dtn 34,7) und entspricht damit der im Rahmen der Engelehen von Gott festgesetzten größtmöglichen Spanne menschlichen Lebens (Gen 6,3). Ijob stirbt in unvorstellbarem Alter von 140 Jahren (Ijob 42,16f), womit er sogar Gottes eigene Vorgaben durchkreuzt. Frank-Lothar Hossfeld spricht hier zu Recht von dem Faktum der „idealen Empirie"[24], denn es gibt in biblischer Vorstellung einen Zusammenhang von gerechtem Leben und gewährtem Lebensalter. Unter der Voraussetzung einer konnektiven Gerechtigkeit (Tun-Ergehen-Zusammenhang) ist die maximal ausgedehnte Lebenszeit Ausdruck eines gerechten Lebenswandels. Ijob erreicht in der Vollkommenheit seiner alle menschliche Vorstellungskraft übersteigenden Gerechtigkeit (Ijob 1,1; 42,7f.12) dann folgerichtig ein noch höheres Lebensalter als Mose, dem trotz seiner Demut, die die

[22] Vgl. *Jungbauer*, Vater (2002), 82. Auch im antiken Griechenland waren die Gérontes, die Mitglieder der Gerusia, mindestens 60 Jahre alt. Vgl. ferner CD 10.4–10 und die rabbinische Auffassung in mAv 5,21.

[23] Vgl. *Wiesehöfer*, Lebenserwartung (1999), 1213–1215 und die Angaben bei *Pola*, Auffassung (2008), 403; *McDowell*, Aspects (1998), 199–200 (20–25 bzw. 35–37 Jahre); *Wolff*, Anthropologie (2002), 178 (≤ 40 Jahre); *Nunn*, Alltag (2006), 105–106 (30–40 Jahre); *Schottroff*, Alter (1992), 67–68 (30–35, max. 60 Jahre) und den oft zitierten „Klassiker" *Kenyon*, Archäologie (1976), 187 (30–35 Jahre).

[24] *Hossfeld*, Glaube (2006), 270.

Demut aller Menschen übersteigt (Num 12,3), zumindest *ein* Vergehen von Gott angelastet wird (Num 20,13.24 u. ö.).

Auch am idealen Alter der Erzeltern wird man sich nicht orientieren dürfen. Sara erreicht das unvorstellbare Alter von 127 Jahren (Gen 23,1) und Abraham stirbt mit satten 175 Jahren (Gen 25,7). Isaak sind selbst 180 Jahre beschieden (Gen 35,28), Jakob 147 Jahre (Gen 47,28) und Josef noch 110 Jahre (Gen 50,26). Hier dienen offensichtlich Altersangaben als Periodisierung und Tendenzangabe, nicht als historische Lebensalter. Noch unglaubwürdiger und in ihrer Bedeutung ungeklärt[25] sind die Angaben zu den Protagonisten der Urgeschichte deren Alter in Gen 5 durchweg zwischen 365 bei Henoch und 969 Jahren bei dem sprichwörtlichen Metusalem liegt.

Realistischer sind die Erzählungen von besonders alten Menschen im Alten Testament, sei es der alte Barsilai, der gegenüber David von sich sagt, er habe mit seinen hoch betagten achtzig Jahren seine sittliche Urteilsfähigkeit eingebüßt, aufgrund des nur noch faden Geschmacks kein Gefallen mehr an gutem Essen und sei altersschwerhörig (2 Sam 19,36). Von einem Neunzigjährigen erwartet niemand mehr, dass er sich auf Neues einstellt und seine Gebräuche ändert, was Eleasar unter dem Druck, Schweinefleisch essen zu müssen, selbst zum Ausdruck bringt, indem er lieber in den Tod geht, als das *geliebte Leben* so radikal zu ändern: „Wer so alt ist wie ich, soll sich nicht verstellen“ (2 Makk 6,24). Der Oberpriester Eli fällt mit 98 Jahren als alter und gebrechlicher Mann rücklings vom Stuhl und bricht sich das Genick, als ihm die Schreckensnachricht vom Verlust der Söhne und der Lade überbracht wird (1 Sam 4,18). Wie heute galt auch im Alten Orient das Erreichen einer Lebenszeit von hundert Jahren als sehr seltene Ausnahme und als Maximalalter (Sir 18,9). Jes 65 fasst das in die Ankündigung eines neuen Himmels und einer neuen Erde für die Endzeit, wo die bis zum vierten Lebensjahr besonders hohe Kindersterblichkeit und der vorzeitige Tod durch Krankheit der Maximalausdehnung menschlichen Lebens und der ungetrübten Lebensfreude nicht mehr entgegenstehen (Jes 65,18–20, Revidierte Elberfelder Übersetzung):

[25] Die Deutungsmöglichkeiten sind vielfältig: *Baumgart*, Umkehr (1999), 120 sieht bspw. die Eingrenzung wie die Verkürzung der Lebensdauer der Menschheit im Sinne eines „Abstiegs vom Besseren“ thematisiert vor dem Hintergrund einer vor- und nachflutlichen Kontrastfolie; ähnlich *Werlitz*, Geheimnis (2003), 112–119, der darüber hinaus auf das Ineinander-Übergehen von der Ur- zur Vätergeschichte abhebt. *Heinzerling*, Einweihung (1998), 581–589 sieht einen Zusammenhang zwischen Lebensalter und Textlänge des Abschnitts, der über das Leben des jeweiligen Patriarchen erzählt; *Young*, Application (1988), 331–361 glaubt den Einfluss babylonischer Mathematik erkennen zu können.

[18] Vielmehr freut euch und frohlockt allezeit über das, was ich schaffe! Denn siehe, ich schaffe Jerusalem zum Frohlocken und sein Volk zur Freude. [19] Und ich werde über Jerusalem frohlocken und über mein Volk mich freuen. Und die Stimme des Weinens und die Stimme des Wehgeschreis wird darin nicht mehr gehört werden. [20] Und es wird dort keinen Säugling mehr geben, *der nur wenige* Tage *alt wird*, und keinen Greis, der seine Tage nicht erfüllte. Denn der Jüngste wird im Alter von hundert Jahren sterben, und wer das Alter von hundert Jahren nicht erreicht, wird als verflucht gelten.

Mit dem ausgesprochen seltenen Idealalter und den exemplarisch alten Personen ist man schon näher an dem, was statistisch gesehen als *maximale* Lebenserwartung eines altorientalischen Menschen gelten kann. Um noch einmal zu Ps 90 zurückzukehren, wird dort sehr realistisch auf das Lebensalter des Menschen reflektiert: „Die Tage unserer Jahre für sich sind 70 Jahre und wenn durch (Gottes) kraftvolle Taten 80 Jahre“. Während aber heute ein solches Lebensalter als *normal* und statistisch erwartbar gilt (s. u.), blieb es im ersten Jahrtausend v. Chr. und bis in das beginnende 20. Jh. n. Chr. die Ausnahme. Die *durchschnittliche* Lebenserwartung betrug lediglich die Hälfte davon.

Beliebt ist die statistische Berechnung des durchschnittlichen Lebensalters anhand der Daten der regierenden Könige, weil man hier anscheinend verlässliche Daten zur Verfügung hat. Aber abgesehen von den eigenen Problemen der Synchronismen ist das Alter der königlichen Familie aufgrund der Lebensumstände natürlich nur sehr bedingt mit der einer Bauernfamilie gleichzusetzen. Stellt man dennoch die unsichere Berechnung, kommt man – nach Abzug der idealisierten Lebensdaten Davids und Salomos – auf etwa 50 Jahre.[26] „Setzt man bei der Mehrheit der Normalbevölkerung eine gegenüber dem Standard der Königsfamilie wesentlich schlechtere Lebensqualität voraus, wird man bei denjenigen Individuen, die die gefährdete Phase der Kindersterblichkeit überstanden haben, mit einer Lebenserwartung von kaum mehr als 40 Jahren rechnen müssen. Wenn in Nekropolen Altersbestimmungen durchgeführt wurden, kommt man hingegen auf eine durchschnittliche Lebenserwartung von 30–40 Jahren, wobei Frauen durchschnittlich früher starben als Männer“.[27]

Stellt man dem die recht aktuellen Zahlen der Sterbetafel der Bundesrepublik gegenüber, wonach Männer knapp 76 und Frauen 81

[26] *Pola*, Auffassung (2008), 404, der sich auf *L. Köhler* und *H. W. Wolff* stützt. Die Angaben zu den Lebensaltern der Könige müssen allerdings mit Vorsicht in statistische Berechnungen überführt werden. Besonders aussagekräftig sind sie nicht, weil ihre Verlässlichkeit in Frage steht.

[27] *Pola*, Auffassung (2008), 404. Vgl. *Thiel*, Entwicklung (1985), 40; *Hossfeld*, Panther (1990), 2; B. *Arensburg*, Pathology (1998) 33*–42*.

Jahre *durchschnittliche* Lebenserwartung beschieden ist[28], lässt das geringe Lebensalter natürlich auf den ersten Blick erschrecken. Doch muss man diese Angaben mit der hohen Mortalitätsrate bei akuten Krankheiten in Verbindung bringen. Diese ist in keiner Weise mit den unter dem Schlagwort *Volksgesundheit* geführten rezenten Dekaden zu vergleichen, die wir unweigerlich als Vergleich assoziieren. Selbst Entzündungen, Vergiftungen, Virusinfektionen oder Verletzungen, die heute harmlos sind, waren in ihrem Krankheitsverlauf unberechenbar und führten häufig zu letalen Komplikationen. In Abständen rafften Epidemien, Hungersnöte und Naturkatastrophen immer wieder eine Vielzahl von Menschen auf einen Schlag hinweg. Die Säuglings- und Kindersterblichkeit war um ein vielfaches höher als heute und die tödlichen Komplikationen einer Schwangerschaft, sowie unter und nach der Geburt von Kindern hat einer Vielzahl von Frauen das Leben gekostet. Darin ist auch der Grund zu sehen, warum die durchschnittliche Lebenserwartung von Frauen – ganz anders als heute – geringer war als die der Männer. Gegenüber den Todesfällen aufgrund akuter Krankheiten hatten chronische Krankheiten einen verschwindend geringen Anteil an der Mortalität. Bezieht man diese Beobachtungen mit ein, treten das durchschnittliche Sterbealter und die menschliche Lebenserwartung deutlich auseinander. Alt und lebenssatt zu sterben, war für den alttestamentlichen Menschen nicht erwartbar, sondern außergewöhnlich und wie bei Abraham eine besondere Auszeichnung (Gen 15,15; 25,8; Ri 8,32; 1 Chr 29,28; 2 Chr 24,15; Ijob 42,17; Jdt 16,23; Lk 1,18 u. ö.).

28 Pressemitteilung des Statistischen Bundesamts (vom 15. Februar 2006): http://www.destatis.de/presse/deutsch/pm2006/p0610022.htm (letzter Zugriff: 14.4. 2007). Dort wird für den bundesweiten Berechnungszeitraum 2000/2004 im Schnitt 75,89 Jahre für Jungen und 81,55 Jahren bei Mädchen bei Geburt angegeben. Inzwischen ist die Lebenserwartung im Schnitt für neugeborene Jungen auf 76,6 Jahre und für neugeborene Mädchen auf 82,1 Jahre gestiegen: Pressemitteilung Nr. 336 (vom 27. August 2007): http:// www.destatis.de/jetspeed/portal/cms/Sites/destatis/Internet/ DE/Presse/pm/2007/08/PD07_336_12621.psml (letzter Zugriff: 17.8.2008). Vgl. ferner die Auswertung in: *Gruppe*, Anthropologie (2005), 238–270.

„Graues Haar ist eine prächtige Krone“ (Spr 16,31)

Ein sprachlich eindeutiger Hinweis auf die Wertschätzung des Alters ist der Begriff, den das Alte Testament für ein hohes Alter mehrfach benutzt. Wie das seit dem 12. Jh. belegte deutsche Greis[29] ist auch die Bezeichnung *śêb/śêbāh* zugleich eine Bezeichnung des grauen Haares wie des hohen Alters. In der ängstlichen Suche nach dem ersten sichtbaren grauen Haar als Zeichen des Altersprozesses oder in der Rede von den „Grauen Panthern“ oder der „Grauen Revolution“ hat sich dies zwar noch erhalten, doch ist eine Grauhaarige oder ein Grauhaariger heute noch lange nicht notwendig alt. Greis ist umgangssprachlich vielmehr jemand, der (und viel seltener *die*) auf die Spanne der erwartbaren Lebensausdehnung bereits zurückschaut. Ganz anders in der Bibel, wo graues Haar als Zeichen des Alters nahezu durchgehend positiv gewertet wird und oft für ein erfülltes Leben steht.[30] Selbst in der Gegenüberstellung von Alter und Jugend wird das graue Haar nicht zum Negativum wie Spr 20,29 zeigt: „Der Ruhm der Jungen ist ihre Kraft, die Zier der Alten ihr graues Haar“. Besonders deutlich ist die positiv besetzte Synonymität von Alter und Grauhaarigkeit in Spr 16,31:

> Graues Haar ist eine prächtige Krone,
> auf dem Weg der Gerechtigkeit findet man sie.

Durch die Krone wird zugleich zum Ausdruck gebracht, dass hohes Alter nicht selbstverständlich ist, sondern als Auszeichnung von Gott verliehen wird und Folge eines gerechten Lebens ist.

Diese Differenz in der Verwendung der sprachlichen Bezeichnung für das Alter zwischen dem heutigen Gebrauch und der Welt des Alten Testaments weist noch einmal auf die verschobenen Lebensspannen und die Wertung des Alters hin, auf die noch zu sprechen zu kommen ist. Das Alter beginnt für den alttestamentlichen Menschen nicht viel früher, aber die Lebensphase des Alters wird seltener erreicht und im Schnitt deutlich weniger lang. Nun verschließt die Bibel trotz aller positiven Wertung und Hochschätzung des Alters nicht die Augen vor den Minderungen und Veränderungen, auf die realistisch und ungeschönt geschaut wird. Dazu zählen vor allem körperliche Gebrechlichkeit (1 Sam 4,18; 1 Kön 15,23; Koh 12,1.3; Sach

[29] *Kluge*, Etymologisches Wörterbuch (2002), 372.

[30] Gen 15,15; 25,8; 42,38; 44,29; Lev 19,32; Dtn 32,25; Ri 8,32; Rut 4,15; 1 Sam 12,2; 1 Kön 2,6; 1 Chr 29,28; Ijob 41,24 Ps 71,18; Ps 92,15; Spr 16,31; 20,29; Jes 46,4; Dan 7,9; Hos 7,9; Weish 2,10. Das heißt nicht, dass volles dunkles Haar negativ gewertet würde, sondern diese gelten als Zeichen kraftvoller Jugend (Koh 11,10; Hld 4,1; 6,5).

8,4), Kraftlosigkeit (Ps 71,9.18), Altersblindheit (Gen 27,21; 48,10; 1 Sam 3,2; 1 Kön 14,4; Koh 12,3), Zeugungsschwäche (1 Kön 1,1f.4; 2 Kön 4,14; Koh 12,5) bzw. Menopause und Gebärunfähigkeit (Gen 18,11f; Lk 1,7), Schwerhörigkeit (2 Sam 19,36; Koh 12,4), Zahnlosigkeit (Koh 12,4), mangelnder Geschmackssinn (2 Sam 19,36) Kurzatmigkeit (Koh 12,5).[31] Auch dass die geistigen Kräfte schwinden, wird in 2 Sam 19,36 und Sir 3,13 als Altersminderung bezeichnet. Und Koh 12,1 macht auf die abnehmende Lebensfreude aufmerksam, wenn die Beschwerden im Alter überhand nehmen. Es sind Tage der zunehmenden Krankheit, von denen man sagt „Ich mag sie nicht!". Die Sorge um die soziale Vereinsamung und die am Ende des Lebens eintretende Krankheit, die als Gottesferne interpretiert wird, greift auch der Beter von Ps 71,9 auf:

> Verwirf mich nicht, wenn ich alt bin,
> verlass mich nicht, wenn meine Kräfte schwinden.

Wenn die Müllerinnen die Arbeit einstellen – Der alternde Mensch im Schlussgedicht Kohelets

Die Veränderungen im Alter werden in keinem anderen Text poetischer und verdichteter zur Sprache gebracht als im Gedicht in Koh 11,9–12,8, das am Schluss des Buches mit Blick auf das Alter das „*carpe diem*"-Motiv empfiehlt.[32] Koh 11,7f fasst den Rat des Gedichts, das als „Ziel und Höhepunkt des ganzen Buches"[33] verstanden werden kann, im Voraus präzise zusammen:

> Selbst wenn ein Mensch viele Jahre lebt,
> freue er sich in allen (diesen Jahren).
> Er denke aber auch an die Tage der Dunkelheit,
> denn auch sie werden zahlreich sein.
> Alles, was kommt, ist Windhauch.[34]

Zum Genießen der von Gott gewährten Momente des Glücks ist es nie zu früh, und man darf die Gelegenheiten nicht verstreichen lassen. Das Alter mit seinen *dunklen Tagen* soll nicht ausgeblendet, aber auch nicht freudloser gemacht werden als die Zeit der Jugend. Gelingendes Leben erweist sich im *gelebten Leben* und nicht in der ausgelassenen Chance, denn nachträglich ist kein Glück zu genießen. So richtet sich das Gedicht zwar an den jungen Mann in seiner Jugend

31 Für die altorientalischen Parallelen vgl. *Schubert*, Altersbeschwerden (1990), 289–298.
32 Vgl. zur Auslegung *Schwienhorst-Schönberger*, Kohelet (2004), 520–541; *Lohfink*, Kohelet (1980), 81–85; *Ders.*, Jüngling (1995), 158–189.
33 *Schwienhorst-Schönberger*, Buch (2004), 542.
34 Übersetzung nach *Schwienhorst-Schönberger*, Kohelet (2004), 516.

und will ihn rechtzeitig auf die immer schneller verrinnende Lebenszeit und die Nutzlosigkeit ausgelassener Chancen hinweisen, doch macht die vorauslaufende Interpretation in Koh 11,7f deutlich, dass jeder Mensch zur Lebensfreude bis ins Alter aufgerufen ist (EÜ)[35]:

> 11,[9] Freu dich, junger Mann, in deiner Jugend,
> sei heiteren Herzens in deinen frühen Jahren!
> Geh auf den Wegen, die dein Herz dir sagt,
> zu dem, was deine Augen vor sich sehen.
> [Aber sei dir bewusst, dass Gott dich für all
> das vor Gericht ziehen wird].[36]
> [10] Halte deinen Sinn von Ärger frei,
> und schütz deinen Leib vor Krankheit;
> denn die Jugend und das dunkle Haar sind Windhauch.
> 12,[1] Denk an deinen Schöpfer in deinen frühen Jahren,
> ehe die Tage der Krankheit kommen
> und die Jahre dich erreichen, von denen du sagen wirst:
> Ich mag sie nicht!,
> [2] ehe Sonne und Licht und Mond und Sterne erlöschen
> und auch nach dem Regen wieder Wolken aufziehen:
> [3] am Tag, da die Wächter des Hauses zittern,
> die starken Männer sich krümmen,
> die Müllerinnen ihre Arbeit einstellen, weil sie zu wenige sind,
> es dunkel wird bei den Frauen, die aus den Fenstern blicken,
> [4] und das Tor zur Straße verschlossen wird;
> wenn das Geräusch der Mühle verstummt,
> steht man auf beim Zwitschern der Vögel,
> doch die Töne des Lieds verklingen;
> [5] selbst vor der Anhöhe fürchtet man sich
> und vor den Schrecken am Weg;
> der Mandelbaum blüht, die Heuschrecke schleppt sich dahin,
> die Frucht der Kaper platzt,
> doch ein Mensch geht zu seinem ewigen Haus,
> und die Klagenden ziehen durch die Straßen –
> [6] ja, ehe die silberne Schnur zerreißt, die goldene Schale bricht,
> der Krug an der Quelle zerschmettert wird,
> das Rad zerbrochen in die Grube fällt,
> [7] der Staub auf die Erde zurückfällt als das, was er war,
> und der Atem zu Gott zurückkehrt, der ihn gegeben hat.
> [8] Windhauch, Windhauch, sagte Kohelet,
> das ist alles Windhauch.

Eine ausführliche Auslegung kann hier nicht geboten werden. Lediglich einige für das Thema „Bewertung des Alters“ relevante Aspekte

[35] Vgl. *Lohfink*, Jüngling (1995), 182; *Schwienhorst-Schönberger*, Kohelet (2004), 520.

[36] Vgl. zur Diskussion um V. 9b und die Frage, ob in dem Verweis auf das Gericht Gottes ein sekundärer Eintrag des zweiten Epilogisten vorliegt: *Schwienhorst-Schönberger*, Kohelet (2004), 527–529; *Willmes*, Schicksal (2000), 235 mit Anm. 261; *Krüger*, Kohelet (2000), 347–348.

sollen herausgegriffen werden. Dabei werden die Bilder als Allegorien für das Alter und das zerbrechende Leben im Tod verstanden, womit nicht gesagt sein soll, dass dies die einzige Sinndimension des Textes ist.

Nachdem der Angesprochene mit der Vergänglichkeit der Jugend konfrontiert worden ist (V. 10), wird in der zweiten Strophe (12,1–7.8) das Leben in seinen Phasen abgeschritten. Dabei spielt die Eingangsaufforderung „Denk an deinen Schöpfer in den Tagen deiner Jugend" Anfang und Ende des Lebens doppeldeutig mit ein. In dem partizipialen *bôrækā* „deinen Schöpfer" klingt im Hebräischen zugleich „deine Grube/dein Grab" an. Damit oszilliert die Aufforderung zwischen Lebensanfang und Lebensende. Das dazwischen sich erstreckende Leben ist für Kohelet im doppelten Verweis auf die Unverfügbarkeit der Existenz in Geburt und Tod zu gestalten. Die beschwerlichen Jahre des Alters, die die Gegenwart nicht trüben, aber im Sinne eines *memento mori* auf das *carpe diem* hin lenken sollen, werden ab V. 3 in Metaphern beschrieben. Zuvor aber wird das Lebensende mit apokalyptisch eingefärbten Bildern vorgestellt. Die Totalität des Todes klingt in dem Verlöschen aller Gestirne und ausdrücklich auch des Lichtes in V. 2 an. Die dadurch entstehende dauerhafte Dunkelheit ist Metapher des Todes, die besonders das Bedrohliche lichtloser Räume – und die Unterwelt zeichnet sich besonders durch die Lichtlosigkeit aus – assoziieren lässt. Zugleich hält das Bild kraftvoll den Lauf der Zeit an, denn der Wechsel von Sonne und Mond markiert chronologisch den Tageslauf, die Gestirne den Monats- und Jahreslauf.

Die zweite Vershälfte von V. 2 bezieht sich auch auf zyklisch ablaufende Naturvorgänge, die durchbrochen werden. Normalerweise ziehen nach dem Regen eben keine neuen dunklen Wolken auf, sondern der Himmel reißt wieder auf. Bezieht man auch dieses Bild auf den Tod, deutet sich dessen Unumkehrbarkeit an. Es bleibt dunkel. Steht damit durch V. 2 der Tod vor Augen, schreiten V. 3–5 die „dunklen Tage" (11,8) bis zum Tod ab. Allegorisch wird auf die nachlassende Kraft im Alter Bezug genommen. Die „Wächter" in V. 3 sind die Arme, die „das Haus", also den Körper, zu verteidigen in der Lage waren. Sie zittern jetzt, im Bild vor der Bedrohung des Hauses, in der Allegorie aufgrund des im Alter sich einstellenden Tremors. Die „starken Männer" sind die Beine, die sich im Alter krümmen und für die gebeugte Haltung des alten Menschen stehen. Die allegorische Deutung betätigt sich für das folgende paradoxe Bild: Wenn die Anzahl derjenigen Frauen, die mit der Handmühle das tägliche Korn mahlen, tatsächlich abgenommen hat, ist die erwartbare Folge wohl nicht, dass die wenigen die Arbeit einstellen. Versteht man die „Müllerinnen" als Allegorie für die Zähne, ist die

Aussage jedoch sehr sinnvoll. Mit denen, die durch die Fenster sehen, dürften dann die Augen gemeint sein, und auf die verminderte Sehkraft im Alter abgehoben werden. „Das Tor zur Straße" in V. 4 lässt sich auf den Mund und die Sprachfähigkeit deuten, die hier stellvertretend für den Kontakt zur Außenwelt stehen. Das Augenlicht ist geschwunden und die Schwerhörigkeit („das Geräusch der Mühle verstummt") so stark geworden, dass der alte Mensch vom Leben draußen auf der Straße nichts mehr mitbekommt und schweigsam wird. Dass alternde Menschen weniger schlafen und in „seniler Bettflucht" schon im Morgengrauen aufstehen, wird durch das folgende Bild ausgedrückt. Den morgendlichen Gesang der Singvögel, der für Vitalität und Jugend steht, hört der alte Mensch nur noch von Ferne. Durch das Verklingen des Liedes ist noch einmal auf das Ende angespielt, auf dass der Text mehr und mehr zusteuert. Über V. 5 ist viel diskutiert worden, da seine Naturbilder mehrere Deutungen zulassen.[37] Lediglich die Furcht vor der Anhöhe scheint noch eindeutig zu sein, wenn man sie auf das Schwinden der körperlichen Kräfte und die Kurzatmigkeit unter Belastung versteht. Wenn verblühender Mandelbaum, schlaffe Heuschrecke und platzende Kaper sich auf die sexuelle Vitalität beziehen, ist – dann eindeutig mit Blick auf den Mann – auch der Bereich der Sexualität angesprochen.[38] V. 5b drückt dann den Sterbevorgang durch ein Bewegungsbild aus: Ein Mensch geht zu seinem *bêt 'ôlāmô*, dem Haus seiner Ewigkeit oder seinem ewigen Haus. „Auf der Oberfläche des Handlungsablaufs dürfte damit das Grab gemeint sein: ‚Das Grab ist ihr Haus auf ewig' (Ps 49,12; Ez 26,20; Tob 3,6), denn V. 5b beschreibt einen Trauerzug (vgl. Jer 9,16–21; 22,18f; 24,5; Am 5,16)".[39] Zu Recht weist Ludger Schwienhorst-Schönberger aber darauf hin, dass hier zugleich eine Perspektivöffnung auf Gott als Ziel (vgl. V. 7) stattfindet: „Der Tod ist Abbruch *und* Übergang zugleich".[40] Dennoch sind die in V. 6 angeschlossenen Bilder des Abbruchs und der Zerstörung durch Endgültigkeit und die Unmöglichkeit der Wiederherstellung bestimmt. Die Endgültigkeit des Todes wird nicht in Frage gestellt. Der Durchgang durch den Text ist hier abzubrechen und nach dem Ertrag für die Vorstellung zum Alter zu fragen.

[37] Vgl. den Überblick *Schwienhorst-Schönberger*, Buch (2004), 536–541.
[38] Vgl. bes. *Willmes*, Schicksal (2000), 238.
[39] *Schwienhorst-Schönberger*, Kohelet (2004), 534.
[40] *Schwienhorst-Schönberger*, Kohelet (2004), 535.

Der Blick auf das Schlussgedicht Kohelets hat ein zweifaches deutlich gemacht. Die Phase des Alters ist in das Lebenskonzept integriert und keine Phase der Gottesferne. Lebensfreude gibt es nicht nur in der Jugend, sondern – der sicheren Vergänglichkeit zum Trotz – auch in den späten Phasen des Lebens. Die Phase des Alters wird nicht generell gegenüber der blühenden Jugend abgewertet, aber deutlich anders gewichtet. Dabei verschließt Kohelet die Augen nicht vor der Altersrealität, die die Lebensfreude mit zunehmender Schwäche, abnehmender Mobilität und getrübten Sinnen immer stärker beeinträchtigt und das Ergreifen der Momente des ungetrübten Glücks erschwert.

Die Wertschätzung des Alters in der Weisheitsliteratur

Die realistischen Blicke auf das Alter in der Weisheitsliteratur sind zugleich eng gekoppelt an die besondere Wertschätzung des Alters im Alten Testament. Am deutlichsten bringt das die Tora in Lev 19,32 zum Ausdruck:

> Du sollst vor grauem Haar aufstehen
> und du sollst das Ansehen eines Alten ehren
> *und* du sollst deinen Gott fürchten.
> Ich bin YHWH.

Auf den ersten Blick haben die beiden Teile des Gebotes nichts miteinander zu tun. Vor allem das deklarative „ich bin YHWH" hat keine unmittelbare syntaktische Verbindung zu den drei Weisungen, deren parataktischer Zusammenhang sich auch nicht unmittelbar erschließt. Die innere Verbindung zwischen den beiden Gebotsbereichen dürfte nicht das Alter und das Bild eines weißbärtigen hoch betagten Gottes (Dan 7,9), sondern der Respekt gegenüber der Autorität sein, der sowohl den Alten als auch Gott gebührt. Das „ich bin YHWH" am Schluss des Verses dient aber nicht nur als Begründung des zweiten Gebotes, Gott zu fürchten. Gottesfurcht und die Ehrung der Alten gehören wie Gottes- und Nächstenliebe zusammen. Die Alten haben ein Gewicht an sich, das in der unveräußerlichen Würde des Menschen zum Ausdruck kommt und in der Gottesbeziehung und im Gotteswillen begründend verankert ist.[41]

In der Weisheitsliteratur ist die Wertschätzung des Alters besonders bei Jesus Sirach erkennbar. Dabei reicht die Palette von Verhaltensregeln im Umgang mit dem Alter bis hin zur Hochschätzung

41 *Köckert*, Gottesfurcht (1991), 155–166; *Otto*, Sohnespflichten (1996), 265–282.

eines besonderen Erfahrungs- und Glaubenswissens. „Setz keinen Menschen in seinem Alter herab; denn auch mancher von uns wird ein Greis“ empfiehlt Sir 8,6 die Anwendung der „Goldenen Regel“, wohl wissend, dass nur *mancher* ein hohes Alter erreicht.

„Ergreife das Wort, alter Mann, denn dir steht es an“, rät Sir 32,3, und Sir 8,9 nennt den wirklichen Grund für die Sitte, den jeweils Älteren zuerst sprechen zu lassen: „Verachte nicht die Überlieferung der Alten, die sie übernommen haben von ihren Vätern. Dann wirst du Einsicht lernen, um antworten zu können, sobald es notwendig ist“. Für die Jüngeren bieten die Alten einen Hort der Weisheit, den es als Ressource zur eigenen Lebensgestaltung zu nutzen gilt. Deshalb empfiehlt Jesus Sirach, die Gemeinschaft mit den Alten zu suchen: „Verweile gern im Kreis der Alten“ (Sir 6,34). Der Tenor, dass die Alten die Tradition wahren und weitergeben, kommt auch in Sir 25,4–6 zum Ausdruck (EÜ):

> 4 Wie gut steht Hochbetagten rechtes Urteil an
> und den Alten, Rat zu wissen.
> 5 Wie gut steht Hochbetagten Weisheit an,
> würdigen Männern Überlegung und Rat.
> 6 Ein Ehrenkranz der Alten ist reiche Erfahrung,
> ihr Ruhm ist die Gottesfurcht.

Die Hochschätzung wurzelt in der Annahme, dass Erfahrung, Besonnenheit im Urteil, Weisheit und eine ausgeglichene Gottesbeziehung in der „*Altersweisheit*“ zusammenkommen. Dass dies nicht alles ist bzw. der Akzent auf der Gottesbeziehung liegt und ihre Verwirklichung entscheidend ist, macht Elihu gegenüber den Freunden Ijobs deutlich, als er begründet, warum er erst nach den drei Freunden das Wort ergreift (Ijob 32,6b–9, EÜ):

> 6b Noch bin ich jung an Jahren, doch ihr seid hochbetagt; deshalb hielt ich mich zurück und scheute mich, euch mein Wissen zu beweisen. 7 Ich dachte: Mag erst das Alter reden, der Jahre Fülle Weisheit künden. 8 Jedoch, es ist der Geist im Menschen, des Allmächtigen Hauch, der ihn verständig macht. 9 Die alt an Jahren sind, nicht immer sind sie weise noch Greise stets des Rechten kundig.

Erst in der Reflexion des Erfahrungswissens auf der Grundlage der Schrift und Tradition sowie aus dem Glauben und einer intakten Gottesbeziehung heraus, wird Altersweisheit zur vorbildlichen Lebenskunst, der eine Richtlinienkompetenz zukommt.

Dass hohes Alter als Gottesgeschenk und – im Erklärungszusammenhang einer konnektiven Gerechtigkeit – als Auszeichnung für gottgefälliges Leben verstanden wurde, bedingt auch eine besondere Wertschätzung des Alters. Wie in einem Lackmustest ist am Alter

Gottes Lohn für die Toratreue im Leben ablesbar. Unter den Voraussetzungen einer innerweltlichen Vergeltungslehre und der Annahme, dass mit dem Tod alles aus ist, muss das auch so sein, wenn die Vorstellung von Gerechtigkeit sinnvoll bleiben soll. Ein vorzeitiger Tod ist entsprechend „der Sünde Sold". Auch wenn weisheitliches Denken angesichts der immer zugestandenen göttlichen Freiheit nicht in solch simplifizierenden Kausalschlüssen gedacht hat, ist doch die ältere Weisheit geprägt von dem festen Glauben an ein ausgeglichenes Entsprechungsverhältnis von Lebenszeit und gerechtem Handeln. Das markiert etwa das Sprichwort in Spr 10,27: „Gottesfurcht bringt langes Leben, doch die Jahre der Frevler sind verkürzt". Doch zerbricht der Lackmustest an der Empirie. Denn ein wie auch immer konstituierter Automatismus eines Zusammenhangs von Lebenszeit und Gerechtigkeit wird durch die Erfahrungswirklichkeit hart durchkreuzt, denn – wie Kohelet in 8,12 beobachtet – „ein Sünder kann hundertmal Böses tun und dennoch lange leben". Daher fragt Ijob in seiner Herausforderung der Weisheitslehrer zurück: „Warum bleiben Frevler am Leben, werden alt und stark an Kraft?" (Ijob 21,7) und sieht in der weisheitlichen Antwort seiner Freunde nur Windhauch und Trug (Ijob 21,34). Über dieser Frage zerbricht die Weisheit nicht wirklich, doch führt die Konfrontation mit der Erfahrungswirklichkeit umso stärker zur Entkoppelung von Lebensdauer und gerechtem Handeln, als vor allem in der späten Weisheit Konzeptionen eines *nachtodlichen* Ausgleichs geschaffen werden.[42] Ein Beispiel aus dem ausgehenden 2. oder eher 1. Jh. v. Chr. ist Weish 4,7–9:

> 7 Der Gerechte aber, kommt auch sein Ende früh,
> geht in Gottes Ruhe ein.
> 8 Denn ehrenvolles Alter besteht nicht in einem langen Leben
> und wird nicht an der Zahl der Jahre gemessen.
> 9 Mehr als graues Haar bedeutet für die Menschen die Klugheit,
> und mehr als Greisenalter wiegt ein Leben ohne Tadel.

Hier hat sich die Bewertung umgekehrt und die Weisheit als Tugendhaftigkeit (φρόνησις) rückt in den Vordergrund des gesamten Lebens unabhängig von seiner Dauer. An die Stelle des Greisenalters als Lohn Gottes tritt die ἀνάπαυσις, das Eingehen des Gerechten in Gottes Ruhe durch Entrückung (Weish 4,10). Am Lebensalter ist jetzt nicht mehr das Maß der Gerechtigkeit im Leben abzulesen. Damit fällt eine wichtige Motivation der Ehrung der Alten aus. Vielleicht ist das einer der Gründe, warum im Neuen Testament deutlich weniger von der Ehrung und Achtung der Alten zu spüren ist als im Alten Testament.

42 Vgl. zu dem Gesamtkomplex *Schnocks*, Rettung (2008).

Die Versorgung der Alten

Bisher hatte sich der Blick auf die Alten auf ihre gesamtgesellschaftliche Funktion und den intragentilen und intramuralen bzw. intraruralen Sozialraum, also eher auf eine Meso- und Makroebene beschränkt. Die Alten waren akzeptierter und geachteter Teil der Sozial- und Lebensräume, ihr kulturelles und religiöses Wissen und ihre Lebenserfahrung waren geschätzter Bestandteil des gesellschaftlichen und kulturellen Wissens. Ihre Bedeutung für die Weitergabe der Tradition wurde ebenso ästimiert wie ihre Urteilsfähigkeit. Insbesondere ihre Gottesbeziehung galt als vorbildlich und für die weniger Erfahrenen leitend. Von den Alten wurden entscheidende Impulse zum Erhalt der Gesellschaft gegeben und erwartet. Ihr Anteil am sozialen und intellektuellen Kapital war – bezieht man den relativ geringen Anteil von Alten in der Gesellschaft ein – dem Teil der Gesellschaft im produktiven Alter vergleichbar.

Blicken wir zum Abschluss aber noch einmal die konkrete Lebenswirklichkeit der Alten in der Familie. Wer alt ist und sich nicht mehr selbst wirtschaftlich versorgen kann oder aufgrund seiner Altersschwächen sein Leben nicht mehr ohne fremde Hilfe gestalten kann, braucht eine *Sozialstruktur*, die ihn auffängt. Eine solche Sozialstruktur, die Altersarmut von staatlicher Seite verhindern würde oder subsidiär die Pflege und Versorgung alter Menschen übernehmen würde, gab es im Vorderen Orient nicht. Auch ein kapitalgedecktes Vorsorgesystem fehlt, da das Bank- und Finanzsystem zunächst nicht so weit entwickelt war, dass Kapital angesammelt werden konnte. Die Wirtschaftskraft wurde in Güter investiert und nicht im Kapitalstock „zurückgelegt". Erst in hellenistischer Zeit scheint es Rücklagensysteme gegeben zu haben, wenn Sir 25,3 mahnt: „Hast du in der Jugend nicht gesammelt, wie wirst du im Alter etwas haben?". Als einzige Absicherung für das Alter verbleiben die Nachkommen.[43]

Die Idee eines sog. „Generationenvertrags" ist, dass die jeweils nachwachsende Generation die Versorgung der Alten sicherstellt. Wie wichtig dies war, zeigt die freudige Begrüßung des Neugeborenen in Rut 4,12:

> Du wirst jemanden haben, der dein Herz erfreut und dich im Alter versorgt; denn deine Schwiegertochter, die dich liebt, hat ihn geboren, sie, die mehr wert ist als sieben Söhne. (EÜ)

[43] Vgl. *Albertz*, Hintergrund (1978), 157–185; *Loretz*, Elterngebot (1979), 11–13; *Lang*, Altersversorgung (1977), 149–156; *Stol*, Care (1998); *Jungbauer*, Vater (2002).

Wörtlicher heißt es sogar, „er wird der sein, der dir deine Lebenskraft zurückkehren lassen wird und der dein Alter versorgt". Der Vers macht gleichzeitig deutlich: Kinderlose, oder genauer „Sohnlose", haben im Alter im antiken Israel ein lebensbedrohliches Problem. Sie sind angewiesen auf die Sozialhilfe, das heißt auf Almosen und auf die entfernteren Verwandten, die *freiwillig* den Erstgeborenen und seine Pflicht zur Versorgung der alternden Eltern substituieren. Deshalb wird die Schwiegertochter Rut, die das Neugeborene zur Welt gebracht hat, im Wert höher gepriesen als „sieben Söhne" (Rut 4,15).

Die sog. Sohnespflicht ist einem Generationenvertrag vergleichbar. Die alternden Eltern sind auf ihre Kinder, insbesondere die wirtschaftlich eigenständig handelnden Söhne angewiesen. Zu den Sohnespflichten des Erstgeborenen gehört demnach die Versorgung von Vater und Mutter im eigenen Haushalt bis zu deren Tod und Begräbnis (Tob 4,3f). Für gewöhnlich lebten im Regelfall drei, im Ausnahmefall auch vier Generationen in einem Haushalt.[44] Der Wohn- und Aufenthaltsort der Alten wird allerdings im Alter nicht verändert. Das setzt voraus, dass der Erstgeborene mit seiner Familie im Haushalt seiner Eltern wohnt[45] und – sofern etwa ein kleinbäuerlicher Wirtschaftsbetrieb vorhanden ist – diesen weiterführt. Die Sohnespflicht war im altorientalischen Kontext eine familiäre Solidaritätspflicht, die ein im kollektiven Bewusstsein tief verankertes verwandtschaftliches, familienbezogenes Ethos voraussetzt. Hier ist der Grund zu sehen, warum das Thema des Verhältnisses der Generationen so intensiv eingeschärft wird und die Notwendigkeit der Versorgung der Eltern im Alter unterstrichen wird. Prominentestes Beispiel ist das Dekaloggebot der Elternehrung, das in der Katechese immer wieder auf die Anerkennung der elterlichen Autorität eng geführt wird. Doch richtet sich der Dekalog an Erwachsene und nicht an Kinder, denn „Heranwachsende haben weder Frau noch Kinder oder Sklaven und verfügen in der Regel nicht über Haus und Hof. Das Gebot kann sich also schwerlich an heranwachsene Kinder gerichtet haben".[46] Hinzu kommt, dass das Verbum *kbd* sich auf den sozialen Status bezieht. Das Elterngebot gehört nicht in den Bereich der Kindererziehung, das heißt, es zielt nicht auf die Achtung vor der Autorität der Eltern in der Erziehung in der Phase der Adoleszenz, sondern es bezieht sich auf die Sorge für die alternden Eltern. Was gemeint ist, wird deutlicher, wenn man das „in Ehren halten" negativ wendet: Vater und

[44] Vgl. *Fechter*, Familie (1998); *Stager*, Archaeology (1985), 1–35; *Williamson*, Family (2003), 469–485; *Fischer*, Lust (2002), 55–82.

[45] Anders Gen 2,24, wo das Verlassen von Vater und Mutter die Verwandtschaftsformel in 2,23 erläutert, dazu *Dohmen*, Schöpfung (1996), 242–244.

[46] *Köckert*, Gebote (2007), 73.

Mutter sollen im sozialen Status nicht herabgesetzt werden. Das ist dann der Fall, wenn ihnen die materielle Versorgung mit dem Lebensnotwendigen an Nahrung, Kleidung und Unterkunft verwehrt wird. Allerdings erschöpft sich das Elterngebot nicht in dem Bezug auf die Sohnespflicht zur Altersversorgung, denn diese obliegt dem Erstgeborenen, der aber nicht gesondert angesprochen wird. Deutlich wird der weitere Bezug in der wohl älteren Deuteronomiumfassung[47] des Dekalogs, die sich im Elterngebot durch den expliziten Rückverweis auf Ex 21,15.17 abhebt.[48] Dort heißt es „Wer seinen Vater oder seine Mutter schlägt, wird mit dem Tod bestraft“ und „Wer seinen Vater oder seine Mutter verflucht, wird mit dem Tod bestraft“. In bewusster Anlehnung daran erweitert das Elterngebot die gebotene Haltung gegenüber den Eltern in den Bereich der Altersversorgung hinein. Durch nichts ist angezeigt, dass das Dekaloggebot nur für den Erstgeborenen gilt, der rechtlich vom Sippenrecht her zur Fürsorge verpflichtet ist. Beim Elterngebot handelt es sich um einen ethischen Appell, der sich an die gesamte nachwachsende Generation zur Versorgung der Alten richtet. Die Fürsorge wird der Achtung gegenüber der elterlichen Autorität und Weisheit gleichgestellt. Der Status der alternden Eltern soll durch ihre wirtschaftliche Schwäche nicht gemindert werden. Die schwache Position älterer Menschen in der Gesellschaft wird im Hintergrund in vielen alttestamentlichen Texten angezeigt (vgl. Lev 19,3; Dtn 27,16; Spr 19,26; 20,20; 23,22; 28,24;

[47] Vgl. *Hossfeld*, Dekalogforschung (2004), 57–65 und *Ders.*, Dekalog (2000), 46–59.

[48] Ein impliziter Bezug auf Lev 19,3 kommt auf der Ebene des Pentateuch hinzu. Der Charakter der Rückverweise im Deuteronomiumdekalog ist in der Forschung umstritten. Zum Rückverweis auf das Bundesbuch vgl. etwa *Schwienhorst-Schönberger*, Gebote (1992), 112–117, 115; zum synoptischen Vergleich: *Hossfeld*, Dekalogfassungen (1989), 73–117, 99f. Anders z. B. *Lohfink*, Dekalogfassung (1990), 206–208 oder kürzlich *Millard*, Elterngebot (2000), 196, der in dem Rückverweis den Exodusdekalog bereits vorausgesetzt sieht. Zu den Rückverweisen zuletzt mit einem neuen Vorschlag *Braulik*, Dekalog (2008), 169–183, der herausstellt, dass Gott in der Fabel des Pentateuch „weder ein Sabbat- noch ein Elterngebot“ erlässt (171) und es „die Stimme Mose“ ist (172), der „seinen Zuhörern in Moab den Dekalog zitiert“ (172). Alternativ sei in den Rückverweisen „die Stimme des Bucherzählers“ (173) zu sehen, so dass sie sich auf Gebote beziehen können, „die erst nach der Dekalogoffenbarung ergangen sind“ (174). Braulik macht so die von der Syntax eindeutig anaphorischen Verweise zu einem „innerdeuteronomische(n) Vorverweis auf Einzelgesetze des deuteronomischen Gesetzeskodex“ (174), genauer auf die in der Dekalogstruktur Brauliks dem Elterngebot zugeordneten Ämtergesetze Dtn 16,18–18,22 (vgl. 180). Die Lösung überzeugt m. E. nicht. Zum einen ist die recht lose thematische Verbindung zwischen Elterngebot und Ämtergesetzen für die Leser des Dekalogs kaum erkennbar, zum anderen bleibt der Dekalog im Dtn auf synchroner Ebene „Zitat“ (Dtn 5,6.22) und die Verweise im Lesevorgang auf bereits Ergangenes zurückbezogen.

30,17; Sir 3,2.6.12f.16; 7,27 u. ö.). Das Elterngebot ist somit Teil der Generationensolidarität im Alten Testament.

Schluss

Der Durchgang durch einige alttestamentliche Texte zum Thema Alter hat einen ausgesprochen reflektierten Umgang mit dem Alter zu Tage gebracht. Zwar hat das Alter neben subjektiven auch objektive Aspekte, aber Alter ist auch biblisch gesehen wie alle Zeitwahrnehmung „relativ". Es gibt keinen absoluten Rahmen, in dem ein Mensch als alt zu gelten hat, und nicht jeder Mensch wird alt. Unzweifelhaft ist aber, dass die Lebensphase des Alters gleichwertig zum Menschsein gehört. Der Stellenwert des Alters wird dabei nicht von einer wie auch immer zu bestimmenden Normhaftigkeit der Jugend oder des Erwachsenenalters bestimmt.

Da die Lebenszeit dem Menschen unverfügbar bleibt, ist die Zeit des Alters weder vorwegzunehmen noch für den Menschen einzuplanen. Weil gelebtes Leben nur aus der Rückschau authentisch erfahrbar ist, sind das konkrete Alter und das Altsein dem Menschen in der Zeit davor der Vorstellung des Menschen überantwortet. Diese Vorstellung ist nicht ausschließlich von der Vergänglichkeit, der verdichteten Zeiterfahrung vergangener Lebenszeit oder dem *memento mori* bestimmt, sondern kennt auch positive Aspekte des Alters. Das Alter wird in der Bibel in seiner ganzen Ambivalenz wahrgenommen. Obwohl Alter und Vergänglichkeit in einem engen Zusammenhang stehen, der Produktionskraft eines Menschen ein hoher Stellenwert für dessen Wertigkeit beigemessen wird und die psychophysischen Beeinträchtigungen des Alters keineswegs ausgeblendet werden, wird das Alter als Lebensphase nicht abgewertet, sondern unter unterschiedlichen Rücksichten aufgewertet. Wert und Würde des alten Menschen waren auch in alttestamentlicher Zeit der Gefahr der Minderung ausgesetzt, und diesbezüglich beziehen alttestamentliche Texte eindeutig Position: Wert und Würde alternder Menschen dürfen nicht herabgesetzt werden. Vielmehr ist alten Menschen mit Respekt und Achtung zu begegnen. Vor allem die Nutzung der erfahrungsgebundenen weisheitlichen Ressourcen der Alten wird eindringlich empfohlen. Im Rahmen einer generationenübergreifenden Solidarität kommt der nachwachsenden Generation die Verantwortung der Versorgung der Alten zu. „Hör auf deinen Vater, der dich gezeugt hat, verachte deine Mutter nicht, wenn sie alt wird" (Spr 23,22).

Bibliographie

Albertz, Rainer, Hintergrund und Bedeutung des Elterngebots im Dekalog, in: *Ders.*, Geschichte und Theologie (BZAW 326), Berlin u. a. 2003, 157–185.

Arensburg, Baruch, Pathology and Demography in the Hellenistic, Roman and Byzantine Periods, in: Michmanim 12 (1998) 33*–42*.

Barclay, John. M. G., There is Neither Old Nor Young? Early Christianity and Ancient Ideologies of Age, in: NTS 53 (2007) 225–241.

Baumgart, Nobert C., Die Umkehr des Schöpfergottes. Zu Komposition und religionsgeschichtlichem Hintergrund von Gen 5–9 (HBS 22), Freiburg 1999.

Blasberg-Kuhnke, Martina, „Meine Augen haben das Heil gesehen". Alte Menschen im Neuen Testament – Bibeldidaktische Aspekte im Horizont der Postmoderne, in: *G. Hotze/E. Spiegel* (Hrsg.), Verantwortete Exegese. FS F. G. Untergaßmair (Vechtaer Beiträge zur Theologie 13), Berlin 2006, 513–519.

Braulik, Georg, Der unterbrochene Dekalog, in: ZAW 120 (2008) 169–183.

Brenner, Athalya, Age and Ageism in the Hebrew Bible in an Autobiographical Perspective, in: *A. G. Hunter/P. R. Davies* (Hrsg.), Sense and Sensitivity. FS R. Carroll (JSOT.S 348), Sheffield 2002, 302–310.

Fabry, Hans J., Der Generationenvertrag und das biblische Gebot der Elternehrung, in: *T. Klosterkamp/N. Lohfink* (Hrsg.), Wohin du auch gehst. FS F. J. Stendebach, Stuttgart 2005, 14–29.

Fechter, Friedrich, Die Familie in der Nachexilszeit (BZAW 264), Berlin u. a. 1998.

Fischer, Irmtraud, Über Lust und Last, Kinder zu haben, in: JBTh 17 (2002) 55–82.

Frevel, Christian, Das Buch Rut (NSK.AT 6), Stuttgart 1992.

Ders., Art. Anthropologie, in: HGANT (2006) 1–6.

Ders., Art. Alter/Jugend, in: HGANT (2006) 81–83.

Ders./Wischmeyer, Oda, Menschsein. Perspektiven des Alten und Neuen Testaments (NEB Themen 11), Würzburg 2003.

Fürst, Walter, Themenheft „Pastoral in einer alternden Gesellschaft und Kirche", in: BiLi 81,2 (2008).

Fürst, Walter/Wittrahm, Andreas/Feeser-Lichterfeld, Ulrich (Hrsg.), Selbst die Senioren sind nicht mehr die Alten (Theologie und Praxis 18), Münster 2003.

Gerstenberger, Erhard S., Das dritte Buch Mose. Leviticus (ATD 6), Göttingen 1993.

Groß, Walter, Verbform und Funktion. wayyiqtol für die Gegenwart (ATSAT 1), St. Ottilien 1976.

Guardini, Romano, Die Lebensalter, Würzburg ^{5}1959.

Hainz, Josef, Der alte Mensch aus der Sicht des Neuen Testaments. Rollen und besondere Aufgaben des alten Menschen in der urchristlichen Überlieferung, in: *Ders.*, Neues Testament und Kirche, Regensburg 2006, 362–373.

Heinzerling, Rüdiger, „Einweihung" durch Henoch? Die Bedeutung der Altersangaben in Genesis 5, in: ZAW 110 (1998) 581–589.

Hossfeld, Frank-Lothar, Zum synoptischen Vergleich der Dekalogfassungen, in: *Ders.* (Hrsg.), Vom Sinai zum Horeb, Würzburg 1989, 73–117.

Ders., Graue Panther im Alten Testament? Das Alter in der Bibel, in: Arzt-Chr 36 (1990) 1–11.

Ders., Der Dekalog als Grundgesetz. Eine Problemanzeige, in: *R. G. Kratz/ H. Spieckermann* (Hrsg.), Liebe und Gebot. Studien zum Deuteronomium. FS L. Perlitt (FRLANT 190), Göttingen 2000, 46–59.

Ders., Der Stand der Dekalogforschung, in: *B. M. Levinson/E. Otto* (Hrsg.), Recht und Ethik im Alten Testament (Altes Testament und Moderne 13), Münster 2004, 57–65.

Ders., Glaube und Alter, in: Theologie der Gegenwart 49 (2006) 267–276.

Ders./Zenger, Erich, Psalmen 51–100 (HThKAT), Freiburg 2000.

Jungbauer, Harry, „Ehre Vater und Mutter". Der Weg des Elterngebots in der biblischen Tradition (WUNT II/146), Tübingen 2002.

Kaiser, Otto, „Und dies sind die Geschlechter". Alt und jung im Alten Testament, in: *S. Kreuzer* (Hrsg.), Zur Aktualität des Alten Testaments. FS G. Sauer, Frankfurt a. M. u. a. 1992, 29–45.

Kenyon, Kathleen, Archäologie im heiligen Land, Neukirchen-Vluyn 1967/ ^{2}1976.

Klopfenstein, Martin A., Die Stellung des alten Menschen in der Sicht des Alten Testamentes, in: *W. Dietrich* (Hrsg.), Leben aus dem Wort (BEAT 40), Frankfurt a. M. u. a. 1996, 261–273.

Kluge, Friedrich, Etymologisches Wörterbuch der deutschen Sprache, Berlin ^{24}2002.

Köckert, Matthias, Gottesfurcht und Nächstenliebe. Die Zusammenfassung der Willensoffenbarung Gottes am Sinai in Lev 19, in: *Ders.*, Leben in Gottes Gegenwart (FAT I/43), Tübingen 2004, 155–166.

Ders., Die Zehn Gebote, München 2007.

Krüger, Thomas, Kohelet (Prediger) (BK.AT 19), Neukirchen-Vluyn 2000.

Lang, Bernhard, Altersversorgung, Begräbnis und Elterngebot (ZDMG.S 3.1), Wiesbaden 1977.

Langemeyer, Georg, „Auch wenn ich alt und grau bin, verlaß mich nicht!" (Ps 71,18). Zur theologischen Sinndeutung der Altersphase des menschlichen Lebens, in: *H. J. Reinhardt* (Hrsg.), Theologia et Jus Canonicum. FS H. Heinemann, Essen 1995, 211–223.

Lehmann, Karl, Von der Bürde und Würde des Alters. Inspirierende Einsichten aus der Bibel für das Älterwerden (Ansprache bei der Verleihung der Willi Abts-Preise der Albert und Loni Simon Stiftung in Zusammenarbeit mit Magus, Mainzer Arbeitsgemeinschaft unabhängiger Stiftungen), Mainz 2004 (http://www.bistummainz.de/bm/dcms/sites/bistum/bistum/kardinal/texte/texte_2004/alter1.html, letzter Zugriff 17.7.2008)

Loretz, Oswald, Das biblische Elterngebot und die Sohnespflichten in der ugaritischen Aqht-Legende, in: BN 8 (1979) 11–13.

Lohfink, Norbert, Kohelet (NEB), Würzburg ^{2}1980.

Ders., Zur Dekalogfassung von Dt 5, in: *Ders.*, Studien zum Deuteronomium und zur deuteronomistischen Literatur I (SBAB 8), Stuttgart 1990, 193–209.

Ders., Freu Dich, Jüngling – doch nicht, weil du jung bist, in: BibInt 3 (1995) 158–189, abgedruckt in: *Ders.*, Studien zu Kohelet (SBAB 26), Stuttgart 1998, 181–214.

McDowell, Andrea, Legal Aspects of Care of the Elderly in Egypt to the End of the New Kingdom, in: *M. Stol* (Hrsg.), The Care of the Elderly in the Ancient Near East (SHCANE 14), Leiden 1998, 199–221.

Metzger, Martin, Lobpreis der Gnade. Erwägungen zu Struktur und Inhalt von Psalm 103, in: *M. Weippert/S. Timm* (Hrsg.), Meilenstein. FS H. Donner (ÄAT 30), Wiesbaden 1995, 121–133.

Millard, Matthias, Das Elterngebot im Dekalog. Zum Problem der Gliederung des Dekalogs, in: *E. Blum* (Hrsg.), Mincha. FS R. Rendttorff, Neukirchen-Vluyn 2000, 193–215.

Niehr, Herbert, Rechtsprechung in Israel. Untersuchungen zur Geschichte der Gerichtsorganisation im Alten Testament (SBS 130), Stuttgart 1987.

Noth, Martin, Die Welt des Alten Testaments, Berlin 1962.

Nunn, Astrid, Alltag im Alten Orient, Darmstadt 2006.

Otto, Eckart, Sohnespflichten im antiken Syrien und Palästina, in: *Ders./S. Uhlig* (Hrsg.), Kontinuum und Proprium (Orientalia Biblica et Christiana 8), Wiesbaden 1996, 265–282.

Pola, Thomas, Eine priesterschriftliche Auffassung der Lebensalter (Leviticus 27,1–8), in: *M. Bauks/K. Liess/P. Riede* (Hrsg.), Was ist der Mensch, dass du seiner gedenkst? (Psalm 8,5). FS B. Janowski, Neukirchen-Vluyn 2008, 389–408.

Pressemitteilung des Statistischen Bundesamts vom 15. Februar 2006 (http://www.destatis.de/presse/deutsch/pm2006/p0610022. htm; letzter Zugriff 14.4.2007).

Rahner, Karl, Zum theologischen und anthropologischen Grundverständnis des Alters (Schriften zur Theologie 15), Zürich 1983.

Schenker, Adrian, „Auch wenn ich alt und grau werde, verläßt Du mich nicht!". Altern in der Heiligen Schrift, in: Diakonia 18 (1987) 160–164.

Schnocks, Johannes, „Ehe die Berge geboren wurden, bist du". Die Gegenwart Gottes im 90. Psalm, in: BiKi 54 (1999) 163–169.

Ders., Vergänglichkeit und Gottesherrschaft. Studien zu Psalm 90 und dem vierten Psalmenbuch (BBB 140), Berlin u. a. 2002.

Ders., Rettung und Neuschöpfung. Das Alte Testament und eine gesamtbiblische Theologie der Auferstehung, Bonn 2008.

Schottroff, Willy, Alter als soziales Problem in der hebräischen Bibel, in: *F. Crüsemann/C. Hardmeier/R. Kessler* (Hrsg.), Was ist der Mensch ...? Beiträge zur Anthropologie des Alten Testaments. FS H. W. Wolff, München 1992, 61–77.

Schubert, Johann, Die Altersbeschwerden in der ägyptischen, babylonischen und biblischen Weisheit, in: *R. Schulz/M. Görg* (Hrsg.), Lingua Restituta Orientalis. FS J. Aßfalg (ÄAT 20), Wiesbaden 1990, 289–298.

Schwienhorst-Schönberger, Ludger, Die Zehn Gebote (III). Sabbat- und Elterngebot, in: BiLi 65 (1992) 112–117.

Ders., Kohelet (HThKAT 29), Freiburg 2004.

Ders., Ludger, Buch der Natur. Kohelet 12,5 und die Rückkehr des Lebens, in: *F.-L. Hossfeld/L. Schwienhorst-Schönberger* (Hrsg.), Das Manna fällt auch heute noch. FS E. Zenger (HBS 44), Herder 2004, 532–547.

Stager, Lawrence E., The Archaeology of the Family in Ancient Israel, in: Basor 260 (1985) 1–35.

Stol, Marten (Hrsg.), The Care of the Elderly in the Ancient Near East (SHCANE 14), Leiden 1998.

Thiel, Winfried, Die soziale Entwicklung Israels in vorstaatlicher Zeit, Neukirchen-Vluyn [2] 1985.

Van Driel, Govert, Care of the Elderly. The Neo-Babylonian Period, in: *M. Stol* (Hrsg.), The Care of the Elderly in the Ancient Near East (SHCANE 14), Leiden 1998, 161–197.

Weinfeld, Moshe, The Phases of Human Life in Mesopotamia and Jewish Sources, in: *E. C. Ulrich u. a.* (Hrsg.), Priests, Prophets and Scribes. FS J. Blenkinsopp (JSOT.S 149), Sheffield 1992, 182–189.

Wendland, Ernst R., Aspects of the Principles of Parallelism in Hebrew Poetry, in: JNWSL 33 (2007) 101–124.

Werlitz, Jürgen, Das Geheimnis der heiligen Zahlen. Ein Schlüssel zu den Rätseln der Bibel, Wiesbaden 2003.

Wiesehöfer, Josef, Art. Lebenserwartung, in: NP 6 (1999) 1213–1215.

Williamson, Hugh G. M., The Family in Persian Period Judah, in: *W. G. Dever* (Hrsg.), Symbiosis, Symbolism, and the Power of the Past, Winona Lake 2003, 469–485.

Willis, Timothy. M., „So Great is His Steadfast Love“. A Rhetorical Analysis of Psalm 103, in: Biblica 72 (1991) 525–537.

Willmes, Bernd, Menschliches Schicksal und ironische Weisheitskritik im Koheletbuch. Kohelets Ironie und die Grenzen der Exegese (BThSt 39), Neukirchen-Vluyn 2000.

Wolff, Hans W., Anthropologie des Alten Testament, Gütersloh [7]2002.

Young, Dwight. W., On the Application of Numbers from Babylonian Mathematics to Babylonian Mathematics to Biblical Life Spans and Epochs, in: ZAW 100 (1988) 331–361.

Zenger, Erich, Die Nacht wird leuchten wie der Tag. Psalmenauslegungen (Akzente), Freiburg u. a. 1997.

„Beim Toten, der nicht mehr ist, verstummt der Lobgesang“ (Sir 17,28)

Einige Aspekte des Todesverständnisses bei Jesus Sirach

Mit dem Tod ist ein anthropologisches Grundlagenthema angesprochen, an dem – im *wahrsten* Sinne – keiner vorbei kommt. „Im Tod sind alle gleich“, sagt daher der Volksmund. Diese Erfahrung formulieren auch die biblischen Texte, vor allem in der Weisheitsliteratur, allerdings in einer durchaus differenzierten Weise. Ich greife dafür beispielhaft einige Aussagen des paradigmatischen Schriftgelehrten Jesus Sirach heraus, dem Otto Kaiser attestiert, dass „sein Todesverständnis im Grundsätzlichem dem der Bibel seines Volkes entspricht“.[1] In den Beobachtungen zu Jesus Sirach sollen einige Aspekte des alttestamentlichen Todesverständnisses und des Umgangs mit dem Tod verdeutlicht werden.[2]

Das Denken des gebildeten Jerusalemers aus dem 2. Jh. v. Chr. steht einerseits fest auf dem Boden der Tradition, zeigt jedoch schon in der älteren hebräischen Textfassung[3] den Hintergrund und die Auseinandersetzung mit klassisch hellenistischer Bildung.[4] In einer Zeit geistesgeschichtlicher und politischer Umbrüche entfaltet Sirach schriftgelehrtes weisheitliches Denken in seinem „Lehrhaus“ (Sir 51,29 H^B ישיבה) – zugleich als Adaption wie als Abgrenzung vom Hellenismus –, um so eine aus der Tradition entwickelte Antwort auf die Herausforderungen seiner Zeit zu geben.[5] Um 132 v. Chr. wird das Buch von dem Enkel Ben Sirachs an die hellenistische Diaspora

[1] *Kaiser*, Verständnis (2001), 190.

[2] Dabei wird auf ein ausgedehntes Gespräch mit der Sekundärliteratur und auf eine Diskussion von Einzelproblemen, vor allem der Textüberlieferung des Sirachbuches, verzichtet. Die Ausführungen setzen den Gesamtzusammenhang alttestamentlicher resp. biblischer Anthropologie voraus. Sofern hier Gedanken aufgegriffen werden, die an anderer Stelle vertieft worden sind, wird in den Fußnoten darauf verwiesen.

[3] *Marböck*, Buch Jesus (⁶2006), 408–416. Zur komplexen Textüberlieferung des hebräischen und griechischen Sirach vgl. ebd. 408f.412f; *Reiterer*, Jesus Sirach (2006), http://www.wibilex.de (letzter Zugriff 15.7.2008). Im Folgenden werden bei gravierenden Differenzen zwischen hebräischem (H) und griechischem Text (G) beide Fassungen berücksichtigt oder jeweils angegeben, auf welche Texttradition sich die Beobachtungen beziehen. Als Textausgabe liegt *Beentjes*, Ben Sira (1997) zugrunde. Die Siglen H^{A-C} beziehen sich auf die Manuskripte A-C, H^{Mas} auf die Sirachtexte aus Masada.

[4] Vgl. dazu *Marböck*, Weiser (2004), 65–78; *Wischmeyer*, Kultur (1995) und bes. die Arbeiten von Otto Kaiser zu Sirach in: *Kaiser*, Weisheit (1998) und *Ders.*, Athen (2003).

[5] Vgl. zum zeitgeschichtlichen Hintergrund *Frevel*, Grundriss (⁷2008), 690–702.

in Alexandrien als griechische Übersetzung vermittelt (Sirach G Prolog 27), um das Buch „auch für die, die in der Fremde lernen wollen“ (Sirach G Prolog 34)[6] fruchtbar zu machen.

Für Jesus Sirach stellt der Tod eine selbstverständliche Größe dar, die „sein Denken und seine Argumente bestimmt“.[7] Die Sterblichkeit als Grunddatum des Menschseins entfaltet dabei wie bei Kohelet eine hohe argumentative Kraft.[8] Bei Sirach ist sie klar eingebunden in eine Weltsicht, die gelingendes Leben in einen engen Zusammenhang mit Weisheit, göttlicher Ordnung und göttlicher Gerechtigkeit stellt – Voraussetzungen, die nicht durchgehend eigens entfaltet werden. Im Folgenden soll dies anhand zentraler Passagen zum Tod in einigen textbezogenen Beobachtungen entfaltet werden. Zunächst wird Sir 14,12 in den Blick genommen, da dort die grundlegenden Konsequenzen aus der Sterblichkeit gezogen werden. Diese Grundsätze im Umgang mit Tod und Sterben werden anhand von Sir 8,5–7 weiter entfaltet. Mit Sir 38,16–23 tritt mit den Überlegungen zur Trauer „der Tod der Anderen“ in den Vordergrund. Anhand von Sir 41,1–4 lässt sich schließlich eine Summe ziehen.

Anders als in den meisten bisher vorgelegten Einzelstudien zum Tod bei Jesus Sirach findet die griechische Textfassung – wenn auch nicht ausschließlich – besondere Berücksichtigung. Zum einen werden daran Besonderheiten im Vergleich zum älteren hebräischen Text sichtbar, zum anderen handelt es sich bei dem Septuagintatext um die älteste vollständige kanonische Fassung.

Sterblichkeit und das Bündnis mit der Unterwelt in Sir 14,12

Das Todesgeschick ist dem Menschen sicher und die Todesgrenze unhintergehbar. Der Tod ist für den Menschen *endgültig*, so dass das diesseitige Leben alternativlos ist. Daraus leitet Jesus Sirach wie Kohelet das *carpe diem* ab. In Sir 14 kombiniert er dies mit Weisungen zur Freundschaft[9], die ihm als Ausdruck gelungener Lebensführung gilt. Begründet wird die Aufforderung mit einem ungewöhnlichen *memento mori*:

Sir 14,12: Gedenke, dass der Tod nicht säumen wird, und dir der Bund der Unterwelt nicht kund gemacht ist.

[6] Übersetzung nach *Sauer*, Jesus Sirach (1981), 506.
[7] *Reiterer*, Deutung (1990), 204.
[8] Vgl. *Kaiser*, Tod (1997), 75–89.
[9] Vgl. dazu *Reiterer*, Freundschaft (1996).

Der Tod erscheint als handelnde, personifizierte Größe, der sicher, aber unverhofft kommt. Obwohl im AT anders als in Texten der Umwelt keine mythologischen Vorstellungen eines vergöttlichten Todes auftauchen, gibt es doch eine Reihe von Stellen, in denen der Tod als personifizierte Größe handelt.[10] Nimmt man Stellen wie Jer 9,20 als Bildhintergrund, ist man versucht, die Ellipse durch „dich zu holen" zu ergänzen, doch das Sterben als Handlungsziel des Todes wird nicht explizit in den Blick genommen. Das Leben, in dem der Angesprochene steht, gerät durch die Unbestimmtheit des Todeszeitpunkts nicht in eine zeitliche Perspektive von größerer Dauer, sondern geradezu in den Sog einer Zeitverkürzung. Der unverfügbare Tod rückt von der weiten Ferne am Ende eines Lebens unbestimmter Länge (paraphrasiert: „*Ich lebe noch lange und der Tod ist noch fern*") in die Unmittelbarkeit des Gegenwartszeitpunkts (paraphrasiert: „*Ich lebe jetzt und kann gleich schon tot sein*"), und so unterstreicht die Aussage die Aufforderung, Möglichkeiten gelingenden Lebens nicht unverwirklicht vorüber gehen zu lassen.[11] In der zweiten Vershälfte wird dem diesseitigen Leben die Unterwelt (ᾅδης) als Gegenwelt gegenübergestellt, von der der Lebende keine Kenntnis hat (οὐχ ὑπεδείχθη σοι). Vorausgesetzt ist die traditionelle Vorstellung, nach der die Verstorbenen bzw. deren *næfæš* in einem gleitenden Übergang in die Unterwelt eingehen, wo sich die Toten in einer Art Schattenexistenz ohne (dauernden) Kontakt zu den Überlebenden aufhalten (Sir 14,16; vgl. 17,1.28; 18,22; 21,10; 40,11).[12] Die Unterwelt ist für den Menschen nicht zugänglich. Mit ὑποδείκνυμι spricht Sirach einerseits die irdische, begrenzte Erkenntnismöglichkeit des Menschen (Sir 3,23; 17,7) auf der Grundlage der Tora (Sir 17,12) und andererseits Kenntnisse, die aus einem prophetischen Offenbarungsempfang stammen (Sir 46,20; 48,25; 49,8) an. Im sonstigen Sprachgebrauch der LXX bedeutet es „berichten, mitteilen, zu verstehen geben, Weisung geben u. ä.". Auf den ersten Blick ist die Rede vom „Bund der Unterwelt" (διαθήκη ᾅδου) kaum verständlich, weshalb διαθήκη hier im Rückgriff auf H^A חוק לשאול meist mit „der Unterwelt Gesetz"[13], „Gesetz des Totenreiches"[14] oder zu frei „Frist bis zur Unterwelt" (EÜ) übersetzt wird, so dass vom Tod als unausweichliches Schicksal die Rede ist. Dafür spricht, dass das Stichwort

[10] Vgl. etwa Jer 9,20; Ps 49,15; Ijob 18,13f; 28,22; Hos 13,14 und für die Unterwelt Jes 5,14.

[11] Zum traditionsgeschichtlichen Zusammenhang von *carpe diem* und *memento mori* vgl. *Kaiser*, Carpe diem (2003), 247–274 (zu Sirach 265–269.272).

[12] Zur Vorstellung der Unterwelt vgl. *Frevel/Wischmeyer*, Menschsein (2003), 22–24.

[13] *Kaiser*, Verständnis (2001), 184.

[14] *Sauer*, Jesus Sirach (2000), 95.

διαθήκη in V. 17 wieder aufgegriffen wird, wo es die verallgemeinernde Aussage, dass „alles Fleisch" (πᾶσα σὰρξ) sterben *muss* (θανάτῳ ἀποθανῇ)[15], als „ewiges Gesetz" (διαθήκη ἀπ' αἰῶνος H^A: חוק עולם) charakterisiert. Die Äonen reichen bis zu den Anfängen zurück, jedoch ist das Gesetz der Sterblichkeit für den Siraziden nicht außerzeitlich verankert. Sirach ist der Auffassung, dass der Tod *Folge der Sünde*, genauer, eine Übertretungstat im Garten Eden ist, die er – rezeptionsgeschichtlich an Problematik kaum zu unterschätzen[16] – auf die Verantwortung der Frau eng führt (Sir 25,24). Doch muss auffallen, dass im Unterschied zu Sir 14,12 in Sir 14,17 das Stichwort διαθήκη keinen Bezug zur Unterwelt hat.

Gerade diese ungewöhnliche Kombination in V. 12 führt auf eine andere Spur. Es legt sich nahe, dass Sir 14,12 *im griechischen Sirach* auch das Bündnis mit der Unterwelt in Jes 28,15 LXX im Hintergrund hat und es aus dem politischen Kontext gelöst anthropologisch wendet. Dort wirft Jesaja[17] den Spöttern und Sprücheklopfern in Jerusalem vor, die außenpolitische Lage gänzlich falsch einzuschätzen und sich selbst in höchster Gefahr für unangreifbar zu halten.

MT	LXX
Denn ihr sagt:	Denn ihr habt gesagt:
Wir haben einen Bund mit dem Tod geschlossen	Wir haben einen Bund mit der Unterwelt gemacht (ἐποιήσαμεν διαθήκην μετὰ τοῦ ᾅδου)
und mit der Unterwelt einen Pakt gemacht	und mit dem Tod ein Bündnis, (καὶ μετὰ τοῦ θανάτου συνθήκας[18])

[15] Möglicherweise klingt in dem πᾶσα σὰρξ die Rezeption von Ps 104,27–29 durch Ijob 34,14f an.

[16] Vgl. *Schüngel-Straumann*, Frau (1998), 11–20. So problematisch die Aussage heute ohne Zweifel ist, ist hier zu beachten, dass sie nicht im Zentrum der Auffassung vom Tod bei Sirach steht. Für Otto Kaiser steht „dieser Satz … unter seinen sonstigen Aussagen über den Tod so vereinzelt da, daß man sie bei der Rekonstruktion seines Denkens *über dieses Thema* geradezu übergehen kann" *Kaiser*, Mensch (2008), 220 (Hervorhebung C. F.). Die Aussage ist weder zu nivellieren oder zu marginalisieren noch darf sie zum Zentrum des sirazidischen Sünden- oder Todesverständnisses erhoben werden. Für den vorliegenden Zusammenhang spielt die Aussage nur bedingt eine Rolle, weshalb darauf im Folgenden nicht weiter eingegangen wird.

[17] Vgl. zur Zurückführung auf Jesaja *Barthel*, Prophetenwort (1997), 316f, mit Verweis auf die Literatur.

[18] Die LXX vertauscht gegenüber dem MT „Unterwelt" und „Tod".

Wenn die reißende Flut kommt, soll sie uns nicht erreichen,	wenn der Sturmwind vorübergeht, soll er nicht auf uns kommen, (καταιγὶς φερομένη ἐὰν παρέλθῃ οὐ μὴ ἔλθῃ ἐφ᾽ ἡμᾶς)
denn wir haben Lüge zu unserer Zuflucht gemacht	wir haben Falschheit zu unserer Hoffnung gemacht, (ἐθήκαμεν ψεῦδος τὴν ἐλπίδα ἡμῶν)
und in der Täuschung uns verborgen.	und die Falschheit wird uns beschützen. (καὶ τῷ ψεύδει σκεπασθησόμεθα)

„Der Sinn an sich ist klar: Sie haben sich abgesichert und sind überzeugt, daß ihnen nichts Übles passieren kann".[19] Als während der unruhigen Zeit des Thronwechsels von Sargon II. zu Sanherib im Jahr 706 v. Chr. die Zeit günstig scheint, schwingt sich Hiskija von Juda zum *spiritus rector* einer antiassyrischen Koalition mit Städten der gesamten Küstenregion auf, bei der er sich auch um die Beteiligung Ägyptens bemüht, da deren Beteiligung für einen politisch-militärischen Erfolg unabdingbar ist.[20] Jesaja ist dezidierter Gegner einer antiassyrischen Koalition, und sein „Zitat"[21] der Gegner könnte als Bild in dieser Richtung verstanden werden: Die Vorbereitung der Koalition (ברית) wird als Lüge und Täuschung bezeichnet, die reißende Flut ist das anrückende assyrische Kriegsheer in einer Vergeltungsaktion, dem die Koalitionswilligen standzuhalten meinen, weil sie ein Bündnis mit dem Tod geschlossen hätten. „Die Spötter verhalten sich so, als hätten sie einen Vertrag mit dem Tod und der Unterwelt abgeschlossen; als hätten ihnen beide zugesichert, sie nicht in ihre Gewalt zu bringen; als wären sie gleichsam, wenn natürlich auch nur auf Zeit, unsterblich".[22] Das illusorische Gefühl der Sicherheit wird dadurch ins Groteske gesteigert und polemisch verzeichnet. Jeder weiß, dass mit dem Tod nicht zu verhandeln ist und es vor den Wassern des Todes kein Entrinnen gibt (vgl. V. 18f).

19 *Wildberger*, Jesaja (1982), 1072, dessen Deutung auf religiöse Rituale der Privatfrömmigkeit, „Beschwörungsriten ..., die man als Bundesschließungen auffassen konnte", allerdings nicht überzeugt und mit Amuletten aus Arslan Taş kaum zu begründen sein wird. Gleiches gilt auch für die Annahme, es seien kultische Praktiken beim Bundesschluss mit Ägypten oder nekromantische Praktiken (so *Toorn*, Echoes [1988], 199–217) im Blick. Ablehnend dazu auch *Barthel*, Prophetenwort (1997), 318 Anm. 82.

20 Vgl. mit Bezug auf Jes 28 *Berges*, Buch Jesaja (1998), 207f.

21 Vgl. dazu *Barthel*, Prophetenwort (1997), 318: „Das Zitat ist weder als Protokoll einer Rede der Gegner Jesajas noch überhaupt als direkter Ausdruck ihres Selbstverständnisses mißzuverstehen. Es dient vielmehr der *kritischen Charakterisierung* des Verhaltens durch den Propheten".

22 *Kaiser*, Prophet (1983), 200.

Dass es keinen „Bund mit der Unterwelt“ und keinen „Pakt mit dem Tod“ geben kann, greift Sirach in seinem Mahnwort im Rückgriff auf Jes 28,15 durch das διαθήκη ᾄδου auf. Bei Sirach ist der zeitgeschichtliche Bezug vollständig einem anthropologischen gewichen, aber das ironische Moment geblieben. Eine Möglichkeit durch ein Bündnis dem Tod – und sei es nur auf Zeit – zu entkommen, ist dem Menschen nicht kundgetan. Trügerisch war die Sicherheitsillusion in Jerusalem zu Zeiten Jesajas und ebenso trügerisch ist für Sirach die Hoffnung, sich dem Tod entziehen zu wollen. Sterblichkeit ist ein nicht aufhebbares Faktum, und der Zeitpunkt des Todes ist für den Menschen unverfügbar. Durch den intertextuellen Bezug zu Jes 28,15 erhält Sir 14,12 G eine polemische Stoßrichtung, die die Grundaussage verstärkt.

Keine Freude über den Tod (Sir 8,5–7)

In einer Reihe von Mahnungen, die auf die grundsätzliche Haltung im Rahmen einer weisheitlichen Lebensführung zielen, spricht Ben Sira Sünde, Alter und Tod an. Die drei Mahnungen gehören zusammen, wie ein Blick auf ihre formalen Ähnlichkeiten im griechischen Text zeigen kann.

> 5 Beschimpfe keinen Menschen, der sich von der Sünde abwendet,
> bedenke, dass wir alle in Ehren stehen.
> 6 Beschäme keinen Menschen in seinem Alter,
> denn auch [manche] von uns werden alt.
> 7 Freue dich nicht über einen Toten,
> bedenke, dass wir alle sterben.

Die Mahnungen sind analog begründet, indem vom Einzelschicksal auf die Gattung abgehoben wird. Syntaktisch sind die Sätze jedoch leicht unterschiedlich gestaltet: V. 7 negiert wie V. 5 einen Imperativ (μὴ ἐπίχαιρε „freue dich nicht, μὴ ὀνείδιζε „beschimpfe nicht“). V. 6 benutzt hingegen den funktionsgleichen Konjunktiv des Aorist (μὴ ἀτιμάσῃς „beschäme nicht“).[23] Während V. 6 die Begründung durch καὶ γὰρ erfolgt, ist sie in V. 5.7 durch eine mit μνήσθητι ὅτι „bedenke, dass“ formulierte Aufforderung fortgesetzt. V. 6 beschränkt das

[23] Möglicherweise ist der Wechsel dadurch bedingt, dass gegenüber dem durativen bzw. iterativen Aspekt des Imperativ Präsens bei dem „beschämen“ eher ein punktueller Aspekt zum Ausdruck gebracht werden sollte oder das Verbot, die Alten zu beschämen als kategorisches Verbot unterstrichen werden soll (vgl. etwa *Blass/Debrunner/Rehkopf*, Grammatik [[17]1990], § 337).

Alter zutreffend nur auf einen Teil der Gattung („manche von uns werden alt"), während V. 5 durch πάντες für alle Menschen eine statusbezogene Würde und die Sterblichkeit aussagen. Die Aussagen sind insofern formal parallel, als der Aufforderung an die angeredete Einzelperson eine Begründung folgt, in der Allgemeinmenschliches in der 1. Pl. ausgesagt wird. Dieses Moment hebt die drei Mahnungen vom Kontext in Kap. 8 ab und macht sie zu einer Trias. Alle drei nehmen ein falsches Verhalten in den Blick, wobei das Prädikat semantisch bereits ethisch negativ konnotiert ist und auf die Herabsetzung der Ehre zielt: Das Schmähen ὀνειδίζω ist in den Psalmen ein Verhalten der Feinde und Frevler, das mit der Herabsetzung der Person verbunden ist (Ps 34,7; 41,11; 54,13; 73,18; 102,9 u. ö.), das Verachten ἀτιμάζω drückt vor allem in den Sprüchen die Herabsetzung des Nächsten (Spr 14,21), der Eltern (Spr 19,26; 30,17) oder des Armen im Tor (Spr 22,22) aus. Das Freuen ἐπιχαίρω schließlich meint selten die positiv konnotierte Freude[24], sondern weit öfter die triumphierende und herabsetzende Schadenfreude im Allgemeinen (Spr 17,5; 24,17) und der Frevler und Feinde im Besonderen (Ps 34,19.24.26; 37,17; 40,12; Mi 4,11; 7,8; Obd 1,12 u. ö.).

Insofern die Verben einen Vorgang bezeichnen, der den Wert einer Sache, einer Person oder eines Sachverhalts herabsetzt und damit negativ belegt, werden die drei Sachverhalte durch die Negation der Prädikate positiv gewertet. Es handelt sich um das gleiche dialektische Argumentationsmuster: Das negativ Konnotierte wird durch die Negation quasi wie in einer doppelten Negation verwandelt. Damit wird das Schlechte nicht einfach gut, sondern die Ambivalenz aller Dinge argumentativ entfaltet.[25]

a) Das ist bei der Abkehr von der Sünde V. 5 unmittelbar einsichtig. Die auf das allgemeine Menschsein abhebende Begründung ist insofern interessant, weil sie mit dem Status des Menschen argumentiert. Zwar zielt die Einheitsübersetzung in Anlehnung an H auf die Sündhaftigkeit des Menschen ab („denk daran, dass wir alle schuldig sind")[26], doch bezeichnet das nur hier und in 2 Makk 6,13 verwandte Adjektiv ἐπίτιμος im klassischen Griechisch den „Bürger, der in vollem Genusse aller seiner bürgerlichen Rechte ist".[27] Der Mensch, der sich von der Sünde, die ganz aus ihm selbst kommt (Sir 15,11.20), abkehrt, ist demnach als dem Vollbürger gleichgestellt zu betrachten

[24] Vgl. dazu *Frevel*, Freude (2006), 195f. Für die positive Wertung der Freude bei Sirach und die positive Verbindung mit Weisheit vgl. Sir 1,12.23; 2,9; 6,28; 15,6.
[25] Zu dem für Sirach charakteristischen Denkmodell vom „doppelten Aspekt aller Dinge" vgl. *Marböck*, Weisheit (1971), 152–154.
[26] Ähnlich *Sauer*, Jesus Sirach (2000), 95.
[27] *Pape*, Handwörterbuch (1914), 994; vgl. *Liddell/Scott*, Lexicon (^{9}1940), 667.

und darf in seinem Status nicht herabgesetzt werden. Es verdient Hochachtung, nicht beschämende Herabsetzung, wenn der Sünder Reue zeigt (Sir 4,26), die jedem Sünder geboten ist (Sir 17,25; 18,21; 21,1f; 28,2.4; 38,10).

b) Die Wertschätzung des Alters ist gerade für Jesus Sirach von hoher Bedeutung.[28] Zwar kommt Sirach im Vergleich mit Kohelet (Koh 11,7–12,8) seltener auf die Beschwerden des Alters zu sprechen, doch zeigt der Vergleich mit dem zerschlissenen Kleid (Sir 14,17) und den welkenden Blättern (Sir 14,18)[29], dass auch ihm die Beeinträchtigungen des Alters nicht fremd sind. Für den alternden Vater mahnt Sirach, ihn auch dann nicht im Status herabzusetzen, wenn die geistigen Kräfte nachlassen (Sir 3,12f). Alter ist für Sirach zwar kein Schutz vor Torheit (Sir 25,2), doch Ausdruck von Weisheit als Folge lebenslanger Gottesfurcht (Sir 8,9; 25,3–6; 32,3) und Beispiel gebend für die Jugend (Sir 6,34). Ein langes Leben ist Auszeichnung Gottes, weshalb die Alten wertzuschätzen sind. Doch die Begründung in Sir 8,6 weist nicht auf die göttliche Gnade als Begründung für die Mahnung, sondern auf den Sachverhalt, dass auch der angesprochene Einzelne wie „manche von uns" in den Stand hohen Alters gelangen kann. Damit stehen wohl ähnlich wie in Sir 3,13 die Beeinträchtigungen des Alters und der damit drohende Statusverlust in der Gesellschaft im Hintergrund. Diese Altersminderungen als solche sind nicht gut, sondern schlecht und für Sirach wie Krankheit und körperliche Schwäche mögliche Zeichen von Gottes Handeln. Ein moralisches Urteil darüber ist aber anmaßend und dem Menschen deshalb entzogen. Wenn die Zurechnungsfähigkeit nachlässt, Vergesslichkeit und Debilität den Greis beeinträchtigen, soll er vielmehr – der „goldenen Regel" (Lev 19,18; Tob 4,15 u. ö.) folgend – nicht herabgesetzt werden.

Im Vergleich mit Sir 8,5 ergibt sich als Verständnis: Obwohl die Sünde an sich moralisch verwerflich ist, bietet die Abkehr von der Sünde keinen Anlass, das Negative der Sünde dem Reumütigen anzulasten. Obwohl die Beeinträchtigungen des Alters schlecht sind und der im Alter erkennbaren göttlichen Auszeichnung scheinbar widersprechen, ist der Mensch hohen Alters nicht deswegen herabzusetzen, weil das Alter Kennzeichen göttlicher Wertschätzung und erworbener Weisheit bleibt.

[28] *Walkenhorst*, Ben Sira (1998), 217–237; *Frevel*, Herz (2009), 11–43.

[29] Vgl. zur traditionsgeschichtlichen Verbindung mit Homer, Ilias, VI.145-149 *Kaiser*, Carpe diem (2003), 266.

c) Folgt man dieser Deutung, liegt nahe, dass auch der Tod in V. 7 nicht grundsätzlich negativ konnotiert ist, denn „Gutes und Böses, Leben und Tod, Armut und Reichtum kommen vom Herrn“ (Sir 11,14). Eine Tendenz zur Negativwertung des Todes ist an anderen Stellen in Sirach deutlicher erkennbar. So hat der Mensch Angst vor dem Tod (Sir 40,2; 41,3) und der Gedanke an den Tod ist für den Gottesfürchtigen „bitter“ (πικρός) (Sir 41,1). Denn der Tod ist das Ende des Guten und Schönen (Sir 14,16), der Mensch erbt mit dem Tod „Maden, Geschmeiß und Gewürm“ (Sir 10,11 H^{A}[30], G liest ἑρπετὰ καὶ θηρία καὶ σκώληκας und verlagert das tierische Szenario stärker von der Verwesung in eine chaotische Gegenwelt mit Wildtieren und chtonisch konnotierten Reptilien, vgl. Sir 7,17 H^{A+C}[31]). Auch die gebotene Trauer um den Toten setzt den Tod als emotional negativ besetztes Ereignis voraus (s. dazu u.). Spätestens der Tag des Todes ist der Moment göttlicher Vergeltung des Guten wie Bösen (Sir 9,11f; 11,26; 28,6, vgl. 1,13; 2,3; 5,7; 18,24).[32] Dabei bleibt „die Art und Weise des erhofften göttlichen Vergeltens am Todestag ... interessanterweise völlig offen“.[33] Möglicherweise meint Sirach in der Art des Sterbens Anzeichen der göttlichen Sanktion zu erkennen (Sir 11,23–26). Die Vorstellung ist Teil eines Entwicklungsprozesses, in dem der Zusammenhang von Tun und Ergehen zeitlich immer weiter auseinanderfällt und schließlich über den Tod hinausreicht.[34]

Mit dem Tod geht der Mensch in die Unterwelt ein, und ab diesem Zeitpunkt ist der Mensch vollständig getrennt von Gott und seiner sozialen Mitwelt. Den Grundsatz, dass die Toten Gott nicht loben (Jes 38,18; Ps 6,6; 88,11 u. ö.), kennt auch Sirach (Sir 17,27), und außer Sir 48,11 und den Sonderfällen Henoch (Sir 48,9) und Elija (Sir 49,14) gibt es im hebräischen Sirachbuch wie über weite Strecken des Alten Testaments keine Hoffnung auf Errettung aus der Endgültigkeit des Todes. „Von einem Leben nach dem Tode weiß Ben Sira nichts“[35] schreibt G. Sauer am ehesten mit Blick auf die ältere hebräische Textfassung. Jüngere Stellungnahmen haben das für den griechischen Text differenzierter zum Ausdruck gebracht: „Anders als in der hebräischen Texttradition“ scheint im Septuagintatext „die Vorstellung eines postmortalen Ausgleichs und immerhin die Möglichkeit einer Totenauferstehung der Gerechten im Hinter-

30 Übersetzung EÜ, vgl. schon *Smend*, Weisheit (1906), 16.

31 Vgl. zu der Verschiebung der Aussage von Sir 7,17 hin zu einem Totengericht in der griechischen Texttradition („denn die Strafe des Gottlosen ist Feuer und Wurm“) *Schnocks*, Totenerweckung (2007), 302f.

32 Vgl. dazu *Marböck*, Gerechtigkeit (2001), 26–28.

33 Ebd., 27.

34 Vgl. ebd., 44–48.

35 *Sauer*, Jesus Sirach (2000), 283.

grund zu stehen".[36] Klar oder eindeutig ist die Entwicklung aber in Sirach nicht nachvollziehbar. Interessanterweise bleibt Sirach auch in G in Bezug auf die Rolle des Todes nahezu durchgängig bei der Position, dass der Tod ein absolutes und unhintergehbares Ende darstellt.

Dabei wird Tod als das natürliche und von Gott verfügte Ende verstanden. Das Eintreten des Todes hat der Mensch weder positiv noch negativ zu kommentieren oder gar zu werten, sondern als göttliches Gesetz (Sir 14,17) zu akzeptieren. Schadenfreude selbst über den frühen Tod des Widersachers oder das Verscheiden des Feindes ist dem Menschen versagt, das Gericht ist allein Sache Gottes.

Wie in den vorhergehenden Versen wird die Begründung für die Mahnung nicht mit Verweis auf die Göttlichkeit des Gerichts begründet, sondern anthropologisch mit der Sterblichkeit. Das Wissen um die Unverfügbarkeit des eigenen Todeszeitpunkts soll den Menschen davor bewahren, über den Tod anderer zu urteilen.

Ganz analog zu V. 5f wird die entfaltete Paradoxie der beiden Vershälften produktiv als Argument genutzt: Dabei kennzeichnet den Tod im weisheitlichen Denken eine unaufhebbare Ambivalenz. Einerseits ist der Tod – insbesondere der frühe und „unverdiente" Tod – etwas Schlechtes, weil an ihm die Vorstellung göttlicher Gerechtigkeit dann zu zerbrechen droht, wenn es keinen nachtodlichen Ausgleich gibt. Andererseits ist aber der Tod, in dem alles Schlechte, Böse und Sündige des Menschen offenbar wird, insbesondere beim Tod des Gottlosen Erweis von Gottes Gerechtigkeit. Insofern der Tod aber auch im Tod des Sünders absolutes Ende bedeutet, und die Beziehungslosigkeit/Freudlosigkeit der Existenz in der Unterwelt dem positiv gewerteten Leben/der Freude diametral entgegengesetzt ist, bleibt der Tod etwas an sich Negatives. Obwohl also der Tod an sich nichts Gutes ist, und obwohl Freude an sich etwas Positives ist, soll der Tod kein Anlass herabsetzender Schadenfreude werden, weil das Urteil Gott vorbehalten ist. Ebenso wie die Umkehr des Sünders und das Alter wird der Tod im Nachsatz *nicht* negativ gewertet.

Sir 8,7 stellt wie Sir 14,12 die Unverfügbarkeit des Todes heraus. Der Zusammenhang des Todes mit dem Leben ist jedoch etwas anders gelagert. In Sir 14,12 stand die Unausweichlichkeit des Todes im Vordergrund, aus der im *carpe diem* eine Handlungsmaxime für das Leben des Einzelnen abgeleitet werden konnte. Demgegenüber treten hier das Leben des Verstorbenen und sein *Zusammenhang* mit dem Tod in den Blick. Der „Tod der Anderen" rückt in den Blick, steht aber nicht im Fokus, denn die Argumentation zielt auf den Um-

[36] *Schnocks*, Totenerweckung (2007), 303. Vgl. zur Entwicklung *Schnocks*, Rettung (2008).

gang mit dem Tod. Der Mensch ist für seine Taten verantwortlich (Sir 15,11–20; 17,1–7) und das Leben aus der Rückschau auf das Ganze erst zu beurteilen. Da der anthropologisch unausweichliche Tod gleichzeitig als von Gott *verfügtes* Gericht verstanden wird (was im Kern seine Ambivalenz ausmacht), setzt die Schadenfreude über den Tod ein Urteil über das Leben des Verstorbenen voraus. Es geht demnach in der Mahnung, keine Freude über den Tod zu empfinden, *nicht* um Pietät im Umgang mit dem Tod, sondern um das anmaßende Urteil über die Gerechtigkeit des Todes.

Ihr liegt die weisheitliche Spannung zugrunde, dass der Tod zwar als Zeichen des Gerichtes verstanden werden kann, aber nicht jeder Tod gleich ist. Nicht jeder plötzliche oder qualvolle Tod trifft den Ungerechten und nicht jeder Gerechte stirbt einen „sanften" Tod nach langem erfülltem Leben. Das Urteil über einen Menschen kann gerade unter weisheitlicher Rücksicht nicht allein aufgrund der Umstände des Todes gefällt werden. Sir 8,7 hält demgegenüber das Moment des Unerklärbaren fest. Dem Menschen ist die Einsicht in den Grund wie den Zeitpunkt des Todes letztlich entzogen. Durch das fehlgehende Urteil über den Tod eines Menschen soll das Andenken an den Verstorbenen, das als einziges den Tod überdauert (Sir 37,26; 39,9; 41,11; 44,8.14), nicht beschädigt werden.

Trauer als Lebenshindernis? – Zum rechten Umgang mit dem Tod (Sir 38,16–23)

So wie der Tod Zeichen des göttlichen Gerichtes ist, so wird auch Krankheit aufgrund des Zusammenhangs von Tun und Ergehen als Folge göttlichen Eingriffs verstanden. Im weisheitlichen Denken konnektiver Gerechtigkeit ist Krankheit zunächst Ausdruck einer Beziehungsstörung zwischen Mensch und Gott.[37] Krankheit ist nicht ausschließlich, aber primär Folge der Sünde. Insofern die „Beziehungsstörung" zwischen Gott und Mensch, die durch die Sünde verursacht wird, letztlich nur von Gott in erneuter gnadenhafter Zuwendung aufzuheben ist, kann der Mensch Krankheit nicht aus sich heraus heilen. „Ich bin YHWH, dein Arzt" (Ex 15,26). Unter dieser Voraussetzung setzt Heilung im weisheitlichen Verständnis das Handeln Gottes zwingend voraus.[38] Ein Arzt als *Heilender* hat in diesem Denken keinen Platz. Sirach ist bemüht, die scheinbar diametralen Sichtweisen „die Heilkompetenz liegt bei Gott" und „die Heilkompe-

[37] Vgl. *Frevel*, Menschsein (2003), 24f.
[38] Vgl. *Frevel*, Menschen (2009).

tenz liegt beim Arzt“ zueinander in Beziehung zu setzen und so miteinander zu versöhnen.

Mit der Ausbildung medizinischer Spezialisten und der Loslösung von Diagnose und Behandlung aus dem kultischen Kontext verschiebt sich spätestens in hellenistischer Zeit die oben beschriebene Einschätzung. Der Arzt wird zum Subjekt der Heilung. Diese Einschätzung widerspricht dem Zusammenhang von Gottes Handeln in Krankheit und Heilung, was die Skepsis, die über weite Strecken im AT dem Arzt entgegen gebracht wird (Ijob 13,2; Tob 2,10; 2 Chr 16,12), erklärt.[39] Die positive Wertung des Arztes in Sir 38 ist auf diesem Hintergrund zu sehen.[40] Der Arzt ist wertzuschätzen (Sir 38,1) und notwendig (Sir 38,12), weil er nicht aus sich selbst heraus zu heilen imstande ist, sondern weil ihm seine Kompetenz von Gott gegeben ist und letztlich Gott in ihm handelt (Sir 38,1f.8.13f). Der Arzt steht nicht in Konkurrenz zu Gott, sondern stellt eine vermittelnde Instanz dar (Sir 38,15). Er übernimmt in Sir 38 die Rolle des Ritualexperten als Mittler zwischen Mensch und Gott. Die Heilkompetenz liegt – wie beim Ritual – ausschließlich bei Gott: „Mein Kind, wende dich in deiner Krankheit nicht ab, sondern bete zum Herrn und er wird dich heilen“ (Sir 38,9 EÜ).

Scheinbar wird nun in Sir 38,16 ein neues Thema angeschlagen, wenn Sirach auf die Trauer um einen Toten zu sprechen kommt. Doch vorausgesetzt ist ein enger Zusammenhang von Krankheit und Tod, so dass der assoziative Übergang weniger hart ist. Unter der Voraussetzung des Zusammenhangs von Krankheit und Sünde Sir 38,15 steht das weisheitliche Denken in der Gefahr eines zu simplen Syllogismus, der den Tod ausschließlich als gerechte Folge auffasst: Wenn die Krankheit Folge der Sünde ist und von der Krankheit keine Heilung erfolgt, liegt es nahe, den darauf folgenden Tod als Strafe Gottes zu begreifen, der die Heilung versagt und durch das Sterben sein Gericht vollzogen hat. Da Gottes Handeln aus vollkommener Weisheit und in Gerechtigkeit geschieht, ist der Tod gerecht. Impliziert dann nicht die Klage um den Tod eine Distanz gegenüber dem gerechten Handeln Gottes? Muss die Trauer um einen Verstorbenen unter dieser Voraussetzung nicht als Infragestellung des Gerichts Gottes verstanden werden? Die Fragen, die als Konsequenz der weisheitlichen Grundsätze begriffen werden könnten, würden zu einem absurden und pietätlosen Umgang mit dem Tod führen. Hier greift Sirach ein und betont die Wertigkeit der Trauer als Element sozialen Handelns, begrenzt aber zugleich die Bedeutung des faktischen Todes für die soziale Welt der Lebenden. Ist der Gedankengang richtig,

[39] Vgl. dazu *Frevel*, Krankheit (2006), 286.
[40] Vgl. zu Sir 38,1–16 *Marböck*, Weisheit (1971), 154–160.

erklärt sich aber zugleich die eigenartige Distanz gegenüber zu starker und langer Trauer, die in dem Abschnitt zum Ausdruck kommt.

Zu Beginn fordert Sirach auf, die traditionellen Klage- und Trauerriten nicht abzulehnen. Dabei werden in V. 16 zunächst fünf miteinander zusammenhängende Handlungsmuster angesprochen: Der Weisheitsschüler wird angehalten, um einen Toten zu weinen (κατάγαγε δάκρυα), wie einer, dem furchtbares Leid widerfahren ist (ὡς δεινὰ πάσχων), *sich zu verhalten* (d. h. Klagegesten auszuführen), den Klagegesang anzustimmen (ἔναρξαι θρήνου), den Leichnam in ein Tuch zu wickeln (περίστειλον τὸ σῶμα αὐτοῦ) und am Begräbnis teilzunehmen bzw. dafür Sorge zu tragen (μὴ ὑπερίδῃς τὴν ταφὴν αὐτοῦ). Es handelt sich dabei um Teile des in Phasen gestuften Trennungsprozesses, in dem kulturübergreifende Separationsriten das Ausscheiden des Verstorbenen aus der Welt auf Seiten der Überlebenden sichtbar werden lassen.[41] V. 17 greift mit seiner Mahnung hinter diese Phasen des Umgangs mit dem Tod hinaus auf die Zeit nach dem Begräbnis, das in der Regel sehr zeitnah zum Tod – am selben Tag – erfolgt und an das sich eine längere Trauerphase anschließt. Der Vers beginnt mit Formulierungen, die semantisch im Sirachbuch keine Parallelen haben, und in denen noch einmal zu starken emotionalen Äußerungen aufgefordert wird (πίκρανον κλαυθμὸν καὶ θέρμανον κοπετὸν, etwa „sei bitter betrübt und klage heftig“). Die angeschlossene Aufforderung zur Trauer (πένθος) wird zweifach näher bestimmt. Sie soll dem Status des Toten entsprechen (κατὰ τὴν ἀξίαν αὐτοῦ) und einen oder zwei dauern (ἡμέραν μίαν καὶ δύο). Die Zeitangabe überrascht, weil die öffentliche Trauer nach biblischen Angaben in der Regel sieben Tage (Gen 50,10; Jdt 16,24; 1 Sam 31,13; 1 Chr 10,12; vgl. Ijob 2,13; Num 19,11), in Ausnahmefällen sogar länger (Gen 50,3; Num 20,29; Dtn 34,8) dauert. Die siebentägige Frist nennt auch Sir 22,12 als Richtschnur.[42] Während die Trauer sonst als angemessene Reaktion auf den Tod betrachtet wird, scheint sie hier lediglich geboten, damit keine üble Nachrede (χάριν διαβολῆς) aufkommt.[43] Nach der kurzen Frist soll sich der Hinter-

41 Vgl. Gen 23,2; 27,41; 37,34; 50,10; 2 Sam 1,17; Jer 49,3; Am 5,16; Mi 1,16; 1 Makk 13,26; Weish 19,3; Sir 38,16 u. ö. Zu den Klage- und Separationsriten vgl. weiter *Schroer*, Kompetenzen (2004), 9–34; *Bons*, Umgang (1997), 301–314; *Kruger*, World (2005), 41–49 und *Zenger*, Israel (1990), 132–152. Zu Sir 38 vgl. auch *Beentjes*, Tränen (2003), 233–240.

42 Zu einer diachronen Lösung, die wenig weiterführend ist, vgl. *Schrader*, Leiden (1994), 293.

43 Der hebräische Text ist auf den ersten Blick milder, weil er die Trauer mit den Tränen (דמעה) begründet. Sowohl *Skehan*, Wisdom (1987), 440 als auch *Beentjes*, Tränen (2003), 236 schlagen aber begründet vor, dass die hebräische Vorlage דבתים/דבה „Gerüchte“ gelesen hat.

bliebene über den Tod hinwegtrösten (παρακλήθητι λύπης ἕνεκα) und versuchen, den Toten und sein Verscheiden aus dem Denken zu verdrängen. Löst man diese Aussagen aus ihrem Kontext, kommt in ihnen eine geradezu zynische Härte im Umgang mit dem Tod zum Ausdruck. „Sein Rat, sich an das Schickliche zu halten, mag manchem als herzlos“[44], „hart und zynisch“[45] oder lediglich als Ausdruck aufgeklärter Nüchternheit[46] erscheinen, doch sind vor einer zu raschen Ablehnung aus sozialpsychologischen und pastoralen Rücksichten[47] zwei Aspekte zu berücksichtigen: (1) Den Ausführungen voran steht in V. 16 die Aufforderung zu konventionellem äußerem Trauerverhalten, das nicht abgelehnt, sondern empfohlen wird. Durch aufeinanderfolgenden Handlungen wird der gesamte Trauerprozess vom Sterben bis zum Begräbnis abgeschritten und als Voraussetzung des Folgenden positiv gewertet. (2) Die Marginalisierung der Trauer muss im Kontext als Hinwendung zum Leben verstanden werden, die wiederum unter das *memento mori* eingeordnet wird. Auf den letzten Punkt ist noch näher einzugehen.

Dazu ist zunächst auf die zweite eigenartige Aussage am Schluss des Abschnitts hinzuweisen: In der Ruhe des Toten soll die Erinnerung an ihn zur Ruhe kommen (ἐν ἀναπαύσει νεκροῦ κατάπαυσον τὸ μνημόσυνον αὐτοῦ, Sir 38,23). Angesichts der Auffassung, dass von dem Toten nichts überdauert außer das Gedächtnis an ihn bzw. seinen Namen (Sir 37,26; 39,9; 41,11; 44,8.14, vgl. 15,6), verwundert die Aufforderung, dies ruhen zu lassen. Denn gerade die Erinnerung (μνημόσυνον) an den Weisen wird auf immer nicht schwinden (Sir 39,9), während das Gedächtnis (μνημόσυνον) an den Frevler ausgelöscht (καταπαύω) wird (Sir 10,17). Es liegt daher nahe, in dem Verstorben nicht einen beliebigen Menschen zu sehen, sondern den exemplarischen Sünder, dessen Gedächtnis getilgt werden soll. Eine solche Lösung hat L. Schrader angedeutet.[48] P. C. Beentjes hat dies mit dem Hinweis verworfen, dass in Sir 38,23 das Stichwort „Name“ nicht vorkommt, das in allen Gedächtnis-Stellen in H auftaucht.[49] Zwischen den beiden Auffassungen lässt sich nicht wirklich sicher entscheiden. Die Bezüge zwischen Sir 38,23 und Sir 39,9; 11,17 im griechischen Text scheinen den Bezug auf die Gottlosen nahe zu legen, doch zeigt der Text ansonsten keine moralisch-ethische Differenzierung an. Mit einem näheren Blick auf die Argumentation soll gezeigt werden, dass eine Engführung auf die Sünder möglich, aber

44 *Kaiser*, Verständnis (2001), 185.
45 *Schrader*, Leiden (1994), 299.
46 Vgl. *Sauer*, Jesus Sirach (2000), 264.
47 Vgl. *Strothmann*, Buch Jesus (^{3}2005), 1368.
48 Vgl. *Schrader*, Leiden (1994), 296.
49 Vgl. *Beentjes*, Tränen (2003), 240.

keinesfalls zwingend ist. Dabei wird sich herausstellen, dass es dem Abschnitt um etwas anderes geht als um das Gedächtnis der Toten und deren Relation zur Dauer der Trauerzeit:

Dem ganzen Abschnitt Sir 38,16–23 geht es um die Gegenwart und Lebensgestaltung des Hinterbliebenen. Das Stichwort der Erinnerung/Vergegenwärtigung weist insbesondere auf V. 20 zurück, der mit der Aufforderung schließt: μνησθεὶς τὰ ἔσχατα „Gedenke des Endes" (H^B זכור אחרית[50]). Zur Vergegenwärtigung des eigenen Endes (*memento mori*) wird auch in Sir 7,36; 14,12; 28,6; 41,3 aufgefordert, doch nur wird diese Aufforderung so eng mit dem „Tod der Anderen" und der Trauer verbunden. Der Blick auf das eigene Ende bzw. die zu gestaltende Zukunft des eigenen Lebens soll von zu starker Trauer über den Verstorbenen abhalten. Der Hinterbliebene soll von dem Verstorbenen ablassen und sich nicht in Trauer über dessen Tod ergehen (μὴ δῷς εἰς λύπην τὴν καρδίαν σου ἀπόστησον αὐτὴν). Das hier zum letzten Mal auftauchende Stichwort λύπη „Trauer, Sorge, Schmerz" (V. 17.18 *bis*.19.20) hatte zusammen mit „Herz" (καρδία V. 18.19.20) den Abschnitt V. 17–20 bestimmt. In einer Kette waren die gravierenden Folgen der Trauer entfaltet worden.[51] Nach dem griechischen Text geht aus ihr V. 18 sogar *der Tod* (θάνατος) hervor. Sirach versteht die Trauer als Lebensminderung, die dem Tod gleichkommt und deshalb begrenzt werden soll. „Sie beugt die Kraft des Herzens" V. 18b, d. h. sie lenkt vom Weg der Weisheit ab. Die Trauer nutzt dem Verstorbenen nichts, weil sie dem Hinterbliebenen schadet (καὶ σεαυτὸν κακώσεις, V. 21). Voraussetzung ist die Endgültigkeit *und* Unumkehrbarkeit des Todes. Das wird dem Hinterbliebenen im hebräischen wie griechischen Text von V. 21 gleichermaßen eingeschärft: In H^B heißt es „denn es gibt für ihn keine Hoffnung mehr" (כי אין לו תקוה), womit ähnlich wie in Ijob 14,7.19; 27,8, und eng geführt auf den Gottlosen in Ijob 8,13; Spr 10,28; 11,7, formuliert wird. In G sind die Opposition zum Leben und die Endgültigkeit des Todes noch deutlicher betont: „Vergiss nicht, es gibt keine Rückkehr" (μὴ ἐπιλάθῃ οὐ γάρ ἐστιν ἐπάνοδος) (aus der Unterwelt)! Hier ist selbst von der Totenauferstehung der Gerechten keine Spur zu entdecken, was in G noch einmal

50 *P. C. Beentjes*, Tränen (2003), 239 möchte das אחרית offener auffassen und auf die nahe Zukunft beziehen („gedenke dessen, was danach kommt", sehr deutlich auch EÜ „denk an die Zukunft"). אחרית kann aber schon biblisch das Ende meinen, eine Bedeutungsnuance, die sich in der Qumranliteratur verstärkt. Vgl. *Marböck*, Gerechtigkeit (2001), 26: „Sirach konzentriert und radikalisiert diese Zukunft – אחרית als Ende, d. h. der Tod wird zur letzten, eigentlichen Offenbarung bzw. Herstellung von Gottes Gerechtigkeit".

51 Dabei wird der nur in G überlieferte V. 19 meist als Glosse eingestuft, vgl. *Sauer*, Jesus Sirach (1981), 597.

den Bezug auf die Sünder nahe legt, für die jegliche Hoffnung mit dem Tod vorbei ist.

Wie auch immer zwischen den Interpretationsalternativen zu entscheiden ist, steht die Frage einer moralisch-ethischen Wertung des Verstorbenen nicht im Vordergrund. Es geht demnach eigentlich gar nicht so sehr um den Toten und das Gedenken an ihn im Sinne eines ehrenvollen Andenkens, sondern um den Überlebenden und dessen Umgang mit dem Tod. Der Hinterbliebene wird durch das *memento mori*, das schon implizit in V. 20 zum Ausdruck kommt, radikal auf das Leben zurückgeworfen. Das macht die abschließende Schlussmahnung in V. 22 deutlich, die den Überlebenden an den Tod erinnert. „Gedenke, dass seine Bestimmung (חוקו) auch deine Bestimmung (חקך) ist, er gestern und du heute" (H^B). In G bezieht sich auffälligerweise der Sprecher mit in die Sentenz ein, als wenn der Tote selbst den Überlebenden mahnen würde: „Gedenke, dass *mein* Geschick, dass dieses auch dein ist. *Mir* gestern und dir heute (ἐμοὶ ἐχθὲς καὶ σοὶ σήμερον). Der Tod der Anderen wird hier zur Mahnung an eine Lebensgestaltung im *Heute*, die dem Leben und der Weisheit zugewandt ist.[52] Zu tiefe Trauer, die die Möglichkeit eines *positiven* Lebens verhindert bzw. sich von ihm abwendet und den Trauernden so in die Nähe des Todes rückt (V. 18), birgt die Gefahr, die Begrenztheit des eigenen Lebens nicht in Handlungsoptionen umzusetzen. Hier fordert Sirach um der weisheitlichen Lebensgestaltung willen zum Maßhalten auf, ohne die gebotene Trauer um den Verstorbenen damit zu verneinen. Der Grundsatz „Schenk jedem Lebenden deine Zuwendung (χάρις), und auch dem Toten versag deine Güte (χάρις) nicht!" (Sir 7,33) gilt auch im Licht von Sir 38,16–23. Sich aber gegen den von Gott verfügten Tod aufzulehnen oder angesichts des Todes und der eigenen Todesverfallenheit in Resignation zu verfallen, ist dem Weisen nicht angemessen. Das macht ein abschließender kurzer Blick auf Sir 41 deutlich.

Der „gute" und der „bittere" Tod (Sir 41,1–4)

Der Abschnitt thematisiert den Tod in einer Dichte, die ihn geradezu als Zusammenfassung der Aussagen zum Tod erscheinen lässt.[53] Die bereits herausgestellten Kernaussagen aus Sir 8,5–7; 14,12 und

[52] Vielleicht folgt nicht umsonst der Abschnitt über die Weisheit Sir 38,24–39,11, vgl. besonders 39,9.11.

[53] Vgl. *Reiterer*, Deutung (1990), 227. Eine umfassende Exegese kann im Rahmen dieses Aufsatzes nicht geleistet werden, vgl. ebd. 209–228 und *Schrader*, Leiden (1994), 237–252 für eine eingehende Analyse allerdings nur der hebräischen Textfassung.

38,16–23 werden implizit vorausgesetzt. Dabei scheint es in Sir 41,1–4 auf den ersten Blick um Wertungen des Todes und die Sterblichkeit als gegebenes Grunddatum des Menschseins zu gehen. Dass hinter Sir 41,1–4 mehr steckt, was hier nur in Ansätzen entfaltet werden kann, wird deutlich, wenn man sich dem Text selbst zuwendet. Die Übersetzung, die sich an den komplexen Text eher herantastet als dass sie ihn sprachlich glättet, wird im Folgenden erläutert:

> 1 O Tod, wie bitter ist die Erinnerung an dich für einen Menschen,
> der in Frieden in seinem Besitz/seiner Existenz lebt, für einen sorgenfreien Mann
> und dem es in allem wohl ergeht,
> und der noch Kraft hat (geistige?) Nahrung anzunehmen.
> 2 O Tod, wie gut ist dein Urteil für einen Menschen, der bedürftig ist
> und dem es an Kraft fehlt, dem sehr Alten, dem es an allem fehlt,
> dem Ungehorsamen und dem die Hoffnung/Standfestigkeit geschwunden ist.
> 3 Fürchte dich nicht vor dem Urteil des Todes,
> gedenke deiner Vorfahren und der Zukünftigen!
> 4 Dies ist das Urteil vom Herrn für alles Fleisch.
> Und was lehnst du dich gegen den Willen des Höchsten auf?
> Ob zehn, ob hundert, ob tausend Jahre:
> Es gibt keine *auf das Leben zielende* Zurechtweisung in der Unterwelt.

Mit der vokativischen Anrede des Todes in V. 1.2 lässt sich zunächst ein Bogen zum Beginn der Ausführungen zu Sir 14,12 schlagen, wo der Tod ebenfalls eine personifizierte Größe war. Wie dort durch die Personifizierung die Unausweichlichkeit und die Unberechenbarkeit des Todes unterstrichen worden ist, so wird der Tod hier durch die direkte Anrede zu einer gegenwärtigen Wirklichkeit. Nähe und Präsenz des Todes werden so gleichermaßen betont.[54] Dabei werden in V. 1f durch die Adjektive πικρός und καλός grob zwei *Wahrnehmungen* des Todes unterschieden: der „bittere“ und der „gute“ Tod. Wichtig ist jedoch vorab festzuhalten, dass im Text der Tod selbst *nicht* als „bitter“ oder „gut“ qualifiziert wird, sondern die Adjektive auf die Wahrnehmung des Todes bezogen werden. In den ersten beiden Versen werden zwei *Typen von exemplarischen* Menschen in ihrem Verhältnis zum Tod gegenüber gestellt. Das zeitlich einschränkende ἔτι „noch“ in V. 1 und der ἐσχατογήρως „der besonders alte Mensch“ in V. 2 scheinen auf den ersten Blick den Gegensatz zwi-

54 Sir 40,1 beginnt in H^B mit חיים „Leben“. In der Masada-Textüberlieferung sowie in einer Marginalie zu H^B steht stattdessen הוי „wehe“, weshalb der Text meist geändert wird (z. B. *Sauer*, *Reiterer*). Der Weheruf הוי ist ansonsten keinmal außerhalb der Prophetie belegt. Der einzige Beleg außerhalb des Prophetenkorpus ist in der Prophetenerzählung 1 Kön 13,30. Die Änderung lässt sich m. E. auch nicht durch Sir 37,3 stützen (so *Reiterer*, Deutung [1990], 212).

schen einem jugendlichen und einem alten Menschen nahe zu legen[55], doch darum scheint es Sirach nicht zu gehen. Vielmehr geht es um das weisheitlichen Paradigma des Gerechten und des Frevlers.

Für den erfolgreichen und in Ruhe in seinem Besitz lebenden Menschen ist die Vergegenwärtigung (μνημόσυνον) des Todesgeschicks[56] „bitter", weil ihm darin vor Augen steht, dass die Zeit für das Genießen der Güter begrenzt ist. Dem Glücklichen, dem alles gelingt, wird in V. 2 der paradigmatisch Arme gegenübergestellt. Für den Bedürftigen und Niedrigen, der über alles in Sorge ist und dem die Hoffnung vernichtet ist, erscheint die Bestimmung (wörtl. das Urteil τὸ κρίμα[57]) zum Tod hingegen nicht als Last, sondern als „gut". Bemerkenswert ist, dass in G der beispielhaft Bedürftige und Strauchelnde explizit als ἐσχατογήρως, als Greis besonders hohen Alters, bezeichnet wird.[58] Dabei geht es dem Enkel Sirachs wohl nicht um die Todessehnsucht des gebrechlichen und lebenssatten Alten. Vielmehr wird im Zusammenhang von hohem Alter und Erfolglosigkeit nach dem weisheitlichen Beurteilungsmaßstab der konnektiven Gerechtigkeit eine Diskrepanz deutlich. Denn die Qualifizierungen, die dem paradigmatischen Niedrigen zugesprochen werden, würden alle ein kurzes Leben erwarten lassen. Durch die Beeinträchtigungen und Minderungen ist dieses – legt man das alttestamentliche Todesverständnis zugrunde – bereits in die Nähe des Todes gerückt. Indem gerade dieser Mensch als besonders alt gekennzeichnet wird, erscheint sein Tod als konsequente Folge eines missglückten Lebens (vgl. Sir 30,17 ζωὴν πικρὰν). Es geht damit – auch wenn diese Bedeutung mitschwingen mag – nicht primär um den Tod

[55] So *Reiterer*, Deutung (1990), 219–222.228 im Anschluss an ältere Kommentare. Im Hintergrund von V. 2 stehe ein „alter, insbesondere zuvor agiler Mensch, der physisch gebrechlich geworden ist, überall aneckt, seiner Umwelt durch typische, altersbedingte Sturheit auffällt" (222). Diese Deutung legt sich schon wegen der oppositionellen Entsprechung zu V. 1 kaum nahe, wo die Frage des Alters explizit keine Rolle spielt.

[56] Vgl. zum Verständnis als Schicksal (μοῖρα θανάτου) *Middendorp*, Stellung (1973), 24.

[57] τὸ κρίμα hat dem hebr. משפט entsprechend in der LXX (vgl. *Büchsel*, κρινω κτλ. [1990], 920–955) und bes. in den 18 Sirach-Belegen (Sir 17,12; 18,14; 19,25; 20,4; 21,5; 32,16; 38,22.33.34; 41,2.3.4; 42,2; 43,10.13; 45,5.17; 48,7) eine über das Einzelurteil und die strafende Verurteilung hinausgehende Bedeutungsbreite und meint auch die schicksalhafte Bestimmung bzw. die Einzelgebote Gottes bzw. *pars pro toto* das Gesetz.

[58] *Reiterer*, Deutung (1990), 218, weist auf das כושל „strauchelnd" in Sir 42,8 H^{Mas} hin, das vielleicht mit dem „Greis" שיב in Sir 42,8 H^{B} zu verbinden ist (der Text in H^{Mas} ist fragmentarisch). Diese Hypothese lässt sich vielleicht über G stützen: Da die beiden Stellen auch in G die einzigen Belege von ἐσχατογήρως in Sirach sind, liegt nahe, dass das Stolpern/Straucheln als Kennzeichen der Gebrechlichkeit im Alter verstanden worden ist.

als Erlösung aus der Gefangenschaft eines nicht mehr lebenswerten Lebens.

Dass die Passage erneut auf den weisheitlichen Umgang mit dem Tod zielt, macht die Fortsetzung in V. 3 deutlich, wo die Stichworte Vergegenwärtigung (μνημόσυνον V. 1) und Bestimmung (κρίμα V. 2) wieder aufgegriffen werden. Der Weisheitsschüler wird jetzt direkt angesprochen und mit dem Tod konfrontiert. Er soll sich nicht vor dem Todesschicksal – oder personal gewendet: dem Urteil des Todes (κρίμα θανάτου) – fürchten, weil es *alle* trifft. In knapper Formulierung (wörtl.: „Gedenke deiner Vorfahren und der Zukünftigen") wird von dem Einzelschicksal auf das Allgemeinmenschliche abgehoben: Sterblichkeit ist das von Gott her bestimmte Schicksal des Menschen (τοῦτο τὸ κρίμα παρὰ κυρίου πάσῃ σαρκί V. 4a). Die folgende rhetorische Frage „Was lehnst du dich gegen den Willen des Höchsten auf?" (τί ἀπαναίνῃ ἐν εὐδοκίᾳ ὑψίστου) richtet sich an den Weisheitsschüler.[59] Von der Argumentation her ist klar, dass sich dieser nicht unter die Gruppe der Armen und Gebeugten zu rechnen hat, sondern der Gruppe in V. 1 angehört. Die Haltung desjenigen, der aufgrund seines Wohlstands und Wohlergehens den Gedanken an den Tod „bitter" findet und den Tod ablehnt, wird so scharf kritisiert, weil sie Gottes Fügung in Frage stellt. Würde diese Auflehnung gegen den Gotteswillen schon als Begründung vollkommen ausreichen, unterstreicht der Nachsatz noch einmal mit einem Blick auf die Welt des Todes: In der Unterwelt gibt es keine „Zurechtweisung des Lebens" oder „lebendige Zurechtweisung". Das singuläre ἐλεγμὸς ζωῆς am Ende von Sir 41,4 bleibt rätselhaft. ἐλεγμὸς steht in der LXX z. T. für das klassische ἔλεγξις (LXX nur Ijob 21,4), das eine argumentative Überzeugung, Überführung oder Widerlegung bezeichnet.[60] In Ijob 23,4; Ps 38,16 und Ps 39,12, wo ἐλεγμός wie ebenfalls hier als Übersetzung des hebräischen תוכחות[61] benutzt wird, steht es für den Gegenbeweis im Gerichtsverfahren bzw. den Schuldaufweis. In Sirach wird es meist im Sinn einer weisheitlichen oder Tora-bezogenen „Zurechtweisung" gebraucht (Sir 20,29; 21,6; 32,17; 41,4). Das Nomen ζωή „Leben" hingegen qualifiziert zugleich Sachverhalte oder Begriffe als „lebendig" (Sir 21,13). In adhortativen Kontexten im weitesten Sinne fällt es in Sirach besonders als Qualifizierung der Tora auf: „Er hat ihnen Kenntnis/Weisheit gegeben und das lebens-

59 In H^B steht hier בתורת על[…] „gegen die *tôrāh* des Höchsten", womit nicht die mosaische Tora (vgl. Gen 2,17; 3,3) gemeint sein dürfte, sondern die umfassende Ordnung Gottes, der die Weisung entspricht. Dennoch wird durch die Semantik ein gesetzlicher Kontext eingespielt und der Verbindlichkeitscharakter deutlich.

60 Vgl. *Liddell/Scott*, Lexicon (⁹1949), 530; *Pape*, Handwörterbuch (1914), 793.

61 Dem entspricht vielleicht auch H^B mit dem leicht fragmentarischen תוכחות בש[...]ל חיים איש, wobei mit der Marginalie das איש in אין zu verbessern ist.

spendende Gesetz (νόμον ζωῆς) zugeteilt“ (Sir 17,11, vgl. 45,5). Nimmt man die Hinweise zusammen, bedeutet οὐκ ἔστιν ἐν ᾅδου ἐλεγμὸς ζωῆς, dass es in der Unterwelt keine auf das Leben zielende Zurechtweisung gibt. „Dort ist es zu spät für Maßnahmen in diesem Sinne“.[62] Weder die Tora noch die Weisheitslehre haben dort dieselbe Funktion, die sie in der Welt der Lebenden haben: ein umfassend gelingendes Leben vor Gott zu gewährleisten. Mit dem Tod ist das Leben verwirkt und irreversibel vorbei. Eine Revision getroffener Fehlentscheidungen ist in der Unterwelt ebenso wenig möglich wie die Widerlegung „der Anklage“ durch die eigene Sündhaftigkeit. Die zeitliche Qualifizierung „ob zehn, ob hundert, ob tausend Jahre“[63] dürfte dann nicht auf die Lebensjahre, sondern die Jahre in der Scheol abzielen. Es gibt keine zeitliche Strafe in der Scheol, der Aufenthalt in der Unterwelt ist dauerhaft. Das hier erarbeitete Verständnis widerspricht den üblichen Übersetzungen, die von H^B ausgehend auf die Unberechenbarkeit des Todes abzielen: „Ob tausend Jahre, ob hundert oder zehn, im Totenreich gibt es keine Beschwerde über die Lebensdauer“ (EÜ).

Wie auch immer man sich im Verständnis von V. 4 entscheidet, Sir 41,1–4 stellt die Akzeptanz der Sterblichkeit als dem Leben dienende Maxime heraus. Der Mensch hat seine Sterblichkeit zu akzeptieren und daraus im *carpe diem* seine Konsequenzen zu ziehen. Für Sirach besteht dies in der Suche nach Weisheit und dem Beachten der Tora, was ein umfassend gelingendes Leben in Gottesgegenwart führt. Dazu gibt es in Ben Siras Einschätzung keine Alternative, da der Tod irreversibel bleibt. Die Todesgewissheit und das *memento mori* motivieren so die Hinwendung zum Leben, welche das Ziel der Weisheit ist.

„Denk an das Ende“ (Sir 28,6) – Zusammenfassung

Der erarbeitete Sinn von Sir 41,1–4 erweist sich in der Tat als vollkommen analog zu den Grundzügen des Todesverständnisses bei Jesus Sirach, die anhand von Sir 8,5–7; 14,12; 38,17–23 entfaltet wurden. Die Summe soll am Schluss in Erinnerung gerufen werden:

Von seiner Weltsicht her ist Sirach stark diesseitsorientiert. Ziel seiner Lehre ist ein gelingendes Leben in Gottesgegenwart, für das die Weisheit als gottgegebene Ordnung die Orientierung gibt. Eine

[62] *Reiterer*, Deutung (1990), 226.

[63] So G und H^{Mas}. H^B bietet die absteigende Reihenfolge. Ob darin auch ein unterschiedliches Verständnis liegt, muss offen bleiben. Eine Vereinfachung (so *Reiterer*, Deutung [1990], 224) liegt mit G aber kaum vor.

veränderte Konzeption des Todes angesichts einer Auferstehungshoffnung ist bei Sirach noch nicht zu finden. Zwar gibt es erste Andeutungen eines nachtodlichen Ausgleichs und der Zusammenhang von Tun und Ergehen tritt im griechischen Sirach zeitlich deutlicher auseinander als in der hebräischen Vorlage, jedoch in der Grundlinie noch nicht über den Todeszeitpunkt hinaus. Das Gericht über den Toten ereignet sich *nicht nach* dem Tod, sondern *im* Tod. Im Tod erweist „sich die Gottgefälligkeit eines Lebens endgültig".[64] Damit werden der Todeszeitpunkt und die Art des Sterbens stark aufgewertet. Die Faktizität des Todes entfaltet so eine Kraft, die das Leben und seine Gestaltung beeinflusst. Der Tod ist dabei als absolute Grenze verstanden, dessen Faktizität vom Menschen nicht aufzuheben ist. Weder gibt es einen „Bund mit der Unterwelt" (Sir 14,12), mit dem die Sterblichkeit aufgehoben werden könnte, noch „Unterweisung in der Unterwelt" (Sir 41,4), mit der eine Lebensorientierung im Tod verbunden wäre. Alle Blicke richten sich auf das Leben und seine weisheitliche Gestaltung.

Der Tod als solcher ist dem Menschen ebenso entzogen wie der Todeszeitpunkt. Der Tod ist von Gott verfügt und so auch der menschlichen Bewertung im Letzten entzogen. Sirach warnt eindringlich davor, über den Tod der Anderen zu urteilen. Auch der Tod der Anderen fungiert letztlich als *memento mori*, das die Lebensgestaltung des Einzelnen beeinflusst. Weder soll sich der Mensch dem Tod hingeben, noch durch zu starke Trauer das eigene Leben von der Verwirklichung seines Ziels entfernen. Gerade darin zeigt sich, dass Sirach keinesfalls zynisch die Bedeutung der Trauer negiert oder marginalisiert. Es gibt bei Sirach keinen harmonischen Tod und auch keine einfache Harmonisierung des Verlusts, der durch ihn eintritt. Der Tod ist für Sirach jedoch nicht ausschließlich und nur negativ, auch wenn er negative Seiten hat. Insofern der Tod dem Menschen in der Bewertung und im Handeln ganz entzogen ist, gibt es für den Menschen aber keinen „guten" Tod, weder als gerechten Tod für den sündigen noch als erlösenden Tod für den gebrechlichen alten Menschen.

Liest man Sirach auf dem Horizont der Fragen der heutigen Moderne und ihrer Probleme, lassen sich für einen Umgang mit dem Tod als Grunddatum des Menschseins aus Jesus Sirach bei aller kritischen Distanz durchaus wertvolle Anregungen entnehmen. Zum einen ist die bedingungslose Akzeptanz der Sterblichkeit eine der Universalität des Todes entsprechende Haltung. Das gilt besonders dann, wenn daraus wie bei Sirach nicht eine Resignation, sondern ein Auftrag zur positiven Lebensgestaltung erwächst. Zum anderen ist die

64 *Schnocks*, Totenerweckung (2007), 303.

Akzeptanz der Unverfügbarkeit des Todes vor dem Hintergrund der Euthanasiedebatte beispielhaft. Sirach bezieht diesbezüglich klare Position: Für den Menschen kann es keinen erwünschten Tod geben, weil sich der Mensch darin das Gericht Gottes anmaßen würde. Eine Auflehnung gegen die Sterblichkeit ist für Sirach eine Auflehnung gegen den Willen Gottes, der alleine Herr über Leben und Tod bleibt.

Mit diesen stark verkürzenden Hinweisen soll nicht einer fundamentalistischen Übertragbarkeit von biblischen Positionen in komplexe und differenzierte aktuelle Debatten das Wort geredet werden, sondern viel mehr unterstrichen werden, dass die biblische Anthropologie resp. die alttestamentliche Auffassung von Tod und Sterben keinesfalls fern von heutigen Fragehorizonten ist. Ohne ein reflektiertes Menschenbild – und das christliche fußt nach wie vor auf der gesamten Schrift – ist eine Positionsbestimmung in den schwierigen Fragen zu Lebensanfang, Lebensumfang und Lebensende kaum denkbar. Die weisheitlichen Reflexionen über den Tod bei Jesus Sirach haben in diesem Kontext ihr eigenes Gewicht.

Bibliographie

Barthel, Jörg, Prophetenwort und Geschichte. Die Jesajaüberlieferung in Jes 6–8 und 28–31 (FAT I/19), Tübingen 1997.

Beentjes, Pancratius Cornelis, The Book of Ben Sira in Hebrew (VT.S 68), Leiden 1997.

Ders., Tränen, Trauer, Totenklage. Eine kleine Studie über Ben Sira 38,16–23, in: *I. Fischer/U. Rapp*, Auf den Spuren der Schriftgelehrten Weisen. FS J. Marböck (BZAW 331), Berlin u. a. 2003, 233–240.

Berges, Ulrich, Das Buch Jesaja (HBS 16), Freiburg 1998.

Blass, Friedrich/Debrunner, Albert/Rehkopf, Friedrich, Grammatik des neutestamentlichen Griechisch, Göttingen [17]1990.

Bons, Eberhard, Der Umgang mit Leiden, Sterben und Trauer, in: ZmE 43 (1997) 301–314.

Büchsel, Friedrich, Art. κρινω κτλ., in: ThWNT III (1990) 920–955.

Frevel, Christian, Art. Freude, in: HGANT (2006) 195f.

Ders., Art. Krankheit, in: HGANT (2006) 284–288.

Ders., Grundriss der Geschichte Israels, in: *E. Zenger u. a.*, Einleitung in das Alte Testament (Kohlhammer Studienbücher Theologie 1,1), Stuttgart [7]2008, 587–717.

Ders., „Du wirst jemand haben, der dein Herz erfreut und dich im Alter versorgt" (Rut 4,15). Alter und Altersversorgung im Alten/Ersten Testament, in: *R. Kampling/A. Middelbeck-Varwick* (Hrsg.), Alter. Blicke auf das Bevorstehende (Apeliotes 4), Frankfurt u. a. 2009, 11–43 [327–357 im vorliegenden Band].

Ders., Was macht den Menschen gesund? Zum Zusammenhang von Heil und Heilung im Alten Testament, in: *W. Geerlings/A. Mügge* (Hrsg.), Gesundheit. Geisteswissenschaftliche und Medizinische Aspekte, Münster 2009.

Ders./Wischmeyer, Oda, Menschsein (NEB Themen 11), Würzburg 2003.

Kaiser, Otto, Der Prophet Jesaja. Kapitel 13–39 (ATD 18), Göttingen 1983.

Ders., Der Tod als Schicksal und Aufgabe bei Ben Sira, in: *G. Ahn/M. Dietrich* (Hrsg.), Engel und Dämonen (Forschungen zur Anthropologie und Religionsgeschichte 29), Münster 1997, 75–89.

Ders., Gottes und der Menschen Weisheit (BZAW 261), Berlin u. a. 1998.

Ders., Das Verständnis des Todes bei Ben Sira, in: NZSTh 43 (2001) 175–192.

Ders., *Carpe diem* und *Memento mori* bei Ben Sira (Erstveröffentlichung 1998), in: *Ders.*, Zwischen Athen und Jerusalem (BZAW 320), Berlin u. a. 2003, 247–274.

Ders., Zwischen Athen und Jerusalem. Studien zur griechischen und biblischen Theologie, ihrer Eigenart und ihrem Verhältnis (BZAW 320), Berlin u. a. 2003.

Ders., „Was ist der Mensch und was ist sein Wert? Beobachtungen zur Anthropologie des Jesus Sirach nach Jesus Sirach 16,24–18,14, in: *M. Bauks u. a.* (Hrsg.), Was ist der Mensch, dass du seiner gedenkst (Psalm 8,5). FS B. Janowski, Neukirchen-Vluyn 2008, 215–225.

Kruger, Paul, The Inverse World of Mourning in the Hebrew Bible, in: BN 124 (2005) 41–49.

Liddell, Henry G./Scott, Robert, Greek-English Lexicon, Oxford [9]1940.

Marböck, Johannes, Weisheit im Wandel. Untersuchungen zur Weisheitstheologie bei Ben Sira (BBB 37), Bonn 1971.

Ders., Gerechtigkeit Gottes und Leben nach dem Sirachbuch. Ein Antwortversuch in seinem Kontext, in: *J. Jeremias* (Hrsg.), Gerechtigkeit und Leben im hellenistischen Zeitalter (BZAW 296), Berlin/New York 2001, 21–52.

Ders., Ein Weiser an einer Wende – Jesus Sirach – Buch, Person und Botschaft. Versuch einer Gesamtschau (2004), in: *Ders.*, Weisheit und Frömmigkeit (ÖBS 29), Frankfurt 2005, 65–78.

Ders., Das Buch Jesus Sirach, in: *E. Zenger u. a.*, Einleitung in das Alte Testament (Kohlhammer Studienbücher Theologie 1,1), Stuttgart [6]2006, 408–416.

Middendorp, Theodor, Die Stellung Jesu Ben Sira zwischen Judentum und Hellenismus, Leiden 1973.

Pape, Wilhelm, Griechisch-Deutsches Handwörterbuch, Bd. 1, Braunschweig 1914.

Reiterer, Friedrich V., Deutung und Wertung des Todes durch Ben Sira, in: *J. Zmijewski* (Hrsg.) Die alttestamentliche Botschaft als Wegweisung. FS H. Reinelt, Stuttgart 1990, 203–236.

Ders. (Hrsg.), Freundschaft bei Ben Sira (BZAW 244), Berlin u. a. 1996.

Ders., Art. Jesus Sirach, in: WiBiLex (http://www.bibelwissenschaft.de; letzter Zugriff 15.7.2008).

Sauer, Georg, Jesus Sirach (Ben Sira) (JSHR III/5), Gütersloh 1981, 481–644.

Ders., Jesus Sirach/Ben Sira (ATD Apokryphen 1), Göttingen 2000.

Schnocks, Johannes, Totenerweckung im Väterlob des Sirachbuches? in: *H.-J. Fabry/D. Böhler* (Hrsg.), Im Brennpunkt. Die Septuaginta (BWANT 174), Stuttgart 2007, 291–306.

Ders., Rettung und Neuschöpfung. Das Alte Testament und eine gesamtbiblische Theologie der Auferstehung, Bonn 2009.

Schrader, Lutz, Leiden und Gerechtigkeit, Frankfurt 1994.

Schroer, Silvia, Häusliche und außerhäusliche religiöse Kompetenzen israelitischer Frauen. Am Beispiel von Totenklage und Totenbefragung, in: *E. Klinger/S. Böhm/T. Franz* (Hrsg.), Haushalt, Hauskult, Hauskirche, Würzburg 2004, 9–34.

Schüngel-Straumann, Helen, „Von einer Frau nahm die Sünde ihren Anfang, ihretwegen müssen wir alle sterben“ (Sir 25,24). Zur Wirkungs- und Rezeptionsgeschichte der ersten drei Kapitel der Genesis in biblischer Zeit, in: BiKi 53 (1998) 11–20.

Skehan, Patrick William, The Wisdom of Ben Sira (AncB 39), New York 1987.

Smend, Rudolf, Weisheit des Buches Jesus Sirach, Berlin 1906.

Strothmann, Angelika, Das Buch Jesus Sirach, in: *E. Zenger* (Hrsg.), Stuttgarter Altes Testament, Stuttgart [3]2005, 1318–1389.

Toorn, Karel van der, Echoes of Judean Nekromancy in Isaiah 28,7–22, in: ZAW 100 (1988) 199–217.

Walkenhorst, Karl Heinz, Weise werden und altern bei Ben Sira, in: *R. Egger-Wenzel/I. Krammer* (Hrsg.), Der Einzelne und seine Gemeinschaft bei Ben Sira (BZAW 270), Berlin u. a. 1998, 217–237.

Wildberger, Hans, Jesaja Kapitel 28–39 (BK.AT X/3), Neukirchen-Vluyn 1982.

Wischmeyer, Oda, Die Kultur des Buches Jesus Sirach (BZNW 77), Berlin u. a. 1995.

Zenger, Erich, Das alttestamentliche Israel und seine Toten, in: *K. Richter* (Hrsg.), Der Umgang mit den Toten (QD 123), Freiburg 1990, 132–152.

Bibelstellen

Sprichwörter

Sachen und Personen